2020 全国优秀诚信企业案例集

商业信用中心 编

图书在版编目（CIP）数据

2020全国优秀诚信企业案例集／商业信用中心编．――北京：企业管理出版社，2021.5

ISBN 978-7-5164-2374-5

Ⅰ．①2… Ⅱ．①商… Ⅲ．①企业管理—案例—汇编—中国 Ⅳ．①F279.23

中国版本图书馆CIP数据核字（2021）第071579号

书　　名：	2020全国优秀诚信企业案例集
作　　者：	商业信用中心
责任编辑：	张羿　　赵琳
书　　号：	ISBN 978-7-5164-2374-5
出版发行：	企业管理出版社
地　　址：	北京市海淀区紫竹院南路17号　　邮编：100048
网　　址：	http://www.emph.cn
电　　话：	编辑部（010）68416775　发行部（010）68701816
电子信箱：	qygl002@sina.com
印　　刷：	河北宝昌佳彩印刷有限公司
经　　销：	新华书店
规　　格：	880mm×1230mm　1/16　35.75印张　1029千字
版　　次：	2021年5月第1版　2021年5月第1次印刷
定　　价：	388.00元

版权所有　翻印必究·印装错误　负责调换

《2020 全国优秀诚信企业案例集》编委会

主 任

左 波

副主任

戴征洪　王仕斌　张 珩

委员（按姓氏笔画排名）

王 黎　甘卫斌　刘东亮　牟建永　李 伟　杨晓清　陈 慧　金 珠

宝 晶　胡志华　梁 忻　梁 坤

执行主编

杨衍结　牟建永　梁 忻　胡志华

江苏沙钢集团有限公司

江苏沙钢集团有限公司（以下简称沙钢）地处长江之滨的新兴港口工业城市——张家港。自建立以来，沙钢坚持定位国际先进水平，建设一流钢铁企业，大力推进科技创新、管理创新和机制创新，企业实现了持续稳健高效发展。目前，沙钢本部拥有总资产1480亿元，职工15000余名。沙钢先后荣获"中国钢铁行业改革开放40年功勋企业""全国用户满意企业""中国质量、服务、信誉AAA级企业""国家创新型企业""绿色发展标杆企业""中国诚信企业""中华慈善奖企业"等称号。

近年来，经过坚持不懈的技术改造、淘汰落后，沙钢主体生产实现了装备大型化、产线专业化、生

沙钢180吨转炉炼钢　　　　　沙钢1700毫米热卷板生产线　　　　　沙钢码头

产自动化、管理信息化，拥有集烧结球团、炼焦、炼铁、炼钢、热轧、冷轧、超薄带及配套公辅设施等一整套先进的钢铁生产工艺装备，是全国最大的电炉钢生产基地、全国单体规模最大的钢铁企业。主导产品"沙钢"牌宽厚板、热卷板、冷轧板、超薄带、高速线材、大盘卷线材、带肋钢筋等，已形成70多个系列，700多个品种，2000多个规格。其中，高速线材、冷轧、厚板、卷板等产品荣获"实物质量达国家先进水平金杯奖"称号，带肋钢筋获得CARES认证，超薄带荣获"江苏精品"称号，卷板、厚板、冷轧等产品通过JIS认证，厚板、卷板还通过欧盟CE认证，船板钢通过十国船级社认证，线材、卷板及冷轧等产品通过IATF16949汽车用钢质量管理体系认证。产品广泛应用于航空航天、海洋工程、高层建筑、桥梁、管线、石化、汽车、家电、食品包装等行业，远销至东亚、南亚和欧洲、北美洲、南美洲、大洋洲、非洲等90多个国家和地区。

2020年，面对全球新冠肺炎疫情影响及原辅材料价格上扬的不利局面，沙钢在上级党委政府的正确领导和社会各界的关心支持下，围绕集团董事局"四个年"总体要求和年度任务目标，一手抓疫情防控，一手抓生产经营，通过狠抓生产线稳定和优化，抓牢降本节支和挖潜增效，强化技术创新和产品升级，推动管理改革和巩固提升等措施，企业生产经营总体保持平稳发展态势。全年实现销售收入1148亿元、利税108亿元。沙钢连续12年跻身世界500强，2020年位列351位。

沙钢冷轧硅钢连退机组　　　　　　　　　　沙钢总容量64万吨的储煤筒仓

航天长征化学工程股份有限公司

董事长　唐国宏

航天长征化学工程股份有限公司（以下简称航天工程）成立于 2007 年，发源于负有盛名的中国航天科技集团有限公司第一研究院，是国家粉煤气化技术工程研究中心的依托单位，被认定为国家企业技术中心、全国石油和化工行业粉煤气化技术工程研究中心、中国石油和化工行业技术创新示范企业、国家知识产权示范企业等。

航天工程依托中国航天在运载火箭和液体火箭发动机研制、生产和试验方面积累的优势，应用于煤炭洁净高效利用领域，研发出了拥有我国完全独立自主知识产权的"航天粉煤加压气化技术"，一举打破国外技术垄断，核心装备国产化率达到 100%，并且成功应用于煤制合成氨、煤制甲醇、煤制烯烃、煤制乙二醇、煤制油、煤制氢等多个领域，实现了煤炭资源的清洁高效利用。核心装置以其良好的性能广泛受到业界认可，先后获得第 66 届纽伦堡国际发明金奖和年度氮肥行业特等奖、氮肥产业振兴支撑技术、国家重点新产品等奖项，经中国石油和化学工业联合会科技成果鉴定，航天煤气化装置总体技术处于国际领先水平。航天工程董事长唐国宏先后荣获2018年度中国石油和化工行业影响力人物、2019年度金牛企业领袖奖等奖项，在化工行业和资本领域获得行业高度评价。

  航天工程深耕煤气化技术领域十几年，累计签约117台"航天炉"，为推动传统煤化工产业升级和现代煤化工产业发展贡献了航天力量。在高质量发展的新时代，航天工程将以开发更低能耗和水耗的煤气化技术推动煤炭清洁高效利用产业发展为己任，积极践行技术创新驱动战略，继续助力国家能源战略安全发展。

杭锦旗现场吊装

安徽临泉一期项目

深圳担保集团有限公司

　　深圳担保集团有限公司（以下简称深圳担保集团）成立于 1999 年，是深圳市政府出资设立的专业担保机构，是深圳市属国有企业。经过 20 余年飞速发展，如今的深圳担保集团业务范围立足深圳、服务广东、辐射全国，着力打造全过程、多品类、精准化的创新金融服务生态圈，下设融资担保、信用增进、非融担保、创业投资、小额贷款、商业保理、融资租赁、典当行等 13 家专业化子公司和 10 家分公司及 6 家全国办事处，提供的全方位金融服务可满足不同中小企业在各个发展阶段的融资需求。

　　深圳担保集团现注册资本 114 亿元，净资产超过 186 亿元，总资产近 300 亿元，资本市场主体信用评级 AAA 级。秉承着"服务实体经济、扶持中小企业"的初心，深圳担保集团肩负起"缓解中小微企业融资难题"的使命。截至 2021 年 3 月，深圳担保集团服务中小微企业超过 43159 次，业务发生金额超过 6703 亿元，累计带动新增社会销售收入超过 13193 亿元，新增纳税超过 1359 亿元，新增就业岗位超过 838 万个，已成功助推 290 家企业客户在国内外股票市场挂牌上市。

　　深圳担保集团在金融创新领域积极探索，树立了实践典范。业内最早探索中小企业债市融资，可增发市面上所有的债市业务品种，设计发行全国首支中小企业集合债"07 深中小债"，为中小企业叩开了债市融资之门；创办"中小企业诚信榜"活动，开创担保机构为企业授信先河，助推社会信用体系建设，至今已为 1000 多家企业授信 360 亿元，受到政府相关部门和银行及企业的认可与媒体的广泛报道；风险控制水平优良，合作机构认可度高，资金通道多元且畅通，银保合作模式全国首屈一指。

　　深圳担保集团在缓解中小企业融资难、融资贵方面成效显著、贡献突出，先后被评为国家中小企业公共服务示范平台、深圳市中小企业公共服务示范平台；因良好的创新能力荣获广东省金融创新奖、深圳市金融创新奖并创多项企业新纪录；注重中小企业信用建立及改善，宣扬企业诚信、营造企业诚信氛围，获得"全国企业诚信建设十佳案例"。深圳担保集团经过多年发展，综合实力全面提升，获得深圳质量标杆等荣誉，荣登深圳500强企业榜单，居全国行业龙头地位。

2019年12月30日，深圳担保集团董事长胡泽恩受邀与投资企业铂科新材共同敲响开市宝钟

2014年12月31日，深圳担保集团董事长胡泽恩在深圳质量大会上领取"深圳市市长质量奖鼓励奖"

北京市保安服务总公司

总经理 张涛

北京市保安服务总公司（以下简称保安总公司）成立于1986年，是北京市第一家大型国有保安企业，是国内成立最早、规模最大的专业化保安服务公司之一，是中国保安协会常务理事和北京保安协会副会长单位。保安总公司注册资金2亿元，现有35家分公司和1所保安培训学校，保安从业人员8万余人，保安人防、技防客户1.56万余家，企业规模、效益始终处于国内领先、国际一流行列。

30多年来，保安总公司始终践行"人民保安为人民"的宗旨，秉承"爱岗敬业、品行规范、服务社会、甘于奉献"的企业精神，不断完善企业法人治理结构，引进现代企业管理制度，强化企业党、团、工会、职代会建设，积极发挥国有保安行业示范引领作用，形成了一套较为完整的企业管理体系并通过了质量管理体系、环境管理体系和职业健康与安全管理体系认证。服务对象涵盖各行各业，已经形成人防、技防、物防相结合的多层次、多元化保安服务综合网络。

保安总公司先后被政府主管部门及行业授予"全国五一劳动奖状""首都劳动奖状""全国十佳保安服务公司""全国就业促进活动先进单位""全国优秀保安公司"，北京安全防范行业"AAA级诚信优秀企业"，2017年度"北京市商务服务业自主品牌100强"、2018年度"北京市商务服务业创新品牌100强"，2019年被中国商业联合会评为"中国商业信用AAA级企业"，2020年被公安部评为"抗击疫情先进集体"，连续4年被行业协会评为一级企业资质。

近年来，保安总公司涌现出了党的十九大代表和全国人大代表及全国劳动模范、全国五一劳动奖章获得者，北京市劳动模范、北京市五一劳动奖章获得者，全国见义勇为英雄、全国十佳保安员、全国优秀保安员等一大批先进模范，发挥了国有保安企业的标杆引领作用，成为全国保安行业的一面旗帜。

中建交通建设集团有限公司

中建交通建设集团有限公司（以下简称中建交通），由《财富》世界 500 强 18 名、全球排名首位的投资建设集团——中国建筑股份有限公司（以下简称中国建筑）整合交通基础设施核心资源于 2012 年组建成立，总部位于北京。

作为中国建筑最重要的基础设施骨干企业之一，中建交通深耕工程承包和投资两大领域，聚焦公路、市政、轨道交通、铁路、大型群体住宅、办公商业建筑和工业厂房等细分市场，积极开拓环保、机场建设及新基建领域业务。

中建交通拥有公路工程特级、市政公用工程和房建一级等 5 个施工总承包资质，桥梁工程一级等 13 个专业承包资质。国内业务遍及长三角、长江经济带、京津冀及雄安新区和粤港澳大湾区，海外业务主要分布在东南亚和北美地区。

中建交通坚持科技兴企道路：创省部级以上科技奖 51 项，其中，"詹天佑奖" 3 项；创省部级以上工程质量奖 56 项，其中铁路优质工程一等奖 1 项，"鲁班奖" 5 项；拥有专利技术 157 项；盾构施工等多个领域科技成果达到国内、国际领先水平，是国内少数具备自主维修改造盾构机能力的企业之一。

中建交通积极开展工程承包业务：参建公路 50 余条，施工里程超过 2000 公里；建设隧道 75 座，其中 1000 米以上长大隧道 39 座，3000 米以上特长隧道 9 座，总长度超过 110 公里；参建铁路线路施工里程超过 230 公里，承建高铁站房 58 座，数量在中国建筑系统排名第一；承建 17 个城市地铁，建设区间 81 个、车站 70 座，施工里程超过 100 公里。

中建交通全面开拓投资业务：参与深圳地铁九号线、济青高铁、曲港高速公路、南宁振

邦路综合管廊、邕江综合整治和开发利用项目等一批重点民生工程，逐步形成投资建设、施工管理、运营服务一体化的发展格局。

中建交通承建了大批有影响力工程：世界穿越沙漠最长高速公路——京新高速公路，平均海拔超过4700米的国道109线那拉公路；转体跨度、转体重量双破世界纪录的保定市乐凯大街跨京广铁路转体斜拉桥；中国建筑公路第一长隧道——营盘山隧道，全国公路第九长隧道——佛岭隧道；党的十八大以来全国十项铁路优质创新工程——乌鲁木齐新客站，中国首个智能化站房——张家口南站；西藏自治区体量最大单体公建项目——西藏文化广电艺术中心。

进入新时代，中建交通将继续坚守中国建筑"拓展幸福空间"的企业使命，为实现"强大交通、幸福员工、成就客户、奉献中建、服务社会"的目标，为把企业打造成"中国建筑行业最具竞争力的基础设施投资建设集团"而不懈努力。

深圳市高新投集团有限公司

深圳市高新投集团有限公司（以下简称深圳高新投）成立于1994年，是20世纪90年代初深圳市委市政府为解决中小科技企业融资难问题而设立的专业金融服务机构，现已发展成为"具备资本市场主体信用AAA最高评级的全国性创新型金融服务集团"。目前，深圳高新投实收资本138亿元，净资产超过220亿元，总资产近340亿元。深圳高新投总资产、净资产、服务规模和盈利水平居行业前列，已经成为深圳市创新金融服务生态体系的重要组成部分。

作为国内最早成立的担保投资机构之一，深圳高新投始终以解决中小微科技型企业融资难题、助力高新技术产业发展为使命，为企业提供自初创期到成熟期的全生命周期综合投融资服务，核心业务包括融资担保、创业投资、金融增信、保证担保、商业保理、小贷典当、基金管理、财务顾问等。

深圳高新投积极培育中小微科技型企业成长，以自身首创的投资与担保联动方式，持续加大关键核心技术领域科技企业投融资布局，已相继扶持超过300家企业在境内外股票市场挂牌上市，被媒体称作资本市场的"高新投系"。2020年，深圳高新投深度布局半导体、医疗器械、新材料、高端装备等战略新兴行业领域，全年投资金额超过12.2亿元，新增投资项目66个，跻身主流投资机构行列。作为深圳"四个千亿"计划的主力践行者，深圳高新投全力

主体大楼

推进"四个千亿"计划加快落地。其中,平稳资金一、二期2020年共审批通过44家上市企业、150家中小企业;民营企业千亿发债计划累计完成审批、待发行在途项目114个;深圳市中小微企业银行贷款风险补偿资金池涵盖深圳中小微企业和个体工商户超过14.7万家;普惠金融2020年全年为中小微企业减少融资成本超过2亿元。

截至目前,深圳高新投累计为39000多家企业了提供7432亿元担保服务,担保资金新增产值约12891亿元,新增利税2602亿元,促进新增就业超过774万人。多次获得主流媒体和评选机构颁发的"年度最佳服务实体经济综合大奖""年度最佳VC机构""最佳品牌创投机构""年度创业投资社会贡献奖""履行社会责任杰出企业"等荣誉称号,是全国同行业最具知名度和品牌影响力的金融服务机构之一。

未来,深圳高新投将致力于打造国内领先的以信用增进与资产管理双轮驱动的创新型金融服务集团。秉持"为创新者赋能"的理念,在"金融服务实体经济"主航道上发掘科技企业价值潜力,为深圳市加快建设社会主义先行示范区和粤港澳大湾区而不懈奋斗。

党委书记、董事长 刘苏华

2019年2月28日,支持深圳民营企业债券融资五方金融机构签约仪式

2019年12月26日,知识产权证券化上市仪式

广州广电计量检测股份有限公司

广州广电计量检测股份有限公司（以下简称广电计量）由"国营第七五〇厂"（广州无线电集团有限公司前身）的内部计量室改制发展而来，成立于20世纪60年代，主要为本企业内部主营业务配套服务。为求生存和发展，广州无线电集团有限公司于2002年将计量室改制成立广电计量公司，重点转向市场开展社会化服务。广电计量深耕的计量检测认证服务领域属于高新技术服务产业，同时也是国家战略性新兴产业，在支撑政府监管、助力企业质量提升、保障消费品质量安全及加快技术创新、促进产业转型等方面发挥着重要技术支撑作用。10多年来，广电计量坚持诚信经营，凭借不断改革创新，走出了一条快速发展之路，成长为一家综合性、全国化的国有第三方计量检测机构，于2019年成功登陆A股市场，跻身检验检测行业领跑队伍之列。

广电计量获得了CNAS（中国合格评定国家认可委员会）、

党委书记、总经理　黄敦鹏

CMA（检验检测机构资质认定）、CATL（农产品质量安全检测机构考核）、知识产权管理体系等的认可，是农业农村部认可的"三品一标"认证检测实验室、南方耕地污染防控企业重点实验室，入围"农业农村部耕地质量标准化验室"等。当前在全国主要经济圈已布局建立23个计量检测基地、40多家业务分公司，形成了覆盖全国的计量检测技术服务体系和业务营销体系，重点服务汽车、环保、电力、通信、轨道交通、船舶、石化、农业、环保、医药、食品等国民经济重要行业领域，提供包括计量校准、可靠性与环境试验、电磁兼容检测、元器件筛选与失效分析、化学分析、食品检测、环保检测在内的"一站式"计量检测服务，其中在计量校准、可靠性与环境试验、电磁兼容检测等细分领域建立了行业领先地位。

  凭借突出的行业影响力，广电计量陆续获得"国家火炬计划重点高新技术企业""国家中小企业公共服务示范平台""中国计量测试学会第六届计量诚信建设优秀单位""广东省战略性新兴产业骨干企业""广东省优秀企业""广州市优秀企业"等诸多荣誉。

  "诚招天下客，誉从信中来"，广电计量深信以诚信擦亮品牌，企业才能立得住、行得稳，公司以质量管控为主抓手落实企业诚信经营，诚信建设工作主要围绕诚信理念、质量管控体系、规章制度、全国一体化布局、社会责任等方面开展。

森诺科技有限公司

党委书记、董事长　姜传胜

　　森诺科技有限公司（以下简称森诺科技）成立于 1994 年，是一家开展油气田勘探开发一体化技术服务、环境工程治理、环境咨询服务、环境检验检测、新能源开发和信息软件开发的科技企业。森诺科技拥有工程咨询甲级资质，油气工程地面设计专业甲级资质，石油天然气（海洋石油）行业工程设计乙级资质，市政行业、电力行业、新能源行业、建筑行业设计乙级资质，建设项目环境影响评价乙级资质，取得清洁生产审核资格、能源审计资格、能源管理体系服务资格和信息集成服务资格（CMMI、ITSS），是山东省"双软"认证企业，已通过 QHSE 管理体系认证和两化融合管理体系认证，现为山东省工程咨询协会常务理事单位、中国工程咨询协会理事单位、国际咨询工程师联合会（FIDIC）成员协会会员单位。

　　森诺科技拥有各类专业技术人员 600 余人，其中本科以上学历占97%，职工平均年龄34岁。业务涵盖咨询设计、环境工程、信息软件三大业务板块，可为客户提供全过程一体化综合技术服务。

　　森诺科技已累计完成各类咨询项目2万余个，涉及投资20000多亿元，累计为客户优化节约投资600多亿元，有100多个项目获省部级以上优秀工程咨询成果奖，有87项成果获得发明专利或实用新型专利，拥有软件著作权15项，先后被山东省授予"管理创新优秀企业""诚信企业""AAA级信誉企业"等荣誉称号；被山东省认定为"管理创新示范基地""信息化建设示范单位""企业文化先进单位""最佳雇主企业""履行社会责任优秀企业""高新技术企业"；先后荣获中国企业管理榜"最佳管理企业奖"、中国企业管理"特殊贡献奖"；被评为"全国AAA级信用企业"；荣获"国家级企业文化优秀成果奖"；《知识型企业提高员工创造力的股权激励变革》和《民营工程咨询公司提升服务能力的全程在线管理》两项成果荣获国家级企业管理现代化创新成果奖。经过26年的发展，公司服务范围已覆盖中国石化上游所有企业，并与中国石油、中国海油、国家电网有限公司、中国投资协会、清华启迪、中化国际石油、振华石油和延长石油等机构和企业建立起良好的业务合作关系，先后完成涉及35个国家和地区的130余个海外项目，森诺科技现已发展成为国内知名科技企业。

车行响沙湾大桥

国能包神铁路集团有限责任公司

党委书记、董事长 惠舒清

国能包神铁路集团有限责任公司（以下简称包神铁路）成立于2013年，负责包神、神朔、甘泉、塔韩4条铁路的资产管理和生产运营，总营业里程872公里，占国家能源投资集团有限责任公司（以下简称国家能源集团）铁路总里程的36.8%。"集疏运"能力覆盖蒙西、神府等世界级煤炭矿井群，承担国家能源集团核心矿区75%以上的煤炭装车任务，以及部分地方煤炭和非煤产品的外运任务，是国家能源集团一体化发展战略中铁路运输网络和资源获取的源头，是国家能源集团装车量最大的铁路运输企业。

包神铁路深入贯彻"一个目标、三型五化、七个一流"总体发展战略，坚持新发展理念，连续4年被国家能源集团评为"经营业绩考核A级单位"，经营发展取得历史最好业绩，高质量发展迈出坚实步伐，发挥了能源运输排头兵作用。包神铁路及所属子（分）公司累计20年获得"全国'安康杯'竞赛优胜单位"称号，先后获得"全国五一劳动奖状""陕西省五一劳动奖状""鄂尔多斯市五一劳动奖状""国家技能人才突出贡献单位""煤炭工业建设工程质量监督先进单位""交通运输行业文明示范窗口"等荣誉称号，以及"内蒙古自治区模范职工之家""鄂尔多斯市铁路民航系统先进集体"等荣誉。

飞驰

　　包神铁路始终坚守诚信发展，以"讲诚信，求创新，敢担当，争一流"为文化品格，恪守契约精神，重信守诺，合规经营。积极承担央企社会责任，通过铁路运输、增加就业、保护环境、精准扶贫、公益活动等带动和帮助沿线地区实现经济繁荣、社会和谐、文化进步。包神铁路始终坚持企业发展与造福职工、贡献社会相结合，在创造企业价值的过程中，为职工营造包容、友爱、阳光、快乐、和谐、幸福的工作环境，给予职工足够的尊重和人文关怀，让职工拥有更多参与感、成就感、获得感与幸福感。

广投集团GIG国际金融资本中心大楼

广西投资集团有限公司

广西投资集团有限公司（以下简称广投集团）成立于1988年，注册资本100亿元，作为广西壮族自治区本级国有资本投资公司，在充分参与市场竞争的同时，承担着广西壮族自治区战略性重大投资任务，推动传统产业转型升级，培育发展新兴产业，引领广西壮族自治区产业高质量发展，是广西壮族自治区首家世界500强本土企业和首家营业收入超千亿元企业，位居中国企业500强124位、广西百强企业第1名，是连续17届中国－东盟博览会的战略合作伙伴，连续6年获AAA主体信用评级，获穆迪、惠誉两大国际评级机构广西壮族自治区内企业最高主体评级，获评第五届广西壮族自治区主席质量奖。

广投集团业务涵盖能源、铝业、新材料、医药健康、数字经济、金融、投资等领域，拥有参控股企业300多家、上市平台4家，在职职工超过3.5万人。2020年资产总额突破6000亿元，营业收入1969亿元、利润40亿元、上缴税费50亿元。

广投集团按照广西壮族自治区"强龙头、补链条、聚集群"的思路，大力实施"产融投"协同发展战略。以产业为基础，全面做强做优做大产业，打造行业龙头，形成了多元化的产业发展格局。以金融为保障，提供涵盖证券、银行、保险等20个业态的综合金融服务，积极围绕供应链金融、普惠金融等方向延伸金融服务，搭建金融全周期的产品服务链条，是上市公司国海证券实际控制人。以投资为引领，

广投集团建设中国–东盟数字经济产业园，打造中国信创第一园

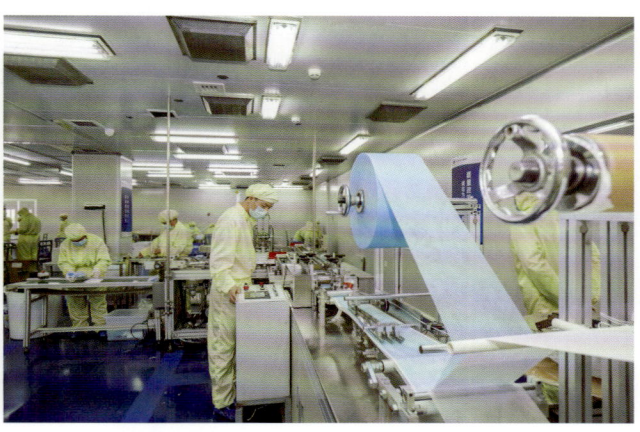

广投集团建立广西（国家级）应急医疗物资保障基地，补齐广西医疗物资产业链短板

发挥国有资本投资公司试点优势，做强做大产业基金，进一步强化投资对优化结构的关键性作用，设立及代理运营基金75只，基金规模818亿元，已实现或推动完成投资项目199个，累计实现投资291亿元。

广投集团大力引资入桂，积极培育新动能，加强与国投集团、国家能源集团、国家电投、大唐集团、中广核、中铝集团、五矿集团等央企及优秀民企合作，先后建成华银铝、龙滩水电站、防城港核电（一期）等重大项目，加快推进大藤峡枢纽、防城港华昇生态铝、防城港核电（二期）等在建项目，重点建设中国–东盟数字经济产业园、北海临港循环经济产业园，不断增强对广西壮族自治区经济社会发展的支撑力。

广投集团勇当国企改革发展的"三个排头兵"，进一步聚焦主业、深化改革、强化创新、加强管理，努力打造成为国际一流投资集团，助力广西壮族自治区加快构建现代产业体系，为"建设壮美广西，共圆复兴梦想"做出新的更大贡献。

国电建投内蒙古能源有限公司

　　国电建投内蒙古能源有限公司（以下简称内蒙古能源）成立于 2005 年，由原中国国电集团公司（2017 年，中国国电集团公司与神华集团合并为国家能源投资集团有限责任公司）和河北省建设投资集团有限责任公司按 50%:50% 比例共同出资组建，负责开发、建设、运营布连察哈素煤电一体化项目。2007 年 5 月，原中国国电集团公司将其持有的内蒙古能源的 50% 股权转让给国电电力发展股份有限公司。

　　国电建投内蒙古能源有限公司布连电厂（以下简称布连电厂）一期工程建设 2×660 兆瓦超超临界燃煤空冷机组，项目于 2010 年 7 月 30 日取得国家发展改革委核准，按照国家优质工程金质奖的目标进行高标准建设。建设过程中进行了 19 项重大设计优化和技术创新，其中主要辅机采用单列布置为国内首创。#1、#2 机组分别于 2013 年 3 月和 6 月正式投入商业运行。机组投产后运行稳定、安全可靠，各项技术经济指标和环保性能指标均达到或超过了设

计值。布连电厂#2机组于2018年和2019年分别获得中电联火电机组能效对标5A级和4A级优胜机组。

布连电厂一期工程投产后获得国家多个奖项，其中，2014年被中国施工企业管理协会授予中国电力优质工程奖、2013-2014年度国家优质工程金质奖。辅机单列布置研究及应用获得2014年电力建设科技进步一等奖。2014年10月被国家能源局授予"国家煤电节能减排示范电站"称号。2015年，国家能源局授予布连电厂"电力安全生产标准化一级企业"称号。2019年，布连电厂在中电联电力行业信用企业评价中获得AAA级资质。2020年，获评"十三五"中国企业文化建设优秀单位。

内蒙古能源秉承集团公司企业文化核心价值理念体系，以建设"为社会提供高效绿色能源，为员工打造和谐美好家园"的综合现代化能源企业为己任。内蒙古能源在内蒙古草原上瀚海扬帆、努力拼搏，为推动西部大开发形成新格局，促进经济发展做出了突出贡献。

布连电厂鸟瞰图

山西省工业设备安装集团有限公司

山西省工业设备安装集团有限公司（以下简称山西安装）始建于1952年，是国家高新技术企业、中国建筑业竞争力百强企业、山西省十强骨干建筑业企业，全国首家市政公用、石油化工工程施工总承包双特级及市政、化工石化医药行业设计双甲级资质企业。

山西安装资质完备，拥有"双特双甲"资质的同时，还具有电力工程、冶金工程、建筑工程、机电工程四项施工总承包一级资质及矿山、水利水电工程、公路工程三项施工总承包二级资质；同时具有消防设施工程、建筑装饰工程、建筑智能化工程三项专项设计甲级资质，以及八项专业承包一级资质和商务部对外经营权资质证书。

山西安装围绕"设计咨询、投资建设、建筑施工、运营维保"四大业务板块，形成了"四位一体"的完整产业链。拥有1个新三板挂牌子公司、2个甲级设计院、1个研究院、3个高新技术企业子公司、1个省级技术中心，下设4个事业部、10个子公司及北京、华东、华南、华中、西南、西北、东北7个区域分部。现有职工3300余人，其中注册师（含一级建造师）1163人，中高级职称人

山西安装集团入选用户满意标杆企业（市场质量信用等级：AAA）名单，为山西省唯一入选该名单的企业、全国唯一入选该名单的建筑企业

员 1281 人。

山西安装作为参与过人民大会堂建设的"建筑铁军"和享誉全国安装行业的"建设劲旅",始终坚持科技兴企、质量强企,已在工程承包等领域累计获得国家优质工程金奖 1 项、"鲁班奖"14 项、国家优质工程奖 9 项、"中国安装之星"17 项、部级优质工程奖 31 项、上海"白玉兰奖"5 项、山西"汾水杯"奖项 48 项、上海"申安杯"奖项 14 项、山西省优质工程奖 75 项,以及中国市政"金杯奖"、中国建筑工程装饰奖、上海市政金奖、山西省市政"金杯奖"等 200 多项国家级和省级奖项。累计创国家级工法 4 项,省部级工法 180 项,国家发明专利 28 项、实用新型专利 313 项,省部级科技进步奖 16 项,山西省建设科技成果登记 17 项,国家级 QC 成果 33 项。

山西安装多次获评"国家守合同、重信用企业""全国用户满意标杆企业"(市场质量信用等级 AAA 级)及"全国优秀施工企业""全国用户满意施工企业""全国建筑业 AAA 信用企业""中国工业创新型先进企业""全国'安康杯'竞赛优胜单位"和山西省"五一劳动奖状"、山西省质量奖等诸多国家级和省级荣誉。

展望未来,崭新而厚重的山西安装正积极融入国家战略,抢抓区域发展机遇,围绕"一个中心"(转型升级发展),实现"四个转变"(由施工总承包企业向工程总承包企业转变;由人力资源密集型企业向资本、技术密集型企业转变;由规模速度型增长向质量效益型增长转变;由传统建筑承包商向现代工程服务商转变),全力打造"国内知名、行业领先的现代工程服务商"。

古太供热项目荣获国家优质工程金奖、"鲁班奖"

双星集团有限责任公司

双星集团有限公司（以下简称双星集团）始建于1921年，总部位于青岛市西海岸新区，是山东省轮胎行业唯一一家国有主板上市公司。2008年以前，双星集团主业主要为鞋和服装。2008年，鞋服产业全面改制后从双星集团分离，双星集团全面转行到轮胎产业。2014年，双星集团开启了"二次创业、创轮胎世界名牌"的新征程，通过智慧转型，关闭了所有老工厂，淘汰了全部的落后产能，建成了全球轮胎行业第一个全流程"工业4.0"智能化工厂；同时，培育了智能装备、工业机器人（含智能物流）和废旧橡塑循环利用三大新产业，搭建"研发4.0+工业4.0+服务4.0"产业互联网生态圈，成为5年来唯一一家被工业和信息化部授予"品牌培育""技术创新""质量标杆""智能制造""绿色制造""绿色产品""绿色供应链""服务转型"全产业链试点示范的企业，被称为"中国轮胎智能制造的引领者"。2018年，双星集团控股曾名列全球前十的韩国锦湖轮胎。双星轮胎品牌连续多年荣登"亚洲品牌500强"中国轮胎榜首。

党委书记、董事长　柴永森

2020年，双星集团开启了"三次创业、创世界一流企业"的新征程。2020年7月16日，双星集团成为青岛市首家完成集团层面混改的国有企业，由市属国有独资企业转为国有控股混合所有制企业。双星集团混改后将围绕橡胶轮胎、人工智能及高端装备、循环利用及新材料三大主业和模式创新，实施智慧生态、智慧轮胎、智能装备、环保新材料的"三智一新"战略，尽快把双星集团打造成为科技、时代、智慧型的世界一流企业。

双星轮胎"工业4.0"智能化工厂－成型工序智能关节机器人正在进行智能检测

全球轮胎行业第一个全流程"工业4.0"智能化工厂

中建二局第三建筑工程有限公司

党委书记、董事长　张万宾

中建二局第三建筑工程有限公司（以下简称三公司）始建于1952年，总部设在北京，注册资本金10亿元，是中国建筑股份有限公司旗下具有国家房屋建筑施工总承包特级资质的大型综合建筑施工企业。目前，三公司形成了20个职能部门、6个区域分公司、3个专业分公司、1个设计院的管理架构，不断加强区域建设，深耕核心市场，形成了京津冀环渤海湾、华东、华中、华南、西南、中西部、赣闽等七大市场区域布局，辐射全国23个省、自治区及4个直辖市。

三公司成立69年来，建设了一大批标志性的经典工程，为国家的建设做出了突出的贡献。目前，三公司已经成长为年合同额超过950亿元、营业收入超过410亿元的大型国有骨干建筑企业，资金、技术实力不断增强，项目管理水平不断提高，荣获"鲁班奖"16项、"詹天佑奖"4项、国家优质工程奖16项，全国建设工程项目施工安全生产标准化工地34项，拥有国家级工法6项及发明专利50项。相继获得"全国文明单位""全国五一劳动奖状""中央企业先进基层党组织""首都文明单位标兵""全国最佳志愿服务组织""全国优秀施工企业"等荣誉称号。2020年，三公司有2人获评全国劳动模范。

近年来，三公司秉承"筑诚筑信，人企相依"的企业精神，始终坚持过程精品、超值服务的履约理念，努力建设超值履约能力、低成本竞争能力、总承包能力、全产业链整合能力，致力于将公司打造成建筑行业综合建造能力标杆性企业。

三公司承建的国家体育馆2022冬奥改建项目

三公司承建的冬季运动管理中心综合训练馆

三公司总部大楼

宝鸡秦源煤业有限公司

党委书记、董事长　吴积和

宝鸡秦源煤业有限公司（以下简称秦源煤业），是宝鸡市政府与徐州矿务集团有限公司于2003年合资组建的国有煤炭企业，位于历史文化名城宝鸡市陇县，宝中铁路、省道212从矿区穿过，交通便利，地理位置优越。秦源煤业先后获得中国煤炭工业"双十佳煤矿""全国特级安全高效矿井""全国'安康杯'竞赛活动优胜企业""全国安全文化示范企业""陕西省文明单位标兵"和宝鸡市国资委党委"先进基层党组织"等多项荣誉称号。

秦源煤业凭借雄厚的技术实力和管理经验，合资后迅速把年产15万吨的地方小矿井改造成90万吨的现代化矿井，后又完成了140万吨技改项目，创造了国内同类工程的一流速度和质量。10余年来，生产煤炭近2000万吨，上缴各种税费15亿元，接纳和带动5000多人就业，为地方经济社会发展做出了突出贡献，实现了企地共荣。

由于矿井资源枯竭，秦源煤业按照国家和地方政府规划要求，于2018年退出产能并实行关井闭坑程序。但是，现任公司领导班子不等不靠，果断决策，主动作为，"关井不减人，转型促发展"，把自力更生、转型发展作为第一要务，明确了"争当全国国有企业化解过程产能

矿井转型发展先进典型"的工作总目标，确定了"安全稳妥关井、落实托管矿井、筹建接替矿井"三步走战略，提出了"番号不撤、品牌不倒、思想不乱、队伍不散、斗志不减、待遇不降"的"六个不"的工作总要求，按照"以党建为统领、以职工为中心、以发展为目标、以成果为检验"的总原则，坚持稳中求进的工作总基调，创造性地将化解过剩产能工作走在了陕西省同行业的前列，解决了"井关了，人怎么办"的行业难题，提供了"井关了，历史遗留问题如何解决"的秦源样本，走出了一条资源枯竭型矿井转型重生的秦源之路，实现了公司的可持续发展。

在矿井关闭过程中，秦源煤业通过成功托管两个矿井，做到了矿井关闭与职工全员安置的无缝对接，确保了职工队伍稳定和矿区和谐稳定，兑现了承诺，让全体职工"留有所为、老有所养、去有所得"，充分体现了国有企业强烈的责任担当。

面对公司历史包袱重、遗留问题多的现实，秦源煤业现任公司领导班子诚信为本、敢于担当，不推诿、不回避、自力更生、二次创业，通过服务外包、盘活存量资源等途径，千方百计筹集资金，优先补发所有职工的历史欠薪欠账，并在原有基础上使职工工资年均增长达10%以上，赢得了广大干部职工的一致拥护和信赖；遗留的社会历史问题在全部认可的前提下，逐项列入偿还计划一一解决，创造性解决历史老大难纠纷1.7亿元，用现金累计偿还历史欠账达3500余万元。公司"关井不赖账，主动筹资还"的诚信担当作为赢得了利益相关方和社会各界的广泛认可与赞誉。2019年12月，应陕西省信用协会邀请，秦源煤业协办了陕西省重点企业信用建设推进会并在大会上做了诚信企业创建经验交流发言，被授予"陕西省企业信用建设标准化共建基地"。

奋进新时代，建功"十四五"，诚信相伴行。秦源煤业将在社会各界的关心帮助下，坚持稳中求进工作总基调，紧握奋斗之桨，高扬奋斗之帆，发扬"三牛"精神不断开拓进取、真抓实干、砥砺前行，为争当全国国有企业化解过剩产能矿井转型发展先进典型而不懈奋斗，以优异成绩向党的百年华诞献礼。

河南能源化工集团重型装备有限公司

党委副书记、副董事长　黄涛

河南能源化工集团重型装备有限公司（以下简称重装公司）是世界500强企业——河南能源化工集团有限公司旗下全资子公司。

重装公司坐落于开封市城乡一体化示范区魏都路中段，占地规模约为600亩，建筑面积约22万平方米，总设计产能30亿元。自成立以来，便秉持着创新发展、科技引领的发展理念，专注于液压支架及液压油缸的生产与再制造，现已成为集设计、生产、贸易于一体的液压支架与液压油缸装备专业制造企业。

在不断地发展进程中，重装公司以聚焦未来的发展视野，配备行业领先、国际一流的生产加工设备，拥有煤机行业内自动化程度领先的数控加工中心、智能化钢板切割生产线、焊接机器人、火焰坡口机器人、自动化涂装线及行业内领先的液压支架整架检测装备。能够生产支护高度1.2～7.0米、工作阻力2000～18000千牛的各类液压支架，以及缸径φ63～500毫米的液压油缸，凭借着一流的产品、领先的技术、创新的工艺在行业内享有盛誉。重装公司着力打造的电镀车间可进行镀锌、镀铬、镀铜及退镀工艺，年处理能力可达到400万平方分米。

匠心铸造精品，智能引领未来。重装公司将依托河南能源化工集团有限公司雄厚的实力，坚守着"团结拼搏，务实创新，担当作为，追求卓越"的企业精神，始终沿着专业专注、匠心制造、优质服务的企业发展之路，致力于自动化、智能化综采工作面的设计研发和生产制造，全力打造国际知名高端液压油缸产业园和智能制造产业园。用高端产品服务高端用户，向行业领先、国际一流的企业愿景不断前进。

液压件车间生产现场

主要产品液压支架

重装公司办公区

湖南省第五工程有限公司

湖南五建办公楼（中国建设工程"鲁班奖"）

党委书记、董事长　龙兴

　　湖南省第五工程有限公司（以下简称湖南五建）创建于1953年，系湖南省属国有大型特级建筑施工企业，隶属于湖南建工集团。注册资本金15亿元。现有员工7000多人，各类专业技术人员超过2000人，年施工生产能力300亿元以上。主要资质有：建筑工程施工总承包特级资质；建筑行业（建筑工程、人防工程）甲级设计资质；机电工程、市政公用工程总承包一级资质；公路工程、水利水电工程总承包二级资质；电力工程总承包三级资质；环保工程、地基基础工程、钢结构工程、建筑装饰装修工程专业承包一级资质；城市及道路照明工程专业承包三级资质；以及施工劳务资质和其他专业资质。业务范围涉及施工、投资、开发、设计、咨询、建材、工程设备、劳务等建筑业上中下游产业领域。施工足迹遍布包括湖南省在内的全国30多个省、自治区、直辖市，并且承建了越南、也门、利比里亚、马来西亚等国家的重点工程。

　　湖南五建秉承"诚信经营、用户至上"的宗旨，坚持"一流、超越"的质量、职业健康安全和环境

全国建筑业AAA级信用企业 　　　　　高新技术企业 　　　　　湖南省"建筑强企"

管理体系方针，矢志不渝打造精品工程、品牌工程。近10年来工程质量创（参）建"鲁班奖"22项、国家优质工程奖12项、全国市政金杯奖2项、国家建设工程项目施工安全生产标准化工地12个，以及湖南省"芙蓉奖"、湖南省优质工程、浙江"钱江杯"、四川"天府杯"金奖、贵州"黄果树杯"等300多项奖项。先后获得"全国优秀施工企业""国家高新技术企业""中国建筑业竞争力200强企业""全国建筑业AAA级信用企业""全国施工总承包200强""全国厂务公开民主管理先进单位""全国'安康杯'竞赛优胜单位""全国优秀诚信企业案例企业"和湖南省"建筑强企"、湖南省"守合同、重信用"企业、湖南省"文明单位"、湖南省"抗震救灾先进单位"等200多项综合类荣誉。

展望未来，湖南五建将以"弘扬工匠精神、打造百年老店"为战略目标，坚持新发展理念，以高度的使命感和责任感推进公司持续健康快速发展，竭诚与社会各界携手并进，精心雕塑无愧于时代的建筑精品，开启新时代更加波澜壮阔的新征程。

2019年3月，湖南五建投资建设的湖南建工·五建装配式建筑产业基地项目正式竣工投产，产业基地位于湖南省株洲市荷塘区金山科技工业园，占地152亩，总建筑面积约5.7万平方米。具有年产20万立方米预制混凝土构件、30万立方米预拌混凝土、10万立方米预拌砂浆、10万平方米轻质墙板、1万米预制叠合式管廊的生产能力。

中南大学湘雅三医院外科病房楼工程
（中国建设工程"鲁班奖"）

株洲汽车交易中心
（国家优质工程奖）

长沙黄花国际机场新航站楼及高架桥
（中国建设工程"鲁班奖"）

醴陵·世界陶瓷艺术城
（湖南省安全质量标准化示范工程）

长沙市车站北路浏阳河大桥建设工程 中国建设工程"鲁班奖"

湖南建工交通建设有限公司

党委书记、董事长 宋德新

湖南建工交通建设有限公司（以下简称交建公司）是湖南建工集团有限公司（中国500强企业）开展路桥业务的唯一专业子公司。交建公司拥有公路工程施工总承包特级、市政公用工程施工总承包一级、桥梁工程专业承包一级、公路路面工程专业承包一级、公路路基工程专业承包一级、公路养护桥梁甲级、隧道甲级、公路养护综合一类甲级资质。

交建公司自成立以来深入实施创新、转型、升级发展战略，业务遍及湖南、湖北、四川、重庆、江西、贵州、河北、山西、内蒙古、宁夏、新疆、西藏、广东、广西等省、自治区、直辖市，完成了一批荣获"鲁班奖""芙蓉奖"的优质工程。随着公司业务规模快步增长，年实施能力达100亿元以上，目前已发展成为集投融建运于一体，涵盖公路工程、市政建设、隧道、养护、交安、试验检测等领域的大型工程总承包企业。其中，长沙市火星北路浏阳河大桥获中国建设工程"鲁班奖"，张家界武陵山大道改扩工程景区段项目获住房和城乡建设部"市政公用科技示范工程""2020年度湖南省建设科技、绿色建筑、建筑节能行业优秀项目"；衡阳西渡工业园开福路、玉华路建设工程项目，湖南省莲花冲（湘赣界）至株洲高速公路第1合同段和G234娄双公路项目（双峰段）获湖南省"芙蓉奖"和湖南省"优质工程奖";湖南省马迹塘至安化高速公路项目第2合同段获湖南省"优质工程奖",常德善卷路（兴德路－怀德路）下穿常张高速公路框架桥项目获"湖南省绿色施工工程"。

交建公司不断提高技术创新能力，累计获得省部级工法7项、企业级10项，拥有3项国家发明专利、16项实用新型专利，新技术的运用实现了高等级公路低碳环保、节能减排的目标，引领了行业未来的发展方向，获得湖南省住房和城乡建设厅认定授牌的建筑业省级企业技术中心。交建公司积极开展多元化的文娱活动，将企业精神灌注在每一个细节，使职工心有所属、力有所向、情有所系，荣获"企业文化建设先进单位"称号，2020年获得"省属监管企业文明单位""湖南省模范职工之家"等荣誉称号。

交建公司秉承"一流、超越、精作、奉献"的企业精神，坚持"诚信、进取、和谐"的核心理念，坚持"创新、转型、升级"的发展理念，愿与社会各界有识之士携手并进、精诚合作，共谋发展大业、同创美好未来。

湖南省莲花冲（湘赣界）至株洲高速公路土建工程　湖南省"芙蓉奖"和湖南省"优质工程奖"

绿金湖（中湖）矿山地质环境治理 PPP 项目

安徽省交通航务工程有限公司

党委书记、董事长、总经理　方申柱

安徽省交通航务工程有限公司（以下简称安徽交航）是中国企业 500 强、ENR 全球承包商 250 强、中国承包商 80 强——安徽建工集团有限公司控股的子公司，系安徽省首家市政特级资质企业，已同集团公司整体上市，是全国建筑业 AAA 级信用企业、国家高新技术企业、全国优秀施工企业。

安徽交航拥有市政公用工程施工总承包特级资质，市政甲级设计资质，港口与航道工程、公路工程、建筑工程 3 项施工总承包一级资质，水利水电施工总承包二级资质，同时具有环保、隧道、路基路面、桥梁、钢结构、地质灾害处理、河湖整治、航道整治以及城市园林绿化等 10 项专业承包资质。安徽交航自 1992 年改制以来，坚持"诚信为本、敬业至上"的观念，从困境中起步，经济效益连年递增，"十三五"期间营业收入、利润总额、资产总额、净资产分别是"十二五"期间的 1.94 倍、7.37 倍、4.18 倍、12.24 倍，发展增速持续高于行业平均增速。

2022 杭州亚运会海洋运动中心（亚帆中心）

泗县市政道路及配套设施勘察设计施工一体化 EPC 总承包项目

合肥轨道交通四号线 3 标项目

引江济淮（安徽段）巢湖湖区航道整治及派河口服务区项目

台山公司全景

国能粤电台山发电有限公司

国能粤电台山发电有限公司（以下简称台山公司）成立于2001年，注册资本45.596亿元，管理权隶属于国家能源集团广东电力有限公司（以下简称广东公司）。总装机容量5120兆瓦，是国内装机规模最大的火力发电厂之一。截至2020年，累计发电3184.76亿千瓦时、创造产值1202.58亿元、实现利润263.74亿元、缴纳税额172.11亿元。

台山公司将诚信文化融入企业生产经营管理理念，通过开展印发企业文化手册、组织签订诚信自律声明、建全企业信用管理制度、开展诚信行为评价、评选诚信自律员工等工作，引导全员将守法诚信理念内化于心、外化与行。招标采购系统定期更新涉电领域失信联合惩戒对象名单及法院失信被执行人名单，组织供应商签署廉洁守信承诺书，开展季度供应商评价报告，限制失信联合惩戒对象在系统的注册直到移出名单，落实"一处失信，处处受限"信用惩戒格局。

台山公司坚持依法治理、诚信经营、合规管理，践行社会主义核心价值观和集团企业文化价值观，

台山公司16万吨（总32万吨）圆形封闭煤场

努力培育和弘扬诚信文化，积极参加主管部门、能源电力行业倡导的诚信体系建设，不断提升企业品牌知名度和信誉度，荣获包括"广东省环保诚信企业""广东省诚信示范企业""广东省最佳诚信企业""广东省法治文化建设示范企业""全国电力行业用户满意企业""全国安全文化建设示范企业""全国青年文明号""第六届全国文明单位"等上百项奖项。

台山公司党建展厅

20年来，台山公司始终将践行社会责任融入企业发展战略之中。截至2020年12月31日，已实现安全生产6233天，圆满完成国家重大节日、重要会议及活动的保电任务。7台机组全部完成超低排放改造，排放值优于燃气电厂排放标准。组织员工累计资助贫困学生970人，累计捐助金额45.8万元，累计捐赠衣服1800件，累计献血量18.71万毫升，积极履行国企社会责任，促进地企之间和谐关系，得到社会各界的认可。

进入新发展阶段，台山公司将继续坚持党建领航，持续贯彻"四个革命、一个合作"能源安全新战略，落实国家能源集团"一个目标、三型五化、七个一流"的发展战略和广东公司的部署，为广东公司建设区域内有较强影响力的一流能源企业贡献力量。

台山公司600兆瓦机组集控室

中国神华国际工程有限公司

　　中国神华国际工程有限公司（以下简称工程公司）是国家能源投资集团有限责任公司（以下简称国家能源集团）全资子公司，注册资本1亿元，总资产超过4亿元，是国际国内工程、服务、物资招标采购、工程造价、工程咨询等领域具备领先水平的专业化机构，是中国招投标协会、中国建筑工程造价协会会员单位，被中国招投标协会授予行业诚信"5A"级单位，拥有工程招标、中央投资项目招标、政府采购招标、机电产品国际招标等4个甲级资质证书、工程造价资质（甲级）证书和工程咨询资质丙级证书。

　　工程公司承担着国家能源集团内部市场的归口管控、规范流程、节支降造的重要职能，成为集团工程建设领域招标采购、工程造价、工程咨询的综合管控平台。工程公司着力培育煤矿、电力、路港、航运、煤化工等领域的人才、技术、服务等竞争优势。截至2020年，业务遍布全国28个省、自治区、直辖市，招标代理、工程造价业务量大幅增长，实现年投资千亿元规模的服务能力。目前，工程公司有职工近300人，其中具有大学本科以上学历的员工占比95%、具有中高级专业技术职称的员工占比70%，另外还有配备100多名外聘专家的专家队伍和2万多人的评标专家库，各类参与供应商达18万多家。同时，工程公司积极面向外部市场，按照"创造价值，合作共赢"的经营理念，对外提供专业化招标代理、工程造价、工程咨询服务。

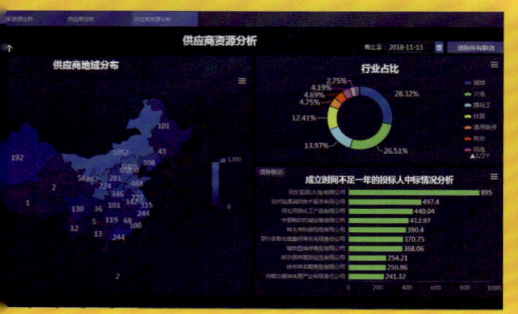

工程公司重视科学管理，各项工作力求建立严格的规章制度和严谨的工作流程。坚持客户至上、诚信为本、专业化管理和企业化运营，通过了ISO9001:2018质量管理体系认证并着力于推进综合业务信息化平台建设，实现了各类业务专业化、标准化、一体化、数字化、智慧化发展。荣获中国物流与采购联合会颁发的"2019全国公共采购年度评选先进电子化平台"和"2020全国公共采购年度评先优秀案例"称号；荣获2020年国资国企联盟的"不见面采购平台推荐"称号；入围中国招标投标协会"互联网＋招标采购全流程电子化交易实践创新成果名单"；获得商业信用中心2020年"全国优秀诚信企业案例"等一系列荣誉。

工程公司高度重视企业诚信文化建设，以文化凝聚力量，以文化塑造品牌，以文化赢得市场，努力构建企业内部、企业与社会的和谐氛围，创造内有亲和力、外有影响力的优质发展环境。进入新发展阶段，工程公司将全力践行新发展理念，奋力构建新发展格局，努力推动公司高质量发展。

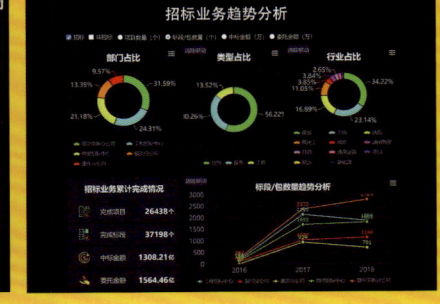

碳达峰、碳中和进行时　国华电力风电项目

淮安宏能集团有限公司

淮安宏能集团有限公司（以下简称宏能集团）成立于2002年，下辖输电、变电、配电、土建、综合能源5个分公司，主要从事220千伏及以下电力工程施工、综合能源服务等业务，是江苏淮安地区唯一的国家电力工程施工总承包二级资质企业，同时拥有房建总承包二级、通信工程施工总承包三级、电子与智能化工程专业承包二级、建筑机电安装工程专业承包二级、输变电工程专业承包二级、钢结构工程专业承包三级资质及电力设施承装（修、试）二级资质。

宏能集团是江苏省承装修试电力设施企业协会常务理事单位、淮安市建筑业协会副会长单位，自成立以来，坚持依法治企、诚信经营，多年来为淮安地方经济发展做出了突出贡献，先后被评为"江苏省安装行业最佳企业""江苏省优秀建筑企业""江苏省安装行业百强企业"等。宏能集团始终狠抓工程质量，承建的"220千伏铁云变电站电气安装工程"和"220千伏安双线线路安装工程"均获得中国安装类权威荣誉——"中国安装之星"。多个电气和线路安装工程获得江苏省住房和城乡建设厅颁发的省优"扬子杯"荣誉和国家电网有限公司优质工程荣誉。

近年来，宏能集团大力加强市场开拓，承接各类大型输变配基建、技改大修等工程，和各级政府投资平台及万达、碧桂园、融创等大型企业开展深入广泛业务合作，不断提升企业各类业务的市场占有率。除聚焦传统输电、变电、配电、土建业务外，还紧跟时代发展脚步，积极加入"碳达峰、碳中和"发展大潮，大力拓展风电、光伏、岸电、电动汽车充电站等新能源建设项目，为国家"碳达

总经理　梁军

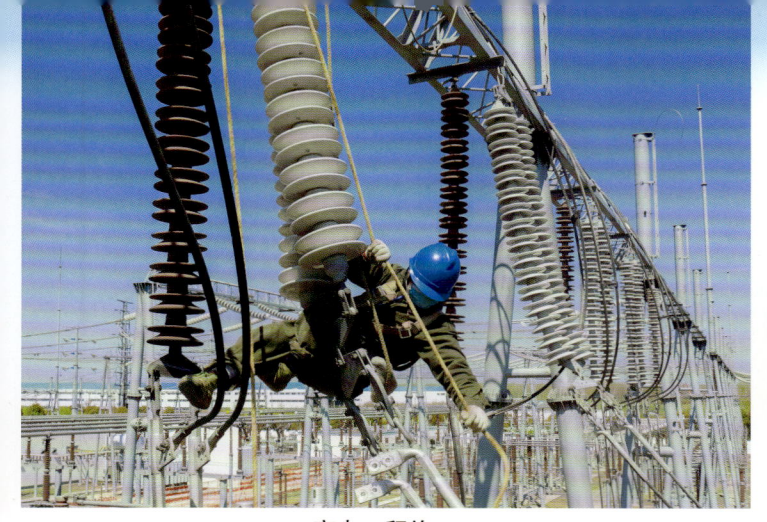

变电工程施工

配电工程施工

输电工程施工

峰、碳中和"目标的实现做出企业的贡献。在集团内部，宏能集团大力加强公司治理和能力提升，在创成国家电网有限公司施工企业能力标准化建设达标企业的基础上，2021年将全力创成国家电网有限公司施工企业能力标准化建设示范企业。

电力是社会经济发展的先行军，展望"十四五"，宏能集团将秉承"人民电业为人民"的宗旨，一如既往、全力担负国家和地方重点电力工程建设任务，秉承"实力取胜，速度为先"的企业理念，艰苦奋斗、团结进取、改革创新、追求卓越，以精品铸就品牌、以实力构筑未来，推动企业不断跨越发展，为国家电网建设、淮安经济社会发展做出新的更大的贡献。

国网山东省电力公司枣庄供电公司

国网山东省电力公司枣庄供电公司(以下简称枣庄公司)成立于1962年,是国网山东省电力公司所属市级供电企业,现有职工4422人,用电营业户数198.8万户。枣庄公司现有13个职能部门、15个业务机构、48个供电所、4家省管产业单位。

经过多年快速发展,截至2020年,枣庄电网拥有35千伏及以上变电站113座,变电容量1294万千伏安,输电线路3695公里,10千伏及以下配网线路3.6万公里。枣庄公司先后获得"全国五一劳动奖状""全国文明单位""全国模范劳动关系和谐企业""全国厂务公开民主管理先进单位""国家电网有限公司先进集体"等荣誉称号。

枣庄公司台儿庄供电中心营业班国庆节值守岗位,用"我和国旗合个影"的形式表达爱岗、爱国情怀

枣庄公司工作人员对枣庄电网东西"大动脉"进行防舞动治理消缺

吉林省城原电力工程有限公司

吉林省城原电力工程有限公司（以下简称城原公司）始建于2004年，现隶属于国网吉林省电力有限公司，主要承揽220千伏及以下输变配电施工安装、调试工程，光伏电站施工业务，风电工程施工（含吊装）业务，设计及EPC总承包业务，风电场、光伏电站、居民区用电设备代运行、检修等维护业务。现有职工1006人，设置综合管理、人力资源、财务资产、安全监察、经营管理、工程管理、党委党建、物资管理8个职能部门及输变电和配电工程2个分公司，以及15个施工处。

党委书记、董事长　徐立波

多年来，城原公司秉承国家电网有限公司"以客户为中心，专业专注，持续改善"的核心价值理念，对内持续强化能力建设，增强发展韧性；对外积极服务客户，履行社会责任。多次被评为白城市"诚信企业""5A级纳税人"等荣誉。2020年12月，获中国设备管理协会"用户满意供应商"殊荣。

用户满意供应商

城原公司志愿者与敬老院的老人共度元宵佳节

城原公司受到客户嘉奖

城原公司到东风乡敬老院开展送爱心活动

城原公司施工建设现场：绑扎新塔吊绳

中建西部建设股份有限公司

河南中建西部建设有限公司总经理　韦健

中建西部建设股份有限公司（以下简称中建西部建设）是国内领先的建材产业综合服务商，专注于混凝土及相关业务。中建西部建设是由全球排名第一的投资建设集团、世界500强企业——中国建筑集团公司打造的第一家独立上市的专业化公司和混凝土业务唯一发展平台，为中国混凝土行业最大的上市公司和《财富》中国500强企业、中国建材工业20强企业。2019年，中建西部建设实现签约额426.20亿元，实现营业收入228.96亿元，稳居中国混凝土行业第2位。

立足于满足市场与客户需求，中建西部建设在国内24个省、自治区、直辖市，以及海外阿尔及利亚、马来西亚、印度尼西亚、柬埔寨等国家和地区建立了强大的生产供应能力与完善的产业链。现有预拌厂166个，专业自动化混凝土生产线348条，拥有水泥、外加剂、商品砂浆、砂石骨料、运输泵送、科研检测等完整的产业链，能够有效满足客户多样化、个性化的产品与服务需求。

中建西部建设坚持贯彻可持续发展理念，致力实现与社会、环境及利益相关者的和谐共生。将"绿色环保"理念贯穿到整个产品生命周期及业务全流程，在行业内率先设置环境总监岗，首创行业内"零排放""花园式"式工厂，建立了国家"十二五"混凝土绿色生产示范基地，生产单位获得"中国混凝土行业绿色环保示范企业""全国预拌混凝土行业绿色示范工厂"等绿色奖项，产品获得"中国环境产品标志认证""三星级绿色建材评价标识"，进入政府采购名录。中建西部建设积极履行央企和上市公司社会责任，广泛开展援疆、援藏及救灾、扶贫、助学、环保等公益行动，获得政府相关部门的充分肯定和多次表彰。中建西部建设以优良的经营管理和品牌形象获得社会各界的认可，被授予"全国文明单位""全国五一劳动奖状""全国工人先锋号""全国模范职工小家""中国最具投资潜力上市公司""中国混凝土行业最具社会影响力企业"等多项荣誉。

　　河南中建西部建设有限公司由中建西部建设与中建七局共同出资组建，于2014年在郑州市成功注册，主要生产普通、高强、超高强混凝土及各类特殊性能的混凝土；主营业务有商品混凝土、预拌砂浆的生产、销售，商品混凝土新技术、新工艺的研发与推广及相关信息咨询。

隔离医院建设供应

目录

第一章　全国企业诚信建设十佳案例

中央企业责任担当，保障国家能源安全 ………………………………… 中国海洋石油集团有限公司（003）
诚信为本保障基业长青，人民至上彰显央企担当 ……………………… 中国长江三峡集团有限公司（008）
坚持依法治企、诚信经营，加快建设具有全球竞争力的世界一流电力公司………………………………
……………………………………………………………………………… 国电电力发展股份有限公司（012）
强化企业信用管理，夯实沙钢腾飞基础 ………………………………………… 江苏沙钢集团有限公司（017）
构建信用管理体系，保障公司发展 ……………………………………………… 国网上海市电力公司（021）
基于"全方位、全业务、全链条、全过程"的省级电力企业信用管理实践…………………………………
……………………………………………………………………………………… 国网宁夏电力有限公司（024）
践行诚信精神，勇担社会责任，建设最受尊敬的世界一流新能源公司……………………………………
………………………………………………………………………………………… 天能控股集团有限公司（029）
传承诚信文化，铸造航天品质，建设煤炭清洁高效利用技术的世界领跑者………………………………
………………………………………………………………………………… 航天长征化学工程股份有限公司（032）
人人守法，诚信经营，持续推进企业依法合规建设 ………… 国网浙江省电力有限公司宁波供电公司（036）
"中小企业诚信榜"助力社会信用体系建设 ……………………………… 深圳担保集团有限公司（040）

第二章　全国最佳诚信企业案例

党建引领担使命，诚信经营谱新篇 ……………………………………………… 北新建材集团有限公司（045）
诚信为本，精益求精，做行业典范 ……………………………………………… 北京市保安服务总公司（048）
以诚信建设为主体，树一流企业品牌，推进企业可持续发展 ……………… 国能准能集团有限责任公司（050）

以德为先,助力国家发展;诚信为本,惠及行业兴达……………天津荣程祥泰投资控股集团有限公司(054)

坚持诚信经营,促进和谐发展,努力建设世界一流综合能源贸易企业……国能销售集团有限公司(056)

承担社会责任,紧急跨界生产、平价定向供应熔喷布…………中国石化仪征化纤有限责任公司(059)

坚持诚信为本,履行央企责任,努力建设世界一流煤炭生产企业……………………………………………
……………………………………………………………………神华神东煤炭集团有限责任公司(063)

建设诚信港口,推动高质量发展……………………………………国能黄骅港务有限责任公司(067)

电力大数据助力无锡中小企业信用体系建设………………国网江苏省电力有限公司无锡供电分公司(071)

内化诚信至善企业精神诚信经营,助力企业高质量发展…………内蒙古电力(集团)有限责任公司(075)

质量为先,服务顾客;诚信经营,争创一流……………………………中交第三公路工程局有限公司(080)

善建立本,精诚筑魂……………………………………………………中国建筑第四工程局有限公司(084)

以诚立企,以信致远……………………………………………………中建交通建设集团有限公司(088)

加强风险过程管控,提升信用管理水平………………………国网陕西省电力公司安康供电公司(092)

践行"和·合"文化,用诚信建设凝聚企业发展澎湃动力…………山西建筑工程集团有限公司(096)

勇当特区诚信社会建设主力军……………………………………………深圳市高新投集团有限公司(100)

品质成就未来,做一流的计量检测技术服务专业机构……………广州广电计量检测股份有限公司(104)

以创新谋发展,培育下一个华为、腾讯……………………深圳市天使投资引导基金管理有限公司(108)

坚持诚信经营,打造美丽化工……………………………………………………青岛海湾集团有限公司(111)

以诚信经营推动企业高质量发展………………………………………………………森诺科技有限公司(114)

第三章 全国优秀诚信企业案例

实施透明度管理,强化企业诚信建设……………………………………………国网重庆市电力公司(119)

打造诚信金字招牌,为美好生活加油……………………中国石化销售股份有限公司北京石油分公司(123)

浙江石油用心经营,以诚赢客……………………………中国石化销售股份有限公司浙江石油分公司(126)

以诚信立企,履社会责任,奋力书写一流发展新篇章……………国能包神铁路集团有限责任公司(129)

强肌塑魂,以诚信之基筑万丈高楼……………………………………中建一局集团第二建筑有限公司(133)

筑诚信基石,立行业丰碑………………………………………………中国建筑第三工程局有限公司(136)

全面构建以"诚信通达"为核心的企业信用体系…………………………贵州国台酒业股份有限公司(142)

以"信·和"主流文化引领诚信体系建设,为实现"一最两创、三强三优"汇聚强大动能……………
……………………………………………………………………中国建筑第五工程局有限公司(147)

以诚信践行国有企业责任担当……………………………………………………广西投资集团有限公司(151)

争做全国建筑业领域诚信建设的排头兵……………………………………中交第三航务工程局有限公司(155)

厚德载物创品牌,诚信经营得天下…………………………………………中交第四公路工程局有限公司(159)

目 录

诚信履约显担当，品质服务树标杆……………………………………………中国交通物资有限公司（164）
筑牢诚信之基，助推企业发展…………………………………………………芜湖新兴铸管有限责任公司（167）
诚信筑基、央企担当，努力建设成为"国内领先、世界一流"的煤电一体化绿色能源企业………………
……………………………………………………………………………国电建投内蒙古能源有限公司（171）
开展诚信体系建设，夯实信用企业基础……………………………国网吉林省电力有限公司德惠市供电公司（175）
诚信经营，惜诺如金，建设特大型洗选加工基地…国家能源集团宁夏煤业有限责任公司洗选中心（179）
诚信铸金鼎，精诚行天下……………………………………………………………金鼎重工有限公司（182）
坚持诚信经营，打造信义商城，建设世界一流水平专业化服务单位………………………………………
……………………………………………………………………………国能（北京）配送中心有限公司（185）
构建诚信供应链管理体系，筑牢国防工业安全保障……………中电科技（南京）电子信息发展有限公司（189）
企业诚信建设在我国首座IGCC示范电站的探索与实践………华能（天津）煤气化发电有限公司（192）
铸牢诚信品牌，建设航天强国………………………………………………沈阳航天新光集团有限公司（196）
心系百姓，诚信为民，积极打造具有综合竞争能力的供水服务企业…………沈阳水务集团有限公司（199）
坚持企业诚信，构建和谐企业………………………………………………沈阳铁路信号有限责任公司（202）
诚信为本，基业长青，勇担科技强国重任…………………………………北京时代凌宇科技股份有限公司（206）
品质筑经典，诚信树先锋……………………………………………………中国建筑一局（集团）有限公司（209）
以基于TQM的iPS高质量发展模式提升企业核心竞争力………山西省工业设备安装集团有限公司（213）
坚持诚信经营，展现国企担当，创建世界一流企业……………………………双星集团有限责任公司（217）
坚持诚信发展，铸造卓越未来………………………………………………北京大风车教育科技发展有限公司（221）
树诚信之风，扬桥梁之志………………………………………………………………中建桥梁有限公司（224）
筑诚筑信，人企相依…………………………………………………………中建二局第三建筑工程有限公司（227）
诚信之花，开满"饰界"…………………………………………………………中建二局装饰工程有限公司（229）
诚信为本，构建互惠共享新格局；品质至上，打造百年名企新基业…广西柳州钢铁集团有限公司（232）
敬畏产品，尊重客户，以诚信品牌建设引领高质量发展……………………新余钢铁集团有限公司（236）
匠心100年，诚信赢未来……………………………………………………青岛海湾精细化工有限公司（240）
诚信立企，品牌引领，打造行业标杆…………………………………………青岛海湾化学有限公司（243）
品质服务创品牌，诚信经营显担当……………………………………………青岛海达控股有限公司（246）
诚信铸品牌，建功新时代……………………………………………………青岛海湾新材料科技有限公司（250）
诚信发展，迸发新活力………………………………………………………青岛海湾液体化工港务有限公司（253）
追求卓越，铸造精品；诚信经营，奉献社会…………………………………山东泰安建筑工程集团有限公司（256）
坚持"五个升级"履行央企责任，打造3515"诚信名片"………………际华三五一五皮革皮鞋有限公司（259）
社会责任谨记心，诚信经营方长远……………………………………………骆驼集团股份有限公司（262）
以诚信铸魂立业，助推公司高质量转型发展…………………………………宝鸡秦源煤业有限公司（264）

003

标题	单位	页码
奋勇向前，后来居上	河南能源化工集团重型装备有限公司	（268）
坚持诚信经营，促进高质量发展	安徽百大合家福连锁超市股份有限公司	（271）
诚信合规报销，依法遵章服务	内蒙古电力（集团）有限责任公司内蒙古电力科学研究院分公司	（274）
以信用为依托持续优化营商环境、获得用户满意	内蒙古电力（集团）有限责任公司乌兰察布电业局	（277）
党建价值中的诚信服务	内蒙古电力（集团）有限责任公司乌海电业局海勃湾供电分局	（280）
"互联网＋蒙电采购服务"模式下构建电力招投标信用评价体系	内蒙古蒙能招标有限公司	（283）
诚信汇聚强大绿色动能，助力于地区高质量发展	内蒙古电力（集团）有限责任公司巴彦淖尔电业局	（285）
诚信铸口碑，产融促腾飞	深圳市润电投资有限公司	（288）
诚实守信，以人为本，推动公司可持续发展	江苏镇江发电有限公司	（291）
不忘初心五建匠人，全面践行国企使命担当	湖南省第五工程有限公司	（294）
诚信为本，追求卓越	湖南建工交通建设有限公司	（297）
建设诚信安徽交航，助力高质量发展	安徽省交通航务工程有限公司	（300）
履行诚信经营，彰显央企担当，努力建设区域一流示范性水电企业	国能达拉河水电开发有限公司	（303）
聚焦"四位一体"协同机制，打造诚信电力品牌	国能南宁发电有限公司	（306）
凝聚诚信正能量、营造诚信新风尚，为打造"四个一流"新矿机而努力奋斗	国家能源集团宁夏煤业有限责任公司矿山机械制造维修分公司	（308）
坚持环保领跑、立足诚信发展，建设高品质清洁综合能源动力中心	中国神华能源股份有限公司惠州热电分公司	（311）
十年树木、百年树人，诚信文化助力创建世界一流电力示范企业	国能粤电台山发电有限公司	（314）
坚持诚信经营、履行社会责任，建设世界一流高品质能源企业	河北国华沧东发电有限责任公司	（317）
以诚为基、以信为本，促进企业发展	文县柳园水电开发有限公司	（321）
秉承诚信守法经营，倡导绿色能源发展，迈向世界一流新能源领军企业	国电和风风电开发有限公司	（323）
诚信经营，敢为人先，打造华中公司示范品牌	国电物资集团有限公司华中物流配送公司	（325）
至诚则成，立信于行	国能诚信招标有限公司	（328）
履行央企责任，创新驱动高质量发展	国能大渡河流域水电开发有限公司	（331）
坚守诚信底线、实现价值创造，努力建设行业一流专业化服务公司	中国神华国际工程有限公司	（334）
依法纳税，诚信经营	国网山西省电力公司高平市供电公司	（337）
基于电力大数据的企业信用评价服务应用	国网北京市电力公司客户服务中心	（339）

目 录

银、营、财三方电费账务核算内控管理信用评价体系建设实践 国网北京市电力公司客户服务中心（342）

坚持诚信经营、助力复工复产，服务地方经济高速发展 国网重庆市电力公司永川供电分公司（345）

降低工业企业用电成本，提升用户电力信用获得感 国网重庆市电力公司长寿供电分公司（348）

培育诚信文化、强化供电服务，推动企业高质量发展 国网重庆市电力公司开州供电分公司（351）

贯穿工程管理全过程的企业信用管理 淮安宏能集团有限公司（355）

泰州电力人的诚信品牌故事 国网江苏省电力有限公司泰州供电分公司（358）

加强社会信用体系建设，助力现代智慧供应链发展 国网江苏省电力有限公司连云港供电分公司（361）

依法治企、诚实守信、公开透明，全力打造新时代中国特色的诚实守信电力企业新标杆 国网江苏省电力有限公司启东市供电分公司（364）

基于信用体系建设的电力企业外包安全管理实践 国网江苏省电力有限公司丹阳市供电分公司（367）

诚信建设"六联方"，打造诚信品牌新高地 国网山东省电力公司枣庄供电公司（370）

深化物资精益过程管控，助推供电企业服务诚信建设 国网陕西省电力公司汉中供电公司（374）

以社会信用体系建设为抓手规范企业内外部经营 国网陕西省电力公司西安供电公司（378）

供电企业基于大数据的电力大客户信用评估体系的探索与构建 国网陕西省电力公司咸阳供电公司（381）

以供电质量促服务提升 国网陕西省电力公司洛川县供电分公司（384）

以诚信筑基，助推企业高质量发展 国网陕西省电力公司榆林供电公司（388）

加强诚信机制建设，服务公司发展大局 国网湖南省电力有限公司管理培训中心（391）

扬诚信供电之帆，为美好生活赋能 国网湖南省电力有限公司益阳供电分公司（394）

强化制度建设，诚信服务社会 张家界创远电力勘测设计有限责任公司（397）

诚信经营，厚道厚德 张家界市湘能农电服务有限公司（400）

精益规范管理，诚信服务社会 湖南经研电力设计有限公司（403）

聚焦疫情防控，深化以社会责任为导向的企业诚信建设 国网山西省电力公司大同供电公司（406）

优质服务撑起责任担当 国网山西省电力公司陵川县供电公司（409）

天道酬诚——助推电力市场阳光发展 哈尔滨电力工程安装有限公司（412）

应用信息系统强化信用管理成效显著 国网江西省电力有限公司鹰潭供电分公司（415）

"三个坚持"筑牢诚信根基 国网吉林省电力有限公司长春市九台区供电公司（418）

弘扬安全服务诚信，筑牢信用体系建设 国网吉林省电力有限公司辽源供电公司（421）

臻于至善，诚信兴企 吉林省城原电力工程有限公司（425）

讲诚信，落实降价政策；勇担当，践行国企责任 国网吉林省电力有限公司白山市城郊供电公司（428）

创建诚信管理体系，铸就诚信品牌企业 国网吉林省电力有限公司白山市江源区供电公司（431）

加强诚信长效机制，推动企业文化建设……………国网吉林省电力有限公司白城市城郊供电公司（434）
打好企业诚信"组合拳"，筑牢企业诚信防线…………国网吉林省电力有限公司镇赉县供电公司（437）
开展优质诚信服务，打造一流诚信企业………………国网吉林省电力有限公司集安市供电公司（440）
加强诚信建设，履行社会责任……………………………国网吉林省电力有限公司和龙市供电公司（443）
构建边境服务"三企共建"诚信服务体系………………国网吉林省电力有限公司珲春市供电公司（445）
诚实守信为根本、困难面前显担当………………………国网吉林省电力有限公司龙井市供电公司（448）
建立针对性诚信体系，彰显诚信企业风采…………………国网吉林省电力有限公司四平供电公司（451）
深入推进诚信体系建设，打造公司诚信品牌………国网吉林省电力有限公司长春市城郊供电公司（455）
落实全员文化建设，预防企业失信风险……………国网吉林省电力有限公司长春市双阳区供电公司（457）
诚信有"根"，服务有"果"……………………………国网吉林省电力有限公司榆树市供电公司（460）
用责任担当打造中国企业海外诚信品牌…………………中国建筑股份有限公司国际工程分公司（463）
打造诚信品牌，坚持高质量发展，努力建设世界一流综合电力能源企业……………………………………
……………………………………………………………………安徽安庆皖江发电有限责任公司（466）
以诚信铸魂，树行业标杆，促人企共赢……………………………中建西部建设山西有限公司（470）
以诚取信，以信立誉……………………………………………………河南中建西部建设有限公司（473）
诚信务实求发展，坚定信心扩规模…………………………………………山西一建集团有限公司（476）
做诚信企业，创百年二建……………………………………………………山西二建集团有限公司（479）
为建设"诚信三建"蓄势聚能………………………………………………山西三建集团有限公司（481）
实施品牌战略，铸就质量强企………………………………………………山西四建集团有限公司（486）
诚信施工塑造精品，满意工程装配未来……………………………………山西五建集团有限公司（490）
重信守诺，共建共赢…………………………………………………………山西六建集团有限公司（493）
以诚信为基，携诚信经营……………………………………………………山西八建集团有限公司（496）
建设诚信晋塔，筑梦百年品牌………………………………………………山西省工程机械有限公司（499）
点亮万家灯火，服务温暖民心……………………………内蒙古电力（集团）有限责任公司乌海电业局（502）
锻造"数字外理、公正理货"诚信品牌………………………………………连云港外轮理货有限公司（505）

第一章
全国企业诚信建设十佳案例

第六章
全国企业名录
建交十年（内）

中央企业责任担当，保障国家能源安全

中国海洋石油集团有限公司

一、企业简介

中国海洋石油集团有限公司（以下简称中国海油）是中国最大的海上油气生产商。

中国海油成立于 1982 年，总部设在北京。经过 30 多年的改革与发展，中国海油已经发展成主业突出、产业链完整、业务遍及 40 多个国家和地区的国际能源公司，形成了油气勘探开发、专业技术服务、炼化与销售、天然气及发电、金融服务等五大业务板块，可持续发展能力显著提升。2019 年，中国海油在《财富》杂志"世界 500 强企业"中排名 63 位，在《石油情报周刊》（PIW）评选的"世界最大 50 家石油公司"中排名 31 位；CNOOC 品牌位列全球油气品牌价值榜第 17 名、品牌价值增值榜第 8 名。

自 2004 年国务院国资委开始施行中央企业负责人经营业绩考核以来，中国海油已连续 16 年获 A 级考评。

二、企业诚信建设情况

作为中央企业中能源行业的主力军、海上油气田勘探开发专业公司，中国海油不忘初心、牢记使命，积极履行企业社会责任，追求经济增长、环境保护与社会进步之间的平衡，在贯彻落实党和国家重大决策部署中担当新使命、展现新作为，争当增储上产的主力军、勇担责任的企业公民。中国海油坚持以能源报国为己任，落实"四个革命、一个合作"能源安全新战略，加大油气勘探开发力度，加速天然气产供储销体系建设，加强上中下游产业链协同发展，支持国家油气管网体制改革，以实际行动践行"我为祖国献石油"的使命与担当。中国海油坚持以科技创新为驱动，深入实施创新驱动战略，完善科研成果转化机制；积极推动数字化转型；强化基础前瞻性研究，着力突破产业链各领域的关键技术难题。"渤海湾盆地深层大型整装凝析气田勘探理论技术与重大发现"荣获 2019 年国家科技进步一等奖。中国海油坚持以安全运营为根本，持续强化安全管理关口前移，持续加强安全生产过程管控，持续落实安全检查监管，不断提高安全管理水平。中国海油坚持以质量管理为基石，落实"质量强国"发展战略，培育质量文化，强化品牌管理，持续开展质量提升行动，持续满足日益增长的高品质能源需求，CNOOC、COSL、COOEC、CNOOC EnerTech、中海油 36-1 等品牌享誉海内外。中国海油坚持绿色低碳战略，努力当好清洁能源的供应者、绿色发展的推动者，致力于成为让民众满意、让员工自豪、受同行尊重的国际一流能源公司。2019 年，中国海油荣获由联合国全球契约组织中国网络颁发的"2019 实现可持续发展目标企业最佳实践"奖项。

作为现代化一流综合型能源公司，中国海油深刻体会到企业诚信和诚信建设的重要性和必要性，这是企业长久生存的基础和生命力。在加强自身诚信建设的同时，中国海油同样重视对合作伙伴诚信的要求。2020年，中国海油加强信用风险管理力度，将合作伙伴、供应商纳入到诚信管理的范围中，要求他们与中国海油一起共同履行诚信义务。2020年，中国海油与商业信用中心联合打造了中国海油供应商信用风险查询平台，同时形成长效诚信管理机制，定期对中国海油7万余家供应商开展信用风险体检，及时清理失信企业，实现了中国海油诚信建设及供应商信用风险动态管理。

三、企业诚信实践

（一）中国海油党组承诺：一如既往保供应、保生产

2020年，一场突如其来的新冠肺炎疫情牵动民心，"战疫"见证初心。"战疫"物资及用品紧缺成为彼时疫情防控工作的突出矛盾，但中国海油作为国有企业排头兵，对国家对社会对人民生产生活所负的责任重担挑在肩头不能放。

中国海油的油气生产设施远离陆地，在海上防疫要求更加严格的条件下，一线职工24小时加班不间断生产，在连续工作1个多月的情况下，仍然申请继续坚守岗位保生产，全力以赴保障油气产品、医疗消毒用品生产。在前期捐赠5000万元及18000升车用柴油和46000升消毒液的基础上，继续做到供应不断、质量不降、价格不涨。

在保障油气生产一线职工的健康和安全前提下，中国海油保证不间断海上石油和天然气生产，各炼厂、液化天然气终端全力生产和储备，各加油站、加气站敞开供应，一如既往地供应绿色、环保能源，为打赢疫情防控阻击战贡献中国海油更大力量。

新冠肺炎疫情期间，中国海油坚持疫情防控和生产经营两手抓、两手硬，全力保障油气资源安全稳定供应。2020年，中国海油实现国内累产油气当量961万吨，同比增长5.5%；上游油气生产单位14个产能建设项目全部开工，渤中19-6、陵水17-2等重点项目、重点工程有序推进，为完成全年油气产量目标、推进增储上产"七年行动计划"奠定了良好基础。2020年春节和疫情期间，中国海油近6万名职工坚守岗位，国内120余个在产海上油气矿全部正常生产，所属渤海油田、南海西部油田、南海东部油田等上游单位确保油气生产不断档，海上油气生产装置稳定运行。

作为全国第二大原油生产基地，渤海油田始终坚持疫情防控、油气生产同时"在线"。探明油气地质储量近3亿吨的我国渤海湾盆地大型凝析气田——渤中19-6开发项目已顺利完成采油平台上部组块海上安装，目前正在陆续开展适应性改造、联合调试等工作，确保气田顺利按时投产。南海西部油田40余座海上油气生产装置在2020年春节和疫情期间稳定运行，日产油当量超过3万吨。我国首个海上大型深水自营气田——陵水17-2开发项目现场，9口开发井钻井作业火热进行，气田开发所需深水半潜式生产平台正加快建造。在南海东部油田，17支钻井队伍在8艘钻井船、9个油气生产平台上同步进行作业，完成多个勘探开发项目，创造了作业量新纪录。中国海油所属中海油服务股份有限公司（以下简称中海油服）、海洋石油工程股份有限公司（以下简称海油工程）、中海油能源发展股份有限公司（以下简称海油发展）等公司全力保障海上油气勘探开发所需的资源供给，满足海上现场作业的装备、技术等需求，确保海上油气田平稳有序生产。中国海油100余艘物探勘察船、钻井平台、工程船在400余个作业点作业，确保生产24小时正常运行，有力保障了渤中19-6、陵水17-2等一批重大项目安全优质高效作业。

2020年春节期间，中国海油共有2万余名职工坚守海上，确保海上油气田安全生产、油气稳定供应。疫情面前，中国海油海上作业人员纷纷签下请战书，主动申请延长出海工作时间，坚守油气生产一线。

（二）防疫无死角，保供不断档

2021年1月6日，为严防疫情扩散，河北省进入战时状态，中国海油驻冀企业积极响应当地政府号召，严格防疫的同时确保油气不断供，全力保供气、暖心防寒潮。寒潮袭来，河北省局部地区气温骤降8~12摄氏度。中海石油气电集团有限责任公司河北销售分公司严格落实中国海油"保量、稳价""引导行业良性发展"的要求，全力保障证天然气供应及价格稳定，以贴心、有温度的服务做好冬季保供工作，关键时刻体现中央企业责任担当。为保障广大客户日常物资的购买需求，低风险地区的部分加油站还免费提供两公里内无接触送货上门服务，让客户居家无忧，感受到中国海油的温暖，此举也得到了广大客户的好评及认可。

2021年1月1日以来，新一轮寒潮来袭，南方气温走低。作为浙江省第一个投产运营的LNG接收站，浙江LNG承担着该省天然气供应量"半壁江山"的输送任务。浙江LNG积极贯彻落实国家关于天然气产供储销体系建设相关要求，高度重视冬季天然气保供工作，提前谋划，多方协调，全力保障浙江省乃至华东地区冬春天然气稳定供应，履行中央企业责任担当。浙江LNG二期工程项目3座16万立方米的LNG储罐及相关附属配套设施已开始分步投运，作为国家天然气产供储销重点项目，该项目的及时投运将进一步提高冬春季节华东地区天然气保供资源储备的安全性，为我国天然气保供贡献中国海油的力量。

（三）中海信托股份有限公司荣获第十三届"诚信托"两个奖项

在2020年7月20日揭晓的第十三届"诚信托"奖项评选中，作为中国海油下属企业，中海信托股份有限公司（以下简称中海信托）荣获管理团队奖、最佳证券投资信托产品奖两个奖项。"诚信托"奖项评选由《上海证券报》主办，是中国信托业界最具影响力的评选活动之一，中海信托首次在该评选中一举荣获公司类及产品类两个奖项。取得良好的成绩离不开卓越的管理团队。中海信托继续秉承"诚信稳健、忠人所托"的经营理念，坚持"稳增长"与"防风险"并重，持续增强主动管理能力，夯实风险管理基础，深挖传统业务潜力，持续转型创新，积极布局财富管理，保持了高质量发展态势。

中海信托确立了"3~5年内把中海信托打造成具有鲜明业务特色和产品优势、受人信赖和尊敬的国内一流信托公司"的目标。2020年，中海信托强化风险管控，确保合规展业；优化人力资源配置，推动业务做大做强；完善内控制度，推动提升制度执行力；强化信息化支持，提升业务运营效能；深入开展主题教育，坚持党建引领，推进党建与经营深度融合。

（四）践行中央企业责任，贡献海油力量

2020年2月2日，国务院国资委党委书记、主任郝鹏一行来到中国海油，视频连线消毒液生产一线，亲切慰问奋战在岗位上的职工。中海油天津化工研究设计院有限公司下属企业——天津正达科技有限责任公司（以下简称天津正达）原本并不生产消毒液，为了防控疫情，临时改造生产线。10天之间，天津正达已向武汉等地提供90多批次、累计超过500吨的消毒液。为了打赢疫情防控阻击战，大家义不容辞地扛起了肩上的责任。

为助力打赢疫情防控阻击战，中国海油统筹各种资源积极践行中央企业责任。2020年1月31日，中国海油捐赠的15吨车用柴油向武汉雷神山医院飞奔而去，支援其建设。2020年2月1日，得知潍坊滨海开发区大家洼街道防疫消毒人员及设备紧张，山东海化集团有限公司立即派出公司消防队援助。在这场没有硝烟的"战疫"中，中国海油职工挺起脊梁，奋战在防疫保产保供的第一线。

（五）中海油服马来西亚合营公司优质服务赢赞誉

2020年7月20日，马来西亚国家石油公司给中海油服马来西亚合营公司（以下简称马来公司）发

来一封感谢信，信中高度赞扬了中国海油团队疫情防控期间的高质量作业。疫情防控期间，马来公司有16名中方成员坚守在马来西亚，面对严峻的形势，攻克一个个难关、保障项目优质运行，他们用优异的业绩在海外赢得赞誉，诠释了什么是新时代海油精神。

李屹是中海油服技术专家，也是油田化学业务领域凤毛麟角的女专家。2020年3月，她接到任务后没有一丝犹豫，立即收拾了行囊，带领5名团队成员奔赴海外一线。他们与甲方深度对接，在疫情防控期间完成了更多的工作；同时，依靠过硬的技术功底，把中国海油的先进技术推广至甲方，产生了良好的经济效益，打响了马来公司疫情防控期间降本提质增效的第一枪。

程玉生是马来公司钻完井液业务线的负责人，2019年10月便到了马来西亚。为了确保钻完井液业务正常开展，他主动放弃休假，一干便是280余天。如今，他依然在坚守。当别人对他表示不解时，他解释说："作为钻完井液业务的负责人，我必须留下来。特殊时期，国内钻完井液材料无法正常送达，我要全力锁定本地资源，确保马来公司的钻完井液作业一切正常。"在这些先锋、骨干的示范带动下，马来公司众志成城，确保了所有海外项目优质、高效推进。

（六）与权威商业信用评级机构合作，构建中国海油诚信风险信用体系

中国海油作为国内现代化一流综合型能源公司，充分体现了管理理念上的先进性，深刻了解诚信理念和诚信建设对于一个企业的重要性和必要性

在加强自身诚信建设的同时，中国海油同样重视对合作伙伴诚信的要求。2020年，中国海油着力于深化加强建设诚信风险管理和评估体系力度，将合作伙伴、客户、供应商等纳入到诚信管理的范围中，要求他们与中国海油一起共同履行诚信义务。

中国海油率先与商业信用中心联合打造了适合中国海油的专业信用风险查询平台——中国海油供应商信用风险查询平台；同时形成长效诚信管理机制，定期对中国海油7万余家供应商开展信用风险体检，及时清理失信企业。日常进行企业经营风险情况动态跟踪、关联关系图谱分析、舆情实时监控等工作。在销售、采购、投资等领域，该平台为中国海油提供了强大高效的信用风险预警支持，有效避免了带病供应商、客户与中国海油合作的风险，实现了中国海油诚信建设及供应商信用风险动态管理。

另外，中国海油与商业信用中心联合在集团公司层面对当前的公司信用风险智能管理做了长远规划、顶层设计和系统搭建的可行性研究，给未来中国海油诚信建设谱写了美好的蓝图。

（七）构建集团信用风险管理系统

在供应商信用风险管理的基础上，中国海油继续加强与商业信用中心的合作，将信用风险管理的范围从物资采购领域逐渐扩展到销售、资金、审计、全面风险管理等领域。联合集团公司5个部门及下属10余家二级子公司，共同打造服务集团公司采购、销售、投资、融资4个方面的信用风险管理的综合智能系统。

中国海油集团信用风险管理系统将清洗整合内部信用信息数据，融合外部权威第三方数据，构建集团机构级信用信息数据库。基于此，进一步深化和扩展研发集团公司交易及投融资对手画像，构建投资及交易关系图谱，为集团公司采购、销售、投融资等业务提供统一的信用信息查询、信用风险评估、信用风险监测等功能，最终服务集团公司供应商和招投标管理、客户赊销授信，助力投融资决策及供应链金融。

中国海油将依托信用风险管理系统研发信用风险智能专家模型，努力构建可解释、可验证的风险评估模型体系，逐步实现风险管理方式从第二代向第三代的升级转型。该体系将增强中国海油对上下游交

易对手的风险评估和管控能力,提升风险管理的智能化水平,实现集团信用风险的集约化管理,为石油行业乃至整个中央企业系统树立信用风险管理样板和标杆。

案例创造人:高玲　周庚　周银蕊

诚信为本保障基业长青，人民至上彰显央企担当

中国长江三峡集团有限公司

一、企业简介

经国务院批准，中国长江三峡工程开发总公司于1993年成立，2017年名称变更为中国长江三峡集团有限公司（以下简称三峡集团）。作为关系国家安全和国民经济命脉的国有重要骨干企业，三峡集团自成立以来始终坚持诚信经营，持续推进高质量发展，连续13年在国务院国资委央企业绩考核中获评A级。目前，三峡集团已经成为我国最大的清洁能源集团和全球最大的水电开发运营企业。

围绕战略发展定位，三峡集团初步构建清洁能源开发与长江生态环保业务"两翼齐飞"的战略布局，形成了工程建设与咨询、电力生产与运营、流域梯级调度与综合管理、国际能源投资与承包、生态环保投资与运营、新能源开发与运营管理、资本运营与金融业务、资产管理与基地服务等八大业务板块，业务遍布国内31个省、自治区和直辖市，以及全球40多个国家和地区。2019年，三峡集团被国务院国资委选定为创建世界一流示范企业的10家央企之一。2020年，三峡集团投资额、发电量、利润总额、净利润等主要经营指标均创历史同期新高，其中利润总额和净利润在央企中名列前茅。近年来，国际信用评级机构穆迪、惠誉对三峡集团的评级均始终与中国主权信用评级等同，处于同行业领先水平。

二、构筑诚信体系，打造百年老店

三峡集团将诚信视为企业可持续发展的生命线和核心竞争能力，全力建设治理完善、经营合规、管理规范、守法诚信的典范企业。

三峡集团从履行好国家赋予的职责、实现企业基业长青的现实需要出发，将诚信体系建设放在重要位置，使诚信体系与业务拓展紧密结合，努力实现政治责任、社会责任和经济责任的协调统一。

（一）坚守诚信合规理念

注重理念引领诚信实践。三峡集团积极履行"管理三峡，保护长江，奉献清洁能源，共建美好家园"的伟大使命，在促进长江经济带发展中发挥基础保障作用。恪守"奉献、担当、创新、和谐"的核心价值观，在实现社会效益、生态效益和经济效益的统一目标中，推动企业不断做强做优做大。牢固树立以人民为中心的发展思想，践行"善若水，润天下"的社会责任理念，主动承担更多的社会责任，在精准扶贫、对口支援、救灾救助、乡村振兴等方面担当有为。秉持"践行全面合规，护航两翼齐飞"的合规理念，坚守诚信合规经营底线，以人人时时处处的诚信合规保障企业行稳致远。三峡集团20多年

的改革发展实践表明，诚信合规经营理念已内化为三峡精神与三峡文化的重要内核，已上升为全体员工的思想自觉与行动自觉。

（二）完善现代企业制度

三峡集团坚持"两个一以贯之"，把加强党的领导和完善公司治理统一起来，加快建立各司其职、各负其责、协调运转、有效制衡的中国特色现代企业制度。持续完善三峡集团法人治理制度，进一步规范法人治理主体权责界面和运行机制，优化科学高效的决策体系，充分发挥党组"把方向、管大局、促落实"和董事会"定战略、做决策、防风险"及经理层"谋经营、抓落实、强管理"的作用，确保各治理主体不缺位、不越位、不相互替代、各自为政，为企业诚信经营奠定治理结构基础。加强二级子企业董事会建设，规范子企业专职董事管理，落实董事会职权，全面推行经理层成员任期制和契约化管理。

（三）健全诚信合规体系

三峡集团持续加强诚信合规组织体系建设，以合规管理制度为纲领，由党组、董事会领导，合规委员会组织协调，构建各部门（单位）、合规管理牵头部门、审计巡视纪检等监督部门共同组成的合规管理"三道防线"体系。各二级子企业成立合规管理委员会，明确合规管理牵头部门，制订本公司合规管理办法，覆盖集团范围的组织体系全面建立。分业务板块编制《合规指引》，实现合规管理与生产经营的有机融合。持续加强对业务的诚信合规审查力度，制订《合规咨询与审查管理办法（试行）》，将合规诚信要求内嵌入业务流程，有效规避诚信合规风险。畅通举报渠道，自觉接受来自三峡集团内部和社会各界的监督，全面收集经营一线诚信合规信息，促进管理监督端口前移。

（四）加强制度体系建设

三峡集团构建系统完备、科学规范、运行有效的制度体系，以制度巩固诚信经营和改革发展成果。400余项制度按照分层、分级、分类的原则，明确企业经营各方面合规要求与诚信规范。推进制度体系顶层设计，持续开展管理制度合规与有效执行的动态评估，按照诚信经营要求，持续开展外规内化，加强和改善制度供给。建立统一计划、集中审批、归口管理、分工负责的制度管理体制；突出诚信合规审查、法律审核在制度建设中的重要作用，审查审核率均达到100%，制度对诚信合规经营的基础保障作用得以充分发挥。

三、打造诚信品牌，保障两翼齐飞

诚信是三峡品牌的重要内涵。诚信合规贯穿于三峡集团业务发展始终，成为三峡集团的靓丽名片。2016年，在中国品牌建设促进会等权威机构举办的品牌价值评价中，三峡集团以2040.68亿元的品牌价值位列能源行业第一位。

（一）诚信合规助力三峡工程成功建设运转

兴建三峡工程是中华民族的百年梦想。在党中央、国务院的坚强领导下，在全国人民的大力支持下，三峡集团本着对党、对人民、对历史高度负责的使命感精心组织工程建设。三峡工程建设中采用的项目法人负责制、招标投标制、建设监理制、合同管理制等"四制"模式，即依法用合同用规则来规范参建各方，实现工程的市场化运作，开创了国家巨型水电工程现代化管理的先河。经过17年艰苦奋战，三峡工程设计建设任务高质量完成，成功破解一系列世界性技术难题，创造了100多项世界之最，曾被国务院三峡枢纽工程质量检查专家组誉为水电建设史上的奇迹。2020年，三峡工程顺利完成整体竣工验收，成功经受75000立方米/秒的建库以来最大洪峰考验，确保了长江安澜；三峡船闸累计过闸货运量突破15亿吨，有力推动长江经济带发展；三峡电站累计发电1118亿千瓦时，为国民经济发展和人民生活提供强劲绿色动力。

（二）诚信合规助力清洁能源业务高质量发展

三峡集团坚持把诚信经营放在清洁能源开发首要位置。严格遵守国家标准、行业标准，形成大批远高于前者的三峡标准用以指导建设运行实践，并推动三峡标准上升为国家和国际标准。目前，正在编制或已完成发布的国际标准10项、国家标准45项、行业标准301项。高标准高质量建设和运行长江干流6座世界级水利水电工程，确保建成大国重器和世界级精品工程。优化发展新能源业务，加快海上风电集中连片规模化开发，推动关键技术、核心装备和先进产能落地中国，促进新能源产业升级和创新发展。坚定不移推动国际业务稳健发展，三峡集团境外资产总额已达1800亿元，去年实现利润70亿元。三峡集团诚信合规的品牌美誉度与企业可持续发展能力广受国际资本市场认可，2019年分别以5年期1.3%、10年期2.15%的超低票面利率成功发行10亿美元债券，为企业发展融得大量低成本资金。

（三）诚信合规助力共抓长江大保护

为履行好党中央、国务院赋予的新使命新任务，三峡集团以高度的政治责任感和历史使命感坚持高起点高标准、诚信合规开展长江生态环保业务，为行业树立诚信经营典范。目前已实现业务布局沿长江11个省、自治区、直辖市的全覆盖，城镇污水治理"三峡模式"全面推广。截至2020年年底，累计落地投资额超过1300亿元，在建和投运污水处理能力达到1002.5万吨／日，管网建设运营长度15990公里，直接服务城镇面积1.5万平方公里，直接服务人口2100多万人。充分发挥国有资本引领带动作用，带动一大批社会资本向共抓长江大保护聚集，吸收产业链上下游企业、银行、科研院所等100余家单位加入，直接带动超过1.5万人参与共抓长江大保护。

（四）诚信合规助力产业链健康发展

三峡集团积极发挥企业诚信引领与示范作用，按照共同公约和规则，牵头打造共抓长江大保护的国家级合作平台——长江生态环保产业联盟，积极向产业联盟成员传递诚信理念与价值，目前成员单位已增至102家，尊重规则、信守契约的行业诚信生态正在形成。持续促进供应商诚信合规，将廉洁协议纳入合同组成部分，实时修订《供应商信用评价管理办法（试行）》，2015年至今共评价供应商36765家，累计将405家供应商列入"黑名单"，有效防控供应商信用风险。实时掌握商业伙伴诚信合规情况，倡导商业伙伴共同践行三峡集团诚信合规理念，追求经营合作中的共守诚信。

（五）大力培育企业诚信文化

三峡集团倡导全员诚信理念，培育具有三峡特色的诚信文化。制订《道德与合规性原则》及《可持续发展政策》，面向全球签署发布公开函，郑重承诺致力于将自身建设成为符合国内外道德规范的企业。编制《合规手册》，聚焦重点合规领域，从合规行为准则、公司与员工、公司治理与经营、公司与社会、咨询与投诉等五大方面明确了对员工和利益相关方的诚信合规期望。健全多层次、全覆盖、常态化的诚信合规培训机制，有针对性地开展针对不同对象的专题诚信合规培训。

四、力保抗疫复产，彰显央企担当

在打赢新冠肺炎疫情防控阻击战，做好"六稳"工作、落实"六保"任务这场大战大考中，三峡集团顶住压力、迎难而上，坚决夺取疫情防控和复工复产达产的"双胜利"，为做好"六稳"工作、落实"六保"任务和国民经济稳增长交出了一份靓丽的三峡答卷。

（一）疫情防控担当央企使命

三峡集团举全集团之力支持打赢湖北保卫战、武汉保卫战，第一时间组织抗疫捐资活动，累计向抗疫一线捐款1.7亿元，捐赠从海外紧急采购的高等级医用防护物资25万余件。全力做好保供电、保供热、保供气等民生保障，全集团4000多名职工在湖北省抗疫保供一线连续奋战70多天，承担湖北省约三分之一的用电量和用气量的供应保障工作，积极为武汉市火神山医院建设和湖北省妇幼保健院光谷院区热力管网施工提供技术支持和施工保障，用实际行动兑现了不停电、不停气、不停机、不涨价的承诺。向境外业务重点国家捐赠防疫物资 5878 万元，向巴基斯坦卡洛特水电站派出医疗队。全面加强职工健康管理，动态优化调整疫情防控措施，有力保障职工生命安全和身体健康。

（二）复工复产争做开路先锋

三峡集团在央企中率先实现全面复工复产，并集中开工一批重大工程项目，为市场注入强劲动力，有力带动产业链上下游企业复工复产。全力支持湖北疫后重振，与湖北省签署《推动湖北长江经济带绿色发展合作协议》，谋划推动总投资超过 2000 亿元的能源和生态环保领域重点项目。第一时间捐资助力复工复产和疫后重建，2020 年累计向长江沿线 53 个市（区、县）投入支持长江大保护项目复工复产资金近 1 亿元、支持湖北疫后重建资金 5 亿元、支持重庆广阳岛项目 8 亿元。

五、履行社会责任，发挥表率作用

三峡集团坚持以人民为中心的发展思想，积极履行企业社会责任，不断增强人民群众获得感、幸福感、安全感。

（一）决战决胜脱贫攻坚

面对脱贫攻坚决战决胜之年的艰巨任务，三峡集团充分发挥了央企顶梁柱作用，连续两年在近 300 家中央单位定点扶贫成效评价中获得最高等次——"好"。截至 2020 年年底，历年累计投入扶贫资金超过 86 亿元，实施帮扶项目 1420 多个，惠及全国 110 多个县（市、区）。

（二）全力保障防汛安全

2020 年汛期，长江发生全流域、多轮次、大流量洪水，防汛救灾形势异常严峻。三峡集团始终把防洪效益放在首位，充分发挥流域梯级电站拦洪削峰作用，累计拦洪 355 亿立方米，有力保障长江防洪安全和人民群众生命财产安全。特别是在 2020 年长江流域最大洪水 "长江 2020 年 5 号洪水" 过境期间，通过三峡工程拦蓄洪水，有效避免荆江分洪区运用，使分洪区内 60 万人避免转移、49.3 万亩耕地和 10 余万亩水产养殖面积避免被淹，展示了三峡工程大国重器作用；金沙江乌东德－溪洛渡－向家坝梯级水库联合拦洪 34 亿立方米，降低重庆寸滩站水位超 2 米，有效减轻重庆市防洪压力，有力保障了中下游地区防洪安全。

（三）全面做好稳就业工作

面对疫情给稳就业带来的冲击和挑战，三峡集团在中央企业率先开展 "抗疫稳岗扩就业" 专项行动，加大高校毕业生、农民工等重点群体招聘力度，努力稳就业保民生。2020 年共招聘高校毕业生 1748 人，较去年同期增加 1248 人；启动 2021 年校招工作，计划再引进高校毕业生 2232 人。依托重大工程项目，积极做好农民工招录工作，2020 年前三季度农民工用工总量达 8.8 万人，超过 2019 年全年用工总量。

重信守诺、合规经营是三峡集团取得跨越式发展成就的基本经验，更是企业成为全球水电行业可持续发展引领者、中国水电全产业链 "走出去" 引领者、海上风电等新能源创新发展引领者，实现战略发展定位目标的基本保障。下一步，三峡集团将持续优化健全企业诚信体系，以诚信合规为建成具有全球竞争力的世界一流企业提供保障。

案例创造人：杨曦　黄湘

坚持依法治企、诚信经营，加快建设具有全球竞争力的世界一流电力公司

国电电力发展股份有限公司

一、企业简介

国电电力发展股份有限公司（以下简称国电电力）是国家能源投资集团有限责任公司（以下简称国家能源集团）控股的全国性上市发电公司，产业涉及火电、水电、风电、光电、煤炭、化工等领域，分布在全国24个省、自治区、直辖市。

截至2019年年底，国电电力装机容量8937.69万千瓦。其中，火电装机6873.7万千瓦，占总装机的76.91%；水电装机1437.18万千瓦，占总装机的16.08%；风电装机605.61万千瓦，占总装机的6.78%；光伏装机21.2万千瓦，占总装机的0.23%。总资产3648.48亿元，较2019年年初增加2.64%；营业收入1165.99亿元，同比增长8.04%。总装机容量及营业收入均位列全国十大电力上市公司第二名，资产总额位列第三名。2019年完成发电量3663.58亿千瓦时，同比增加3.56%；完成供热量13725.13万吉焦，同比增加7.86%；参与市场交易电量1937.8亿千瓦时，占上网电量55.82%，同比增加10.21%；平均利用小时完成4246小时，高于全国平均利用小时421小时。

国电电力股票在二级市场表现良好，先后入选上证50指数、上证180指数、沪深300指数和《福布斯》"首批世界最受信赖公司"榜单，保持着国内A股绩优蓝筹股地位；先后荣获中国上市公司百强、金牛上市公司百强、全景投资者关系金奖、中国上市公司金牛基业长青奖、"最值得信任的上市公司"（30家获奖企业中唯一一家电力上市公司）等资本市场重要奖项；获得"全国五一劳动奖状""全国文明单位""全国电力行业优秀企业""全国电力行业党建品牌影响力企业"等荣誉称号；连续10年荣登《财富》中国500强；自2008年以来，连续12年持续保持中电联电力行业最高等级AAA级信用等级；连续多年荣获上海证券交易所信息披露A级评价；连续两年获得"责任信息披露卓越企业奖"。

二、诚信经营理念

国电电力认真落实国务院和国家能源局关于信用体系建设方面的文件要求，将信用工作纳入党建工作，融入企业文化，以树立诚信文化理念、弘扬诚信传统美德为内在要求，大力倡导"诚信尽责、忠诚敬业"的职业道德风范，弘扬积极向善、诚实守信的传统文化和现代市场经济契约精神。坚持以严肃的态度、严密的组织、严格的制度、严明的纪律，培育科学严谨、求真务实的工作作风；坚持以提高管理水平、工作效率和经济效益，实现国有资产保值增值；坚持以企业和职工诚实守信、公道处事、公平待人，确保公正合理，恪守道德规范；坚持全面履行企业社会责任，致力于人与人、人与企业、人与社

会、人与自然和谐相处；坚持严格遵守国家法律法规，依法治企，规范办企，努力承担国有企业社会责任。坚持树立诚信服务意识和信用风险意识，营造人人讲诚信、处处讲诚信、时时讲诚信的企业全员诚信环境，深入开展诚信经营。

三、诚信体系及制度建设

1. 建立完备的管理架构。国电电力严格按照国家法律法规和规范性文件要求，持续强化法人治理体系建设，把党建工作要求等重要内容写入《公司章程》，明确了党组织在公司治理中的法定地位，形成了股东大会、董事会、党委会、经理层和监事会各司其职、各负其责、协调运转、有效制衡、高质高效的法人治理体系运转模式。国电电力领导班子成员均具备大学本科及以上学历，高级技术职称，具有丰富的电力企业生产、经营、管理等各方面经验，在企业内外的信用记录良好，不存在不良记录。

2. 建立信用管理制度。国电电力根据国务院和国家能源局的有关文件要求，制订《国电电力发展股份有限公司信用管理办法（试行）》，明确信用归口管理部门、组织机构，并从信用管理组织与职责、工作要求、信用信息的归集与报送、诚信文化建设、评价与考核五大方面对公司系统信用管理做出了明确规定，规范了信用管理流程，进一步夯实了公司诚信建设基础。

3. 加强社会信用体系建设。国电电力坚持信息透明、规范有效，从多方位推进社会信用体系建设，上榜"最值得投资者信任的上市公司"，是30家获奖企业中唯一一家电力上市公司，连续4届获评"最受投资者尊重的上市公司"。严把信息披露关口，连续多年荣获上海证券交易所信息披露A级评价，连续两年获得"责任信息披露卓越企业奖"。国电电力及所属各发电企业根据相关规定制订《合规管理制度》《内部控制评价管理办法》《违规经营投资责任追究实施细则》等一系列规范经营管理行为的管控措施，构建良好信用管理体系。

4. 加强诚信文化宣传。国电电力及时传达国家诚信建设文件要求，组织员工积极参与"信用电力"等知识竞赛，全员普及信用文化知识。连续多年举办"12·4国家宪法日"宣传周系列活动，弘扬宪法精神，围绕企业高发诚信风险、合规管理等内容开展专题讲座，努力营造"诚信待人、诚信做事、诚信立身"的工作氛围。组织签订廉洁从业承诺书，多渠道宣传公司廉洁诚信文化，将商业犯罪案例纳入警示教育，通过各项活动培养员工成为社会信用体系建设最好的实践者、传播者和继承者。

5. 坚持依法合规经营。国电电力贯彻落实"三重一大"决策制度实施办法，坚持依法依规决策，修订完善国电电力本部部门职责及审批事项清单、合同管理办法、投资管理办法，开展民法典视频培训，制订印发依法治企考核评价管理办法，进一步完善依法治企激励与约束机制，强化依法治企建设水平。成立公司合规管理委员会，加强对合规管理工作的组织领导。强化电力业务许可事前、事中、事后全过程监管，实行月度报备制度，2019年年度各发电企业业务依法合规，未发生列入黑名单情况。国电电力所属各电厂及售电公司在参与市场交易前，严格落实各地准入与退出实施细则，按照注册流程自愿注册成为合格的市场主体，并在交易过程中遵守交易规则，2019年未发生因违反规定被考核情况。

6. 强化诚信履约建设。国电电力修订合同管理办法，实行统一归口管理与分类专项管理、集中管理与分级授权管理相结合的管理机制，在合同履行过程中坚持诚信履约，严格执行合同所规定的义务，确保合同全面按约履行，2019年共签订经济合同1.9万余份，合同类型涉及中介服务、投资收购、工程建设、物资采购、融资担保、资产处置及人事劳资等与生产经营和管理活动相关的内容，在合同履行过程中未发生因自身原因产生的违约行为。国电电力及所属各发电企业根据电网调度机构调度运行规定和电网公司《并网发电厂辅助服务管理实施细则》《发电厂并网运行管理实施细则》规定，均制订了健全的管理办法，各企业严格按照规定及细则开展工作，2019年在调度命令执行过程中未发生过违反调度命令、被电网公司通报情况。

7. 强化信用自律建设。国电电力高度重视信用自律建设，持续强化信用管理工作，对标信用建设标准，诚信承诺践诺，2008年起积极参加中电联电力行业信用企业评价，持续12年保持中电联电力行业最高等级AAA级信用等级；同时，坚持"依法合规、诚实守信、公平公正、团结协作"的自律原则，加强公司自律建设，于2017年积极响应号召，加入中电联信用自律公约，在公司经营管理各环节认真落实公约八条自律条款，自加入以来，未违反过公约，企业信用自律进一步增强。

四、决策部署

国电电力坚定贯彻执行党和国家的路线方针政策，认真落实"四个革命、一个合作"能源安全新战略，大力践行"社会主义是干出来的"的伟大号召，紧密围绕建设世界一流企业目标，坚持新发展理念，持续深化改革，着力提质增效，强化科技创新，加强诚信自律，不断开创企业诚信发展的新局面。

1. 加强党的建设，以一流的党建引领诚信建设。2019年，国电电力党委坚持以一流党建引领诚信建设，先后荣获全国电力行业"党建品牌影响力企业"奖、2019"金质量"上市公司优秀党建奖、集团公司"先进基层党组织"等荣誉称号。国电电力党委紧紧围绕建设具有全球竞争力的世界一流特色能源上市公司战略目标，坚持"把方向、管大局、保落实"，强化主体责任、第一责任、一岗双责、党政同责等责任落实，在政治建设、管党治党、执纪问责、选人用人、作风建设、文化群团建设等方面从严管理，深化"抓支部、强堡垒"特色品牌建设，落实党员教育培训规划，狠抓全面从严治党制度建设，加强作风建设和"四风"整治，精准教育、精准监督、精准执纪，深化"本质廉洁型"企业创建，一体推进不敢腐、不能腐、不想腐机制建设，切实把从严治党要求贯穿始终，打造廉洁诚信的文化氛围。

2. 坚持安全生产，以安全的管理创建诚信形象。国电电力坚持"安全第一、预防为主、综合治理"的方针，以安全环保"责任落实年"和"风险预控年"为契机，建立健全安全环保责任制和评价体系，全面压实安全环保责任，推进风险预控与隐患排查治理双重预防机制建设，2019年，国电电力系统未发生安全生产失信行为。一是健全完善涵盖公司本部到基层企业的安全环保责任制和评价体系，强化考核激励，促进各级安全环保责任有效落实。二是坚持"党政同责、一岗双责、齐抓共管、失职追责"，强化落实从安全"第一责任人"到基层一线人员的安全生产责任。三是深化风险预控与隐患排查治理双控机制建设，创新建立风险预控管理"4M"屏障理论，发布涵盖运行（检修）作业、区域环境、设备故障和管理风险四大安全生产领域的《火电企业典型风险预控管理规范与标准》系列数据库，建立与生产实际更加融合、高效的风险预控模式。四是严格按照检修标准化和外包管理制度要求，开展机组检修督导，强化外委项目管理，加强检修全过程安全、质量把控，保障作业现场安全，确保检修质量和工期。五是建立健全应急管理体系，加强应急能力建设评估，强化应急管理信息化建设，开展远程视频双盲应急演练，提高应急指挥效能。六是通过组织开展基建工程季节性安全大检查、安全生产月活动、应急演练等，强化工程安全管理。严抓风险管控和过程监督，安全管理实现"零"目标，安全管理形势保持平稳。

3. 推动绿色发展，以中央企业的担当落实诚信承诺。国电电力不断强化节能环保体制机制建设，按照全过程、全要素、全链条排查隐患，实行分级挂牌督办、治理，自觉履行环境责任。严格生态环境保护监督工作，健全生态环境保护体系，完善污染治理设施，严格排污标准，自觉接受社会监督，2019年未发生节能环保失信行为。一是推动绿色发展。国电电力坚持北部基地项目和南部海上风电并举，推进风电产业再提速的新能源发展策略。2019年，共核准风电64万千瓦，投产18.8万千瓦，取得陆上、海上风电竞争性配置项目60万千瓦的开发权，取得汕头、北海海上风电资源储备1910万千瓦。同时，稳步推进水电建设，积极推动煤电产业升级，对存量火电机组实施综合提效、节能环保、灵活性、智慧化等多维度升级改造，落实国家淘汰落后过剩煤电产能要求，完成老旧机组产能置换。二是重视节能降耗。国电电力坚持对标管理，一手抓管理提效、一手抓技术升级，对现役机组开展多维度技术改造，全力打造"六型"电力企业。强化运行指标优化和小指标竞赛，实时监控主要生产技术经济指标完成情况，对指标异常情况进行跟踪、督办，深入挖掘节能潜力，全力提升机组效率，主要经济技术指标持续改善。2019年，国电电力供电煤耗完成299.03克/千瓦时，同比降低1.33克/千瓦时；国电电力31台机组获得全国火电大机组能效对标竞赛奖项，其中9台机组获得一等奖。三是开展深度减排。国电电力不断加大清洁化煤电建设力度。截至2019年年底，137台运行机组全部实现超低排放，装机总容量为6693.7万千瓦，占总装机容量的97.38%；完成34个煤场封闭改造项目，13个煤场封闭正在进行，大气污染物控制向更深层次迈进。四是加强生态保护。国电电力深入贯彻绿色发展理念，以技术创新为先导，以资源节约为目标，以高效利用为根本，推动化石能源清洁化和清洁能源规模化，积极推进废水零排放改造、固废及危险废弃物处置等相关工作，助力打好污染防治攻坚战和蓝天碧水净土保卫战。

4. 加强企业管理，以规范的行为践行诚信经营。国电电力规范企业经营行为，全面加强企业治理体系和治理能力建设，防范信用风险，坚持在生产经营活动中诚信履约，提升企业综合竞争力。一是深化内控监督评价。国电电力优化内部控制评价标准，建立健全评价信息系统，持续深入对公司内部控制设计和运行有效性进行监督评价，强化经营管理高风险领域和关键环节的评价管控及整改落实，促进健全管理制度，规范管理行为，优化内控体系，严格按照证监会、上交所的监管要求披露内部控制评价报告，在经营管理各重大方面持续保持有效的内部控制。二是加强审计监督工作。国电电力聚焦中心任务，坚持价值导向和目标驱动，全力推进审计监督全覆盖。2019年，加强领导人员履职监督，实施经济责任审计19项，组织12名领导人员签订经济责任告知书；加强基建工程过程监督，开展跟踪审计32项，完成工程结算8项；加强重大政策落实和经营管理专项审计监督，组织对重要政策、关键业务领域等9个方面开展审计；狠抓72项经责审计问题整改，建立整改台账，实行对账销号管理，充分发挥内部审计监督服务职能。三是加强市场交易管理。国电电力主动适应电力市场交易模式新变化，制订交易管理办法，规范市场交易行为，指导所属企业在合同履行、公平交易、价格管理等方面加强诚信自律，杜绝商业欺诈、商业诋毁、商业贿赂、价格欺诈、价格垄断等市场交易失信行为。2019年获取市场交易电量1937.8亿千瓦时，占上网电量55.82%，同比增加10.21%，交易过程中未发生因失信被通报事件。四是加强用户管理。电力产业用户管理方面，国电电力指导所属发电企业根据当地电力市场对用户的管理规则和要求，对区域电力用户按照大中小实施分级分类管理，建立用户档案清单，滚动更新，甄选优质用户，逐步将客户诚信交易记录纳入应收账款管理。煤炭及化工用户管理方面，公司制订相关管理办法，对煤炭客户的开发、资质审核、客户分类及评价、客户沟通、客户档案管理、煤炭买卖过程中发生质量、计量纠纷问题的解决原则、程序、处理和改进等环节都有明确规定。2019年未发生过因客户管理不到位而造成的信用风险事件。五是打造一流物资采购。国电电力通过建立健全组织机构、梳理完善业务流程、建设采购业务信息化平台、严格执行规章制度、加强供应商管理、持续强化监督等，确保物资招标采购的集中、上网和公开全部实现100%。国电电力落实控股股东供应商失信行为管理办法，构建供应商良好信用管理体系，加强和规范供应商的信用监管，在公司范围内加强对供应商失信行为的认定、处置、信息公布、异议处理和退出等工作，通过对不诚信行为实施"警告""暂停资格"和"取消资格"等惩戒方法完善违法失信惩戒联动机制，促进公司采购工作健康发展，2019年未发生过因供应商失信行为导致的风险。

5. 维护职工权益，以和谐的劳动关系营造诚信氛围。国电电力健全以职代会为基本形式的民主管理制度，坚持企业重大决策听取职工意见，涉及职工切身利益的重大问题经过职代会审议，畅通职业发展通道，为职工提供保障、创造条件，助力职工实现个人价值，与企业共享发展成果，凝聚推动企业改革发展的强大合力。国电电力依法与职工签订劳动合同、支付劳动工资、缴纳社会保险并缴纳个人所得税，为职工创造良好的工作环境并提供必要的劳动保护措施，切实落实劳动保障守法诚信制度，2019年没有违反相关法律法规的情况发生。一是保障职工民主权益。国电电力大力推进职代会、厂务公开、职工董事监事"三位一体"的民主管理体系建设，公司两级职代会建制率、召开率、换届率均达到100%，代表提案落实率保持100%，职工对厂务公开工作满意率普遍达到90%以上。因企制宜制订《总经理联络员制度》，拓宽多种形式的民主管理渠道，保障了职工民主参与、民主管理、民主监督权利落到实处。二是深化三项制度改革。国电电力持续推进劳动、人事、收入分配三项制度改革，努力建设机构精简高效、人员配置优化、收入分配科学的人力资源管理机制。全面梳理业务模块，科学核定劳动定员，完善以效益为中心、鼓励价值创造的收入分配体系，发挥收入分配杠杆作用，职工干事创业热情得到有效激发。三是加强职工队伍建设。国电电力持续实施人才强企工程，不断完善职工职业发展评估体系，打造多层次、一流人才队伍。通过全方位培养，多岗位历练，加强青年人才培养。拓宽职工职业发展通道，开展首席师评选，推动高质量人才队伍不断壮大。高度重视技术人才储备，凝聚企业发展技术人才核心战斗力，加强长远规划，注重发掘储备，青年干部的能力、水平得到快速提升。四是深入实施惠民工程。国电电力坚持物质惠民、精神惠民和文化惠民相结合，统筹发挥各级工会组织的资源和作用，帮助职工解决实际困难，当好职工的"娘家人"。持续实施精准帮困和"送温暖"，规范使用"困难职工帮扶资金"，全年累计走访慰问困难职工1257人次，发放各类帮扶资金496.6万元，将企业的温暖和组织的关怀传递到位。

五、社会责任

国电电力秉承中央企业职责，认真履行社会责任，依法依规纳税，积极融入地方经济建设，保障安全可靠电力热力供应，圆满完成重大节庆、重要会议等保电供热任务，积极参与公益活动，大力开展精准扶贫，努力回报社会。一是依法依规诚信纳税。国电电力秉持守法经营的原则，依法进行生产、经营、管理活动，树立纳税光荣的主人翁意识，以实际行动践行中央企业的责任与担当。高度重视国家财税制度改革的新举措、新政策、新部署，广泛宣传税法改革方案，不断增强企业和职工依法纳税意识，持续提升公司的税务管理水平。二是保障电力热力供应。国电电力把保障电力热力供应作为履行社会责任的重中之重，将生产经营集中管控与企业自我管控相结合，搭建全方位的安全生产管理网络，强化安全生产责任落实，狠抓值班值守、应急管理和"零报告"，落实领导带班和重大操作现场监护，保障应急预案、应急物资、应急人员、应急准备到位，圆满完成了各项重要活动保电和年度保供热任务。三是大力开展精准扶贫。国电电力坚决贯彻党中央关于脱贫攻坚工作的各项决策部署，全面落实"三大攻坚战"，围绕解决"两不愁三保障"突出问题，把脱贫攻坚作为重要政治任务和第一民生工程，扎实有效开展青海、新疆、四川等地区的精准扶贫工作。2019年，国电电力积极组织落实全国"扶贫日"主题活动，开展公益性捐款，依托中益善源"能源爱购"平台，以购代捐，助力扶贫。国电电力用于精准扶贫的资金支出9366.82万元，物资折款62.08万元，帮助建档立卡贫困人口脱贫1694人。

案例创造人：冯树臣　李宝岩

强化企业信用管理，夯实沙钢腾飞基础

江苏沙钢集团有限公司

一、企业简介

江苏沙钢集团有限公司（以下简称沙钢）位于长江之滨的新兴港口工业城市——张家港，东临上海，南靠苏州，西接常州，北依长江，紧靠沪苏通长江大桥，拥有10公里沿江岸线，水陆交通十分便利，区位优势得天独厚。

自公司建立以来，沙钢坚持定位国际先进水平，建设一流钢铁企业，大力推进科技创新、管理创新和机制创新，企业实现了持续稳健发展。目前，公司本部拥有总资产1480亿元，职工15000余名。拥有集烧结球团、炼焦、炼铁、炼钢、热轧、冷轧、超薄带及配套公辅设施等一整套先进的钢铁生产工艺装备，是全国最大的电炉钢生产基地、全国单体规模最大的钢铁企业。先后荣获"中国钢铁行业改革开放40年功勋企业""全国用户满意企业""中国质量、服务、信誉AAA级信用企业""国家创新型企业""全国钢铁行业清洁生产先进企业""中国诚信企业""中华慈善奖企业""江苏高质量发展标杆企业""江苏省高新技术企业""江苏省质量管理优秀奖""江苏省信息化与工业化融合示范单位"等荣誉称号。

沙钢主导产品为"沙钢"牌宽厚板、热卷板、冷轧板、超薄带、高速线材、大盘卷线材、带肋钢筋等，已形成60多个系列，700多个品种，近2000个规格。其中，高速线材、带肋钢筋等产品荣获"实物质量达国际先进水平金杯奖""全国用户满意产品"等称号。带肋钢筋还获得了CARES认证，优质高线荣获"中国名牌"产品，热轧卷板通过了欧盟CE认证，船板钢通过了十国船级社认证，冷轧通过IATF16949汽车用钢质量管理体系认证。产品广泛应用于航空航天、航海工程、高层建筑、桥梁、管线、石化、汽车、家电、食品包装等行业，远销至东亚、南亚及欧洲、北美洲、南美洲、大洋洲、非洲等60多个国家和地区。

面对钢铁行业持续减量调整、上级环保与安全要求不断提升、企业生产经营压力剧增的严峻考验，沙钢在上级党委政府的正确领导和社会各界的关心支持下，坚持质量求生存、创新求发展、服务求完美、合作求共赢的经营理念，走质量效益型发展道路，全力推进安全环保，强化生产组织管理，狠抓品种质量提升，切实加强经营管理。通过不断创新和发展，沙钢的生产经营保持了稳健发展态势，2019年实现销售收入1250亿元、利税115.6亿元。沙钢连续12年跻身世界500强，2020年位列351位；名列"新材指数"2020世界钢铁企业技术竞争力全球50家企业。

二、诚信企业建设主要做法

1. 坚持质量为本，树立企业品牌形象。等价交换、诚实守信、公平竞争是社会主义市场经济发展的基本准则。对于企业而言，为客户、社会提供优质的产品和服务是企业对客户、社会的最大诚信，也是诚信企业应该履行的最根本的社会责任；而优质的产品和服务则是企业创造品牌形象的重要基石，品牌影响力越强，企业诚信度越高。

沙钢始终本着对广大客户和国家经济建设认真负责的态度，高度重视产品的质量管理，创新运作机制，充分发挥具有世界先进水平的工艺装备和雄厚的人才优势，全方位实施产品质量的"双五"管理，即"五层次把关"和"五层次考核"。"五层次把关"是指沙钢的产品从原辅料到成品出厂要经过"五道关口"，即生产现场监督工艺执行，质管部门明确关键质量控制点实行动态控制，产品入库实施严格把关，定期开展仿用户质量抽查，产品运输质量实施动态跟踪等五道关口；"五层次考核"是坚持实施质量考核，形成从公司到分厂、从分厂到车间、从车间到班组、从班组到个人、从职能处室到分厂、车间的自上而下、自下而上的纵横连锁质量考核管理网络。经过层层的质量把关和严格的质量考核管理，沙钢的产品质量始终保持在较高的水平。沙钢厚板产品成功应用于安九铁路鳊鱼洲长江大桥和克罗地亚佩列沙茨大桥、孟加拉 BRAC 大学教学楼、埃及苏伊士运河平转桥、孟加拉帕德玛大桥连接线项目等国内外重点工程；沙钢管线钢则在西气东输和中俄东线天然气管线、中亚管线、中缅管线等项目中均有不俗表现。近年来，沙钢多次被东风汽车、沪苏通铁路大桥建设指挥部、中铁大桥局等重要客户评为优质供应商，"沙钢"品牌知名度也不断上升，荣获"中国制造行业最具成长力的自主品牌企业""国家知识产权优势企业""江苏省重点培育和发展的国际知名品牌"等荣誉，2020 年在《中国 500 最具价值品牌》中位列 149 位。

2. 用心服务用户，构筑企业诚信建设的重要平台。在社会主义市场经济条件下，诚信企业建设既是企业可持续发展的自身要求，也是与广大客户建立战略合作关系的重要纽带。多年来，沙钢坚持为国内外客户提供配套完善的优质服务，形成了相互依存、携手共进的"双赢"局面。

从构建完善的营销服务体系到提供个性化的私人订制，沙钢全方位为客户提供售前、售中、售后服务，坚持将产品的质量和用途与国内外客户"无缝对接"，不仅严格按合同交货，而且"换位思考"把客户的需求当作沙钢自己的事来办，真心实意地推荐符合客户质量要求的产品；同时，认真做好客户使用沙钢产品情况的跟踪调查，无论客户遇到任何使用问题，都及时派员为客户排忧解难，过硬的产品质量、良好的售后服务，在客户心目中树立了良好的沙钢形象，也为沙钢赢得了更多的订单。例如，一次发往墨西哥的高碳优质线材，客户在使用过程中出现异常，要求索赔 120 万美元，沙钢收到客户使用异议后立即组织技术人员远赴墨西哥协调，与对方技术人员一起研究分析，发现问题在于客户自身加工工艺有问题，就主动帮助他们攻克难关，最终客户不仅没有要求理赔，反而连续增加了沙钢优质线材的订单。

坚持想顾客所想，急顾客所急，为客户解决难题，也是沙钢诚信建设的一贯做法。2020 年新冠肺炎疫情来势汹汹，出口贸易受到严重影响。沙钢的一家客户接到一笔外贸大订单，喜出望外之余却因没有原料犯愁，"好不容易开发的国外客户，订单完不成，不仅要面临巨额索赔，企业诚信也会大打折扣"。客户焦急万分。由于该客户需求的产品规格多、型号特殊，运输距离又远，想要完成这个"加急单"着实不易。但是，沙钢二话不说，立即召开生产协调会，及时下达生产计划，突击组织生产，一周内顺利完成订单并发运。该客户惊叹于沙钢的实力之余，当即表示要进一步加强合作，此事也在客户中传为美谈。沙钢优良的销售和售后服务作风还体现在业务结算过程中，坚持创新管理办法，确保结算流程畅通，坚持兑现"汽车提货不超 2 小时，船运提货不超 48 小时"的服务诺言，有效提升了沙钢发货速度，也为客户节省了时间。沙钢销售业务结算中心被评为"全国服务明星小组"荣誉称号，沙钢也被评为"中国钢铁供应链信用建设示范企业"。

3. 恪守经营合同，形成资金融通良性循环。企业是社会重要的组成部分，企业的发展与社会进步息息相关。沙钢模范遵守国家法律法规和社会公德，恪守商业道德及行业规则，高度重视并积极维护各利益相关方的合法权益和利益，依法规范运营，持续创造价值。冶金工业规划研究院发布《2019年中国钢铁企业综合竞争力评级报告》，沙钢连续多次获评"A+"级竞争力极强企业。

沙钢的发展离不开社会各界的关心和帮助，其中，金融系统的大力支持已成为沙钢实现持续、高效、稳健发展的重要保障。沙钢通过打造信义昭然的企业品牌，凭借持续高效发展的经营业绩，与金融系统建立了相互信任的战略合作关系。自公司建立以来，沙钢从未出现过"三角债"，也从未发生过任何一笔融资业务不归还的情况，在金融机构、工商税务、财政等方面均无不良信用记录，在融资及业务结算中信誉良好，是各大金融机构总行级重点客户，每年都被资信评估机构评为"AAA"级信用企业，这也给沙钢在降低资金成本方面带来了优势，有关方面在贷款利率方面给予了优惠。沙钢凭借优质的产品、完善的售后服务、良好的企业信誉，使客户放心提前汇款到沙钢，充分显示了沙钢与客户之间的高度信任。多年来，沙钢资金运作有序，流动资金信贷周转快捷，形成了良性循环，为企业稳健发展创造了新的条件。

4. 牢记使命担当，履行社会责任。沙钢在不断刷新企业发展高度的同时，时刻牢记肩负的使命担当，秉承"钢铁报国、创造财富、造就员工、回馈社会"的社会责任理念，坚持紧密联系企业实际，积极参与捐资助学、兴建学校；修桥铺路，回报乡里；加固江堤，防洪抗汛；抗洪救灾，扶贫济困……用勇于担当的慈善情怀，真心实践了"实业慈善"的伟大抱负。近年来，沙钢用于捐资助学、修桥铺路、抗洪救灾、扶贫济困等慈善事业及支持文化、体育、医疗卫生等社会公益事业的资金捐助累计已超过6亿元。

作为江苏沿江最大的工业企业，沙钢近年来累计投入超过300亿元，从绿色低碳、精品制造、智慧发展3个方面破除无效供给、发展新业态，重塑经济结构、优化发展方式，构建沙钢与江城和谐共生的命运共同体。发展循环经济，统筹建设"煤气、蒸汽、炉渣、焦化副产品和工业用水"五大循环回收利用系统，长江岸线生态保护建设资金投入达85亿元，吨钢环保运行费用超285元。其中，建成水处理循环利用系统45套，总循环量52万吨/小时，工业用水循环利用率97.4%，居行业领先水平；新建国内产能最大、工艺最先进的钢渣处理线项目，年产能达330万吨，且生产线全部封闭化，处理车间全面仓储化。钢渣"摇身一变"成为建筑材料，其综合利用率达到100%，实现固废"零排放"，杜绝了钢渣影响长江环境的可能；利用回收煤气每年发电50亿千瓦时，利用高炉煤气余压每年发电7亿千瓦时。每年富余蒸汽外供50万吨，相应减少社会燃煤6万吨。

沙钢将幸福企业人文建设作为立足之本，党政工团形成合力，不断拓展和提升具有沙钢特色的文化内涵，实施全方位、多层次的人文建设工程，持续深入积极为员工提供更高效的服务、更安全舒适的工作环境、更为广阔的职业发展平台，增强员工、企业、社会内外部各方之间的良性互动，建设发展好幸福沙钢、和谐沙钢、人文沙钢，不断增强企业的凝聚力与向心力，成为企业持续稳健高质量发展的不竭动力。2019年，沙钢荣获"中国民营幸福企业标杆单位"。

三、加强诚信企业建设措施

2021年是"十四五"开局之年，也是沙钢全面贯彻落实"打造精品基地、建设绿色钢城"发展战略的关键一年。沙钢将进一步加强诚信企业建设，在诚信企业建设的广度和深度上再下功夫，探索新方法，求得新突破，创出新水平，以一流产品质量、一流的销售服务创建一流的沙钢品牌。为实现任务目标，沙钢主要采取如下的工作措施。

一是加强企业内部诚信管理体系建设。贯彻落实党中央、国务院关于社会信用体系建设和营造企业家健康成长环境弘扬优秀企业家精神的决策部署，强化诚信理念的宣传教育，营造浓厚的企业舆论氛围，全面提高全员诚信意识和风险管控能力，为提高企业诚信建设水平、提升企业经济运行质量，提供强有力的精神支持和政治保证。在现代市场经济条件下，企业诚信建设不仅依靠道德加以约束，还必须将这一规范提升到体系建设高度。在国家统一的法律、法规框架下，沙钢研究制订诚信管理制度，以诚实守信为核心，进一步健全完善客户资信管理制度、内部授信制度、合同管理制度、诚信档案制度、信用评估考核等各项信用管理制度；进一步抓好员工职业道德和行为规范的落实，重点抓好作业标准化、管理精细化，全面推进风险管理，确保企业各方面工作有序开展，为客户提供优质产品和满意服务，深入推进企业信用体系建设。

二是加快推进品种结构优化调整。沙钢坚持把加快新产品开发、优化产品结构、提升产品和服务质量作为企业诚信建设的一个重要内容。充分利用公司科技创新资源，加紧开发科技含量高、满足客户需求及社会需要的产品，与下游战略用户建立产业技术联盟和联合实验室，针对特定用户特定产品开展技术研究与服务，不断满足用户的个性化需求，形成覆盖钢筋、线材、宽厚板、热轧板带、热轧酸洗板带、热基镀锌板带、冷轧板带、冷基镀锌板带、镀锡板带、电工钢板带的产品体系。热轧超薄带产量大幅提升，高牌号、高磁感无取向硅钢以及高附加值的电镀铬产品产量持续增加，帘线钢、合金弹簧钢等优特钢线材产量大幅增加，积极推进线材、超薄带、汽车用钢、工程机械用钢等特色产品、战略产品的团体标准形成，为企业发展和国民经济建设提供动力。

三是坚持把企业诚信建设与构建社会主义和谐社会有机结合。企业是社会的重要组成部分，企业的发展离不开社会的进步，企业有责任、有义务为社会进步做出应有的贡献。因此，沙钢将进一步抓好节能降耗，全面实施超低排放改造，把长江大保护的责任转化为倒逼改革发展的机遇，再创高质量发展新优势。在全力抓好煤气回收、蒸汽回收、炉渣回收、焦化副产品和工业用水"五大循环利用工程"的基础上，按照"减量化、再利用、再循环"原则，抓好环保超低排放收官改造；深入开展6S-TPM精益管理活动，把节能环保、减排治污、资源回收利用、发展循环经济贯穿于公司生产经营全过程。切实扛起"绿色使命"，以"净化、绿化、美化"为抓手，继续在长江码头区域实施"见缝插绿"工程，及时补种绿色植物，打造沿江绿廊风景线。

未来，沙钢将按照高质量发展和绿色发展的目标要求，紧紧围绕"建设精品基地、打造百年沙钢"的长期战略，坚持以提升"质量、效率、效益"为方向，以"高质量发展再提升、安全环保再深入、基础管理再巩固、改革创新再突破"为指引，大力推进结构调整、智能制造和环保提升，加快实现转型升级和高质量发展，努力把沙钢建设成为资源高效利用及生产与环境、企业与社会和谐友好的绿色钢城，更好地履行企业社会责任，为中国钢铁行业和社会经济可持续提升发展做出新的贡献。

案例创造人：陈本柱　徐燕

构建信用管理体系，保障公司发展

国网上海市电力公司

一、企业简介

国网上海市电力公司（以下简称上海电力）是国家电网有限公司（以下简称国网公司）的全资子公司，负责上海地区电力输、配、售、服务业，统一调度上海电网，参与制订、实施上海电力、电网发展规划和农村电气化等工作，并且对上海地区的安全用电、节约用电进行监督和指导。上海电力管辖的上海电网位于长江三角洲的东南前缘，北靠长江，东临东海，与江苏、浙江两省接壤，供电营业区域覆盖整个上海市行政区。

截至2020年年底，上海电力直接管辖各类电网企业、发电企业、施工单位、科研机构、能源服务、培训中心等单位29家，职工13162人，服务客户1088万户，共有35千伏及以上变电站1212座，变电容量17442.4万千伏安，输电线路26993.28公里，最高用电负荷3339万千瓦，售电量1355.69亿千瓦时。多年来，先后荣获"全国五一劳动奖状""全国精神文明建设先进单位""全国用户满意企业""上海市文明行业"等荣誉称号，连续20年保持上海市政风行风和12345热线绩效考核第一。

二、构建"事前－事中－事后"全过程管控的信用管理体系

上海电力从2007年起开展信用管理体系建设，在2008年获得行业内首批中电联信用AAA级信用评级。近年来，上海电力不断深化信用管理工作，以"四个百分百"（百分百监测、百分百预警、百分百处置、百分百整改）为目标，建立风险防范、风险监测、信用修复和联合惩戒工作机制，构建了一套完善的科学化、精细化的信用管理体系。

1. 事前风险防范，实现百分百预警。上海电力围绕涉电力领域失信黑名单认定标准，结合国家发展改革委、国家能源局《关于加强和规范涉电力领域失信联合惩戒对象名单管理工作的实施意见》等相关文件要求，形成信用专题排查清单，每年组织开展信用风险专项排查，编制信用风险专项排查分析报告。对可能存在的漏洞和发生的风险，组织进行综合性的评估与分析；对各单位排查报告进行归集和记录备案形成失信风险信息清单并对整改情况的落实进行追踪，同时针对潜在风险点对各单位进行监督，避免在下次的专项排查中出现同样的风险。

上海电力针对经营过程中可能会遇到的信用风险点建立信用风险指标库，将信用风险指标的考评与业绩考核相结合，在此基础上融合了行业信用规范指标和外部信用综合评级系统，建立信用风险预警评测模型，每月对信用风险指标进行评测。根据信用风险经营指标的变动及其综合值变化范围来判断企业经营处于何种状态，对出现预警的信用弱项及时采取对应的整改措施，直至满足整改要求，解除预警警告。对出现过严重预警的指标或业务范围给予长期关注并且据此调整信用监测频次，确保风险防控有所

针对、有的放矢，最大限度地降低风险和可能导致的损失。

2. 事中风险自查，保障百分百监测。上海电力选取国外权威机构的企业信用评级指标体系，包括标准普尔、穆迪、惠誉国际等目前世界公认的信用评级体系[①]，参考国内的《综合信用等级评价规范》，结合《电力企业信用评价规范》、中电联发布的《企业信用评价评分细则》及国网公司的要求，结合自身战略需求，建立由基本信息、经营信息、管理能力、安全管理、社会责任、依法治企、信用记录等七大模块组成的信用评价指标自评表，配套建立信用自我评估流程，组织进行信用自评价，通过自我评估获取信用评估的得分和等级，依据评估的等级采取相应提升措施。在此基础之上，对提升后的效果进行验收，对仍未解决的问题等进行汇总，组织进行督导。

上海电力依托国家公共信用信息中心数据资源，对"信用中国""信用能源""国家企业信用信息公示系统"等网站认定的"失信黑名单""重点关注名单"和"行政处罚信息"等信用情况实施动态监测，采用"零报告制度"每月进行记录，汇总形成信用信息档案，及时记录保存被"信用中国"网站列入"失信黑名单""重点关注名单"和"行政处罚信息"等信用情况，确保信用数据真实、完整、可追溯，以此作为上海电力及所属各单位信用资质评判的重要依据。

3. 事后信用问责，实施百分百处置。上海电力实施失信联合惩戒，对出现过失信行为的下属各单位，按照"原因未查清不放过，责任人员未处理不放过，人员未受教育不放过，整改措施未落实不放过"的原则，严肃调查处理，防止同类事件重复发生，视情节严重程度追究有关人员责任，将失信黑名单状况纳入对标管理和企业负责人考核"红线"指标，视失信行为情节严重程度给予扣分或试行一票否决，在市场准入、招投标、经营审批等方面严格限制；对上下游利益相关方，切实追踪各利益相关方市场主体的失信信息，对于被纳入重点关注名单或黑名单的市场主体，依托上海电力各级调度交易机构和招投标平台，采取限制或抵制措施，确保电力持续有效供应，确保上海电力的工程和设备质量，确保市场交易公平有序、电费回收及时，维护上海电力持续健康发展的经营环境。

上海电力开展守信联合激励，根据各下属单位信用管理工作的开展情况和成效评估，评选优秀守信单位，组织编制典型案例，纳入公司优秀案例库，总结诚信管理成就和提高信用水平的具体措施，在公司范围内进行积极宣传推广，定期进行守信单位表彰，树立"信用标杆"并给予奖励和激励。

4. 事后信用修复，确保百分百整改。上海电力依据"谁主办、谁负责"的原则，落实失信行为的责任主体，各级单位作为失信行为的责任主体，上级单位承担管理责任，建立完善分工协作；对出现失信行为的单位责令其限期退出失信名单；对未能限期修复的公司直属单位成立专项督导组，设立专人负责督察整改工作，建立销号制度，督促各部门加快问题整改，帮助企业退出失信黑名单和重点关注名单；对长期未退出失信黑名单的单位，上海电力组织专项督导组联合整治，深入相关单位了解相关处理措施，实地调查黑名单和重点关注名单情况，查清失信事实依据，分析失信行为产生的原因，研究探讨并予以解决，帮助企业退出黑名单和重点关注名单，对照上海电力通用制度要求、涉电力领域失信黑名单认定标准，举一反三，全面排查信用风险，及时填补漏洞，定期进行整改情况追踪。

三、信用管理工作体系实施效果

1. 提升上海电力整体信用管理水平。通过信用管理体系的搭建，上海电力实现了信用工作由"事后

---

① 标准普尔企业信用评级体系从国家风险、行业特征、管理能力、获利能力、竞争地位、财务因素等方面对贷款企业按期还本付息的能力和意愿进行评价。穆迪企业信用评级体系与标准普尔基本一致，只是在财务因素中尤其重视现金流的指标。惠誉国际企业信用评级体系则从行业风险、运营环境、公司概况、公司治理管理战略、集团架构、财务概况等六大方面对贷款企业的信用水平进行综合评价。

管理"到"事前—事中－事后"全过程管控的转变，通过事前开展信用专题排查和信用风险预警，将信用风险扼杀在摇篮中；事中对信用情况评估和动态监测，实现对信用风险的实时监控；事后对失信行为进行修复和惩戒，持续保持公司良好的信用记录，稳步推动公司信用管理水平的提升。

2. 避免信用问题导致的经济损失。上海电力在信用管理体系的建设中强调了对内和对外失信联合惩戒，杜绝违规事件，落实主体责任，提升了公司合规经营能力，避免公司遭受不必要的经济损失，保障了公司生产经营活动的稳定有序；强化了对上下游企业的信用监管监控，构筑行业"信用链"，优化了供应商管理，降低了供应商选择成本，避免了与失信企业进行合作而导致的额外支出，推动产业整体信用管理水平，实现上下游行业共同发展。

3. 塑造"诚信上电"的良好企业形象。通过大力开展信用体系建设，上海电力在公司内部营造了诚实守信的企业文化，将诚信建设渗透至企业的各业务领域、管理事项、岗位职责、规范作业和管理流程，帮助公司打造"诚信上电"的品牌形象，筑牢与客户的关系纽带，降低客户关系维护成本，推动信用承诺，保障客户服务质量，提升客户满意度，建立了良好的国网企业社会信誉。

案例创造人：王锐　唐健春

基于"全方位、全业务、全链条、全过程"的省级电力企业信用管理实践

国网宁夏电力有限公司

一、企业简介

国网宁夏电力有限公司（以下简称宁夏电力）是国家电网有限公司（以下简称国网公司）的全资子公司，属国有特大型能源供应企业，主要从事宁夏回族自治区境内电网的建设、运行、管理和经营，为宁夏回族自治区经济社会发展提供充足、稳定的电力供应和优质、高效的服务。

宁夏电力经营区域覆盖宁夏回族自治区全境，覆盖国土面积6.64万平方公里，供电服务人口688万人，注册资本30亿元。宁夏电网是国家"西电东送"战略最早的重要送端，呈现"强电网、大送端"特点，目前已形成以750千伏环网为骨干网架、各级电网协调发展的坚强电网，灵绍、银东两大直流外送能力1200万千瓦。截至2020年年底，宁夏电网统调总装机容量为5586.991万千瓦。其中，火电装机容量2971.04万千瓦，占比53.18%；新能源装机容量2573.7212万千瓦，占比46.07%。宁夏电力先后荣获"全国五一劳动奖状"、宁夏回族自治区政府质量奖等荣誉，获评"宁夏杰出企业"，被宁夏回族自治区评为龙头企业和工业稳增长突出贡献企业，连续22年受到宁夏回族自治区政府专门发文表彰。

为有效破解信用风险意识薄弱、信息交互传递渠道不畅等问题，宁夏电力积极响应上级决策部署，通过理念宣贯、体系构建、制度完善、社会责任践行等举措，形成覆盖上下游利益相关方各环节的"信用链"，为打造"诚信宁电"品牌奠定了坚实的基础。

二、信用管理工作开展的必要性

国家发展改革委和国家能源局出台《关于加强和规范涉电力领域失信联合惩戒对象名单管理工作的实施意见》，强调要加强电力行业诚信体系建设，强化对涉电力领域市场主体的信用监管，这对社会信用体系建设提出了新的更高的要求。国网公司围绕"建设具有中国特色国际领先的能源互联网企业"战略目标，指出要加快推进与世界一流企业相适应的"诚信国网"建设。宁夏电力作为关系宁夏能源安全和经济社会发展的国有重要骨干企业，必须响应和落实上级决策部署，提高政治站位，积极开展信用管理实践，推进失信联合惩戒工作常态化，为建设"诚信国网"典范企业打下坚实的根基。

三、信用管理实践创新路径

宁夏电力以建立"诚信国网"典范企业为目标，全面贯彻落实上级决策部署，以"五个坚持"为出发点，以"诚信理念"宣贯为切入点，以制度完善为着力点，以践行社会责任为落脚点，探索构建"事前防控""事中管理""事后问责"的失信风险全过程闭环管控体系，形成覆盖公司及上下游利益相关

方的"全方位、全业务、全链条、全过程"信用管理工作机制,为助推公司实现"一个转型""两个维度""三个数据库""四个百分百"提供了坚实的支撑。

(一)加强诚信理念宣贯,营造诚信、守信氛围

宁夏电力以开展"诚信理念"宣贯为抓手,梳理和规范公司在供电服务、三公调度交易、员工行为等方面的对外承诺,通过发放信用体系建设宣传手册,宣传信用工作和知识,引导基层各单位明确职责。组织所属各单位签订、公示信用承诺,严格落实售电公司准入的信用承诺、公示和备案制度,明确信用承诺内容和承诺方式,自觉接受社会监督,确保应诺必诺、有诺必行,提高履约能力和服务水平,营造诚信守信氛围。

(二)完善制度标准建设,提升信用规范管理

宁夏电力对识别的七大类失信重点领域(企业基本信息、法律诉讼、施工许可、生产及消防安全、用工和福利保障、财税数据、合同)进行重点管控,编制相应的制度标准,规避重点环节的失信风险。

1. 完善企业基本信息依法公示制度。加大对企业注册登记、备案信息、行政许可等其他依法需公示信息的检查力度,在企业相关情况发生变动时,监督其在法定期限内及时向市场监管及其他行政主管部门报备,做好相应的信息调整核实。

2. 强化法律诉讼的执行监管制度。文档管理部门在收到执行法律文书后1个工作日内登记并由本单位法定代表人(负责人)签发,交由案件主办部门执行,案件管理部门指导案件主办部门及时履行生效法律文书。涉及财务收支诉讼,案件管理部门积极协同财务部门共同办理。案件管理部门在案件履行完毕后7个工作日内将履行信息及时录入案件管理信息系统,确保不因逾期被认定为失信单位。

3. 严格履行施工许可项目依法审批制度。有施工建设需求时,监督其按要求提出建筑施工许可规划申请,尽早履行审批手续;严格按照核准文件开展工程建设和工程项目资料检查,分包工作方面严格落实分包商经营范围、行业资质审查制度;加强与属地住建、城管、林业监管部门的沟通,通过定期沟通和不定期询问,准确掌握基层单位施工计划和情况,预判违法违规施工风险。

4. 强化生产、消防安全领域失信管控制度建设。根据《生产安全事故报告和调查处理条例》《电力安全事故应急处置和调查处理条例》,对生产安全情况进行检查和通报,避免造成重大质量安全事故,杜绝被纳入失信黑名单情况发生。落实消防安全责任,采取日常消防检查和专项检查相结合方式,全面排查消防隐患和督促整改落实。

5. 严格用工和福利保障的规范管理制度建设。加强劳动用工管理,保护劳动者合法权益,构建和谐稳定的劳动关系。宁夏电力人力资源部门对基层单位劳动保障守法情况进行实行监控,提高劳动保障书面审查填报数据质量,与所属地人社部门、劳动保障监察大队等加强沟通联系,力争取得较高评价等级。

6. 完善财税数据的规范管理制度建设。税务方面,紧跟营改增、个人所得税等政策变动,及时更新税务制度规范。自行开发了电费、购货等进项发票的自动校验系统,实现了"三方数据"的自动核对,提升了财税数据准确性。定期组织税务代理外部审查和企业内部自查,全面评估企业涉税风险,确保税收问题及时发现及时整改。财务方面,严格按照《企业信息公示暂行条例》,规范上报、审核、审批流程,保证财务信息真实可靠。

7. 加强合同管理中信用隐患的监督制度建设。梳理各级、各部门及各环节合同管理过程的常见问题,重点关注合同签订、法务条款审核、合同执行情况及合同收付款情况。规范集体企业合同

文本 133 项，开展 NC 信息系统合同管控。加大合同履约环节审查力度，建立违约上报及应急处置机制。

（三）构建信用管理体系，强化过程管理控制

1. 事前防范，实现认定标准和控制措施"全业务"覆盖。宁夏电力依据司法、质检、税务、海关等部门的失信认定标准文件，结合公司业务，建立了包括《失信重点关注名单》和《失信黑名单》的失信行为认定标准库。标准库从依法合规经营、许可监管、供电服务、电力交易、规划建设、物资管理、社会保险、税务管理、法律诉讼、环境保护、消防安全和售电公司施工、监理、设计等 13 个方面制订了 38 项重点关注名单和 71 项失信黑名单认定标准，并且在标准中明确管理部门、制度依据和外部管理机构。

2. 事中管理，强化流程监测和应急处置"全链条"控制，主要从以下三大方面做起。①联合内外两个维度，建立信用信息平台。一方面，加强内部自查自纠，建立信用报告机制。对内开展信用自查工作，建立信用报告机制，全面排查宁夏电力所属各级单位和集体企业信用状况，明确各单位职责和工作要求，各级联动，系统有效的查找隐患和风险点。排查主体涵盖公司本部、地市供电企业、县供电公司、业务支撑机构和集体企业等单位，收集信息共计 70 项。对排查过程中发现的问题及时与相关单位负责人沟通，责成其立即整改并持续监督整改进程，力争实现各级单位"零失信"；每月在"信用中国""企业信用信息公示系统"等平台查询，监测本单位及下属企业是否存在失信记录，对被纳入重点关注或黑名单的单位第一时间上报业务主管部门和企协。各单位编制季度信用报告，于每季度末向公司企协报送信用状况自查分析报告，企协汇总形成公司季度信用报告，送各专业部门审核后，提交信用管理工作领导小组。另一方面，整合外部监测信息，逐步建立信息平台。整合内外部"两个维度"的信用管理监测信息，逐步搭建信用管理平台。对内，充分发挥信息化手段的支撑作用，以公司互联网部运营监测平台为依托，协同专业部门开展失信事项专题监测；以公司互联网部数据采集和各专业公布信息为依据，对接"信用中国"等公共信用数据资源，归集所属单位及利益相关方市场主体信用信息，动态更新和实时监测信用信息数据，确保信用管理监测内外联通。②建立应急处置机制，提升应急处理水平。构建失信行为应急处置机制。一是建立"黑名单"和"重点关注名单"第一时间紧急汇报机制，编制失信应急处理预案，明确工作流程和相关时限；二是组织所属单位信用工作领导小组第一时间对失信问题详细调查并制订整改措施，根据失信问题所属领域上报公司专业部门，由各专业部门审核并提出处置意见。③强化上下游信用管控，实现信用全链条管理。一是加强上下游企业信用管控。各级信用管理工作领导小组督促专业部门加强供应商和客户信用管理工作。在物资招标领域，定期通报供应商不良行为，明确列示黑名单供应商，在国网公司范围内执行黑名单供应商一票否决制；在营销领域，加强与征信机构合作，将客户用电信用信息在征信系统中进行登记，对于未按《供用电合同》约定在电费交费期足额交纳电费的企业客户或由行政执法（或者电力管理部门）确认的窃电行为客户，及时报送征信机构。二是实施联合惩戒。信用管理工作领导小组统筹部署，督促各部门切实跟踪供电企业及电力建设、施工、监理、设计等单位的上下游利益相关方信用情况，将上下游相关严重失信企业列入联合惩戒对象名单，在物资招标采购、电网工程建设、电力供应和电力调度等领域，予以限制或屏蔽，确保不发生黑名单企业参与公司经营生产过程现象。

3. 事后问责，实现考核评价和失信行为"全过程"跟踪，主要从以下两大方面做起。①构建信用快速修复机制。宁夏电力构建信用快速修复机制，在失信行为发生后迅速果断处置，采取相关措施恢复信用水平。发现各单位在"信用中国""信用宁夏""企业信用信息公示系统""信用能源"等平台的失信

记录后，其归口管理部门第一时间介入，一是查清失信事实，组织讨论研究小组开展问题研讨，借鉴外部其他单位的先进经验，分析深层次原因，制订信用修复工作计划，限期完成问题整改；二是信用管理工作领导小组根据相关数据来源，与各信息提报单位做好沟通，推进问题整改，各单位根据信用修复的路径、方法、程序按期完成相关整改工作，尽快退出失信名单，恢复信用水平；三是建立监督机制，由信用管理工作领导小组履行监督职责，针对研究分析的失信问题进行监督考核，将失信问题彻底根除，确保相关单位退出失信名单。②构建信用考核体系。宁夏电力以事实和客观证据为判定依据，坚持独立、公正、公平的原则，构建了信用考核体系，并将失信行为纳入红线指标及对标考核。公司系统范围内的企业的信用度采用量化指标进行评价，结合电力业务自身特点及重要影响因素，从市场主体履行承诺的意愿、能力和表现等方面分别设置其评估指标及权重，总分为1000分，信用等级分为AAA、AA、A、B、C三等五级，信用风险程度逐渐递增。第一年度对所有企业进行审核考评，作为各公司信用打分和评级的基础，随后每年进行一次量化考核，考评标准应根据相关政策和信用管理部门新要求及在考评过程中发现的新风险、新问题定期汇总，每年定期进行指标和分值的更新和调整。

宁夏电力信用评价包含基本情况、管理能力、质量安全、财务情况、税务情况、人力资源、社会责任、信用记录共8项一级指标，可进一步细分为24项二级指标。

（四）积极践行社会责任，彰显责任中央企业形象

宁夏电力积极探索与能源行业兄弟单位在信用领域的合作，通过对失信管理经验和上下游企业黑名单用户的交流与共享，探索创建以宁夏电力为枢纽的失信信息共享平台，实现信用管理合作共赢的目标，为社会责任的履行搭建沟通交流的平台。

1. 建立失信行为应对策略库，固化推广管理经验。组织各专业部门负责人对应38项重点关注名单和71项失信黑名单认定标准开展防控措施讨论，明确了七大类失信重点领域，制订了失信认定标准库中各失信行为的控制措施。在电力行业领域，首次结合国内各类失信修复整改案例，在管理中结合相关风险控制手段加入风险控制矩阵和措施，并建立了失信行为应对策略库，进一步明确了事前控制风险点、事后应对关键点。

2. 构建信用管理案例库，加强上下游经验交流。构建信用管理案例库，对各项案例附上失信风险类型识别（包括一级指标、二级指标）、风险等级、企业类型、失信原因、单位名称、失信行为应对策略、主责部门等相关标签。一方面有利于避免同类事项发生，对于曾经发生的失信行为案例，督促各单位勤于"回头看"，加深事件研究，着重分析事件发生的根本原因，制订应对策略，做到立行立改、举一反三；另一方面为有利于各部门学习借鉴，对于信用管理情况良好、信用风险考评成绩较高的单位，通过信用管理案例库的建立，总结管理经验、加强信用信息归集，为其他单位提升信用管理工作提供支持和借鉴。

3. 打造"宁电+"品牌，助推社会责任履行。宁夏电力致力于信用服务产品的开发和创新，以用户用电信息为基础，结合宁夏回族自治区经济社会特点，以构建具有宁电特色的征信体系为目标，打造了专门服务与企业信贷融资的电力数据信用服务产品——"宁电+"，为协助解决企业融资难问题，加快推动电力数据辅助区域内信用保险、信用担保、商业保理、信用咨询级信用服务业务的开展，履行电力企业社会责任提供了解决方案。

四、信用管理实践成效

宁夏电力主动践行"人民电业为人民"的服务宗旨，通过开展信用体系宣贯工作，将诚实守信的企业文化渗透到企业经营管理的各环节、各层面，不仅营造了诚实守信的电力市场交易氛围，同时也维护

了电力市场秩序，体现企业社会责任感，树立了诚实守信、自律尽责的良好形象。随着失信联合惩戒工作的稳步推进，避免了与失信黑名单企业进行合作而导致的各类纠纷，保障了公司生产经营活动的稳定有序，展示了公司诚信体系建设成效，形成风清气正、诚信践诺的行业风尚，为打造"诚信国网"品牌建设提供了良好的生态环境。宁夏电力荣获 2019 年度电力行业"卓越绩效标杆 AA 级企业"，《服务"两个标杆"战略的公司信用体系建设与实施》荣获 2019 宁夏企业管理现代化创新成果一等奖，《基于"全方位、全业务、全链条、全过程"的电力企业信用管理体系假设探索与实践》荣获国网级管理创新示范项目二等奖。

案例创造人：汪瑾　胡静

践行诚信精神，勇担社会责任，建设最受尊敬的世界一流新能源公司

天能控股集团有限公司

一、企业简介

中国新能源电池龙头企业——天能控股集团有限公司（以下简称天能）创始于1986年，经过30多年的创新发展，现已成为一家以绿色动力电池生产制造为核心业务，集新能源锂电池、智慧能源、风能太阳能储能电池研发、生产、销售及废旧电池回收和循环利用与城市智能微电网、绿色智造产业园建设等为一体的大型实业集团。天能在2007年上市，目前总资产超过180亿元，在浙江、江苏、安徽、河南、贵州等5个省内建有十大生产基地，拥有70多家国内外子公司，位列中国企业500强147位、中国民营企业500强33位、中国民营企业制造业500强16位、中国轻工业电池行业10强首位。2019年，天能销售收入达1401.41亿元，全年实现利税共计42.51亿元，提供各类就业岗位2万余个。

二、企业诚信建设和信用体系建设实践

1. 诚信经营理念。多年来，天能始终坚持以诚做企、以信立业，将"诚实守信"列为天能核心价值观建设最重要的内容。天能上下严格按照规章制度履行职能，坚持高标准、严要求的经营方针，在强化内部管理的同时更注重社会口碑，按照社会主义市场经济体制要求，合规经营，依法纳税，积极履行企业社会责任。

2. 严格遵纪守法。天能始终坚持依法决策、依法管理、依法生产经营的原则，严格依法办事。在生产经营管理中，严格遵守法律法规；严格按照国家安全生产法律法规、行业标准及行业内部管理监督的各项要求，规范企业生产经营行为。天能成立以来，无违反国家相关法律法规的生产经营行为发生，全体干部职工遵纪守法，无触犯国家法律法规的情况发生。

3. 经营管理者、员工诚信理念和信用风险意识培育。天能追求"成为最受尊敬的世界一流新能源公司"的行业愿景，以"奉献绿色能源，缔造美好生活"为使命，天能员工始终秉承"责任、创新、奋斗、分享"的做人原则。天能在发展中一直强调社会价值的创造，在追求商业价值最大化的同时主动履行社会责任，以全力做强做大绿色能源产业为目标，擦亮中国制造业绿色发展的底色。

4. 诚信理念宣传、教育、培训。天能坚持以党建引领企业先进文化，打造独具特色的"动力文化"体系，引领红色风尚，铸就动力之魂。以各类宣讲团为载体，深入一线进行宣讲，广泛开展"与党一起创业、与企共同成长""四心双爱促和谐"等大讨论大实践活动。天能经常以多种形式开展诚信理念、质量意识等方面的教育、培训和竞赛，以不断巩固和提升全员的诚信理念和质量意识。

5. 天能从以下4个方面开展企业诚信和信用体系建设。①客户资信管理制度。通过建立客户资信管理制度，对客户的资信进行动态管理。根据客户信息档案、历史交易记录、年交易额等对客户采用"分类、分级"管理；定期指派专人坚持"动态分析，动态管理"，长期为客户提供个性化、全方位的服务，有效维护与客户长期的沟通和合作关系。②应收账款管理制度。每月月初对截至月末有可能超过一个月的欠款提供明细报表，主要用于对可能形成的欠款提示预报，为营销中心催收货款提供依据。③合同管理制度。为规范公司经济行为，加强合同管理，维护公司合法权益，提高经济效益，根据有关法律规定，天能结合实际情况制订了《合同管理制度》，这一制度对签订的买卖、借款、租赁、融资租赁、保险、承揽、运输、技术、保管、仓储、委托、广告等合同进行了规范。④风险控制及危机管理制度。天能从思想观念更新、战略方向把控、体制机制建设、组织团队建设、重点领域管控等方面加强风险控制。

6. 职业道德行为准则或规章。天能制订了"十要十不要"员工基本行为准则，包括：一要遵章守纪讲规矩，不要明知故犯破制度；二要居安思危有激情，不要贪图安逸常抱怨；三要顾全大局多协作，不要拉帮结派搞交易；四要勤学善思敢创新，不要闭门造车乱决策；五要积极主动勇担当，不要推诿扯皮找麻烦；六要能想会说重执行，不要光说不干走形式；七要开源节流降成本，不要铺张浪费多花销；八要洁身自好抵诱惑，不要假公济私贪又腐；九要安全第一不放松，不要麻痹大意出事故；十要爱岗尽责守忠诚，不要泄密损企失信义。

7. 天能从以下5个方面开展企业诚信实践活动。①产品及服务质量诚信。天能自创办以来一直秉承"质量保证、价格合理、服务到位"的经营理念，视产品质量为生命，追求质量"零缺陷"，注重现场管理，从生产制造环节开始，每一个人、每一道工序都做到用工作质量保证产品质量，用产品质量推动品牌成长。天能以品牌培育为核心，通过规范天能品牌的使用与传播，塑造天能良好的品牌形象；通过工业、商业、代理商、消费者"四位一体"的协作和努力，形成平等、互动互信、资源共享的市场网络机制，营造良好的市场环境，提升服务市场的综合能力，追求共享共赢。②客户服务及关系管理。天能在全国31个省、自治区、直辖市布局了60多万家门店，组建了强大的销售网络体系。天能客户服务中心负责走访客户、征求意见，收集客户信息做好售后服务工作。天能应用物联网、大数据、云计算和人工智能等新一代信息技术，全面打造集采购、生产、营销、回收及物流于一体的综合性体系，实现产品从设计、制造、包装、运输、使用到回收处理等全生命周期的信息化、智能化、精益化管理。发现客户需求，以规范、统一的服务彰显天能的大气风范，以个性化、体贴化的专属服务体现天能服务的人性化关怀特色。③反对商业贿赂、欺诈体系建设。天能始终坚持"标本兼治、综合治理、惩防并举、注重预防"的工作方针，加强反腐倡廉体制建设，从主观上树立全员清正廉洁理念，从制度上全面约束防控，杜绝商业贿赂、欺诈等行为。主要体现在突出预防教育，员工廉洁从业意识进一步增强；突出建章立制，制度体系建设进一步健全；突出内部监管，权力运行机制进一步完善；突出关键环节，重大工程监管进一步拓宽；突出素质提升，纪检队伍建设进一步加强；推进办事公开，民主管理工作进一步增强。④维护职工权益，创建和谐劳动关系。富而思源，天能始终把造福员工作为企业发展的动力源和落脚点。天能成立了厂务公开监督小组，制订《职工权益公开实施细则》，依法维护职工民主权利，及时通过职代会协商解决问题，构建合理的收入增长机制，实行股权和期权激励，让员工共享发展成果。投入大量资金兴建图书馆阅览室、健身活动中心，改造升级员工食堂，组织举办员工文体活动，建立职工健康档案，开展结对帮扶，设立爱心基金，组织员工外出旅游和休闲拓展，增强员工的凝聚力和归属感，全力打造幸福企业。⑤环境资源保护。天能始终把"节能、降耗、减污、增效"的清洁生产理念贯穿于发展全过程，抢抓行业环保整治契机，从生态设计源头抓起，积极推进对废水、废气、固废的污染防控综合治理，大力推进质量和环保在线测量、监控、信息化传输等新技术应用，探索创新全生命周期绿色管理模式，以源头预防实现废物减量化，以过程监管实现废物资源化，以末端治理实现废物排放最小化，将"三废"消灭在工艺流程之中，有效促进"末端治理"向"全过程防控"转变，实现了节约、高效、无废、无害、无污染的绿色生产，率先通过了ISO14001环境标准认证，荣获浙江省清洁生产阶段性成果企业、清洁生产环境友好型企业、国家首批产品生态设计试点企业等称号。天能将产业链向上延伸，率先在浙江、江苏、河南、安徽和贵州等省建设循环经济产业园，引进全球最先进的全自动设备、技术和工艺，打造蓄电池行业集"回收－冶炼－再生产"为一体的闭环式绿色产业链，被评为国家首批绿色制造系统项目、国家首批两化融合促进节能减排重点推进项目、首批全国再生有色金属行业工程研究中心、再生有色金属综合利用示范工程、第三批国家产业振兴重点技术改造项目，荣获国家循环经济标准化试点企业。天能积极建设绿色产品、绿色车间、绿色工厂、绿色园区、绿色企业和绿色供应链，全力打造清洁、低碳型的绿色生产体系，全面推动绿色增长。2017年以来，天能共有15个项目上榜国家绿色制造名单，其中有8款产品入选国家绿色设计名单。

8.履行社会责任，热心公益事业。天能一贯坚持发展不忘回报社会的宗旨，主动承担社会责任，积极支持兴边富民、对口扶贫、新农村建设、助学助教、抗震救灾、环境保护等社会公益事业。

在董事局主席张天任的带领下，天能成立了社会责任工作委员会，每年坚持发布企业社会责任报告；建立了"天能公益基金"，热心支持老年慈善、防洪抢险、抗震救灾、春蕾儿童助学、大学生贫困助学等社会慈善公益活动和光彩事业；天能以对子孙后代高度负责的态度，积极参与美丽乡村建设、"五水共治"等中心工作，积极参与央视"寻找浙江可游泳的河"大型公益活动、浙商"千企联千村、合力治污水"专项行动；天能与绿色组织"绿眼睛"社团合作，开展了"绿色环保，低碳出行"青年志愿者、"让地球多一抹绿"植树等环保公益活动，并向创业所在地多家企业发出倡议，合力治理污水，重建美丽乡村。近年来，天能以张天任个人和公司名义捐款捐物累计超过2亿元。

案例创造人：张天任

传承诚信文化，铸造航天品质，建设煤炭清洁高效利用技术的世界领跑者

航天长征化学工程股份有限公司

一、企业简介

航天长征化学工程股份有限公司（以下简称航天工程）成立于 2007 年，发源于负有盛名的中国航天科技集团有限公司第一研究院，是国家粉煤气化技术工程研究中心的依托单位，被认定为国家企业技术中心、全国石油和化工行业粉煤气化技术工程研究中心、中国石油和化工行业技术创新示范企业、国家知识产权示范企业等。

航天工程依托中国航天在运载火箭和液体火箭发动机研制、生产和试验方面积累的优势，应用于煤炭洁净高效利用领域，研发出了拥有我国完全独立自主知识产权的"航天粉煤加压气化技术"，一举打破国外技术垄断，核心装备国产化率达到 100%，并且成功应用于煤制合成氨、煤制甲醇、煤制烯烃、煤制乙二醇、煤制油、煤制氢等多个领域，实现了煤炭资源的清洁高效利用。核心装置以其良好的性能广泛受到业界认可，先后获得第 66 届纽伦堡国际发明金奖和年度氮肥行业特等奖、氮肥产业振兴支撑技术、国家重点新产品等奖项，经中国石油和化学工业联合会科技成果鉴定，航天煤气化装置总体技术处于国际领先水平。航天工程董事长唐国宏先后荣获 2018 年度中国石油和化工行业影响力人物、2019 年度金牛企业领袖奖等奖项，在化工行业和资本领域获得行业高度评价。

航天工程深耕煤气化技术领域十几年，累计签约 117 台"航天炉"，为推动传统煤化工产业升级和现代煤化工产业发展贡献了航天力量。在高质量发展的新时代，航天工程将以开发更低能耗和水耗的煤气化技术推动煤炭清洁高效利用产业发展为己任，积极践行技术创新驱动战略，继续助力国家能源战略安全发展。

二、企业诚信和信用体系建设

（一）建立规范的决策和制衡机制，完善市场化的经营机制

法治工作作为经营工作的支撑和保障，持续发挥风险防范和规范管理的积极作用。第十二届中国上市公司（上交所、深交所全部 3700 余家上市公司）法律风险与合规指数评选航天工程是 2018 年法律风险最低的 100 家主板上市公司之一，排名第八位。

航天工程坚持市场导向，遵循市场经济规律、行业发展趋势和企业发展规律，建立规范的决策和制衡机制，完善市场化的经营机制；坚持依法治企，依照法律法规不断健全公司各项制度，以公司章程为行为准则，健全规范各部门权责定位和行权方式；坚持注重实效，进一步规范法人治理结构，推动董事

会落实职权、发挥实效，确保董事、监事和经理层更好地履职尽责。航天工程成立了专门的法治建设机构及法律工作机构，通过市场经营与法治工作的不断磨合，切实增强了公司依法治理能力，营造了良好的法治文化氛围。

（二）大力开展党风廉政建设，营造廉洁文化氛围

航天工程始终把对干部和重点岗位人员的思想教育、党风廉政教育和警示教育纳入年度重点工作，结合岗位特点开展提醒谈话，不断提高党员和广大员工廉洁自律意识。

（三）建立法人授权制度

航天工程注重授权管理，公司人员（除法定代表人外）以公司名义签订合同或办理项目投标等重大事项，均需办理法人授权手续，并在获取法人授权委托书后严格按照委托书授予的权限履行事务。为了兼顾效率及特殊事项的灵活处理，航天工程视不同事项采取长期授权和一事一授权相结合的授权管理体系，针对公司日常经营中涉及频率高的事项（如合同签订），采用长期授权方式；针对项目投标等重大专项事务，采取一事一授权的方式。

（四）完善供应商管理

供应商的资信管理、供应商库的建立，体现公司对供应商在信用、资质上的控制，体现了合同的保障能力。航天工程建立完善的供应商管理体系，严格执行新增供应商准入审核，确保供应商的资信和资质满足业务要求，每年对供应商开展定期和不定期评价，持续优化供应商，建立具有竞争力的供应商库，提升公司合同履约保障能力。对供应商实行分级分类分档管理，对于战略物资，采取战略合作框架的合作模式，与供应商建立长期稳定、互利互惠、风险共担的合作关系，确保公司研发、生产和工程项目顺利推进，有效提升公司核心竞争力，推动公司高质量发展。

（五）重视知识产权保护

1. 在知识产权创造方面，航天工程申请了 400 余项专利，获得授权 243 项。国际 PCT 申请 6 项，其中以气化方法及相关核心设备的申请已获得韩国、日本、美国、澳大利亚、印尼、德国、越南及欧洲等国家和地区的 43 项授权。航天工程的专利申请量保持着每年 10%~20% 的增速。

2. 在专利布局方面，航天工程通过关键技术掌握分析，采用了策略型布局模式来保护公司的核心专利。在保证专利数量有序增加的同时，有意识的布置外围专利，以使公司的专利布局更加高效，最终直接加强公司专利保护的强度，并间接提高公司在专利方面的竞争力。另外，航天工程还对未来将要开展的重点技术进行了知识产权方面的统筹规划，对专利申请方向进行了细化分解，使得专利申请工作有了更明确的指引，可以更好地做到有的放矢，大大提高了公司专利申请工作的效率。

3. 在专利信息利用和专利预警方面，航天工程每年都会开展专利预警或专项分析报告。航天工程已建设完成了全过程预警机制和风险监控机制。在围绕公司重点产品和核心技术开展工作的同时，航天工程还动态跟踪国内外主要竞争对手的专利申请动向，辨识侵权风险，制订了危机响应预案。

4. 航天工程还获得了"国家知识产权示范企业"的称号；通过了知识产权管理体系认证，证书编号为 49819IP00653ROM；被认定为 2019 年度"中国石油和化工行业技术创新示范企业"；此外，还制订了 20 余项知识产权保护相关规定。

（六）强化风险内控管理

围绕总体战略和经营目标，航天工程对关键风险环节实施合理控制，促进管理合法合规、资产安全、财报真实，提高经营效率效益，满足各级监管要求。随着公司信息化水平和规章制度体系的不断提高和完善，公司内部控制体系整体运行情况良好。

三、产品及服务质量诚信——为客户创造最大价值的理念

（一）行业首创的全生命周期服务模式

1. 仿真培训。航天工程建成行业唯一的仿真培训系统，专门用来模拟化工园区项目开车，给客户技术人员提供免费培训。仿真培训中所有的控制系统和化工园区的项目现场是一模一样的。唯一的不同，现场的数据是来自现场测量的，仿真培训的数据是计算出来的，二者差距非常小。在每个项目投产前半年，客户的技术人员要到仿真培训中心经过两个阶段的培训。第一阶段是理论知识，有专门的培训老师教授气化知识工艺知识、设备知识、控制知识。第二阶段是实际操作和故障处理。培训后，航天工程还要考试测验，通过后才让技术人员持证上岗。原来，从投产到满负荷运行，需要 2 个月时间，开车费用一般要 6000 万~8000 万元；现在，最快 7 天就能实现满负荷运行，早投产、早盈利，帮助客户创造了巨大价值。

2. 远程服务保驾护航。开车运行后，如果出现故障停产，化工厂一天的损失就达上千万元。这时，航天工程的"远程服务中心"就发挥作用了，它能够提前对故障进行预警，协助业主处理故障，第一时间解决问题，避免装置停车造成损失。

3. 12 小时备品备件运抵现场。12 小时（部分地区需要 24 小时）备品备件到位是航天工程备品备件的服务标准，帮助客户实现零库存的目标。

（二）气化装置实现"安、稳、长、满、优"运行，创造世界纪录

据业内资料统计，气化炉一年运行天数超过 330 天就达到了国际领先水平，而"航天炉"满负荷下最长连续运行时间达 467.5 天，已经连续 4 次打破世界纪录。

（三）核心产品拥有自主知识产权，质量安全可靠

航天粉煤加压气化炉包括气化烧嘴、废锅、激冷内件等核心部件，均由航天工程研制，具有完全自主知识产权。专利工艺包括磨煤、输煤、气化、渣水等单元，其中气化炉是航天粉煤加压气化技术的核心专利设备，是实现整套气化装置"安、稳、长、满、优"运行的关键因素。气化烧嘴作为气化炉关键部件，技术集成度高，精度要求高，制造难度大。技术团队秉承航天质量控制理念，设计了标准化程度高、操作性强、高效的制造工艺流程，制订了零缺陷全流程质量管理办法，形成了独有的先进气化烧嘴加工技术。多年来，技术团队对两项工艺不断改进，喷焊工艺的表面硬度、喷涂工艺抗氧化性能及表面材料和基材的结合强度不断提升，支撑烧嘴寿命创造了 866 天的世界纪录，加工工艺、技术水平整体处于国际先进水平。

（四）市场占有率国际国内第一

航天工程拥有我国完全自主知识产权的以"航天炉"为核心的航天粉煤加压气化整套技术，是国内唯一专业从事煤气化技术及关键设备研发、工程设计、技术服务、设备成套及工程总承包的工程公司。

航天工程核心技术率先打破国际垄断，引领我国粉煤气化技术的发展。通过十多年的持续创新，航天粉煤加压气化技术已经形成了具有鲜明特点的技术优势及可靠的产品质量，所应用的项目均实现了"安、稳、长、满、优"的运行。从 2009 年示范工程获得成功后，航天工程累计签约合同额 160 亿元，签约项目 50 余个（含有 10 个总承包项目），共计 117 台"航天炉"。截至目前，已有 31 个项目，61 台（套）气化装置持续保持长周期、安全稳定运行，粉煤气化装置投运率稳居国际国内第一。

（五）打造"开放、合作、共赢"的客户关系

航天工程始终秉承用户至上的服务文化和创新的保障理念，切实履行国家队的历史使命与担当。航天工程的很多客户都是"回头客"，合作了一期，再续签第二期。其中，宁夏宝丰项目、山东瑞星项目，

与公司合作了 3 期；安徽临泉项目，合作了 4 期；安徽昊源项目，一直合作了 5 期。

四、技术助力企业诚信建设——践行绿色发展理念

航天工程强化技术研发，持续推进成为煤炭清洁高效利用技术的世界领跑者和生态环保技术的引领者。践行绿色发展理念，承担环境保护的社会责任，积极响应"环保、节能"绿色经济发展要求，在做好现有技术的基础上，大力研发推出"环保效果更好、节能效果更显著"的新技术。

1. 3000 吨级超大航天炉即将投产。航天工程承担国家重点研发计划"煤炭清洁高效利用和新型节能技术"重点专项"大规模干煤粉气流床气化技术开发及示范"项目的研发工作——即日投煤量 3000 吨级气化炉。该炉型具有产量更大、技术指标更优、一次性投资更省、运行成本更低、环保水平更高等优势，代表着现代煤化工最先进的煤气化技术水平。在研发过程中，还进一步优化了合成气除尘、渣水闪蒸等工艺流程，提高了气化装置的安全可靠性和自动化程度，使其具有气化效率高、技术指标先进，废水排放量低等优点。

2. 新一代气化技术研发创新。全废锅气化炉作为新一代"航天炉"集合了复合流场、全热回收、细灰循环等煤气化领域新技术于一身。该型号气化炉通过辐射废锅、对流废锅全部吸收合成气显热用于生产蒸汽；同时将废锅排出的细灰经过滤及输送装置返回气化室进一步参与气化反应。全废锅气化炉投煤量大、煤种适应性广、碳转化率高、热效率＞95%，废水零排放、细灰零排放。

3. 未来发展方向——石油焦、危废处理等的研发。炼油工业必然伴生出的石油焦对环境危害影响极大，目前的填埋技术无法解决这一问题。经研究表明，高硫石油焦作为气化原料制取合成气是解决其利用的一条有效途径，几乎对环境无任何影响。航天工程坚持贯彻环境保护基本国策，与德国弗莱贝格大学开展研发合作，完成了石油焦气化第二轮中试试验，气化的转化率进一步提高。

案例创造人：田庄

人人守法，诚信经营，持续推进企业依法合规建设

国网浙江省电力有限公司宁波供电公司

一、企业简介

国网浙江省电力有限公司宁波供电公司（以下简称宁波公司）是国家电网有限公司（以下简称国网公司）大型供电企业之一、国网浙江省电力有限公司（以下简称浙江电力）直属骨干企业，承担着保障宁波市所辖2市、2县、6区的更安全、更经济、更清洁、可持续的电力供应的基本使命。

宁波公司成立于1979年，目前内设14个职能部门、15个业务机构、6个县供电公司和2个县级园区供电公司。宁波是浙江省电源装机容量最大地区，也是浙江省第二大负荷中心，宁波电网既承担地区供电，又承担沿海主力电厂送出任务。

近年来，宁波公司在国网公司、浙江电力的坚强领导下，在宁波市委市政府的正确领导和大力支持下，主动服务宁波经济社会发展大局，积极履行电网企业的使命和责任，企业发展取得了显著成效。公司党建和精神文明建设取得丰硕成果，先后荣获全国文明单位、"全国五一劳动奖状"、全国"安康杯"优胜企业、国网公司"红旗党委"等荣誉，还涌现了以江小金、钱海军、张亚芬、叶薹等同志为代表的一大批先进人物。

二、企业诚信机制建设

1. 机构设置。为加强信用管理，宁波公司成立信用管理领导小组，由公司主要领导担任组长、分管领导担任副组长，办公室、发展部、财务部主任等担任成员。领导小组下设办公室，成员由办公室、营销部、人力资源部、财务部等部门的相关人员组成，负责制订公司信用管理办法、工作方案，具体负责协调、指导各单位各部门信用管理工作的开展，负责信用管理工作培训、督办、考核工作等。

2. 制度建设。宁波公司积极贯彻落实制度评估工作，落实基建、互联信息、调控通信相关专业部门以及下属6家县公司有序开展评估。根据下达的制度评估清单范围"锁定"责任单位、责任领导、责任人，将每项制度落实到人，明确任务要求。建设部、互联办、调控中心等部门会同各县公司开展线上调研和线上座谈讨论，基建专业完成38项制度分析，信息专业完成42项制度分析，调控通信专业完成15项制度分析；同时，形成制度学习习题1套，包含制度习题210题。通过评估反馈，完善制度执行的有效性、合规性问题，从而为国网公司形成制度新型管理模式提供参考，为建设具有中国特色国际领先的能源互联网企业打下坚实的诚信基础。

三、企业信用体系建设开展情况

（一）深化依法合规治理

宁波公司建立合规管理组织体系，由公司主要领导担任合规管理委员会主任，建立涵盖公司及集体企业主要业务的十大重点领域分委会，明确各分委会工作职责与任务，下设合规管理委员会办公室，负责合规管理日常工作。

宁波公司将合规管理工作纳入全局性工作统筹安排，建立健全合规审查、合规风险识别预警、评估报告、应对处置和违规处罚等机制。完善合规风险清单，结合国网公司合规风险清单，深化宁波公司合规风险库，加强违规风险排查与识别，开展风险等级评估，编制合规底线清单，加强风险防控针对性，提高各业务领域合规管理水平。积极培育合规文化，将合规要求融入员工岗位职责，在各类专业培训中增加合规培训内容，引导员工自觉养成依法办事、依章办事的良好诚信习惯。

（二）强化诚信经营管理

1. 强化安全生产管理。宁波公司遵守安全生产法律法规，积极履行企业主体责任，加强安全生产管理与监督考核，保障电网安全稳定运行和可靠供电。牵头强化停电计划刚性管理，严格执行风险预警发布机制，严控电网运行风险。负责加强电力设施保护，完善政企、警企、民企等联动防护机制。负责开展信息安全防护，保证信息通信系统安全。

2. 强化供应商管理。宁波公司对在资质能力核实、招标采购活动以及在合同履约过程中存在不良行为的供应商采取扣减评标分值、合同经济处罚、暂停中标资格、列入黑名单等处罚措施，加强公司系统不良行为供应商处理的一致规范和信息共享，形成"一处受罚、处处受制"的联防联治氛围，提高供应商失信违约成本，有效促进诚实守信市场环境的建立，提升供应链全过程管控水平。

3. 加强合同管理。宁波公司合同管理遵循"统一归口、统一职责、统一流程、统一分类、统一文本、统一平台"的原则，全面落实合同主体责任，建立合同合规审查三道防线；对照国网公司合同法律合规风险点清单，协同审计部开展合同合规管理专项审计调查，督促各承办部门识别评价合同合规风险；编制合同管理专业考核评价标准，对合同起草、审核情况按照评价标准进行通报考核。积极推动公司合同信用管理，2020年，宁波公司获得浙江省AAA级"守合同、重信用"企业称号。

4. 完善协同监督机制。宁波公司严格执行协同监督工作规则，融合法律风险防控体系、内部控制体系和党风廉政惩防体系，健全完善协同监督平台。充分发挥财务监管、审计监督、纪检监察、法律监督等职能作用，形成集事前防范、事中控制和事后救济于一体的协同监督工作机制。

（三）重视信用理念建设

宁波公司重诚信、讲诚信，广大干部员工认真践行诚信价值观，将信用理念落实在工作上、行动中，严格做到遵纪守法、言行一致，忠诚国家、忠诚企业，未发生重大失信事件。

宁波公司大力强化信用风险意识，积极开展诚信理念宣传教育，通过宣传栏、公司网站、电梯视频、宣传手册等各种媒介，大力倡导诚信理念，促进诚信理念深入人心。

宁波公司以"廉洁风险管理年"活动为抓手，将"干精彩、走在前、做示范"融入管党治党工作，逐级落实"两个责任"，统筹推进各项问题整改，巩固四风整治成效，推进监督数字化转型，对物资采购、工程建设、专项研究等重点领域、关键环节加强监督检查，持续完善"不能腐"的体制机制，坚持不懈推动中央八项规定精神落实，驰而不息纠治"四风"，以好作风带动好行风，护航公司改革发展。

（四）积极履行社会责任

1. 全力助推复工复产。新冠肺炎疫情期间，宁波公司以坚定的政治自觉控疫情、保供电、促复工，挺起疫情防控和服务经济社会发展的央企脊梁。以最小作战单元模式保障电网安全运行、电力可靠供应，为医疗机构、隔离点、医疗物资生产企业紧急送电，出台 20 项惠民助企举措，阶段性减免电费政策为宁波相关企业减少电费支出 9.9 亿元；优先安排 37 个重点电网建设项目复工复产；推出"宁波企业复工电力指数"，开展"三服务"专项行动，累计走访企业 1472 户，电话、微信等方式联系企业 15.22 万户，解决企业复工中存在的用电实际困难和问题 1346 条，全额减免疫情期间企业临时变压器租赁费用 2648.49 万元。

2. 开展电网建设援藏帮扶。宁波公司选派援藏业务骨干，持续开展对口帮扶西藏自治区那曲电网建设工作，连续 3 年投资 13.71 亿元，架设各级供电线路 1757 公里，覆盖那曲地区 8 个县。"以帮代培，以帮促学"，充分发挥人员、技术、管理等方面优势，多专业、全过程参与工程建设帮扶工作，全力打造援建工作宁波样板，不断加固升级电网，为当地砂石厂、商砼厂、大棚蔬菜、牦牛牛奶加工提供高质量的电力保障，打赢"三区三州"精准扶贫的关键战役。

3. 矩阵化扶贫，打造宁电公益慈善规模效应。宁波公司坚持开展社会责任可持续发展管理，在国网公司系统首次发起成立慈善公益组织——宁波市钱海军志愿服务中心，带领系统下属四家县级供电公司发起民办非企业公益组织，矩阵联盟开展公益慈善活动，连续 13 年坚持公益结对扶贫，先后培养出全国劳模、中华慈善楷模钱海军和全国三八红旗手、浙江省优秀共产党员张亚芬等先进典型人物。

四、企业信用体系建设实践

"千户万灯"残疾人贫困户室内照明线路改造公益项目（以下简称"千户万灯"项目）是宁波公司积极响应党中央和国家关于开展精准扶贫工作号召，针对经济基础薄弱、无力改善照明用电环境的残疾人、贫困户家庭，于 2015 年发起的公益项目。

（一）主要做法

一是"融合化实施"党建引领推动。实施"党建 + 公益"推动模式，宁波公司党委号召共产党员积极利用工余时间，充分发挥自身技术优势，投身到项目实施当中去，引领"千户万灯"项目"不忘初心，牢记使命"。

二是"法人化组织"规范开展管理。在民政部门注册"宁波市钱海军志愿服务中心"等公益组织，取得公益慈善组织应有的法人资格，拥有独立人事权，招聘专职人员从事组织管理运营，建立完善的组织管理制度。合法帮助募集资金，独立开具财务账户，可公开向社会组织、爱心人士募集资金，保障"千户万灯"项目从发源地慈溪纵深推广到宁波，并且向浙江省深入持续推进。

三是"项目化运行"保障服务质量。前期开展项目调研及专项排摸，在与地方民政部门、媒体和高校学者等联合开展前期调研论证的基础上，确定"千户万灯"项目帮扶对象，有组织、有计划统筹推进慈善活动高效开展。实施中开展专项培训，统一物资采购，建立"千户万灯"项目组，统一招标采购，统一产品品牌和规格，统一配送。

四是"平台化支撑"高效精准扶贫。搭建"互联网 +"爱心服务平台，利用微信公众号、手机 App 等网络平台募集物资及志愿者，搜集服务需求信息，定期推送活动情况，线上与线下同步开展。

五是"社会化协作"联合实现最大效益。与系统外社会慈善公益组织之间协同开展工作，委托有资质的社会公益组织开展实施，联合地方政府民政部门、慈善总会等，与中华红丝带、善缘、腾讯等知名公益组织联合，在浙江省及全国深入打造钱海军"千户万灯"品牌。

（二）取得成效

一是解决难点打通堵点，赢得政府和社会认可。通过"千户万灯"项目的实施，在更大范围、更多层面解决了残困群体室内线路安全隐患这一社会管理难题。残困群体住房用电安全得到有效保障、受益群体安全用电意识明显提升。残疾人贫困户家庭因线路老化、私拉乱接造成的触电和火灾的概率大大降低，避免了恶性事故的发生，有效解决了残疾人贫困户因经济条件差、房屋破旧而无经济能力对整个线路进行整改的长期安全隐患；同时，也降低了消防单位和医疗单位等的工作压力，主动承担社会责任，联合解决社会难题，推动社会和谐发展。

二是推动公益高效发展，实现模式和效益多赢。紧密围绕新时代的新形势、新任务、新要求，探索实践"法人化组织 + 平台"社会化协作经验，完善并规范了志愿服务管理，建立了社会责任长效履行的服务平台支撑，构建了涵盖志愿服务微信群、"微心愿"征集活动、结对帮扶与定期走访的长效机制及互惠互利的共享经验服务模式。

三是打造可信可靠品牌，促进企业内外融合发展。公益项目是以德育企的催化器，通过内外结合联动的方式打造可信赖的品牌形象。在企业内部，"千户万灯"项目开展过程中，共产党员带领员工积极参加，培养员工奉献精神，涌现出一批肯担当、讲责任、肯作为的员工，最终反哺企业中心工作，更好扎根电网建设、安全生产、营销服务岗位，全面提升供电可靠性及营销服务水平。

"千户万灯"项目主题传播获中央广播电视总台等多家主流媒体联合报道，2017-2019 年 3 年时间获得 7 项重大荣誉。2019 年 9 月，"千户万灯"项目代表国网公司参加中国公益慈善项目交流展示，彰显国家电网助力脱贫攻坚、服务人民美好生活的责任奉献，获得社会各界广泛好评。

案例创造人：邵伟明　顾奕

"中小企业诚信榜"助力社会信用体系建设

深圳担保集团有限公司

一、企业简介

深圳担保集团有限公司（以下简称深圳担保集团）成立于1999年，前身为深圳市中小企业信用担保中心，承担着解决中小企业融资难、促进中小企业发展的政策性功能。在事业单位期间，深圳担保集团按照"政策性定位、市场化运作、企业化管理"的模式运作，取得了稳健发展。2006年，根据深圳市委市政府关于事业单位改革的统一部署，划转至深圳市投资控股有限公司，成为一家全资国有企业。

经过20多年的创新发展，深圳担保集团从政策性地方中小企业服务平台成长为国内一流的中小企业金融服务集团。截至2020年11月，深圳担保集团注册资本114亿元，净资产超过185亿元，总资产超过280亿元，担保机构资信评级AAA，资本市场评级AAA，被工业和信息化部认定为"国家级中小企业公共服务示范平台"，是深圳市唯一上榜的担保机构。

深圳担保集团始终高度聚焦中小企业创新金融服务领域，以"解决中小企业融资难、融资贵"为使命，成立20多年来，累计提供服务项目41013个，业务发生总额达6061亿元，创下"广东省企业新纪录"。根据深圳市统计年鉴相关数据测算，可新增社会销售收入12037亿元，新增税收1235亿元，新增就业岗位758万个。截至目前，深圳担保集团的客户中已有289家企业成功上市。

二、创办"中小企业诚信榜"活动的背景

深圳担保集团成立时值国内担保行业刚刚兴起，社会信用体系建设亦刚刚开始迈步，企业信用行为缺乏政策及法律的指导与规范。企业融资通常是贷款到期一次性还本付息后才可以进行续借。当时，很多中小企业主由于较大的还款压力加之对信用的不重视，导致贷款逾期甚至卷款潜逃的现象时有发生，企业的经营无法延续，担保行业也存在着较高的系统性风险。换言之，担保行业本质是建立在信用基石之上的，企业珍视信用，建立良好的信用记录，有助于自身的健康发展，更有利于降低金融风险，促进社会稳定发展。

2003年，中央政府正式宣布启动社会信用体系建设工作，深圳担保集团积极响应政府号召，结合自身业务优势及客户情况，创办了首届"中小企业诚信榜"活动，一方面通过创新的融资服务形式切实解决中小微企业发展中的资金需求；另一方面，通过褒奖企业家诚实守信的行为，帮助企业在深圳金融领域内打开知名度，助力企业高质量发展。

三、"中小企业诚信榜"概况

为更好地服务中小微企业、高科技企业和民营企业，深圳担保集团于2003年创办"中小企业诚信榜"活动，对上榜企业免抵押、免质押、免留置予以担保，开创了国内担保机构对企业进行信用评比和

公开授信的先河。首届"中小企业诚信榜"活动上榜企业 48 家，授信规模 4.62 亿元。国家发展改革委和深圳市经贸局等有关部门人员出席了会议。深圳主流媒体《深圳特区报》《深圳商报》均对该次活动进行了深度报道。

"中小企业诚信榜"活动每隔 2~3 年举办一届，深圳担保集团迄今已成功举办 7 届，评选出超过 1000 家"诚信中小企业"，总授信额度高达 360 亿元，至今未出现过风险坏账。历届活动均由深圳担保集团自费举办，未收取任何企业参评费用。

"中小企业诚信榜"上榜企业中不乏深圳知名企业，如欣旺达、海能达、科士达、劲嘉股份、金证科技、信立泰药业等。其中，如今已是全球锂离子电池领域领军企业的欣旺达是连续 5 届"中小企业诚信榜"的上榜企业，其董事长王威表示："'中小企业诚信榜'通过担保授信来褒奖诚信，受到了企业的欢迎和社会各界的'点赞'，是深圳市诚信建设的一面鲜明旗帜。从第一笔贷款到如今上市后的发债，深圳担保集团已累计为欣旺达提供了数亿元的融资担保，欣旺达成为国内锂电池产业的龙头企业，离不开深圳担保集团的大力支持。"

四、"中小企业诚信榜"的特色

1. 不收取参评企业"入场费"。深圳担保集团主办的"中小企业诚信榜"活动没有"入场费"，活动启动时进行公开通知，企业可自荐报名，也接受合作银行、行业协会和其他单位的免费推荐。

2. 独立评审。"中小企业诚信榜"评选不委托任何第三方机构受理，由深圳担保集团项目经理对报名企业进行尽职调查，由深圳担保集团内部评审会进行独立评审。

3. 免抵押、免质押、免留置予以担保。深圳担保集团根据企业规模、诚信经营情况及发展前景给予企业 100 万~5000 万元不等的纯信用授信额度，企业无须抵押动产和不动产，无须质押股票及股权，不进行留置担保。

4. 授信额度所有合作银行均认可。深圳担保集团目前有 40 家合作银行，超过 1000 家合作网点遍布深圳市各区。深圳担保集团授予诚信中小企业的授信额度 40 家合作银行均认可，企业可根据需要选择在任何一家银行网点进行使用。

5. 可享受合作银行绿色通道。深圳担保集团与所有合作银行均采取风险"八二分担"的合作原则，该风险分担比例为全国率先、深圳唯一。在与部分银行的合作中，基于对深圳担保集团运营能力和风控能力的认可，实现"见保即贷"绿色通道。在资金趋紧、排队放款时，银行把深圳担保集团的担保客户的费率控制在基准利率上浮 20% 以内，并且保证优先放款。

6. 授信额度 3 年有效，可循环使用。每家诚信中小企业获得的 100 万~5000 万元不等的授信额度有效期为 3 年。期限内，企业可根据实际需求灵活使用，额度可循环使用，可满足企业中长期的发展资金需求。

7. 可享受深圳担保集团全方位、一体化的融资服务。深圳担保集团业务范围覆盖银行信贷担保、发债增信、保证担保、政府专项资金担保、投资、典当、小额贷款、委托贷款、商业保理、融资租赁、资产管理、融资顾问咨询等全方位金融服务。上榜的诚信中小企业可适用上述任意业务品种，可切实满足不同中小企业在各个发展阶段的金融服务需求。

8. 企业诚信记录将登上"深圳市信用网"红榜。深圳担保集团主办的"中小企业诚信榜"活动获得了深圳市市场监督质量管理局的认可，上榜的诚信中小企业将登上"深圳市信用网"红榜，获得诚信经营的背书。

9. 免费在国内多家主流媒体上张榜宣传。深圳担保集团与国内多家主流媒体合作。揭榜活动当天，各家媒体将在现场见证，诚信中小企业榜单将刊登在报刊上进行宣传，让诚信中小企业的美名广而告之。深圳担保集团不收取企业任何宣传费用。

五、举办"中小企业诚信榜"的意义

1. 切实缓解中小微企业融资难题。深圳担保集团主办的"中小企业诚信榜"活动切切实实为中小微企业解决了资金需求，7届活动总授信额度高达360亿元，惠及1000家中小企业，行之有效地发挥了降低中小微企业融资成本的作用，提高了中小微企业融资效率。根据统计年鉴相关数据测算，深圳担保集团担保的360亿元，可带动社会新增产值648亿元，新增税收70亿元，新增就业岗位45万个。

2. 以信用撬动金融资源。深圳担保集团评选出的一大批"中小企业诚信榜"的上榜企业如欣旺达、海能达、德方纳米、达实智能等不仅可以获得深圳担保集团全方位的融资服务支持，也成了银行的VIP客户，因此而产生的示范效应还辐射到其他金融机构，诚信中小企业成为各金融机构竞相争取的优质客户并在资产市场崭露头角。

3. 推动诚信社会建设。深圳担保集团主办的"中小企业诚信榜"活动对企业诚信的考量不仅仅停留在企业的还款记录上，更深入地延伸到企业的规范管理、商业信用、员工待遇、社保缴交、安全生产、环境保护、行业贡献等多方面，鼓励企业勇于承担社会义务，在谋求盈利的同时诚信经营。深圳担保集团通过主办"中小企业诚信榜"活动，加强了企业信用信息的归集，扩大了信用服务，拓宽了信用服务渠道，通过宣扬企业诚信，营造企业诚信氛围，服务于社会信用体系建设，改善营商环境。

案例创造人：胡泽恩　温卫民

第二章
全国最佳诚信企业案例

党建引领担使命，诚信经营谱新篇

北新建材集团有限公司

一、企业简介

北新建材集团有限公司（以下简称北新集团）是国务院国资委直属管理中央企业——中国建材集团有限公司（以下简称中国建材集团）的二级企业。1997年，北新集团独家发起"北新集团建材股份有限公司"在深交所上市；2002年，获批成为中国首批"国家住宅产业化基地"；2006年，经资产重组成为"中国建材股份有限公司"最大股东；2017年，成员企业获批成为中国首批"国家装配式建筑产业基地"。北新集团发展至今，始终坚持以党建引领企业诚信经营，以诚信推进企业高质量发展，曾获"中央企业先进集体""用户满意企业""全国质量信得过单位""中国优秀诚信企业"等多项荣誉称号。2020年年底，北新集团资产总额超过200亿元，主营业务收入突破100亿元。

二、统筹"两个层面"，树立诚信责任

北新集团党委层面切实发挥诚信引导推动作用，全面贯彻党的理论、方针、政策，坚定不移贯彻新发展理念，牢固树立和贯彻落实新发展理念，坚持质量第一、效益优先，立足北新集团战略定位，以政治建设为统领，以推动公司高质量发展为主题，以深化企业改革发展为主线，以满足党员干部和职工群众对美好生活的期盼为根本目的，学习创新、规范治理，树立诚信"高压线"，厘清"三会"权责边界，制订"三重一大"事项实施方案，全面推进依法治企，规范经营管理行为。公司经营层切实发挥诚信建设主体作用，正确把握"诚信"与"效益"的关系，树立诚信责任，一是组织各业务单元开展合作方（包含供应商及客户）专项信用评价工作，推动结合梳理情况建立合作方"白名单"；二是针对2020年新冠肺炎疫情突发情况，妥善应对各类衍生风险；三是发出关于新冠肺炎疫情影响下合同履约风险的提示，强调做好疫情防控的同时"保订单""保工期""保供应链"。2020年4月，北新集团成员企业——北新房屋12个工程项目实现全面复工，中国首个海洋性气候地区"三高"环境装配式建筑——"海南省三沙市永兴岛文体馆"顺利施工。湖南省首个装配式轻钢结构公安基础设施——湖南省冷水江市公安中连派出所业务用房竣工交付使用。塞班联排别墅项目第四批材料顺利发货。四川华构建筑科技乐山苏稽市政管廊项目、全兴酒厂PC项目等60多个项目启动供货，北新木业积极探索线上线下一体化，从TO-B模式转向TO-B&C模式，提供更加个性化的服务，消费者满意度不断提升，获得"中国木业改革开放领军企业"荣誉称号。

三、完善"三个体系"，夯实诚信基础

一是完善质量与信息化一体的诚信体系。坚持引导与强制相结合，以自愿开展为主、强制实施为辅，对涉及安全、环保等方面的产品依法要求成员企业实施认证，引导成员企业开展质量共治，加强全

面质量管理,共享质量发展成果,积极参加行业标准化、规范化建设。2020年,北新木业获得"中国木材卓越供应链服务企业"荣誉称号;北新房屋与重庆大学、长安大学、兰州大学联合申报的《冷弯薄壁钢结构多层房屋关键技术及运用》荣获"中国钢结构协会科学技术奖"特等奖荣誉称号;华构科技完成超高性能混凝土市政景观产品等多个新产品和多套乡墅产品的研制,荣获"四川省企业技术创新发展能力100强""四川省绿色工厂""四川省装配式建筑科普教育基地"等称号;建立严格的公司质量管理体系和覆盖全级次企业的采购、财务、办公、党建信息数据系统,实现"网格化管理",将所有线下记录的信息、走的流程都移到线上,便于后期查询,加强对各个流程的监管,同时将企业管理要求嵌在系统中,通过数据的累积和分析,实现优化企业管理的效果。2020年,北新集团获评"全国市场质量信用AA级用户满意企业"。

二是完善激励与约束并重的诚信教育管理体系。北新集团党委将党员领导干部诚信与否作为衡量党员先进性的重要标准,突出抓好先进个人、集体荣誉表彰和典型宣传,通过发挥先进典型示范激励作用,营造诚信守法的企业良好氛围;同时,及时传达反面典型案例,深入开展警示教育,加强对资金使用、成员企业招投标、物资采购等重点领域、关键环节廉政风险研判,建立有效防控措施,坚持标本兼治、重在治本,筑牢拒腐防变的思想防线和制度防线,强化各项工作的制度落实;及时收集完善领导干部廉政档案信息,落实好廉政谈话制度,用纪律和规矩管住大多数,让党员干部职工知敬畏、存戒惧、守底线,习惯在受监督和约束的环境中工作生活,通过纪律约束广大干部职工纪律意识和规矩意识进一步提升,诚信做人、守法做事、公正用权自觉性明显增强。

三是完善坚守初心,勇担使命的诚信文化体系。北新集团党委坚持践行中国建材集团"创新、绩效、和谐、责任"的核心价值观和"敬畏、感恩、谦恭、得体"的行为准则,积极引导企业员工坚守初心,成员企业积极开展"全国质量月"系列活动,诚信经营深入人心。高举住宅产业化旗帜,助力生态文明建设,发挥装配式建筑和部品部件快捷安全、绿色环保产业优势,积极引导员工勇担社会责任,助力扶贫、公益等项目建设。2020年,北新房屋承建的扶贫项目——云南永善中山博爱装配式校园顺利竣工并投入使用;建设在海拔3500米以上的"边境孤岛"——青藏高原玉麦乡的藏式民居项目被拍摄为《雪山上的屋脊》,获得国务院国资委"第一届中央企业践行社会主义核心价值观主题微电影(微视频)"优秀奖;北新木业独家材料赞助的两河口小学阅读空间建成。通过示范带动的方式,北新集团将企业责任感外化于行,代代传承,融入企业情怀,刻进员工血脉。

四、坚持守正笃行,诚信建设久久为功

一是强化党建引领,拓展交流渠道。北新集团加强党建宣传舆论引导,通过持续建好"善用文化"活动中心或长廊和官网、官微公众号等宣传矩阵,让职工和合作伙伴可以及时了解公司动态,增强合作伙伴对企业经营发展理念的理解。

二是把握发展方向,严控企业防范风险。北新集团充分发挥公司监督管理体系对企业发展强基固本作用,始终坚持以监督创造价值为目标,以风险控制、合规管理和内审评价为抓手,站在内控监督的视角,深化内控体系建设,形成多主体协同,全方位推进的监督管理体系。

三是增强员工关怀,凝聚奋进力量。北新集团积极营造待人宽厚、处事宽容、环境宽松和向心力、亲和力、凝聚力"三宽三力"的人文环境,形成了一系列独具特色的群团活动品牌:"巾帼展风采",为女性职工开设彩妆课、形体课及办理特殊医疗险,切实关爱女性群体;"司庆聚人心",企

业文化节,北新集团领导和员工在趣味运动会、素质拓展等活动中拉近距离,加强了解;"青年显担当",北新集团团委组织建功新时代、国旗下演讲等各项活动为青年员工提供展示平台,点燃青年激情;"最美夕阳红",离退休党支部组织退休党员春游百花秋赏月、夏唱红歌冬年会,各项活动有声有色,企业安定团结,共同助推经营行稳致远。

未来,北新集团将继续守正笃行、滴水穿石、驰而不息推动企业诚信建设,久久为功实现企业高质量发展。

案例创造人:倪素芳

诚信为本，精益求精，做行业典范

北京市保安服务总公司

一、企业简介

北京市保安服务总公司（以下简称保安总公司）成立于1986年，是目前国内规模最大的专业化保安服务公司。企业注册资金2亿元，现有35家分公司和1所保安培训学校，保安从业人员7万余人，保安人防、技防客户1.57万余家，企业规模和效益始终处于行业第一名。服务对象涵盖各行各业，已经形成人防、技防、物防相结合和多层次、多元化的综合保安服务网络。

近年来，保安总公司始终秉承"服务首都公安工作，服务首都公共安全，服务首都经济建设"的企业宗旨和理念，构建了"诚信为本、精益求精、优质高效"的核心价值观，以高效的管理、优质的服务、雄厚的实力、良好的业绩，致力于保障首都安全和经济建设、营建和谐社会首善之区，在协助公安机关打击违法犯罪、确保客户安全、维护首都政治安全和社会稳定等方面发挥了积极作用，经营水平、社会地位、公众评价和行业影响也得到了有效提升。先后被国家主管部门及行业协会授予2016年第四届全国优秀保安服务公司荣誉称号，"北京安全防范行业AAA级诚信优秀企业"；2017年度荣获北京市商务服务业自主品牌100强荣誉称号；2018年度荣获北京市商务服务业创新品牌100强荣誉称号；2019年被评为中国商业信用AAA级企业。连续4年被行业协会评为一级企业资质。

二、坚持诚信经营，规范企业运营

成立30多年来，保安总公司始终把诚信经营放在首位，认真贯彻执行相关法律法规，坚持诚信至上的经营理念，建立健全了诚信管理制度，自觉接受行业监管部门的监督管理，遵纪守法，诚实守信，没有发生任何违法违规和不良记录。2020年截至10月底，保安总公司共签订合同1000余份，全部依约履行，合同履约率100%，客户满意率100%。近年来，为了做精机关、提高效率，建立可持续发展的人才战略，严格执行质量管理标准，建立了质量管理、环境管理、职业健康与安全管理等"三体系"认证监督体系，通过纠正和预防措施等自我完善机制，不断健全规范文件和操作规程，获得了"三体系"认证资质，实现了企业持续改进和发展。围绕"服务第一、客户满意"的目标，对项目实行科学管理，成立了总公司督导检查室和专业纠察大队，实现全天候不间断纠察检查，发现问题逐一跟踪整改落实，有效提升了服务质量。

三、建立诚信体系，强化监督管理

诚信守法经营是保安总公司倡导的企业文化理念，也是开展各项工作的着眼点和着力点，为此，企业在诚信制度建设、依法纳税、财务管理、严格执行质量管理体系规程等方面做了大量工作，先后制订完善了财务管理、内控监督、固定资产等20余项管理规定和流程办法，为财务规范运营奠定了坚实基础。一是加强财务收支管理。严格执行财经法纪，按照相关法律法规，确保账目规范、真实、完整。遵守国家有关法律法规，督促指导分公司规范登记，统一核算，确保数据真实、有效。落实民主集中制，确保重大决策、重要事项、大项开支都经总公司党委会和总经理办公会集体研究通过。建立应收账款管理制度，按照预算控制、专项管理、及时结算、定期清理原则进行统一管理。明确主要管理部门为形成应收款的具体业务经办部门及财务部门。业务部门负责客户联系、款项催收、合同管理及协助财务部门与相关单位对账等信息系统的维护；财务部门负责配合业务部门收取款项并开具相关收款票据、按公司规定定期与往来单位核对账目、定期对应收款情况进行分析、督促具体业务经办部门及时催收款项等。二是加强内控管理。根据工作实际，研究制订了财务管理监督办法，明确了记账、审批、经办三方面相关人员的职责权限，做到相互分离、彼此制约、共同监督；出台了经费支出管理规定，明确标准，确定主体，划定边界，确保经费开支合理合法合规。在建立和完善各项制度的同时，督促要求相关人员严格遵守，通过有效的内部监督和控制，保证了财务工作真实、完整、安全。三是加强合同管理。实行承办制度、审核会签制度、授权委托制度、合同盖章专人负责制度、统一合同文本制度、合同统一编号制度、合同备案制度、合同档案制度、合同纠纷预警制度。从合同起草、合同审核会签、合同签署等进行规范，在合同履行过程中明确了承办部门职责，对履约管理进行严格把控。同时，细分合同种类，对合同编号、档案、备案、统计进行规范化管理，建立合同标准文本库。四是加强风险控制管理。建立风险管控机制，提高保安管理工作的针对性和实效性，防范化解各种风险隐患，通过建立企业经营和财务管理预警机制，对资金管理、收支情况、利润增减变动、人员客户减少等异常情况进行审核监督，并且定期开展排查廉政风险点和管理上容易出漏洞的区域和岗位，及时堵塞漏洞和隐患。

四、厚植发展优势，拓宽经营思路

近年来，保安总公司结合企业实际，有针对性地实施了一系列诚信管理制度，如岗位责任制度、合同管理制度、档案管理制度等，通过建立企业诚信制度，有效巩固了市场份额，实现了经营水平的有效提升。2015年营业收入35.09亿元，2016年营业收入38.49亿元，2017年营业收入40.18亿元，2018年营业收入46.12亿元，2019年营业收入55.5亿元。在创造经济效益的基础上，保安总公司积极履行社会责任，近5年累计上缴税金5.78亿元。

五、宣传诚信理念，硬化品牌形象

保安总公司积极开展诚信理念宣传教育，采取多种形式开展宣传引导，利用各种宣传平台大力倡导诚信理念，开展"诚信活动月"等系列活动，诚信理念深入人心。积极宣传保安总公司发展壮大的历程，通过拍摄宣传片、制作宣传册、组织一系列征文、文体比赛活动等活动，挖掘宣传保安工作成果和先进事迹，宣传企业品牌，树立首都保安良好形象。

近年来，保安总公司依据有关法律法规在诚信经营方面做了大量工作，今后将继续秉持"诚信经营、奉献社会、优质高效"的理念，认真履行保安企业社会责任，自觉自律，积极营造诚信经营的良好氛围，为服务首都经济建设、加快推进京津冀协同发展、建设国际一流和谐宜居之都做出新的更大贡献。

案例创造人：程继新

以诚信建设为主体，树一流企业品牌，推进企业可持续发展

国能准能集团有限责任公司

一、企业简介

国能准能集团有限责任公司（以下简称准能集团）是集煤炭开采、坑口发电、铁路运输及煤炭循环经济产业为一体的大型综合能源企业。拥有煤炭资源储量30.85亿吨，具有"两高、两低、一稳定"（即灰熔点高、灰白度高、水分低、硫分低、产品质量稳定）的品质特点，是优质动力、气化及化工用煤，以清洁低污染而闻名，被誉为"绿色煤炭"。拥有年生产能力6900万吨的黑岱沟露天煤矿和哈尔乌素露天煤矿及配套选煤厂，装机容量960MW的煤矸石发电厂，正线全长448公里年输送能力超亿吨的大准铁路和准池铁路，年产4000吨的粉煤灰提取氧化铝工业化中试工厂，以及生产配套的供电、供水等生产辅助设施。截至2019年年底，准能集团资产总额为675.6亿元；在册员工13715余人；累计生产商品煤7.16亿吨，发电586.05亿度，铁路运输14.36亿吨；累计实现利润512.22亿元；累计上缴税费447.64亿元。

作为国有大型煤炭企业，准能集团始终以向社会提供清洁能源为己任，立足诚信经营，不断加强企业信用管理与内部控制，在引领行业诚信经营方面做出了突出贡献，在社会上树立了良好的形象，赢得了社会各界与广大客户的普遍信赖与赞誉。2011年以来，一直被中国煤炭工业协会评为煤炭行业"企业信用评价AAA级信用企业"。自2013年参加社会责任发布以来，连续4次获得"全国煤炭工业社会责任报告发布优秀企业"荣誉称号。2018年，准能集团被中国工业合作协会、商务部国际贸易经济合作研究院信用评级与认证中心评为"企业信用评价AAA级信用企业"。

二、企业诚信建设和信用体系建设

（一）诚信经营理念

准能集团从成立之日起，一直奉行"协同一体、降本增效、诚实守信、同享共赢"的经营理念，打造煤炭开采、循环经济、铁路运输一体化的神华准格尔区域经济新模式，各业务板块相互协调、联动运营，整合资源，优化配置，发挥优势，降低运营成本，提高管理效能，增加经济效益。牢固树立诚信可靠、恪守承诺、合法经营、依法纳税的企业形象，积极履行社会责任，全面协调各方利益，秉承互利互惠、共同发展的价值追求，共享企业发展的丰硕成果。

（二）严格遵纪守法

准能集团模范遵守法律法规和社会公德、商业道德及行业规则；及时足额纳税，连续多年被评为鄂

尔多斯纳税"十强企业",内蒙古自治区"纳税百强企业""A级信用纳税人"。准能集团严格按照相关法律法规及现代企业制度的相关要求,修订、增补各项企业管理制度、部门职责、员工岗位责任制,形成完善的现代企业管理体系,以管理的规范化规避企业发展的法律、信用等各类风险。

（三）经营管理者、员工诚信理念和信用风险意识

在管理的各个环节和经营过程中,通过培育良好的风险管理文化和安全管理文化,执行风险管理基本流程,建立和完善以组织机构、内部控制、职责分工、方法技术为主要手段,以本质安全管理为主要内容的全面风险管理体系,为准能集团科学发展提供可靠持久的安全保障。

（四）诚信理念宣传、教育、培训

准能集团从实际出发把诚信文化作为与经营理念、管理理念、环保理念等体系相并列的企业文化子系统来建塑,提炼诚信理念并形成诚信价值观,指导和规范公司和员工的生产、经营行为,使诚信理念在员工中入心、入脑,成为一种自觉的行动。强化制度管理和企业文化教育有机的结合,规范员工的言行、培育员工良好的职业道德；充分利用各类载体,开展形式多样的诚信宣传教育活动,营造企业诚信守法、干部真诚共事、员工坦诚相处的浓厚氛围。

（五）体系建设

1. 客户资信管理制度。准能集团对客户采用"分类、分级"管理,锁定高端客户,主要分为行业内客户和行业外客户,两种不同级别的客户均享受权限不同的服务；定期指派专人坚持"动态分析,动态管理",长期为客户提供个性化、全方位的服务,有效维护与客户长期的沟通和合作关系。

2. 应收账款管理制度。准能集团为保证销售资金安全,防范客户信用风险,加快应收账款回收,提高资金使用效率,针对性的制订了财务管理办法。严格按照信用政策审批销售合同中的结算方式、信用期间和条件等条款,保证应收账款规模控制在预算范围内。坚持信用期与信用额度双控原则,对于超账期或超信用额度的客户建立预警机制,针对预警客户及时调整销售信用政策,制订与应收账款管理目标相配套的客户信用管理办法,通过提高信用标准、缩小采用后付款客户范围、缩短合同账期等方式降低坏账风险,并且及时成立清账小组,明确责任人,设定期限,确保逾期应收账款的有效回收。

3. 合同管理制度。准能集团为规范合同管理工作,防范法律风险,维护公司合法权益,结合实际情况制订了《合同管理办法》,规范合同的签订、审核、履行、归档工作,确保经济合同依法合规；运用国家能源投资集团有限责任公司（以下简称国家能源集团）的"合同范本库",从源头提升合同签约质量；推行合同全生命周期管理工作,以合同管理的"前期接洽－合同签署－合同履行－档案管理－统计分析"全周期为管理主线,规范监管手段,对合同管理各个环节的业务协作和风险管控,为企业树立良好的诚信形象。

4. 风险控制及危机管理制度。准能集团紧紧围绕战略目标,对内部控制和风险管理进行深化和优化,建立了以经济安全、价值管理、持续发展"三大"理念为中心的经济本质安全体系。以流程管控为切入点,以控制风险为落脚点,通过流程管控、监督检查、考核评价、整改完善等一系列管控过程,层层把关,落实到位,将经营管理方面存在的行业风险、业务风险控制在可接受的范围之内。覆盖了煤炭生产、电力生产、铁路运输、循环经济,相关部门、直属机构和辅助生产单位、后勤服务单位的财务管理、采购管理、招标管理、产权管理、生产管理六大重点业务领域,开展建立健康档案、制订监督检查办法、梳理业务流程、落实管控模板、建立考核评价机制工作。确保了企业各项经济活动过程中所产生或遭遇的风险处于可接受水平的状态。

（六）职业道德行为准则或规章

准能集团十分重视企业员工职业道德建设，提炼总结了以"你能、我能、大家能，准能"为核心内涵的准能企业文化，全方位开展了准能企业文化的落地工程，促进了职工职业道德建设的落地生根。为规范员工行为，展现员工良好风貌，制订了员工行为规范和文明办公制度，特别规定了企业员工道德规范，要求员工胸怀仁德，有关爱心；知恩图报，有感恩心；恪守诚信，有责任心；保持谦逊，有求知心；团结协作，有互助心；追求卓越，有事业心。2017年，准能集团被内蒙古自治区总工会和内蒙古自治区文明办授予"全区第十届职工职业道德建设先进单位"荣誉称号。

三、企业诚信实践

1. 产品及服务质量诚信。煤炭行业的主要产品是煤炭，煤炭的质量关系到企业市场开拓、企业盈利、形象提升的全局。准能集团倡导从源头树立质量管控理念，通过全面质量标准化和强化煤质考核等手段，形成程序化的质量管理体系。为了保证产品质量，不断优化采掘工艺，科学组织煤炭生产，健全煤质检验机构，着力提升定制化生产水平。充分利用跳汰机智能洗选、浅槽智能洗选、TDS智能干选等先进的科技手段，不断提高煤炭入洗率、产出率及煤炭综合热值，减少煤质波动，增强产品市场竞争力。严格履行购销合同，严抓售后服务，和国能销售集团有限公司建立煤炭质量信息反馈制度，对客户进行跟踪调查和售后服务，建立用户档案，提高了客户满意度，以优质服务赢得市场信誉。经过多年的精心培育，准能集团煤炭品牌得到了市场的普遍认可，赢得了用户的一致好评，树立了企业诚信经营的良好形象。

2. 安全诚信管理体系建设。煤炭企业作为高危行业，只有按章诚信作业、严格诚信监管，一切以诚信为基本原则，才能铸牢煤炭生产的安全防线。准能集团始终把实现安全生产、保障员工生命安全当作是对员工的最大承诺、对企业的最大负责、对社会和国家的最大诚信。准能集团深入贯彻落实国家能源集团"一个目标、三型五化、七个一流"发展战略，确立了安全环保目标和"1239"总体工作思路，不断强化安全环保责任落实，强力推进风险预控和隐患排查治理体系建设，以班组建设和岗位标准作业流程运用为抓手，强化管理，落实措施，取得了较好的实际效果。黑岱沟露天煤矿、哈尔乌素露天煤矿始终保持国家一级安全生产标准化露天煤矿，炸药厂连续9年被国家能源集团评为一级达标单位，哈尔乌素露天煤矿、设备维修中心、准能选煤厂安全生产超过10年，其他各单位安全周期不断延长，安全环保形势持续稳定。

3. 客户服务及关系管理。准能集团通过树诚信、练内功、倾真情、多沟通等方式，与客户建立良好关系。充分关注客户商业动态，不断加强与客户沟通与交流，利用质量优势、地域优势、环境优势、服务优势，加强形象宣传，拓宽与客户的沟通、交流、服务渠道，坚持以客户与市场为中心，增强全员品牌意识，用真诚的服务赢得市场，打造一流煤炭品牌。

4. 与股东、投资人和债权人等利益相关者关系。准能集团高度重视维护股东、投资者和债权人的合法权益，发挥章程在公司治理中的统领作用，健全完善现代企业制度下的公司法人治理体系，突出章程在规范各治理主体权责关系中的基础性作用，依法厘清股东会、董事会、监事会、经理层的职责边界，明确议事规则、决策机制和履职程序。

5. 廉政建设和反腐败工作。准能集团坚持标本兼治，构建惩防体系与企业内控风险管理机制相融合的拒腐防变长效机制，形成"不敢腐"的惩戒机制、"不能腐"的防范机制、"不易腐"的保障机制。加强对领导干部特别是主要领导干部的监督，制订领导述职述廉、廉洁承诺、重大事项报告、谈话提醒、诫勉谈话等反腐倡廉制度；开展物资采购供应、招投标、业务外包、原材料消耗等工作的专项监督检查，形成"党内监督、纪检监察监督、审计监督、部门业务考核监督、信访监督、民主监督和舆论监督"相结合的"大监督"格局，塑造了准能集团风清气正、和谐发展的良好局面。

6. 维护职工权益，创建和谐劳动关系。准能集团深入践行"准能是我家，员工是亲人"的人文理念，打造幸福员工工程，切实保障员工权益。完善以职代会为基本形式的企业民主管理制度，规范职代会程序，讨论决定涉及企业改革发展、生产经营安全和员工切身利益的重大问题。深化厂务公开工作，拓宽民主监督渠道，畅通员工诉求表达渠道，及时解决员工群众反映的问题，全力营造了和谐稳定的企业发展环境。严格贯彻落实相关法律法规，实现了劳动合同全员签订，依法实施劳动合同订立、履行、变更、解除、终止等程序，切实提高合同履行质量。为员工建立各项社会保险、住房公积金、企业年金、企业补充医疗保险、安全互助保险。针对坑下作业人员安全风险高的实际情况，为员工建立了井（坑）下员工意外伤害保险并按时足额缴纳各项费用，确保员工的合法权益得到保障。

7. 履行社会责任，热心公益事业。准能集团把履行社会责任作为推动自身发展的力量源泉，将责任理念融入自身发展过程，将生产经营与履行社会责任相结合，自2013年参加社会责任发布以来，连续4次获得"全国煤炭工业社会责任报告发布优秀企业"荣誉称号。

准能集团在持续健康发展过程中，全面带动周边相关产业发展，激活了区域人力资源市场，积极创造条件为地方劳动力提供就业机会，有效缓解了所在区域剩余劳动力就业压力。截至2019年年底，直接或间接为社会累计解决就业超过20000人。准能集团积极携手各级政府部门，助力全面打赢脱贫攻坚战。2019年，准能集团因地制宜，开展了种植、养殖、工业项目等多项扶贫工程，增强了帮扶村的造血功能。大力开展消费扶贫，在食堂、福利、活动用品等方面优先选购贫困地区的扶贫产品。2019年累计投入3570万元，其中直接扶贫1437万元、消费扶贫2133万元。

多年来，准能集团始终热心公益事业。新冠肺炎疫情期间为援鄂医务人员和因疫致困青少年捐款32.1万元，拨付20万元专项党费和63.24万元专项工会经费用于社区防疫、慰问隔离职工，凝聚了全员的防疫合力。坚持参加准格尔旗红十字会开展的"博爱一日捐"活动，累计捐赠达151.3万元；为南方抗洪救灾和汶川地震、玉树地震、舟曲泥石流等灾区捐款562.49万元；每年向社会各界捐款捐物，开展志愿服务活动，在全集团形成了支持公益事业发展的良好氛围。

案例创造人：苗志强　贾东学

以德为先，助力国家发展；诚信为本，惠及行业兴达

天津荣程祥泰投资控股集团有限公司

一、企业简介

天津荣程祥泰投资控股集团有限公司（以下简称荣程集团）历经 30 余年发展，始终坚持"真字为人，诚字处事"，诚信经营、诚信办企。以 3 个"一分钱"为原则，即不偷漏国家一分钱税款、不拖欠工人一分钱工资、不欺骗客户一分钱货款；坚持依法纳税，努力回报国家和社会。诚信经营上坚持"产品即人品"，切实把产品质量当作企业发展的生命，把提供优质产品当成守信用的直接体现；诚信宣传上坚持实事求是，要求宣传部门诚信报道；诚信合规上积极推进内部信用体系建设，进一步释放新时代的诚信动力；诚信贸易上严格遵守和执行国际条款、法律法规，船只在国际上诸多港口享受优先待遇。

目前，荣程集团已累计实现利税 234 亿元，直接社会公益事业投入 8.5 亿元。先后荣获"全国就业先进单位""全国重合同、守信用单位""全国质量放心用户满意单位""全国商誉最佳民营企业"等荣誉称号。荣程集团董事会主席张荣华先后荣获"全国劳动模范""诚信企业家""天津市道德模范"等荣誉称号。

二、将诚信办企作为企业发展第一要务

多年来，荣程集团始终坚持依法诚信经营，坚持依法纳税，努力回报国家和社会，解决就业近万人，成功申报中国企业联合会 AAA 信用评价。荣程集团在行业间树立了榜样，为推动天津市绿色高质量发展做出了突出贡献。

在集团董事会主席张荣华的领导下，无论国内外经济形势多么复杂，荣程集团始终坚持"不减员、不减薪、不压支"，重视劳动分配率，注重增加值；切实关切员工利益，以制度保护员工身心健康，以文化维系员工感情，以有竞争力的薪酬福利保障员工利益，实现了整体员工队伍的稳定，带领荣程集团成为员工成长、实现价值的幸福家园。

历经多年实践，荣程集团坚持"主业做精、相关多元发展"，不断转型升级，实现了从制造到创造、到智能制造，从金属到金融，从单一到相关多元发展；完成了产业互联网金融的新业态模式建立、钢铁硬实力和文化软实力的融合，在诚信办企、创新办企中不断前行。

三、深耕细作，以诚信创民族品牌

荣程集团坚决将"严格把好质量关，残次产品不出厂"作为企业经营铁打不动的规矩，坚持"真字为人，诚字处事"的责任文化。坚持"产品即人品"，切实把产品质量当作企业发展的生命，把提供优

质产品当成守信用的直接体现。要求每一道生产工序务必设立质检员，与绩效挂钩，严格奖惩制度，绝不许一件残次品出厂，为荣程集团"传承百年精品基地，创建诚信经营民族品牌"打下了坚实基础。对产品宣传坚持实事求是原则，杜绝虚假、夸大宣传，以优质品质和诚信服务赢取了国内外客户一致好评。荣程集团在国际贸易中严格遵守和执行国际条款、法律法规，荣程的船只在国际上诸多港口能够享受优先进港、优先靠岸、优先卸货的待遇。这些优先，正是社会对荣程集团诚信经营认可的最佳见证。

四、公益责任初心引领诚信创建工作

多年来，荣程集团秉持延续董事长张祥青提出的"自强不息、奋斗不止、永不言败"的荣程精神及"感恩社会，传承爱心"的为人之道，坚定信念，用钢铁般的意志持续创造价值，回馈社会。作为百年绿色荣程的建设者，荣程集团积极投身于社会公益事业，扶危济困、捐资助教、修桥铺路，广结善缘，始终坚持"利他之心"，通过实施循环经济、绿色工业、生态工业的"利他之为"，主动肩负与地方共发展的责任与使命，为推动区域绿色高质量发展做出了重要贡献。

作为社会公益责任的参与者、引领者及创新者，荣程集团始终以企业的长期、稳定、健康发展为指引，信守"两化"融合创新发展，深化"产学研"合作，全力打造智能制造的"升级样板"；信守"两色"并举健康发展，靠"特色"抢占市场先机，靠"绿色"实现持续发展，全力打造与城市和谐共生的"绿色工厂""未来梦工厂"；信守"两力"合力（实体硬实力与文化软实力）。此外，荣程集团更将诚实守信创新性地融入社会责任发展之中。2008年汶川地震，荣程集团捐款1.2亿元。2015年，荣程普济慈善基金会正式成立，荣程集团将其作为载体，持续对抗震救灾、精准扶贫、青少年助学、儿童医疗、师资力量建设、敬老养老等方面进行捐助。2016年，荣程集团董事长张祥青辞世两周年之际，荣程集团向中国宋庆龄基金会捐资1000万元，设立"中国宋庆龄基金会祥青生命之树慈善基金"，用于支持医疗卫生、科学教育、文化体育等领域的社会公益事业，以纪念他并弘扬和传承他的仁心大爱。目前，荣程集团公益事业投入累计高达8.5亿元。

五、共抗新冠肺炎疫情，努力打造信用民营企业典范

突如其来的新冠肺炎疫情袭来，荣程集团第一时间捐款1亿元用于津、鄂两地疫情防控工作。"战疫"期间，荣程集团经受住了疫情的考验与市场波动的冲击，坚决做到了疫情期间不减员、不降薪，不拖欠工资，员工人均收入增长近12%，实现了"3个100%"，即产销率100%、复工复产率100%、重点项目开工率100%，生产经营逆势增长，保障了钢材供应，如期履约。荣程集团下属荣程联合金属制品有限公司及融和互联科技有限公司被工业和信息化部列为"抗击疫情重点物资保障企业"名单之中。荣程集团的"战疫"成绩和成果获得了天津市委市政府和全国工商联的充分肯定，为奋力夺取疫情防控和经济社会发展"双战双胜利"贡献了民营企业担当；同时，荣程集团更是优先排产、高效运转，为火神山医院、雷神山医院建设供应钢材100吨，为助力打赢疫情防控阻击战、与全国人民同舟共济渡过难关献上了荣程力量。此外，为了助力生命科学及中医药等相关领域研究，荣程集团捐赠3500万元，与华中科技大学同济医学院合作成立"同济-荣程生命科学研究中心"，设立"新型冠状病毒与生命科学专项研究基金"；捐赠天津中医药大学500万元，设立"新冠肺炎与传统中医药-医学研究专项基金"，用于抗疫医药研究与应用、民族医药传承与保护等。日前，荣程集团出资500万元与天津市红十字会设立"医务人员关爱基金"，用于关爱和支持奋战在医疗战线上的医护人员。

案例创造人：张荣华

坚持诚信经营，促进和谐发展，努力建设世界一流综合能源贸易企业

国能销售集团有限公司

一、企业简介

国能销售集团有限公司业务始于20世纪80年代中期，伴随着我国经济的迅猛发展而壮大。1985年，隶属于原华能精煤公司的华能精煤运销分公司成立。神华集团组建后，1996年成立神华煤炭运销公司。2005年成立中国神华能源股份有限公司煤炭销售中心。2011年，在煤炭销售中心的基础上，神华销售集团有限公司正式成立。2017年，神华集团和国电集团合并重组，新组建的国家能源投资集团有限责任公司（以下简称国家能源集团）正式挂牌成立。2020年，神华销售集团有限公司更名为国能销售集团有限公司（以下简称国能销售）。

国能销售是国家能源集团煤炭产品对外销售的主要窗口，所销售的煤炭产品以动力煤为主，还包括冶金、化工、建材等行业使用的特殊品种。依托于国家能源集团强大的综合实力和一体化运营的优势，国能销售大力开拓市场，与电力、冶金、化工、建材等各行业用户建立了长期稳定的伙伴关系；搭建了较完整的销售网络，形成了资源组织、市场开拓、运输协调、质量监管、售后服务等全过程的销售业务体系，自主开发的煤炭交易网年交易量已经达到3亿吨级规模；在产品的储存、运输、中转等各个环节配套了现代化的质量监控手段，实现全过程质量管理；坚持开展配煤服务，根据用户需求制订配煤方案，为用户提供最适合的产品；专注于建设世界一流的综合能源贸易企业，坚持转型升级、改革创新，加大煤炭贸易力度，力争成为产品质量优、服务能力强、管理水平高、品牌形象好，具有强大市场竞争力的一流贸易企业。

2019年，国能销售完成煤炭销售4.7亿吨，煤炭采购7678万吨，销售收入2005亿元，净利润25.5亿元，销售量、销售收入、实现净利润指标均处在行业前列。截至2020年11月，国能销售设有15个职能部门、10个区域子（分）公司、10个直属单位，国能销售在册员工2000余人。

在近30年的发展历程中，国能销售始终秉承"为客户创价值、为社会做贡献"的价值观，获得多项省部级荣誉，包括"中国煤炭工业协会AAA企业信用等级""全国产品质量售后服务双达标先进企业""全国质量服务诚信示范企业"等荣誉称号。

二、在诚信建设方面的主要做法

国能销售各项经营指标快速攀升的重要因素，一方面是近年来国家经济的快速发展，带来了企业发展的机遇；另一方面是国能销售抓精细化管理、抓企业文化建设，特别是狠抓诚信经营、品牌建设工作的结果。

（一）树立诚信销售理念，打造阳光销售准则

国能销售在转变经营管理理念、深化企业文化建设的过程中，不断提升广大员工的信用意识，使诚信理念在员工中入心、入脑，成为一种自觉的行动。以"诚信销售"为发展的根本，作为肩负国家能源建设重任的中央企业，把对党忠诚体现在时刻与党中央保持高度一致，讲政治、顾大局，带头执行国家宏观调控政策，做市场秩序的维护者。强化责任意识和担当意识，保持战略定力，提高市场驾驭能力，在保供应、稳市场中发挥主力军作用。构建长期稳定、互利共赢的用户合作关系。坚持公平交易、诚信经营，倡导"契约精神"，树立"规则意识"，用市场化的方式构建新型供需合作关系。以"阳光销售"为发展的准则，做到销售政策公开透明、制度科学规范、程序严格执行、结果全程可追溯。营造公开透明的营销环境。严格上船计划管理，不允许任何人以任何方式干扰正常的装船秩序。规范煤炭产地地销公开竞价工作，只要条件具备的都采取公开竞价的方式开展业务。

（二）强化品牌建设，树立品牌形象

国能销售通过了ISO9001质量管理体系、ISO14001环境管理体系及GB/T28001职业健康安全管理体系认证。实行全面质量管理，不断提高产品质量，被国家有关部门授予"全国行业质量示范企业""全国产品质量售后服务双保障企业"。共赢的经营理念，稳定的产品质量，可靠的供应保障，共同塑造出国能销售良好的品牌形象。

经过多年的积淀，国能销售在业界树立了良好的口碑，打造起"产品+服务"的品牌形象。为了保证产品质量，打造金字招牌，公司坚持从源头严把煤炭产品质量关，健全煤质检验机构，引进先进的煤质检验手段，建成了具有国内一流水平的煤质检验单位——黄骅办事处（黄骅化验室），在各煤源点建立了内部化验室，委托第三方化验机构，对煤炭质量进行把关。同时，发挥配煤在调节煤质方面的杠杆作用，有力维护了企业信用经营的良好形象。为了加快品牌建设工作，国能销售以开创行业标杆为目标，制订了具有行业引领性、创新性、可操作性的品牌建设项目方案。下一步，将对品牌建设工作进行长远规划，完善品牌建设方案，把新时代的新要求融入品牌建设全过程，结合品牌现状和国内外最佳实践推进产品和服务的品牌化操作、品牌传播、声誉风险管理等工作，落实品牌推广计划，体现出独特的质量优势、物流优势和服务优势，形成特色鲜明的品牌形象。

（三）加强诚信服务，提高客户满意度

一是健全服务网络。国能销售面向国内市场，定位区域市场，设立了西北、华北、华东、华南、东北、华中等区域公司，并在煤源地、铁路沿线和港口分别建立了直属办事处，延伸市场信息触角，扩大市场信息覆盖面。二是强化服务，努力做好售前、售中和售后服务，维护供需双方的合作利益。国能销售与有关科研院所合作，组织专家团队，上门服务客户。三是建立客户经理制。做到所有客户都有专门客户经理对接，加强与客户的沟通，定期走访，了解客户需求，形成了快速、准确的反馈工作渠道。四是建立共享发展理念，与客户建立命运共同体，建立互保机制，抵御市场风险，找准供需双方的利益契合点，实现互利共赢。通过这些措施，最终达到与客户合作零距离、服务零投诉、双方互利共赢的目标，也为国能销售指导煤炭销售、保证质量、增加效益提供了翔实的决策依据。

（四）加强信用体系建设，打造标准管理体系

一是建立健全规章制度，加强诚信体系建设。国能销售建立并完善了《客户管理办法》《价格管理办法》《合同管理办法》等规章制度，从制度上保证企业的信用建设。二是国能销售不断完善内部管理，提升信用度。销售部门、煤质资源部、调运协调部、财务产权部、营销管理部、法律事务部等部门分别从客户服务、煤质质量数量、财务结算、价格管理和合同管理等方面提升公司的信用度。加强数质量管

理，加强自有化验室统一标准化、规范化建设，推进各化验室采制化设备升级，强化设备维护和校准管理。强化采制化人员煤质知识培训，提升人员业务素质和技术水平。加大北方港检验结果与矿区检验结果比对，逐矿排查原因，实行精准整治，提升煤炭产品的市场稳定性。三是建立以客户为导向的市场营销体系。国能销售建立了完善的客户管理体系，及时了解和掌握客户的需求信息，形成了以客户为导向的市场营销系统。加强对客户经理职业技能的培训力度，提升专业化服务能力，进一步规范客户服务标准，不断提升客户服务质量。从每个细节充分体现诚信经营理念，并且反复强化，潜移默化地融入员工的思想和行为中去。

（五）履行社会责任，构建企地和谐

一是充分考虑地方利益，国能销售在与生产单位确定结算关系时，会优先将不损害地方利益、税收留在当地为原则。认真履行纳税义务，足额缴纳各项税款。2019年交纳税费57.6亿元，多次获得各地市纳税信用A级企业、海淀区纳税百强企业等称号。二是履责保供做出新贡献。积极履行中央企业社会责任，统筹考虑客户的生产运行、安全库存、燃烧煤种、物流运输等因素，优先保终端、保长协，切实做到了有序有效、应保必保，圆满完成了保供任务。特别是在面对民生领域的保供任务时，国能销售讲政治顾大局，多措并举、克服困难，有效缓解了重点用户的燃煤紧张局面，保证供暖供电等民生需求，得到了国家相关部委和地方政府的高度肯定。三是全面落实"一防三保"，赢得了社会好评。

（六）坚持同行合作共赢，促进行业健康发展

国能销售与国家主管部门、工业协会、同行沟通协作，维持市场稳定。煤炭供应偏紧、市场需求增长明显、市场价格回升时，逐步顺应市场变化，以"稳价、增量"为目标，减少市场现货煤炭供应，优先保终端、保长协供应；煤炭供应量增加、需求乏力、价格快速下跌时，坚守企业信用和中长期合同互保机制，在市场价格非理性下跌时稳价提振市场信心，从维护行业及全集团整体利益出发，价格保持相对平稳，有效稳定了市场预期。充分发挥了煤炭市场"稳定器"和"压舱石"作用。

多年来，国能销售严格按照国家有关部委的政策，积极响应并认真落实协会的要求，开展销售经营活动；同时，与行业内的重点企业如中煤集团、同煤集团等保持着良好的关系，在政策层面及时沟通，在商务方面进行合作，共同为国家的能源安全稳定做出贡献。

未来的发展中，国能销售将通过制订并精心组织实施产品供应方案，向客户提供个性化服务；不断提升质量管理和技术服务水平，提高客户满意度；与客户签订长期合同，建立长期稳定的战略合作关系等措施，深化企业诚信建设，为国家能源安全和煤炭行业健康发展做出应有的贡献。

案例创造人：西媛　郭令文

承担社会责任，紧急跨界生产、平价定向供应熔喷布

中国石化仪征化纤有限责任公司

一、企业简介

中国石化仪征化纤有限责任公司（以下简称仪征化纤）创立于1978年，是改革开放政策指引下建设和发展起来的我国现代化化纤和化纤原料生产基地之一，1998年加入中国石油化工集团有限公司（以下简称中国石化）。仪征化纤建厂40多年来，一是为解决我国人民穿衣难题和粮棉争地的矛盾做出了历史性贡献；二是牵头研发的10万吨/年国产化聚酯成套技术，有力地促进了我国聚酯化纤工业的跨越发展，使我国成为世界聚酯化纤大国；三是始终坚持以重信守诺、合规经营为基石，以提升质量与服务为重点，以品种开发和技术创新为动力，与时俱进，锻造诚信文化，为企业持续生存、高质量发展提供有力的文化支撑。

仪征化纤认真传承"苦干实干""三老四严"为核心的石油精神，大力弘扬"精细严谨、求真务实、家国情怀"为主要内涵的石化传统，准确认知和实践诚信的核心要义，重信守诺、合规经营。把信用立企作为企业发展之基，引导员工诚实守信、履职尽责、依法经营、合规运作，做到"每一粒切片、每一根丝都是承诺"，为客户提供优质的产品、技术和服务，促进社会发展进步，实现员工和利益相关方的价值，树立企业良好品牌形象。

二、企业诚信建设情况

1. 企业诚信建设现状：勇于担当，应急跨界，速建熔喷布生产线、速产熔喷布，平价供应、平抑市场，践行"中国石化让人民买得到口罩，买得起口罩"的郑重承诺。国有企业是我们党执政兴国的政治基础和重要物质基础，是党最可信赖的依靠力量。国有企业要坚定不移地承担起经济责任，同时还要更好地承担起政治责任与社会责任。"国家和人民的需要，就是我们的使命""国有企业就是要奋斗在党和人民最需要的地方"，大局意识、担当精神、家国情怀、诚信理念早已融入仪征化纤人的血脉。2020年的新冠肺炎疫情期间，防疫物资严重紧缺，口罩作为抗击疫情最重要的防护用品，需求量大增，一罩难求。生产口罩的"心脏"——熔喷布（聚丙烯熔喷法非织造布），国内产能严重不足，新增产能周期长、投资大，赶不上口罩机生产线的增加，熔喷布供不应求，价格从每吨2万元暴涨到60多万元，成为产业链的"瓶颈"。为了满足抗疫急需，保障人民生命健康安全，中国石化决定全面介入熔喷料、熔喷布和口罩生产。仪征化纤贯彻中国石化党组的部署，于2020年2月24日、3月10日分别紧急启动建设一期8条、二期4条的熔喷布生产线，共建设12条熔喷布生产线，总产能6000吨/年。熔喷布对仪征

化纤来说是一个"零基础"项目。正常情况下，一条生产线从科研立项、行政许可审批、设备采购制造到交付投产，至少要一年时间。仪征化纤临危受命，闻令而动，从零起步，应急跨界，打破常规，挂图作战，成立领导小组、专业小组和党员突击队，边设计、边采购、边制造、边施工、边生产准备，向火神山医院、雷神山医院建设者学习，拼速度；向方舱医院建设者学习，拼规模。各项工作日夜兼程、有序开展，3月29日，历时35天首条生产线建成投产；5月9日，历时76天，12条生产线全部建成投产。跑出了中国制造的加速度。12条生产线全部投产后，每天可生产18吨优质熔喷布，助力每天增产一次性医用口罩1800万只。4月3日，两辆满载199箱共7吨熔喷布的货车从仪征化纤出发，驰援湖北省防疫指挥领导小组指定的医疗防护用品供应重点企业——湖北奥美医疗用品股份有限公司，这是仪征化纤首批优质熔喷布出厂，可加工成700万片一次性医用口罩。防疫期间，仪征化纤还先后两次给该公司提供水刺无纺布涤纶短纤维62.4吨，用于加工医用纱布等医疗防护用品生产，为该公司生产运转提供了保障。一条条熔喷布生产线加紧投产的同时，仪征化纤高度重视产品质量。在做好现场洁净化管理的同时，严格过滤效率和过滤阻力等内在质量指标的持续提升，过滤效率以同批产品的检测最低值来分批定等，对于不合格的产品和边角料产品一律回收利用，不让一片不合格的熔喷布流入市场。2020年5月，市场对于立体口罩用熔喷布需求急剧增长，仪征化纤依然严守质量红线，严格按照检验结果和行业标准，保证出厂的熔喷布的过滤效率可以通过任何国家的检测，不合格产品一律销毁。那段时间，熔喷布的销售和价格成为社会关注的热点，求购仪征化纤熔喷布的电话几乎被打爆。在此情况下，仪征化纤严格执行中国石化关于熔喷布资源配置的安排，协同政府相关部门，通过中国石化易派客统一平台统筹配置和销售熔喷布，价格上放弃超额利润，全部以平价投放市场，定向供应全国各省、自治区、直辖市的防疫保供重点企业，用于生产制作口罩、政府回收，一方面满足市场需求，缓解抗疫物资供应紧张的局面；另一方面从消费心理和市场导向上起到了引导和震慑作用，快速平抑了熔喷布超高的市场价格。2020年7月30日，中国石化自产熔喷布销售模式由原来的总部统一调配、定向供应转变为生产企业面向全国客户自主销售，仪征化纤等熔喷布生产企业开始按市场需求和客户要求合理排产。这意味着全国熔喷布市场供需矛盾已得到有效缓解，口罩产业链、供应链保持稳定。从2020年3月29日首条生产线投产至7月下旬，仪征化纤累计平价销售优质熔喷布1140吨，仅按4-7月熔喷布市场平均价45万元/吨测算，仪征化纤就少赢利4.4亿元，用实际行动践行了"中国石化让人民买得到口罩，买得起口罩"的郑重承诺。

仪征化纤PBT部生产的THF是医用防护服弹力扎口、口罩耳带等防护用品的上游原料，但由于生产THF算经济效益账是亏损的，一直是PBT部的限产产品。疫情防控以来，随着口罩需求量的增大，用于口罩耳带的弹性纤维也成为紧缺物资。仪征化纤PBT部接到客户紧急救援的订单后，把及时供货作为助力战"疫"、攻克时艰的政治任务，开通"绿色通道"，立即组织安排生产、紧急出库和运输任务，保质保量供应，先后供应了7个批次的THF产品630吨。

2. 企业诚信建设现状：质量领先，创新驱动，持续满足用户需求，践行"每一粒切片、每一根丝都是承诺"。品牌是生产者和消费者共同的追求，是供给侧和需求侧升级的方向，是企业乃至国家综合竞争力的重要体现。30多年前，仪征化纤将"雪浪"商标更名为"白斯特"商标注册，"白斯特"谐音英语"best"，寓意丝是白色的，质量目标追求最好。近年来，仪征化纤以"为美好生活添彩"为新使命，增品种、提品质、创品牌，践行"每一粒切片、每一根丝都是承诺"的郑重承诺，为"白斯特"品牌赋予了新的内涵，树立了良好的品牌形象。

仪征化纤是国内最早进入聚酯领域的企业之一，具有丰富的生产经验和较强的技术优势，恪守国家有关法律法规，诚信经营，规范运作，品牌认可度高。1989年，仪征化纤"白斯特"牌半消光纤维级聚酯切片、涤纶短纤维，经国家质量审定委员会审定，获得国家银质奖章（金质奖空缺）；2000年获得江苏省重点名牌产品称号。公司瓶用聚酯切片分别通过美国FDA和欧共体的ECC卫生认可，是国内最早获得可口可乐和百事可乐技术认证的企业。2002年，获全国质量管理奖鼓励奖，2003年获全国质量管理奖提名奖，2007年获评为"江苏省质量管理先进企业"，2010年获江苏省质量奖，2017年获"全国化纤行业品牌质量先进企业"和"全国化纤行业标准化领军企业"称号。主产品连续23年获江苏省名牌产品；近3年参与起草、修订的行业、国家及国际标准有26个发布实施。

近年来，仪征化纤坚持人无我有、人有我优、人优我特的原则，持续加大产品结构调整和转型升级。聚酯产品从服装、家纺向产业应用等领域拓展，向差别化、功能化、高附加值方向转型升级；秉持"每一粒切片、每一根丝都是承诺"的质量理念，质量理念融入管理制度，落实到生产经营管理全过程、工作每个环节。不断强化科技创新和管理措施，进行质量攻关和产品创新，加快推进从量的增长向质的提升转变，由"制造"到"创造"的转变，致力使公司产品成为客户"首选""独选"。公司产品差别化率保持行业领先水平，涤纶短纤维产销量全球第一，有光缝纫线系列短纤、原生涤纶中空纤维等一批特色产品、拳头产品产销量成为全国"单打冠军"。

仪征化纤持续推进从"卖产品"向"卖服务"转变，深化"5+1"客户服务内涵，提高客户服务的有效性。"5"代表5项通用服务项目，即品牌支持服务、产品差别化功能化增值服务、技术支持服务、物流增值服务、财务优质服务，对所有客户提供。"1"代表专项解决方案，对重要客户、各重点区域客户群另外增设提供。2017-2019年，共组织走访客户1425次，年度客户访问服务计划完成率分别为170.7%、142.3%、162%，其中公司高层领导走访客户67次，公司中层领导走访客户187次，综合类客户访问1171次。通过持续提高产品质量和服务客户水平，全力满足客户需求。近3年，公司综合优等品率均在99%以上，合格品率保持100%。近几年，仪征化纤对膜级聚酯切片、有光缝纫线涤纶短纤、水刺无纺布涤纶短纤、原生涤纶中空纤维进行了满意度调查，在行业内排名第一。

仪征化纤年产20万吨熔体直纺环保型短纤项目，设计生产水刺无纺布涤纶短纤维、原生涤纶中空纤维等产品。2020年2月21日，该项目成为扬州市第一批复工建设的重点项目。在抓好熔喷布生产线建设投产的同时，仪征化纤组织1000多名建设者，大力弘扬连续作战的精神作风，加快推进项目建设，在搞好疫情防控的前提下全力保障该项目按原计划从2020年6月底分线建成试车投产，稳定运行，全力满足新增的医卫、防护材料的需求。2020年8月底，该项目全面建成投产成功，产品使用性能和加工产品质量均达到医卫、家纺领域客户的质量标准要求，满足了疫情之后医卫、防护材料快速增长的市场需求，实现产品持续热销创效。

3. 企业诚信建设现状：加大投入，规范管理，加快"六位一体"绿色企业创建。仪征化纤加大投入，规范管理，加快"六位一体"（绿色发展、绿色能源、绿色生产、绿色服务、绿色科技和绿色文化）绿色企业创建，争做生态文明建设的表率，打造绿色低碳核心竞争力。近年来，仪征化纤大力实施"碧水蓝天""能效倍增"等节能减排、专项环保计划，不断提升企业绿色生产水平，努力为社会提供更多绿色产品。承担的国家"十三五"国家重点研发计划项目——高品质原液着色纤维系列产品开发，据测算，把每吨原液着色纤维加工成纺织品，能够减少废水排放32吨，减少二氧化碳排放1.2吨，降低电耗230千瓦，减少蒸汽消耗3.5立方米；历时多年攻关，在万吨级装置实现了生物可降解塑料"三姊妹"PBST、PBAT、PBSA工业化生产，进一步推动国内生物可降解材料产业化进展，"塑"造绿色生活，着力将绿色低碳打造成核心竞争力。"十三五"期间，仪征化纤累计投资近7亿元，用于环保项目治理和设施升级改造，夯实了公司绿色发展的本质基础。

2018年以来，仪征化纤统筹推进"六位一体"（绿色发展、绿色能源、绿色生产、绿色服务、绿色科技和绿色文化），全力推进绿色企业创建工作。2019年，顺利通过中国石化"绿色企业"审核，获得中国石化"绿色企业"称号。组织编制的《仪征化纤公司突发环境事件应急预案》被评为江苏省优秀应急预案。

2020年以来，仪征化纤持续推进绿色发展，细化落实绿色企业行动计划"一方案两清单"，组织19个装置创建绿色装置，推进绿色企业行动向基层延伸，进一步提升公司绿色发展水平和持续竞争力。7月7日，江苏省生态环境厅发布2020年上半年"江苏省企业环保信用评价结果"，仪征化纤持续保持环保信用评价绿色等级。2020年下半年，仪征化纤被地方环保部门评定为"环保示范性企业"，已连续5年获得江苏省环保信用评价绿色等级，连续3年获得江苏省秋冬季重污染天气应急管控停限产豁免。

案例创造人：万涛　郭晓军

坚持诚信为本，履行央企责任，努力建设世界一流煤炭生产企业

神华神东煤炭集团有限责任公司

一、企业简介

神华神东煤炭集团有限责任公司（2021年3月，神华神东煤炭集团有限责任公司名称变更为国能神东煤炭集团有限责任公司，以下简称神东煤炭）是国家能源投资集团有限责任公司（以下简称国家能源集团）的核心煤炭生产企业，负责神府东胜煤田骨干矿井和山西保德煤矿，以及配套项目的建设。现有大型现代化安全高效矿井13个（代管1个矿井），其中内蒙古自治区内7个、陕西省内5个、山西省内1个。3000万吨以上矿井1个，2000万~3000万吨矿井2个，1000万~2000万吨矿井5个，1000万吨以下矿井5个，核定生产能力17600万吨。煤炭采掘机械化率达到100%，资源回采率达到80%以上，全员工效最高超过124吨／工，直接工效最高1050吨／工，企业安全、生产、技术主要指标达到国内第一、世界领先水平。现有17个直属部门、49个二级单位；拥有3.2万名员工，平均年龄37.3岁，大中专以上学历占比70%，采掘一线大中专毕业生占比75%以上。

神东煤享誉国内外，其特点是"三低一高"，即特低硫（<0.8%）、特低磷（<0.08%）、特低灰（<9%）、中高发热量（5500大卡左右）。神东煤全部经过洗选加工，煤质稳定，是优质动力、化工和冶金用煤。

神东煤炭累计创造中国企业新纪录99项，获授权专利1133项，获省部级以上荣誉136多项，其中国家科技进步奖7项。先后获得全国五一劳动奖、中华环境奖、全国质量奖等多个奖项，《神东现代化矿区建设与生产技术》获得国家科技进步一等奖。

2019年，神东煤炭生产优质煤1.9亿吨，销售收入638.97亿元，实现净利润236亿元，利税391.95亿元，2019年年末资产总额1044.4亿元（其中流动资产714.5亿元、非流动资产329.9亿元）。截至2020年11月，神东煤炭累计生产煤炭30.87亿吨，累计实现利润3463亿元，累计缴纳税费2447亿元（神东煤炭1923亿元，销售环节524亿元）。

二、诚信建设及信用管理工作

围绕能源领域"四个革命、一个合作"的战略布局，神东煤炭贯彻落实国家能源集团关于信用工作的安排部署，防范信用风险，提升企业综合竞争力并以各业务领域信用建设促进企业高质量发展，建立了包含生产管理、产量质量、经营效益、安全、健康控制、环境控制、科技创新、企业社会责任、综合管理等多方面内容的企业信用管理体系，共创建全国文明单位5个、省（自治区）级文明单位（标兵

9个、市级文明单位（标兵）19个，在2018年12月被中国煤炭工业协会评定为AAA等级信用企业。

（一）坚持安全发展

在长期的安全生产中，神东煤炭坚持"生命无价、安全为天""无人则安"等安全理念，构建了科学的风险预控管理体系，不断完善煤矿安全管理机制和方法，促进了企业整体安全生产形势的持续稳定。

1. 实施风险预控管理。2005年整合优化了质量管理体系、环境管理体系、职业安全健康管理体系和南非NOSA管理体系，形成了安健环质综合管理体系。2007年全国首批试点建设煤矿风险预控管理体系，2013年该体系上升为国家行业标准。目前，煤矿风险预控管理体系已在神东煤炭应用多年，取得了很好效果，为企业安全发展奠定了基础。

2. 健全完善安全管理制度。突出安全生产委员会职能，2020年先后组织3次安委会会议，研究出台23项安全管理制度，建立了完善的安全管理制度体系。推行各岗位标准作业流程2608项，拍摄276个标准作业流程教学视频。梳理识别适用于企业安全生产的法律法规32个类别、640余部，建立安全生产法律法规识别更新宣贯平台，将法律法规要求转化为企业内部管理要求。

3. 严格落实安全管理责任。坚持"管生产必须管安全、管业务必须管安全"原则，落实"党政同责、一岗双责、失职追责"，建立了从企业领导到岗位操作人员，分级管理、分线负责的五级安全生产责任体系。严格安全问责、承包管理和全员安全风险抵押，加大安全结构工资和安全绩效年薪比重，一线员工安全结构工资比例占工资总额近40%，矿领导安全绩效年薪比例达到40%以上。

4. 全面提升系统安全保障能力。累计投入安技措资金130多亿元，用于更新、提高安全科技和装备水平，提升系统的安全保障能力。加大技术攻关，系统研究解决影响安全生产的水、火、瓦斯、顶板等重大技术难题，提高矿井防灾抗灾能力。

5. 强化职业病防治工作。坚持以预防尘肺病、噪声性耳聋、中毒3种职业病为重点，落实达标措施。不断完善作业场所职业病防护设施，构建了井上下立体式、全方位的综合防护体系。严格落实职业健康检查规定，体检率达到了100%，千人职业病发病率0.252。开发职业健康管理信息系统，实现职业健康监护档案的信息化管理。

经过多年的探索与实践，在全体员工的共同努力下，神东煤炭历年百万吨死亡率控制在0.0058以下，千人负伤率0.567，先后6次实现生产煤炭亿吨零死亡。截至2020年11月底，共有4个矿井安全生产周期超过4000天，8个超过3000天，其中补连塔煤矿安全生产周期达到20年、石圪台煤矿和保德煤矿达到14年以上。

（二）坚持绿色发展

神东煤炭矿区开建以来，坚持开发与治理并重，走出了一条主动型绿色发展之路。

1. 打造生态矿区。创新"三期三圈"生态环境治理模式，建立采煤沉陷区生态修复技术体系，培育生态经济产业链条，构建了持续稳定的生态系统。累计投入生态建设资金28亿元，治理面积339平方公里。全矿区植被覆盖率由开发初期的3%~11%提高到64%以上，其中治理区达到70%~85%。建成沙棘、野樱桃等生态经济林100平方公里，植物种类由原来的16种增加到目前的100多种，微生物和动物种群数量也大幅增加，实现沙漠增绿、企业增效。

2. 建设绿色矿井。坚持"源头减少、过程控制、末端利用"理念，全面建设绿色矿井。通过井下综合降尘、地面封闭防尘、外运固化封尘、加大烟气治理措施，减少了废气，净化了矿区环境。在采空区建成35座地下水库（库容总量3200万立方米，相当于2个西湖的水体量），地面建成38座废水处理厂和3座深度水处理厂，实现了污水100%处理，生产、生活、生态综合利用。

3. 生产清洁煤炭。神东煤炭的产品主要是块煤、特低灰煤和混煤，特点是"三低一高"（特低灰、特低硫、特低磷、中高发热量），是优质动力、化工和冶金用煤。所有矿井配套建设选煤厂，原煤全部入洗，年洗出煤矸石1600多万吨，商品煤平均发热量达5500大卡左右。采取在线监测、自动取样检验等措施，对煤质全过程全流程控制，确保产品的优质、清洁。

4. 持续开展生态环境风险防控体系建设。制订了废水、废气、废渣、噪声、土壤污染等13大类污染源环境风险辨识标准，组织各矿厂全面开展了环境风险辨识，对所有辨识出的环境风险隐患系统梳理、现场核实、分类汇总，全部纳入日常检查系统进行跟踪督办。

（三）坚持精干高效运营

1. 创建千万吨矿井模式。2000年，建成大柳塔煤矿一井一面1000万吨/年，成为我国第一个千万吨级矿井。自此，神东煤炭开始改扩建，简化优化生产系统并配套洗煤厂建设。2002年，建成一井两面2000万吨/年，煤炭产量平均每年以千万吨速度递增，探索形成了安全高效集约化千万吨矿井群生产模式。2005年生产煤炭超1亿吨，2011年突破2亿吨。

2. 集约高效组织生产。为有效克服传统煤矿管理人员多、机构设置多、安全管理难度大等弊端，神东煤炭实施集约化、专业化、规模化为一体的管理模式，煤矿负责井下生产，专业化单位负责开拓准备、矿务工程、搬家倒面、洗选加工和产品分装、设备配套、后勤服务等业务，集中人才、资源等优势，提高了设备、人员工作效率。

3. 规模效益充分发挥。煤矿按照精干高效的原则布置组织架构，实施矿队一级直线式管理，每个综采队平均配置人员74人，每个生产班6~8名采煤工。单个工作面最高月产达152.7万吨。洗选装车方面，共配套建设了11座现代化选煤厂，总设计能力达到2.2亿吨/年。建立了18套快速自动化装车系统，目前自产煤日均装车达100列，平均每列装车用时1小时左右，每节装车不超过1分钟，满足了企业自产煤生产外运需求。

（四）开展信用综合管理

1. 工程建设方面，贯彻执行诚信经营理念和合规管理理念。严格核查农民工工资发放，每月组织验工计价专项检查，要求施工单位在工程施工现场醒目位置对农民工工资发放情况进行公示。每月组织的验工计价，及时对已完工工程量进行核定审批，确保进度款正常拨付。2020年全年未发生拖欠农民工工资现象，未发生因工程款拨付问题导致的法律纠纷。

2. 招标采购方面，加强过程监管、保证采购与招标依法合规。推进评标评审专家库建设，提升评标评审质量，组织划分了公司范围内物资30类、工程16类、服务30类的评标评审专业分类，制订了专家入库条件和专家库使用原则。严格执行供应商管理制度，严格资质审核，规范签订合同，做到合规用工。提升员工诚信自律意识，保证采购工作公平、公正。

3. 合同管理方面，加强履约合同范文本管理，强化信用自律。针对公司运营情况，充分考虑供货周期、验收时限、违约上限等因素，修订了27类合同示范文本，使合同示范文本在合法合规的基础上双方共赢。严格遵照合同履约，按期验收、及时付款，对供应商违约行为给予违约处罚，对严格履约的给予奖励。

4. 财务管理方面，明确授权，合规经营。根据企业日常经营特点，结合财务管理领域各环节管控风险点，从资金支付、资产管理、税务管理、预算调整等方面调整完善授权事权清单，规范日常经营活动，做到授权与授责匹配，为企业依法合规经营保驾护航。2020年，神东煤炭经营状况良好，资产负债率等各项财务指标处于行业优秀值水平，连续 10 年被税务机关评为"诚信纳税企业"，无不良贷款等失信情况。

5. 劳动用工管理方面，加大人才培养力度。通过开展脱产培训、考察学习、联合办学等，加快人才成长。建立企业、矿井、区队、班组四级培训体系，实施订单式培养，针对性开发培训课程和课件，建成"国家高技能人才培养示范基地"。加大技术和管理创新的奖励力度，通过培养劳模、成立高技能人才工作室、奖励五小成果等方式，鼓励员工岗位成才。截至目前，在职员工中有全国劳模 2 人、全国五一劳动奖章获得者 1 人，省部级劳模 28 人。

6. 诚信文化建设方面，神东煤炭加强诚信文化宣传，塑造良好的信用形象，积极履行中央企业社会责任，展现中央企业的信用担当，加强诚信主题教育培训和学习宣贯，提高企业全体员工的质量、诚信、责任意识，推动员工将平等、自愿、公平、诚信的法律原则转化为尊重契约、崇尚诚信、依法合规的运营规则的思想自觉和行为自觉，在企业内部营造良好的诚信文化氛围。

（五）积极履行社会责任

1. 保障能源供应。2020 年，神东煤炭按照党中央、国务院和国资委的决策部署，以"一防三保"为工作重点，统筹推进新冠肺炎疫情防控、能源保供工作，积极发挥中央企业骨干作用。科学制订保障措施，合理安排生产作业计划，最大限度地挖掘矿井生产能力。神东煤炭所属 13 座煤矿全部开足马力运转，在抓好自产煤矿井生产的同时，超前落实煤源、洗选、装车等环节责任。2020 年前 11 个月，神东煤炭累计产量完成 17321 万吨，实现了疫情防控和安全生产"两手抓、两不误"，确保了湖北等疫情防控重点地区及东北、京津唐等地区的煤炭供应。

2. 积极支持地方公益事业。2020 年，神东煤炭紧紧围绕产业、生态、教育、医疗、消费、扶智、基础设施等方面创新机制、精准发力，不断延伸帮扶的深度和广度。截至目前，已投入各类公益帮扶项目资金 10371.56 万元，实施公益帮扶项目 48 个。

3. 为地方创造就业机会。神东煤炭直接间接地为当地农牧民剩余劳动力和大中专毕业生创造就业机会，陕蒙晋籍员工占企业在册员工总数的 70%，其中大中专毕业生 7000 余人，占总员工数的 33%；矿区周边与神东煤炭有直接、间接业务联系的企业超过 1000 家，从业人员在 10 万人以上。

4. 开展精准扶贫工作。神东煤炭累计提供扶贫助困资金 13 亿元，选派挂职人员常驻现场，支援周边县（旗）经济建设。从经济帮扶、物质帮扶、就业帮扶、创业帮扶等方面，帮助因大病致困、收入偏低致困、意外灾害等致困员工脱困。2010-2019 年，累计发放救助金 3293.8 万元，2020 年完成消费扶贫 2700 万元。

5. 积极参与社会抢险救援。神东煤炭建成了国家应急救援队伍，每年投资达 1 亿多元，承担周边事故应急救援，累计出警救援 3379 队次，抢救遇险人员 521 人，挽回经济损失 12.9 亿元。

案例创造人：张国彦　朱拴刚

建设诚信港口，推动高质量发展

国能黄骅港务有限责任公司

一、企业简介

国能黄骅港务有限责任公司（以下简称黄骅港）由中国神华能源股份有限公司与河北建投交通投资有限责任公司共同出资设立，主要承接国家能源投资集团有限责任公司的煤炭下水任务。黄骅港作为国家西煤东运第二大通道的出海口，曾被列入"跨世纪四大工程"并写进党的十四大报告。黄骅港于1997年开工，至今已完成了煤一期至四期的建设，全港现有煤炭泊位17个、杂货码头2个、油品码头1个，最大煤炭堆存能力约460万吨，是一座以煤炭为主、兼顾杂货及油品的综合能源港口，近年来煤炭下水基本维持在2亿吨水平。

进入新时代，黄骅港成功破解了困扰煤港多年的粉尘、含煤污水等行业难题，在煤港中率先建成国内首家AAA级工业旅游景区。通过持续的探索创新，自主完成翻、堆、取、装全流程设备的智能化管控，现已成为世界首家实现全流程设备智能化管控的煤炭港口。黄骅港绿色发展成果被写进2020年中国港口高质量发展报告，相继获得第二十五届全国企业管理现代化创新成果一等奖和"全国安全文化建设示范企业"等多项荣誉称号。"阳光港口、诚信服务"理念深入人心，事业发展朝气蓬勃，美誉度、知名度日益提升。

二、突出培育和践行，注重把诚信建设融入企业管理

培养诚信价值理念。黄骅港坚持"诚信、开放、包容、创新"的价值理念，以"打造绿色、高效、国际一流能源大港"为愿景，积极履行"创造价值、成就员工、回馈股东、造福地方"的企业使命。黄骅港强化创新引领，坚持走智慧高效、生态优先的高质量发展之路，全力打造世界一流的智慧港口、绿色港口。推动港口由单一客户向社会化服务转变，由单项接卸向双向物流转变，在质量效益、安全环保、管理创新、品牌建设等方面为行业树立了标杆，高质量成效得到国家发展改革委、交通运输部及河北省政府等多方认可，在行业内起到良好的示范效应并推广实施。

营造诚信法治文化。黄骅港坚持依法治企，积极打造治理完善、管理规范、守法诚信的法治能源大港。首先，规范法人治理，坚持全面覆盖、突出工作重点的原则，依托制度和流程管理手段，谋划合规管控体系，防控重点业务、重要环节及关键岗位的法律风险点。其次，制订《董事会议事规则》《决策管理办法》及《党委工作规则》，明晰各决策层级及决策权限，确保决议事项合法性前置审核。再次，强化合规管理，制订《黄骅港合规管理办法》和《合规管理工作方案》，建立合规管理专项负责与强化监督相结合的工作机制，形成合规制度、指引、辨识、审查、举报调查及评估闭环管控管理体系，为合规管理体系建设提供了行动指引。最后，推进法律风险识别与提示

工作，以法律风险识别为切入点，开展全业务领域的法律风险辨识，完成法律风险行为1791条，提出控制措施及控制计划157项，发布了以价格管理、知识产权、建设工程分包、应收账款、保障外委工工资支付等为主题的10期法律风险提示。黄骅港诚信法治观念深入人心，未发生法律风险案件。

建设诚信保障机制。建立企业诚信制度，用诚信指导和约束企业市场行为，规范提醒员工守护诚信意识，引导员工踏实做事、诚信做人。黄骅港先后开展"制度建设年""制度落实年""制度优化年"活动，有计划、有步骤、分批次搭建完备的制度管理体系，累计建立制度264项，切实保障黄骅港的诚信经营有据可依、有章可循。为进一步巩固诚信管理成果，黄骅港搭建清晰、简洁、高效的工作流程205个，从流程的运营管理过程及运营数据、运营效率的分析入手，注重加强诚信文化附着力，不断提升诚信服务水平，提高客户对黄骅港品牌的认知度、忠诚度、满意度。

注重质量建设，夯实黄骅港诚信品牌基石。质量是诚信品牌的前提和基础，过硬的质量就是黄骅港的品牌标识。黄骅港围绕建设绿色、高效、智慧、平安的世界一流示范港口目标，不断推进各项工作向纵深发展，持续提升发展质量。

彻底解决煤港难题，着力建设绿色港口。黄骅港以粉尘治理为抓手，依靠自主创新先后研发并实施了本质长效抑尘、皮带机洗带、堆料机大臂洒水等一系列抑尘技术。通过在翻车机底部加装自动洒水装置和控制系统，精确控制煤炭外含水率，实现粉尘源头治理。在此基础上形成覆盖煤炭转运全过程的粉尘防控体系，港区粉尘全面受控，彻底解决了长期困扰行业发展的粉尘治理难题。现在大风天气现场不见粉尘，人们可以穿着白衬衣在堆场活动，2019年港区粉尘浓度仅为国标值的18%。创造性建设生态水系统，在有效解决暴雨天气下污水排海问题的同时，实现了对船舶压舱水、雨水及含煤污水的收集和再利用，取得良好经济效益。2019年全年节约用水成本1500万元，实施3年来，节省成本已超过投资总费用；同时，生态环境智慧管控平台建成投运，环境治理迈入精细化管理和智慧化管控新阶段。在《2019中国港口高质量发展报告》中，黄骅港绿色安全评价在全国主要沿海港口排名第一。

以提质增效为核心，积极建设高效港口。黄骅港坚持以"提质增效"为核心，解决实际问题、提高生产效率，取得优异成绩。在企业发展中严控投资，充分考量成本、环境等制约因素，着力通过设备提能改造和信息化、智能化等手段提升企业运行效率，减少劳务成本，提高自身运营效益。黄骅港通过实施设备工艺优化和提能提效改造，以少量投资使一、二期老化设备状态全面恢复，且接卸效率提升20%，全港煤炭生产能力由设计的1.78亿吨提升至2.2亿吨。通过实施无人堆取料改造，黄骅港堆场堆存能力提升了10%，取装效率较人工提高10%，配员同比减少62%。根据据中国港口协会统计数据显示：黄骅港2019年劳动生产率518万元/人，人均利润160万元，营业利润率30.9%，3项指标在全国34家主要港口企业中均排名首位。

坚持创新引领，加快推进智慧港口。黄骅港坚持自主攻关，先后实施完成智能堆场改造、装船机远程操控，实现堆场配煤和堆存标准的统一，装船作业效率提升10%。2019年年底全面实现煤港翻、堆、取、装环节全天候自动作业，成为我国首个实现全流程远程集控的煤炭港口。2020年4月，在远程装船基础上，智能装船取得重大技术突破，首次全流程智能装船作业试验成功，推动了散货港口智慧发展。各类新技术在港区得到广泛应用，建成港区5G专网，实现作业区5G信号全覆盖，完成所有单机北斗定位系统转换，提升了设备精准度和可靠性。

坚持务实有效，全力打造平安港口。黄骅港坚持务实有效，持续深化"双控"机制建设，构建起具有煤港特色的风险预控管理体系。坚持少人则安，无人则安，强化科技保安，实现全流程的无人化作业改造，本质安全管理水平不断提升。强化外委队伍管理安全管控，消除短期行为，确保安全稳定，双方互利共赢、共同发展。开港至今未发生一般及以上安全生产责任事故，先后荣获"全国一级标准化达标港口""全国安全标准化一级单位""全国安全文化示范企业"等荣誉称号。

三、丰富诚信服务内涵，为客户提供全方位服务

建设"服务型港口"。黄骅港秉持"客户的需求就是我们不懈的追求"的服务理念，2015年成立客户服务中心，建立面向社会的服务专享通道，做出黄骅港服务"八项承诺"。后又相继建立客户信息服务平台，研发移动端App，实时查询港口作业信息，实现了港口信息快速传递、客户意见及时反馈，更好的保障了客户利益。2018年，黄骅港提出"E+联盟"理念，搭建App数字化服务平台，将港口、船舶公司、代理、货主、船舶供应商统一到平台上，构建起"五位一体"的港口服务新模式，目前已实现报港业务的全流程在线操作。黄骅港连续6年召开客户恳谈会，行业影响力、号召力空前提升，客户服务水平得到各方高度肯定，2020年实现客户零投诉目标。

保障客户利益。黄骅港在实现高质量发展的同时，着力保障客户在港利益。坚持自主创新，实现了翻、堆、取、装全流程自动化作业，避免人为操作的影响，装船效率较2016年提升10%，泊位效率提高20%，万吨泊位停时缩短15.6%。智慧装船投入运行，以4.5万吨煤炭散货船舶为例，通过智能装船，满舱作业条件下，单船可多装载1500吨，节约用时1小时，使船舶公司和客户大大节省在港费用。自主研发粉尘收集技术，将粉尘回收制成煤饼，每年为客户减少货损约15000吨，创效700余万元。

坚持精准服务。黄骅港探索建立生产仿真指挥调度系统，由人工排车排船转变为由信息系统自动智慧排产排船，满足客户及时跟进排船准确性和装船进度的需求。黄骅港采用筒仓装卸工艺作业及引入最先进的阵列式皮带秤计量系统，使数量计量的精度控制在2‰以内，满足客户精准配煤和精准计量的要求。黄骅港开发水上交通大数据信息智能服务平台，通过港口、海事、船舶之间的信息共享与业务协同，全面提升进出港效率，向船东、货主、代理等相关从业企业提供多渠道、全方位的信息发布，优化服务。

四、积极履行社会责任，共享发展成果

建立绿色港口综合体系。黄骅港土地盐碱化程度高，绿化养化难度大。多年来，公司积极探索盐碱地绿化新路子，通过采取更换种植土、抬高地面、控制返碱和选择抗盐碱植物等一系列措施，不断扩展绿化空间，港区绿化覆盖率44.9%，形成了独具特色的临海绿化景观带；同时，积极改善港区环境，在原有废旧物资仓库基础上建设成自然生态的苗蔬基地，形成良好的环保效果。在完成煤尘治理和生态水系统建设的同时，黄骅港大力开展绿色节能项目，积极推进码头岸电工程建设，共建设落成高压岸电系统7套，覆盖11个煤炭泊位，高压岸电码头覆盖率达到64.7%，低压岸电覆盖率达100%。自2018年起，在煤港率先规划起首个固废垃圾分拣站，现已建成运营，进行固体废物综合处理、分类处置，实现了可持续发展。

积极帮扶贫困，践行社会责任。黄骅港紧紧围绕脱贫攻坚、新冠肺炎疫情防控、生态文明建设等重点领域，主动践行中央企业社会责任。响应国家号召，助力脱贫攻坚事业，帮扶贫困村庄改善村容村貌，修建冬枣基地。新冠肺炎疫情期间，黄骅港第一时间响应，积极组织员工捐款，以实际行动为抗击疫情贡献力量。黄骅港每年以多种形式组织扶贫捐赠和志愿服务等活动，不定期开展企业开放日、小家电维修、捐赠衣物等活动。至今，已通过定点帮扶、社会公益基金等方式累计向社会捐赠资

金及物资 7000 余万元，被授予"全国五一劳动奖状"荣誉称号，国内主流媒体都对黄骅港的先进事迹进行了报道。

　　加强外委队伍建设。黄骅港提出外委单位管理的"五个理念"，即"一家人、互利共赢、长期合作、管理一致、安全第一"，让外委员工得到充分尊重。自 2016 年以来，完善外委基地、修建清车煤基地、实施外委办公楼改造，为外委单位人员提供了标准化的住宿场所，解决了他们在港用餐、洗澡、上网等一系列生活难题，还建成职工活动中心，尽最大可能提供好的工作环境和生活条件，使他们能够在港内安心工作生活。目前，"一家人"理念深入人心，黄骅港与外委单位形成良好的合作关系。

案例创造人：兰力　赵利军

电力大数据助力无锡中小企业信用体系建设

国网江苏省电力有限公司无锡供电分公司

一、企业简介

位于太湖之滨、运河之畔的国网江苏省电力有限公司无锡供电分公司（以下简称无锡公司）隶属国网江苏省电力有限公司（以下简称江苏电力），是国有大中型企业，承担着为无锡市经济社会发展和人民生活提供安全、经济、清洁、可持续电力供应的基本使命。截至2018年12月，无锡公司营业客户总数达362万户。拥有35千伏及以上变电所335座，变电容量6277.65万千伏安，35千伏及以上线路长度7363.89公里。

在江苏电力的正确领导下，无锡公司紧紧围绕"打造城市能源互联网，争当新时代战略实施领跑者"的战略目标，大力弘扬"努力超越，追求卓越"的企业精神，守正创新、担当作为，取得了发展公司、服务社会的优良业绩。近年来，无锡公司先后获得了"全国五一劳动奖状""全国文明单位""全国'安康杯'竞赛优胜单位""全国实施用户满意工程先进单位""全国实施卓越绩效模式先进企业"和"江苏省文明单位标兵""江苏省用户满意服务明星企业"等荣誉。

二、综合信用风险评价体系建设

国家持续推动社会信用体系建设，但目前信用市场仍然缺乏对中小企业具有公信力的信用评价。中小企业是促进中国经济快速增长的重要动力，由于缺乏具有公信力的信用评价，中小企业面临融资无门、难享优惠供货政策等问题，带来稳定运营和持续成长的发展困境。同时，中小企业信用评价缺失导致发展不可持续现状，直接导致了供电公司电力服务风险。无锡公司以社会信用体系建设为契机，以已有大客户信用风险感知平台为基础，探索电力大数据与物联网技术的深度应用，秉持"从利益相关方中来，回到利益相关方中去"的原则，发动社会各界力量共同构建综合信用风险评价体系并共享综合信用风险评价体系成果价值，助力无锡中小企业信用体系建设。

（一）思路创新

无锡公司秉持"从利益相关方中来，回到利益相关方中去"的原则，结合中小企业发展实际情况，识别并携手关键利益相关方，充分发挥"平台型、共享型"的企业价值，探索建立科学的综合信用风险评价体系。

转"信用惩戒"为"发展帮扶"。无锡公司从"将失信用电企业纳入黑名单以降低电费风险"的内部工作思维向"以信用评价帮助中小企业成长"的外部视角转变，树立无锡经济社会发展全局观，发挥"平台型"企业作用，构建综合信用风险评价体系的外部利益相关方合作平台，充分调动更广泛的社会力量服务无锡中小企业发展。

转"主观评判"为"客观呈现"。无锡公司聚焦当前信用评价体系定性指标过多、系统性较弱的现状，基于现有信用风险评价体系普遍涵盖的各类指标，借助定量电力大数据和泛在电力物联网技术应用，发挥电力客户风险感知平台风险分析的作用，构建更为全面客观的评价体系和评价方式，使得评价分析结果更具有信服力。

转"单一应用"为"共建共享"。无锡公司在综合信用风险评价体系建设过程中，发挥各方资源优势，在成果应用方面更是发挥"共享型"企业作用，转变以往内部使用的单一方式，为政府相关部门、金融机构、中小企业供应商等利益相关方提供评价分析方案和成果，促进综合信用风险评价体系价值共享。

（二）创新举措

无锡公司发挥主导作用，携手政府相关部门、金融机构、中小企业供应商等利益相关方，充分发挥利益相关方数据、技术、专业的信用分析评价知识和评价经验等资源优势，基于现有电力用户风险感知平台，从企业经营、行业现状、运转能力、用电表现、电量排位五大方面共创全面而客观的综合信用风险评价体系。秉持合作共赢理念，将信用风险评价成果共享于各利益相关方，丰富价值释放渠道，各方合力推动中小企业诚信经营，助力无锡中小企业信用体系建设。

1. 调研访谈，明确利益相关方优势资源与核心诉求。无锡公司结合中小企业发展需求，识别资金端、业务端、技术端涉及的与综合信用风险评价体系相关的主要利益相关方为供电公司、政府相关部门、金融机构、中小企业供应商，围绕"对信用风险评价的诉求和建议"广泛开展利益相关方调研访谈，识别利益相关方的核心诉求和优势资源，以此作为构建中小企业综合信用风险评价指标的基础原则和价值导向。无锡公司充分挖掘各利益相关方资源优势在构建中小企业综合信用风险评价指标，以及发挥中小企业综合信用风险评价体系价值方面的作用，为有针对性开展利益相关方合作奠定基础。

2. 深度合作，着力构建科学的综合信用风险评价指标。无锡公司明确利益相关方在综合信用风险评价体系方面的作用，并且以此为基础开展有针对性的利益相关方合作。一方面，无锡公司积极走访政府相关部门，探讨综合信用风险评价体系在助力诚信社会建设方面的应用方式；同时，号召政府相关部门能够出台构建及应用综合信用风险评价的支持性条例、政策，引导中小企业积极响应信用风险的评价，为综合信用风险评价体系构建营造良好的社会环境。另一方面，为增强综合信用风险评价体系的科学性和严谨性，无锡公司积极走访无锡农村商业银行和中国工商银行无锡分行等金融机构，就综合信用风险评价指标维度展开深入探讨，充分借鉴其在信用风险评价方面的专业知识和经验。结合政府相关部门、供电公司、中小企业对综合信用风险评价体系的构想和期望，确定了涵盖企业经营、行业现状、用电表现、运转能力、电量排位五大方面的指标，包括企业能力、企业资本、环境、交费、品质、电量、运转、行业电量分档和企业电量排名9个维度在内的各项具体指标。数据优势和泛在电力物联网技术优势对中小企业用电表现、电量排位和运转能力进行分析，形成电力信用风险定制化分析报告。

3. 多方参与，共同推进综合信用风险评价工作机制。无锡公司与无锡农村商业银行携手进行综合信客风险评价体系试点，在确保客户信息安全的前提下开展了首批14家中小企业客户信用风险评价测试工作。在工作过程中，无锡公司与利益相关方共同探讨中小企业综合信用风险评价指标数据采集、分析、应用、共享等全流程合作模式，形成过程共建、价值共享的中小企业综合信用风险评价模型自运转机制。此外，无锡公司与无锡农村商业银行就信用风险评价工作建立了有效沟通机制，双方明确专门部门负责对接，协调解决工作和服务过程中出现的问题，并且对开展信用风险评价工作全流程进行监控、统计、分析与评价，依据利益相关方对信用风险评价的合理化建议，不断优化工作。

4. 达成共识，强化综合信用风险评价工作履责基因。为了更负责任地开展信用风险评价工作，同时避免今后可能出现的因客户数据隐私泄露引起的纠纷，无锡公司与银行等金融机构进行协商，只有在确保中小企业授权的情况下方可接受金融机构委托开展信用风险评价，并且承诺对中小企业综合信用风险评价结果的正当使用。

5. 全面释放，最大化综合信用风险评价体系应用价值。综合信用风险评价体系具体指标、数据、预期的价值来源于利益相关方，无锡公司根据各利益相关方核心诉求，将综合信用风险评价体系价值回归于利益相关方。对于政府相关部门，为社会征信办提供涵盖包括电力维度在内的更全面而客观的失信企业信息，助力推动信用社会建设；对于金融机构，无锡公司根据中小企业客户授权，提供贷前信用报告、贷后风控监测、电易贷产品等服务，为金融机构开展贷款业务、定制化贷款政策提供依据，降低贷款风险；对于中小企业供应商，根据客户授权提供风险评估产品，为供应商制订供货方案提供依据，降低供货风险；对于中小企业，无锡公司主动识别企业风险，将风险预警信息同步传递至相关中小企业客户，中小企业客户在收到预警信息后，采取相应的应对措施，规避信用风险，为融资、拓展新客户、获得定制化供货政策奠定良好的基础；供电公司运用中小企业综合信用风险评价体系，提前进行电费风险预判和控制，提高电费回收率。中小企业信用风险评价模型应用价值在回归各利益相关方的同时，也通过利益相关方为中小企业发展营造了良好的政策环境、金融环境和市场采购环境，推动中小企业健康发展。

（三）实施成效

1. 多方"帮扶"，打破中小企业融资难困境。综合信用风险评价体系进一步优化了市场对中小企业的信用评价方式，解决了中小企业发展面临的融资难困境。一方面，综合信用风险评价体系为中小企业防范风险提供预警和建议。另一方面，为优质中小企业证实自身的信誉提供了依据，有助于提高贷款申请效率；同时，让金融机构了解企业生产周期，合理安排融资，缓解中小企业"融资难"的困境，为中小企业发展创造更多优质机会。无锡公司已与中国工商银行无锡分行、无锡农村商业银行签订了战略合作协议。截至2019年10月底，已有25家中小企业参与综合信用风险评价并通过出具"综合信用风险评价结果"获得了相应的融资政策。中小企业从因缺乏信用评价而被动遭受银行拒贷、供货商拒绝优惠供货、供电公司提交失信名单的"惩戒"状态，转变为了多方"帮扶"共成长的状态。

2. 精准预判，强化电力运营风险管控。无锡公司运用中小企业综合信用风险评价体系实时监测中小企业用电情况，将企业运转、用电表现和用电排位贯穿起来，有效识别企业用电"亚健康"状态，系统化深入分析中小企业电力信用风险，提前预判电费风险和违规用电行为，直接规避自身运营风险。此外，无锡公司将识别出的信用风险提前告知中小企业，有助于帮助中小企业规避风险，降低用电成本，提高经济效益，从而保证电费的及时回收。综合信用风险评价体系的多方应用，为中小企业融资、获得合理供货政策提供了便利，推动了中小企业健康发展，也有利于客户能够按期足额缴纳电费，从根本上降低了供电企业的经营风险。

3. 价值延伸，创新电网企业商业模式。无锡公司通过中小企业综合信用风险评价体系为金融机构、供应商等提供定制化的中小企业电力风险分析产品，拓展了新兴业务，强化了自身发展能力。2019年，国家电网有限公司发布《泛在电力物联网白皮书2019》，提出通过共建共享，促进关联企业、上下游企业、中小微企业共同发展，充分发挥中央企业引领带动作用。无锡公司以泛在电力物联网技术贯通电力数据和企业实时运转数据，高效推动商业模式创新，打造物联网金融、优质能源服务等新业态，发挥平台和共享作用，有效引领带动产业链上下游共同发展，为全行业和更多市场主体发展创造更大机遇。

4.健全维度，助力社会信用体系建设。依据中小企业综合信用评价体系输出的电力维度、企业经营维度和市场情况维度的信用评估产品，为政府相关部门提供决策支撑，为产业规划、地方经济发展提供依据，为社会信用体系建设添加重要信息维度。此外，中小企业综合信用风险评价体系提高了信用市场关于中小企业信用评价方法的客观性和科学性，为中小企业信用评价体系构建奠定坚实基础，在更大范围、更多领域构建信用风险评价体系也具有复制和借鉴意义。

案例创造人：邱奇　周玮　顾晓玮

内化诚信至善企业精神诚信经营，助力企业高质量发展

内蒙古电力（集团）有限责任公司

一、企业简介

内蒙古电力（集团）有限责任公司（以下简称内蒙古电力）是内蒙古自治区直属国有独资特大型电网企业，负责建设运营内蒙古自治区中西部电网，供电区域72万平方公里，承担着8个盟（市）工农牧业生产及城乡1429万居民生活供电任务，同时向华北及陕西榆林和蒙古国提供跨省区、跨国境供电。内蒙古电力资产总额1001.9亿元，所属单位38家（含分公司22家，子公司16家），员工总人数37479人。全年售电量完成2176.35亿千瓦时，全网最大发电负荷3885.4万千瓦，最大供电负荷突破3073万千瓦。2019年，内蒙古电力位列中国企业500强239位、中国服务企业500强94位、全国能源企业500强47位，连续9年获评内蒙古自治区国资委业绩考核A级企业，连续9年荣获中国电力企业联合会AAA级信用企业评价，荣获中国企业家协会AAA级信用评价。

内蒙古电力认真贯彻落实国家社会信用体系建设有关要求和能源行业信用体系建设工作部署，坚持依法、诚信、规范、透明的运营原则，建立了"依法治企、诚信经营"的价值观。长期以来，以信用体系建设作为提高内生发展能力的重要途径，以信用管理为提升企业经营管理水平的重要抓手，不断完善信用管理的规章制度，深入推进信用体系建设，不断提升信用数据的信息化监测管理水平，持续提高从业人员诚信意识和信用水平，为企业的持续健康发展营造了良好的信用环境。

二、诚信体系建设典型做法

（一）以诚信文化为引源，内化诚信至善企业精神

1.互学互鉴，诚信意识内化于心。长期以来，内蒙古电力秉承"诚信至善，厚德行远"的企业精神，坚持以诚信文化为引源，形成具有诚信和法治基因的企业文化，引导企业及员工珍视信用、崇尚诚信，促使诚信意识在员工思想中落地生根。内蒙古电力努力构建互学互鉴、交流融通的诚信企业文化氛围，深入挖掘在诚信企业建设过程中的典型事迹和先进做法。2020年，邀请国内信用体系建设专家和老师为企业骨干人员授课，140余人参加培训，公司整体信用管理综合能力、员工信用意识显著提升；组织26000多名员工参加中国电力企业联合会组织的信用电力线上知识竞赛，带动广大员工以考促学、以考会友，充分发挥信用文化引领作用；精选所属单位优秀信用案例43篇，编制发布《心怀至诚，信行天下》《信启于心，诚发于责》信用案例集，畅通所属单位间经验交流，实现信用宣传和诚信教育的全覆盖，使企业和员工做到"内诚于心、外信于行"。引导企业各部门将信用理念、诚信文化贯彻到各

自职能领域的管理链条和工作流程中，延伸到企业生产经营一线，重点落实到项目、落实进班组、落实见行动，使诚信至善的企业精神内化于每一名员工心中，营造了良好的诚实守信企业氛围。

2. 依法治企，闭环防范法律风险。内蒙古电力坚持依法治企，强化法治企业建设，印发《党政主要负责人履行推进法治企业建设第一责任人职责规定》《法治工作暨普法依法治企工作要点》等指导文件，将法律风险防范体系和合规管理体系建设纳入企业内控体系建设的总体工作中，以问题为导向，建立全面覆盖、协调联动、高效闭环的监督体系，推动企业依法决策、依法经营、依法治理，形成与企业安全生产、经营管理、预防监督工作相融合的法治企业建设管理体系，切实增强了企业抵御风险的能力，树立了法治经营良好企业形象。

3. 广泛好评，诚信企业标杆引领。内蒙古电力得到各级政府和行业协会及客户的广泛好评，继连续9年荣获中国电力企业联合会AAA级信用企业评价后，首次参与中国企业联合会、中国企业家协会信用评价即获得AAA级最高评价；同时，所属18家单位获评"全国文明单位"，20家单位获评"内蒙古自治区文明单位标兵"，15家单位获评"内蒙古自治区文明单位"，13名员工获评内蒙古自治区道德模范及提名奖，69名员工获评"内蒙古好人"，营造了社会信誉良好、责任落实到位的诚信企业示范标杆。

（二）以制度建设为抓手，闭环企业信用体系管理

内蒙古电力坚持预防为主、综合治理的方针，明确了企业信用体系建设领导小组、原则、目标和指导方针，落实各级人员责任及分工。借助标准化手段加强重点领域、重要环节的制度体系建设，形成事前有预警、事中有管控、事后有跟踪的信用体系闭环管理模式，做到全过程管控。发布《信用信息管理标准》《合同管理办法》《档案管理标准》《物资供应商不良行为管理办法》《基建工程承包商资信月度考核管理办法》等制度，明确了重点工作领域各个部门和单位的责任与权力，规范了合同从承办到签订、履约、归档的全过程管理，提升了合同管理闭环管理水平。发布《"三重一大"事项集体决策制度的实施意见》，对涉及重大生产经营管理事项、机构设置与调整、干部任免、招标采购等关键环节的权力行使，公开化、透明化、诚信化，引入实时、全方位监督，让权力在监督部门的监控下运作，保障企业持续健康发展。

（三）以诚信经营为落点，聚焦重点领域履约守诺

1. 自查自纠，筑牢信用风险防控底线。内蒙古电力积极开展信用风险隐患自查自纠和专项排查全覆盖工作，指导所属单位聚焦物资采购、营销服务、纳税申报等重点领域梳理风险点，编制防范措施清单，并且将信用风险排查落实情况纳入业绩考核，切实筑牢信用风险防控底线。积极构建法律、合规、内控、风险管理四位一体工作格局，促进风险管理工作互联互通、齐抓共管、群防群治，形成风控合力，结合合规管理工作的不断深入，掌握重点业务领域合规管理的底线和红线，提升依法合规经营管理水平，打造诚信企业、阳光企业的品牌形象。

2. 动态监测，推动涉电力领域联合治理。秉承"褒扬诚信、惩戒失信"的理念，持续深化涉电力领域守信联合激励和失信联合惩戒，全面梳理并动态监测涉电力市场主体在电网领域失信行为信息，建立健全信用动态监测机制，重点打击违反电力管理相关法律、法规和违背信用原则等失信行为。2020年，内蒙古电力组织所属单位梳理存在违约用电及窃电、破坏电力设施、拖欠电费、存在用电安全隐患四大类失信行为共计23条，治理失信企业135家，全面增强企业免疫力；同时，对失信企业、黑名单企业，在市场准入、招投标、经营审批等方面严格限制。

3. 优质服务，提升人民群众电力"信服感"。内蒙古电力秉承"人民电业为人民"的初衷，围绕

"简化办电流程、压缩办电时间、降低接电成本"的目标诚信经营，全面提升供电保障能力，打造环节少、时间短、造价低、服务优的办电服务新模式，持续增强市场主体和人民群众的"电力获得感"和"信服感"。

聚焦客户办电需求：成立两级客户服务委员会，从用电客户视角出发，定期分析研究客户办电、用电过程中的难点痛点，调动各专业力量解决问题；成立董事会优化营商环境督查组，对各部门、各供电单位落实服务举措的工作质效进行督导检查和跟踪评价，确保"三零"服务承诺的兑现，先后解决了业扩流程改造、配套电网工程计划核准备案、物资采购、仓储模式与工程施工提速等关键问题。

保障客户便利用电：进一步精简办电资料、压缩办电环节和时限，全面实施"一证受理"和"网格服务"，低压客户和高压客户办电环节统一压缩为2个环节和4个环节。对实施"三零"服务的居民及小微企业等低压非居民客户办电时间分别压减至5个、25个工作日，同时主动向社会公开服务承诺，接受各方监督。积极推广应用"互联网+"线上办电和客户经理主动上门服务模式，丰富"蒙电E家"App线上报装平台各类功能，实现业务"网上办""马上办""限时办结"目标，客户线上交费比例接近90%，线上报装率达到65%；推进高压用电客户"三省"服务，结合内蒙古自治区特色优势产能用电特点，主动对接政府相关部门了解各类产业规划和发展动态。全面梳理在建、拟投产用电项目清单，采取"主动上门，一企一策"服务模式，前移服务触角，积极推进一大批内蒙古自治区重点项目落地投产。

用心服务中小微企业：支持和服务地方经济发展，统筹考虑脱贫攻坚，支持小微企业发展及广大农村牧区养殖业、种植业用电需求。2020年，进一步延伸了电网投资范围，扩大了"零投资"服务范围。蒙西地区不区分城市和农村牧区，160千伏安及以下的小微企业和100千瓦及以下的其他用电客户全部采取低压方式接入电网。加大资金投入力度，设立"业扩包"专项资金用于满足"三零"客户接电需求，累计为2.67万户小微企业等低压客户提供了免费办电服务，共为客户节约办电成本1.79亿元。

助力企业复工复产：先后出台支持新冠肺炎疫情防控和企业复工复产8项举措、阶段性降低企业用电成本6项措施，从降低接电成本、延缓电费缴纳、欠费不停供等方面打出"组合拳"；同时，依托信息化与大数据分析手段，开展企业复产复工情况分析工作，支撑政府相关部门科学决策。

4. 守护光明，供应可靠稳定清洁电力。为满足经济社会发展和城乡居民高质量用电需求，内蒙古电力完善"四横五纵"500千伏主干网架，构建覆盖广泛、分区科学、结构完善的220千伏输电网，推动与华北异步联网工程实施，全面提升电网输送配置能力。

保障安全可靠供电：持续强化本质安全建设，健全完善应急体系，提升全员安全意识，牢筑企业安全基石。截至2020年11月，电网连续安全运行8493天，未发生大面积停电事故，未发生交通、火灾事故。内蒙古电力致力于为内蒙古自治区提供可靠可持续稳定电力，圆满完成重要活动保电工作。持续提高抢修效率和复电速度，努力缩减停电时间和次数，城市供电可靠率达到99.905%，平均停电时间缩减为8.32小时。

践行低碳环保运营：内蒙古电力积极推进绿色电网建设，加强科学管理，实现"四节一环保"绿色发展目标，探寻低碳环保运营的可行之道。切实推进线损精益化管理，优化电网运行方式，降低线路损耗，提升能源利用效率。2019年，电网线损率2.92%，同比降低0.58个百分点，相当于节约标煤1804.71万吨，减排二氧化碳3984.56万吨。加强低碳办公理念，倡导无纸化办公，加强车辆油耗管理，完成所属37座变电站照明系统节能改造，内蒙古电力生产调度楼获得二星级绿色建筑设计标识证书。

倡导社会节能减排：内蒙古电力大力推进以电代煤、以电代油，与呼和浩特、鄂尔多斯、乌兰察布、锡林郭勒、乌海 5 个盟（市）政府签署电能替代业务的战略合作框架协议，助力社会形成绿色低碳的生产生活方式。2019 年，电能替代项目替代电量 4239.68 万千瓦时，相当于节约标煤 14414.91 吨，减排二氧化碳 31797.59 吨，减排二氧化硫 36.04 吨，减排氮氧化物 69.95 吨，减少烟尘排放 60.9 吨。

内蒙古电力积极响应国家政策，支持和服务电动汽车发展，助力减少地区空气污染。将志愿服务与生态林建设深度融合，组织开展"保护母亲河"行动，持续开展"建设青春绿伞·美化电网家园"植绿护绿活动。全年植树 1.9 万余株，共建成青年林 14 处、青年路 5 条。

5. 公平招标，搭建"互联网＋蒙电采购服务"平台。内蒙古电力下属单位内蒙古蒙能招标有限公司秉承"搭建诚信平台，融通供需双方"的服务理念，围绕"公平、公正、公开、诚实信用"的原则，搭建"互联网＋蒙电采购服务"平台。充分利用"互联网＋"大数据信息服务，将失信投标人在报名阶段予以筛除，建立供应商"一处失信，处处受限"的信用审查体系，并且积极推进投标保证金电子保函，营造了公平公正的招标采购环境，获得中物联颁发的"优秀采购代理机构"荣誉称号。

（四）以奉献社会为己任，坚持发展成果与社会共享

内蒙古电力坚持将发展成果与社会共享，时刻关注民生问题，落实脱贫攻坚、助力乡村振兴，在全面建成小康社会的路上，坚持以人为本、践行诚信美德，让员工在工作中收获幸福，让社会在进步中满载温暖。

1. 抗疫到底，坚决打赢新冠肺炎疫情防控阻击战。2020 年春节，新冠肺炎疫情牵动着 14 亿中国人的心，内蒙古电力认真落实党中央、国务院和内蒙古自治区党委政府的决策部署，把坚决打赢疫情防控阻击战作为最重要的工作任务，迅速成立疫情防控工作应急领导小组，召开专题会议，部署落实新冠肺炎疫情防控工作，坚决打赢疫情防控阻击战，切实做到守土有责、守土担责、守土尽责。截至 2020 年 2 月 22 日，共组建社区疫情防控志愿者服务队 112 个，志愿人数 2175 人（其中党员 1684 人），帮扶社区 100 个，以安全可靠电力供应和优质贴心供电服务确保重要场所和人民群众生产、生活用电需求，以更真切、更有效的关爱举措确保抗疫一线职工的生命安全和健康。

2. 传递温暖，致力脱贫攻坚奉献社会。内蒙古电力扶贫 3 年行动计划年度项目全面落地，完成 573 个村级光伏扶贫电站接入、133 户贫困户通网电、89 个自然村通动力电、183 个易地安置点通电和 554 眼机井通电低压工程，实现脱贫攻坚 3 年行动计划阶段目标，圆满完成内蒙古自治区脱贫攻坚"清零达标"专项行动配套电网建设，内蒙古电力定点帮扶的兴安盟吉力化嘎查所有贫困户全部脱贫。

倾心服务"三农三牧"：内蒙古电力全面贯彻落实乡村振兴战略，倾心服务"三农三牧"，提前一年完成新一轮农网改造升级任务。2019 年，累计安排农网改造投资规模 205 亿元，农村供电可靠率达到 99.7448%，解决近 8000 户农牧户用电难题，为 89 个自然村通上了动力电。

情系员工健康成长：内蒙古电力高度重视构建和谐的劳动关系，积极响应并及时落实国家和内蒙古自治区稳就业及国有企业招聘政策，建立健全薪酬分配制度，依法签订劳动合同，按时为员工缴纳社会保险，构建负责任的就业与雇佣关系。按照人才发展规律及职工所处的发展阶段，深化全员教育培训，健全完善教育培训管理体系，优化员工教育培训模式和考核评价模型，启动"百优人才"培养工程，举办技能大赛，激发员工成长活力，为公司在新形势、新常态下快速、有效、高质量发展提供人才保障。

热心传递社会温暖：内蒙古电力持续发挥企业优势，积极投身社会公益慈善活动，建立企业内外部志愿服务长效机制，推进青年志愿服务项目化运作，开展优秀青年志愿服务评选，充分发挥示范导向作用，推动志愿服务品牌建设，向社会传递和谐、责任等正能量。截至 2019 年，共有员工注册志愿者 14987 名，开展志愿服务 980 余次。

三、信用管理取得显著成绩

一直以来，内蒙古电力依法治企、诚信经营，聚焦诚信文化、制度建设、信用风险防范、涉电力领域联合治理、合同管理、公平招标、安全供电及优质服务履约守诺等方面，努力打造诚信经营标杆企业，取得了显著成绩。

2020年，内蒙古电力荣获中国企业联合会、中国企业家协会最高AAA级信用企业评价、荣获2020金蜜蜂企业社会责任中国榜金蜜蜂和谐贡献奖。

2019年，内蒙古电力荣获全国企业管理现代化创新成果奖，连续9年获评内蒙古自治区国资委业绩考核A级企业，连续9年荣获中国电力企业联合会AAA级信用企业评价；获评内蒙古自治区A级信用纳税人；荣获"全面质量管理推进40周年杰出推进单位"称号；2项科技成果荣获内蒙古自治区科技进步奖。

2018年，内蒙古电力荣获全国市场质量信用等级AA级评价；荣获"全国市场满意企业"称号；"复杂电网自律－协同自动电压控制关键技术、系统研制与工程应用"项目荣获国家科学技术进步一等奖；荣获"改革开放40年中国企业文化四十典范组织"称号；荣获中华全国总工会"2018年财务工作先进单位"荣誉称号；荣获"全国电力行业QC小组活动先进单位"称号；荣获"中国融媒体语境下最具品牌传播力企业"称号；荣获全国和内蒙古自治区"书香三八"活动优秀组织单位等称号。

案例创造人：王波　宝晶　高昆

质量为先，服务顾客；诚信经营，争创一流

中交第三公路工程局有限公司

一、企业简介

中交第三公路工程局有限公司（以下简称中交三公局）创建于 2004 年，是隶属于世界 500 强企业——中国交通建设股份有限公司（以下简称中国交建）的大型国有施工企业，公司总部位于北京，注册资本 21.56 亿元。业务涵盖公路、铁路、房建、桥梁、隧道、市政公用工程、城市轨道交通、机场航站楼及其他土木工程项目的设计、施工、咨询等，市场遍布全国，并且在亚洲、非洲、南美洲、大洋洲、欧洲等 10 多个国家开辟了国际市场。下设 12 个子（分）公司，其中全资子公司 6 个、分公司 6 个，设有 14 个国内外区域总部，建有 1 个公路综合甲级试验室和 1 个公路综合乙级试验室，2019 年新签合同金额 407 亿元，营业收入 223 亿元，利润 4.05 亿元。成立了战略、审计、投资管理、薪酬考核、提名、创新等 6 个委员会，建立了董事会管理下的经营层的组织机构，完善了法人治理结构和科学的组织结构。公司总部现有部门 18 个，其中管理部门 10 个、监督部门 3 个、业务部门 5 个。现有员工约 8000 余人，其中正式员工 5000 余人，常聘员工 3000 余人。岗位构成方面，管理人员占比 45%，技术和技能人员占比 55%；学历构成方面，博士、硕士学历人员占比 3%，本科及以上学历人员占比达到 66%。员工总量规模增长适度，整体结构明显改善，建立了职业双通道制度，为员工提供了有效的上升空间。拥有 70 项资质，其中包括 3 个公路工程施工总承包特级资质，1 个建筑工程施工总承包特级资质；4 个施工总承包一级资质，12 个施工总承包二级和三级资质；40 个专业承包施工资质；4 个行业甲级设计资质；3 项检测资质；2 项对外承包资格；1 项咨询资质。

中交三局秉承中国交建"固基修道，履方致远"的企业使命，坚持"交融天下，建者无疆"的企业精神，承建了一大批享誉海内外、具有广泛影响力的重大工程项目。例如，国内项目有青岛海湾大桥、杭州湾大桥、京雄高速公路、兰新铁路超长隧道、京张高铁、沪昆高铁、哈尔滨地铁等；海外项目方面，参建了蒙内铁路、圭亚那国际机场、斯里兰卡香格里拉 HLC 超高层酒店等。中交三公局成立以来，多次获得"中国优秀施工企业""文明单位""全国重合同、守信用企业"等称号，连续获得 AAA 级信用评价。2018 年，中交三公局被评为"改革开放 40 年中国企业文化优秀单位"；2020 年被东方金诚国际信用评估有限公司评定信用等级为 AA+ 级。截至 2020 年 12 月，在已公布的信用评价中，中交三公局在北京等 13 个省（直辖市）获得 AA 级评价。在国内外，中交三公局参建的项目共获得"鲁班奖" 4 项、"詹天佑奖" 2 项、国家优质工程奖 2 项和国际桥梁大会最高奖——"乔治·理查德森奖" 2 项、牙

买加国家年度最佳工程奖 1 项等多项荣誉。

中交三公局完善了以"一心、一站、一院、一室"为核心的科技创新体系，现有国家级研发平台 2 个（国家级企业技术中心、博士后科研工作站），合作的国家级研发平台 1 个，省级技术研发平台 3 个。近年来，共获得省部级工程建设奖 23 项；现有 308 项专利，其中发明专利有 38 项；现有 190 项施工工法中，国家级工法 5 项；获得省部级及以上科技成果奖 66 项。主持和参与起草了国家行业标准 6 项，地方标准 3 项，企业级技术标准 12 项；编制了各种标准化方案 13 册；编制了 32 个分部分项工程技术交底可视化手册；编制了近 200 个安全技术操作规程；编制了 68 个分项工程作业指导书，编制了 60 余个分部分项工程的质量通病控制指南。

近年来，中交三公局以"五商中交"战略为引领，坚持"三者"市场定位，推进公司"282"工程建设，践行公司"开发是龙头、经营是灵魂、效益是核心、管理是基础、党建是保障"的核心经营理念，瞄准做大承包商、做强投资商、做优运营商的目标，发挥基础设施全产业链优势，为互联互通提供一站式解决方案。2016-2019 年，累计实现营业收入 684 亿元，由 2015 年的 106 亿元增长到 2019 年的 223 亿元，年均复合增长率 20.48%；累计实现利润 15.34 元，由 2015 年的 1.53 亿元增长到 2019 年的 4.05 亿元，年均复合增长率 27.60%。2020 年，中交三公局克服新冠肺炎疫情带来的影响和冲击，继续保持着强劲的攻坚势头，预计完成营业收入 290 亿元，预计实现利润 5.5 亿元。

二、诚信经营理念及管控机制

中交三公局始终努力践行中交文化，坚决优质完成任务，立志使自己成为中国交建旗下的一流成员，从文化定位上做到管理一流、团队一流、业绩突出、形象卓越。依托中国交建文化理念，中交三公局经过 16 年的沉淀与提炼，逐步形成了"彰显企业价值，成就员工梦想"的企业准则、"中交一流，行业典范"的企业目标、"令行如火，坚韧如山"的企业作风及"诚为业之本，信为利之源"的诚信理念。

中交三公局持续营造良好的诚信守法环境，严格按照法律法规要求，取得各类许可证，公司高层领导以"诚信"作为准则，带头学习法律法规，贯彻落实法律法规。此外，还重视员工法制及公民道德的教育宣传。中交三公局建立了诚信守法、公开透明的管控机制。按照上级要求编制了《中交三公局新闻发言人信息发布工作程序》《中交第三公路工程局有限公司外网信息管理暂行办法》等制度文件，保证公司信息客观、准确披露和经营状况透明，加强公司与社会各界的沟通联系，提高公司透明度和治理水平，具体机制如下所述：公司领导通过职代会、年度工作会、年中工作会、经济分析会、市场开发会、网络在线交流等形式，就公司治理、发展战略、经营状况、融资计划、股权激励、可持续发展等投资者所关心的问题，进行沟通交流；公司通过 OA 平台上推送企业新闻、通知公告、企业文件、制度，让员工能够实时了解公司的动态、最新的制度及日常的工作信息，消除信息孤岛。

三、管理体系建设

中交三公局建立起由"总部－子公司－项目部"构成的管理三级责任体系，总部负责实施目标管理，重点是加强统筹协调和服务，子公司是项目管理的责任主体，项目部是项目的实施责任主体。通过建立责任制考核机制，强化两级总部的监管职能，使管理切实穿透到每一个项目。构建起以事业部、区域分公司、属地化公司及子（分）公司为主体的"三驾马车"发展责任体系，形成了职能部门、事业部、子（分）公司"三位一体"的管理责任体系。总部突出战略引领、资源配置、协调管控、投融资决策、绩效评价和价值服务的功能定位。事业部、区域分公司和子（分）公司"三驾马车"围绕发展战略各司其职、协同配合，业务统筹和区域协调能力不断增强。事业部专注于板块业务的发展，从体系建设到制度制订，从战略统筹到市场布局，从模式创新到项目管理，从严格评审到防控并重，充分发挥事业部类公司的管理绩效。各区域分公司加快区域化布局，积极做好高端对接，深耕区域市场，统筹区域开发，做大市场增量。各子（分）公司在组织形态和经营模式上适时进行调整，通过对各管理层级之间、各管理层级内部业务归口部门的管理职责和管理流程进一步梳理优化，逐步完善总部权责事项清单和授权清单，加大对生产经营等事项的授权放权力度，依据各子分公司治理体系完善程度和治理能力强弱程度，确定差异化管控模式，动态调整，构建层次分明、科学高效的差异化授权体系。对于重要资源、关键节点（风险、技术等），充分利用资源共享、物资集采、监督检查等手段，确保对项目的关键控制和有效监管。

四、制度建设

中交三公局持续把制度建设作为关键任务来抓，并且出台了《规章制度管理办法》。截至2019年年底，总部出台400余项制度，对市场开发、物资管理、工程管理、经营管理等全过程进行多方面管控。为确保制度的时效性、完整性和可操作性，按照《规章制度管理办法》的要求，中交三公局每年对制度进行梳理，制订制度修订计划，对发布时间较长、暂行、试行的制度办法进行统计分析；同时，为方便广大员工查阅、使用规章制度，公司实时更新《制度汇编》电子版。从2020年开始，中交三公局还加强了制度的宣贯工作，各业务部门到子分公司、项目部进行相关工作检查时，宣讲重要制度，确保制度在基层单位的执行落实。在制度的学习及执行上，全公司形成高层领导、部门领导带头学习制度、执行制度，真正用法治思维武装自己、靠制度规则为人处世的良好环境，逐步形成"崇尚制度、敬畏制度、执行制度、遵守制度"的企业氛围。

五、决策部署

中交三公局建立了有效的法人治理结构，依据相关法律法规要求，建立并明确了董事会、监事和经理层的职责权限、议事规则和工作程序，通过《章程》《董事会议事规则》《监事会议事规则》和《规范机关日常会议制度》等相关管理制度和办法的形式进行固化。公司董事会严格实行集体审议、独立表决、个人负责的决策制度，平等充分发表意见，并通过电子存档、纸质存档等方式以保障董事会会议记录和提案资料的完整性。中交三公局还设立了战略委员会、审计委员会、投资管理委员会、薪酬考核委员会、提名委员会、创新委员会等专门委员会，为董事会决策提供咨询。使得党委常委会、董事会、总经理办公会等决策体系的权限和职责更加明晰，决策重点更加突出，促进企业在企业治理水平和治理能力的提升上迈出了更加坚实的一步。

六、社会责任

中交三公局积极主动履行社会责任，包括公共责任、道德行为和公益支持等，致力于成为优秀的社会公民。

公共责任方面：一是在质量安全、环保、节能、资源综合利用、公共卫生等方面采取措施。中交三公局在行业内率先通过了《质量管理体系基础和术语》（GB/T19000-2016）等体系认证，通过建立质量、环境、职业健康管理体系，来加强对这些影响因素的识别、控制和预防并消除或降低危害因素。二是针对公众隐忧，做好积极应对。中交三公局通过参与行业协会、聘请专业研究机构、开展公众调查、听取行业专家意见等方式，预见公众的隐忧，积极应对。三是应对法律要求和运营风险的关键过程及绩效指标。中交三公局结合自身条件、外部环境和发展战略，根据自身风险承受能力，选择风险承担、风险规避、风险控制、风险分担等适合的风险管理策略。

道德行为方面：一是确保中交三公局遵守诚信准则，建立信用体系。企业领导率先垂范诚信的理念，积极倡导"诚信敬业"、不断营造崇廉拒腐的浓厚氛围，形成"心至廉，路致远"的廉洁文化理念，在全公司范围内营造了学廉、知廉、思廉、信廉、行廉、尚廉的良好风尚。二是确保企业行为符合道德规范，明确道德行为的关键过程与监控指标。中交三公局一直强调诚信守法是企业的立身之本，要求员工在企业经营中做到重合同、守信用、讲道德、守法纪，明确道德行为的关键过程并制订相关规定确保企业行为符合道德规范。

公益支持方面：中交三公局始终以高度的政治责任感全面履行国有企业的社会责任，例如公司抢险队支援汶川地震、玉树地震和雅安地震现场抢险，青海省循隆项目、广西壮族自治区三柳高速项目等一批生态环保施工项目助推绿色中国发展……2020年，中交三公局积极履行社会责任，助力脱贫攻坚，对云南省捧当乡、普拉底乡、独龙江乡（镇）开展精准扶贫工作。中交三公局结合业务特色和贫困地区实际需求，持续从教育扶贫、产业扶贫、技术扶贫、消费扶贫、交通扶贫、扶贫干部选派等多角度发力，推进脱贫攻坚和稳就业保增收等工作，深入实施精准识贫、精准扶贫、精准脱贫，改善定点扶贫乡（镇）交通基础设施和提高自我发展能力。

七、未来展望

中交三公局将在融入新发展格局和新发展目标阶段中找准自身发展定位，持续优化业务布局，全面升级业务体系；聚焦重点项目、重要区域、重大市场，着力提升市场经营质效，聚焦"交通、城市、生活"三大主题，坚持"大基建、多元化"的发展方向，瞄准做大承包商、做强投资商、做优运营商的战略目标，用国际化的水平、市场化的机制、专业化的精神、区域化的布局、标准化的管理、信息化的提升来发挥企业基础设施全产业链优势，力争到"十四五"末期，把中交三公局打造成主业突出、专业强势、多元并举、风险可控、特色鲜明、中交一流的"投建营一体化的大型基础设施综合服务商"，全面建成科技型、管理型、质量型现代化一流企业。

案例创造人：袁向阳　周希

善建立本，精诚筑魂

中国建筑第四工程局有限公司

一、企业简介

中国建筑第四工程局有限公司（以下简称中建四局）1962年成立于贵州省，2002年搬迁至广东省广州市。员工总人数约28000人，是世界500强企业中国建筑集团有限公司（以下简称中国建筑）旗下唯一一家总部驻穗的主力大型公司。

中建四局拥有建筑与市政工程施工总承包特级、建筑与市政设计甲级（双特双甲）等120余项资质，业务范围涵盖工程建设（房屋建筑、基础设施建设）、投资开发（地产开发、建造融资、持有运营）、勘察设计（科研、勘察、设计、咨询）、新业务（绿色建造、节能环保、电子商务）等多个领域。年均合同额约2000亿元，年均营业收入约1000亿元。

中建四局在房建施工领域耕耘多年。改革开放40多年来，中建四局始终是中国城市快速发展的亲历者和见证者，在房建领域形成了"高、大、精、深、新"的特点。"高"，在全国各大城市承建200米以上超高层建筑超过70座，400米以上建筑8座，包括广州东塔、西塔和深圳京基100等著名超高层建筑；"大"，在中国城镇化过程中陆续承接了花果园、贵阳未来方舟等"世纪大盘"，实现了"从造房到造城"的华丽转身；"精"，以专注细节、抓实细节为理念，打造精品工程，目前已获得"鲁班奖""詹天佑奖"和国家优质工程奖、全国装饰金奖、全国钢结构金奖及省部级以上优质工程奖等各类荣誉300多项；"深"，不断"向下探索世界的高度"，积累了丰富的深基坑施工经验；"新"，紧跟国家发展趋势，始终引领房建领域的新技术发展。在装配式建筑、工程总承包（EPC）、智慧建造、绿色建造等方面均有丰富的经验积累。

中建四局是中国建筑基础设施业务的主力军和先锋队，在公路、市政交通、轨道交通、城市地下综合管廊、水环境治理等领域均做出卓越贡献，广受业内好评。中建四局是建筑行业科技发展的先行者，始终坚持科技创新，引领行业发展。目前，中建四局荣获省部级及以上科技奖项61项；省部级及以上工法474项；授权专利1385项。

近年来，中建四局在"2+5"战略规划的指引下，在践行"拓展幸福空间"使命的基础上，以高质量发展为中心，以结构调整和转型升级为重点，立足诚信发展，逐步建立在粤港澳大湾区的优势地位，努力打造成为中国建筑区域发展的优秀排头兵、粤港澳大湾区最具竞争力的投资建设集团。

二、"信诚立企"——企业信仰

"人无信不立，业无信不兴，国无信不强"，诚信是企业的立足之本，"信诚立企"也一直是中建四局的信仰。为贯彻落实党的十九大精神，顺应企业变革图强的需要，2019年，中建四局新时代"精诚"

文化应时而生，以"精诚善建，精彩四海"为企业文化理念，以"诚信、创新、超越、共赢"为企业精神，将"诚信"放于首位，始终坚信诚信是立企之本。

"精诚"是中建四局新时代企业文化品格，精为至能，诚为大德，精诚展现中央企业的责任和信仰，中建四局之诚，坚守"赤诚、笃诚、信诚"三重理念。

1. 承载国家使命，赤诚是企业的红色基因。因为国家使命，中建四局应运而生；因为改革需要，中建四局走出大山；因为时代发展，中建四局变革创新——58年风雨如磐，58年薪火相传，中建四局积淀了"为国而生，永跟党走"的红色基因。无论是诞生之初的"好人好马上三线"，还是如今"深耕建设大湾区"，当下与未来，企业上下永远心怀对党、对国家、对事业的无限赤诚，坚定理想信念、焕发精神斗志、汇聚信仰力量，以最有力的行动助推中建四局在新时代改革大潮中凤凰涅槃、焕新重生。

2. 执着于事业，笃诚是企业的初心态度。建筑，是人类生命栖息之所，造就文明，繁荣世界。中建四局选择建筑作为事业，就是要为人类文明"建证"精彩、创造美好。当中建四局用一个个精品勾勒出城市的变迁新貌，改变落后与贫瘠，树立起中国经济社会高速发展的地标，事业就有了永恒的意义。为此，中建四局信念笃定，坚韧不拔，笃行不辍，为信任中建四局的业主拓展幸福空间，为时代奉献初心。

3. 实现企业发展，信诚是企业的立业之基。中建四局来自云贵高原，发源于贵州大山。从山到海，大山赋予的诚实质朴、勤奋善良是中建四局与合作伙伴真心以对、坦诚相待的不变原色，也是使中建四局成为客户的首选、优选的重要因素。为此，中建四局坚持信诚立企——对内，要以抓铁有痕的作为，做到"言而有信"，让干部员工感到被需要、被尊重；对外，做到"诚信相对"，以高度负责的契约精神和合作伙伴及社会各界强化契约精神，坚决做到"受人之托，终人之事"、坦诚相见，共赢未来。

三、诚信建设——企业作为

现代市场经济从本质上讲是信用经济，诚信建设是社会主义市场经济发展的必然要求，是培育和践行社会主义核心价值观的重要内容，也是企业长远发展必不可少的一环。中建四局在拓展企业业务、寻求企业发展的同时，始终将诚信建设贯穿于企业经营活动的各个环节，在"精诚"这一精神符号的引领下，推进诚信建设制度化、落实诚信建设实践化、开展诚信建设主题化、担起诚信建设责任化，将诚信建设作为企业发展生命线。

（一）推进诚信建设制度化

在推进企业诚信建设制度化过程中，中建四局以科学发展观为指导，以加强信用体系建设为基础，以褒扬诚信、惩戒失信为重点。

中建四局始终坚持依法决策、依法管理、依法生产经营的原则，严格依法办事，2019年发布了《企业管理标准1.0》规范企业上下行为准则，提供岗位职责办事依据，形成统一依规治企的良好习惯，并且于2020年更新升级为《企业管理标准1.1》，以切合企业不同发展阶段的实际需求。

对分公司和项目，中建四局始终坚持制度保障、规范约束，加强信用监管，推进主动作为，2017年印发《中国建筑第四工程局有限公司诚信评级维护管理办法》，对分公司和项目的诚信维护情况实施差别化监管规定。根据各区域实际情况，以签订《诚信评级维护责任状》的方式，明确各单位诚信维护目标及考核内容，落实各方权责和奖惩兑现，督促诚信维护专员做好行业行政主管部门相关平台的维护工作，从而适应市场诚信排名规则，确保市场正常运营、良性发展。

对员工，中建四局始终坚持以人为本，德法并举、刚柔相济，建立干部员工诚信制度。一方面实现对员工的承诺，做到不拖欠员工工资、奖金，按时缴纳各种保险基金；另一方面健全人员岗位管理与考评制度，以明确的制度保证守信者得到奖励、失信者受到惩罚，增强干部员工的诚信理念、规则意识和契约精神。

（二）落实诚信建设实践化

诚信作为推动企业生产力提高的精神动力，作为增加企业商业价值的隐形资产，中建四局深谙必须要将诚信建设落实于企业实际经营生产中，塑造诚信企业形象，树立诚信企业品牌，具体从以下两个方面着手。

1. 诚信营销，主动维护建筑行业市场秩序。中建四局在开拓业务、开展企业经营活动中严格遵守国家各项法律法规；按照法律法规及行业内部管理监督的各项要求，规范企业经营行为，提高营销人员诚信准则，贯彻营销诚信原则，维护商务诚信环境。

2. 诚信履约，切实做好工程质量安全管理。面对激烈的市场竞争，唯有强化自身管控能力，保障工程质量安全，促进履约水平升级，赢得业主方信赖，方能生存下来。人才方面，中建四局重点培养和积累一批能力过硬、专业性强的质量安全管理人员，充实质量安全管理团队；管理方面，中建四局以全过程管控为手段，打造全周期的生产管理体系，坚决反对层层转包和违法分包行为，反对偷工减料等任何形式危及工程质量和忽视安全生产的不良失信行为。

（三）开展诚信建设主题化

中建四局通过开展主题活动营造诚信建设氛围并推动诚信建设主流化、常态化。第一，坚持知行合一，持续开展全员诚信教育活动，教育员工诚信为大，通过企业文化的宣传教育让员工树立诚信意识，运用生动有效的实践载体引导员工把诚信理念转化为自觉行动，将诚信融入实际工作中的点滴。第二，强化履约和服务意识，定期开展客户满意度调查活动，通过客户反馈改进自身工作；为客户画像，实行客户分级分类管理，针对性解决客户需求，服务好客户，做客户心目中的信用企业。第三，抓好诚信维护培训工作，定期在广东、福建、安徽、贵州等企业核心经营区域开展诚信维护培训活动，加强基层项目人员的诚信维护意识，同时也扩大诚信宣传覆盖面，形成诚信建设宣传声势。第四，鞭挞失信行为，规范开展失信提示和警示约谈，对诚信维护不到位的相关责任单位进行约谈，在系统和单位内通报批评、责令限期整改，从而压实维护主体责任，倒逼项目诚信管理提升。

（四）担起诚信建设责任化

作为中央驻粤企业，中建四局一直以高度政治责任感和强烈使命感，积极投身粤港澳大湾区、雄安新区等国家战略建设任务，在专注实业、做强主业的同时不忘初心，积极履行企业社会责任和匠心使命，在抗疫救灾、扶贫公益、绿色建造上发挥中央企业优势，主动作为，紧跟战略、结合实力，全方位、多领域地做好"立体诚信"建设。

1. 迎"疫"而上、闻"汛"而动，为企业诚信加一线。"关键时刻站出来、危急关头豁出去"。在新冠肺炎疫情防控期间，中建四局积极响应国家号召，认真落实疫情防控工作部署，一方面积极配合当地政府防疫工作相关要求，"一手抓防控、一手促生产"，落实落细各项防控措施，安全有序复工复产，主动与业主沟通，降低工期延误成本，提高项目履约质量；另一方面，捐赠疫情应急物资、进社区小区轮班值守、做好宣传引导……多措并举，为打赢疫情防控阻击战做出贡献。在援建武汉雷神山医院时更是举全企业之力，加入最勇敢"逆行者"行列。面对险峻汛情，中建四局争分夺秒、迅速响应，在"江西7·8""合肥7·18"等汛情前，中建四局落实防汛工作部署安排，密切关注灾情形势，摸排统筹防汛应急设备及储备物资，乘风破浪、协同各方同"建"平安防线。中建四局在疫情、汛情等社会艰难时刻总是随时待命、冲锋在前，多次获得知名媒体报道，多次收到政府和相关部门发来的表扬信，力求做好行业表率。

2. 精准扶贫助农、关爱儿童老人外来工，为企业诚信添一度。做有温度的诚信企业，中建四局高度重视国家扶贫工作。怀着浓浓的扶贫情结，以"党员志愿服务助力乡村振兴"的主题助农活动，以"撸起袖子大干一番"的助农心情，以定点采购滞销农产品的助农方式，身体力行，助农增收，精准扶贫。另外，帮扶贵州省遵义市石朝乡工作的纪录电影《出山记》登上了中央广播电视总台等媒体，扶贫经验获得贵州省和中国建筑的肯定和推广。同时，中建四局关注关爱特殊群体的需求。自2016年起，中建四局各级工会连续在贵州省、广东省开展3届"筑福未来——中建四局关爱乡村儿童行动"，分别向47所小学送去了45余万元的助学金、奖学金、校服、餐具、文体用品，给贫困山区10000余名孩子们送去了关爱。除此之外，通过"工地三八节——巧手绣花展巾帼风采""工地婚礼——见证幸福爱情""工地广播站——筑梦之声""工地'疫'剪——解决工友'头等'大事"等一系列福利活动，提高员工对企业的归属感和认可度。

3. 绿色建造，对环境"诚信"，为企业诚信增一环。守护绿水青山，中建四局秉承国家绿色发展的理念，强化生态文明项目的建设，提升绿色建造能力，在各项生产活动中追求资源投入减量化、资源利用高效化、废弃物排放最小化，打造了一张张"绿色名片"。在装配式建筑方面，作为先行者，2013年开始在东莞建设中建四局控股的集产、学、研为一体，具有完整产业链的装配式建筑生产基地—中国国际住宅产业园东莞基地，并获首批国家装配式建筑产业基地认证，目前已经发展成为华南地区产能最大的装配式建筑生产基地。承建的深圳超高层建筑-汉京中心（350米高）装配率高达94.7%，获得国家装配式AAA认证；哈工大深圳校区扩建项目获2019年度"鲁班奖"，是深圳地区首个获得"鲁班奖"的装配式建筑。同时，中建四局的科技团队大力研发PC构件、塑料模板、塑料木方、铝合金模板、降温降尘等节能环保绿色建筑产品，为美丽中国青山绿水做出贡献。企业生产中，对自然环境负责，就是对全人类讲最大的诚信。

四、诚信荣誉——企业硕果，亦是种子

在企业诚信发展道路上，中建四局收获了社会各方对企业的认可。自1991年至今，连续29年被评为"广东省守合同、重信用企业"，荣获"全国AAA企业信用等级""全国第一批工程建设企业信用11星级""全国工程施工建设诚信典型企业""AAA主体信用等级""纳税信用A级""全国文明单位""全国优秀施工企业""住房和城乡建设部抗震救灾先进集体""广东省抗击新冠肺炎疫情先进集体"等奖项；受业主认可，相继与珠海市政府和万纬物流、保利、腾讯、中海等优秀企业签订战略合作协议，得到"A级供应商""优秀供应商"等认证。这些荣誉是企业的硕果，亦是企业诚信发展的种子，需要扎根呵护、用心浇灌、开枝蔓延：充分发挥教育职能，用社会主义核心价值观和企业文化感召员工，让诚信理念深入人心；充分发挥建设职能，更加广泛开展主题活动，将诚信经营纳入企业生产活动中；充分发挥参与职能，推进信用行为公示，加大失信惩戒力度，增强信用监管力度，将诚信建设推进到底，贯穿企业生命力。

案例创造人：苏胜刚　郭剑

以诚立企，以信致远

中建交通建设集团有限公司

一、企业简介

中建交通建设集团有限公司（以下简称中建交通），由位列《财富》"世界500强"18名、全球排名首位的投资建设集团中国建筑股份有限公司（以下简称中国建筑）整合大交通建设核心资源于2012年组建成立，是中国建筑旗下从事基础设施投资建设运营的专业公司，经营业务覆盖铁路、公路、轨道交通、市政、城市综合交通枢纽、大型公共建筑等所有基础设施领域，经营区域覆盖京津冀、长江经济带、珠三角等国内重点市场，以及菲律宾、印尼、柬埔寨等东南亚国家或地区。拥有公路特级、市政一级、房建一级、桥梁一级、隧道一级、海外承包等工程资质及管理、技术人员7000余人。

秉信而行，知行合一，先行天下。多年来，中建交通始终坚守对品质的卓越追求，践行以客户为中心的服务理念，恪守"效率、担当、价值创造"的行动要义，高扬"中建交通、先行天下"的行动宗旨，依靠"先进履约品质、先进运营效率、先进资本服务、先进品牌文化"实现客户价值最大化，先后荣获"全国优秀施工企业""中国市政十大杰出企业""全国'安康杯'竞赛优胜企业""全国建筑业科技进步与技术创新先进企业""全国党建工作先进单位""中国企业文化顶层设计与基层践行优秀单位""首都文明单位"等多项荣誉称号。

成立以来，中建交通积极融入、服务、担当国家战略，投资建设了包括深圳地铁九号线在内的近20个城市的地铁和郑阜高铁、京新高速公路、太行山高速公路、曲港高速公路、阳五高速公路等一批地标性工程。领先的技术、成熟的团队、坚定的信念，中建交通人精彩绽放在中国大交通事业的第一线，为我国基础设施事业的繁荣和国民经济的发展做出积极贡献。

二、以诚信赢得市场

岁月不居，时节如流。自2010年首次承建长春轻轨2号线项目，中建交通已在素有"北国春城"美誉的长春市筑梦10年。长春市地处中国东北地区，东北亚经济圈中心城市，是著名的中国老工业基地，是中国最早的汽车工业基地和电影制作基地，有"东方底特律"和"东方好莱坞"之称。2010年10月，正值初冬季节，中建交通20余名员工怀揣梦想来到这里建设长春轻轨2号线工程，成为中建交通在吉林省的第一批拓荒者。中建交通人以诚信经营为理念，以甲方要求为使命，在零下20摄氏度的严寒和漫天风雪中搭起了连绵一公里多的暖棚，昼夜奋战，顺利完成了全线通车的关键节点。中建交通人严守承诺的品质和韧劲彻底打消了甲方疑虑，赢得了甲方的赞誉与信赖，连续承接9个项目，在长春市持续健康发展。

诚信是中建交通的立身之本。中建交通人始终把诚信经营作为自身追求，以客户为中心，坚持用真诚打动客户，用信用赢得市场，用承诺和智慧不断提升基础设施建设新高度的同时创造着企业发展的新里程。

三、用诚信践行承诺

"中国建筑有力量，建起的路桥追太阳，中国建筑豪气壮，建起的高楼揽月亮……"一首《中国建筑之歌》谱写了中建交通建设者们的不畏艰苦完成合同履约的雄心壮志。一直以来，中建交通将合同履约工作作为项目管理生命线，始终严格执行合同各项约定，积极落实合同各项义务，合同履约率达到100%，获得各级业主一致好评。

2019年5月30日，由中建交通承建的曲港高速公路南水北调特大桥荣获"中国钢结构金奖"，这是中建交通第二次荣获此奖项。南水北调特大桥主桥为波形钢腹板变截面连续箱梁桥，最大跨径151米，位列全国已建或在建同类型桥梁第四名，位列华北地区同类型桥梁跨度第一名，引桥为河北省第一座钢－混凝土工字组合梁桥。该桥从2016年5月开工建设，自项目开工以来，面对工期紧、技术标准要求高、施工任务重的实际情况，中建交通人迎难而上，以时不我待、只争朝夕的精神，以勇于担当、敢于作为的勇气，积极克服项目建设过程中遇到的跨越南水北调干渠、图纸变更等一系列制约项目建设进度的难题和因素，为项目顺利施工创造了良好的条件。为积极推进项目建设进度，项目部参战员工一起冒严寒、战风雪、顶烈日、斗酷暑，全身心投入生产。在全体员工共同努力下，2017年11月主桥顺利实现合拢。在此期间，项目先后迎接全国桥梁领域专家及业主单位、施工单位和设计单位等30余次观摩交流，受到各方一致好评。2017年7月，钢－混凝土工字组合梁施工工艺成功入选河北省《高速公路品质工程建设工艺标准化图集》。同时，以此项目为平台，锻炼成长了一批优秀人才，项目经理、生产经理被评为"优秀项目经理""优秀项目管理者"，项目总工程师被评为"曲港工匠""河北省十佳技术能手"等荣誉称号。

诚信是中建交通的强企之基。中建交通人始终将诚信履约作为企业的生命线，作为事业发展的根基。以优质快速、规范推进工程建设，确保过程精品和优质履约，这是中建交通永恒不变的坚持和承诺。

四、因诚信缔造奇迹

保定市乐凯大街跨京广铁路大桥是保定乐凯大街南延工程的控制性工程，于2017年9月开工。中建交通人经过反复推演论证，项目团队采用国际先进的子、母塔双转体法建设，实现对下方铁路和公路的跨越。其中，子塔转体桥梁长204米，重3.5万吨；母塔转体桥梁长263.6米，重达4.6万吨，相当于一艘悬浮在空中的轻型航母。转体球铰直径6.4米，重达91吨，可承载5.1万吨重量，相当于约3.5万台小轿车，打破了转体球铰承载力的世界纪录。为了让数万吨的桥梁转得动、转得稳、转得准，技术人员采用高精度球面加工等技术，解决了大吨位桥梁转体装置超大承载力、灵活转动的难题。项目还创新性地将BIM技术与3D打印技术集成应用，利用3D打印机把BIM模型和各类预制构件直接打印出来，再用等比例缩小的实物展现构件的设计细节，使施工过程中的复杂节点直观化，大幅度降低了现场施工难度。双翼转体筑坦途，一桥飞架通民心。2018年7月30日凌晨，经过90分钟惊心动魄的"空中飞越"，中建交通承建的重达8.1万吨超长转体双翼斜拉桥——河北省保定市乐凯大街横跨京广铁路大桥空中转体成功，创造了世界桥梁建设史上转体重量、转体跨度两项之最。转体成功后的保定市乐凯大街跨京广铁路大桥成为乐凯大街全线通车的重要里程碑，其为我国特殊地理环境条件下，新结构、大跨度桥梁的科研设计与施工积累了宝贵经验。通车后的乐凯大街将成为保定市连接雄安新区的骨干路网，从根本上改变保定市区交通情况，有效助力京津冀协同发展交通一体化建设快速推进。

诚信是中建交通的创新之始。中建交通坚持科技兴企战略，始终冲锋在践行国家重大战略、攻坚克难的前沿，全力攻克高端技术，以"盾构穿越在建预筑法车站同步施工技术"等一批国际领先的科技成果展现着开拓者的风采，用世界最大跨度波形钢腹预应力混凝土斜拉桥朝阳沟水库特大桥等一批代表性工程诠释着先行者的荣誉。

五、用诚信筑造精品

优良的产品品质和服务品质是企业讲诚信的首要体现，是构筑诚信文化的基础和要件，也是企业最好的竞争手段。中建交通人深深明白质量工作的重要性。在中建交通诚信文化理念的熏陶下，"过程精品，质量重于泰山"已经在每一位员工心里落地生根。

2020年11月13日，由中建交通承建的成贵铁路毕节站站房工程项目荣获"2020年国家优质工程奖"。建设过程中，中建交通坚持超前策划、科学管理、设计先导、科技引领，以体系、制度和人员等3个支撑为基本保证，以计划、过程和检测等3个控制为重要手段，以建设、设计和监理等3方协调为重要环节，建立了完善有效的质量管理体系；以全面质量管理理论为指导，以行业发展实际和最新实践为基础，通过系统的、科学的、经济的管理方法，保证了工程项目的实体质量和性能质量，实现了中国国家铁路集团有限公司"畅通融合、绿色温馨、经济艺术、智能便捷"的精品站房建设要求。毕节站工程先后荣获贵州省"黄果树杯"优质工程奖、贵州省优秀工程勘察设计一等奖、贵州省建筑业绿色施工示范工程等19项奖项及荣誉。

诚信是中建交通的固本之源。伴随国家高铁高速发展，中建交通以诚信经营为前提，以诚信文化理念建设为载体，短短数年成了中国高铁站房建设领域的主力军。从我国西部地区规模最大的高铁综合交通枢纽乌鲁木齐新客站，到2022年冬奥会标志性工程张家口站，中建交通承建的南广铁路、沪昆高铁、石济客专等铁路沿线近60座高铁客运站房犹如一颗颗璀璨的珍珠，镶嵌在祖国四通八达的交通脉络上。

六、守诚信树立美誉

税收是国家的经济命脉，依法诚信纳税是中央企业的重要社会责任。中建交通始终秉承诚信经营原则，严格执行国家的税法制度，严肃财税管理纪律，作为跨区域汇总纳税的建筑企业，无论企业所得税、增值税都严格按照政策要求，分别在外出经营地预缴、机构所在地汇总申报缴纳，确保税款按时缴纳、缴纳程序合法、地点合规。此外，中建交通对各类型金融机构的金融业务均按期履约，中国人民银行征信系统连续多年出具无任何瑕疵的企业信用报告。中建交通在公开债券市场发债一直表现良好，已发行债券均能按期兑付本息，在资本市场建立了良好的企业形象。

诚信是中建交通的治企之道。正是在这种笃诚守信的企业经营理念下，中建交通连续5年获得纳税A级信用评价和AAA信誉等级，使依法诚信经营成了企业最好的信用证明和最亮丽的"名片"，在树立良好的商业信誉和形象的同时，为全面打赢脱贫攻坚战、支持经济发展和社会进步贡献了自己的力量。

七、秉诚信构建文化

"人无信不立，企无信难存"。中建交通脱胎于被称为"南征北战的铁军，重点建设的先锋"的中国建筑，自成立之日起即确立"文化强企"的理念，将企业使命融入企业发展的血液，将大力倡导的诚信文化、底线文化、品质文化、责任文化等提炼为企业价值观，在积极参与国家重大战略、筑造精品工程、追求自身发展的同时，时刻注重回报社会、参与社会公益，努力实现经济效益与社会效益的统一，以实际行动践行着中央企业的担当。

中建交通承建的西藏文化广电艺术中心项目作为西藏自治区文化发展的重点支撑项目、重点民生项目，建成后将成为西藏自治区的新"名片"、文化新地标，对西藏自治区经济社会文化发展有重要作用。

项目进驻后，聚焦稳固脱贫，以聘用当地务工人员、推进农牧民转移就业为抓手，推动农牧民转业，采取先招工后培训再上岗、以师带徒的方式在岗位进行"以工代训"，从技能上"武装"，将"输血"与"造血"衔接，让藏族群众不离乡不离土就能"走出去"就业创收，打造了既能让藏族群众有稳定长久的工作，又能防止脱贫后返贫的真正法宝。

中建交通国道109项目强化"点对点"联动机制，及时发布务工信息，针对农牧民群众和高校毕业生提供就近岗位；中建交通国道318项目把提升建筑技能作为重要抓手，在聘用当地农牧民的同时把培训办到工地上，让他们边干边学，提升技能……截至2020年11月，中建交通在西藏自治区累计承接项目92.42亿元，涉足重要基础设施、环保水务和文化艺术等民生工程，累计使用藏族务工人员3000余人，累计支付当地藏族群众运输车辆、机械设备款上亿元。

在市场竞争日趋激烈的环境下，面对市场挑战和经营压力，中建交通注重诚信发展，将诚信理念贯穿在市场拓展、企业管理、生产经营的每个环节中，通过以制度建设推动公司诚信保障体系、以强化项目过程管控塑造公司诚信履约形象、以企业文化建设厚植公司诚信文化之魂，坚持以诚心和诚意开拓市场，以诚信和诚恳加强项目履约，始终走在达成目标任务的前列，走在勇于成功和善于成功的前列，始终走在文化践行的前列。

案例创造人：俞秀明　王涛

加强风险过程管控，提升信用管理水平

国网陕西省电力公司安康供电公司

一、企业简介

国网陕西省电力公司安康供电公司（以下简称安康公司）成立于1970年，担负着安康市9县1区的电力直销、趸售和襄渝、阳安、西康电气化铁路的供电任务。安康公司共设10个职能部室、7个业务支撑和实施机构、2个县公司、1个分公司。2017年，安康公司在职员工1126人，固定资产45.7亿元，售电量37.01亿千瓦时。

近年来，安康公司按照国家电网有限公司（以下简称国网公司）建设世界一流能源互联网企业的战略目标，围绕强基础、强基层，实施质量效率变革的工作要求，全面抓好基层基础管理，先后获得"全国五一劳动奖状""全国文明单位""全国供电可靠性金牌企业""全国'工人先锋号'"和国网公司"先进集体"、陕西省"先进集体"、国网陕西省电力公司"综合先进单位""依法治企先进单位"等荣誉称号。

二、企业诚信建设和信用体系建设实践

（一）诚信经营理念

安康公司以信用风险防范为目标，严格落实国家和国网公司推进诚信建设及加强和规范失信联合惩戒要求，按照事前、事中、事后全过程监管思路，开展内外部信用风险管理实践，信用能力和水平显著提升。形成的《供电企业基于诚信行为结果的信用风险管理》荣获国网陕西省电力公司（以下简称陕西电力）2020年度管理创新一等奖。

（二）明确信用建设管理职责分工

2018年7月，安康公司落实上级信用体系建设要求，确立了以公司总经理为信用建设第一责任人，分管公司领导为主要责任人，互联网部（原运监中心）为归口管理部门，明确了各部门（单位）分工负责的信用建设管理体系，并依据《公司失信联合惩戒工作评价细则》，建立了各部门（单位）信用建设工作负责人和管理责任人。

（三）做细做实信用宣贯培训

安康公司多角度采用专题培训、视频和展板宣传、网站推送、知识竞赛等不同形式，开展信用知识、诚信理念宣贯培训，营造"知信、重信、用信、守信"良好氛围，全方位提升员工诚信意识。

1.多角度信用宣贯培训。一是借助"规程制度学习周"，对公司全体中层及以上领导干部等开展信用体系建设发展背景及重要政策宣贯培训，初步导入信用理念。二是组织各部门（单位）信用建设工

作负责人等开展信用知识及国网公司体系信用建设要求等的培训，全面推进信用体系建设执行。三是组织相关部门（单位）信用工作责任人，实例讲解失信信息修复要求和流程，加快公司失信信息的消除退出，规范各项业务有序有效。

2. 多方式信用传播宣传。一是利用电梯间LED视屏，循环播放"信用体系建设"宣传视频，使广大上下班的员工直观感受信用理念。二是在公司一楼大厅、县公司等公共场所，采用信用展板宣传行业、国网公司系统信用建设和"诚信国网"建设要求。三是向员工下发信用宣传手册，普及信用知识、信用理念、诚信重要性及失信惩戒办法，使诚信理念深入人心，大力推进广大员工诚信意识提升。四是在公司内部网站热点专题开设信用建设专栏，宣传国网公司系统信用建设工作推进情况及相关信用动态，不断深化推进公司信用体系建设。

3. 多层级参加信用知识竞赛。组织公司员工、所属集体企业员工、农电员工积极参与"信用电力"知识竞赛活动，学习相关信用知识、参加信用答题、撰写论文和案例。安康公司在第三届（2018年）和第四届（2020年）的"信用电力"知识竞赛活动中，完成答题率、上传信用论文和案例数量均居陕西电力系统内第一位，获得中国电力企业联合会第三届"信用电力"知识竞赛活动的"答题能手奖"。通过竞赛活动，使广大员工进一步了解信用知识，强化了员工诚信做人、规范做事的信用意识和失信风险防范意识。

（四）强化信用应急处置机制，防控内部失信风险

安康公司以失信行为"四个百分百"（百分百监测、百分百预警、百分百处置、百分百整改）为目标，动态监测所属各部门（单位）信用状况，强化整改失信修复，管理端口前移，防范避免由于管理失误造成内部失信风险。

1. 及时修复失信信息。2019年1月、2月，安康公司通过信用监测发现公司及所属单位有2条"重点关注名单"、2条"行政处罚"公示信息。列入"重点关注名单"失信事实分别为所属的汉水电力实业（集团）有限责任公司变电安装分公司和白河供电分局未在规定期限公示年度（2017年）报告；"行政处罚"失信事实分别为安康公司2013—2014年存在扣减旬售县供电局小水电富裕上网电量变相降低小水电上网电价的违法行为和所属的汉水电力实业（集团）有限责任公司少缴税款问题。安康公司迅速查明原因，按周下达"失信督办工作单"，失信单位及时与认定单位沟通，递交信用修复申请及相关整改材料，启动信用修复流程。2条"重点关注名单"通过修复，分别于2019年2月26日、3月6日退出"信用中国"网站。扣减旬售县供电局小水电富裕上网电量的"行政处罚"，于2019年1月31日完成信用修复，退出"信用中国"网站。汉水电力实业（集团）有限责任公司少缴税款的"行政处罚"，于2019年3月初完成信用修复，退出"信用中国（陕西）"网站；2019年7月初，退出"信用中国"网站。

2. 亡羊补牢编制修复案例。安康公司汲取已发生失信事项的教训，全面总结4条失信信息整改修复及退出过程经验，由信用归口管理部门牵头，失信单位共同参与，编制《公司失信信息修复处理案例手册》。该手册不但包括了已发生的4条失信事项发生原因、整改记录资料、修复处理相关手续的全部过程资料，同时收录了信用体系建设的基本概念、国网公司信用体系工作要求、信用修复办法相关条款和信用修复流程等内容。手册下发各部门（单位）学习，有效规避同类业务失信事项重复发生，为企业诚信建设管理奠定基础。

3. 补短板抓好信用年报。安康公司针对信用年报公示是信用管理短板的事实，将所属各单位信用年报作为内部信用管理重点，从事前、事中、事后抓好信用年报公示工作。事前全面摸排公司及所属单

位内部解散、名称变更等情况，梳理出目前不使用的清单，结合工作业务需要，对不再使用的企业名称，督促履行相关手续，申请办理注销。事中通过邮件、电话、早会提醒年报公示单位，下发国家企业信用信息公示系统信用信息查询操作方式方法，指导信用年报公示工作。事后监督各单位信用年报公示情况，依据各单位报送反馈信息，信用归口部门通过国家企业信用信息公示系统，诸家查询年报公示信息。

4. 分层监测自查掌控信息。持续关注"信用中国、信用中国（陕西）、信用能源、国家企业信用信息公示系统、国网信用平台"等信用网站，定期分层监测查询公司及所属单位信用信息。一是要求各部门（单位）每周至少进行一次自查，一旦发现"黑名单、重点关注名单、行政处罚信息"等公示失信信息，立即电话报送公司，在两日内查明原因并同步开展整改。二是信用归口部门每周开展监督监测查询，至少每两周完成公司及所属单位一个轮回信息查询，对发现的"黑名单"等公示失信信息，立即电话通知失信单位查明原因，同时将失信信息电话报告公司信用主管领导和陕西电力信用主管部门，在两日内上报失信行为的详细情况说明并查明原因，依据失信行为原因，编制下达"失信督办工作单"，要求失信单位限期整改，完成修复退出网站。安康公司自实施分层监测自查以来，未发现"黑名单、重点关注名单、行政处罚信息"等公示失信信息。

（五）开展上下游诚信监测，防控外部失信风险

安康公司动态归集公司上下游业务的市场主体，监测收集信用网站公开信用数据，循环开展上下游企业诚信监测分析，依据监测分析结果，提醒和预警公司相关部门（单位），防范外部失信风险。

1. 确立分析主题，确定监测名单。依据专业业务与上下游企业往来情况，按照周期性循环监测的原则，定期对上游企业、下游企业分类别拟定开展诚信行为监测周期，根据年度计划安排，选定监测领域，确立本期上下游企业诚信监测分析主题。分析主题确立后，按照核心业务划分：上游企业主要为电力建设、发电企业和技术服务咨询等相关业务（包含物资供应）的合同关系，通过经法系统查询上游业务往来企业名录及相关信息，与相关联业务部门充分沟通，获取相应的数据抽取权限，或由相关业务部门抽取确定范围的往来业务数据信息；下游企业主要是供售电业务，按照公司营销业务分管单位获取相应数据抽取权限，通过营销业务应用系统提取有关下游企业数据信息，但目前只能针对专线（变）和大用户开展工作。对所抽取数据进行整理，确定上游或下游诚信监测分析的企业名单。

2. 查询信用网站，收全公开数据。安康公司依托"信用中国、信用中国（陕西）、信用能源、国家企业信用信息公示系统、天眼查"等信用网站，以及公司营销业务系统，采用系统自动查询为主、人工补充查询为辅的两种方式，获取上下游企业诚信监测数据。系统自动查询是指安康公司为节省人员工作时间，自行开发的小程序。小程序是通过百度图像识别服务识别验证码完成网站验证环节，自动向网站发送数据请求，记录符合要求的反馈数据，收集包含企业"黑名单、行政处罚信息、经营异常名录信息和双随机抽查结果"等数据信息，主要在"信用中国、信用中国（陕西）"网站应用。对于百度图案识别小程序无法查询的"法律诉讼及历史行政处罚"数据信息和"天眼查"网站数据信息，以及公司营销业务系统相关数据信息，采用人工查询补充收集，尽力获得全面数据信息。

3. 开展数据分析，编写监测报告。依据查询收集的数据信息，进行分类整理，梳理出"无法查询失信信息、企业名称信息不相符"的数据信息，编制信用监测问题清单，下发相关业务部门（单位），结合实际进行整改。应用 Tableau 大数据工具对列入"黑名单、重点关注名单、行政处罚、异常名录、法律诉讼信息、抽查无异常行为、违约用电行为"等数据信息绘制图表，全面展示上游或下游企业信用结果。依据监测分析结果，结合公司实际，查找存在的内外部问题，对可能影响工作业务的，重点进行提

醒和预警，并且针对找出的问题和安康公司业务关联方存在严重失信行为的，提出相应的内部问题整改和外部失信风险防范建议措施。经本部门审核校对，与相关业务部门意见沟通，形成正式诚信监测分析报告，并以"周主题"的形式在公司周早会上予以发布。各相关部门（单位）依据分析报告的信用监测结果，融合专业对外业务，高度关注"黑名单、重点关注名单"及涉及债务法律纠纷等重点问题的企业，规避公司外部信用风险。

4. 外部信用风险管理成效明显。自 2018 年开展上下游企业诚信行为监测分析以来，不断拓宽业务面，基本覆盖全部核心业务，有效提升了外部信用风险管理水平，规避了信用风险损失。通过监测与安康公司业务关联方的企业诚信行为，共发现列入黑名单企业 22 家、重点关注名单 25 家、异常名录 212 家、受到行政处罚 254 家、存在法律诉讼 263 家，名称信息不对应和无法查询 710 家。首期开展的诚信监测分析在国网公司运监网站"一线风采"上刊登；监测分析案例在国网公司数据典型案例推广评审视频会议上发布，被国网公司收录进国网数据应用典型案例。外部信用监测有效防范和规避上下游业务风险损失 787.7334 万元。其中，防范和规避上游风险损失 717.6675 万元（中止购货合同金额 19.7194 万元，换货金额 697.9481 万元）；防范和规避下游风险损失 70.0659 万元（追补违约使用电费 69.8874 万元，避免电费损失 1784.95 元）。

（六）协同监督问题整改，规范内外部业务行为

安康公司主要负责人高度重视信用体系建设工作，针对公司内外部信用方面薄弱环节和风险点及信用监测分析报告中提到的问题，要求监察部门协同督办问题整改。

1. 协同监督整改，规范对外业务。信用归口管理部门在每期信用监测分析报告发布后，及时收集公司领导的相关建议和措施，结合监测分析结果和公司相关业务实际，编制《协同监督意见书》，剔除短期难以整改的客观问题，将能够通过主观努力整改的问题纳入《协同监督意见书》的整改意见，联合监审部门下达《协同监督意见书》，限期落实问题整改，要求整改部门（单位）将整改结果报备信用归口管理部门，积极推动信用管理与专业管理的融合。

2. 转化成果应用，规范内部管理。安康公司积极转化信用风险创新成果应用，将外部信用风险防范流程化，构建了公司上下游企业诚信行为监测分析管理流程，为循环推进外部信用风险监测和预防整改规范了管理行为。结合信用建设进程，印发了《国网安康供电公司信用体系建设管理实施细则》，进一步规范工作业务，提高依法依规办事的信用意识，提升依法治企水平。

案例创造人：曹渊志　孙卓妮

践行"和·合"文化，用诚信建设凝聚企业发展澎湃动力

山西建筑工程集团有限公司

一、企业简介

山西建筑工程集团有限公司（以下简称山西建工）是集投资、开发、建设、运营、设计、科研、生产、劳务及机具租赁等为一体的大型国有综合性建筑集团公司，系山西省十强骨干建筑业企业。注册资本金10亿元，年施工能力300亿元以上，具有商务部批准的对外工程承包、对外贸易权和对外援助成套项目总承包资质，拥有国家建筑工程施工总承包特级等资质。山西建工坚持诚信经营、品牌为先、用户至上，以山西省为基础，在全国各个省、自治区、直辖市及海外10多个国家和地区开展投资建设运营业务。

山西建工以"实力建筑，恒久传承"为企业愿景，秉承"用良心奉献精品，用实力彰显尊严"的企业使命，致力于发展成为以城市更新运营服务为导向、传统板块支撑、投资业务驱动、科技创新赋能的城市综合运营服务商。

当今社会企业之间的竞争，企业诚信、企业文化也成了竞争的重要部分，甚至成了企业的核心竞争力。企业诚信是企业的无形资产，是不可复制、不可共用的，是经过时间的积累、文化的沉淀形成的独特资产，在企业的生存发展过程中发挥着巨大的影响作用。企业诚信建设不仅对企业自身有利，对社会的发展和稳定也有重要的意义。山西建工多年来持续通过党建引领，坚持物质文明和精神文明两手抓，培育践行社会主义核心价值观，树立牢固的诚信经营观念，宏观层面上坚持企业诚信，微观层面上要求全员诚信。通过加强基层党组织建设、打造"和·合"企业文化、提炼总结"12368"战略行动方针，开展丰富多彩的文体宣传活动、扶贫攻坚勇担社会责任等多方面的工作，将诚信建设与企业中心工作协同推动、相互促进，树立了良好的企业形象，为企业的诚信建设提供思路、增添动力、创造活力。

通过持续的努力，山西建工获得了"全国建筑业先进企业""全国住房和城乡建设系统先进集体""AAA级信用企业"和"山西省五一劳动奖状""山西省精神文明单位"等多项荣誉称号。山西建工正通过持续的诚信建设，让诚信成为所有员工必须具备的职业素养，让企业诚信建设有章可循、有源可溯、有关可把。

二、践行"12368"战略行动方针，打造诚信建工

为了实现企业的文化建设、诚信建设及战略发展要求，达成既定的经营发展和管理提升目标，山西建工确立了"12368"战略行动方针，使之成为企业所有部门、所有分（子）公司、所有员工都必须始

终践行的根本性行动方针。

"1"即坚持一个原则，那就是依法、依规、按程序。这是山西建工一切经营管理工作的总原则，是推进全面依法治企、提高风险防控水平的基本要求，也是形成科学化、规范化、程序化、诚信化企业治理体系的基本保障。一方面要不断深化制度建设和制度学习，用诚信来规范经营管理和干部员工行为，体现"严管"就是"厚爱"；另一方面要把企业制度化优势更好地转化为企业治理效能，不断推进企业治理能力的现代化。

"2"即实现两个突破，一是经营区域和领域突破，二是投资建设一体化突破。

"3"即强化三种意识，一是要提高契约精神和履约意识，这是最基本的商业精神和商业道德，强调的是诚信和规则；二是创品牌和荣誉意识；三是指高风险防控和服务意识。

"6"即推行六有工作法，有计划、有目标、有措施、有检查、有奖罚、有通报。

"8"即落实"八个一"经营理念，山西建工提出干一项工程，树一座丰碑；交一方朋友，占一片市场；清一个项目，创一定效益；育一批人才，积一套经验。要通过工程这个载体，展现山西建工高质高效的服务，让客户感受到企业和员工做人做事的品质和诚信，以便赢得好口碑，树立起山西建工的品牌。

三、提炼"和·合"企业文化，塑造诚信经营理念

近年来，山西建工坚持企业党建引领文化建设，与时代同步伐，以员工为中心，推动中华优秀传统文化在企业的创造性转化、创新性发展，培育形成了以"和谐发展、合作共赢"为基本内涵的独特"和·合"企业文化，并持续推动这一文化入脑、入心、入行，在企业上下营造了"文化凝心、文化育人、文化兴企"的浓厚氛围，为企业诚信建设筑牢了基础，为企业砥砺前行汇聚了浩荡的磅礴力量。

（一）"和·合"相融并促，打造企业诚信建设理念

山西建工总结提炼的"和·合"企业文化，既根植于深厚的中华优秀传统文化，又体现了融合创新、兼容并蓄的时代气息，具有旺盛的生命力。"和"，即指和谐、平稳、协调，主要源自于内在；"合"是结合、合作、融合，主要是指处理各方面的合作关系。山西建工之所以将"和·合"作为企业文化，基于其既是中国传统文化中讲究诚信的基本精神之一，也是一种具有普遍意义的哲学概念。"和·合"指在承认不同事物之矛盾、差异的前提下，把彼此不同的事物统一于一个相互依存的和合体中，在不同事物和合的过程中吸取各个事物的优长而克其短，使之达到最佳组合，由此促进新事物的产生、推动事物的发展。

（二）打造企业内部的"和"

打造企业内部的"和"，就是在解决问题、满足员工需求上聚焦聚力，扎实做好人文关怀工作，强化诚信建设，不断增强员工的获得感、幸福感、安全感。例如，持续大力实施强基固本工程、素质提升工程、暖心工程、基层工会特色品牌建设工程、丰富员工企业文化生活工程的"五大工程"，充分发挥社会主义核心价值观对员工教育、精神文明创建、精神文化产品创作生产传播的引领作用，把社会主义核心价值观融入企业经营管理各方面，转化为员工的情感认同和行为习惯。在此基础上，为进一步强化企业诚信建设，山西建工在员工中广泛开展理想信念教育，加强爱国主义、集体主义、社会主义教育，引导员工树立正确的历史观、民族观、国家观、文化观；在员工中深入推进社会公德、职业道德、家庭美德、个人品德建设，激励员工向上向善、孝老爱亲、忠于祖国、忠于人民；加强和改进企业思想政治工作，深化群众性精神文明创建活动。

（三）做到各个方面的"合"

山西建工培养合作精神，持续进行诚信建设，使之融入企业和每一个员工的血液，成为企业的文化基因，将能合作、善合作、好合作打造成了山西建工的经营"撒手锏"，打造成人人称道的闪亮标签。具体而言，山西建工通过深化"两个基础"和"三个内涵"的价值观认同来实现合作精神的培养。

"两个基础"：一个是依法依规按程序，这是一切工作的总原则，要有规则意识，党纪国法、规章制度、标准规范、诚信建设、秩序流程是企业和所有员工必须坚守的底线，也是与其他人合作时不可触碰的底线；另一个就是契约精神和履约意识，这是彼此信赖、有效合作的重要条件，必须要按照合同约定办事，言必行、行必果，做到诚实守信、一诺千金。

"三个内涵"：一是要懂得并践行舍、得之道；二是站在对方角度考虑问题，即换位思考，求大同存小异，与合作者相处时让对方感觉很舒服，己所不欲勿施于人；三是有互利共赢意识，摒弃零和游戏、你输我赢的旧思维，做好诚信建设，树立双赢、共赢的新理念，在确保自身利益的同时以宽广的胸怀真诚地希望企业客户、合作对象能多赢。

由此，"和·合"就构成了一种由内而外的关系，内在的"和"是根本的，而外在的"合"是对于内在的"和"的最佳体现。"和"和"合"的最终目标是要实现大"和"，外化于企业产品和行为，固化于企业制度，内化于员工内心，成为可持续的生产力，努力实现企业与合作伙伴之间1加1大于2的共建、共享新格局，并且通过诚信经营达到干成事的最终目的，助力国有建筑企业快速转型、跨越发展。

四、党建引领企业诚信建设，党员率先垂范

为了做好企业诚信建设，山西建工以加强文明创建工作为抓手，强化组织领导健全机制。企业成立了以党委书记为组长、领导班子为成员的创建领导组，逐级逐层细化分解落实创建任务，把诚信体系建设工作细化到各个环节，将诚信建设活动列入重要议事日程，为诚信建设工作提供了坚强的组织保证和后勤保障。同时，山西建工持续加强思想政治教育工作，通过不断学习，筑牢思想底线，守好政治红线，为诚信建设助添动力。山西建工党委通过党委理论中心组集中学习交流研讨、领导班子成员深入基层讲党课领学、党支部组织持续学等形式，深入学习贯彻党的十九大精神，切实把新思想、新理论、新要求及时传达到广大党员和干部员工中。

在日常工作中，山西建工持续加强基层党组织建设，发挥党员在诚信建设中的先锋模范作用。党委将党建工作考核纳入生产经营责任书，考核权重为20%，并由企业机关部门对考核中排名落后的单位开展对口精准帮扶工作。各党支部认真开展"不忘初心、牢记使命"主题党日"3+1"活动，不断深入开展由一名党员结对带动多名非党员的"党员联系点1+N"活动，并且作为优秀案例入编由山西省思想政治工作研究会编写的《新时代思想政治工作创新案例》。

通过一系列针对诚信体系建设和制度完善的措施，山西建工高标准打造、严要求管理，将诚信建设真正落实、落细，让诚信建设成为广大干部员工干事创业的根本要求，通过广大员工的深入践行带动企业诚信发展。

五、践行国企责任，诚信惠及民生

山西建工通过提炼总结"和·合"企业文化，打造企业内部的"和"，在满足员工需求上聚焦聚力，扎实做好人文关怀工作，不断增强员工的获得感、幸福感、安全感；打造外部的"合"推动法制建设、诚信建设，培养合作精神，使之融入企业和每一个员工的血液，成为企业的文化基因。

在"和·合"企业文化的引领下，山西建工勇担国企社会责任，全力以赴做好繁峙县大峪村扶贫工作，实施精准扶贫。持续深化志愿服务内涵，组建了231人的志愿服务队，广泛开展各类志愿服务

活动。

在太原市文明城市创建工作中，山西建工主动支持配合所在辖区文明城区创建工作，坚决服从太原市和所在城区文明创建工作统筹安排，组织员工开展了各类"创城"志愿服务活动。

山西建工的暖心工程深入人心，通过冬送温暖、夏送清凉、金秋助学、爱心一日捐、节日慰问、生日祝福、健康体检、婚丧慰问等一系列关心关怀活动，把关爱员工生产生活条件作为打造企业与员工命运共同体最直接、最有力的抓手，努力为员工提供个性化服务和普惠性服务，广大员工的认同感和归属感不断增强。

山西建工积极丰富文化活动，助力幸福企业建设，举办太极拳比赛、马拉松比赛等健康丰富的文体活动，充分释放了员工强大的凝聚力，增强了集体荣誉感，使员工无形中将企业"和·合"文化根植于心，为企业发展壮大注入源源不断的强大动能。

不积跬步，无以至千里；不积小流，无以至江海。接下来，山西建工将一如既往践行"12368"战略方针、做好"和·合"企业文化的提炼和总结工作，一以贯之加强体系建设和制度完善，一抓到底推进人文关怀，勇担社会责任，做好诚信建设，用实际行动做到国企担当。

案例创造人：王也　张帅

勇当特区诚信社会建设主力军

深圳市高新投集团有限公司

一、企业简介

作为诞生于深圳经济特区的全国第一家地方性融资担保机构，深圳市高新投集团有限公司（以下简称深圳高新投）成立26年来，始终坚持诚信经营，坚守"解决中小微企业融资难、融资贵"的使命初心，通过加大信用担保比例，创新信用担保模式，打造全生命周期综合性金融服务链条，累计扶持超过37000家中小微企业，提供7000多亿元担保服务，担保资金新增产值12000亿元，新增利税2500亿元，促进新增就业737万人，相继扶持超过300家企业境内外公开挂牌上市，被媒体称作资本市场的"高新投系"。

经过26年的发展，深圳高新投现已成为"具备资本市场主体信用AAA最高评级的全国性创新型金融服务集团"。目前，深圳高新投实收资本138亿元，净资产216亿元，总资产320亿元，32家分支机构遍布全国，无论资本实力、业务规模，还是创新能力、社会效益都稳居全国同行业前列，成为中国担保行业的领军企业和全国践行普惠金融的排头兵。

二、深圳高新投发挥担保行业信用"放大器"功能

融资担保行业是社会信用体系的重要组成部分，深圳高新投每一笔业务都是以信用为基础的，每服务一家企业就是在培养一家诚信企业。通过26年的不懈努力，深圳高新投通过信用增进的方式，充分发挥担保的政策撬动和杠杆放大作用，带动更多的企业和个人诚信行为，推动社会信用进步，实现信用"放大器"的功能，成为中国诚信社会建设的主力军。

融资担保是破解小微企业融资难、融资贵问题的重要手段和关键环节。伴随着市场经济的大潮，我国融资担保行业在提升社会信用、促进资金融通、推进普惠金融发展和改善金融资源配置等方面发挥着重要作用。深圳高新投提供的产品实际上是以信用为基础、以法律为保障的经济承诺，在培养和增强社会的诚信意识方面具有潜移默化的作用。深圳高新投通过信用增进业务，约束企业和个人的诚信，调查企业和个人的履约行为记录，为社会信用体系的建设和管理提供信息资料和基础。通过担保机构的诚信行为，有力带动更多的企业和个人的诚信行为。

针对民营企业融资难题，深圳高新投充分利用自身的信用优势支持民营企业融资。依托资本市场主体信用AAA最高评级、丰富的资本运作经验及专业完善的服务体系，深圳高新投一改传统金融机构依赖抵押物为担保条件的观念，将企业成长动能作为主要判断依据，积极为具有良好发展前景的中小微高科技企业提供免抵押、免质押的纯信用贷款担保。

目前，深圳高新投总担保额中超过70%的比例为纯信用担保，正努力将这一比例提升至80%以上。

深圳高新投通过提供专业担保增信服务,有力地支持了民营企业发展,成为全国践行"金融服务实体经济"的排头兵和先锋队。

三、深圳高新投助力构建社会信用体系的创新实践

（一）初心使命，持续扩大融资担保业务覆盖面

深圳高新投基于国有企业的历史使命，在行业内率先提出"政策性定位、市场化运作"的经营方针。政策性定位，就是在政府扶持科技产业的政策导向下，通过担保服务杠杆，搭建科技与金融相结合的平台，充分发挥科技金融投融资服务体系骨干力量的重要作用。市场化运作，就是建立现代企业法人治理结构董事会、监事会及经营班子并各司其职，按市场经济规律开展经营管理活动，在市场竞争中追求效率、讲究效益，在服务于中小微企业中增强自身经营能力，打造政策性业务可持续发展的"内生造血"机能。

强化使命担当，持续扩大融资担保业务覆盖面。近年来，中小微企业先天的脆弱性和不稳定特点在经济转型阵痛期中被显著放大。面对严峻形势，深圳高新投切实履行国企担当，迎难而上持续支持中小微企业发展。2020年1-11月，实现新增中小微企业融资担保金额近70亿元，同比增长10.27%；完成担保项目1154个，同比增长19.46%；服务企业1060家，同比增长22.82%。其中，高新技术企业及战略新兴产业企业935家，占比88.2%，进一步提升了融资担保业务市场份额，为中小微企业稳健发展保驾护航。

为了增强资本实力，进一步扩大融资担保业务覆盖面，深圳高新投的子公司——深圳市高新投融资担保有限公司注册资本增加到70亿元。下一步，还将通过扩大业务覆盖网络、提高纯信用担保贷款比例等措施，继续做大融资担保主业。

加强政担联动，积极开拓政企银合作新渠道。深圳高新投主动与深圳市科创委、经信委开展合作，积极促进政府财政资金与中小微企业需求对接，帮助中小微企业获得免息免保的无息财政资金贷款；与深圳市区级政府机构合作推出科技金融贷款贴息、小微企业集合贷、知识产权质押贷款贴息等贴息、贴保项目合作，帮助企业综合融资成本降低至3%~5%，远低于传统金融机构的融资成本；不断深化深圳市区级政府、企业、银行的业务合作，通过多种创新合作方式，充分发挥了财政资金的引导和放大作用；发挥多方合力推动担保体系建设，与近50家银行建立零保证金合作，授信额度超过1000亿元，以此增强融资担保服务功能。

（二）共克时艰，争做金融抗疫勇敢"逆行者"

作为市属国资国企，深圳高新投始终不忘使命和责任。面对来势汹汹的新冠肺炎疫情，深圳高新投充分发挥金融机构在抗击疫情战役中的稳定器作用，第一时间订并推出支持抗疫的"十五条措施"；加大业务创新，快速推出信新贷、系列战疫复工贷、信新链贷、英鹏贷、政采贷等创新金融产品。目前，深圳高新投共为近500家企业审批通过系列抗疫专项金融产品，审批金额超过60亿元。

全力增信"疫情防控专项债券"，先后助力成功发行"20海普瑞（疫情防控债）""20华大01"等公司债券，发起设立首单疫情防控知识产权证券化项目、首单中小企业专场知识产权证券化项目、首单5G专场知识产权证券化项目等知识产权证券化产品，预计全年总规模近20亿元。加强内外联动，与中国进出口银行深圳分行加强银担合作，共同向中国进出口银行深圳分行引入100亿元新增企业纾困资金，全力支持深圳市外贸产业加快复工。

（三）勇于担当，做深圳"四个千亿"计划主力践行者

2018年，深圳市委市政府创新推出"四个千亿"计划。深圳高新投主动担当、迎难而上，落实"四

个千亿"计划,各项工作取得了新进展。

1. 深度参与"纾困专项资金",发展为千亿民企平稳发展基金。2018年,深圳众多民营上市公司及其大股东遭遇流动性危机。面对客观存在的极大风险,深圳高新投在全国率先探索出"固定收益+后端分成"的市场化解决方案,有效化解大股东平仓压力,改善了上市公司及其大股东流动性,提振了市场信心,同时也保障了国有资产有效利用和保值增值。在深圳市纾困救助资金政策研究过程中,深圳高新投献计献策,获得高度认可,并且据此形成"纾困共济深圳模式",其后被全国多个省、自治区、直辖市效仿借鉴。作为深圳纾困共济方案最早的政策倡导者和主力实施者,截至2020年12月18日,平稳资金一、二期共审批通过44家上市企业、150家中小企业,合计金额175.54亿元。此外,深圳高新投还通过自有资金、发债担保等多种方式撬动各方资源,提供多品种配套金融服务。

2. 持续支持民营企业发债,落实新增千亿债券融资。公司债具有融资规模大、期限长、成本低的比较优势,是缓解企业融资难、融资贵的重要方式。在深圳市新增1000亿元以上民营企业债券工作中,深圳高新投敢为人先、率先发力,牵头联合中债信用增进公司、交通银行深圳分行、华润银行等多家全国性金融机构达成战略合作协议,充分发挥深圳100亿元发债增信资金的杠杆撬动作用,计划为100家以上深圳民营企业提供500亿元以上的债券融资支持,构建民营企业发债全链条服务体系。在"四个千亿"计划出台前,深圳高新投就以自身AAA资信实力为包括海普瑞、海能达、大族激光等深圳市众多民营企业提供债券增信服务。"新增民营企业发债千亿"计划以来,截至2020年12月22日,累计完成审批、待发行在途项目114个,共158.1亿元;已发行债券项目96个,共103.99亿元。其中,被担保企业95%为民营企业,70%集中在装备制造、新材料、智能硬件等高新技术领域。

3. 运营管理"风险补偿资金池",撬动新增信贷千亿。设立"中小微企业银行贷款风险补偿资金池"是深圳市缓解中小微企业融资难题、优化营商环境的重要举措。该资金池规模50亿元,由深圳高新投受托管理,将对银行业机构为深圳中小微企业放贷形成的不良贷款总体按30%的比例给予风险补偿,从而撬动银行业机构对深圳中小微企业新增20%以上的贷款额度,预计可相应实现银行新增支持信贷1000亿元以上。作为资金池管理机构,深圳高新投有序推进各项工作,成效显著。截至2020年11月30日,系统录入贷款总额逾5502亿元,涵盖深圳市中小微企业和个体工商户约14.7万家,撬动新增银行信贷超过450亿元。主动降低担保费率,更大力度支持中小微企业。深圳高新投积极践行普惠金融,为企业降费减负,预计2020年可为中小微企业减少融资成本超过2亿元。

(四)勇立潮头,加速推广知识产权证券化"深圳模式"

深圳高新投成立26年来,始终聚焦科技金融领域积极探索创新。近年来,尤其是在知识产权证券化领域,深圳高新投逐步构建起专业化服务链条,成为全国知识产权投融资服务领域的创新"领跑者"。

2019年12月,深圳高新投在深交所顺利发行"平安证券-高新投知识产权1号资产支持专项计划",这是社会主义先行示范区首单知识产权证券化项目,实现了深圳知识产权证券化"从0到1"的历史性突破。2020年,深圳高新投所开创的这一知识产权证券化"深圳模式"不断落地生根、开花结果,先后发行了首单疫情防控知识产权证券化项目、首单中小企业专场知识产权证券化项目、首单5G专场知识产权证券化项目等。目前,深圳高新投与深圳市龙岗、福田、宝安、坪山、罗湖等区合作的知识产权ABS产品正积极推进中,全年总规模近20亿元。

近年来,从探索开展知识产权质押业务,到牵头成立深圳市知识产权投融资领域首个资金池——深圳市知识产权质押融资风险补偿资金池,作为发起股东参股中国(南方)知识产权运营中心,再到系列知识产权证券化创新实践,深圳高新投正逐步构建起知识产权领域的专业化服务链条。

四、转型升级，信用增进与资产管理"双轮驱动"

融资担保提供的是准公共产品，不以营利为目的。仅仅从事融资担保业务，深圳高新投很难发展壮大，去支撑更多创新型企业的融资需求。在敏锐地看到传统担保模式天花板后，深圳高新投审时度势，主动求变，不断加快业务转型步伐。近年来，深圳高新投着力深化"信用增进+资产管理"双轮驱动战略，加大"投保联动"业务开拓力度，债权和股权双管齐下，既增强科技型企业的资金实力，同时能够分享优秀企业成长红利，为中国担保行业可持续发展探索了一条新路。

在"投保联动"业务模式下，深圳高新投积极创新求变，运用担保换期权、担保换股权、担保换分红、直接投资等诸多方式，植根高新沃土，加大投资力度，放大企业信用，实现共同成长。大族激光、欧菲光、东江环保、科陆电子、科信技术等投资项目，均是深圳高新投应用"投保联动"的典范案例。

2020年，深圳高新投全年签约投资金额11亿元，超过此前累计投资的总额。2020年已新增投资企业超过60家，并且新增IPO 3家，2家已经过会待注册，5家正在IPO排队审核过程中，2021年预计超过30家企业拟申报IPO。

努力践行基金群发展战略，为创新者赋能。为持续聚焦并服务更多优质的中小微企业，深圳高新投2017年开始募集民营资本，发起设立深圳市人才创新创业二号基金。目前，该基金培育工作成效凸显，总规模超过80亿元的高新投基金谱系正加速落地。

五、品牌影响力全面提升，助推战略发展新跨越

凭借着创新的服务意识和专业的服务能力，深圳高新投在业界影响力持续增强。先后获得全国企业管理现代化创新成果一等奖、广东省自主创新标杆企业、中国小微金融机构竞争力百强、最佳服务民营企业机构大奖、年度最佳普惠金融服务机构大奖、年度最佳服务小微企业大奖等。此外，深圳高新投还获得深交所授予的2019年度深圳证券交易所债券市场"优秀民营企业融资支持机构奖"和"深圳特区40年CSR卓越贡献企业奖"等重量级奖项和称号。

自成立以来，深圳高新投伴随着深圳市科技企业的成长与腾飞，也实现了自身跨越式发展。着眼未来，深圳高新投的战略目标是致力于打造国内领先的以信用增进与资产管理"双轮驱动"的创新型类金融服务集团，在"金融服务实体经济"主航道上，发掘科技企业价值潜力，为创新者赋能。深圳高新投将继续秉持勇于担当的责任和使命，为建设和完善中国信用体系而不懈奋斗。

案例创造人：刘苏华

品质成就未来，做一流的计量检测技术服务专业机构

广州广电计量检测股份有限公司

一、企业简介

广州广电计量检测股份有限公司（以下简称广电计量）由"国营第七五〇厂"（广州无线电集团有限公司前身）的内部计量室改制发展而来，成立于20世纪60年代，主要为本企业内部主营业务配套服务。为求生存和发展，广州无线电集团有限公司于2002年将计量室改制成立广电计量公司，重点转向市场开展社会化服务。广电计量深耕的计量检测认证服务领域属于高新技术服务产业，同时也是国家战略性新兴产业，在支撑政府监管、助力企业质量提升、保障消费品质量安全及加快技术创新、促进产业转型等方面发挥着重要技术支撑作用。10多年来，广电计量坚持诚信经营，凭借不断改革创新，走出了一条快速发展之路，成长为一家综合性、全国化的国有第三方计量检测机构，于2019年成功登陆A股市场，跻身检验检测行业领跑队伍之列。

广电计量获得了CNAS（中国合格评定国家认可委员会认可）、CMA（检验检测机构资质认定）、CATL（农产品质量安全检测机构考核）、ISO 9001、AS9100D、GB/T 24001环境管理体系、ISO45001职业健康安全管理体系、ISO /IEC 27001信息安全管理体系、知识产权管理体系的认可。当前在全国主要经济圈已布局建立50多家分（子）公司，形成了覆盖全国的计量检测技术服务体系和业务营销体系，重点服务汽车、环保、电力、通信、轨道交通、船舶、石化、农业、环保、医药、食品等国民经济重要行业领域，提供包括计量校准、可靠性与环境试验、电磁兼容检测、元器件筛选与失效分析、化学分析、食品检测、环保检测在内的"一站式"计量检测服务，其中在计量校准、可靠性与环境试验、电磁兼容检测等细分领域建立了行业领先地位。凭借突出的行业影响力，广电计量陆续获得"国家火炬计划重点高新技术企业""国家中小企业公共服务示范平台""中国计量测试学会第六届计量诚信建设优秀单位""广东省战略性新兴产业骨干企业""广东省优秀企业""广州市优秀企业"等诸多荣誉。

"诚招天下客，誉从信中来"，广电计量深信以诚信擦亮品牌，企业才能立得住、行得稳，广电计量以质量管控为主抓手落实企业诚信经营，诚信建设工作主要围绕诚信理念、质量管控体系、规章制度、全国一体化布局、社会责任等方面开展。

二、坚持诚信经营理念，树立良好口碑

秉承国有企业的责任和担当，广电计量将诚信经营纳入公司长期发展目标，在日常经营中，一是做到对员工诚信，保障工资、福利待遇，关爱员工、帮扶有困难的员工，营造家庭温暖；二是做到对客户

诚信，强化质量管控，确保检测结果权威可靠；三是做到对投资者诚信，切实履行上市公司信息披露义务，加强投资者沟通，建立长期的、透明的信息披露关系；四是对行业诚信，将合规及诚信理念融入技术、服务全过程之中，致力于树立检验检测行业诚信新标杆；五是对政府诚信，严格遵守国家法律法规和各项规章制度，照章纳税，积极履行社会责任，2014-2019年连续6年被广州市天河区税务局认定为"A级纳税人"。

三、打造质量管控体系，提升企业公信力

计量检测行业本质就是质量信赖和公信力，技术性服务和检测报告的公信力是行业诚信体系建设出发点和着力点。广电计量将质量视为企业发展的生命线，建立并持续优化质量管控体系，用匠心对待每一份证书、每一项数据，赢得社会、市场和客户的认同。

广电计量把质量管理纳入企业中长期战略目标和年度工作计划的重要内容，在"品质成就未来"的质量方针下，针对检验检测服务过程中各个环节的质量风险制订了标准化的业务流程和完善的质量监督管控措施，强化质量管控和质量监督。对内，严格按照ISO/IEC17025标准要求，建立全过程质量管控体系，内部组织对全国所有检测基地实验室飞行检查，内部质量考核力度不断加大，赏罚分明，明确了质量管理的红线，也对弘扬质量文化、坚守质量原则的榜样行为进行了激励；对外，积极参加CNAS及其他国内外知名机构或企业组织的能力验证、实验室间比对等活动，确保实验室的检测人员技术能力、仪器设备和检测方法符合相关标准及法律法规要求，确保检测数据准确可靠。此外，广电计量积极推进质量信息化建设，实现全国一体化质量管控，从生产调度到证书出具全过程实现了数字化、模板化和标准化。

在质量文化建设方面，广电计量积极开展诚信培训教育，从组织结构、制度建设、日常管理、行为操守和廉洁意识等各方面加强员工廉洁自律，保证管理层和员工不受来自商业、财务等方面的影响和压力，杜绝商业贿赂，保证质量工作诚信和公正。广电计量与加盟企业的每位技术人员均签订诚信承诺书，将质量红线意识贯穿技术服务全过程，并且开展一系列的质量品牌特色活动。

在严格的质量管理体系下，广电计量质量工作水平不断提升，确保了出具报告数据的真实性、客观性、有效性和可信度，形成了广电计量的核心竞争优势之一。

四、加强建章立制工作力度，强化诚信管理

诚信是检验检测机构应遵循的基本道德规范，应贯穿于所有活动中。推进检验检测机构诚信建设、建立失信惩戒机制，是树立检验检测行业良好形象、增进社会对检验检测机构公信力的重要措施和手段。广电计量通过加强建章立制工作力度，将诚信经营贯穿于企业运营管理各环节。

在公司治理方面，广电计量已逐步建立健全股东大会、董事会、监事会和管理层之间职责分工明确、依法规范运作的法人治理结构，相继制订或修订了《公司章程》《股东大会议事规则》《董事会议事规则》《监事会议事规则》《投资者关系管理制度》《关联交易管理制度》《对外担保管理制度》《对外投资管理制度》《信息披露事务管理制度》等一系列规范性文件。

在日常管理方面，广电计量发布了《质量责任追究与及激励制度》《公司质量手册》《质量保证手册》《安全生产培训教育制度》《安全生产考核奖励制度》《采购管理制度》《客户信用及业务账款考核管理办法》等文件，并且对员工定期开展检验检测机构诚信制度培训，不断提升广大员工自觉信守合约、文明经营的意识，让员工形成诚信观念和法纪观念，造就诚信员工团队。

在作风建设方面，广电计量强化国有企业红色基因，不断强化党风廉政责任制建设，每月固定召开主题活动，持续强化作风建设，将廉洁从业意识植入全体党员干部和员工心中。

五、开展全国一体化管控工作，促进管理协同

经过多年实践，广电计量打造出一套适合自身实际情况的全国"一体化"管控模式，实现决策、运营、质量和管理"四协同"。这一管理模式成为广电计量核心竞争能力的重要体现，可在全国范围内围绕客户需求高效灵活地调度全国技术资源，提供标准统一、快捷的计量检测服务，确保诚信经营、高效服务。一是决策协同。全国实施统一的公司治理结构与决策机制，确保决策高效、落地迅速。二是运营协同。全国垂直一体化的实验室运营管控体系，各地实验室纳入总部统一管理，在实现规范管理的同时也确保了实验室的高效运作，并且能够快速进行能力复制。三是质量协同。全国垂直一体化的质量管控体系，由总部对全国各分（子）公司的质量管控统一管理，总部根据质量管控需要，制订、颁布各项管理制度，在总部及各分（子）公司统一推进执行，确保了统一的质量管理机制、统一的质量管理水平、统一的质量文化。四是管理协同。全国垂直一体化的职能管理体系和立体化的市场营销管理体系，确保日常管控、业务管理全国一盘棋。

六、主动践行社会责任，落实诚信建设工作，弘扬正气

广电计量在发展壮大的过程中积极履行社会责任，重视与股东、债权人、员工、供应商等利益相关方保持健康良好、合作共赢的关系，积极参与社会公益，用实际行动向社会展示了企业强烈的社会责任感，树立了良好的企业形象。

在股东权益责任方面，广电计量积极履行信息披露义务，真实、准确、完整、及时、公平披露信息；严格规范股东大会的召集、召开及表决等程序，平等对待全体股东，保障股东依法享有的权利，积极为股东行使股东权利提供便利，切实保障股东特别是中小股东的合法权益。

在债权人、供应商权益责任方面，广电计量充分尊重债权人对债权权益相关的重大信息的知情权。广电计量建立了完善的供应商管理、采购控制等流程制度，确保供应商评价客观公正、采购公开透明，流程规范，既为公司提供符合要求的产品和服务，同时也重视供应商权益，付款及时，不无故拖欠款项。

在员工权益责任方面，广电计量视人才为企业发展的宝贵财富，重视人才引进和培养，严格遵守国家和地方劳动用工法律法规，与员工签订劳动合同，按时、足额缴纳社会保险，同时为员工购买商业保险。通过建立长期、科学的员工培训和晋升机制，建立科学合理的员工薪酬增长机制，实现企业与员工的和谐稳定与共同发展。广电计量心系员工，充分发挥工会的作用，组织开展羽毛球、篮球、足球、乒乓球、自行车等文体活动，丰富员工业余文化生活；工会不断完善员工帮困援助制度，组织对员工生育、患病、亲属病故及家庭困难员工的人文关怀活动，为有需要的员工申请广州市总工会季度救助金、住院慰问金。

在安全生产责任方面，广电计量始终坚持"安全第一，预防为主，综合治理"的方针，牢固树立安全责任重于泰山的意识，认真贯彻上级有关安全生产工作的会议及文件精神，加强领导，落实责任，强化监督检查，使安全生产一直处于受控、能控、在控状态；同时，积极完善安全制度体系，建立包括安全生产目标管理、安全教育培训、安全生产监督检查、应急事故处理等方面的管理制度，完善安全生产考核标准，落实安全生产责任，构建安全生产管理网络。每年6月、11月分别组织开展"安全生产月""消防安全月"活动，发动全体员工识别安全风险，有效推动安全隐患整改闭环，实现安全教育实操训练与体验考核结合。

在社会公益责任方面，一是立足计量检测技术服务优势，积极为新冠疫情防控及质量公益活动出智献力。在2020年新冠肺炎疫情期间，广电计量为医疗机构、地铁站、污水处理厂、防疫物资制造企业

等大量企事业单位提供计量检测服务。以广州地铁为例，广电计量在近 3 个月时间内服务了广州地铁两百多个站点，基本遍布整个地铁网络，完成了 2700 多台红外测温设备的校准任务，确保测温设备的量值准确，保障了广州地铁防控体系的有效运行。同时，广电计量积极参与由广州政府主办的"3·15"消费者权益日、食品安全周、广州科技创新活动周、检验检测开放日、六五环境日等各类活动，通过现场免费检测服务及互动性强的科普宣传活动，增强群众现场体验感及方便群众更好获取质量知识。广电计量还积极调集专家技术资源，主办及参与质量类公益培训讲座，做好质量安全知识科普。二是借助媒体权威平台，开展质量安全知识科普。广电计量邀请各主流媒体走进实验室，借助媒体力量向大众宣传质量、安全等知识；同广东卫视、湖南卫视等主流电视媒体合作推出民生科普节目，以科学实验和权威检测数据破除网络谣言，引导人们建立健康安全的消费观。并且，广电计量还借助自媒体平台积极开展食品安全、生态环保、消费品安全等知识科普，引导社会公众建立正确的食品安全、环境保护、生命健康等质量观念。三是心系社会，积极开展扶贫助学等活动。广电计量党委积极组织开展精准扶贫及消费扶贫工作，疫情期间还组织广大党员踊跃捐款，用涓涓爱心为打赢疫情防控阻击战贡献力量。此外，广电计量还与中国计量大学、北京航空航天大学、江南大学等国内高校开展"检学研"战略合作，为高校学子提供专业知识的实践教育基地，为计量检测行业输送人才资源，并且积极开展高校大学生捐资助学活动，践行作为一家国有第三方技术服务机构的社会责任担当。

诚信经营是企业得以良性发展的关键。广电计量深深体会到诚信为企业带来了更长远的发展、更巨大的收益，以及更能营造和谐的社会氛围。诚信，已成为广电计量迈向新征程的重要基石。在未来的发展中，广电计量将不断强化诚信监督机制，以诚信创新品牌，以诚信增强企业竞争力，以诚信服务广大客户，努力打造行业标杆。

案例创造人：黄敦鹏

以创新谋发展，培育下一个华为、腾讯

深圳市天使投资引导基金管理有限公司

一、企业简介

深圳市天使投资引导基金有限公司（以下简称天使母基金）是由深圳市引导基金投资有限公司出资成立，委托深圳市天使投资引导基金管理有限公司（以下简称管理公司）按市场化方式运营管理。深圳市天使投资引导基金是深圳市政府投资发起设立的战略性、政策性基金；是深圳市对标国际一流，补齐创业投资短板，助力种子期、初创期企业发展的政策举措。深圳市天使投资引导基金目前规模100亿元，是国内规模最大的天使投资类政府引导基金，专注投资培育战略性新兴产业和未来产业，致力于引领天使投资行业，培育优秀初创企业，完善"基础研究＋技术攻关＋成果产业化＋科技金融＋人才支撑"的全过程创新生态链，成为全球领先的天使母基金，为深圳市打造国际风投创投中心和国际科技、产业创新中心提供有力支撑。

二、敢创新，探索中国特色天使投资道路

弄潮儿向涛头立，改革重任肩上扛。作为全过程创新生态链的关键环节，天使母基金自成立起就自带创新基因。

1. 生于创新。天使母基金的诞生离不开深圳市委市政府倾力谋划、高度重视、全力支持。2017年8-11月，深圳市金融监管部门组成专门调研小组，以如何加快深圳天使投资发展为主题，深入调研了松禾资本、创新工场、真格基金等深圳及北京知名天使、创投机构，并且广泛征求了深圳市国资委等有关部门及深圳市创新投资集团有限公司、达晨创投等知名天使、创投机构的意见。2017年11月20日，深圳市政府召开六届九十九次市政府常务会议，审议并原则通过市金融监管部门《关于设立首期天使投资母基金有关问题的请示》。2018年3月24日，天使母基金举行揭牌暨签约仪式。发挥天使母基金的最大价值需要强有力的管理能力，天使母基金委托由深圳市投资控股有限公司和深圳市创新投资集团有限公司联合设立的管理公司按市场化方式运营管理。与其他政府引导基金不同的是，天使母基金资金规模大，目前规模100亿元，是国内规模最大的天使投资类政府引导基金；出资比例高，对单个子基金的出资比例最高达到40%；让利幅度大，子基金满足一定条件的，实行超额收益全部让渡；专注投早期，资金通过子基金全部投向战略性新兴产业、未来产业和初创期企业。

2. 勇于创新。管理公司开创性制订和修订了多项制度。以深圳市财政局颁布的《深圳市天使投资引导基金暂行实施办法》为基本管理制度，管理公司先后出台并完善了投资管理、基金管理、风险控制、人事管理、财务管理、党建工会等全流程60余项制度，实现了公司治理层面和业务层面投前、投中、投后全覆盖。子基金投资业务方面，以"先到先得"方式创新实际出资的"赛马机制"，优先支持投资

进度快、项目质量好的优秀投资机构。直投业务方面，形成《深圳市天使投资引导基金直投业务暂行实施办法》等多项制度，储备多个子基金已投优质项目并开展实质性的走访尽调。生态运营方面，打造深港澳天使投资人联盟、建设种子库、运营天使荟、研究完善有利于天使投资行业及初创期企业成长的系列政策措施，努力形成有利于优秀初创企业不断产生、持续成长的良好生态环境。

3. 成于创新。天使母基金坚持探索"政府引导+市场化运作"的中国特色天使投资道路，陆续荣获清科"2020年中国政府引导基金30强"、投中信息2020年中国最受GP关注的政府引导基金TOP10、证券时报2020中国创投金鹰奖"年度最佳出资人"、南方日报社"行业发展贡献奖"等49个行业重要奖项。

三、勇担当，赋能创新创业、服务实体经济

1. 抗疫勇担当，驰援践责任。新冠肺炎疫情面前，天使母基金牢记"引领天使投资行业，培育优秀初创企业"的公司使命，多维度抗疫、多举措援企，全方位服务实体经济。充分发挥党支部的战斗堡垒作用，管理公司党支部发起了"为爱奉献"捐赠活动，号召员工为抗击疫情捐款，并且与合作的创投机构及参投项目积极沟通，鼓励各尽其能、回馈社会。在管理公司的号召下，包括英诺天使、梅花创投、基石资本、同创伟业等在内的20余家子基金机构，以及多个子基金已投项目迅速行动，以捐款捐物的形式或以自身技术专长支援全国疫情阻击战。力合天使子基金投资的深圳至秦仪器面向防疫物资生产企业推出超声焊接技术方案及非接触测温模块产品，帮助解决防疫物资生产过程中的关键技术问题；同威天使子基金投资的深圳一清创新科技开发了用于运送防疫物资的自动驾驶无人配送车，在缓解防疫一线人手紧张问题的同时，防止防疫物资运送过程中出现"人传人"的疫情传染现象；英诺天使子基金投资的深圳市中悦科技有限公司开发了测温动态人脸识别门禁方案、校园人脸识别体温筛查方案等，为院校、企业打造多种智能疫情防控解决方案；松禾资本天使子基金投资的实在智能公司推出了"疫情问答智能机器人"和"疫情法律咨询智能机器人"，通过免费智能问答技术，帮助奋战在抗疫一线的组织机构和人民群众，防护人员交叉感染。为在疫情期间做好公司子基金投资业务，管理公司安排专人对接子基金机构，深入了解子基金机构和已投项目情况；研究相关应对措施，助力子基金机构和已投项目渡过难关。2020年2月21日，《深圳市天使投资引导基金实施细则》发布，释放了七大利好政策：一是放宽头部机构注册落地政策；二是放宽子基金规模上限；三是优化返投比例；四是增加申请机构类型与优化投资能力认定，将高校、科研院所、孵化器等项目源头单位也纳入子基金申请机构范围，促进技术要素与资本要素更好对接联通，提升科技成果转化效率；五是适当放宽天使项目的认定标准，调整企业成立年限、人数、资产和营业收入等方面的要求；六是允许追加投资，进一步提升子基金对优质项目的培育效果；七是引入回购机制，提升财政资金循环利用效果。进一步激发了各地相关机构申请天使母基金出资，以及子基金加快投资深圳市的热情。

2. 赋能创新创业，聚集优秀机构，投出优质项目。截至2020年11月30日，天使母基金已立项72只子基金，已累计投决55只子基金，有效投决49只子基金，累计有效决策出资额61.52亿元，累计向天使子基金实际出资24.88亿元。子基金管理机构本地30家，异地19家；涉及境外背景的子基金有新加坡祥峰投资等，已初步实现国际化布局；入选清科、投中榜单的子基金共有34只，占比达70%，已初步实现优质机构在深圳市聚集。深圳天使子基金已投子基金已交割项目218个，项目所处行业全部为新一代信息技术产业、生物医药产业、高端装备制造产业等战略性新兴产业和未来产业，成长阶段全部为天使阶段。

四、能作为，完善天使投资行业生态体系

征程万里风正劲，重任千钧再奋蹄。为让天使投资行业和初创期企业更好更快发展，天使母基金不断加快完善天使投资行业生态体系。

通过运营深港澳天使投资人联盟，发挥会员资源群优势，汇集投资、金融、产业、孵化、企服等要素，衍生出投资融资、专业技术、成果转化、创业辅导、宣传推广、信贷担保等多项赋能产品，为天使投资行业和初创期企业发展提供丰富的市场化服务。截至 2020 年 11 月 30 日，联盟累计会员近 200 家，举办政策宣讲活动 20 余次、项目路演近 30 场，为子基金推荐优质项目 72 个，覆盖人工智能、芯片等各领域。

通过建设种子库，拓宽项目来源、筛选推送优质项目、链接各项专业资源等，搭建优质的项目资源体系，加速项目方和投资方的有效对接。截至 2020 年 11 月 30 日，种子库项目共计 481 个，包括子基金已交割项目、种子库外部项目等。

通过设立天使荟，打造"科研、孵化、加速、产业"全链条的空间硬件载体，为初创科技企业提供环境优美、配套完善、服务一流的"培育"基地。目前，天使母基金与深圳市福田区合作共建天使荟试点，办公场地近 1 万平方米。天使母基金与建设银行签署战略合作协议，将建设银行"创业者港湾"4 个孵化基地纳入天使荟空间布局，对接天使项目进驻，初步形成"1+4"的空间硬件。

通过加强政策研究，深入挖掘发达国家和地区推进天使投资行业和初创期企业发展的成功经验，结合中国实际，完善有利于深圳市天使投资行业和初创期企业发展的政策环境。

奋进新时代，阔步新征程。面向未来，天使母基金将继续以子基金投资、直投、生态运营为三大主体业务，不忘初心，砥砺奋进。预计到 2035 年前后，天使母基金将撬动社会资本，形成超过 250 亿元规模的天使子基金群；预计投资天使项目超过 2000 个，打造优质项目"十百千"工程，即十个独角兽项目、百个高成长项目、千个优质潜力项目，培育产生下一个华为、腾讯。

案例创造人：姚小雄　李新建

坚持诚信经营，打造美丽化工

青岛海湾集团有限公司

一、企业简介

青岛海湾集团有限公司（以下简称海湾集团）前身是青岛市化工局，是青岛市直属国有大型化工企业集团，位列中国化工500强。资产总额200亿元，员工3800余人，旗下拥有海湾化学、海湾精化、青岛碱业、海达控股、海湾索尔维、海湾港务、海湾新材料等20余家控股和参股企业，经营领域覆盖化学原材料及制品制造业、生态环保及环境治理业、房地产及高端服务业，主要产品包括烧碱、乙烯法聚氯乙烯、苯乙烯、化工中间体及染料、复合肥、硫酸钾、氯化钙、小苏打、硅酸钠以及高端硅胶等。

近年来，聚焦新旧动能转换和产业转型升级，海湾集团全力推进老城区企业环保搬迁，以"技术国际化、装备大型化、环境生态化、管理现代化"为引领，统筹实施规划建设、安全环保、公用工程、仓储物流、智能管理"五个一体化"战略，在西海岸新区董家口和平度新河打造了两个现代化工产业基地，走出传统产业不传统发展的新路子。2018年，两个园区搬迁项目规模化投产并发挥效益，海湾集团销售收入首次突破100亿元；2019年销售收入再创新高，达到119亿元。较搬迁前，企业装备自动化水平大幅提高、本质安全能力全面提升、能耗物耗大幅下降，万元产值综合能耗0.71吨标准煤，人均产值超过260万元（其中南部园区人均产值近500万元），综合竞争力显著增强。

二、企业诚信建设和管理做法

海湾集团坚持"绿色发展、客户至上、造福社会、成就员工"的企业使命，秉承"精益精细、追求完美"的质量理念，将诚信经营渗透到产品和服务的各个环节，持续改进提升产品（服务）质量。海湾集团以"国际一流、国内领先"的现代化工企业集团为愿景，始终坚持依法经营、诚信经营，积极履行社会责任、公民义务，恪守道德规范，以高标准，高要求为起点，走高质量发展之路，用实际行动来维护企业的声誉，营造诚实守信、公平竞争的市场环境，加强诚信体系建设，建立健全富有创新意识的企业经营发展体系。

1. 秉承诚信理念，构建"四化"发展曲线。为客户、社会提供优质的产品和服务是企业对客户、社会的最大诚信，也是诚信企业应该履行的最根本的社会责任。早在2002年，海湾集团董事长李明随团到日本化工企业考察，他多次提到这次考察对自己的影响，所谈的不是日本的风土人情，而是日本化工企业先进的管理模式与布局带给自己的震撼。正是从那一刻起，对标世界一流企业提供优质产品和服务的构想开始在他心中落地扎根了。在他的带领下，海湾集团决策层围绕"遵循国际化工行业发展规律、符合国家化工产业发展政策、把握发展契机发挥区域优势"这三大指导方针，秉承"技术国际化、装备大型化、环境生态化、管理现代化"的"四化"理念，整体谋划推进海湾集团搬迁转型发展，经历了岁月的淬炼，经受住了时间的考验。

海湾集团的搬迁发展借鉴了发达国家化工产业发展经验，立足打造生态型、精细型化工，通过引进并消化吸收世界上最先进的工艺技术与装备，实现了产品多样、专用、高性能化与产业的集群化发展。在具体工艺路线设计与装备选择上，海湾集团确立了"20年不落后"的目标定位，先后引进英国英力士、日本氯工程、德国TGE、美国德希尼布石伟、意大利KT、美国贝吉尔等一批国际领先的工艺技术与装备，实现了新旧动能转换。目前，海湾集团主导产品都做到了高端，低端产品已经全部被淘汰。例如，果断地淘汰传统电石法聚氯乙烯产能，取而代之以乙烯氧氯化法先进生产工艺；原有80万吨/年纯碱、40万吨/年水泥和30万吨/年尿素等高耗能落后产能全部退出，以高端的精细化工项目接续替代。海湾集团发展战略布局调整契合了青岛市实施推动化工企业退城入园的政策，对企业来说更是重大的战略契机。一退一进，乘数效应倍显。退城，为美丽青岛的城市区域功能提升做出了国企贡献；入园，借助港口码头等地域资源优势及上下游产业链优势，实现产业集聚和创新发展。

2. 践行诚信承诺，全面提升发展动能。海湾集团秉承"为客户提供优质的产品和服务质量，是企业对客户、社会的最大诚信"的理念，始终坚持把加快新产品开发、优化产品结构、提升产品和服务质量作为企业诚信建设的一个重要内容。海湾集团依托国家级企业技术中心平台，开展与产业链密切相关的高端产品、关键技术的研发创新；聚焦新材料、石油化工、无机化工、高端精细化学品等方向，启动PS新材料、先进硅材料、精细化学品和改性新材料等研究。为进一步提升技术研发实力，海湾集团决定建设研发基地，该项目分三期建成，一期项目投资1.9亿元，预计2022年建成并投入使用。此外，立足现有装置，对标国际、国内领先企业，通过技改技措、环技环措、安技安措等途径，持续进行技改及工艺优化，达到质量优良、节能降耗、资源综合利用等目标。按照"3R"原则，海湾集团围绕CO_2回收、富氧利用、污水治理回用等方面开展一系列技术攻关，取得显著成效。近年来，先后实施关键性技改项目上百项、调整性技改项目近500项；申请并获得授权专利125项，其中发明专利46项、实用新型专利78项、外观专利1项；参与起草了61项国家及行业标准，其中国家标准31项、行业标准30项；先后获得"中国国际发明展览会银奖""中国化工施工企业优质工程奖"等国家级科技奖16项及省市级科技奖18项。2019年以来，海湾集团共获得国家发展改革委及青岛市等各类政府奖励资金1亿多元。未来3到5年，海湾集团将继续借助港口、园区的优势，瞄准高端化工，延伸产业链，加快项目建设，推进高质量发展，集聚发展新动能。

3. 践行绿色发展使命，打造美丽化工。企业是社会的重要组成部分，企业的发展离不开社会的进步，企业有责任、有义务为社会进步做出应有的贡献。化工企业唯绿色方致远。自2010年搬迁建设伊始，海湾集团便提出：所有新项目如果安全环保问题不解决，即便有再大的效益，也要坚决舍弃。正是以绿色高端化工擎起海湾集团面向国内外客户的新"名片"，引领着企业诚信经营新未来。

海湾集团南部董家口园区，在建设"绿色化工园区"中注重过程安全、环保和节能控制，资源可再生及循环利用得到充分体现。通过引进国际先进的废水、废气、废渣处理和循环利用设备，最大限度地降低原材料、能源消耗及"三废"排放，实现清洁生产。每年可节约用热量折合标准煤20多万吨，节约成本2500多万元；水资源回收再利用每年节约720万元。

海湾集团北部新河园区的企业以绿色发展为主导，开展一系列技术攻关，取得显著成效。其中，染料及中间体装置引进国际先进的环保设备及技术，对"三废"进行资源综合利用，各项环保设施投资额达8亿元。利用膜装置与MVR装置的优化组合，使得染料及中间体生产形成了一条绿色循环经济产业链：污水通过膜装置处理后产生的淡水用于装置回用，污水则进入MVR装置蒸发再回用。"2000吨/

日高盐、高 COD 膜处理及中水回用系统"被工业和信息化部评定为"工业转型升级重点项目（重点行业节水示范）"，获得 240 万元专项奖励。硫酸钾联产氯化钙小苏打项目经研发创新，在生产硫酸钾的同时副产盐酸，盐酸可用于生产氯化钙，氯化钙生产过程产生的二氧化碳恰好是生产小苏打的原料，整个生产链形成典型的循环经济项目，填补行业空白。该项目获国家发明专利，并被工业和信息化部列入"清洁生产应用示范项目"，获得 850 万元专项奖励。

4. 坚守质量承诺，抢占高端市场。在社会主义市场经济条件下，诚信企业建设既是企业可持续发展的自身要求，也是与广大客户建立战略合作关系的重要纽带。多年来，海湾集团瞄准高端领域，坚持客户至上理念，通过推行"标准+α"营销模式，推行定制化、个性化服务，凭借规模和质量优势不断巩固拓展市场，企业知名度及品牌影响力快速提升。乙烯氧氯化法 PVC 二期项目已全部建成投产，乙烯法 PVC 产能已稳居国内第一。为获得用户对 PVC 产品质量的第一手意见，海湾集团坚持常态化由主要领导带队拜访高端客户市场，深入了解用户对产品质量、售后服务等各方面的需求。针对收集到的客户需求信息，海湾化学及时召开 PVC 品牌创建专题会，针对 VCM 纯度、PVC 杂质及水分指标等开展技术攻关，各部门和人员步调一致、协同推进，从原料入手，对各种物料和反应过程、工艺指标数据等影响因素逐一摸索，经过 3 个月的持续试验攻关，氯乙烯纯度最后终于达到 99.99%，虽然比设计纯度 99.98% 仅提高 0.01%，但这个微小的提高对于 PVC 产品在老化白度、晶点等指标上却是质的飞跃，得到高端市场的广泛认可。

5. 发挥国企担当，全力做好疫情防控。海湾集团在永续高质量发展的同时，时刻牢记肩负的使命担当，秉承"造福社会、成就员工"的社会责任理念，积极发挥国企担当。新冠肺炎疫情期间，海湾集团在青岛市委市政府指导下，坚持常态化疫情防控和生产经营"两手抓"，积极发挥国企担当，众志成城，共克时艰，全力做好疫情防控各项工作。面对困难和挑战，干部、员工敢于亮剑、硬核出击、协同作战，打赢了抗击疫情的阻击战。一是冲锋在前，确保装置满负荷运行。作为青岛市最大的 84 消毒液原液——次氯酸钠生产企业，海湾化学的干部、员工加班加点，压实责任，调整生产负荷，将产量由日产 60 吨增加到 300 吨，确保货源充足。二是不计代价，全力切断新冠肺炎病原体"二次污染"。海湾集团旗下企业——海湾新材料医废处置项目，负责处置青岛市的医疗废物。疫情来临之初，海湾集团郑重承诺，要不计代价、不讲成本，采取一切措施，倾尽全力配合疫情防控工作。一方面，积极摸清医废积压底数，启动应急运输预案，实现应收尽收；另一方面，立足无害化处置，围绕人员管理、装卸及处置区域管控等方面，制订管理规定、规范处置流程，从源头防止二次污染。此外，疫情期间，海湾化工职防院坚持门诊接诊、社区排查、卡口蹲点三线并行，积极开展核酸检测，辛勤的工作，热情的参与，守护一方平安。

6. 热心公益事业，履行社会责任。海湾集团积极响应国家号召，在脱贫攻坚、疫情防控中，积极作为，彰显国企担当；热心社会公益，扶危助困，为社会慈善事业做出了积极贡献。近 3 年，海湾集团合计慈善捐款 832 万元。一是积极参加脱贫扶贫各项工作。派出专人参与对口支持莱西市院上镇乡村振兴工作队；对口帮扶平度市田庄镇。二是热心公益慈善事业，积极开展"慈善一日捐"和青岛市微尘公益基金会"中小学生安全书包"捐款活动，荣获 2019 年度青岛市慈善十佳称号。三是在疫情防控和救灾活动中坚持"一盘棋"思想，第一时间向青岛市红十字会捐款 200 万元；海湾集团全体党员快速响应，以特殊党费的形式踊跃捐款，支援湖北武汉抗疫救灾；同时，广泛发动群众自愿捐款支援湖北武汉抗疫救灾工作。

案例创造人：纪丽文　徐政苓

以诚信经营推动企业高质量发展

森诺科技有限公司

一、企业简介

森诺科技有限公司（以下简称森诺科技）成立于1994年，是一家开展油气田勘探开发一体化技术服务、环境工程治理、环境咨询服务、环境检验检测、新能源开发和信息软件开发的科技企业。拥有工程咨询甲级资质，油气工程地面设计专业甲级资质，石油天然气（海洋石油）行业工程设计乙级资质，市政行业、电力行业、新能源行业、建筑行业设计乙级资质，建设项目环境影响评价乙级资质；取得清洁生产审核资格、能源审计资格、能源管理体系服务资格和信息集成服务资格；是山东省"双软"认证企业，已通过QHSE管理体系认证和两化融合管理体系认证；现为山东省工程咨询协会常务理事单位，中国工程咨询协会理事单位，国际咨询工程师联合会（FIDIC）成员协会会员单位。

森诺科技拥有各类专业技术人员600余人，其中本科以上学历占比97%、拥有中高级职称员工占比56%，平均年龄34岁。业务涵盖工程咨询与设计、环境工程、软件与信息技术三大业务板块，可为客户提供全过程一体化综合技术服务。

森诺科技已累计完成各类咨询项目近2万个，涉及投资15000多亿元，累计为客户优化节约投资500多亿元，有100多个项目获省部级以上优秀工程咨询成果奖，有87项成果获得发明专利或实用新型专利，拥有软件著作权15项。先后被山东省授予"管理创新优秀企业""诚信企业""AAA级信誉企业"等荣誉称号；被山东省认定为"管理创新示范基地""信息化建设示范单位""企业文化先进单位""最佳雇主企业""履行社会责任优秀企业""高新技术企业"；先后荣获中国企业管理榜"最佳管理企业奖"、中国企业管理"特殊贡献奖"；被评为"全国AAA级信用企业"；荣获"国家级企业文化优秀成果奖"；《知识型企业提高员工创造力的股权激励变革》和《民营工程咨询公司提升服务能力的全程在线管理》两项成果荣获国家级企业管理现代化创新成果奖。

二、企业诚信建设情况

遵守法律法规、诚信守法经营、和谐内外部环境是森诺科技全力倡导的诚信理念，也是开展各项工作的着眼点和立足点。森诺科技坚持规范经营、依法纳税、以人为本，建设和谐劳动关系，在工商、税务、质量、环保、安全生产等方面做了大量的工作。

（一）企业信用制度及财务制度的建设

森诺科技以"诚信、创新、业绩、和谐"为企业价值观，企业上下都将诚信理念融入每一项工作中。森诺科技设立运营管理部履行信用管理职能，并且专门聘用信用管理人员开展信用管理工作，负责制订、修订公司信用管理制度、办法等，组织实施信用管理工作的考核；对客户进行资信调查，建立信用档案，实施动态化管理；进行客户授信管理及客户信用审批，督促销售部跟踪客户，定期对客户的信用状况统计分析；负责商账处理，建立标准的催账程序和一支工作高效的追账队伍，及时制订对逾期应收账款处理的方案，并组织有效的追账。森诺科技设置了《客户信息管理办法》，适用于企业全部涉及客户的信息收集、录入与使用。在企业协同办公平台上建立了客户信息库，由销售部管理，并且对信息库的访问设置了不同权限级别，每位员工只能在自己的权限范围内访问相关客户信息；同时，对客户建立了信用评估，办公平台随时可以反映与某客户之间的业务往来财务数据状况，以便随时掌握客户信用情况，并且定期对客户进行信用评价，使企业在经营活动中有效地实现了客户风险控制。

公司强化信用风险意识，建设了一系列风险防范制度，设立了一体化网上办公流程，包括合同签订等各项规章制度的执行都在网上按照一定的程序节点运行，形成了"管理制度化，制度流程化，流程表单化，表单信息化"的管理体制，有效防止了人为不确定因素。协同办公平台在实现管理信息化的同时，也形成了一套有效的风险控制体系。切实实现了对风险和危机的事前有效控制。

森诺科技作为一般纳税人，严格执行财务制度，规范财务行为，自觉纳税并积极开展涉税业务自查活动，配合税务机关稽查工作。

（二）信守合同，诚实履约，切实维护用户权益

森诺科技认真贯彻执行涉及合同的相关法律法规，坚持信用至上的经营理念，提出守合同、重信用是企业发展的原动力的理念。森诺科技的合同管理规定包括合同分类管理、管理机构和岗位职责、合同管理流程、合同事务管理、监督检查等。在实际工作中，森诺科技依法签订和履行合同，自觉维护双方当事人的合法权益，建立健全了合同信用管理制度；同时，自觉接受政府相关管理部门和行业监管部门的监督管理，遵纪守法、诚实信用，没有发生任何违法违规行为和不良记录。

（三）严格执行质量管理体系，为客户提供超值服务

森诺科技始终坚持"为客户提供超值服务"的工作理念。强化服务意识，把每一个项目当作一个全新的起点，把每一个项目都做成一个品牌，靠实力和服务赢得了客户信赖。森诺科技在经营活动中始终严格遵守《工程咨询单位和咨询工程师职业道德行为准则》，秉承独立、科学、公正的咨询行业原则，全体咨询工程师都能够严格按照职业道德行为准则开展业务，敬业进取，信守合同，以高质量的咨询成果和优良的服务赢得了社会信任。

森诺科技顺利通过QHSE管理体系认证，建立了安全、环境与健康管理体系、环境管理体系、职业健康安全管理体系质量管理体系，从而实现规范管理细节，改进管理质量，促进监督常态化。

（四）全面保障员工合法权益

森诺科技与622名员工均签订长期或固定期劳动合同，合同签订率100%。每名员工自签订合同之日起，森诺科技即依法为员工办理养老、医疗、失业、工伤、生育等各项社会保险或意外伤害保险，并且一直及时、足额缴纳各项社会保险，从未发生瞒报、漏报、欠缴社会保险费的行为。

森诺科技建立了"三位一体"人力资源激励模式。该模式包括三大部分：绩效工资、影子股份、"V"字形人才成长通道。其中，绩效工资是一种短期激励制度，影子股份是一种长效的产权激励制度，"V"字形人才成长通道则是员工职业生涯发展体系。通过"三位一体"人力资源激励模式，森诺科技承认并尊重人力资本，让其体现于当期激励与长期增值，为员工提供宽阔的成长通道，全方位实现人力资本价值。以森诺科技董事长姜传胜为主创的《知识型企业提高员工创造力的股权激励变革》管理创新成果荣获国家级企业管理现代化创新成果二等奖。

为保障员工的主人翁地位和民主权利，全心全意依靠员工办好企业，森诺科技持续完善《森诺科技

有限公司工会管理制度》，让员工参与公司重大决策，维护自身合法权益。森诺科技出台《森诺科技有限公司员工健康查体和疗养补贴实施办法》，连续18年组织对员工及其亲属进行健康查体的关爱活动。

（五）落实安全生产责任，强化劳动保护机制

森诺科技秉持"安全第一、预防为主"的安全方针，通过落实安全生产责任制，持续完善《森诺科技有限公司安全管理制度》，狠抓制度的落实与执行，全面提升企业的安全生产水平。森诺科技高度重视办公环境、施工现场、工作过程的安全生产监督管理，建立健全安全管理长效机制。对应岗位安全责任人实行"一岗双责"，形成了较为完整的安全生产管理体系，结合业务定期开展"员工三级安全教育"，组织开展各类安全事故应急预案，配发完备的劳动保护设施，全面保障了员工的人身安全、财产安全和企业的稳定发展。

（六）重视环境保护，热心公益事业，履行社会责任

作为独立第三方技术服务机构，森诺科技不仅要坚持诚信经营、规范运营，同时还要坚持创新发展，不断提高业务水平。近年来，森诺科技以国家大力推进生态文明建设为契机，按照尊重自然、顺应自然、保护自然的理念，把生态文明建设融入工程设计、节能工程和环境工程业务中，成功开展了"五化设计""社会稳定风险分析评价""清洁生产审核""采油污水精细处理""节能评估""新能源开发""含油污泥处理""光伏光热""环保厕所"等新型业务。

多年来，森诺科技积极投入美丽乡村建设和农村"厕所革命"事业，通过自主知识产权"多品类微生物菌剂"开展"免水冲环保厕具"的研发和产业化工作，已经取得了良好的实验推广效果，这也为森诺科技积极服务国家"绿色发展"增添了新动力。

森诺科技持续推动自身发展的同时不忘承担社会责任，提升良好企业形象。森诺科技每年向中国石油大学捐赠奖助学金，积极参加胜利油田困难职工子女救助活动。为实现履行社会责任的长效机制和科学化管理，2013年组织设立了"森诺爱心基金"，通过规范化运作，在救助企业员工、帮扶困难家庭、捐赠社会教育事业等方面发挥了重要作用。"森诺爱心基金"帮助森诺科技实现了对社会、对员工家庭的持续回馈的愿景。

森诺科技结合实际在企业信用建设方面做了一定工作，今后将继续秉持诚信做企业、诚意待客户、诚心对员工的理念，坚持诚信规范经营，认真履行社会责任，为国家建设良好的诚实守信社会环境做出更多的贡献。

案例创造人：姜传胜　万薛峰

第三章
全国优秀诚信企业案例

第三章

全国化为成信

企业间

实施透明度管理，强化企业诚信建设

国网重庆市电力公司

一、企业简介

国网重庆市电力公司（以下简称重庆电力）于1997年成立，是国家电网有限公司的全资子公司，负责重庆电网规划建设、运行管理、电力销售和供电服务工作。经营区域覆盖重庆市38个区（县），供电面积7.9万平方公里，服务人口3000万人，用电客户1624.18万户。重庆电网西联四川、东联湖北，是国家电网和西南电网的重要组成部分，也是西部水电外送唯一的超高压交流通道，对国家资源优化配置起着重要的支撑作用。

重庆电力始终坚持党的领导、加强党的建设，把政治建设放在首位，推进"不忘初心、牢记使命"主题教育，落实党风廉政建设责任制，落实"两个责任"和干部履行"一岗双责"，开展"不忘初心担使命，五个服务争先锋"等主题活动，国家电网红岩共产党员服务队全年累计服务时长超过10万小时。抓紧抓实重点工作推进，全面贯彻落实上级决策部署，完成一般工商业电价再降低10%的任务，提前一年完成新一轮农网改造升级任务，光伏扶贫惠及4384户贫困户，连续4年荣获"重庆市定点扶贫先进单位"称号，圆满完成重要保电任务71次，获得21项省部级科技奖和67项发明专利授权。

二、透明度管理内涵和主要做法

透明度是企业影响社会、经济和环境的决策和活动的公开性，以及以清晰、准确、及时、诚实和完整的方式进行沟通的意愿。重庆电力首次从中央企业本身的实际情况入手，开展电网企业透明管理的研究，通过"树立理念原则→构建方法程序→推进融入运营→完善保障机制→促进持续改进"的五步工作法，搭建起透明度管理的理论方法和工作机制，探索出一条中央企业与地方政府和客户、媒体、社区等利益相关方间的信任共赢之路。

（一）树立透明度管理理念原则

重庆电力提出了以追求与利益相关方间"互信"和"共赢"为导向的透明度管理目标，综合考量企业自身价值和利益相关方价值，推动实现双方的共享价值。

（二）构建透明度管理方法程序

1. 识别对象实现精准透明。重庆电力基于不同的类别和特征出发，对企业的利益相关方进行全盘的梳理与识别，将利益相关方大体分为服务方、合作方、监管方、受影响方、监督方五大类。为了更为精准精细地开展透明度管理，重庆电力将利益相关方识别的工作分解到每个业务环节和职能部门，结合供电企业的业务边界和利益相关方类型，罗列出企业透明度管理的具体对象。在识别出各个环节的利益相关方之后，重庆电力进一步分析不同类型的利益相关方对企业的关注动机、信息诉求和其本身的获信能力，为后续制订透明度管理策略奠定基础。

2. 梳理内容促进全面沟通。重庆电力建立了基于"政府－企业－社会"的内容梳理的思考维度，通过对监管机构关于信息公开等政策文件、企业业务和社会诉求的地毯式梳理，归纳出企业透明度管理需要对外公开或交流的四大模块，形成透明度管理的内容库，指导各个业务部门做好对外沟通的内容储备，系统提升企业的信息披露与社会沟通的系统性和完整性。

3. 优化策略提升透明效果。重庆电力围绕利益相关方对企业信息关注程度、接受信息的渠道、易于接受的信息表达方式等方面，对利益相关方进行划分，制订不同类别的利益相关方透明管理"策略"组合，将企业的理念、价值观和信息更加精细化的有效传达给利益相关方。①构建差异化的利益相关方关系策略。按照不同利益相关方对企业的关注动机的差异，制订强关系策略、弱关系策略和泛关系策略等三大差异化的关系策略，对应着不同的信息沟通、传播密度、频次，满足不同利益相关方的信息诉求。对于客户、供应商与合作伙伴等，注重在业务往来中的信息互通与协商合作；对于政府等监管机构，积极配合政府的工作要求，真实及时反馈，争取政府信任和支持；对于媒体和社会公众，坚持开放的姿态，通过价值沟通树立企业品牌形象。②搭建双向互动的沟通渠道策略。重庆电力根据企业与利益相关方的信息交互特征，将渠道策略分为信息披露、互动参与和社会监督三大类别，确保信息能够及时、准确、有效地传达给利益相关方。通过企业网站、媒体平台、短信发布等信息披露渠道，实现对企业相关信息、制度的及时公示；通过听证会、座谈会、意见征询、开放日活动等互动参与渠道，与利益相关方进行面对面的协商沟通；通过投诉、举报热线、信访等社会监督渠道，及时了解社会对企业的反馈意见。③制订载体多元、形式丰富的表达策略。围绕表达范式、表达心态、表达用语及表达形式细分针对不同利益相关方的披露和沟通的内容表达策略，提高利益相关方对企业所披露内容的关注、重视、理解和认同。通过公示公告、简报、报告、方案、报道、制度文件等文字表达方式传递常规信息；通过照片、海报、画册、地图、流程图、标志标识等图像表达方式，让受众直观快速获取信息内涵；通过新闻宣传片、小视频、监控录像、实时导航等视频表达方式，让传达的信息更立体更丰富更容易吸引和打动人。

（三）推进透明度管理融入运营

重庆电力创新采用"点＋线＋面"结合的方式，健全长效机制，推动透明度管理融入企业中心工作。

1. 试点推动关键议题的透明度解决方案。在点上，重庆电力借助社会责任根植项目的实施，选择多家具有代表性的单位，围绕"电网规划、电网建设、电网运行、电网检修、供电服务"等核心业务，设置30个内部访谈议题，对10个职能部门进行访谈，组织相关职能部门集中梳理与利益相关方有广泛关联的相关议题；同时，逐一确定各议题涉及的利益相关方，并且综合议题类型和企业在该议题上所能发动的资源条件等因素，绘制供电企业透明度管理关键议题，以项目制的方式探索透明度管理理念、工具、方法融入电网规划选址、业扩报装、停电信息发布等长期受到政府关注、媒体关心、公众关切的热点议题。下面，以国网重庆市电力公司市区供电分公司（以下简称市区公司）——"两联三优"电网规划建设管理模式为例，对透明度管理工作落地实践的情况进行介绍。

（1）项目背景。重庆进入了飞速发展的新阶段，特别是主城核心区电力负荷增长速度较快。现有的《重庆市电力专项规划》所规划变电站点大多位于城市核心区域内，信息不畅造成的电网规划落地难、通道协调难、征地拆迁难、施工建设难等矛盾极为突出。

（2）透明度管理要素分析。①存在问题分析。主城核心区土地资源紧张，变电站用地指标及规划与城市经济社会发展规划难以平衡，指标难以落实，电网建设环境日益趋紧，给电网适应负荷快速发展带来严重制约。由于规划站点位置多数在居民聚居区，单位和居民以噪声和电磁污染为由，在规划、环评、国土等环节设置障碍，建设过程阻工等现象依然很突出。②透明对象分析。在本项目中，涉及地方政府、居民、大客户等多个利益相关方，以及内部电网规划建设、运维检修、营销服务等部门、车间多个利益相关方。主要利益相关方，即透明对象为地方政府、大客户、居民。③透明内容分析。开展利益相诉求调研，理清透明内容。市区公司通过主动向地方政府汇报工作、召开座谈会等方式，全面了解利益相关方的诉求，确定透明内容。④落实透明度策略。市区公司通过主动向地方政府汇报工作、召开座谈会、组织相关职能部门与政府对口部门点对点交流等方式，汇报电网规划投资等经营数据，以及电网规划文件、电网工程环境影响评价等信息。对大客户采用走访、座谈、主动上门服务等方式，将电源接入电网前期工作管理流程、分布式电源项目接入系统管理流程等信息逐一告知。借助入户宣传、微博发布、电力设施保护宣传、电磁环境影响宣传活动等机会，将国家和重庆市及供电企业的政策法规宣传及最新的电磁环境影响科学成果告知居民，提高居民法治意识，消除居民心理层面上对电磁环境影响的负面担忧。⑤推动项目优化。通过不同利益相关方间横向协同、纵向贯通，打通电网规划建设中利益相关方沟通不畅、信息不透明问题，有效实现资源共享；同时，通过调研分析，提前预判电网规划建设中的相关问题，并且根据问题选择关键利益相关方，促进电网企业与利益相关方之间沟通透明，形成信任、共赢的合作模式，及时化解电网规划建设存在的风险。

2. 深耕主线打造年度透明度管理大事件。重庆电力以年初、三季度、年末为时间节点，串联发布企业年度履责行动、开展社会责任月活动、发布《履责实践成果汇编》等重要事件，打造年度透明度管理"纵贯线"。①面向社会发布企业年度履责行动。重庆电力每年一季度对接重庆市委市政府决策部署，策划贯穿全年的"服务成渝双城经济圈，助力重庆高质量发展"履责行动。用透明的方式让社会各界看见企业在优化营商环境、加快特高压工程建设、多措并举扩大就业等方面为决胜全面小康、决战脱贫攻坚所做的积极努力。②面向利益相关方开展社会责任月活动。每年三季度，重庆电力策划开展社会责任月活动。邀请利益相关方走进重点工程施工现场，让公众看见重庆电力敢于担当、勇于作为，持续精准发力，加快新型基础设施建设力度，拉动经济增长的"大国重器"和"顶梁柱"作用；邀请政府相关工作人员、客户、媒体人员、中小学生、第三方专家团队的专家等走进故障抢险现场、电缆沟、营业大厅、展示大厅、变电站等场所，介绍电力生产、服务、运维、抢修等专业知识，提升企业运营透明度，增进与利益相关方间的理解信任。③发布《履责实践成果汇编》。重庆电力坚持每年年底编制发布《履责实践成果汇编》，向社会披露重庆电力服务经济社会发展取得的履责绩效。全面总结一年来重庆电力的履责业绩，结合文字、图片、微电影等传播载体，把社会广泛关注的重要举措，用老百姓听得懂的语言、易于理解的方式表达清楚。

三、基于利益相关方互信共赢的透明度管理的实施效果

通过落实透明度管理理念，重庆电力制订多样化的沟通、传播策略，定期发布社会责任报告，及时公布企业履行社会责任的现状、规划和措施，将国家电网有限公司的战略目标的意义内涵和小微企业"三零"服务的社会效益、智能电网的意义作用等长期受到政府关注、媒体关心、公众关切的热点议题，向社会各界表达清楚，从而实现自觉披露社会责任信息，主动接受利益相关方及社会监督。

重庆电力通过落实透明度管理理念，与利益相关方间进行充分的信息交流，促成资源共享、目标趋同，切实提高了企业服务经济社会发展的履责能力。新冠肺炎疫情期间，根据疫情防控工作要求，累计发送800万条电费短信推广"不见面办电"，半年累计"网上国网"注册量296.78万户，绑定量155.54

万户，线上办电率 98.47%，其中低压小微企业线上办电率 100%。构建涵盖企业经营、复工复产、疫情防控三大方面 10 个主题场景，为政府制订疫情防控措施、综合评估行业复工复产情况、出台行业扶植政策提供支撑。

通过落实透明度管理理念，重庆电力针对社会各界存在的对智能电网的意义作用、智能电表更换、电磁辐射等争议性话题，通过各种渠道，加强信息输出，消除由于信息不对称导致的错误认知。2020年，重庆电力充分发挥微博矩阵作用，组织策划发布抗疫保电、助力复工复产、决胜脱贫攻坚、助力新基建、迎风度夏等话题微博 488 条，做到首发定调、解疑释惑，增进与利益相关方间的理解信任。

案例创造人：肖瑶　张娜　弋林

打造诚信金字招牌，为美好生活加油

中国石化销售股份有限公司北京石油分公司

一、企业简介

中国石化销售股份有限公司北京石油分公司（以下简称北京石油）隶属于中国石油化工集团有限公司（以下简称中国石化），位于北京市东城区，是中国石化在京直属大型销售企业，主营汽油、柴油、煤油、润滑油、燃料油、天然气、充电及非油品充电等业务，是首都最主要的成品油供应商。北京石油成立于1950年，前身是北京石油集团有限责任公司。1998年9月，根据国务院组建中国石化、中国石油两大集团公司的决定，成建制划转中国石化。2000年2月，按照中国石化整体重组、主辅分离、改制上市的要求，主营业务部分组成中国石油化工股份有限公司北京石油分公司。2014年10月，北京石油根据中国石油化工股份有限公司油品销售业务重组要求，变更名称为中国石化销售有限公司北京石油分公司。2018年12月，变更名称为中国石化销售股份有限公司北京石油分公司。

诚信是品牌的生命，是企业安身立命的根本。北京石油作为中国石化在京企业，一直秉承"爱我中华，振兴石化"的企业精神，将诚信经营作为企业的发展之基，为企业树立良好品牌形象，为首都人民的美好生活加油。

二、企业诚信建设情况

（一）每一滴油都是承诺，保障油品不断供

新冠肺炎疫情期间，北京石油第一时间向社会做出"油品不断供、商品不涨价、服务不打烊"的承诺，用行动践行中央企业的政治责任、社会责任。北京石油作为首都成品油供应的主渠道，充分发挥与华北大区公司、燕山石化产销一体能源保障优势和成品油管道输送优势，提前组织筹备足够的成品油资源，确保油库与加油站库存充盈，北京市450余座加油站在疫情期间正常营业。在油品质量方面，北京石油严格对采、购、存、运、销环节管控，严格执行"五不采""五不卸""六不发"，从源头严抓油品质量管理。同时，北京石油与油品承运车队加强对司运人员的管理，做好油罐车消毒防护，并且为每一辆油罐车施打电子铅封，用GPS、行车记录仪监控油罐车状态，确保油品安全及时、保质保量地送到每个加油站。各分公司根据区域实际情况，及时调整加油站人员及作息安排，延长加油站营业时间，严格做好加油站等区域的公共卫生防护措施，要求加油站员工做到戴口罩、勤洗手，每天上岗前要测量体温，并对便利店、加油枪、加油机键盘等工作场地和设备设施进行3次全方位消毒。在便利店入口处放置消毒液供顾客使用，张贴标语提醒顾客排队办理业务时保持足够距离。结合绿色加油站要求，设置垃圾分类桶和口罩专用回收桶；班组交接时，下一班需对上一班的现场卫生进行检查，达到标准再接班，确保为顾客营造一个干净、整洁、舒适、非常漂亮的消费环境。

为确保防疫车辆、重点企业等单位的用油需求，北京石油在医院、派出所等重点区域的加油站开通服务绿色通道，实行专机专枪专人加油，随到随加。2020年6月，受新发地休市影响，多地紧急调拨大量蔬菜供应首都。北京石油在国道、高速公路及大型果蔬市场等重点区域的加油站启动保供油、增服务工作，确保防疫物资运输车辆优先加油。特别是陈留加油站，距离北京市临时蔬菜水果保供点国际名酒城市场仅500米，为了确保油品的供应，该站全体员工从2020年6月11日至7月15日，连续35天吃住在站上，在做好加油站每日消杀工作的同时对进站加油车辆执行"一车一消毒"，用实际行动保障了顾客的安全。疫情期间，北京石油平均每天为近百辆抗疫车辆服务，彰显了良好的企业形象。

随着复工复产的有序推进，重点工程的能源需求也迅速增长，北京石油密切关注企业复工复产动态，提前筹备，确保油品供应充足。受疫情影响，门头沟某工程公司开工时间比预计时间延后了3个月，很多设备都无法正常运转，北京石油客户经理在了解情况后，快速为其送上了复工后的"第一桶油"，解决了客户的燃眉之急，受到了客户的好评。自复工复产启动以来，北京石油累计为重点项目客户定制用油110份，为企业提供紧急服务40次。此外，北京石油为符合条件的59个中小微企业和个体工商户减免租金75.12万元，助力复工复产。

（二）诚信经营，确保商品不涨价

新冠肺炎疫情期间，北京石油集中调配物资供应，加强采购、配送工作，全力补充民需商品，特别是米、面、油和矿泉水、方便面、消毒液、口罩等，特事特办，确保货品充足，供应及时。北京石油的一系列举措，在兑现商品不涨价承诺的同时对稳定市场供应起到了积极作用。随着疫情的不断升级，商场、餐馆等线下消费场所纷纷歇业，许多地方受农产品运输、物流、人工等因素的影响，一度出现"买菜难"的情况。为了帮助北京市广大市民解决"米袋子""菜篮子"的问题，北京石油主动与首都主要蔬菜供应企业取得联系，利用加油站网点多、全部正常营业、供应渠道快捷的便利，推出了"安心买菜"业务，为首都市民提供安全、卫生、快捷、便利、优惠的新鲜蔬菜。一时间，北京石油"不下车，不开窗；三天量，一整箱，一键送到后备厢"的宣传语家喻户晓。为了确保蔬菜的品质安全，北京石油所售蔬菜都是从小汤山、首农农场等专业蔬菜生产基地采摘下来的，经过质量、新鲜度等一系列筛查后再统一装箱配送到加油站。田间采摘的蔬菜，当天就能在加油站上架销售。疫情期间，加油站每天的蔬菜销售量在3000箱左右。北京石油"安心买菜"业务推出后，被新华网等众多媒体纷纷报道，新加坡亚洲电视台、日本东京电视台、哈萨克斯坦哈伯电视台等国际媒体更是走进加油站进行实地采访报道，向国际社会展示了中国石化在防疫抗疫、助力经济社会平稳运行的积极行动和有力举措。视频被越通社、CNBC、英国每日邮报、加拿大金融邮报、纳斯达克等71家海外媒体转载。

（三）助力抗疫，平价口罩暖人心

面对"一罩难求"的局面，北京石油与政府相关部门积极协调，于2020年3月3日起在50座加油站以3.5元/个的价格销售平价口罩。为了避免人群聚集，北京石油采取线上无接触销售模式，顾客只需在家中通过"易捷加油"App下单购买，然后到加油站取货即可。随着顾客对口罩需求的不断增加，北京石油又积极协调相关资源，逐步加大口罩投放量，同时增加了儿童口罩销售。疫情期间，口罩供应量由最开始的每天3万只增加到15万只再到不限量供应，销售网点也从原来的50座加油站扩大到北京石油全部在营加油站再到全国销售。截至2020年11月，北京石油口罩日均销售量超过90万只，受到了顾客的广泛欢迎。

除了在加油站售卖口罩，北京石油还积极做好市民的"守护者"。2020年2月6日，中国石化喊话"我有熔喷布，谁有口罩机"，并且与纳通公司合作生产医用口罩。但是，由于纳通公司人手有限，生产效率受到影响。得知情况后,北京石油按照中国石化党组要求,克服复工复产加油站人员紧缺、疫情防控压力大等困难,先后调派近 200 名志愿者到纳通公司支援口罩生产,这些志愿者中有年过五旬的部门主任,有刚从加油站下班的加油员,还有刚从学校毕业的实习大学生……在他们通力合作和辛勤工作下,仅用 12 天时间,口罩产量便从日产万只提升到日产百万只。

为了给战斗在一线的工作人员提供帮助和支持,北京石油从 2020 年 3 月 5 日起,在 169 座加油站设立"暖心驿站",在 22 座加油站设立"环卫驿站",免费为环卫工人、快递员等公共服务人员赠送口罩,每人每日限一只,限量发放,赠完为止。公共服务人员可凭相关证件到加油站免费领取。目前,北京石油已赠送口罩超过 12 万只。

一方有难,八方支援。面对新冠肺炎疫情,北京石油组织党员开展"抗疫情,献爱心"捐款活动,党员干部自觉践行使命担当,及时响应,慷慨解囊,1957 名党员自愿捐款 257991 元,用爱心凝聚成抗击疫情的力量。疫情期间,北京市血库告急,北京石油 76 名党员撸起袖子奉献爱心,踊跃献血 19000 毫升,用实际行动助力抗疫。

(四)优质服务、温情服务不打烊

为更好地满足加油顾客的消费需求,北京石油针对顾客带卡、圈存、排队等痛点,于 2018 年 12 月推出了"一键加油"业务。新冠肺炎疫情期间,北京石油又及时推出"一键到车"业务。顾客在"易捷加油"App 中的"一键到车"页面下单支付后,加油员将商品直接送至车辆后备厢中,真正做到加油不下车、充值不圈存、开票不进店、购物不接触。从"一键加油"到购物"一键到车",北京石油的"无接触"服务不仅给顾客带来全新的数字化汽车生活体验,同时还能享受加油送积分、送券等多种增值服务,"一键加油"正成为越来越多顾客的加油首选支付方式。"一键加油"的推广改变了顾客的消费习惯,提升了顾客体验。除此之外,北京石油还聚焦社区营销,先后推出了"一键到家""小时达"等业务,为不方便出门的顾客提供送货上门服务,打通了服务顾客的"最后一公里"。疫情期间,闫村加油站站长闫永利所在的小区实行封闭管理,她利用上下班时间帮助社区居民从加油站购买米、面等商品并送货上门,帮助居民解决了购物难的问题;十里河加油站站长吕锦叶每周扛着 40 多斤的水一步一步走上五层楼,为不方便出门购物的老夫妇送水……北京石油的优质服务在广大顾客心中树立了良好的形象,汇聚了非常高的人气。

案例创造人:李岩 于慧

浙江石油用心经营，以诚赢客

中国石化销售股份有限公司浙江石油分公司

一、企业简介

中国石化销售股份有限公司浙江石油分公司（以下简称浙江石油）是中国石油化工集团有限公司（以下简称中国石化）下属的销售公司，创建于1950年，经营范围涉及石油、石油产品、天然气、石油化工化纤及其他化工产品的销售、储运等，是浙江省内最大的成品油销售企业。作为一家石油销售企业，诚信经营、以质取胜是浙江石油一贯的追求，也是浙江石油生存发展的内在基因。

诚信是品牌的生命，是企业安身立命的根本。浙江石油成立以来，始终坚持诚信经营的理念，做到每一滴油都是承诺，时刻把用户的体验放在第一位，精心经营、精细管理，以真诚的态度服务每一位客户，尽力满足客户的需求。近年来，面对成品油市场复杂多变、资源过剩、竞争加剧的不利局面，浙江石油不断创新，勇于自我突破，不断为客户提供高效、便捷的服务。凭借着"客户至上""质优量足"的诚信文化，浙江石油在复杂多变的市场环境中始终勇立潮头。

二、企业诚信建设实践

（一）多出来的480元

诚信经营，不多拿客户的一分钱，客户的东西一概不能要，这一直以来都是浙江石油在优质服务过程中奉行的原则，多年来基层发生类似拾金不昧的事迹数不胜数。

东阳石油神力加油站坐落在一个环境优美的地方，地理位置优越，人文情怀十分浓厚，是"歌山画水"之地，省道S37、S39就在该站站前通过。

有一天，神力加油站员工陆满锦在当晚结算营业款时惊奇地发现多了480元。这是怎么回事呢？她马上和站里其他员工反复核对，查看管控系统，查看当天是否有单笔交易金额为480元的流水记录。原来，当天17时12分许，一辆车牌号为"浙GD××××"的宝马汽车来站加过油，经与其他员工相互印证核对，才发现是该车的男、女车主分别付了480元的油款。

陆满锦在站长的帮助下到车管部门查询该车相关信息，随后找到了车主。当陆满锦把原委告诉车主，车主夫妻互相问询后方才如梦初醒、恍然大悟，连声致谢："如果你们不打电话来，还真不知道我们多付了油款，中国石化的员工素质就是好，真是难得！"

（二）一把量油尺

质优量足，不掺杂使假，便利店内无假货，这是浙江石油在诚信经营中一直坚持的原则，也正是靠着这样过硬的品质赢得了无数客户的信赖。

周庆是杭州勾庄加油站站长，不到30岁的年纪，却已经是一位有着6年计量经验的老站长了，在他的办公室里有一把油尺伴他走过了整整6个春秋。一把量油尺不仅量出了企业的诚信，也量出了他的精彩人生。担任站长多年，他管理的油站不仅损耗少，也从来没有数量或质量投诉和纠纷，靠的就是他手中的这把量油尺，让他把好了油品的进货关口，确保了油品合格足量入库。

2007年的夏季，周庆在一次测量油罐水高时不禁一惊，试水膏50毫米处赫然变成了红色。难道油里含水？带着疑问，他再次进行了测量，涂抹在量油尺表面的试水膏依然显示红色。于是，他立即停止加油，第一时间向分公司汇报，调查水杂原因。调查发现，由于前一天夜里下雨，该油罐计量口未密封，渗入了少量雨水，水杂沉淀在油罐底部。如果不及时测量，水杂通过油枪加到客户的车里，损失将无法估量。

通过量油尺计算出油罐库存变化，及时安排进油，保证了油品不脱销。不光如此，量油尺还可以随时了解油罐水位的变化，让管理者对加油站的油品做到心中有数。虽然加油站如今已经安装液位仪了，通过液位仪也可以监控油水高，但周庆依然坚持用手中的量油尺测量。在他眼中，这把量油尺测量的不仅仅是对客户的责任，也是对企业诚信的守护。

（三）易捷搭台，爱心助农

作为一家负责任、有担当的中央企业，近10多年来，浙江石油积极响应党中央及地方政府的号召和要求，利用自身的资源和优势，积极搭建供需渠道，帮助有困难的企业及贫困地区，开展爱心助农活动，推进消费帮扶工作，赢得了社会各界的好评。

2020年年初，受新冠肺炎疫情影响，很多农户种植的蔬菜、水果卖不出去，养殖的鸡鸭滞销。多数商场、超市关门歇业，许多企业的食品销售渠道不畅，库存堆积如山。消费者更是烦恼，很难买到价廉物美的农产品和食品。了解到这一情况后，浙江石油积极与钱江晚报社小时新闻栏目组开展合作，共同推出"我有易捷店，你有滞销品吗"的公益活动，并且承诺：只要农户有滞销的农产品和食品，只要产品质量过关，浙江石油将依托分布在浙江省各地1800多家连锁便利店进行售卖。如果食品企业有困难，他们也将借助拥有1800多万粉丝的微信公众平台帮助线上进行产品销售。消息一推出，迅速得到了社会各界的积极反应，两天内就有30多家农户和企业纷纷打来电话要求合作。第一个打来求助电话的是江山市"大夫第"家庭农场企业主姜龙磊。姜龙磊说，因为鸡蛋运不出去，库存量已经超过100吨，他急得像热锅上的蚂蚁。姜龙磊打来电话后，浙江石油第一时间与他的农场取得了联系并对养鸡场进行了整体评估。姜龙磊的农场是浙江省内一家规模较大、资质较好的民营企业，农场的环境比较整洁，鸡蛋的分级、装箱过程都是流水线操作，非常现代化，而且售价也比较低，之前鸡蛋的正常售价是4.5元/斤，现在30枚鸡蛋的售价仅为12元，相当于3.2元/斤，一箱鸡蛋（360枚鸡蛋）的售价仅为135元。整体评估后，浙江石油积极为他量身打造销售方案，决定利用自身资源优势线上线下同步开展销售。

从2020年2月22日开始，姜龙磊的鸡蛋不仅可以通过浙江石油的官方微信进行线上销售，同时初步选定了衢州地区53座加油站易捷便利店进行线下销售。浙江石油衢州分公司第一时间在公众微信平台发布消息并发动党员干部职工一起行动，员工人人转发，党员志愿送货，全员推销。衢州53座加油站在车主群放出预售消息，不到3个小时，鸡蛋被订购一空。浙江石油衢州分公司业务经理立刻又联系姜龙磊追加200箱鸡蛋，鸡蛋一送到，一小时内再度售卖完毕。据统计，仅22日当天，浙江石油衢州分公司就销售了430箱鸡蛋，共计15.4万枚。

姜龙磊的滞销鸡蛋在衢州开卖后，浙江石油又陆续在杭州南环路、莫干山路等20座加油站开始销售，预售消息在朋友圈中放出不到一小时，次日运往杭州的鸡蛋已被预订一空。

从 2020 年 2 月 24 日开始，浙江石油有 5 个分公司共计 133 座加油站陆续推出爱心卖蛋活动。6 天之内共帮助"大夫第"农场销售滞销鸡蛋 160 万枚，约 100 吨。

之后，浙江石油又陆续推出了售卖小香薯、椪柑、文旦、鲜花绿植等公益活动。截至 2020 年 3 月 12 日，共帮助建德和衢州农户消化了 2.9 万箱（约合 29 万斤）滞销椪柑，帮助临安和海南合作社销售了大小香薯 6700 多箱，三八节当天帮助云南花农销售了 3100 束鲜花和 7400 盆绿色植物及 3000 箱玉环文旦。累计帮扶 17 家农户、合作社或农产品生产企业，销售生鲜农产品 200 多吨。此外，在浙江石油的带动下，其下属各分公司也积极对接当地困难农户，在力所能及的条件下帮助售卖滞销农产品。如浙江石油丽水分公司帮助残疾农户销售了滞销荸荠 500 斤，浙江石油杭州分公司帮助临安灵溪甘薯专业合作社两天卖掉 2300 箱小香薯。

在疫情中得到帮助的很多农场主和合作社对浙江石油的善举都很感动，纷纷电话致谢。"大夫第"的企业主姜龙磊为此专门送去"中国石化行公益、助企解困献爱心"的锦旗，台州玉环文旦合作社写了感谢信以表达对浙江石油的感谢。

案例创造人：李仁如　舒志国

以诚信立企，履社会责任，奋力书写一流发展新篇章

国能包神铁路集团有限责任公司

一、企业简介

国能包神铁路集团有限责任公司（以下简称包神铁路）成立于2013年，主要从事铁路运输及其延伸服务、铁路及其配套项目的建设、铁路专用线管理及维修等业务。包神铁路始终坚守诚信发展，以"讲诚信，求创新，敢担当，争一流"为文化品格，恪守契约精神，重信守诺，合规经营。包神铁路积极承担中央企业社会责任，通过物流服务、增加就业、保护环境、精准扶贫、公益活动等带动和帮助企业沿线地区实现经济繁荣、社会和谐、文化进步。多年来，包神铁路信守诚信理念，铁路运输未发生较大安全事故，得到客户、合作方的一致好评。包神铁路始终坚持企业发展与造福职工、贡献社会相结合，在创造企业价值的过程中，为职工营造包容、友爱、阳光、快乐、和谐、幸福的工作环境，给予职工足够的尊重和人文关怀，让职工拥有更多参与感、成就感、获得感与幸福感。

包神铁路始终坚守诚信发展，恪守契约精神，重信守诺，合规经营，连续3年获得国家能源投资集团有限责任公司（以下简称国家能源集团）系统内先进单位。2019年，包神铁路主营业务销售收入112亿元，净利润24.7亿元，总资产350亿元，利税39.44亿元。

二、企业诚信经营理念

文化品格是凝聚在企业广大职工身上的精神内核，是职工共同拥有的崇高品格和庄严承诺。包神铁路以"讲诚信、求创新、敢担当、争一流"为经营理念。其中，讲诚信是指企业全体职工热爱企业，忠诚事业，唯真唯实，守信践诺，言行一致。

包神铁路全面落实国家能源集团"一个目标、三型五化、七个一流"总体发展战略，认真执行国家能源集团"一体化"运营的各项规定；坚持"创新驱动，智慧引领，价值创造"的发展思路，构建以集疏运为核心、智能高效、安全可靠、绿色环保的铁路运输体系，服务好煤炭、电力、化工等集团内部企业，为实现集团效益最大化做出贡献；积极开展"大物流"工作，加强外部市场开拓力度，增强企业盈利能力、竞争能力和品牌影响力，为企业创造更高的价值，为职工谋求更好的福利，为社会做出更大的贡献。包神铁路广泛开展诚信文化宣传活动，在机关和沿线各站区进行诚信文化宣传，张贴文化宣传海报、组织企业文化培训，使得诚信文化更加深入人心。

包神铁路始终坚持企业发展与造福职工、贡献社会相结合，在创造企业价值的过程中，为职工营造包容、友爱、阳光、快乐、和谐、幸福的工作环境，给予职工足够的尊重和人文关怀，重视职工心理健

康辅导，增进民生福祉，让职工拥有参与感、成就感、获得感与幸福感；积极承担中央企业社会责任，通过物流服务、增加就业、保护环境、精准扶贫、公益活动等带动和帮助包神铁路沿线地区实现经济繁荣、社会和谐、文化进步。

三、主要诚信建设工作

1. 依法纳税，积极履行企业义务。2020年，包神铁路运输收入预计达到111.34亿元，净利润预计实现26.14亿元，总资产348.22亿元。包神铁路曾获得决算报表编报先进单位、财会金融知识大赛优秀组织奖等奖项。包神铁路不存在不良资产，按月对应收账款账龄进行分析，每年编制筹融资方案，依法合规开展筹融资业务。包神铁路依法纳税、主动纳税、诚信纳税，高度重视税收管理工作，严格遵守国家各项税收法律法规，自觉履行纳税义务。截至2020年11月底，包神铁路共缴纳税费10.87亿元。

2. 扶贫捐款，积极承担社会责任。包神铁路积极承担中央企业社会责任，通过运输服务、增加就业、保护环境、精准扶贫、公益活动等带动和帮助企业沿线地区实现经济繁荣、社会和谐、文化进步。切实履行社会责任，强化自身信用建设，有序开展扶贫项目，助力扶贫脱坚工作。完成杭锦旗陶赖高勒村大棚改造项目竣工验收，申请国家能源集团公益基金会向鄂尔多斯市基金会拨付尾款40万元。2020年，包神铁路累计投入货币资金1221.11万元，其中，直接投入帮扶济困资金58.6万元，产业帮扶资金305.7万元，"以购代捐"形式856.81万元，践行中央企业社会责任，有效地促进地企关系，增强了企业在沿线地区的社会影响力和美誉度。包神铁路组织开展了"扶贫日"主题捐款活动，共有4238人参与捐款，共捐款项41.13万元。

3. 节能环保，促进低碳绿色发展。为打赢水污染防治攻坚战，统筹水处理、节约用水和水资源保护，提高污废水综合利用率，包神铁路对沿线24处小型污水进行全面治理。2020年，开展了排污许可证年度环境自行环保监测。包神铁路积极推广中水回用，每日中水回用约800立方米，年节约用水28.8万立方米。节约生产成本约120万元。2020年，紧紧围绕"绿水青山，节能增效"和"绿色低碳，全面小康"的主题开展宣传活动，积极推动企业生态文明建设，促进企业绿色低碳发展。

4. 失信惩戒，促进采购管理规范。包神铁路对供应商实行全生命周期管理、全流程参与及全方位信息共享。针对现有采购履约活动中出现的各类违约行为甚至是违法行为，采取有效的事前预防、事中监督、事后考核相结合的管理模式，淘汰诚信评价中的劣质供应商，扶持诚信优质的供应商，推进合格供应商向诚信供应商转变。包神铁路在采购管理过程中更加注重供应商提供产品或服务的资质能力、诚信表现、产品服务质量、履约情况等方面的考核评价。从初期只要求供应商在履约过程中快捷高效到现在速度快、质量高、评价好的方向转变，更是将供应商失信行为的考核覆盖到所有为包神铁路采购活动中提供产品或服务的工程、物资、服务类供应商。在供应商的失信行为上，严格按照相关管理制度细化处置标准，坚守公平、公正、公开的原则。2020年，处置各类违约失信供应商19家，其中取消参与国家能源集团范围内所有采购标的的合格投标人/报价人资格的12家。包神铁路采用定性与定量相结合的方式提高诚信评价的公平、公正性，对所有纳入诚信管理的供应商进行量化评分，以评分结果推定其诚信度的高低。对诚信评价高的供应商予以一定激励政策，如评审条件增加诚信范围值或设置评审加分项等。对诚信评价低或失信供应商实施"横向叠加、纵向从重"的原则，根据违约性质采用经济处罚和行政处罚相结合的方式，真正做到全方位诚信信息共享，包括资质诚信、签约诚信、质量诚信、技术诚信、服务诚信等。

5. 质量监督，加强工程信用监督。包神铁路成立了安全质量监督管理联合工作小组，进一步健全建设项目安全、质量管理，对管内所有在建工程建设项目安全、质量管理工作进行监督检查。对管内工程建设项目定期、不定期的现场监督检查，针对检查发现的问题及时下达整改通报。督办参建各方及时整改治理，依据《包神铁路集团工程建设领域承包商信誉评价管理办法》对承包商进行信誉评价及考核，公示承包商在合同签订及履约过程中失信行为相关信息和有关证据。

6. 安全监管，强化安全环保责任。截至2020年12月30日18时，包神铁路实现连续安全生产无一般C类以上责任铁路交通事故8009天；实现无作业人员重伤及以上责任事故8012天。没有发生较大安全事故和环保事故及职业病危害事件。包神铁路严格落实承包商安全主体责任，实行委外项目挂名制，明确项目管理责任和监管责任，严格把控"安全协议签订、安全培训、施工方案审批、计划管理"等关键环节。强化承包商的安全监督管理，落实"五统一"、严把"五个关口"，实行"谁发包、谁监管，谁监管、谁负责"和承包商"黑名单"制度。强化现场安全监控和施工配合，做到了有施工必有管理人员现场监管、盯控，及时发现问题，消除安全隐患。2000年，为进一步加强承包商安全管理，包神铁路组织247家承包商召开了专题会议，重新学习了相关法律法规和国家能源集团及包神铁路的承包商管理制度，明确承包商管理具体要求和措施。

7. 加强管理，构建规范信用体系。包神铁路随时关注"信用中国"网站，随时关注公布的信用"红名单"和"黑名单"，对企业合同相对方、承包商、供应商等进行动态筛查，严格控制企业信用风险。包神铁路不断强化信用档案管理、合同管理、承包商及供应商管理，合理利用外部信息和服务，运用现代信息化技术，规范企业内部信用管理，提升信用管理水平。包神铁路加强信用对标，选取国际国内及行业优秀诚信单位进行对标学习，借鉴有益经验，提升企业诚信建设能力。

8. 关爱职工，构建和谐劳工关系。包神铁路切实保障职工取得劳动报酬的权利，按时发放职工工资，完善并落实工资支付规定，保障职工特别是农民工按时足额领到工资报酬。包神铁路积极保障职工休息休假的权利，完善并落实国家关于职工工作时间、全国年节及纪念日假期、带薪年休假等规定，规范企业实行特殊工时制度的审批管理，督促企业依法安排职工休息休假。积极进行招聘，履行社会责任，充分挖掘自身潜力，在落实疫情防控主体责任的同时积极复工复产，创造更多就业岗位，吸纳更多人员就业。严格执行国家劳动安全卫生保护标准，加大安全生产投入，强化安全生产和职业卫生教育培训，提供符合国家规定的劳动安全卫生条件和劳动保护用品，对从事有职业危害作业的职工按照国家规定进行上岗前、在岗期间和离岗时的职业健康检查，加强女职工特殊劳动保护，最大限度地减少生产安全事故和职业病危害。落实"三个统一"，统一职业健康培训、统一职业健康查体、统一职业危害警示标识；兑现"三个100%"，工伤保险覆盖率100%、防护用品配备率100%、职业健康监护建档率100%；实现"三个为零"，职业危害事故为零、新增职业病例为零、不合格作业环境为零。包神铁路针对职工及家属对于医疗的不同需求，建立了全方位覆盖的医疗保障体系，深入推进"幸福职工"工程建设，搭建职工进京就医绿色通道，通过补充医疗保险，设立困难职工大病救助金等方式，确保职工及家属在医疗方面得到支持与帮扶，有效构建和谐的劳动关系，提升职工的满意度和归属感。2020年，包神铁路修订下发《包神铁路集团困难职工大病救助管理办法》，开展大病救助活动。从集团公司到基层，各级工会组织高度重视，本着"救急救难"的原则，认真开展好此项工作，共上报大病救助53人。其中，13人符合国家能源集团条件，上报至国家能源集团。其他40人经初审、复审有28个大病救助对象符合包神铁路救助基本条件，使职工切实感受到工会组织的温暖。包神铁路为做好困难职工帮扶慰问，建立健全了困难职工档案，认真负责做好困难职工摸底调研帮扶救助工作。2020年，共帮扶慰问职工31人次，其中特困职工15人、困难职工16人。慰问金共计138000元。

9. 加强宣传，开展多样诚信活动。包神铁路广泛开展多种类型的诚信活动，积极组织参加2020年中央企业全面质量管理知识竞赛，开展质量宣传月活动，全体职工进行学习并完成答题。积极开展"安全生产月"活动，围绕"消除事故隐患，筑牢安全防线"主题，组织开展了"安全知识普及教育""安全生产咨询宣传日""应急演练""反'三违'自查""全国安全知识网络竞赛"等一系列丰富多彩的安全活动。每年"12·4"国家宪法日，包神铁路均组织多种形式的宪法法律宣传活动，通过举办法律知识竞赛、微信普法、法律讲座等方式，线上线下多方式联动立体普法，增强了广大职工的守法诚信意识。

10. 人文关怀，关爱职工心理健康。包神铁路到国内和属地心理健康服务体系建设工作比较突出的企事业单位学习、调研，积极参与地方组织的心理健康公开活动，提升企业心理健康服务工作者的政策理论水平和实践能力。2020年6月，包神铁路心理健康活动全面启动，同时推进《职场心理》《领导干部如何筑牢拒腐防变的心理防线》两期心理讲座。采用微信答题的方式，组织对全体职工进行心理测评，及时掌握职工心理状态及其变化，为心理疏导工作奠定科学、客观的数据基础。组织心理健康服务爱好者及专兼职人员，参加2020年10月10日内蒙古自治区心理学会第十六届心理学学术会议。逐步培养一批心理健康服务专兼职人才队伍。结合团检报告和职工心理测评结果，实时在企业开展了26期心理健康团体辅导，将心理健康普及与职工思想工作紧密结合。经过几期的跟踪式培训，部分职工的心理状况明显改善。为了扎实推进职工心理健康疏导工作，包神铁路组建心理健康服务（企业EAP）工作领导小组，出台"心理驿站"建设工作方案。形成"党政主导、工会搭台、全员参与、专业运营"的工作模式，将职工心理健康服务工作纳入企业文化建设、精神文明建设，融入职工群众思想政治工作。2020年12月10日，包神铁路"心理驿站"全线授牌，在各单位"职工之家"同步挂牌"心理驿站"，全面启动软件建设和硬件基础建设。逐步建立健全职工心理健康服务工作长效机制，推进职工心理健康服务工作常态化、普惠化、精准化。

11. 团结抗疫，关爱职工科学防疫。包神铁路在全国上下全力抗击新冠肺炎疫情防控战中，发起全面抗击新冠肺炎疫情的倡议书，各级组织带领全体职工坚定战胜疫情信心，做好工作岗位和家庭生活中的科学防疫。广泛开展工作场所和家庭环境消毒防护活动，及时向身边同事和家人宣传普及正确佩戴防护用品和正确洗手、消毒等疫情防控知识，营造积极向上的工作生活氛围。密切关注返岗复工职工权益保护问题，依法维护女职工合法权益和特殊利益，做好疫情期间孕期、哺乳期女职工劳动保护相关政策的宣传。组织全体职工为武汉的医院捐款。组织了2020年包神铁路书画作品征集活动，倡议以"战疫包神，艺不容辞"为主题，面向全公司征集书法、绘画、剪纸、手工作品。用笔墨和双手表达包神铁路职工的爱路情怀和抗击疫情的决心及风貌。

案例创造人：惠舒清　潘有忠

强肌塑魂，以诚信之基筑万丈高楼

中建一局集团第二建筑有限公司

一、企业简介

中建一局集团第二建筑有限公司（以下简称中建一局二公司）始建于 1953 年，是 2020 年世界 500 强 18 位、世界最大投资建设集团——中国建筑集团有限公司（以下简称中建集团）旗下三级核心子企业。中建一局二公司注册资金 5.33 亿元，拥有以房屋建筑工程施工总承包特级、市政公用工程施工总承包一级、机电工程施工总承包一级为主的 16 项企业资质。2018 年入选国有企业改革"双百行动"，多次获得"全国五一劳动奖状""首都五一劳动奖状""全国优秀施工企业""全国用户满意企业""首都文明单位标兵"等荣誉称号。60 多年砥砺前行，中建一局二公司转战祖国南北，足迹见证了祖国的成长与壮大，形成以"服务创价值"为核心的企业文化执行体系，以高质量的服务为社会、客户、股东、员工创造价值，为企业可持续发展创造动能。

近年来，中建一局二公司聚力突破转型升级，由工业建筑的开路先锋变身为基础设施建设的探索者、管廊施工的领军者，由南征北战的拓荒者晋级为投融资建造领域的引领者，形成"房屋建筑＋基础设施、环境治理、投资建造、机电安装"的"1+4"产业布局，努力创建中国建筑一局（集团）有限公司（以下简称中建一局）旗下最具可持续发展力的世界一流核心子企业，成为改革发展领先、科技创新领先、服务品质领先的世界一流企业，以转型升级之笔绘就改革创新的壮丽蓝图。

中建一局二公司坚持与时俱进，在不断开拓创新中积累了丰富的施工经验，成长为综合实力雄厚、技术设备精良、管理水平先进的一流建筑企业。公司推进"一化三线"战略，深耕属地化建设，坚持"服务创价值"的经营理念，不断提升客户线、产品线、模式线服务能力，在基础设施、管廊、医药卫生、环境治理等多条产品线，通过 EPC、PPP 等多种模式为客户提供全产业链和全生命周期的增值服务，先后承建了首都时代广场、梅兰芳大剧院、北京协和医院、中国少年儿童科技培训基地、无锡苏宁广场、西宁管廊系列、银川阅海湖隧道管廊、徐州轨道交通、泸州迁建机场、北京城市副中心系列、深圳国际会展中心等重点项目，企业呈现出多元化发展的良好态势，荣膺"中国建筑蓝海奖（基础设施类）"。中建一局二公司 14 度携手"鲁班奖"、国家优质工程奖、中国钢结构金奖杰出贡献奖等中国建设施工领域最高奖项，赢得社会各界广泛赞誉。

二、以诚信之基筑万丈高楼

2018 年，中建一局提出"以诚信之基筑万丈高楼"，明确提出要确保工程质量最低达到行业中等以上水平，以诚信履约构筑企业诚信建设基石。中建一局二公司秉承"诚信、创新、超越、共赢"的企业精神，以客户为中心强势履约、诚信担当，以中国品质代言时代先锋，努力创建中建一局旗下最具可持续发展力的世界一流核心子企业，成为改革发展领先、科技创新领先、服务品质领先的世界一流企业。

中建一局二公司充分发挥党组织领导核心作用，坚持把方向、管大局、保落实，以高质量党建引领高质量发展，通过加强党的建设保持转型升级战略定力，深入推进"三大建设""一化三线"、转型升级、精细化管理四大战略落地。5年来，用耸立于天地间的22项省级重点工程、10项民生工程、3项能源工程、超200万平方米保障房项目、40余项基础设施项目推进企业高质量发展，累计获得省部级以上工程质量奖超百项。

中建一局二公司坚持"服务创价值"，遵循"服务筑一流＋价值创一流"的经营理念，坚持秉诚心、铸匠心、守初心的服务宗旨，坚决贯彻党的领导，遵守国家法律，不讲条件、不打折扣地完成党和国家赋予的每一项政治任务，以一个高度负责任的中央企业形象勇担社会责任；把诚心待人的理念植根于企业文化中，在每一次对客户的服务中做到诚心诚意，在每一个产品中做到全力以赴；秉承匠心精神，把对品质的坚守、对股东和员工的承诺深植到企业的DNA中，用工匠精神贯穿企业管理全流程，努力成为高度负责任、高度受尊敬的一流企业。

中建一局二公司依托"5·5精品工程生产线"，坚持目标管理、精品策划、过程管控、阶段考核、持续改进5个步骤，充分应用科技资源平台、人力资源平台、劳务资源平台、物资资源平台、安全管理平台5个平台，坚持所有在建工程质量、工期、安全、绿色建造、施工现场形象均在行业中等水平以上底线不动摇的管理目标，为客户、社会提供高品质的履约服务。

坚持绿色发展、创新发展、高质量发展，建立互利共赢的盈利理念，中建一局二公司紧跟国家发展战略，把握企业战略发展大方向，通过完善企业制度体系、决策体系，实现科学决策、合理决策，保障企业科学发展。坚守企业核心价值观，把诚信意识植根于企业发展的每一个环节，加强诚信教育、建设诚信团队、创建诚信品牌，实现企业诚信发展。

三、以体制建设构建企业诚信之骨

在企业管理上，中建一局二公司借助"双百行动"契机，不断优化企业管理结构，建立科学管理体系。坚持解放思想，勇于创新，打破束缚企业发展的内外部体制机制障碍，不断完善制度体系建设，促进管理和竞争力的提升，以现代化的治理体系保障企业发展。以突破完善市场化经营机制改革为切入点，完善顶层设计，深化组织机构改革，形成总部、分公司（事业部）、大项目部/项目部三级管控模式，做到适度集权、合理授权。

2019年，中建一局二公司对管理体系重新梳理并相继发布适用于企业转型升级、高质量发展的管理制度、明确各项工作管理底线、完善工作流程管理，不断健全和完善"过程精品、动态管理、目标考核、严格奖惩"的质量运行机制，设定企业管理红线、黄线底线管理指标，坚持以"目标引领＋底线管理"的方式强化企业诚信体系建设工作。坚持所有在建工程项目质量、安全、安全文明标准化建设均在行业中等水平以上底线不动摇，锻炼出了一支诚信、团结的高素质先锋团队。

中建一局二公司通过完善现代企业制度，遵循横向分类、纵向分级和分层管理的原则，构建"制度＋作业标准/操作指引"的制度体系。用制度规范业务和流程，用作业标准/操作指引落实管理制度、技术标准、风险管控的具体要求，形成能直接指导员工按步骤开展工作的规范体系。横向上，将经营管理理念、依法合规、风险管控的各项要求融入制度条款、业务流程，并通过信息系统固化，实现靠制度管理企业、靠制度控制风险，以规范的制度管理构建企业诚信建设骨架。

四、聚焦"现代化"治理体系，塑诚信之魂

中建一局二公司以坚持党的领导为核心，推进治理体系和治理能力建设现代化。倡导解放思想，勇

于创新，打破束缚企业发展的内外部体制机制障碍，不断完善制度体系建设，加快建设适应性组织，促进管理和竞争力的提升，以现代化的治理体系保障企业发展。坚持法人治理结构各主体权责对等、运转协调、有效制衡的原则，实现法人治理结构改革。以建设董事会为重点，建立健全权责对等、运转协调、有效制衡的决策执行监督机制，充分发挥党组织的政治核心作用、董事会的决策作用、监事会的监督作用、经理层的经营管理作用。坚持权利、义务和责任相统一，激励机制和约束机制相结合，依法厘清董事会及相关方职责权限，形成"党委领导核心，董事会战略决策，监事会独立监督，经理层自主经营"的现代公司治理体系，以科学、规范的治理体系，构建企业诚信发展的领导核心。

五、以人为本，践行社会责任

中建一局二公司一直在探索如何通过有效的管理方法和技术途径，达到尽可能节约资源和保护环境的施工目的。在不断深入开展绿色建造的过程中，愈发认识到绿色施工在当下已经不再仅仅是一个单纯的施工管理范畴，而应以可持续发展的理念，从人本角度出发，关注工程建设全生命周期中的"人"，从而探索人与环境的和谐共生。秉持人与自然和谐共生的理念，中建一局二公司积极推进以绿色施工为核心的智慧建造。改变原有粗放管理方式，创新研发基于"BIM+信息化"的智慧建造综合管理平台，利用智能的信息采集手段，将环境监测、工期监控、人员监控、视频监控、塔吊监控、质量安全监管、物资管理、成本管理等多方信息纳入综合管理范围，在平台中进行信息的传递、分析、控制及运用，挖掘项目"大数据"价值，辅助项目精细化管理。使项目现场由传统的粗放管理变得科学、有序、细致。通过持续、可循环的理念，最大限度减少对资源的占有，从而实现可持续发展。从绿色施工理念到切实落地的绿色建造，通过不断完善制度和严格的落地实施细则将理想变为现实。

中建一局二公司坚持践行拓展幸福空间的企业使命，通过为劳务人员打造营地化生活区践行社会责任，探索实践物业化的营地建设，不断提高农民工生活品质和工作环境，让外来务工人员过上了入场有合同、作业有安全、工资有保障、人身有保险、维权有工会、学习有夜校、高温有补贴、宿舍有空调、吃饭有食堂、人生有梦想的"十有的幸福生活"。率先探索物业化管理模式下的工人生活区营地建设，并逐步丰富管理内涵，从物业化、军事化、人性化"三化融合"理念，逐步完善发展为"生活便利化、物业智能化、绿色技术全面化、设施标准化、住宿公寓化、环境园林化、安全常态化"的"七化融合"管理模式。

中建一局二公司持续深入开展"把微笑带回家，为最美劳动者点赞"的大型社会公益活动。2016年由北京市总工会主办的首届"把微笑带回家，为最美劳动者点赞"大型公益活动在中建一局二公司北京城市副中心项目施工现场举办，千余名首都建设者获赠"最美微笑"照片。自此，中建一局二公司积极与北京市总工会等单位开展合作，连续4年全面参与"把微笑带回家"大型公益活动，累计为首都建设者、农民工群体送上"最美微笑"照片近万张。通过歌颂劳动光荣，弘扬匠心精神，为企业诚信履约奠定基础。4年来，该项大型公益活动得到了政府和各大媒体高度关注，累计首发报道68篇，其中新华社等中央级媒体首发21篇。

中建一局二公司坚持以人为本，以科技创新推进和引领智慧建造；尊重共有的自然资源，坚持降本增效，用最小的能耗创造最大的价值；尊重广大农民工群体，为外来务工人员创造良好的生活环境、营造温暖的精神家园，以引领行业发展的魄力和使命砥砺前行。

案例创造人：娄桂霞　李想

筑诚信基石，立行业丰碑

中国建筑第三工程局有限公司

一、企业简介

中国建筑第三工程局有限公司（以下简称中建三局）是世界500强企业——中国建筑集团有限公司（以下简称中建集团）的重要子公司，是具有多功能、集团化经营的国有大型建筑安装骨干企业。1965年在"三线"腹地四川攀枝花成立，1975年调迁湖北武汉。中建三局是全国首家行业全覆盖房建施工总承包新特级资质企业，同时拥有市政公用工程施工总承包特级资质和公路工程施工总承包特级资质。

中建三局是"深圳速度"的创造者。20世纪80年代，深圳国际贸易中心，中建三局3天一个结构层，创造了举世闻名的"深圳速度"，将中国建筑业从高层建筑推向了超高层建筑的新水平。20世纪90年代，深圳地王商业中心，中建三局再接再厉，以两天半施工一个结构层创造了新的"深圳速度"，将中国建筑业从一般超高层建筑推向了可与世界摩天大厦媲美的国际先进水平。

中建三局是建筑行业的排头兵。2019年合同额超过5000亿元，营业收入超过2800亿元，营业规模达到世界500强345位的标准，主要经济指标多年排名中建集团工程局第一名、湖北百强企业第二名，排名中国建筑业竞争力两百强企业榜首。先后承建、参建全国20个省、自治区、直辖市第一高楼。近年来，中建三局发挥规划设计、投资开发、基础设施、房建总包"四位一体"优势，参与城市建设，开发品质楼盘，不断拓展建筑工业化、地下空间、水利水务、节能环保等新兴业务，持续引领行业发展。

中建三局是"两山"战疫的急先锋。2020年春节，新冠肺炎疫情突如其来，中建三局逆行冲锋，投入4500余名管理人员、近4万名工友组成精锐团队，仅用10余天建成火神山医院、雷神山医院，创造举世瞩目的"中国速度"，成为中国战"疫"胜利的坚强支点。与此同时，中建三局还在全国各地承建、参建应急医院25个，总建筑面积超过24万平方米，新提供床位超过20000个。由于抗疫过程中的英勇表现，中建三局成为中建集团唯一的全国抗击新冠肺炎疫情先进集体荣誉获得者，中建三局党委获评"全国先进基层党组织"，"两山"医院建设团队荣获第二十四届中国青年五四奖章集体称号。

二、诚信理念和体系建设

中建三局肩负拓展幸福空间的企业使命，致力于成为最具价值创造力的世界一流投资建设集团。坚持品质保障、价值创造，秉承诚信、创新、超越、共赢的企业精神。不断强化制度体系建设，形成诚信经营文化自觉。

1.筑牢诚信的制度支撑。中建三局坚持制度先行，将诚信经营理念融入制度建设。自1998年开始，连续20多年坚持开展质量、环境和职业健康安全管理体系贯标认证，将企业管理与国际标准接轨。

2009年，在中建集团系统内率先发布全面管理制度体系文件，被业内专家评价为"国内领先，带动行业管理水平整体提升"。2014年，中建三局引入价值链管理理论，发布《企业管理标准》《项目管理标准》及《管理评价标准》，以标准的形式对中建三局各业务系统的制度文件、流程和表单进行梳理整合，形成统一全局管理标准的纲领性文件；同时通过推进标准化升级与信息化联动，构建了全局一体化的综合管理信息系统，成为中建集团"两化"融合排头兵。特别是在诚信风险较大的领域，重点强化制度支撑。在市场方面，制订市场信用管理办法，形成"局－公司－分公司－项目部"四级管理体系；在分供管理方面，对分包方的准入资格设立了严格的考察管理流程，对资质情况、诚信记录等进行严格审查；在安全方面，严格落实安全生产责任制，将安全生产作为企业管理不可逾越的诚信道德底线；制订合规、风险管理办法，提前识别，避免不诚信事件发生。经过持续迭代升级，目前已形成覆盖全管理层级、全业务领域、全工作流程的成熟制度体系，为企业规范管理、诚信经营提供制度保障。

2. 形成诚信的文化自觉。2010年，中建三局发布《争先文化手册》，确立企业文化的核心理念是"敢为天下先，永远争第一"，并将诚信作为争先之基，提出以诚信赢得客户，以诚信凝聚员工，以诚信立足社会。经过发展和丰富，2013年发布《中建信条·争先文化手册》，明确企业精神为"诚信、创新、超越、共赢"。提出克服一切艰难险阻，严格遵守商务约定，对客户有效履约，对合作方讲求信用。以该手册为指引，中建三局上下形成强烈的文化自觉。一是将文化融入战略制订内容，指引企业转型方向。主动将"中建信条·争先文化"融入战略决策，出台企业文化实施纲要，引导战略发展，推动战略创新，成为助推企业转型升级取得实效的关键因素之一。二是将文化融入管理升级，加速企业规范运行。以"中建信条·争先文化"核心理念为指导，从拓市场、树品牌、创效益、育人才、优服务、强作风六大方面确立管理活动准则，将过程精品的质量管理理念、生命至上的安全生产理念、生态协调的绿色建造理念、持续创新的科技工作理念贯穿于建筑产品与投资项目论证、设计、建造、服务的全过程，彰显争先品格、体现诚信经营。三是将文化融入员工行为，凝聚企业发展动能。将"中建信条·争先文化"转化成"担责、担难、担险"的实际行动，深入倡导"诚信、创新、超越、共赢"的企业精神，将"笃诚守信"写入员工行为规范，激发员工争先有为，诚实守信，让文化真正影响员工的价值观念、道德规范、思想意识和职业态度。

三、诚信发展的实践和探索

（一）坚持筑造精品，以品质兑现承诺

中建三局始终坚持诚信为本，通过推行精益建造，不断提高均质化履约水平，持续为社会打造精品工程，累计获得"鲁班奖"97项，国家优质工程奖146项，以品质兑现承诺。

1. 全面推行精益建造。中建三局响应党和国家的号召，借鉴丰田汽车精益生产思想，综合生产管理理论、建筑管理理论及企业生产实际，提出具有企业特色的精益建造理念。经过持续推广，累计覆盖项目近千个。精益建造理念深度融合了总承包管理思想，用项目集成管理的方法提高管控能力。一是更加注重设计集成化，强调业务间、专业间的接口协调，注重多图融合，减少多余工序，提高图纸可建造性。二是更加注重资源集约化，通过全资源的合约框架划分和工作界面梳理，减少合约界面中漏项、重复问题，消除无效成本；制订合理招采计划，开展集中采购，提高供需匹配，减少资源浪费。三是更加注重穿插有序化，建立全过程、全专业、全业务集成的计划管理体系，以合理工序穿插为原则，减少工作面闲置，实现扁平化施工组织均衡资源投入。追求"零浪费""零库存""零缺陷""零事故""零返工""零窝工"的管理目标。随着精益建造在中建三局深度实践，涌现出一大批履约好、标准高的标杆项目，精益建造体系优势逐步凸显。年度实测实量成绩逐年提高，2019年合格率达99%；业主第三方评估成绩持续上升，潍坊歌尔绿城、天津吉宝生态城等一批示范项目评估成绩连续3个季度保持前列；客户服务满意度逐年上升，近3年平均客户满意度超98%。

2. 努力践行均质履约。一是通过标准化手段提升管理水平。按照投资类项目公司、房建施工项目、基础设施类项目分类制订项目管理标准，规范从项目策划到维修保养的全生命周期管理动作。推进工艺标准化，开展铝模优化、一体化施工、永临结合等标准化工艺推广，提升建造效率的同时有效控制措施投入。二是通过技术革新提升管理品质。推进工厂预制化，避免手工操作带来的质量缺陷；推进施工机械化，采用自动钢筋绑扎机、气动凿毛机、腻子喷涂机等15项施工机具大幅提升施工效率、保证产品均质；推进建造智能化，推进BIM技术应用，开发运用"智慧工地"系统，实现项目信息可视化呈现。三是通过打造标杆项目，发挥示范效应。发挥重点工程高水平管理输出、专业化服务输出的引领作用，提升同一战略客户项目均质化履约水平，带动企业履约品质全面提升。经过持续努力，中建三局均质化履约水平稳步提升，近年来工程一次交验合格率100%，项目关键节点完成率达到100%。2020年，中建铂公馆项目成功举办全国质量观摩会，中建三局58个示范项目举办了省级质量观摩会，累计观摩人数超过4万人次。

3. 不断创新安全管理。一是利用科技手段提升安全培训效果。组织研发多媒体安全培训管理系统，将安全知识融入故事情节，转化为动漫影像并应用于"云端大数据"管理培训信息。该成果先后荣获中国建筑企业管理创新成果一等奖、中国第二十三届企业管理创新成果二等奖，在全国建筑领域内推广。二是开展体验式安全教育，应用VR技术，开发了安全教育体验模型，在国内建筑领域率先开建安全体验馆，制订了13项体验项目标准，有效提升体验效果。三是大力应用信息化管控手段。自主研发应用"平安三局信息化"系统，实现安全监管升级，将安全检查及整改、安全教育培训及测试、关键工序验收、危大工程旁站监督等上线应用，形成项目安全自评价得分，有效提升项目安全管理水平。2019年，中建三局荣获国家级安全标准化工地42个、省级安全文明工地168个。承办了全国《工程质量安全手册》观摩会，全年举办省、市级安全文明施工现场观摩会126次。

（二）坚持客户第一，以共赢创造价值

1. 优质履约赢得客户。不论是国家重点工程还是重大民生保障项目，不论在国内还是海外，中建三局不断克服工期、技术、环境等挑战，一次次将不可能变成可能，在成就客户中实现自我价值。

2017年，千年雄安第一标——雄安市民服务中心项目开工建设，建筑面积达10.02万平方米，项目工期仅4个月。该项目一是规划起点高，模块化设计、装配式建造、节能低碳、"海绵城市"等许多新理念在这个项目得到应用；二是建设标准高，全过程的质量可追溯系统、BIM技术应用于建设管理、智慧工地、智慧运营等数字化管理系统都要求引入实施。为满足业主要求，中建三局投入了比常规工程多10倍的力量，4000余名建设者战风斗雪、"割冰焊霜"，20天完成5万米焊缝的焊接作业，焊缝长度连接起来相当于6个珠穆朗玛峰的高度；25天完成12200吨钢构件安装，相当于2个埃菲尔铁塔的用钢量；1000个小时实现所有钢结构单体全面封顶，比同体量工程施工速度快2~3倍。历经112天，中建三局圆满完成建设任务。

2018年，"中巴经济走廊"最大交通基础设施项目——巴基斯坦PKM高速公路（苏库尔至木尔坦段）33公里路段提前14个月通车，整体进度较业主基准计划超前11.7%，创造了新的"中国速度"。

由中建股份-中建三局联合体承建的北京第一高楼——528米的中国尊如期移交，成为2018年全球唯一移交的超过500米的工程，创造世界500米以上超高层建筑最快施工纪录。

2. 靠前服务提高品质。一是强调"大服务"，中建三局秉承服务无大事小事之分、无分内分外之别的理念，打造包括售前、过程和售后在内的一体化服务。将服务前移，协助对接政府相关部门、办理项目备案、开工许可等前期手续；抓过程服务，优选项目管理团队，定期开展满意度调查、及时整改反馈；做好售后服务，编制工程使用说明书、建立客户回访制度。二是强调"超值服务"，使客户得到超出合同约定的增值服务。包括提供政策咨询、市场环境咨询、工程技术咨询、设计服务等；主动申报各类项目荣誉，通过举办质量、安全等观摩活动，扩大业主影响力和知名度；协助客户做好宣传和推广，为业主销售回款提供有利条件。随着服务品质的不断提高，中建三局建立起优质战略客户群，近3年战略客户贡献合同额平均增幅超30%。

3. 管理创新提升价值。近年来，中建三局不断通过管理创新为客户提供更加优质的一站式服务。在项目策划阶段，发挥产业投资、施工管理、开发运营等全产业链优势，为业主定制一揽子规划方案，提供差异化服务；在建造阶段，深入推进具有企业特色的总承包管理"441"计划，通过完善制度保证、资源保障、绩效考核、客户评价4个体系，打造深化设计、总包管理、专业分包、采购管理4个职业化团队，构建符合法规要求、满足市场需要的业内领先的管理模式。同时，中建三局依托深厚技术积淀，推行高质量、低成本的先进技术方案，有效推进项目降本增效，为业主节省成本；在项目后期，深度参与项目运营，为业主解决后顾之忧。2020年9月，武汉大东湖深隧项目顺利通水，项目建成后，中建三局将协助业主服务140余万市民。伴随服务价值的不断提升，中建三局在高端项目上与业主建立了更加深厚的互信关系。

（三）坚持合规经营，以法治筑牢底线

1. 持续完善法治建设。一是成立法治建设暨合规与风险管理委员会，定期开展企业主要负责人履行法治中央企业建设职责考核检查与评价，确保基层单位法治建设工作常抓不懈。二是健全法务团队建设。在所有的二级单位和重要三级单位设置独立法务部门，二级单位总法律顾问配备率达100%。中建三局现有专职法务人员近400人，占自有员工总数11‰，达到行业领先水平。中建三局法治建设工作受到社会广泛认可，荣获"中央企业法制宣传教育先进单位""湖北省法治宣传教育先进单位"等多项国家级、省部级荣誉，3人荣获"中央企业法律事务先进工作者"，十余人获聘仲裁员、陪审员等社会职务。法治建设的不断完善，法律意识的不断提高，筑牢了中建三局诚信经营的底线。

2. 创新开展合规管理。近年以来，中建三局创新探索合规管理模式。一是通过与国内顶尖合规律所、行业专家研讨并调研了国务院国资委合规试点企业，出台了中建三局合规管理方案，形成法治、合规、风险三位一体的管理模式，有效指导企业合规工作开展。二是通过编制合规管理专项制度、合规管理手册、合规文化手册等具体措施，将合规管理要求嵌入到各项经营管理活动中并萃取具有中建三局特色的合规管理文化开展宣传推广。连续3年，员工合规管理测试合格率超99%，合规管理能力不断提升，有效降低了不诚信事件的发生概率。

3. 不断强化风险管控。中建三局严格按照国务院国资委和中建集团的要求，做深做实风险防控工作。一是细分工作板块，目前已经形成了资信管理、合约管理、风险分级管理、诉讼管理、知识产权管理等业务板块，明确管理职责。二是将风险防控体系贯穿市场拓展、合同签订、履约管控、争议解决各管理环节，覆盖建造、投资、海外业务板块。三是通过评选风控大奖、举办风险管控成果展示大赛等活动激励基层人员积极参与风险防控，将风控理念和方式方法以喜闻乐见的形式表达出来，在中建集团系统内部乃至国资系统产生了良好的反响。风险防控能力的不断提升，使得中建三局能准确及时识别不诚信风险，有效防止不诚信事件发生。

（四）坚持服务社会，以担当诠释初心

1. 助力精准扶贫。中建三局先后在湖北团风、甘肃康县等地开展精准扶贫，对口支援新疆维吾尔自治区、湖北省等地，通过教育、就业、产业等方式聚力扶贫攻坚。截至目前，中建三局累计投入扶贫资金1700余万元，2017、2018、2019连续3年被湖北省评为精准扶贫突出支持单位。

2. 重视环境保护。中建三局积极推行"四节能一环保"文明施工，投入大量资金革新技术和设备，严格控制废物、噪音污染，推动改变建筑业高耗能、高污染的现状，实现更广泛的社会效益和环境效益。近年来，中建三局又将绿色建造确定为企业"转型升级"战略的重要组成部分。2017年，中建三局成立绿色产业投资有限公司，主攻绿色建造、水务环保业务，累计投资建设PC构建厂13个，为绿色施工贡献力量；累计承揽水务项目逾80个，合同额超千亿元，为广大市民营造良好人居环境。2019年，中建三局荣获"中国水业市政环境领域领先企业"，用实际行动践行环境保护重大决心。

3. 承担社会责任。中建三局积极承担社会责任，带动就业主动作为，近7年平均每年招收高校毕业生近3000人，带动近30万农民工就业；灾情救援响应迅速，2017年四川九寨沟地震，中建三局24小时内帮助1000余名游客安全撤离震区，项目救援团队获评"中国好人"称号；捐资助学积极踊跃，2015年，中建三局向湖北省希望工程捐资1000万元，成立"争先筑梦·青年成长"助学基金，累计帮助1000余名贫困大学生顺利入学；志愿服务热忱高效，2019年，中建三局选派182名青年志愿者参与军运会志愿服务，累计服务14796个小时，接送近50个国家的注册客户群3845人次，成为军运会志愿服务参与人数最多、服务区域跨度最大的企业。

四、取得的成果

中建三局数十年如一日，始终坚持践行诚信经营理念，形成成熟的制度保障，通过打造精品工程积累广泛的社会诚信，以客户为中心展现高质量服务，依托法治建设为诚信发展保驾护航，坚持服务社会、展现诚信驱动效应，企业发展稳中向好。

（一）经济指标稳步提升

近年来，中建三局紧紧围绕局"十三五"战略规划，全面发力，提前一年实现规划各项指标，经受住了行业增速下滑的严峻考验。2019年，新签合同额5211亿元，完成营业收入2830亿元，利润总额突破70亿元，达到世界500强企业314位的标准，比2015年提升约184位。2020年，尽管新冠肺炎疫情给企业生产经营带来较大冲击，中建三局用一个多月的时间实现复工复产，通过两个多月的努力，企业生产经营步入正轨。2020年上半年，中建三局新签合同额1975亿元，完成营业收入1187亿元，与2019年同期基本持平，为完成全年目标打下坚实基础。

（二）改革创新不断突破

中建三局在做大做强建造主业的基础上，不断拓宽业务范围，基础设施、投资、海外业务全面开花。2016年至今，中建三局基础设施业务快速增长，2019年实现基础设施业务营业收入771亿元，创历史最好水平；环保水务、轨道交通、地下综合管廊等领域也初具规模。2019年全年完成投资331亿元，实现回款328亿元，双轮驱动的格局初显；打造出光谷之星、公馆高端住宅、壹品装配式地产等知名产品系列，品牌效应显著。海外业务规模持续维持高增速，2019年合同额突破260亿元，营业收入占比显著提升，已在12个国家进行了业务布局，"十三五"期间先后承建包括"中巴经济走廊"PKM高速公路在内的34个重大项目。

（三）标杆地位持续稳固

中建三局持续提高企业管理水平，建造与投资"两轮"驱动，取得显著成效。仅2019年，中建三局荣获 25 项"鲁班奖"、3 项"詹天佑奖"、6 项 CTBUH 全球奖，4 项审计研究成果获中国内部审计理论研究成果，1 项改革发展成果获中国改革发展优秀成果。因为良好的信用表现，连续多年获评中诚信"AAA 级信用企业"、湖北省"守合同、重信用"企业，企业同时获得中国建筑业协会、中国施工企业管理协会、中国建设银行股份有限公司"AAA"信用等级企业评价。建筑行业标杆地位更加稳固。

案例创造人：杨晓辉　王猛

全面构建以"诚信通达"为核心的企业信用体系

贵州国台酒业股份有限公司

一、企业简介

贵州国台酒业股份有限公司（以下简称国台酒业）是天津天士力大健康产业投资集团有限公司（以下简称天士力大健康产业集团）历经20年精心打造的现代化大型酱香白酒企业。国台酒业以优质大曲酱香型白酒的研发、生产和销售为主营业务，拥有国台酒业、国台酒庄、国台怀酒3个生产基地，年产正宗大曲酱香型白酒近8千吨，储存年份酱香老酒3万余吨，解决就业2300余人，累计上缴税收近25亿元。

国台酒业自成立以来，荣获全国"就业与社会保障先进民营企业"、中国轻工业食品行业"50强企业"、贵州省"履行社会责任五星级企业"、贵州省"双百强企业"等荣誉。"国台"商标被认定为"中国驰名商标""贵州省著名商标""贵州省十佳著名商标"。国台产品荣获"贵州十大名酒""贵州省名牌产品""中国（贵州）地域文化标志酒"等称号，三获比利时布鲁塞尔国际烈性酒大赛金奖，获得美国第73届WSWA烈酒大赛中国白酒唯一金奖、中国白酒酒体设计奖、中国白酒国家评委感官质量奖等上百项殊荣。

2019年，国台酒业实现营业收入18.88亿元，合并净利润4.1亿元，归属于母公司所有者的净利润3.74亿元，纳税总额6.36亿元，资产总额48.52亿元。在2020年的"华樽杯"评选中，国台酒业品牌价值达553.68亿元，位列中国白酒企业第十二位，贵州省白酒企业第三位，初步奠定了"贵州国台酒·酱香新领袖"的品牌和行业地位，跻身中国一线白酒企业和酱香型白酒主流品牌。

二、以"通"的思想为引领，坚守"诚信通达"核心价值观

国台酒业以"通"的思想为引领，以企业信用与品牌信誉为路径，在全产业链构建企业信用体系，为实现"打造现代健康白酒，创新现代饮酒文化"的企业使命奠定坚实的基础、提供强大的保障、形成有力的推动。最终，践行"通达人生国台酒"的品牌主张。

在对"通"的思想的践行过程中，诚信始终是一个极其重要且不可或缺的落实路径。国台酒业始终坚守母公司天士力大健康产业集团以"诚信通达"为首要的企业核心价值观，以诚信为理念、路径，来实现"通达人生国台酒"的品牌价值主张。在国台酒业的发展历程中，始终将信用体系的打造与提升视为企业核心竞争力和持续发展力的关键要素，强化其在引导消费者对品牌从认知转化向市场转化的承启作用。

三、企业层面：以信用体系建设带动公司治理水平全面提升

1. 对标上市企业，规范公司治理。国台酒业严格按照相关法律法规的规定，建立了由股东大会、董事会、监事会和总经理组成的法人治理结构，为企业规范化经营奠定了坚实的基础。

2. 导入卓越绩效模式。为全面提升经营管理水平，国台酒业自2016年开始逐步导入卓越绩效模式，从领导、战略、顾客和市场等7个方面不断梳理完善，企业经营管理水平得到较大提升。

3. 坚持以人为本，构建和谐劳动关系。国台酒业严格遵守劳动保障和就业相关法律法规，依法建立劳动争议调解组织和工作机制。依法签订劳动合同、缴纳社保，每年免费为员工安排健康体检，节假日发放员工福利；定期组织劳动技能和管理能力提升培训，畅通职业晋升渠道，为员工提供了广阔的发展空间。2018年，公司荣获"全国就业与社会保障先进民营企业"称号。

4. 设立审计合规部，安排兼职企业信用管理人员。国台酒业设立有审计合规部，负责推进和完善公司制度体系建设；对公司经营管理业务合规性、合理性进行专项审计，提出审计意见和建议；全面组织公司风险内控工作，推进风控文化建设等工作。审计合规部经理持有"CIA 国际注册内部审计师"证书，为公司的兼职企业信用管理人员，负责建立和完善公司信用管理体系、进行信用管理相关知识培训、监测和提示公司信用风险等工作。

四、行业层面：公开公正，互信共荣，多次获评"守合同、重信用"单位

（一）面向供应商与合作伙伴的信用体系

1. 构建供应商信用管理体系。国台酒业建立并完善供应商管理制度，明确了供应商选拔标准和程序，以确保在平等互利的前提下达成商务合作。规范合同签订、做好履约监控、按时向供应商支付货款。对于优秀供应商，除了给予订单倾斜外，还在账期等方面给予了特别支持。国台酒业持续构筑"阳光采购体系"，倡导共生共荣、互利互惠，消除"灰色地带"的合作生态。在确保"质量第一、成本兼顾"的大原则下，不为合作伙伴设置其他附加条件。

2. 严格合作自律。自2019年起，国台酒业全部商务合同的签订均要求签署《廉政公约》附件，针对合作过程中可能出现的索贿、吃拿卡要、无端制造业务障碍及其他谋取不正当利益行为，提供公开的举报渠道，保障供应商利益。

3. 共同提升业务能力。以质求存是国台酒业生存发展的根基，在要求全产业链服务于"打造精品"的整体战略下。通过严格的供应商导入及年审程序，以及对其质量、成本、及时性、稳定性等关键考核指标的高标准要求，使得供应商在与国台酒业的合作过程中，不仅可以获得合理利润，同时还能与国台酒业一起共同提升业务能力和管理水平，让合作双方都能始终处于行业的较高水平，从而促进产业链整体向高质量发展转型。

4. 按约履行合同承诺。对上游供应商、下游客户及银行等金融机构，国台酒业均良好地履行了合同承诺。通过严格的审批程序，提前控制风险；通过精准的预算规划，合理安排贷款金额和还款计划。按时支付合同款项，按时偿还银行贷款。国台酒业多次获评为贵州省"守合同重信用"单位。

（二）面向经销商的信用体系

1. 强化客户意识，建好沟通机制。在全产业链持续强化"客户是衣食父母"等理念，以"通"文化为指引，促进厂、商、消费者的心神相通、信息互通、资金融通和资源联通。帮助经销商建立分销体系和畅销终端，保障经销渠道的纵横贯通。国台酒业本着"搭建沟通平台，实现平等对话，规范市场人员行为，构建和谐厂商关系"的工作宗旨，通过开通总经理邮箱，建立公司与经销商之间畅通的工作交流平台。建立企业经销商"一站式"服务平台，在线处理经销商咨询、投诉、合理化建议并督办至结案，

切实做好对经销商的全天候服务。建立经销商首次合作回访制度，向首次合作的经销商介绍经销商专属服务热线及经销商应知应会内容。建立市场调研回访制度，确保公司及时准确掌握市场信息，为扶持经销商发展提供客观信息。建立经销商服务满意度回访制度，专项跟进经销商在合作期间的满意度及对公司的改进建议。建立解约经销商回访制度，分析解约原因，调查合作期间对市场人员的服务满意度评价并按照公司规定对服务不到位的市场人员予以通报及处罚。

2. 建立交互平台，完善支持与保障体系。国台酒业建立了以经销商为导向、以价值为纽带、以服务为核心的平台化生态圈。与经销商创立共建、共治的合作模式，相互监督、共同协商。根据合作年限、销售回款、渠道终端建设、突出贡献等指标综合评价，建立经销商星级系统的动态管理体系；通过打造国台"移动互联微直销系统"，为经销商提供去中心化、多入口、社交化、场景化的经销支持；通过"CRM+ERP+物流运输管理系统+国台酒鉴真溯源系统"，建立订单管理执行平台，提升面向经销商的产品供应保障水平。按照"示、堵、疏"和策略引导的总体方针，推进防伪溯源系统的产品全覆盖，持续加大自有市场监察和寻求市场监督管理部门更大支持的力度，合力推动价格体系一等。通过常规终端的示价系统，强化价格标杆，全力维护市场秩序，保障经销商的合法利益。

3. 强化营销赋能，做好能力共建，构建价值共同体。国台酒业以产品智能化、管理信息化、营销数字化为导向，以智慧管理云、智能服商云、数智营销云为手段，以及时动态的分类分级的客户数据为工具，以企业微信为平台，搭建以业务流为核心的强链接的实时、精准、可视的数字化服务管控与支持体系。以"大国酱香共创共享"为主题，充分发挥国台酒业品牌营销专家顾问团的作用，面向经销商和意见领袖举办营销培训会，在产品知识、品牌文化、渠道策略、经销手段等方面赋能并延展至经销商的分销网络、客户乃至用户，与经销商一起服务好消费者。通过主流媒体占位、事件传播引爆、线上线下活动营销"聚粉"等策略，用知识科普品质，用故事讲好品牌，用文化培育消费。提升品牌知名度、信任度和美誉度，通过共同提升品牌价值，为经销商营造良好的品牌营销氛围，赋予强劲的品牌动力。

五、市场层面：以"卓越品质，亲密关系"为宗旨构建市场信用体系

1. 质量为本，庄严承诺。企业的信誉和信用首先源于质量。国台酒业始终坚信并坚持"向社会生产和提供优质的产品是企业的第一社会责任"的价值观，并且将这一责任的落实贯穿与贯彻到企业经营的全方位、全程、全员和全心的境界。始终坚守质量是品牌最本质的内涵要素，是品牌最核心的价值体现，是所有品牌价值的前提和基础，是企业品牌战略的第一保障。同时，质量也是消费者认识品牌的第一印象，是消费者认知品牌的第一感受，是消费者认可品牌的第一评价，是消费者认定品牌的第一选择。

重阳下沙时节，国台酒业每年举办一次生产质量誓师大会。质量誓师，不单单是一种生产仪式，更是传承百年的酿造精神，对自然生态的敬畏之情，对质量的坚守定力。通过庄严的质量宣誓，持续强化"质量是国台的根，是国台的基础，是国台的灵魂，是消费者和经销商选择的最大权重"的企业发展理念，持续提升"视质量为生命"的全员信仰；同时，也是向世人昭示国台酒业对质量的坚守，向行业、社会及经销商和消费者传递国台酒业坚定做好一瓶酒、将一般做到精致、将精致做到极致的信心和决心。

国台酒业完善产品质量管理体系，确保产品质量的稳中有升，确保食品安全、质量安全零事故。建立了TQM全面质量管理模式，通过质量安全关键岗位责任制、体系认证、溯源平台建设等措施，确保达成食品、质量安全零事故目标。通过了质量管理体系、环境管理体系、HACCP食品安全保证体系等认证。近3年，国台酒业接受各级市场监督管理部门抽查，产品合格率100%，未出现不合格情形。

2019年，国台酒业荣获仁怀市"食品质量安全示范企业"称号。

2. 成分清晰，品质可视，年份可溯，尊重消费者的知情权。新的消费观念和饮酒方式不断演变，由过去"喝糊涂酒，糊涂喝酒"向"喝明白酒，明白喝酒"转变，已经成为白酒消费者新的消费期望。国台酒业利用分子现代生物发酵技术，揭秘酱香白酒微生物菌群的群系构成、变化规律，改变对微生物无法了解、生产过程全凭经验控制的传统做法，将得天独厚的生态环境、丰富的微生物群落，经过科学验证，转化为科学数据，用数字化手段打开酱香白酒成分中神秘的"黑匣子"，将复杂的酿造工艺标准化、数字化并逐步向智能化迈进。通过研发智能品酒系统，将人工品酒与智能品酒相结合，改变了酒的品质以往"嘴品"为虚的状况，真正做到"眼见"为实。最终，将一瓶酱香美酒做成产品成分清晰化、酒质品鉴可视化的"明白酒"，提升了消费者对国台酒业产品品质的信任度。

对于白酒产品而言，年份代表稀缺、珍贵，酱香白酒的时间属性与其价值正比关系尤为明显。但是，因为国内对年份酒没有统一的认定标准，缺乏相应的检测手段，年份酒的概念充满模糊意味。对此，国台酒业一直强调模糊的清晰化，清晰的数字化，数字的标准化，重磅推出了"国台国标酒"，其定位为"国台的标准酒，真实的年份酒"，在白酒行业首创"酿造年份+出厂年份"双标确证，诚信为本，做窖藏储存满5年的真实年份酒。

2020年8月，集权威性、公正性、专业性、公益性于一体的大型评选活动"首届中酒展大奖"评选结果正式揭晓，通过专业酒商线上线下投票、青岛市市北公证处公证和评审的审核，国台国标酒脱颖而出，荣获"2020中国酒业最具代理价值产品"大奖，其在广大经销商心中的信任度、美誉度可见一斑。

3. 打造国台酒鉴真溯源体系，提升品牌信任度。2020年，国台酒业联合腾讯安全、京东数字科技、复旦微电子等多个行业顶尖企业的力量，重磅发布国台酒鉴真溯源体系，创造了白酒行业的很多第一：第一个从种子、种植开始追溯，第一个将区块链技术应用到全程溯源过程，第一个使用腾讯安心计划……依托腾讯安心码计划、"指纹化"PUF芯片和区块链等技术，国台酒业建立起消费者"验真"和企业"防伪溯源"的双端平台。顾客可以通过"微信扫一扫""国台NFC鉴真App"等途径，快速、准确地验证产品真伪，实现"一物一码一链"追溯，逐步呈现粮食原产地、生产年份、包装年份、物流记录、渠道经销商、验证次数等关键溯源信息。以此为基础，"十四五"期间，国台酒业规划加强"国台酒鉴真溯源系统"与"自动化酿酒车间""数字智能化密集高架酒库系统"的整合，依托先进的检测、传感技术，结合人工工匠的经验沉淀，陆续呈现更多的酿造环节溯源信息，打开酱香白酒酿造机理的"黑匣子"，实现"天知道-机知道-人知道-可溯源"的管理。创新的防伪溯源技术组合方式，打造了加强版的防伪体系，提高了制假壁垒，切实遏制不法分子的制假售假苗头。通过信息化、透明化的产品流向监控，国台酒业能够及时发现违规"窜货"行为，规范市场经营秩序，维护广大经销商的利益。

4. 线上线下，亲身感受，眼见为实，亲历为真。国台酒业坚持"酒好喝、厂好看，不怕看，欢迎看"的理念，为了让客户近距离见证企业的雄厚实力和产品的匠心品质，多次举办"大国酱香醉美国台——国台匠心智造与文化体验之旅"回厂游活动，组织顾客/客户到国台酒业参观考察，零距离、面对面地见证国台酒业白酒三级质量控制体系，感受智能品酒系统等创新技术。通过"开放办厂"，一方面是让合作的经销商、消费者能够近距离感受品质和诚信——"自己心里有底"；另一方面则是让合作伙伴能够为自己的客户进行把关——"对自己的客户负责"。以微信作为工具中心，国台酒业正在不断创新一系列基于AR、VR技术的小游戏和用户体验内容，使消费者在线就能体验从一颗高粱到一滴酒的诞生过程，不到酒厂也能知道一瓶酒是怎么酿出来的。通过数字化的互动内容，与顾客之间实现了国台酒"好产品会说话"的沟通服务，形成与消费端的无缝链接和深度互动，开创数字化服务新形式，打造品牌体验闭环。

5. 明码标价，童叟无欺。国台酒业对主要产品实行终端明码标价制度，为顾客提供采购价格参考。通过公司官方网站、微信公众号、网上商城旗舰店等公开渠道，明确标识产品"统一零售价"；同时，规范经销商销售行为，要求经销商在其店铺内对销售的国台牌产品进行明码标价。按照"示、堵、疏"和策略引导的总体方针，持续加大自有市场监察和寻求市场监督管理部门更大支持的力度，合力推动价格体系统一等。通过常规终端的示价系统，强化价格标杆，全力维护市场秩序，保障顾客和客户的合法利益。

6. 重视客户投诉，积极协调处理。国台酒业建立了顾客投诉及快速协调解决机制，对投诉进行分类、分级受理，常规投诉即时处理、重大投诉立案专办，按规定积极响应顾客诉求，切实保障经销商和消费者权益。通过客观分析顾客投诉成因，优化生产端对产品质量、生产流程及生产工艺的改造，从而提升顾客满意度并促进公司产品质量升级，使客户投诉处理工作形成闭环。近3年，国台酒业未发生过大规模消费者投诉举报情况。

六、社会层面：坚守安全、生态红线，切实履行社会责任

1. 切实履行安全生产责任，坚守安全生产"红线"。国台酒业牢固树立安全生产"红线"意识，要求"管生产必须管安全"，责任落实到人、量化考核，明确了安全生产主体责任。国台酒业成立了安全生产委员会，按制酒轮次组织"安全大检查"，对酒库、罐区、燃气锅炉房等火灾爆炸高风险区域进行重点监控，通过人防、物防、技防等措施，确保安全生产。国台酒业近3年未发生重大安全责任事故，荣获"全国安全文化建设示范企业""安全生产标准化二级企业"等荣誉。

2. 遵守环境保护法律法规，持续开展清洁生产。国台酒业以"创建生态文明企业"为愿景，持续开展清洁生产。近年来，国台酒业实施了"锅炉煤改气""大功率电气设备变频改造""冷却水循环利用""污水在线监测处理"等环保项目，有效减少了废水废气排放、降低了水电消耗。国台酒业先后获得仁怀市"环境保护先进企业"、贵州省"职工绿色环保工作先进单位"等荣誉。

3. 严格履行诚信纳税义务，连续多年纳税信用评价为A级。国台酒业严格履行依法诚信纳税义务，自成立以来，累计缴纳增值税、企业所得税等近25亿元。近3年，国台酒业纳税信用评价均为A级。2019年，国台酒业荣获仁怀市"诚信纳税示范企业"称号。

4. 积极履行社会责任，热心慈善公益事业。国台酒业将慈善公益事业作为企业文化的重要组成部分。2017年以来，为茅台镇爱心助学会捐赠10万元；参与仁怀市长岗镇蔺田村定点扶贫，捐款捐物约15万元；在仁怀市"全员脱贫清零行动"中捐款10万元；为修复"美酒河"摩崖石刻捐款120万元；向仁怀市医院捐赠价值150万元的冲击波医疗器械；新冠肺炎疫情期间，捐赠医疗物资及善款300多万元。近年来，国台酒业荣获贵州省"履行社会责任五星级企业"、仁怀市"回馈社会示范企业""脱贫攻坚先进帮扶企业"等荣誉。

国台酒业在近20年的发展历程中，始终贯彻母品牌天士力"诚信通达"的核心价值观，将诚信视为企业发展的认识"底线"和行为"红线"，从生产到营销、从产品到服务、从企业到行业、从市场到社会，全产业链、全关系链逐步构建并完善品牌的信用体系，以赢得客户的信任，为企业的可持续发展、品牌价值的提升营造出和谐、共融的外部环境。

案例创造人：闫希军　张春新

以"信·和"主流文化引领诚信体系建设，为实现"一最两创、三强三优"汇聚强大动能

中国建筑第五工程局有限公司

一、企业简介

中国建筑第五工程局有限公司（以下简称中建五局）诞生于1965年"大三线建设"时期，是全球最大的投资建设集团、2020年世界500强18位——中国建筑集团有限公司（以下简称中建集团）的骨干成员企业，下属二级分支机构28家，目前员工近4万人。中建五局连续9年位居湖南省建筑施工企业营业收入榜首，连续4年蝉联"中建三甲"，总资产超过1500亿元，年经营规模近3000亿元，累积投资额超过3000亿元。2019年，中建五局完成合同额2956亿元、营业收入1262亿元、利润总额38亿元，同比分别增长10%、23%、14%。2020年上半年，中建五局新签合同额1767亿元、营业收入707亿元、利润总额21亿元，实现逆势增长，成为中建集团创建世界一流示范企业的重要力量，被中宣部、国资委誉为"央企典范"，中央媒体6次集中宣传。

多年来，中建五局一直坚持以"信·和"主流文化引领诚信体系建设，相继获得"鲁班奖"近100项、国家优质工程奖50多项、"詹天佑奖"11项、全国市政金杯奖30余项，火车头奖8项。中建五局及子公司获得全国五一劳动奖状12个、全国工人先锋号10个，17名员工获得全国五一劳动奖章。自1996年以来，中建五局连续24年获评省级"守合同、重信用"单位，积极做好诚信建设道路上的践行者。近年来，中建五局多次获评"湖南省优秀企业""湖南省百强企业"，被多家银行评为"5A级信用企业"，获得了"中国最具成长性企业""全国工程建设质量管理优秀企业""中国质量鼎""中国建筑业百强企业""全国十大管理创新示范企业""全国建筑业先进企业""全国守合同重信用企业"等多项国家级荣誉。

二、企业诚信建设成果

（一）以"信·和"主流文化为先导，打造诚信经营良好氛围

"民无信不立，业无信不兴"。诚信系为人之本、立业之基、发展之魂。多年以来，中建五局一直努力于形成自己企业诚信建设的文化氛围。自2003年开始，中建五局通过大力推进"信心、信用、人和"3项工程建设，在传承"中华传统文化、湖湘文化及中建文化"精髓的基础上，吸收内部各优秀基层单位的文化，到2009年，中建五局基本培育成型了以"以信为本，以和为贵"为核心价值的"信·和"主流文化。

"信·和"主流文化以"立德、立人、立业"为企业使命，以"服务社会、福利员工"为企业宗旨，

坚守关注社会、关注客户、关注员工的管理方针，接受经济责任与社会责任的双重考量。"信·和"主流文化对于企业内部管理强调"员工忠诚企业，敬畏规则；企业福利员工，人性关怀"；对于企业与关联方强调"融合上下游链条，统筹相关方利益，通过共同做大市场实现共赢"；对于社会环境强调"守法经营，诚信经营；遵守社会生态准则，注重环境保护和资源节约"。

近年来，中建五局坚持市场营销管控原则与中建集团"十条禁令"规范经营行为，逐步建立企业诚信管理体系，提升企业诚信评价效果。以"三化融合"（标准化、信息化、精细化）、"综合管理巡视"规范管理行为，以《行为十典》规范工作行为，以《礼仪九章》规范商务行为，以廉洁文化"四进"建设"超英廉洁示范点"、诚实守信行动规范道德行为，以《员工手册》、"金条+老虎"机制约束反对行为等，不断提升员工道德行为规范。

中诚信国际信用评级有限公司评定中建五局主体信用等级为最高级"AAA"级。中建五局先后获评中国施工企业管理协会"AAA"级信用评级，连续多年获评湖南省信用等级"AAA"级企业，连续11年获长沙市建筑业"AAA"级信用企业。各二级单位多次获评国家及省、市各级高质量信用评定。

以"信·和"主流文化为先导，中建五局在各项实际运营管理工作中，将其对社会、对业主、对分供方和对员工的诚信理念扎根于每个管理者心中，落实到各业务线条的管理制度里，形成事事处处讲诚实、时时刻刻讲信用、方方面面促和谐的诚信经营的企业管理氛围。

（二）致力于厚植企业精神，促进生产经营

中建五局一方面坚持"文化先行"和"战略主导"，致力于改革求新、发展图强，使企业的生产力得到了极大的释放；一方面致力于改善企业的非财务因素，重塑内部环境，全局先后开展了五次大的思想文化建设行动，为企业诚信体系建设奠定了基础。一是2003-2005年，通过实施"信心、信用、人和"三项工程建设，推动企业扭亏脱困；二是2006-2008年，通过开展"立德、立人、立业"的企业"三立"使命教育，推动企业做强做大；三是2009-2011年，通过开展正确处理"公与私、是与非、苦与乐、言与行"的"四组关系"大讨论活动，推动企业科学发展；四是2012-2016年，开展"学超英、强内功、谋发展"系列活动，深入学习"大姐书记"陈超英的先进事迹，提升内在凝聚力和外部影响力，推动"转型升级"；五是2017-2020年，开展"践行超英精神、建设百千工程"活动，推动"三个发展"。

"忠诚敬业、公而忘私、执纪严明、关爱群众"的十六字"超英精神"是中建五局的宝贵精神财富，也是"初心"所在。"超英精神"是中建五局培育践行社会主义核心价值观的有效载体，是企业诚信体系建设的有效体现；"超英精神"已成为《中建信条》《十典九章》和"信·和"主流文化的重要内涵，成为推动转型升级、创新发展和诚信体系建设的精神动力。"湖南省企业培育与践行社会主义核心价值座谈会""国务院国资委培育和践行社会主义核心价值观典型宣传工作座谈会"等重大会议先后在中建五局召开，中建五局已出版《"信·和"文化演绎凤凰涅槃》《工程项目文化建设》等文化专著5部，文化成果获评"中国管理科学一等奖""全国最具正能量企业故事""中国企业文化竞争力十强""中国企业文化影响力十强""中国企业党建文化创新先进单位"等荣誉20多项，对加强企业诚信体系建设、提升员工激情、扩大企业影响、促进生产经营起到了极大的激励和鼓舞作用。

（三）严格把控项目质量，确保诚信经营业务基础

企业要讲诚信，基本的前提条件是具备相应的盈利能力。中建五局作为一个大型建筑施工国有企业，主要的运营管理就是以工程项目为对象，接活、干活、算账、收款。接活——承接质量良好的工程项目，是保证企业赢利能力得以实现的重要前提。多年来，中建五局一直坚持严格把控项目承接质量。

一方面，企业坚持"高端业主、高端市场、高端项目"的市场营销理念，与国内有较强实力的业主逐步建立长期战略合作，确保项目施工合同条件保持在业内一个较高水平，并通过长期合作让老业主认可到企业的管理实力，在增大市场份额的基础上也能不断改善、提高合同签约质量。另一方面，企业建立健全了项目营销立项审批、招投标文件评审、投标成本测算、合同签订评审等一条严格的项目承接审批流程，确保项目承接时的基本预期利润。为此，中建五局专门出台了"项目管控管理办法"和"项目标前成本测算"总经济师审核、合同签约前企业总法律顾问审查规定等一系列制度规定，对计价、结算、收款有较大风险的项目进行了有效管控，杜绝了随意承接风险较大工程项目的现象，为企业诚信建设打下了良好的业务基础。

（四）积极投身建设湖湘，勇当湖湘"三个大户"

作为总部设在长沙、本地化几十载的大型中央企业，中建五局主动融入湖南省经济建设，在湖南省内14个市（州）投资、建设了一大批惠民生、有影响的项目，如承建了长沙地铁1、2号线，投资建设了长沙地铁3、4、5、6号线、湘江欢乐城、张家界西站、湘江新区智能驾驶测试区PPP项目、长沙市地下综合管廊等项目，助力湖南建设制造强省。

自2018年湖南推进产业项目建设年以来，中建五局先后承建湖南省"五个100"重大招商项目，长沙智能终端产业园比亚迪电子项目、新金宝年产1300万台喷墨打印机项目及新金宝高端制造基地等共计9个重大产业项目，合同额超100亿元。

中建五局始终秉承"信·和"主流文化，在企业发展的同时，坚持服务地方经济，勇当湖南省内著名的"三个大户"。一是"中央企业投资大户"。截至目前，在湖南省内，以中建集团名义投资的项目总额达700多亿元，其中以中建五局名义投资的项目总额500多亿元，多年位居中央企业在湘投资第一名。二是"纳税大户"。近年来，中建五局每年纳税都在30亿元以上，连续7年被评为湖南省纳税信用等级A级单位。三是"就业大户"。近7年每年招收大学毕业生约3000人，每年随中建五局在国内外施工的农民工有30万多人，其中湖南籍农民工人数最多，是全国就业先进单位。

（五）坚持以诚信回馈社会，展现中央企业使命担当

中建五局始终不忘中央企业责任担当，坚持以诚信回馈社会，大力支持公益事业，积极投身精准扶贫，运行"超英爱心联盟""超英爱心基金"，积极践行国家发展战略，对教育、环保和社会救援等"五领域、八方面"履行社会责任。一是助力打赢扶贫攻坚战。中建五局积极响应国家打赢扶贫攻坚战号召，积极投身精准扶贫。二是建立"超英志愿服务队"和"超英爱心基金"。中建五局统一志愿品牌、规范服务内容、打造志愿者队伍，大力开展圆梦助学、助修捐建、环境保护、扶贫救济、社会救援等方面开展系列公益活动，对外传递"超英精神"，不断为社会群体拓展幸福空间，把"大姐书记"的关爱和国有企业的责任传递给社会大众，激活正能量。中建五局按照"大基金、大关爱"思路，建立"救助帮扶、关爱帮扶、社会捐赠"三位一体关爱帮扶体系，把陈超英"关爱群众"的美德传递到社会，通过累计投入1000万元推进"大关爱"，共享国有企业的发展成果，形成"4万员工闯市场、30万民工奔小康"的和谐发展局面，极大地推动了企业的诚信体系建设。三是积极投身抗疫救灾。长年以来，中建五局始终坚持以诚信回馈社会，无论是早年的汶川地震和玉树地震灾后重建，还是多年的抗洪抢险及常态化的扶贫捐赠。2020年新冠肺炎疫情期间，中建五局迅捷响应、无畏"逆行"，在9个城市承担19座防疫医院建设，共4000余人参建，其中支援武汉雷神山、火神山及防疫方舱医院建设超过2000人。困难面前显担当，越是艰险越向前。疫情期间援建19所医院的最美"逆行"，中建五局都是身先士卒，奋战在抗击疫情的第一线，展现出了国有企业应有的诚信服务、社会责任和使命担当。四是积极践行国

家战略。近年来，中建五局迅速调适市场竞争策略，积极响应雄安新区和"长江大保护""粤港澳大湾区""长三角一体化"等国家战略部署，建设了大量具有支撑国家战略意义的大项目，中标首个"长江大保护"项目——江西九江综合水环境治理工程，中标雄安新区7个项目，承接军民融合30余亿元、在粤港澳大湾区承建项目超过500个，承建了"十三五"国家级重大科学基础设施工程和一批国家超级计算中心及重点制造业项目，坚持以诚信回馈社会，展现了中央企业的使命担当。

三、企业愿景

诚信建设涉及企业管理的方方面面，要形成对社会、对外部各相关方、对内部员工全面的诚信体系和习惯，是需要相当的实力、文化和相应制度的强有力支撑的。对于中建五局这样一个10年前还是濒临倒闭的国有建筑企业而言，更是经历了一个艰苦卓绝的过程。回过头来看，经过中建五局人10年努力，找到了一些方法，也切实地落实到了企业管理实践中。中建五局以"信·和"主流文化引领诚信体系建设，从"信心、信用、人和"三项工程建设到规范企业各项管理制度，从精细管理、共行信和开展"五个一"工程到优化创新、转型升级，最后让"信·和"文化落地生根，逐步建设成型了以"信·和"主流文化为先导、以制度做保障的特有的诚信管理体系。

中建五局已经风雨兼程走过了50多年。当年，前辈们为了建设国家，响应中央号召，在贵州大山区集结，以此起步；改革开放后走出大山，奔向改革发展的前沿地带，孕育发展了今天的中建五局。从"多元探索""濒临破产"发展到令所有中建五局人荣耀的"湖南三强、中建三甲"，但发展不停步，中建五局要向聚焦价值创造的"全新五局"跨步升级。

中建五局将弘扬新时代"信和天下，敢为人先"的企业品格，在政府相关部门的正确指导与社会相关方的帮助下，继续以"信·和"主流文化引领诚信体系建设，坚持诚信经营，在实现企业高质量发展的同时努力将企业打造成"诚信建设高地"，为实现中建五局"一最两创、三强三优"汇聚强大动能。

案例创造人：李俊文　周淼洋

以诚信践行国有企业责任担当

广西投资集团有限公司

一、企业简介

广西投资集团有限公司（以下简称广投集团）成立于1988年，注册资本100亿元，是广西壮族自治区首家世界500强本土企业。作为广西壮族自治区首家国有资本投资公司试点单位，在充分参与市场竞争的同时，承担着广西壮族自治区战略性重大投资任务，推动传统产业转型升级，培育发展新兴产业，引领广西壮族自治区产业高质量发展。2020年，广投集团位居中国企业500强124位、广西百强企业第1名，连续6年获"AAA级"主体信用评级，连续17届中国—东盟博览会战略合作伙伴，连续7年获国务院国资委企业负责人经营业绩考核A级，获穆迪、惠誉两大国际评级机构认可。

广投集团业务涵盖能源、铝业、新材料、医药健康、数字经济、金融等领域，拥有参控股企业300多家，上市平台4家，在职职工超过3万人。近年来，按照"强龙头、补链条、聚集群"的发展思路，广投集团大力实施"产业为基础、金融为保障、投资为引领"的"产融投"协同发展战略，不断在服务区域经济发展、改善民生、推动社会进步中做出新的更大贡献。

2019年，广投集团实现营业收入1800.3亿元、利润41.8亿元、上缴税费46.5亿元，资产总额4917.18亿元。截至2020年9月末，广投集团实现营业收入1607.78亿元、利润29.73亿元，资产总额5576.9亿元。

二、企业诚信经营理念

广投集团能够从单一发电企业逐步成长为产业多元的大型集团公司，并且连续多年来在区域和全国乃至东盟地区保有一定知名度和美誉度，离不开贯穿整个经营发展过程中的诚信经营理念。自成立以来，广投集团坚持贯彻落实广西壮族自治区党委、政府和广西壮族自治区国资委的决策部署，坚持"以价值为导向、以诚信为根基、以效益为目标"的经营理念及"诚信、规范、精细、高效"的财务理念依法诚信经营，勇担经济发展重任；同时，广投集团对各级员工的行为规范提出"遵章守法、忠诚企业、信诺践行、廉洁奉公"的要求，逐步让企业的诚信理念在员工中走深走实，努力将广投集团建设成为值得信赖的合作伙伴和值得托付重任的国有企业标杆。

三、企业诚信建设和信用体系建设

广投集团从顶层设计着手，自上而下全方位构建起企业诚信体制机制，通过组织保障、制度约束、技术创新、文化引导等方式为企业创造和培育良好的守法和道德行为环境。

1. 组织保障。作为国资监管企业，广投集团切实担负起经济责任、政治责任和社会责任。按照广西壮族自治区党委、政府和广西壮族自治区国资委的工作要求，开展投资运营及管理机构设置。广投集团是广西壮族自治区国资委监管企业，年度预算报告由广西壮族自治区国资委批复，管理层年度经营业绩考评由广西壮族自治区国资委执行。广投集团的董事、总经理及其他高管人员均由广西壮族自治区政府委派和任命，人事相关规则与制度遵循广西壮族自治区政府的相关政策指引。此外，广投集团机构进一步完善法人治理结构，构建起党委领导、董事决策、经理层经营管理的治理格局，适应市场竞争的决策、执行、监督机制进一步完善。广投集团以"标准化管理体系 + 市场化体制机制"为"1+N 监督协同"基础保障，将监督协同嵌入到企业的业务流程中，形成一个互动监督体系，从而进一步加强内部监管力度，确保企业在遵纪守法的前提下开展生产经营活动。

2. 制度约束。广投集团严格按照国家相关法律法规开展经营业务，做到依法经营、诚信经营。按照"小总部 – 大平台"的工作思路，构建"国有资本投资公司 – 产业集团 – 生产企业"的三级管控模式，通过授权管理最大限度赋予企业更多自主经营决策权，避免大股东过度干预企业经营。推进总法律顾问制度建设，重要子企业总法律顾问配备率达 60%。严把法律审核和法律论证程序关，审批决策项目的法律审核率、规章制度法律审核率、经济合同法律审核率继续保持 100%。作为广西壮族自治区国资委合规管理体系建设试点单位，广投集团以建设"法治广投"为目标，努力构建全员参与、全过程监控、全领域覆盖、具有广投特色的合规管理体系，制订和执行包括诚信合规准则、商业秘密保护、合同管理等超过 200 项的规范化管理制度，进一步夯实了依法治企及合规经营的基础，更好发挥了制度在诚信经营中的监督和促进作用。

3. 技术创新。广投集团重视向客户提供优质产品和服务，坚持新发展理念和技术强企的发展战略，坚持质量诚信的道德规范，不断优化研发机制与管理模式，在企业经营各环节融入高质量管理体系。广投集团与清华大学、复旦大学等知名高校合作推进"产学研用"一体化；历年来不断加大科研费用，引导所属企业进行技术创新，已承担国家及地方各级铝合金材料领域重大科技项目 73 项，获批研发经费 37123.6 万元，拥有专利 354 项，授权专利 247 项，在新材料、数字经济等领域推出技术领先和具有市场竞争力的研发成果。通过自主创新确保产品服务质量过硬，客户满意度及售后满意度连年提高。

4. 文化引导。广投集团将诚信理念融入企业文化和核心价值中。2020 年，立足现实需求、着眼未来战略，提炼了"担当、创新、开放、共赢"的核心价值观，明确了"创造价值、服务社会、成就职工"的使命，提出了"活力广投、百年广投"的愿景。"担当"指履行国有企业责任，积极为客户负责、为职工负责、为社会负责；"创新"指加强技术和管理创新，确保产品服务质量不断提高；"开放"指广纳高素质人才，筑牢诚信经营人才基石；"共赢"指正确平衡各利益相关者关系，开放合作，共创共享。"创造价值"指努力为客户创造更大价值，以一流业绩回报股东，实现国有资产保值增值；"服务社会"指积极践行社会责任，造福民生；"成就职工"指与职工共享企业发展成果。"百年广投"指坚持走诚信经营道路，努力打造深受客户信赖、政府满意、社会尊重的百年企业。

四、企业诚信实践

广投集团作为一家国有企业，坚决贯彻落实党中央和广西壮族自治区党委、政府决策部署，履行社会责任，不断提高国有企业的组织公信力。作为市场经济中的一环，广投集团始终遵循市场经济规律，主动顺应经济社会高质量发展需要，加快建立诚信守信的现代企业制度，维护好职工、客户、投资者、债权人等利益相关者权益，不断巩固企业的市场商誉。

1. 维护出资人权益，促进国有资本保值增值。广投集团是广西壮族自治区重要的投融资主体和国有经济经营实体，近年来，积极贯彻落实新发展理念，在动能转换、增长方式和产业结构的优化等方面取得实效，在完成国有资产保值增值的基本任务上不断向高质量发展阶段迈进。一是推动发展动能由要素驱动逐步向创新驱动过渡。积极推进数字广西建设，建设广投数字经济示范基地，主动赋能其他产业，逐步实现"数字产业化，产业数字化"，推进中国-东盟数字经济产业园，打造中国信创第一产业园，"爱广西App"在线注册用户突破1000万，完成广西政务一体化平台建设。二是推动发展规模由速度增长型向质量效益型转变。按照聚焦主业、整合资源的思路重组或新设了若干产业集团，在各个产业领域打造龙头企业引领发展。铝产业实现从上游氧化铝到下游铝光箔的全产业链打造。三是推动发展布局向结构更优和协同更强方向倾斜。在投资上"有进有退"，按照供给侧结构性改革主动退出近60家落后传统产业，并且用收回资金主动进军新兴产业。同时，积极引入战略投资者参与混改和经营，广投集团所属企业混改企业占比近80%。四是推动发展领域向更大市场竞争方向进军。

2. 维护客户权益，确保产品服务高质高标准。广投集团及所属企业严格按照质量体系要求进行质检，确保质量体系全过程覆盖；严格执行国标、行标等标准，保证出厂合格率100%。此外，有完善的客户服务体系，定期开展客户回访及交流活动，通过客户需求不断提高和改进产品服务质量；建立客户档案，注重对客户信息的管理和保护，未出现侵犯客户信息等现象，无产品或服务质量的重大舆情及相关负面报道。近年来，广投集团凭借雄厚的企业实力、强大的品牌影响力、精准的业务布局和诚信的经销方式，促成集团总部及所属企业在各大重要诚信质量管理类评选中屡获殊荣。如国海证券获2019年金融债承销做市团"银行间市场优秀承销商"奖、新浪财经第五届券商App风云榜"最佳用户服务App"，国富人寿获最具创新力保险品牌奖，广投资本集团获2020年中国股份投资市场机构有限合伙人30强称号。

3. 维护债权人权益，巩固市场良好营商环境。广投集团持续维持良好的信用评级，2019年全年累计新增融资235.9亿元，按时足额兑付债券98.80亿元；成功发行广西企业首单纾困债10亿元，创2017年以来西部地区同级别、同期限、同品种最低利率。2020年，广投集团财务实力持续增强，获得市场高度认可。广投集团及所属企业国海证券、广西金控资产管理有限公司、广西中小企业融资担保有限公司保持"AAA"信用评级，广投能源集团、广投银海铝业集团保持"AA+"信用评级，正润公司、桂东电力保持"AA"信用评级。近年来，广投集团成功应对国海证券代持事件，有效化解北部湾银海风险资产。2019年，经广西壮族自治区党委、政府同意，广投集团与金投集团实施战略性重组。由广投集团发起设立广西社保基金国有股权运营公司、注入存量土地，提高金投集团整体资本实力；积极帮助金投集团拓展融资渠道和降低融资利率，增强偿债能力，推动资本市场信心稳步提升，金投集团继续保持"AAA"信用评级，较好维护了广西壮族自治区的金融市场。

4. 维护职工权益，创建共建共享企业氛围。广投集团为职工创造良好的工作环境，提供事业发展、成就自我和实现梦想的平台，培养造就高素质的一流人才队伍，让职工分享企业发展的成果。一是创建和谐稳定劳动关系。维护职工合法权益，建立健全以职代会为基本形式的民主管理制度，今年审议通过了人力资源管理改革的系列管理办法和集体合同、企业专项工资集体合同，进一步保障和优化用人机制。上线运行广投数字大学（网络党校），为职工提供良好的职业发展平台。二是发挥工会组织优势温暖人心。节假日组织慰问活动，给广大在职职工和离退休人员送祝福；疫情期间组织购买口罩、消毒液等防护用品，为打赢新冠肺炎疫情阻击战、复工复产提供了有力保障。三是不断融入企业发展共享成果。加大在试点企业职工持股的推进力度，进一步激发职工干事创业的动力，与企业风险共担、成果共享。

5. 维护社会公益，履行国有企业社会责任。一是坚持绿色发展理念，做好环境资源保护。坚持环境友好型发展，坚决打赢污染防治攻坚战，所属企业实现节能量近5万吨标准煤；各生产企业污染均达标排放，排放上涨幅度低于产品增长幅度。二是致力于扶贫攻坚事业，共同打造和谐社会。广投集团对口帮扶 7 市 10 县 21 个定点帮扶村和 1 个突击支援村。累计捐赠资金近 5000 万元，实施消费金额达 3560 万元，派驻驻村工作队员 72 人次；实现易地扶贫搬迁 404 户，如期脱贫 2545 户，20 个贫困村实现脱贫摘帽，1 个挂牌督战突击支援村的脱贫攻坚目标完成。三是新冠肺炎疫情期间扎实做好"六稳"工作，全面落实"六保"任务。累计捐赠款物价值超过 5400 万元，为各类企业复工复产提供资金支持超过 180 亿元，向广西壮族自治区医护人员及其家属捐赠爱心保险保额超过 1700 亿元。复工复产方面，所属企业 2020 年 3 月实现复产率 100%，春节及疫情期间电力、天然气、防疫利病药品、盐品稳定供应。所属企业中恒集团火速上马口罩生产线，累计生产口罩超过 1000 万只，有效缓解了广西壮族自治区内防护物资的供应压力。

案例创造人：卢兆宇

争做全国建筑业领域诚信建设的排头兵

中交第三航务工程局有限公司

一、企业简介

中交第三航务工程局有限公司（以下简称中交三航局）成立于1954年，是世界500强企业中国交通建设集团有限公司（以下简称中交集团）的全资子公司，经过60多年发展，已经成为一家全土木、多元化的大型国有骨干建筑企业。正在努力打造成为高质量建筑业一体化服务商，努力建成具有全球竞争力的世界一流企业。

中交三航局是世界级、国家级工程建设者。承建或参建了世界技术水平最高、难度最大的桥梁工程港珠澳大桥，世界上最大的全自动化码头洋山深水港四期工程，亚洲最大的海上风电场华能如东300兆瓦海上风电工程，世界上一次建成线路最长、标准最高的高速铁路京沪高铁等一大批国家级、世界级工程。中交三航局是海上风电建设的领跑者。海上风电施工业务北至辽宁省、南到广东省，并且已成功进入国际市场，市场位居全国首位，并通过了"上海品牌"服务认证。中交三航局是全球市场开拓者，业务覆盖全球30多个国家和地区。中交三航局多次被评为"全国先进建筑企业""全国优秀施工企业""中国建筑业竞争力百强企业""全国工程质量管理先进企业""上海市文明单位""全国交通文化建设卓越单位"等，2020年获得第六届"全国文明单位"荣誉称号。

二、基础建设情况

中交三航局以"奋勇争先"作为企业的核心文化，明确"诚信务实、改革创新、争先创效、合作共赢"的价值追求，融入管理、切入业务、植入行为，致力于理念的认同和行为的改变。

（一）诚信文化实践——一以贯之，赢得信赖

信守承诺、规范履约是诚信。中交三航局坚定信念，在屡次面对诚信价值考量时，都毅然决然地选择了诚信，在材料价格飞涨时信守承诺，在工程施工中兑现承诺，在诸多不可能中死守承诺，变不可能为可能。中交三航局栾卢高速项目部努力克服新冠肺炎疫情影响，坚持标准化施工，项目经理牵头建立隧道施工研究工作室，工程质量好、进度快、安全可控，连续5次获得业主全线信用评价第一名，赢得业主高度赞誉，为实现市场滚动开发奠定了坚实基础。

公平竞争、合作共赢是诚信。中交三航局坚持维护行业信用体系建设，使对手信服。中交三航局通过参与青荣、合福、商合杭、蒙华、鲁南、川南、赣深、南沿江等铁路项目预制梁生产，不断总结经验，优化梁场标准化建设，提升标准化、专业化、机械化和信息化水平，改进施工工艺，提升产品质量，努力打造"三航预制"品牌。面对市场上不合理的低价竞标等不正当竞争行为，中交三航局坚持维护行业良性竞争，不打恶性价格战，以实力取胜中标。2020年，中交三航局累计中标海上风电项目20

余个，国内市场占有率约为50%。

精细管理、精益求精是诚信。中交三航局把做精品工程当作矢志不渝的追求，对业主负责，让业主信任。北仑项目部以质量取胜在北仑港区扎根29年，太仓地区10家码头企业累计建成各吨级泊位近80个，中交三航局承建或参建的码头数量占到总量的90%以上，不仅有力地推动了当地经济的发展，也在当地塑造了"值得信赖"的"三航"品牌形象。2020年，中交三航局取得"上海品牌"服务认证。

珍爱生命、安全发展是诚信。中交三航局通过安全文化建设使安全理念深入人心，安全的工程施工不仅保护了员工的人身安全，也赢得了业主的信任。中交三航局通过强化教育、建立机制、短信平台、文化手册、现场布置等方式，使安全文化看得见、摸得着。中交三航局南沿江梁场通过不断提升钢筋加工的信息化、自动化程度，大幅减少现场作业工人数量、减轻工人作业强度，从根本上提高了施工安全。

恪尽职守、勤政廉洁是诚信。中交三航局把党风廉政建设和反腐败作为诚信建设的有力保障，通过构建"四责协同"体系，深化"大监督"工作格局，整合纪检、审计、商务、财务、法务等部门的监督力量，设立纪委派驻纪检组和巡查机构，推进监督的全覆盖，强化党内监督。持续正风肃纪，组织违规公款购买消费高档白酒问题专项整治、公务用车改革制度落实情况等专项检查，大力倡导"真、实、效、简、勤、廉"的工作作风。对领导干部严格要求，赢得员工信赖，被业主称赞——"真不愧是央企，与你们合作，我们放心"。

关系和谐、共同发展是诚信。中交三航局在新冠肺炎疫情防控的关键时期，用实际行动展示了中央企业的责任和担当。2020年2月5日，收到上海市建设交通工作党委向在沪中央企业征集党员志愿者的临时通知后，中交三航局党委统筹部署，紧急发出招募令。广大三航党员干部踊跃报名，短短数小时内就超额完成招募任务……针对湖北多地防疫物资告急，中交三航局发动派驻在22个国家和地区的海外员工，通过沿街一家一家店铺购买等方式紧急采购防疫物资。由于物流不畅，其中第一批物资是由中交三航局驻墨西哥的两名员工拖着21个行李箱、经过20多个小时的辗转"人肉快递"回国的，包括6.8万个N95等各型口罩在内的防疫物资被送达湖北黄石、松滋、武穴、监利等地，进行了一场跨越大洋的爱心接力。中交三航局党委、工会联合组织捐款，员工纷纷献出爱心，短短3天内募集款项145.2万元捐献给湖北省红十字会，表达了企业的点滴心意。

（二）诚信文化传播——内外兼得

诚信文化对内增强凝聚力、对外增强竞争力，其前提就是要找准传播的途径和方式，倡导员工把诚信贯穿在对企业业务的思考、管理的提升、行为的取向中。

1. 对内传播。①发挥典型引路作用。中交三航局连续5年开办"总部道德讲堂"活动，全面启动"微党课"，以"身边人讲身边事、身边人讲自己事、身边事教身边人"着力加强全体干部员工诚信意识和行为。②发挥企业宣传载体作用。目前，中交三航局各个层面都有自己的宣传载体，公司层面有《三航报》《探索》《三航党建》及网络平台、手机报、微信号；下属公司有各自的报纸，如二公司的《建港先锋》、三公司的《航务之窗》、厦门分公司的《路港通讯》等；各项目部也有报纸，如《皇城京沈》《赣深风采》等，各项目分部还有自己的简报等；此外，还包括中交集团网站的"企业视讯"栏目、中交三航局外网"社会主义核心价值观教育""改进工作作风""夯实党建基础、争当岗位先锋""对标一流、管理提升"栏目等，共同组成了诚信文化的良好传播体系，不断扩大影响面、增强传播效应。

2. 对外传播。做好诚信文化的对外传播，是基于创造良好发展环境、提升企业品牌附加值和忠诚度、树立企业良好形象的需要。①在品牌建设中体现诚信价值导向。中交三航局结合企业承建的一批重大工程建设，大力做好"党建品牌""产品品牌""团队品牌""服务品牌""文化品牌"的总结推介工作，重点推介出一批在工程领域中有影响的人物和团队，精心打造一批不同领域、不同地域的品牌工程，不断传递和扩大诚信文化的市场和社会效应。②借力社会媒体，提升企业形象。中交三航局注重加强与社会新闻媒体和中交集团宣传部门的联系和沟通，善于利用重大工程开、竣工及重要工程节点和亮点，采写编辑有影响力的新闻稿件或视频资料，适时宣传和推介企业。另外，中交三航局还注重在参加行业、中交集团重点社会性推介活动中体现企业的诚信理念。

三、特色建设情况

中交三航局诚信履约，围绕"守信、信用、信誉、信赖"，在生产经营中努力践行诚信价值观。

（一）守信为根，以诚信履约谋发展

中交三航局始终坚持"公信、诚信、守信"的企业道德理念，依法经营，严格执行国家和行业及地方工程建设相关的法律法规和管理规定，恪守依法经营的根本。在市场经营活动中，中交三航局将诚实信用作为第一要义，重信守信，以诚服人。

中交三航局秉承"以诚信做工程、以质量创品牌"的信念，深耕马来西亚市场 10 余年，相继承接马来西亚 DASH 高架快速路项目 CA3、CB3、CB4 标段和柔佛马国油 RAPID 消防管道项目、槟城 GEM 房建项目、尼莱房建项目、TRX 中央公馆房建项目等工程。凭借高质量的工程品质，诚信履约的商业精神，深得马来西亚石油公司等业主的信赖，为国有企业开拓马来西亚市场奠定了坚实基础。

湖州实验幼儿园工程是当时湖州市规模最大、设计最前沿、装修装饰及配套工程最完善同时也是最复杂的幼儿园。"为了顺利开学的目标，8 月 26 日必须完成所有施工任务。"这是中交三航局跟业主签订合同中最重要的一项条款。由于前期业主定价原则、方式未明确，造成工期延误 3 个多月，这意味着项目部必须在 120 天的时间里完成原计划半年时间里完成的工程量。在孩子们开学的日子里，浙江湖州 PPP 综合类项目部信守了对业主"在 8 月 26 日按期完成施工任务"的承诺。业主发来贺信，他们在信中对中交三航局攻坚克难如期完成施工任务给予了高度赞扬。

（二）信用为本，以质量赢取业主信赖

在施工生产中，中交三航局全体员工始终坚持"诚信履约，用心浇注您的满意"的服务理念，严守施工规范，重视质量管理。中交三航局要求每个项目部都要按照合同和中交三航局的要求制订质量计划并设立质量目标，实现对工程质量的全过程管控，自觉维护并严格执行建筑业企业诚信行为规范。2020年，中交三航局获得国家级詹天佑奖 1 项，江苏省扬子杯优质工程 1 项。太湖隧道项目连续 2 年荣获江苏省交通运输行业"质量信得过班组"的荣誉称号。

中交三航局承建的厦门地铁 2 号线项目线路长、施工难度大。马青路站站点管线复杂，交地较迟，项目部在施工组织形式上做出调整，与管线单位积极对接，对迁改困难和迁改周期长的管线进行加固或悬吊保护施工，加快进度，确保了车站主体于 8 月 15 日封顶，如期完成节点目标。该工程历时 3 年成功穿越厦门地铁 2 号线最长的矿山区间隧道、攻克厦门在建地铁曲线半径最小的区间等技术难关，荣获厦门轨道交通集团授予的"重合同守信用单位"称号。

（三）信誉至上，以安全施工筑牢信任防线

中交三航局始终将员工的生命安全视为企业信誉的根本底线，坚持"安全第一、预防为主、综合治理"的方针，围绕保安全、求稳定、促和谐，设立安全生产目标，并将目标以责任书的形式逐级分解、落实到人；同时，还制订了各种安全生产制度，建立了安全生产应急体系，编制了各种应急预案，从人员、机构、资金等方面给予保证，抓教育、重检查，加大对安全生产隐患的责任追究，变救灾为预防。

针对海外项目所在国别多、安全管理难度大等情况，中交三航局在马来西亚、柬埔寨等国家设立片区安委会。安委会成员由项目领导班子成员和安全员组成，定期对片区所属各项目部开展安全检查、事故应急救援演练等，并且在检查后召开安全会议，对当天排查出的问题汇总，经过讨论和商议后，形成整改通知单，限期整改。

（四）信赖为魂，以社会责任赢得公众信赖

中交三航局作为社会系统的有机组成部分，积极承担社会责任义不容辞。建立企业社会责任管理制度，做好和谐共建工作，不仅为企业赢得社会信誉、积累品牌财富，同时也是企业诚信建设制度化的体现。

着力担起脱贫攻坚使命，国家信赖更加彰显。中交三航局用行动心系脱贫攻坚大计，积极践行怒江脱贫攻坚工作。通过制订《关于打赢脱贫攻坚战三年行动的实施方案》，选派精兵强将挂职贫困乡县，采用"输血"的帮扶模式，为决战决胜脱贫攻坚贡献中交三航局的力量，累计投入帮扶资金约660万元。一是发挥企业优势，吸纳富余劳力。二是实施产业扶贫，培育专业大户。三是注重教育扶贫，激发内生动力。四是助力消费扶贫，促进产业发展。五是党团同行，开展志愿活动。

着力培育公益正能量，公众信赖更加突显。中交三航局积极响应"责任央企，志愿先行"的号召，积极开展"学雷锋"志愿服务活动。形成共有970多名"蓝马甲"志愿者走在基层联防联控前沿、走进社区和街道助力属地防疫、走上互联网平台开展线上帮扶等常态化志愿服务队伍的工作机制。在上海"金色港湾"老年公寓挂牌成立中交集团"爱心港"公益志愿服务站，每年组织30余名"蓝马甲"志愿者开展为老敬老活动。积极参与上海建交团工委"冬日阳光，爱心助学"慈善义卖活动，筹集善款用于帮助困难学子完成学业。3年来，开展了公益义卖、衣物捐赠、看望慰问孤老、环保植树等志愿活动430余次，"中交蓝马甲"已经成为社会公益服务中一道靓丽的风景线。

业无信不兴，国无信不强。中交三航局用履约带动信任、用信誉激发信赖，从守信履约、信用制度、诚信文化到品牌信誉，将一如既往地加强诚信建设，让诚信落地生根、枝繁叶茂，释放出助推员工成长、社会进步、国家强盛的中交三航局能量。

案例创造人：王世峰　季振祥

厚德载物创品牌，诚信经营得天下

中交第四公路工程局有限公司

一、企业简介

中交第四公路工程局有限公司（以下简称四公局）隶属于世界500强——中国交通建设股份有限公司（以下简称中国交建），注册资本金19.39亿元，通过了ISO9001、ISO14001、ISO45001体系认证，具有建筑及公路工程施工总承包双特级、工程设计公路行业及建筑行业（建筑工程）双甲级资质、市政工程施工总承包一级资质等28个类别共计94项资质。发展至今，四公局经过两次艰苦卓绝的创业，始终秉承"诚信服务、优质回报、不断超越"的企业宗旨，坚持"务实高效，开拓创新"的企业精神，遵循"固本强基、创新驱动、提质增效、稳健发展"的经营方针，辛勤耕耘，励精图治，走出了一条"质量效益型企业"发展道路，受到社会各界认可。

二、以诚信为基石，艰苦创业，积蓄发展动能

一次创业。改制之初，四公局在岗职工不足300人，年营业额不到2亿元，累计亏损4400万元，业务仅限于房建施工，产业结构单一，市场有限，资金短缺，人才匮乏。面对困境，当时的新一届领导班子背负重担毅然起航，开启了为期5年的一次创业。2006年几经努力，四公局终于叩开公路市场的大门，当年即实现扭亏为盈。顺势而为，乘势而上，2007年四公局驶入发展快车道。到2010年，一次创业企业累计实现新签合同额301亿元、营业额160亿元、利润额2.48亿元，职工总数增至4000人，市场从国内拓展至海外，业务从单一的房建拓展到公路、铁路、海外、检测、市政、投资、房地产等领域。四公局在异常激烈的竞争发展中站稳了脚跟，打造了"1.0版四公局"，完成了企业发展的原始积累。

二次创业。一次创业，四公局的企业规模和发展速度攀升到了第一次S形发展曲线的顶峰，但从2010年开始，业绩增长变缓，个别指标出现下滑，发展瓶颈初现。2011年，四公局利润增长率低于产值增长率，管理水平与规模发展不匹配，再一次给企业发展敲响了警钟。为此，四公局破釜沉舟，抛开过去的成就，开展了全员管理提升活动，在十大领域寻找出73个短板，制订了专项方案对标提升，启动了又一个5年的二次创业。有志者事竟成，5年潜心沉淀，四公局在改革中创新，在创新中发展，企业基础管理逐步扎实，管控水平逐年提高，实现了S形曲线的跨越并成功进入了下一条S形曲线的高速增长期，企业规模翻番扩大，总量突破跃上新台阶。2015年，新签合同额260亿元，完成营业额166亿元，创造利润总额5.18亿元，打造了"2.0版四公局"，成功跨入中国交建优秀企业行列。

进入"十三五"，在"五商中交"战略引导下，四公局明确了"做强做优做大基础设施承包商、投资商"的发展定位，以打造"3.0升级版四公局"为目标，企业发展迈上新台阶。到2019年，四公局已

发展至 21 个子公司（分公司或事业部）、12 个片区开发机构、1 个综合甲级试验室；业务遍布全国和海外 10 多个国家及地区。2019 年新签合同额增长到 708 亿元，营业额增长到 372 亿元，利润总额增长到 14 亿元，资产总额增长到 520 亿元，职工发展到 6000 余人，在建项目近 330 个。四公局从单一的房建施工企业发展成为房建、公路、市政、隧道等主业突出，投资、房地产、城市综合体、工程设计、试验检测、物业管理等多板块协同发展的国有综合性大型建筑企业，实现了超常规、跨越式发展，成为中国交建发展速度最快的子企业之一，为国家经济社会发展做出了积极贡献，昂首阔步走上了建设具有核心竞争力的中国交建一流企业的征程。

三、以诚信为动力，动能转换，提升发展质效

四公局成立以来，坚持以市场为导向，持续推进产业结构调整和增长方式转变，坚持问题导向，注重改革创新，推动转型升级。进入高质量发展的新时代，四公局更加注重发展的协调性、均衡性和持续性，提出"两发展""四提质""三增效"理念，将提升企业发展质量和效益放在首要位置，把握"规模速度"和"质量效益"之间的辩证统一关系，走与企业资源相匹配的可持续稳健发展之路，在"质"上下功夫，在"效"字上求突破，聚焦发展质量、产品质量、工作质量和高素质团队，提升经济效益、社会效益和工作效率，主动适应经济发展新常态，企业发展动能已由"新常态提速增量"向"新时代提质增效"转变。

强管理。 从管理效益型企业到质量效益型企业，四公局不断推进深化改革，稳步实施管理创新，建立了具有自身特色的横向到边、纵向到底的"局—公司—项目"的"王"字形三级管理体系，局为决策层，分（子）公司为管理层，项目经理部为执行层，三级管理职责明确，运行有序。与三级管理相匹配，四公局构建了以打造升级版企业为目标的内部控制体系，从内部控制体系的设计到实施、从目标的设定到完成、从过程监督到落实激励约束机制，再到最后的整体内部控制评价，四公局各项工作实现了前期设计、过程控制、结果监督的反馈提升型闭合管理，企业引领统筹能力、决策效率、内控能力大大提升，真正实现了向管理要效益，助推了企业转型升级。与此同时，为评判管理实效应运而生的"二三五"综合考评理念，让四公局人更加关注自身工作效率与企业运行质量。

强资质。 四公局为中国交建首家具有建筑工程施工总承包特级资质的大型建筑企业，具备了"投资－设计－建设－运营"一体化的工程总承包能力。近年来，四公局房建业务涉及住宅工程（保障房、商品房、别墅）、超高层建筑、学校、酒店、医院、工业厂房、科技产业园、仿古建筑、文体娱乐场馆（图书馆、博物馆、展览馆、大剧院、艺术馆、体育场、游泳馆、科学技术馆等）、高速公路服务区和收费站、轨道交通站房等类别，先后承揽了北京金辉大厦（超高层，170 米）、成都青白江区安置房（总建筑面积 169 万平方米）、南昌前进花园保障房（总建筑面积 66 万平方米）、南京保障房、孝感文化中心、扬中文体中心、汉中文化中心、南京树人学校、三亚旅游学院和安哥拉卡宾达大学等一大批标志性工程，在保障房、文体场馆、学校建筑、城市综合体等细分市场表现优异，并且运用了智能工程、BIM 应用、仿古等多种技术。房建施工经验丰富，管控能力强，四公局建筑品牌影响力、企业竞争力、产业链优势彰显。

重转型。 四公局顺应市场变革，创新商业模式，抢抓 PPP 投资项目机遇；坚持海外优先，紧跟"一体两翼"，多措并举，加大业务结构和市场布局的优化调整，积极跟踪、拓展、布局综合管廊、海绵城市、特色小镇、铁路轨道、生态环保等朝阳业务，充分发挥投资业务引领作用实现转产；积极探索战略框架、资本导入、投资、一揽子协议等商业模式，引入合作基金，先后与四平、仁怀等 20 余个城市签订战略合作协议，实现转商；主动对接国家战略，精心谋篇布局，强化资源整合，从需求不足的区域

转向需求旺盛的区域，围绕重点区域进行深度开发；从国内向国外转变，加大对海外业务的指导和帮扶力度，加快海外市场营销体系和管控体系建设，实现转场。在中国交建系统内率先承揽北京金辉大厦、广州明珠大厦、武汉中交城乡等超高层建筑，实施了南京上坊、孝感董湖社区、南昌前进花园小区等30余个棚户区改造项目，建筑板块优势持续发挥；成功完成中国交建首个地下综合管廊项目——四平管廊项目，投资参建中国交建首个海绵城市项目——贵安新区"两湖一河"海绵城市项目，成为业内领跑者；此外，四公局在城市园林绿化、河道整治、污水处理等业务板块拥有先进的设计理念、技术手段及优秀的项目管理团队，已承接四平南湖公园、南昌雄溪河治理、宜宾综合污水处理项目等多个城市园林绿化、生态修复项目。

优结构。结构优化是增强企业发展韧性和抗风险能力的关键。作为传统施工企业，四公局合理规划业务比例，明确投资拉动主业战略，将现汇市场稳定在70%以上、投资业务控制在30%以内，保证了企业持续健康发展。加快"进城"节奏，紧抓城镇化机遇，落实中国交建"进城出海"的战略要求，新签合同额中城市业务占比逐步提高。改善产品结构，传统公路、房建、市政业务占比维持70%，发挥压舱石作用，同时发挥房建优势，增加业务占比；地下综合管廊、海绵城市、环保等新兴产业占比达20%，培育企业持续发展新驱动引擎；努力拓展轨道交通、铁路市场，争取业务占比达到10%。四公局在突出主业优势的同时，多元化、差异化发展呈现出良好势头，业务结构更加合理，抗风险能力不断增强，转型升级成效显著。

2019年，四公局经营性现金流8.74亿元、经济增加值7.44亿元、净资产收益率16%、产值利润率4%，均超额完成中国交建下达的年度考核指标，各项指标发展相对均衡，与自身资源基本匹配，抗风险能力持续增强，企业可持续发展动力强劲。EVA、净资产收益率等各项经济指标在中国交建施工板块名列前茅，发展质效明显优于同行业先进水平，赢得了中国交建的充分肯定和社会各界的广泛好评，连续10年获评"全国优秀施工企业"，先后获得中国交建优秀企业、经济效益最优奖、中国工程建设社会信用AAA级企业、全国交通企业法制建设先进单位、金融机构"AAA级"信誉评级等荣誉。

四、以诚信为源泉，科技引领，驱动发展引擎

重科研。践行"科技兴企"的发展理念，四公局深入实施科技创新驱动发展战略，在超高层结构、长大隧道、大跨度空间结构、特殊路基路面、综合管廊等多个重难点工程领域开展技术研究；同时积极响应国家绿色环保发展战略，在装配式建筑、低耗能建筑、海绵城市、BIM应用等方面增加研究课题和研发投入，每年自主研发课题百余项。特别是近几年，通过技术改造、设备升级，研发范围不断扩大，研究深度不断增加，共取得发明专利45项，通过鉴定的科技成果60项，荣获省部级和中国交建及协会科技进步类奖共计64项，共取得国家级工法4项、省部级工法99项、企业级工法202项，荣获省部级及以上优质工程奖96项（含集团）。在标准规范方面，参与编制的《交通运输企业安全生产标准化建设基本规范》等3部交通运输部行业标准已经发布，正在参与《公路工程试验检测导则》等交通行业标准及4项工程建设行业协会团体标准的起草工作，主编了中国交建《城市地下综合管廊施工技术标准》和《建筑工程地基与基础工程作业指导书》等6项集团标准；在课题研究方面，参与国家重点研发计划项目《交通运输基础设施施工安全关键技术与装备研究》1项、中国交建特大课题1项；主持中国交建重大科技研发项目2项，参与中国交建重大科研课题2项、重点课题1项；主持住房和城乡建设部科学技术计划项目1项；主持其他地方政府课题1项；立项开展局级重点以上研发课题27项。

搭平台。围绕服务项目生产，四公局搭建了科技创新平台。组建内部专家库，汇聚核心技术力量，出台科技研发奖励办法，鼓励广大技术人员积极开展科技研发、技术总结，营造科技创新工作氛围。科

技成果逐年增长,企业自主研发能力显著增强,科技竞争力逐步形成。与此同时,四公局积极参与社会技术服务,业内技术影响力逐步显现,2019年四公局被再次认定为北京市企业技术中心,连续多年获评全国科技创新先进企业、全国质量管理优秀企业,先后3次荣获"中国施工企业管理协会科技创新先进企业"称号,企业发展软实力不断增强。

强转化。基于企业技术研发平台,四公局持续开展科研成果评审鉴定,加大知识产权投入和维护力度,促进成果转化。研发的多项成果成功用于北京金辉大厦、月亮湾大桥、鳌江四桥、四平综合管廊、水布垭清江大桥、宝汉石门大桥、玉象隧道群等项目,为四公局进入超高层建筑、大型特殊结构桥梁、高风险隧道、城市地下综合管廊、海绵城市等施工新领域提供强力支撑。四公局承建项目品质不断提升,沈阳三好桥获2009年度国际桥梁大奖——尤金·菲戈奖,被国际道路联合会(IRF)评选为2009年度"全球道路成就奖";青岛海湾大桥获国际桥梁大会(IBC)"乔治·理查德森"奖;国道112线高速公路天津东段永定河特大桥、合肥市长江西路高架快速路综合建设工程获评2011-2012年度"国家优质工程银质奖";兰州至海口国家高速公路广元至南充段工程、泗宿高速公路工程获2016-2017年度"国家优质工程奖";泗县至宿州高速公路、云南大丽高速公路获交通运输部"公路交通优质工程奖";拉萨至日喀则铁路站房工程获第十七届中国土木工程詹天佑奖。大批科技成果的取得与转化使用,促使企业技术水平不断提升,2013年四公局被认定为高新技术企业,科技助推企业发展的引擎作用不断彰显。

五、以诚信为核心,党建筑企,厚植发展文化

讲政治。落实从严治党理念,四公局坚持民主集中制,严格执行"三重一大"集体决制度,在企业发展方向、战略布局、重大原则、重大决策等方面,党委统揽全局,牢牢把关,并按照"专业、务实、特色、融合、创新"的工作思路,完成了党建工作总体要求进局及局属法人单位公司章程,将加强党的领导与完善公司法人治理结构做到了有机统一,充分发挥党组织政治核心作用,引领四公局沿着科学发展的道路稳步前进,不断把政治优势群众优势转化为企业的发展优势、竞争优势,企业氛围健康纯净,职工政治素质高。

担责任。按照中国交建统一部署,中交四公局在近年扶贫实践中坚持"真扶贫、扶真贫"的工作思路,连年超额完成扶贫责任书各项指标任务,累计投入帮扶资金750万元,累计采购和帮销地方农产品115万元,累计接收转移就业贫困劳动力169人。2020年是全面建成小康社会目标的实现之年,是全面打赢脱贫攻坚战的收官之年。为进一步巩固脱贫攻坚成果,探索"后扶贫时代"与乡村振兴战略相衔接的持续帮扶之路,长期与定点扶贫地区共成长、共发展,四公局确立了近期、中期、远期"长短结合"和就业、产业、教育"三位一体"的特色帮扶模式,扎实推进脱贫攻坚工作。

塑文化。文化是企业的灵魂,是凝聚人心的纽带,是催人奋进的动力,四公局始终将企业文化建设作为提升企业综合实力和市场竞争力的重要法宝。"务实高效、开拓创新"的企业文化精髓已经内化为职工的自觉行动。"能上能下,重奖重罚"的激励文化,打破了得过且过,吃大锅饭"等、靠、要"的消极思想;"规范管理、科学决策、团结协作"的管理文化,造就了四公局管理的高效率和高效益;四公局各级领导干部"以身作则,廉洁自律",要求别人做到的自己先做到,禁止别人做的自己坚决不做,以"雷厉风行"的执行文化与"办事公平、公正、公开"阳光心态,弘扬了企业正气,锤炼出了一支作风顽强、能打赢仗的队伍。正是这种文化,支撑指引四公局在危机中崛起、在转型中升级,将一个濒临倒闭的企业建设成了中国交建系统内的优秀企业。

聚人才。人才是事业成败的根本,是推动企业健康发展的第一核心资源。四公局高度重视人才工

作，坚定实施"人才强企"战略，坚持把吸引人才、培养人才、凝聚人才、成就人才当作头等大事来抓。坚持"能者上，平者让，庸者下"的用人理念，让想干事的人有机会，让能干事的人有平台，让干成事的人有地位；坚持"靠得住、能干事、在状态、善合作"的干部选拔标准，打破了年龄、资历限制，任人唯贤，不唯学历重能力，不看关系看业绩，使一批能干事、有事业心和责任心的年轻人才脱颖而出。同时，积极借鉴现代企业的先进用人方法，有效推行了集"信任激励、职务激励、知识激励、情感激励、目标激励、荣誉激励"为一体的人才激励机制，切实在四公局上下达成了优秀干部有成就感、平庸干部有压力感、不称职干部有危机感的职业共识，并且率先对年轻大学生出台了"一年成长、两年成才，三年独当一面"的人才培育选拔机制，通过"拜师学艺""师徒结对""夜校辅导""轮岗带班"等形式对年轻大学生进行传帮带。搭建了以企业领导人员、经营管理人才、专业技术人才、技能人才和党群工作者为重点的"五位一体"的人才队伍建设架构，形成了以引进、培养、使用、提升、激励为重要环节的人才工作格局，在人员总量稳步上升的基础上持续优化人才队伍结构，人才队伍质量显著提升，人才资源的整体竞争力不断增强，为企业发展提供了坚强的人才保障。

六、以诚信为灵魂，不忘初心，再续发展辉煌

展望未来，四公局将贯彻落实"创新、协调、绿色、开放、共享"五大发展理念，以"五商中交"战略为引领，以"转产、转商、转场"为路径，聚焦"全面建成中国交建一流企业"目标，继续提质增效，加强党的建设和文化建设，与社会各界同仁共筑梦想、共创价值、共享成就，不忘初心，续写经典，绽放荣耀，为中国和世界的基础设施建设事业做出更大的贡献。

案例创造人：蔡彬

诚信履约显担当，品质服务树标杆

中国交通物资有限公司

一、企业简介

中国交通物资有限公司（以下简称物资公司）系中国交通建设股份有限公司（以下简称中国交建）旗下唯一一家从事物资贸易业务的全资二级子公司，注册资本金17.34亿元，前身为1989年成立的中国交通物资总公司。物资公司始终坚持"世界一流企业供应链体系中最优服务方案的提供者和组织实施者"的经营定位，以建设"诚信履约意识"为宗旨，以创造"百年老店"为目标，外抢机遇抓市场、内树规范强管理，不断精准发力，防控风险、提质增效，稳步推进改革步伐，为实现中国交建整体利益最大化做出了积极贡献。

二、源头采购鉴品质，区域联动创效益

物资公司以供应链系统为基础，以品质见诚信为要点，稳抓源头、整合资源，近年来统筹推动了以下两项工作。一是推动源头采购工作。为减少中间商环节，保证重点工程大宗材料质量，物资公司向中国交建海内外254个在建项目提供了优质的物资供应与服务，其中钢材采购148.26万吨，采购结算金额58.22亿元，源头采购率为79.04%；水泥采购365.89万吨，结算金额15.51亿元，源头采购率为76.34%；沥青累计采购结算数量2.95万吨，累计采购结算金额0.72亿元，源头采购率为68.47%。属业内源头采购率领先企业。二是推动跨区域资源整合工作。为减少社会资源消耗，通过整合跨区域源头资源，在保证质量的基础上帮助客户降本增效。

三、复工复产两手抓，诚信履约保供应

2020年，突如其来的新冠肺炎疫情在全国蔓延，全国各族人民在党和国家的坚强领导下，抗击疫情工作取得了节节胜利。期间，为全力统筹好疫情防控和复工复产"双线作战"任务、坚持"诚信履约"意识，物资公司各单位积响应号召、不负使命，交出了一张张满意的答卷。

（一）不惧海拔与高寒，必讲诚信履合同

新疆乌尉公路包PPP项目由乌鲁木齐至尉犁、尉犁至35团、35团至若羌、若羌至依吞布拉克、尉犁至且末5条公路组成，总长1308公里，总投资708亿元，建设工期较长、难度较高，也是国内目前一次性投资建设最大的PPP公路建设项目。2017年，物资公司接到如此艰巨的供应任务后，当即成立了物资公司西北分公司乌尉项目经理部。

2020年3月7日，乌尉项目经理部组织了包机从北京、西安和重庆载着大批工作人员奔赴新疆库尔勒，自此拉开了乌尉项目复工复产的序幕；与此同时，物资公司西北分公司乌尉项目现场管理团队（以下简称西北团队）也在第一时间奔赴现场。到岗后，西北团队人员日夜跑项目现场了解工程计划和

施工进度，提前筹备物资供应。2020年5月27日，乌尉项目WYTJ-05标和WYTJ-06标施工标段，由于先导洞施工TBM机安装的需要，紧急下达800吨20a工字钢需求计划。西北团队接到计划后第一时间与钢厂取得联系，得知所涉区域钢厂没有20a工字钢现货和生产计划，根据排产计划和钢坯的生产周期的整体安排，最快排产也需要30天的时间，这将带来项目前场工期要求和TBM机安装人员面临等待的矛盾情况，将严重影响施工进度并造成停工待料的局面。西北团队连夜开会研究解决方案，如此举世瞩目的工程决不能因为物资供应不到位而影响施工进度进而给项目造成无法估量的损失，这是考验物资公司"讲诚信，重合同"的关键时刻。西北团队群策群力结合实际情况深入讨论，并且查阅了大量相关资料。这时，一个大胆的设想在讨论中浮现，"区域钢材现有能满足20a工字钢规格型号的H形钢钢坯，H形钢钢坯从技术、材质上及加工工艺等方面是否能够轧制成20a工字钢"。敢想就要敢干，西北团队紧急联系钢厂产品室有关领导和技术负责人，展开技术和生产工艺的可行性讨论，经过技术专家的研究和分析，得出结论：H形钢钢坯完全可以满足20a工字钢的定制定轧，但由此产生余料预计达到15%左右，原材料的浪费不管由哪家单位承担都是一笔不小的费用。西北团队刚刚看到的希望又面临破灭，压力骤增。解决余料问题成了关键，时间不等人、工程不等人，怎么办？是放弃还是继续寻找突破口。就在这时，项目现场传来好消息，20a工字钢是隧道拱架支撑使用，可以采取对接焊加工成成品使用。听到这个消息后，西北团队大喜，那就把15%的余料钢坯也轧成20a工字钢，运输到施工现场对接焊使用，这样既解决了原材料的浪费也解决了施工急需工字钢的问题。说干就干，通过各方努力，西北团队按时加工定轧完成800吨工字钢，如期送到施工现场。

2020年7月，新疆第二次疫情突然袭来。如此一来，给乌尉项目水泥供应工作造成极大的困难，在所有人看来，突发疫情按照双方合同约定可以视为不可抗力因素，甚至可以采取等、靠的消极态度对待。但是，西北团队第一时间启动应急预案，召开运输单位和生产厂家的电话会议，拿出保供方案，各单位举全力发挥各方优势，保障水泥按期运送到施工现场。生产厂家确保水泥不停产，运输单位配合生产单位在非常困难时期办理运输通行证100余张并对驾驶人员每7天进行一次核酸和双抗检测，所有驾驶人员以车为家40余天，长时间在车上吃住。因预案启动及时，措施有力，整个疫情期间未对新疆乌尉项目的水泥供应造成任何影响，并且能为施工现场按时足量的供应水泥。

重合同、守信用，克服各种困难，急项目之所急，发挥自身优势和企业担当，西北团队在工作中一次次彰显了物资公司"诚信履约"的企业精神。

（二）左撑柬埔寨金港，右托援尼日尔大桥

2020年1月，物资公司国际业务分公司（以下简称海外团队）柬埔寨金港高速项目第四批钢材中标初期，面对新冠肺炎疫情情况不可知和诚信履约的两难情况，海外团队秉承"诚以待人、信达全球"的理念，选择了"一手抓防疫，一手抓复工"。

海外团队以"讲诚信，重合同"为要求，积极应对、勇于担当，紧急启动新冠肺炎疫情保供应急方案。在春节期间，推动钢材生产进度，保障物资供应工作，利用线上线下结合的方式顺利安排货物完成出口前过磅、取样和检测工作，最终于2020年2月20日成功发运金港高速项目急需钢材。同时，委派海外团队成员赴柬埔寨项目一线西哈努克港口开展清关及境外物流协调工作，共组织运输车辆481次，卸载钢筋12065吨，及时准确地将货物运送到了项目沿线各施工现场，保障了项目的正常施工，海外团队又一次以"诚信履约"得到了东南亚客户的高度认可。

2020年春节期间，海外团队还接到了对接尼日尔项目的任务，为了信守承诺，不耽误每一次项目研讨，海外团队人员在长达一个多月的时间里，每天凌晨2点准时与尼日尔项目人员沟通相关图纸和技术标准，紧接着在早晨 8 点组织开展内部会议研讨方案，最终帮助客户顺利解决有关物资前期准备的棘手问题。2020 年 3 月 28 日，为保证物资符合合同要求，确保验收、供应环节万无一失，海外团队成员主动请缨，第一时间启程陪同的业主及监理进行货物取样验收，秉承"诚信履约"意识，如期完成了货物交付工作，海外团队再一次得到了非洲客户的高度信赖。

以诚信为基础，为组织奋斗在艰巨的海外环境中，栉风沐雨、敢于担当，海外团队正充分展现着物资公司"诚信履约"的企业精神。

四、诚信履约进制度，牢筑诚信意识墙

人无信不立，业无信不兴。为商本需诚，以诚信铸造招牌，必将历经沧桑而长青不衰。物资公司坚持将"诚信履约"意识贯穿管理环节、融入制度建设，近 5 年来修订并发布了《物资采购管理办法》《物资供应商管理办法》《市场开发管理办法》等 12 项制度，在市场开发、运营管理、全面风险、内控管理等方面设置了诚信自律要求，以抵抗市场经济中的不良风气；同时，肩负起为中国交建打造"优质高效供应链"和为客户"降成本、保质量、塑品牌"的使命，担起提供物资集中采购和专业化供应服务的重任，不逞一时之势、不争一时之利，以诚信为本、信誉至上、履约践诺。

案例创造人：李晶

筑牢诚信之基，助推企业发展

芜湖新兴铸管有限责任公司

一、企业简介

芜湖新兴铸管有限责任公司（以下简称芜湖新兴铸管）为新兴铸管股份有限公司所属全资子公司，隶属于国务院国资委监管的大型中央企业——新兴际华集团有限公司。2003年4月27日，经国务院国资委批准，新兴铸管股份公司和原新兴铸管集团共同出资对芜湖钢铁厂进行重组，成立芜湖新兴铸管。主要经营业务有离心球墨铸铁管、钢铁冶炼及压延加工、铸造制品等，其中球墨铸铁管主要运用于城市供排水和长距离输水，国内的市场占有率约为45%，行销120多个国家和地区；钢材产品广泛应用于机械加工、汽车制造等领域；以优质碳素钢、合金结构钢、低合金高强钢、轴承钢等产品为主的优特钢产品体系，已形成公司新的增长点。先后荣获"全国五一劳动奖状""中央企业先进集体""安徽省五一劳动奖章""全国先进基层党组织""全国企业文化建设优秀单位""全国创新型企业""全国安全生产月活动优秀单位""第九届安徽省文明单位""安徽省诚信企业""安徽省节能先进企业""安徽省文明单位""安徽最具投资价值成长型企业"和"高新技术企业"等荣誉称号。在环境治理、维护稳定、加速发展等方面多次受到上级的表扬，被誉为安徽省国企改制的样板。近年来，芜湖新兴铸管坚持以党的十九大精神和十九届五中全会精神为指导，以诚信为本、以质量为先、以责任为重，牢牢把握经济发展新常态，紧紧围绕生产经营中心任务，不断提升企业基础管理，建设健全制度体系，完善创新体制机制，牢记中央企业社会使命，为企业高质量发展提供强有力的保障。

二、主动作为，生产经营稳健运行

芜湖新兴铸管以创国内一流企业为目标，强化内部管理，消除外部不利影响，层层传导压力，激发企业内生动力，不断提升生产经营水平，并取得了丰硕成果。

1.国有资产保值增值。实现国有资产保值增值是国有企业的重要职责，是衡量国有企业工作优劣的首要标准。近年来，面对市场行情跌宕起伏、转型升级任务繁重等多重挑战，芜湖新兴铸管始终围绕生产经营中心工作全方位领航保驾，生产经营持续向好，主要经营技术指标不断优化，企业经济效益稳步提高。2019年，实现营业收入145.5亿元，为重组前的34.6倍；利润总额10亿元，为重组前的25倍；上缴税金8.7亿元，为重组前的58.5倍，净资产从5.3亿元增长到85.2亿元，为重组前的16.1倍。2020年1—11月，完成营业收入132.43亿元，利润总额9.69亿元，营业收入和利润总额分别完成年度预算计划的92.6%、92.3%，以实际行动全力以赴冲刺全年预算目标的完成。炼铁、铸管持续高产创新高，各项生产经营指标稳步提升，2020年1—11月完成钢材产量259.82万吨、铸管66.7万吨、铸件3.76万吨，合计产成品330.28万吨，预计全年完成产成品360万吨。铁水成本始终保持长江流域排名第一。

2. 基础管理稳扎稳打。芜湖新兴铸管的安全管理以安全生产法为准则，层层签订安全生产责任状，落实安全生产主体责任，全面推动落实"党政同责，一岗双责，失职追责"。每年按计划开展安全隐患排查治理，组织各类应急预案演练，不断提升安全验收评价。2020年1-11月，辨识危险源6464项、开展专项检查40次、排查问题2392项、排查隐患6318项，组织应急预案演练218次，取得"芜湖市安全生产协会2019年先进单位"荣誉，着力提升公司安全管理水平。依据《国务院打赢蓝天保卫战三年行动计划》和《关于推进实施钢铁行业超低排放的意见》要求，主动对标京津冀，计划投资18.41亿元，推进139项环保提标改造和厂貌提升项目。通过一系列实施，预计减排颗粒物2015吨/年、二氧化硫1580吨/年、氮氧化物4110吨/年，超低排放改造工作走在安徽省前列。现场管理以精益管理为抓手，以286条细则为准则将精益推进与各专业职能深度融合，通过"大野耐一圈""OPL活动""TWI-Ji工作教导方法""安全六恶"等工具的导入，2020年1-11月完成"七大浪费"问题识别1686项，整改率99%；设备运行问题775项，整改率86%；风险识别1143项、新增风险改善752项，风险对策改善率100%；识别课题88项，结项3个，直接效益253.7万元/年。质量管控坚持"过程零容忍，产品零缺陷"的核心理念，坚定"精品战略"，以打造2~3个拳头产品进入汽车行业为目标，全流程管控高端冷端钢主机厂认证，全过程跟踪评价冷镦钢产品。取得铸管水泥内衬WRAS无毒认证、工业和信息化部焦化行业准入资质、扩大热轧钢筋生产许可范围、铸造产品的各类年审等认证，大力开展QC小组活动，以实际行动提高产品竞争力，唱响新兴品牌。

3. 制度体系日趋完善。结合企业实际情况，持续改进现行规章制度，以内部控制管理为基础，以专项业务审计为手段，构建全面的内部控制评价体系。持续深入开展"全流程、全模块"的年度综合审计；对采购、销售、财务、资金、生产、工程等主要经营管理活动开展月度专项审计；认真检视审计结果，对于"无心之过未造成经济损失的，以引导教育为主"，对于"无心之过造成经济损失的，适度量化考核"，对于"有意为之造成经济损失的，交由公司纪委立案审查"。通过以审促建，在审计过程中充分发掘未被充分利用的人、财、物的内在潜力，规避合规风险，提高经济效益。同时，建立依法治企领导责任体系，贯彻落实法治建设第一责任人职责实施要求，从公司管理体系、管理制度上全面保障法治中央企业建设的落实和执行。推动普法宣传覆盖全体职工，提升职工学法、守法、用法、护法意识；创新普法培训途径和形式，探索通过标准案例展示、庭审参与等方式，提升业务人员的风险防控意识及防控能力。

三、打造品牌，展现企业美好形象

芜湖新兴铸管深挖在企业生产经营中涌现出的先进职工、典型事例，弘扬创先争优、干事创业的正能量；同时，依托长三角一体化高质量发展战略，抢抓机遇，积极参加会议，展示公司产品，提高企业形象。

1. 选树典型立标杆。芜湖新兴铸管党工团组织依托"榜样的力量""最美劳动者""年度先进职工""三八红旗手""青年岗位能手""七一两优一先""岗位明星"等评选机制，陆续挖掘、选树和推出了一批反映企业文化、体现时代价值的先进典型人物和集体。自2017年起，已在基层一线职工中评选出"岗位明星"360人。涌现出"全国优秀企业家"刘涛、"全国劳动模范"宋红伟、"中国好人"程志华、"中央企业优秀共青团员"封涛、"安徽省劳动模范"贺辉、"安徽省青年岗位能手"代银照等先进典型，他们的先进事迹被多家媒体报道，进一步提升了芜湖新兴铸管的品牌知名度和美誉度。

2. 企业品牌展形象。作为落户安徽省的中央企业，芜湖新兴铸管积极参与中央企业助力长江三角洲区域一体化发展座谈会、安徽省企业管理创新大会、长三角创新展暨中国（芜湖）科博会、2020世界制造业大会江淮线上经济论坛等会议，与各界人士深入探讨如何多领域、全方位、深层次参与长三角一体化发展；同时，在安徽省科技馆、芜湖市科技馆、世界制造业大会展厅、长三角创新展暨中国（芜湖）科博会积极展出企业的铸管产品，全力提高企业知名度，打造企业品牌形象。

四、开拓创新，促进产品转型升级

芜湖新兴铸管秉持"在学习中成长，在创新中发展"的核心价值观，主动进行自我革命、提高创新能力、调整组织架构、实施流程再造、重构核心竞争力，牢牢把握新一代技术革命历史机遇，不断助推企业调结构、促转型、抓改革。

1. 加紧研判，适应新变革。近年来，芜湖新兴铸管紧抓"智能+制造"机遇，推进管理信息化、产业智能化，促进工业互联网、云计算、大数据在生产、管理、销售、服务等全流程应用；以"新产品大纲"为方向，聚焦重点行业和"小产品"市场，全力打造特征产品，磨球钢、齿轮钢、风电用钢等已与国内众多知名客户形成长期合作战略伙伴，同时不断寻找国内外市场突破口，进入了汽车乘用车、轴承等行业；强化产学研合作，依托公司技术中心、博士后科研站和国家实验室认证的理化检测中心，与北京科技大学、燕山大学博士后工作站开展深度产学研一体化合作，目前拥有省级企业技术中心及省级工程技术研究中心等省级研发机构3个，累计拥有专利450件，其中发明专利145件，填补了多项国际技术空白。

2. 多措并举，提升竞争力。芜湖新兴铸管不断建立健全激励创新的管理体制和运行机制，大力实施"人才强企"战略。一方面，强化组织保障，采取制度引导、总体规划等方法，推进科技创新体系建设，建立多元投入机制，确保科技创新与企业的发展战略深度融合，近3年开展科技项目50余项，承担安徽省重大项目2项，获得安徽省级科技进步奖二等奖1项，获得新兴际华集团有限公司科技进步奖3项，参与起草国家标准1项，起草企业标准4个、团体标准3个。另一方面，发挥人才战略与创新驱动战略的协同作用，开辟管理、技术和技能3条人才上升通道，增加技术储备，确保向高端精品转型的技术基础，现有博士研究生3人、硕士研究生75人，公司命名的创新工作室获"安徽省创新工作室"1个、获"机械冶金行业创新工作室"1个、"芜湖市创新工作室"4个；同时，多管齐下发动职工首创，通过管理信息化大讨论、技术技能专家讲座等大力培育职工创新意识，开展"创新创效之星"评选、"合理化建议征集"等活动，给予职工精神激励与物质奖励，充分尊重每位职工的主体地位和主人翁意识，让职工参与创新文化建设并感受创新文化建设的现实成果。

五、心系社会，彰显中央企业责任担当

作为中央企业，芜湖新兴铸管以诚信为名片，认真贯彻落实党中央和国务院及安徽省委和上级党委的各项部署，以强烈的社会责任感积极参与防疫抗洪、扶贫帮困、无偿献血、捐资助学等社会公益活动，倾情回馈社会，彰显中央企业担当。

1. 防疫防汛，冲锋在前。在2020年新冠肺炎疫情期间，芜湖新兴铸管克服重重困难，派专人从印尼购入医用防护服等防疫物资，向芜湖市捐赠医用防护服3000套、医用护目镜400副、一次性口罩9000个，助力芜湖市防疫工作开展。同时，积极号召各级党组织及全体党员迅速行动，852名党员自愿捐款11.18万元，用实际行动支持防疫工作。进入汛期，成立600人的抢险突击队和防汛值守突击队，对临江段长江大堤实行24小时拉网式巡查。2020年7月22日，迅速集结220名抢险突击队队员驰援三山区小龙塘管涌抢险现场，险情得到有效控制。

2. 精准帮扶，助力脱贫。乡村公共设施建设是全面脱贫的基础条件，芜湖新兴铸管积极响应国家

扶贫攻坚号召，捐助 58.6 万元协助贵山村委修建陡沟镇河埂路，改善交通运输设施，并且出资 6 万元用于贫困户慰问。为助力三山区小洲村脱贫脱困，出资 29.96 万元，为其铺设混凝土路面，方便居民生产、生活，带动当地经济持续增长。与此同时，积极响应爱心助农倡议，购买甘肃省定西市安定区和内蒙古自治区乌兰察布市四子王旗的农产品等 64 万元，购买无为市洪巷镇荸荠、莲藕、土鸡等农产品价值近 50 万元，作为福利发放至广大职工手中，助力实现精准脱贫。

3. 无偿献血，传递温暖。在无偿献血的道路，芜湖新兴铸管已不间断地连续"长跑"18 年，共有 7125 人次参加无偿献血，总献血量逾 1737700 毫升，成为芜湖市无偿献血强有力的后盾，受到社会各界的好评，并先后两次获得"全国无偿献血促进奖"。在防控新冠肺炎疫情关键时期，主动对接芜湖市中心血站，开展援"疫"献血活动。51 名职工挽起衣袖参与献血，献血总量达 16700 毫升，该批援"疫"血样均在芜湖市中心血站隔离观察后定点发往湖北省用于新冠肺炎患者的临床救治。

4. 捐资助学，承载希望。芜湖新兴铸管坚持开展捐资助学，积极参与芜湖市"鸠兹精英"励志奖学金活动、"金秋助学"活动、"爱心圆梦大学"活动等，在贫困助学、志愿服务等公益项目上始终走在芜湖市前列，多次荣获组织奖。2020 年，组织开展 2020"精准扶贫 圆梦大学"阳光助学捐款活动，广大干部职工踊跃参与捐款，用于资助帮扶贫困大学生家庭和困难青年职工，为困难家庭解了燃眉之急；为贫困学生撑起了理想风帆，更彰显了芜湖新兴铸管干部职工的中央企业担当和良好形象。

回顾过去，既有成绩，也有不足；立足当前，既有压力，也有机遇；展望未来，既有动力，更有信心。芜湖新兴铸管将继续落实党的十九大和十九届五中全会精神，积极推进企业诚信建设，强化社会责任意识、规则意识、奉献意识，推动高质量发展，为全面夺取"第三次创业"胜利不懈奋斗。

案例创造人：朱晓慧　平配配

诚信筑基、央企担当，努力建设成为"国内领先、世界一流"的煤电一体化绿色能源企业

国电建投内蒙古能源有限公司

一、企业简介

国电建投内蒙古能源有限公司（以下简称内蒙古能源）成立于 2005 年 11 月，由中国国电集团公司（2017 年与神华集团有限责任公司合并为国家能源投资集团有限责任公司）、河北省建设投资集团有限责任公司按 50%：50% 比例共同出资注册，负责开发、建设、运营布连察哈素煤电一体化项目。2007 年 5 月，中国国电集团公司将其持有的内蒙古能源的 50% 股权转让给国电电力发展股份有限公司。

国电建投内蒙古能源有限公司布连电厂（以下简称布连电厂）于 2010 年 7 月 30 日取得国家发展改革委核准，#1、#2 机组分别于 2013 年 3 月和 6 月正式投入商业运行。机组投产后运行稳定、安全可靠，各项技术经济指标和环保性能指标均达到或超过了设计值。

布连电厂一期工程投产后获得国家多个奖项。截至 2020 年 12 月 30 日，布连电厂未发生人身轻伤及以上事故，未发生一般及以上设备事故，未发生重大交通、火灾、环境污染及职业健康等事件，环保大气污染物均达标排放，实现连续安全生产 2890 天。

未来几年，内蒙古能源将结合实际，把"创建具有全球竞争力的世界一流煤电一体化企业"作为战略目标，充分发挥煤电一体特色，力争打造国电电力煤电一体化项目示范。

二、经营区域与经营能力

布连电厂 2 台机组接入蒙西电网，2018-2020 年累计发电 214 亿千瓦时，主营业务销售收入 45 亿元，实现净利润 14.2 亿元，度电盈利能在全蒙西地区排名第一。

2018 年，布连电厂完成供电煤耗 296.498 克每千瓦时，完成厂用电率 4.674%，其中 #2 机组获得中国电力企业联合会全国同类型机组能效指标竞赛一等奖；2019 年，布连电厂完成供电煤耗 296.287 克每千瓦时，完成厂用电率 4.661%，其中 #2 机组获得中国电力企业联合会全国同类型机组能效指标竞赛二等奖及厂用电率最优奖。

三、管理架构与管理能力

内蒙古能源具备完善的企业法人治理结构、决策机制与决策程序，能够保障企业的顺畅运营。已完成企业的内控机制建设，企业已经建立了有效的内部控制、风险管理机制和明确的激励约束机制且运转良好。

内蒙古能源强化管理提升依法治企水平，深入贯彻党中央全面依法治国方略，切实履行法治建设第

一责任人职责，落实公司年度法治建设工作会要求，严格法律"三项审核"和重大合同提级审查制度，严控法律风险。

四、企业诚信和信用体系建设

1. 内部受信。内蒙古能源每年加强对内部受信执行情况进行全面检查，预防经营风险，降低资金占用，协调企业资源合理运作。

2. 应收账款管理。为加强应收账款管理，加速资金周转，避免形成坏账损失，内蒙古能源制订应收账款管理办法。以"谁经办、谁负责、谁催收"为管理原则，由财务部门和销售部门共同负责应收账款的管理，财务部门负责应收账款的会计核算和信息反馈，销售部门负责联系客户和催收款项。按企业应收账款管理制度的规定，定期编制账龄分析表，建立应收账款账龄分析制度和逾期应收账款催收制度，及时进行账龄分析，依据分析数据督促相关部门加紧催收。对长期挂账不能结算、应收账款余额超出规定的账户，及时采取措施，限期清理收回；对催收无效的逾期应收账款，按规定进行坏账核销，或者采取相应法律程序解决。

3. 物资采购。内蒙古能源制订了《物资计划管理办法》《资采购实施办法》等5个管理办法，细化了内部流程，使业务有据可依。多层把关严控采购文件编制质量，每个项目采购文件的质量把关落实到人，并且将由于采购文件编制不严谨而导致影响采购结果的情况列入绩效考核指标，对采购文件的编制质量进行严格把控。加强过程监督、积极开展采购监督工作，截至2020年，没有发生采购与物资管理方面的投诉事件，实现了"零投诉"目标。

4. 计划经营。内蒙古能源的合同管理严格执行国家合同管理规定，为加强合同管理，避免失误，提高经济效益，结合实际情况，制订了《国电建投内蒙古能源有限公司合同管理办法》，合同管理制度坚持"以加强事前防范、事中控制为主，做好事后补救为辅"的原则，有效控制对外签约中的法律风险，实行统一归口管理与分类专项管理、集中管理与分级授权管理相结合的管理机制，并实行承办人（执行人）、审核会签、授权委托、统一编号、台账管理、较大及以上合同上报及合同统计归档等制度。从合同起草、合同审核会签、合同签署等方面进行规范。在合同履行过程中明确了承办部门职责，对履约管理进行严格把控。同时，细分合同种类，对合同编号、档案、备案、统计进行规范化管理，建立合同标准文本库。2018-2020年共签订非物资类经济合同318份，在合同履行过程中未发生过因自身原因而产生的违约现象。

5. 质量安全和环保管理。①内蒙古能源实施安全生产标准化，形成企业管理标准——"安全管理类29个标准"，其中包含《环境、职业健康安全管理标准》，各项制度健全，执行情况良好。每月组织对生产现场进行职业病危害因素检测，每年聘请有资质的单位对布连电厂进行职业病危害因素检测，每3年聘请有资质的单位对布连电厂进行职业病现状评价；每年4月底开展职业病防治宣传周，宣传《职业病防护法》与培训职业病防护知识，提高职工职业病防治意识；每年组织职工进行体检。②在环境管理体系建设方面，内蒙古能源成立了环保监督网组织机构，每季度组织开展一次环保监督网会，建立《废气排放标准》《排污许可工作管理标准》等9项环保制度，编制完成环保风险库建设；完善相关制度、台账，强化了环保设施运行情况的日常监督，确保了环保达标排放，数据上传稳定。于2016年5月完成了布连电厂两台机组的超低排放改造，目前严格执行国家超低排放限值要求。2017年6月，取得了国家排污许可证，现在每季度按要求每季度开展自行监测。

6. 应急管理体系。内蒙古能源建立了以总经理、党委书记为公司安全第一责任人（分管安全生产领导分管范围内相关应急管理工作）及各部门和生产单位为执行机构的应急管理组织体系。制订了布连电厂《应急管理标准》，适应突发事故应急救援的需要。进一步加强应急指挥部各成员单位之间的协同配合，提高应对突发事故的组织指挥、快速响应及处置能力，营造安全稳定的氛围。布连电厂制订了2018-2020年应急预案演练3年滚动计划，包括全厂停电事故应急预案、传染性疫情事件应急预案、防雨雪冰冻应急预案在内的涵盖安全生产、信息安全、公共卫生事件、自然灾害、恶劣天气、职业健康等34项演练计划。

五、企业诚信实践

1.诚信经营理念。内蒙古能源积极倡导"创造一流、永无止境"理念，践行社会主义核心价值观，以德信作为立企的根本，以精益求精的态度作为企业发展的保证，以提升职工幸福、促进当地环境优化、提高当地纳税指数为企业根本目的，以实现企业和谐发展作为企业最终目标。

2.严格遵纪守法。内蒙古能源围绕公司生产经营任务总体目标，全面纵深推进依法治企工作。保证规章制度、经济合同、重大决策法律审核率100%。提高法律服务质量，确保法律服务能够解决问题，控制风险，创造价值。将公司合规管理工作纳入规范化、制度化轨道。做好重点领域、重点环节、重要人员的合规管理。保证合规管理的全流程监控、全业务覆盖。

3.诚信理念宣传、教育、培训。内蒙古能源大力培育和践行社会主义核心价值观，提升职工干部诚信意识，营造"守信光荣、失信可耻"的良好环境。一是开展诚信宣传教育活动，通过道德讲堂、发放倡议书等形式，进一步提升干部职工的道德素质和文明程度，引导其树立诚信意识，在单位做诚信职工、在社会做诚信市民、在家庭做诚信成员；二是开展诚信大讨论活动，围绕社会主义核心价值观和中国传统文化精髓，形成诚信建设思想共识，引导职工树立正确的诚信观，自觉践行诚实做人、诚信做事、诚信服务的宗旨；三是开展诚信志愿服务活动，充分发挥志愿者服务队伍在诚信建设中的积极作用，组织和引导志愿者深入生产一线，开展多种形式的宣传教育，营造诚实做人、诚信做事的良好氛围。

4.与股东、投资人和债权人利益相关者关系。内蒙古能源高度重视维护股东、投资者和债权人的合法权益，定期召开股东大会、董事会，不断完善公司法人治理结构，有力推进业务良好开展和稳定运行。

5.维护职工权益。持续提升职工参与企业管理的积极性，凡涉及企业发展和职工切身利益的重大事项，职工代表都充分参与、充分监督。每年组织签订3项集体合同，定期开展职工代表巡视活动，全面维护职工的合法权益。深化厂务公开，丰富公开形式，充分利用各种会议、公司网站、公开栏、电子屏进行公开公示，将公开重点向基层延伸，一线区队班组实现了班务全部公开，激发职工工作积极性，构建和谐劳动关系。

内蒙古能源做到依法用工，实施规则治理，不存在随意用工的情况，能够正确处理劳资关系，能够尊重职工的劳动，建立合法协调、公平正义、诚信和睦的劳动关系，构建和谐企业。严格落实以职工代表大会为基本形式的民主管理制度，发挥职工代表大会专门委员会的作用，不断提升企业民主管理工作的质量和效果。坚持把促进企业发展和维护职工权益作为创建活动的出发点和落脚点，有效地促进企业与职工和谐发展、互利共赢。高质量做好职工代表大会提案办理工作，以加强职工代表提案办理质量作为提升民主管理水平的着力点，加强提案审查力度，确保提案质量，制作提案办理卡，明确落实部门、责任人和督办人，提高提案落实效率。

6.安全生产和环境保护。一是实施安全生产专项整治3年行动，成立安全生产专项整治3年行动领导小组，围绕"从根本上消除事故隐患"的目标，制订安全生产专项整治3年行动方案。二是深入开展

"安全环保风险管控年"活动,进一步增强风险意识,实现源头管控。三是全面做实隐患排查治理工作,做好节假日期间安全大检查工作,抓实抓细日常检查工作,对电厂周界防洪防汛、防寒防冻防风防火及特种设备、在建重点工程等开展有针对性的专项检查。四是加强外委单位检查考核,按照入场、合同签订、现场管控全面各层级进行全方位全过程把控,提高外委单位管理水平。

多年来,布连电厂一直在"煤电联运、一体运行、有机结合"的煤电一体化模式开发上下功夫,摒弃传统煤电一体化项目简单叠加的建设模式,突出实用、注重共享、优化基础设施配置,最大限度减少燃煤污染。同传统火电厂相比,布连电厂不设煤场,发电燃煤从主井工业广场直接输送到电厂煤仓间;电厂和煤矿公用一套水源系统,矿用水经处后也可用于电厂生产,煤灰和废水同步实现了"零排放"。

7. 履行社会责任。内蒙古能源党委深入贯彻落实党中央和国务院打赢脱贫攻坚战的决策部署,充分发挥国有企业的政治责任、社会责任。帮扶内蒙古自治区 3 个贫困村,多个项目建设成为鄂尔多斯市乡村振兴和产业扶贫的样板工程,得到鄂尔多斯市委的高度肯定。青海省定点帮扶:投入党建经费 10.24 万元,开展"守望相助温暖高原"为主题的团委志愿者帮扶活动;内蒙古能源团委申请帮扶捐款金额 1.754 万元,为学生采购了学习和体育用品;公司职工个人捐款捐物达 1 万余元,为学生带去了生活和学习用品。消费扶贫:采取"线上和线下相结合""集中采购和职工自购"等方式,借助能源爱购平台、汇采商城、"国资小新"快手等网络平台,利用职工超市代销、集中采购发放节日福利等形式,全年累计消费扶贫共计 57 万余元,超额完成年度消费扶贫任务,其中员工自发采买消费达 20 余万元。

在未来的发展过程中,内蒙古能源将继续深入贯彻"高效、节能、环保、安全可靠"的发展思路,用制度的领先保证发展的超前,用管理水平的一流保障经济效益的一流。对标国内先进、国际一流,积极探索能源的高效利用方式,进一步完善管理模式,提升节能环保水平,增强企业的竞争实力。

案例创造人:王江湖　贾潇鸿

开展诚信体系建设，夯实信用企业基础

国网吉林省电力有限公司德惠市供电公司

一、企业简介

国网吉林省电力有限公司德惠市供电公司（以下简称德惠公司）担负着德惠市 4 个街道办事处和 16 个乡（镇）100 万人口的供电任务，年售电量 12 亿千瓦时。现有职工 901 人，其中全民职工 549 人、供电服务人员 352 人。设置 7 个职能部门和 4 个业务支撑机构，下辖供电所 22 个，变电站 32 座。

德惠公司始终坚持"人民电业为人民"的企业宗旨，认真履行电网企业政治责任、经济责任和社会责任，励精图治，开拓创新，安全生产形势稳定，电网建设成绩斐然，服务水平不断提升，文明创建硕果累累，呈现出发展提速、经营提效、服务提质、人心提气的良好态势。先后荣获吉林省首家国家电网公司"一流县供电企业""新农村电气化建设先进单位"，被授予吉林省"五一劳动奖状"和"文明单位"荣誉称号，被全国总工会评为"全国模范职工之家""工人先锋号""全国厂务公开民主管理先进单位"。

二、工作描述

诚信是社会主义核心价值观的重要内容，建设企业诚信制度、完善诚信体系是规范市场秩序、促进社会经济健康发展的治本之策。为全面贯彻落实上级公司相关要求，德惠公司在 2020 年全面推进诚信体系建设工作，构建覆盖公司所属各部门（单位）的诚信体系（包括诚信业务体系、失信风险防控体系、失信联合惩戒工作评价规范等），实现公司失信联合惩戒工作的全过程管控，增强各部门（单位）与人员的诚信风险意识，规范失信联合惩戒工作，提升失信联合惩戒工作水平。褒扬诚信，惩戒失信，营造"诚信"氛围，确保不发生因失信事件影响公司社会形象的问题。

三、主要工作措施

（一）健全组织机构，明确工作任务

1. 成立领导小组。德惠公司为贯彻落实《国网吉林省电力有限公司企协关于印发 2020 年诚信体系建设实施方案的通知》（企协〔2020〕7 号）、《国网吉林省电力有限公司企协关于印发 2020 年诚信体系建设试点单位工作指引的通知》（企协〔2020〕12 号）的工作要求，构建了公司诚信体系建设，成立了领导小组，统一指挥各部门、各专业的工作开展情况。专门成立了工作办公室，负责协调、组织诚信体系建设的相关工作。

2. 制订工作方案。德惠公司根据《国网长春供电公司诚信体系建设实施方案》的工作要求，由制度体系建设工作办公室制订了《国网德惠市供电公司诚信体系建设实施方案》，明确诚信体系建设的归口管理部门为党委办公室（办公室），各业务管理部门按照职能分工，以专业为主线，设专人负责开展本部门、本专业与失信或诚信相关联的业务内容，查找信用风险点和薄弱环节，特别是与司法、金融、工商、税务、质检、安监、能源、环保等行业主管部门、相关监管部门有工作接触的岗位要认真梳理与失信或诚信有关的工作事项，完善《诚信业务体系表》相关内容。

（二）依托多种载体，加强教育防范

德惠公司依托多种媒介加强信用知识的宣贯培训，弘扬诚信道德，普及诚信理念，营造诚信文化，实现诚信教育常态化，加深全员对诚信工作相关政策的认知，营造全员追求诚信、推动诚信的良好氛围；定期组织开展全面的信用自评价，查找信用管理存在的风险点和薄弱环节，针对性地实施整改提升，筑牢信用风险防线。

（三）完善工作机制，推动诚信工作开展

1. 诚信体系建设工作全覆盖。对公司涉及的售电、电网、电力建设、电力施工、电力监理、供电服务、电力设备供应等领域，梳理业务现状、业务管理模式、业务存在的风险和问题，开展诚信体系建设工作的融合，辨识涉及的上下游利益相关方，建立完整的诚信体系。

2. 信息报送制度。一是按照上级公司要求，实行失信事件零报告制度，按时上报《失信行为"零报告"统计表》及《失信风险隐患排查表》；二是各部门（单位）如被相关监管部门列入黑名单或重点关注名单的，要在12小时内向公司诚信体系建设工作领导小组办公室报告。

3. 舆情信息监控制度。常态关注"信用中国""国家企业信用信息公示系统"等网站信息发布情况，第一时间掌握公司各部门（单位）及外部上下游相关单位失信信息。

4. 诚信事件应急机制。公司各部门（单位），如有被相关监管部门列为重点关注名单的，要限期整改；被认定黑名单的，要按规定的黑名单异议处理机制，开展多渠道的申诉，反映本单位经营管理的现实状况，积极争取合法权益；确实存在严重失信行为的，要通过各种方式督促限期整改，实现失信行为百分百整改。

5. 惩戒机制。一是跟踪关注公司上下游利益相关方的信用情况，确保不发生黑名单单位进入公司经营生产过程的现象；二是将失信行为纳入公司考核体系，依据公司有关规定，根据情节严重程度给予考核。

6. 沟通联络机制。定期沟通诚信体系建设工作进展，交流经验做法，共同研究解决存在的困难和问题，推进诚信体系建设。

四、特色亮点

（一）领导重视，提供组织保障

为加快推进公司诚信体系建设，德惠公司成立了诚信体系建设领导小组，并多次召开专题会议，落实上级公司的文件精神，研讨公司诚信体系建设工作的具体方案和工作推进计划，确定诚信体系建设的工作目标及进程要求。定期召开诚信体系建设工作联络会，对各阶段工作开展情况进行认真总结，通报各部门（单位）工作完成情况，查找工作中发现的问题与不足，研讨解决措施，为诚信体系建设工作提供保障。

（二）分级梳理，确保不落专业

各部门（单位）是德惠公司诚信体系建设工作责任主体，落实公司诚信体系建设工作的各项决策部署，各岗位人员负责根据党委组织部《国网德惠市供电公司典型岗位名录（试行）》梳理本岗位与失信或诚信相关联的业务内容，查找信用风险点和薄弱环节，特别是与司法、金融、工商、税务、质检、安监、能源、环保等行业主管部门、相关监管部门有工作接触的岗位要认真梳理与失信或诚信有关的工作事项，完善《诚信业务体系表》相关内容。

各部门（单位）共梳理出各岗位风险点92项，其中公司领导岗位风险点4项；党委办公室（办公室）岗位风险点4项；发展建设部岗位风险点2项；财务资产部岗位风险点4项；安全监察部岗位风险点2项；党委组织部岗位风险点3项；党建工作部岗位风险点5项；电力调度控制中心岗位风险点10项；运维检修部岗位风险点14项；营销部岗位风险点26项；综合服务中心岗位风险点3项；物资部岗位风险点5项；乡镇供电所岗位风险点10项。

（三）关注平台，舆情信息监控

德惠公司常态化关注"信用中心"和"国家企业信用信息公示系统"等网站信息发布情况，以及涉及公司诚信或影响公司诚信的舆情信息，第一时间掌握本单位及所属单位被列入"黑名单"或"重点关注名单"信息，发现失信隐患，及时响应，积极整改或规避相关风险。关注公司及所属各单位利益相关方的信用情况，对于被列入黑名单的单位，要配合协助有关部门采取联合惩戒措施，在物资招标采购、电网工程建设、电力供应和电力调度等领域予以限制或屏蔽，确保不发生黑名单单位进入公司经营生产过程的现象。

（四）常态沟通，预防失信风险

德惠公司各部门分别与地方政府相关部门建立了常态化沟通机制，及时掌握公司及外部上下游相关单位的信用状况及存在的风险，提前预判，将可能发生的失信行为的情况消化于初始阶段。按时向上级单位报送《失信风险隐患沟通对接情况表》《失信风险排查表》《失信行为"零报告"》等材料，确保失信风险沟通、排查工作实际开展。

五、具体实践

（一）开展诚信体系建设，防范信用风险

根据《国网长春供电公司诚信体系建设实施方案》的要求，德惠公司作为诚信体系建设县及试点单位，2020年全面推进诚信体系建设工作，构建完善的诚信体系。

德惠公司成立诚信体系建设领导小组，制订《国网德惠市供电公司诚信体系建设实施方案》，确定实施范围与工作目标，明确工作思路，要求各部门（单位）以本部门（单位）的岗位规范为基础，梳理与本岗位相关联的失信或诚信相关业务内容，做到梳理工作全覆盖。各部门（单位）的梳理成果经由诚信体系建设工作归口管理部门汇总整理，形成符合实际情况的、具有特色的《诚信业务体系表》，并且以此为基础建立惩戒机制，对工作人员展开培训，实现诚信工作全过程管控，规范诚信管理工作。提升相关人员诚信风险意识和依法治企水平。

（二）加强培训，增强诚信意识

德惠公司将诚信体系建设工作纳入各部门（单位）培训内容，诚信体系建设办公室组织各部门（单位）分层、分级举办诚信体系建设专题培训，交流培训方法，将国家和行业、国网公司和省、市公司诚信体系建设工作的部署和要求传达到各专业、各部门、各级员工，落实到具体工作中。为避免诚信体系建设培训工作"照本宣科"走形式、走过场，要求各部门（单位）留存培训痕迹。通过扎实的培训，确立"诚信做人、以德立身、诚信经营、以德治企"的思想理念，加深干部员工对信用相关政策的认知，增强全体员工的诚信意识和依法合规办事意识，营造全员崇尚诚信、追求诚信、监督诚信的良好氛围。

六、工作成效

（一）提升依法治企水平

德惠公司通过加强诚信教育，明确分工，落实责任，建立风险防范和应急管理机制，确保诚信体系建设工作落实到位，实现失信行为百分百监测、百分百预警、百分百处置，杜绝公司范围内发生"黑名单""重点关注名单"事件，实现了提升依法治企水平、促进了公司持续健康发展的核心目标。

（二）建立完善的信用风险处理机制

德惠公司做好事前沟通、事中申辩、事后修复等各项工作，及时掌握本单位及相关单位的信用状况，建立信用风险预警机制，并且制订了应急预案，将信用风险化解于认定前期阶段。

（三）营造更加浓厚的诚信文化氛围

德惠公司十分重视基础管理工作，诚信体系建设作为基础管理工作的重要组成部分一直被公司列为重点工作。与此同时，德惠市供电通过多渠道大力宣传诚信体系建设的意义和作用，一方面调动相关人员参与诚信体系建设工作的积极性；另一方面将诚信体系建设与公司的各项规章制度挂钩，严格各项规章制度执行，在公司内部营造浓厚的诚信文化氛围。

案例创造人：王秀峰　李明

诚信经营，惜诺如金，建设特大型洗选加工基地

国家能源集团宁夏煤业有限责任公司洗选中心

一、企业简介

国家能源集团宁夏煤业有限责任公司洗选中心（以下简称洗选中心）隶属于国家能源集团宁夏煤业有限责任公司，本着专业化管理、集约化经营、市场化运作的整体部署，逐步整合重组而成。2008年2月，原太西洗煤厂与原西大滩洗煤厂整合；2009年2月，原大石头煤业公司下属的3家洗煤厂成建制划归太西洗煤厂；2015年9月，原太西炭基工业有限公司并入太西洗煤厂；2016年2月，原大武口洗煤厂与原宁东洗煤厂合并，成立选配煤中心；2019年1月，原太西洗煤厂与原选配煤中心合并，成立洗选中心。历经整合后，洗选中心形成了工艺各为一体、互为补充、独立运行的多个生产系统，成为生产工艺较全、洗选手段完善、工艺技术先进、专业化管理突出的煤炭洗选及炭基材料深加工产业中心。经营范围包括：煤炭加工、洗选、销售；煤炭制品及深加工；压力管道安装改造检修，供水等。根据产业布局，形成了太西、宁东两个片区，无烟煤、动力煤、炭基三大板块扁平化管理模式，下设机关科室12个、后勤辅助单位7个、基层生产单位31个。洗选中心现有员工总数3676人。

二、具体做法

在市场经济日益发达的现代社会，企业诚信建设和信用资质，已成为市场竞争中不可或缺的重要标签。洗选中心高度重视诚信建设，在产品质量、品牌建设、合同履行、依法治企等方面循序渐进提升信誉。

1.注重品牌建设。洗选中心牢固树立"质量为本、注重品牌、顾客至上、恪守信用"的理念，加强产品宣传推介，不断拓宽市场占有量，继续保持了"太洗牌"无烟煤、"太西牌"活性炭、炭素品牌。在产品宣传推介的同时，注重企业品牌建设和信用提升，持续培育企业信誉度、知名度，得到了广大客户的高度评价和供应单位的充分信赖。目前，洗选中心主要产品品种包括：不同规格及指标的"太西牌"无烟洗精煤系列产品；活性炭、炭素、碳化硅等炭基产品；"宁煤一号"优质动力煤，"香砟子"环保精块煤，"化原1号""化原2号""化燃1号""化燃2号"等煤制油化工用煤。其中，"太洗牌"无烟洗精煤及其系列产品、"香砟子"牌动力煤及其系列产品、"太西牌"活性炭及系列产品、"太西牌"无烟煤电煅产品、"太西牌"碳化硅及系列产品、"太西牌"炭素及系列产品、"太西牌"水泥及系列产品，获得国家认证商标。产品先后获得"国家银质奖""全国质量过硬放心品牌""国家重点新产品"和煤炭工业"金石奖""宁夏绿色产品推广认证"等荣誉称号，"太洗牌"洗精煤商标和"太西牌"活性炭

商标连续被评为宁夏回族自治区著名商标。

2. 严控产品质量。洗选中心建立《洗选中心煤质管理办法》《洗选中心工艺指标考核标准》等质量管理制度，提前分析入洗原煤煤质资料，以精准操作管控为重点，针对关键工艺质量控制点，确定各工艺操作参数，形成系统的控制标准。发挥好质检的"眼睛"作用，强化参与生产工艺管理的意识，加强生产工艺过程及动态指标的试验和检验，提高产品稳定性，延伸产品质量检测触角，提升质检数据的精准性，研发中心实验室顺利通过 CNAS 认证。定期组织煤质检查和工艺效果评定，产品质量始终处于受控状态，实现了由"数量效益型"向"质量效益型"的转变。自 1996 年通过 ISO9001 质量管理体系认证以来，洗选中心质量管理体系始终保持有效运行，通过认证机构历次审核认证。

3. 加强制度建设。洗选中心制订年度制度建设计划并明确目标任务，根据实际管理需要，从形式、内容、实操性、可控性等方面，有计划地督促相关科室建立和完善相应的管理制度。深入宣传"责任，智慧，创新，共享"的企业精神及文化理念，以制度规范管理行为，以文化激励引导员工，通过"制度＋文化"的双重作用，提升管理效果。结合管理和业务职责发生的变化，新增、修订多项重要管理制度，现行有效制度共计 119 项，进一步完善和规范各项业务管理的标准和流程。不定期开展内部稽查活动，重点覆盖机电设备管理、产品销售业务、转运及运输业务等，对照制度查找执行过程中存在的偏差，分析偏差存在的原因，相应制订改进提升措施，既确保了执行不打折扣，又持续改进制度建设工作。

4. 坚持"守合同、重信用"。洗选中心加强合同管理，严格规范合同签订及执行流程。物资类采购业务在确定供货商及采购价格后，招标结果反馈至物资公司，由物资公司与供货单位签订合同、下达采购订单，办理到货验收、入库、结算工作，确保采购订单及合同执行完毕。服务类和工程类采购合同的签订，严格对照相关法律法规的有关规定，从合同签订、评审、履行、验收监督、归档等环节予以规范，使合同管理做到了有人负责、有据可查、有章可循，合同管理水平有了明显提高。按照《洗选中心合同管理办法》规定，与客户依法签订合同，严格审查，确保合同条款、签订手续和形式合法合规，杜绝了不完善和不合法的合同出现。内部检查合同履行情况，协助合同承办人员处理合同中出现的问题，会同合同承办人员办理有关合同文书，建立合同档案，有效制止了不符合法律、行政法规规定的合同行为，切实维护合同双方的合法权益。自 2003 年起，洗选中心连续被石嘴山市人民政府命名为"守合同、重信用"单位。

5. 提升产品销售服务标准。洗选中心始终坚持"质量第一，用户至上"，把"客户作为关注焦点"逐步融入生产与销售过程中。建立完善动态的客户评价机制，进一步规范用户管理，巩固和优化用户群体，促进产销衔接，提升用户稳定性，提高用户服务管理水平。销售部门通过电话、客户函电、不定期走访、客户满意度调查等方式，掌握客户对产品的评价，消除潜在影响，提高客户满意度。完善质量跟踪体系，形成以运行数据、产销存和质量数据为支撑的煤炭产品质量市场预警机制，用户对产品质量出现的质疑，能够以第一时间赶往现场，通过第三方检测化验验证的方式，科学合理解决问题，争取市场占用率，维护企业信誉。建立完备的售后服务体系，形成用户反馈机制，不定期对用户群进行电话回访，征询用户的意见和建议，并且在 24 小时内给予答复。以班组地销发运现场管理人员及衡房工作人员为服务触点，全面提升"窗口"服务效率。通过对用户综合评价，建立用户档案，对用户按分布区域区分，掌握用户使用产品的具体情况，每年 12 月对用户档案进行信息更新，根据需求量、回款、信誉对用户进行等级评定。

6. 推进依法治企。洗选中心加强法治管理体系建设，成立了法治建设领导小组，遵循"三重一大"

制度，参议生产经营和发展改革相关事项，提高了决策管理水平，防范了决策风险。结合发展实际需要，邀请律师普及法律法规知识点，提高职工法律风险防范能力。聘请非诉讼业务法律顾问，提供法律支持，出具律师催告函、法律意见书及合同审核意见等，规避法律风险，强化风险防控。深化"法律进企业"活动，建立普法展室，实施"121"特色普法工程，组织学习相关法律法规，进一步提升职工法律意识，诚信守法率达100%。开展劳动防护用品使用专项检查和巡视活动，在职工中进行职业病防治法教育宣贯，维护职工合法权益。

三、典型实践

2008年北京奥运会期间，洗选中心为北京市自来水公司第九水厂、第三水厂、田村山水厂等北京奥运会配套水厂及水立方游泳馆提供"太西牌"低灰净水活性炭，承担市民饮用水和赛事用水的净化任务，解决了水质难以达标的难题，得到各方赞誉，被国家奥林匹克体育中心确认为定点采购产品。2009年，洗选中心承担了唯一向世博园区供水的企业——上海市自来水市南有限公司南市水厂所需净水活性炭的供给，累计供炭2400吨，保证了上海世博会期间饮用水的质量安全。2010年，洗选中心承担了广州南沙水厂一期工程净水活性炭的供应，是亚运会配套的专用水厂，为保证亚运会如期进行，通过国家应急中心紧急调购"太西牌"活性炭300吨，有效解决了饮用水重金属超标的问题。

2010年春节前夕，无锡市自来水总公司下辖中桥水厂的供水水源梅梁湖水域严重富营养化，当地饮用居民多反应水有怪味。洗选中心接受了无锡自来水总公司一星期内紧急调用300吨"太西牌"ZJ-830净水活性炭的请求，同时根据以往的经验，鉴于该水厂应急的紧迫性，洗选中心全程委派技术人员和销售人员进行滤池装填反冲指导及售后跟踪服务，帮助该水厂在最短的时间内渡过难关，使该水厂出水水质一改旧貌，也使得洗选中心又一次赢得了制水方的信任及广泛的赞誉。

2011年6月6日，杭州市水质监测中心发现居民饮用水中有多项指标均超出国家规定饮用水标准，已严重影响到居民的正常饮用。6月8日，洗选中心紧急调拨50吨粉末活性炭送往出事地点；次日上午9点，经杭州市水质监测中心检测，污染地水质指标均符合国家标准。6月11日，根据国家应急中心和杭州余杭水务公司的要求，洗选中心再次向杭州调运50吨粉末活性炭。

四、实践效果

1.2020年7月，洗选中心采取随机抽样的方法，对"太洗牌"无烟洗精煤系列产品用户发放《满意度评价表》，评价内容包括产品质量、结算方式、对用户意见处理的及时性、服务态度等方面。评价结果显示，"太洗牌"无烟洗精煤产品用户满意率98.71%，"太西牌"活性炭系列产品用户满意率为97.62%，远超质量管理体系确定的质量目标。

2."太西"牌液相活性炭具有强度高、漂浮率低等特性，具有发达的孔隙结构和巨大的比表面积，对水中的溶解态有机物有较强的吸附能力，用于饮用水净化、生活污水和工业废水处理及食品、药品工业脱色，效果非常显著，已成为洗选中心的优势产品，其中的净水活性炭被国家奥林匹克体育中心等单位确认为定点采购产品，多次经历了国际盛会及突发事件的考验，被媒体誉为"幕后英雄"。

案例创造人：李新军　胡秋云

诚信铸金鼎，精诚行天下

金鼎重工有限公司

一、企业简介

金鼎重工有限公司（以下简称金鼎重工）始建于1995年，于2010年合并重组成立金鼎重工股份有限公司，2014年更名为金鼎重工有限公司。注册实收资本3亿元，是集炼铁、炼钢、轧钢、铸造、贸易、物流、运输、仓储于一体的综合性企业，年生产能力达300万吨，主要产品为优质高速线材和中厚板，广泛应用于海洋船舶制造、工程机械制造、公路桥梁建设、混凝土建筑、汽车制造等行业。金鼎重工其他产品及业务还包括：生产和销售精密铸件、汽车模具、车床配件及铸钢管、钢铁制品（钢坯、钢锭、特钢、球墨铸铁）、铁矿石、铁精粉、球团的进出口业务；服务类业务有普通运输、物流服务、炉料钢材的仓储等。金鼎重工现可年产优质球墨铸铁60万吨、精密铸件10万吨、炼钢铁300万吨、钢坯板坯300万吨、中厚板100万吨，年产优质特种线材120万吨。精密铸件以接受国外订单为主，主要客户有捷克飞马特和美国哈斯集团等；生产的球墨铸铁低硫、低磷、低钛，是铸造业的优质原料，产品销往湖北二汽、重庆红岩汽车厂、东风汽车及国内知名汽车、机械终端铸造企业，并且通过了质量管理体系ISO9001：2008认证。金鼎重工生产的各种模具及铸件均采用了先进的生产工艺，工业废水处理等设备不断升级改造，实施在线监测，达到清洁生产，被河北省铸锻行业协会评为"绿色铸造示范企业"。

从2010年起，金鼎重工连续多年入选"中国企业500强""中国制造业500强""河北省百强企业"。金鼎重工建立自主产研实验室、技术中心，成为国家级高新技术企业，并获得了"中国绿色发展优秀企业""全国钢铁行业质量领先企业"等称号。2017年，金鼎重工被工业和信息化部评为"国家级首批绿色工厂"；2018年，入选"河北省工业企业A类研发机构"；2019年，涉足"军民融合发展"项目，晋升为省级军民融合单位。

二、企业诚信建设和信用体系建设实践

（一）诚信经营理念

金鼎重工秉持"员工热爱、客户首选、政府满意、社会信任"的宗旨，坚持"客户至上，精细化管理"的企业核心价值观，坚持严谨高效、激情超越的企业精神，树立品牌核心价值：向世界展示金鼎品位、金鼎实力。品牌定位，即以质量上乘、工艺考究的优质产品服务于社会，不断超越自我。

（二）严格遵纪守法

在金鼎重工的相关制度中，明确规定了"重要决策必须经法律审核"的相关内容。重要决策的法律审核程序明确、规范，法律顾问通过出席投资发展管理会、总经理办公会等重要决策会议，参加项目组，并且出具法律意见书，对重要经营决策进行法律审核。

（三）企业诚信和信用体系建设

金鼎重工建立了客户和供应商资信管理制度，每周提取资金支付数据制成报表，安排月报分析，通过抽查完成分析报告，做到全面了解客户和供应商的信用等级，保障客户和供应商信息安全的同时，也为公司的健康发展保驾护航。

金鼎重工制订了《授权管理规定》《财务管控基本制度》等各项制度并在经营中严格执行。公司信用体系建设在市场经济中至关重要，不仅能够提高企业的信用等级和经济活动效率，减少交易费用和机会成本，更能帮助企业在法律框架内规范有序地进行经营生产活动，是现代市场经济运行的必要条件，同时也有利于政府宏观调控目标的实现。

（四）企业诚信实践

1. 产品质量及生产管理。质量诚信是企业立足之本，金鼎重工作为钢铁产业诚信经营单位，自成立至今，始终坚持以合作伙伴、消费者权益为中心，以打造好产品为己任，从原材料采购到生产加工，从质量检测到成品出厂，再到售后服务，用心做好每一个细节，依托先进的工艺设备和技术构建完善有效的质量控制体系，为每一款产品烙上"优质、安全、稳定"的品质标签。2018年8月，金鼎重工被中国质量检验协会授予"全国质量诚信示范企业"，集团产品荣获"全国质量信得过产品"荣誉称号。这既彰显了公司"以质量求生存，以诚信谋发展"的经营理念，也是公司践行品质承诺的有力证明。

金鼎重工在产品质量、环保管理、安全生产管理、设备管理、供销管理等基础管理工作方面取得了很好的业绩，先后荣获"国家级绿色工厂""全国质量优秀单位""全国钢铁行业竞争力B+企业""中国绿色管理奖""全国绿色发展企业"等多项殊荣。

2. 客户服务及关系管理。在抓好产品质量的同时，金鼎重工还建立了完善的服务体系。金鼎重工时刻关注客户需求和使用反馈，在第一时间响应合作伙伴和客户的需求，不断追求产品品质的提升，达到或超越客户的期望，赢得客户的信赖与忠诚，与客户共同创造"诚信金鼎"的品牌核心价值，以优质高效的售后服务来巩固市场。建立了客户投诉处理工作机制，其中包括：专人负责处理回复行业监管部门转发的投诉；实施快速处置程序，推行快速改进工作；优化投诉处理程序，完善客户满意度测评模式。金鼎重工定期对国外及国内的客户发送邀请短信参与满意度调查，定期公布客户满意度调查结果，定期对相关服务保障单位进行考核。

3. 加强审核监管力度，确保工作落实。金鼎重工审计监察部牢固树立"检查考核不是目的，服务警示是根本"这一工作意识，始终铭记审计工作的重要性，平衡日常工作的规范性和创新性，助力公司战略计划顺利实施。与此同时，金鼎重工建立健全惩治和预防腐败体系的各项工作，坚持"标本兼治、综合治理、惩防并举、注重预防"方针，在"探索预防腐败方法、加强反腐倡廉教育、深化监察工作、履行监察职责、优化队伍建设"5个方面持续提升监察力度，为金鼎重工又好又快发展提供坚实保障。

4. 维护职工合法权益、劳动关系和谐。金鼎重工工会建立了职工代表大会制度，职工代表大会按时召开，旨在加强工会组织建设、履行职责：教育职工、引导职工，切实增强广大职工的工作积极性和主动性，改善工作、居住环境，维护职工权利，保持职工队伍的和谐稳定。严格遵守相关法律法规，持续规范劳动合同管理，建立和谐稳定的劳动关系，职工签署劳动合同率达100%。

5. 环境资源保护。金鼎重工始终贯彻环境保护这一基本国策，坚持预防为主方针，坚持保护资源和控制损害相结合，依靠科技手段治理生产废水、废渣及烟尘，防治环境污染，发展洁净生产。根据相关法律法规结合实际制订并下发《环境保护管理规定》，推行生态设计，实现工业污染全过程可控制。

2020年4月,金鼎重工被中国钢铁工业协会评为"环境保护统计工作先进集体";6月,又被《中国冶金报》评为"最美绿色钢城"。金鼎重工认真贯彻落实国家对节能减排的相关要求,率先在邯郸地区斥巨资建设能源智控中心,将所有能源介质的生产、存储、输送、使用及回收等全程集中监控,智能化、全方位调度,节能效果显著。

(五)履行社会责任,热心公益事业

金鼎重工倾力支持教育、卫生和文化等公共事业发展,积极参与扶贫济困、赈灾救灾活动,鼓励员工参与捐赠、参加志愿者活动,系统开展系统公益工作。以"爱在金鼎、精准扶贫"为平台,积极履行社会责任,包联上团城乡17个村庄的105户困难家庭,制订帮扶计划,"一对一"建档立卡,精确到人、精准到户;花费100余万元修建贺赵小学、贺赵烈士陵园,并向相关青少年群体累计捐款300余万元。在提供就业和纳税方面,金鼎重工为社会人员提供就业岗位,就业累计12000余人;仅2019年一年,实现工业总产值75.98亿元,纳税3.1亿元,工业增加值15亿元。在民生方面,金鼎重工充分利用钢铁生产余热回收技术,向周边村庄冬季供暖800余户;对周边村庄路面进行硬化,在交通要道修筑大桥、居民区修建水池和生活广场等,累计耗资1000余万元。在倾力支持定点扶贫、赈灾救助、捐资助学、环境保护及社区建设等公益项目的同时,金鼎重工以实际行动来证明企业本身良好的社会信誉和责任感。

金鼎重工建立了系统性、周期性、专项性的信息披露机制,促进了利益相关方的沟通、理解和支持。2020年,先后获"河北省硬质量可信赖创效益百佳诚信企业""河北省信誉服务双优行业市场引导品牌"双项荣誉称号,被河北省企业信用协会评为"守合同重信用企业"。

三、企业坚持诚信发展

企业的发展源于诚信,诚信之道源于企业自身的文化建设。金鼎重工把诚信作为核心的经营理念,诚信也铸就了金鼎重工的现在和未来。多年来,金鼎重工大力弘扬"诚信、守约、协调、高效"的团队精神,灌输"质量是生命、安全是效益"的质量理念,坚守"诚信、务实、创新、共赢"的营销理念,全面推进"铸魂、塑形、育人"三大工程,努力营造"守信为荣、失信为耻、无信为忧"的企业氛围,不断提升广大员工的诚信意识,使诚信理念植根于全体员工之中,成为企业的核心价值观。同时,金鼎重工注重把企业诚信文化建设与企业信用管理相结合,建立健全规范的诚信管理体系。要想在市场竞争中立于不败之地,必须以诚为本、以信为源,精心打造诚信品牌,金鼎重工将继续大力推进和完善诚信体系建设的这一发展战略,用诚信赢得广大客户和消费者的信任,用自己的实际行动树立行业的诚信形象。正是对诚信的执着坚守,金鼎重工赢得了社会各界的高度认可与肯定,先后多次获得"中国诚信供应商""河北省诚信企业""AAA信用等级认证"等多项荣誉称号,为钢铁行业树立了簇新的诚信标杆,让合作伙伴和消费者对"金鼎品质"放心,彼此加强协作,实现共赢。

诚信是金,一言九鼎。在未来发展的道路上,金鼎重工将不断优化产业布局,不断延伸产业链条,主业卓著,多产业并举,做中国民营钢铁企业多元化发展的开拓者。以钢铁生产"绿色化、智能化、精品化"为发展方向,对内加大科技研发,不断升级工艺装备;对外建设绿色生态示范工厂,实现与周边环境生态融合,内外兼修,以精诚之力将金鼎重工打造成产品一流、技术一流、管理一流、环境一流、效益一流,具有国内领先水平的现代化优秀诚信企业。

案例创造人:王建军

坚持诚信经营，打造信义商城，建设世界一流水平专业化服务单位

国能（北京）配送中心有限公司

一、企业简介

国能（北京）配送中心有限公司（以下简称北京配送）成立于 2016 年，为国家能源集团物资有限公司（以下简称物资公司）全资子公司，注册资本 5288.48 万元。作为国家能源 e 购商城的运营主体，主要负责商城电力专区和电子超市专区业务。截至 2020 年，国家能源 e 购商城共签约用户 1402 家，供应商 537 家，商品 SKU 达 69.26 万条；2020 年商城商品交易总额（GMV）达 50.73 亿元，同比增长 109%，基本实现火电主辅机备件覆盖率 100%，实现 A/B 修现场精准服务完成率 100%。2018 年和 2019 年，北京配送连续两年获得物资目标责任制考核 A 级单位和奖励基金特等奖等荣誉称号。

近年来，北京配送始终坚持"高标准、严要求、优服务、争效益"的经营方针，本着"诚信经营"的原则，在强化管理的同时更致力于提高服务质量，尤其是 2020 年，《国家能源集团"指尖上的采购"助力抗疫复产》入选《人民日报》主办的"科技战役 -2020 中国数字化转型优秀案例"。北京配送作为国家能源 e 购商城运营单位和创建世界一流水平专业化服务示范单位，紧紧围绕落实国家能源集团"一个目标、三型五化、七个一流"发展战略高标准编制行动实施方案，创建工作任务，设定目标节点，使各项工作有了新的突破和飞跃，赢得了良好的口碑，取得了优异的经营业绩。恪守诚信经营，广泛开展了以加强内部管理、提高服务质量为中心内容，全方位落实诚信经营的自查自纠活动，取得了可喜的成绩。北京配送先后获得了第一届国家能源集团青年五四奖章集体（疫情防控类）、"社会主义是干出来"先进集体（"一防三保"疫情防控）、国家能源集团首届文明单位等荣誉称号。

二、领导重视，全方位落实质量价格创建工作

诚信是企业安身立命之本，诚信服务是企业发展的永恒主题。北京配送历来重视诚信工作，特别是产品质量价格方面，公司领导班子高度重视，召开会议进行部署，成立质量价格监管部，通过源头控制、渠道溯源、生产监造及定期检测等方式，对商品质量价格全面监管。

1. 广泛宣传，深入发动，增强"诚信单位"创建活动的实效性。为推动创建活动的全面开展，坚持"从实际出发，注重实效"的原则，结合公司实际和干部员工的思想实际，北京配送内部广泛深入地开展了"诚信为本，操守为重""诚信兴业，文明服务"的宣传教育和以"诚信价格"为内容的职业道德教育，相继组织了合同管理、全面风险管理等 27 次培训，引导干部员工树立公平、合法和诚实守信的价格理念，自觉遵守行业规范，抵制各种不讲信用的做法，营造浓厚的"诚信待人、诚信标价、守法经

营"的价格环境，以实际行动维护北京配送的声誉。

2. 各司其职，齐抓共管，规范管理，推动创建活动的深入开展。北京配送加强组织领导，健全内部价格管理制度，坚持质量价格问题"零容忍"态度。编制《国家能源 e 购商城质量价格监督管理办法》，按照"一底线、一重点、五手段"的原则，通过平台预警、行业比对、市场调查、用户监督等手段开展价格监督管理；通过源头控制、渠道溯源、生产监造及定期检测和用户回访开展质量监督；逐步建立质量、价格、诚信履约的常态化监管机制。北京配送成立质量价格监管部，及时掌握各级物价管理部门最新的价格指示精神，严格按照有关规定不折不扣地认真执行，完善全公司上下的价格监督管理机制，每月编制《国家能源 e 购商城监督简报》，调研国内多家第三方检测机构，最终选出 24 家具有权威的第三方检测机构进行备案，设置商品价格上浮预警功能，跟踪商品价格上浮预警。

3. 纠建并举，整改提高，不断扩大创建活动的成果。北京配送坚持"端对端"的主渠道采购。严格执行相关采购管理规定，制订铺货采购业务流程工作标准，实现商品从用户需求收集、市场调研、采购策划到铺货上架的全流程标准化管理。加大采购铺货力度，持续深入开展品牌计划，充分发挥规模化采购优势，将采购量大、采购频次高的好产品铺到商城上来，满足不同专业板块的差异化采购需求，最大限度提高各产业板块的采购效率、降低采购成本。制订了《北京配送铺货采购流程操作手册》《国家能源 e 购商城专区商品上下架管理规定》《国家能源 e 购商城电子超市商品上下架管理规定》《国家能源 e 购商城专区物资主数据管理规定》，规范采购工作，提高工作效率，保证采购工作健康、有序、高效地运行。创新"大客服"工作思路。建立客服回访机制，线下建立问题台账表，每周汇总问题简报，问题回复率达到 100%。建立 QQ 客户服务群，线上人数已达到 2819 人，接受客户监督。通过商城客服功能模块智能化、体系化、标准化的建设，提高国家能源 e 购商城客户采买体验，结合高效成熟的客户服务，达到服务满意度 100% 目标；通过建立商城智能化营销体系模块，订单综合数据市场智能化分析，拓展内部市场潜力；通过商城功能模块先进性的不断建设，在互联网销售市场提高平台品牌影响力，不断扩大拓展外部客户。

在创建价格诚信公司的活动中，北京配送坚持纠建并举的原则，边建边改，着力整改提高，扩大了创建活动的成果。

三、严格内部管理，强化法律意识，确保质优价符

为了给客户提供质优价符的商品和服务，北京配送坚持"基础不牢、地动山摇"的管理理念，在管理上始终坚持"以制度促管理，向管理要效益"的原则，完成涵盖公司治理、综合管理、财务管理、党建工团纪检、电商运营管理等各领域的制度建设顶层设计并逐步推动内控体系信息化管控工作，加强全员培训，形成对制度和流程的理解、运用、完善常态化，构建相互衔接、相互制衡、相互监督的管理工作机制。

1. 加强基础管理建设，建立健全公司各项制度。2020 年，北京配送完成 73 项制度的印发工作，涉及综合人事、党建纪检、财务管理等领域。结合电商化采购业务实际，经法务审核，编制采购合同范本 4 版，集团公司内部销售合同 1 版。编制公司合同管理办法，统一公司合同编号。结合单位巡视、审计工作的相关要求，对公司的合同台账、档案及流程进行抽查工作，进一步规范合同管理工作，增强全员合同管理与风险防范意识。

2. 坚持依法治理、合规经营、规范管理共同推进。北京配送坚持法治体系、法治能力、法治文化一体化建设，大力推动企业治理体系和治理能力现代化，确保公司在法治轨道上健康可持续发展。

四、推行标准化管理体系，促进公司管理规范化、专业化

企业管理水平的高低直接关系到企业的兴衰成败。北京配送建立企业标准化体系、推行标准化的管理，是促进企业科学、完整、合理、有序发展的重要手段，促使公司走上了专业、规范化道路。

1. 制度体系建设方面。本着"制度与管理要配、制度对工作要管、制度要管住工作"的原则，北京配送对制度进行梳理调整，认真查找制度缺失或执行中存在的不足，通过制度"废、改、立"工作，整合修订《考核管理办法（试行）》等80项制度，截至目前，已编制完成73项。为检验制度学习效果，促进制度学习落实落地，重新梳理编制3套物资公司制度考试题库，通过"考试星"形式进行"每日一考、每日评分"制度考试，以考促学、以评促改，确保制度学习入脑入心。

2. 内控体系建设。为加强公司管理、合理分权，保证会计资料的真实合法、保护公司财产的安全完整，实现内部控制全覆盖，北京配送各部门梳理业务领域现有管理制度和业务流程，通过内部询问访谈、穿行测试、关键业务检查等手段，摸清公司和业务层面内控现状，检查内部控制方面的缺陷和不足，明确关键点，分析其成因和相关风险，提出相应的改进措施和意见，下发内部控制手册编写规范，对编写内容信息、绘图布局、流程图基本元素、图表格式等进行了规范，形成风险应对方案并不断修改完善。内控流程涉及采购业务、商品上下架、订单管理等9个业务领域，共绘制流程图表44项。领导小组根据各部门、中心在内部控制手册编制过程中的组织开展情况进行综合评价打分并评选出优秀内控管理团队，编制完成《商城运营管理内部控制手册》。

3. 绩效考核体系建设。随着国家能源e购商城不断发展壮大，对北京配送的发展战略目标及经营管理的要求也在不断调整和提升，对商城管理和运营水平提出了更高的标准及要求。全面实施绩效考核管理，成为推动北京配送发展的重要内容。为了让工作更加有序高效，制订了公司考核办法，考核办法根据各部门、中心工作特点，考核指标体现多方面、多渠道客观反映部门工作完成情况，以月度为考核周期，全覆盖、多维度进行考核。在编制考核指标上，实现上级公司考核目标覆盖化、部门考核指标合理化。通过与各考核部门、中心事前沟通和反馈交流，设定科学合理的考核指标和考核目标。公司13个部门、中心共设定73项考核指标，其中通用指标1项，设立156项三级考核指标，使员工的工作完成有了衡量性和可操作性。从源头上强化了过程管控，激发了员工参与竞争的活力，促进企业与员工共同成长。在考核过程监管上，不断完善考核流程，通过成立专门的考核领导小组、绩效考核委员会和纪律考核委员会，复核和监管考核过程，真正实现多方参与的全过程管理，保证考核结果的公平公正。

五、热心公益，奉献社会，用实际行动赢得社会认可

北京配送认真学习贯彻党的十九大和十九届历次全会精神，始终牢记物资人的初心使命，积极践行"真情、友情、亲情"三情文化，秉承倾心、倾情、倾力的服务理念。2020年，突如其来的新冠肺炎疫情袭来，多地企业防疫物资告急的求助信息接踵而来，解决防疫物资紧缺的问题迫在眉睫。北京配送作为国家能源e购商城的运营主体，承担着为整个国家能源集团提供物资保障的使命和任务，在为集团项目单位"控成本、降造价、防风险、提效能"的实践中留下了浓墨重彩的一笔。

1. 全员出动，积极投身到"一防三保"行动中去。新冠肺炎疫情期间，北京配送迅速落实党中央和国务院疫情防控决策部署及国家能源集团党组的各项要求，以"防控疫情扩散、保安全生产、保职工健康、保能源供应"为主线，不负使命，勇担责任，全面动员，全面部署，以战斗状态做好保供工作，充分发挥国家能源e购商城聚集效能，保证用最短的时间把防疫物资发出去，公司党政负责人身先士卒，亲自战斗在物资供应最前线，并组织公司在京人员紧急成立防疫物资发货突击队，随时听候物资公司党委的号召和调遣，2020年累计发送口罩2282万只，消毒液、酒精17.7万公斤，医用手套263.77万双，

防护镜 15622 付，防护服 13730 套，测温枪 4000 台，有力保证了国家能源集团系统内各单位的防疫物资需求，第一时间吹响了战"疫"的冲锋号。

2. 主动出击，全力以赴确保各服务单位安全生产。受新冠肺炎疫情影响，国家能源 e 购商城的上游供应商生产、运输各环节全面受限，给各类生产物资的正常供货工作造成了极大影响。为了保证各服务单位安全生产不受影响，北京配送制订了一系列有效的措施，深化疫情期间保供机制。一是全面加强电子超市商品保供管理，组织专人对 6 家外部电商上架商品和已生产订单的到货情况进行梳理，逐一落实库存情况和物流配送情况，和服务单位做好沟通解释工作。二是全面加强电力专区商品保供管理，按照国家能源集团年度机组检修计划，全面落实火电企业开工时间，提前就主辅机备件、催化剂等大宗材料做好催交催运工作，并且将拟到货时间向用户提前反馈，便于用户合理安排检修开工时间。三是全面加强疫情保供期间客服管理，实时关注客服群用户反映的问题，进行分类统计汇总并及时和相关部门沟通，制订解决方案。疫情期间，保供突击队的成员每天坚持不懈地跟踪各供应商的货源情况，每天不厌其烦的接听数百个服务单位的电话，正是他们一点一滴的行动为服务单位的安全生产建起了一道坚固的防线。

3. 建设"湖北专区"，精准助力湖北复工复产。北京配送加快落实党中央支持湖北省经济社会发展的政策，在一周时间内迅速建成国家能源 e 购商城"湖北专区"。组织召开了专题会和动员大会，制订了具体可行的对接帮扶方案，成立了 7 个工作小组，明确分工和责任。按照"同等优先"原则，加大湖北地区工程、物资、服务项目采购力度，促进湖北工业产业链、供应链尽快恢复。制订与航天瑞奇电缆有限公司的合作方案，签署框架合作协议，开展集团内单位的电缆业务。拓展湖北工农业产品销售渠道，与宣恩、房县两地政府签署战略合作协议，帮扶 44 家湖北地方企业的农产品在商城平台销售。2020 年，湖北产销商品共铺货上架商品 SKU 数 32391 个，帮扶销售金额 6698.41 万元。

诚信建设是一个长期性的系统工程，北京配送将深入持久地开展诚信经营活动，进一步强化诚信监督机制，以诚信创新品牌，增强公司的竞争力，使公司持续快速发展。作为国家能源 e 购商城的运营主体，北京配送以国家能源集团发展为己任，着力于商城产品品质和用户满意度的提高，依托国家能源集团的资源优势，将国家能源 e 购商城与新经济时代最具潜力的商业模式完美融合，创造出新的商业典范。

案例创造人：曹孔山　梁永吉

构建诚信供应链管理体系，筑牢国防工业安全保障

中电科技（南京）电子信息发展有限公司

一、企业简介

中电科技（南京）电子信息发展有限公司（以下简称中电科技）成立于2003年，注册资本1亿元。成立十几年来，中电科技响应国家现代供应链战略和国务院国资委中央企业采购管理提升要求，不断提升采购管理水平，打破传统的单一采购服务，形成了代理分销、国际化经营和供应链整合三大业务板块，打造了集采购、销售、内部资源管理一体化的供应链电子商务平台。作为中国电子科技集团有限公司核心集采平台，中电科技年集采业务经济量近百亿元，成为企业实现降本增效、提高产品服务质量的关键环节，持续提升集团公司供应商价值贡献与绩效能力。中电科技始终坚持科技创新与管理创新双轮驱动，通过B2B电子商务平台建设推动数字化供应链运营，使现代供应链与制造业深度融合，被工业和信息化部评为国家两化融合试点企业，并且成为南京市首家通过两化融合管理体系贯标企业。中电科技先后获得了"江苏省重点物流企业""江苏省管理创新优秀企业""江苏省先进制造业与现代服务业深度融合试点龙头骨干企业"等荣誉称号。

二、企业诚信建设和信用体系建设实践

1. 诚信经营理念。诚信经营是企业的安身立命之本，中电科技赓续弘扬实干品质，以责任与使命扎实践行诚信经营管理，推动企业发展行稳致远。在管理体系建设、人力资源、公共关系、供应渠道管理、客户服务、信息系统建设、依法纳税等方面均将诚信作为工作开展的基本准则。中电科技已连续十数年获得中国人民银行AAA级信用资质，维护保持良好的社会信誉。设立总法律顾问制度、组建专业风险管理部门、建立专职法律事务团队；同时，每年对员工开展法律专业培训与廉政培训，向业务条线员工提供实务性法律培训。中电科技将诚信理念融入企业经营的各个层面，提高员工法律意识、增强企业契约精神，做行业领域的诚信守法表率企业。

2. 严格遵纪守法。中电科技始终严格遵守国家法律法规，树立底线思维，依法经营、诚信经营。中电科技组建了高素质、高水平、专业化的法律团队，全面参与合同、规章制度、重要决策事项的法律审核，实现100%的法律审核率，杜绝合同、规章制度、重要决策事项发生违法违纪的风险。同时，公司致力于提高员工的法律意识，坚持将法治宣传教育工作制度化，在企业营造遵纪守法、合法经营、防范法律风险的法治环境。

3. 企业诚信和信用体系建设。①全面风险管理。中电科技基于《全面风险管理体系框架》，建立

《全面风险管理工作规范指引》，明确风险管理组织体系、责任体系、业务体系、工作体系、能力体系和文化体系的管理。制订《全面风险管理程序》，每年开展风险评估，对重要风险进行重点管控和预警，监督风险管理过程中风险管控举措的实施及其结果，对各种潜在风险进行提示防范。②供应链风险管理。中电科技建立了包括《合同管理办法》《授权管理办法》《印章管理办法》《客户信用管理办法》等在内的极其完整的业务风险管理制度，目前已成功建立起供应链全生命周期管理机制。同时，为有效支撑供应链全生命周期管理机制落地，中电科技全面部署建设了纵向覆盖财务、销售、采购、库存及数据管理，横向覆盖供应商与客户的一体化供应链管理信息系统，构建起了供应链风险事前审核、事中控制、事后总结分析的完整风险管理工作链条，极大提升了供应链效率，强化了供应商、客户资信状况的基础数据积累。2017年至今，中电科技供应链运营中未发生一起重大风险事件。③信用管理机制。中电科技实施多维度综合信用管理，全面整合供应链上下游、银行与保险公司及第三方评级机构等数据。通过EDI接口进一步打通供应链系统与金融系统，通过数据资源整合进一步推动数据标准化，实现标准化报文的实时互换，完成了数据互联与共享；通过一套完整的信用评估机制，评估供应链生态圈伙伴信用等级，实现对供应商与客户信用的动态管理，进而有效保障了供应链健康、稳健运营，主要体现以下3个方面：一是持续加强黑名单客户管理；二是不断强化企业信用评价；三是建立供应商评估机制。

4.职业道德行为准则或规章。中电科技建立员工道德公约，从5个方面指导员工的工作与行为。①科技报国：热爱祖国，忠于祖国，遵守国家一切法律、法规。以强大国防、振兴中华为己任，大力推进中国电子科技及其产业的发展。②诚实守信是中电科技及其全体员工精神品质的基本准则，全体员工应讲求诚信、践行诚信。员工应诚信对客户、诚信对伙伴、诚信对同事、诚信对股东、诚信对国家、诚信对社会。③敬业爱岗：热爱本职工作，恪尽岗位职责，培养高尚的职业操守。④团结友爱：上级下属团结一心，彼此信任。同事之间和睦共事，互帮互助。⑤自强自爱：严于律己，宽以待人，在工作、生活中洁身自好，自强不息，以自身的行为赢得别人的尊重。

5.企业诚信实践。①合作共赢企业文化。在保障国家秘密的基础上，中电科技积极推进"共享、共赢"的供应链文化建设，在战略联盟组建与合作中，致力实现"数据共享、情报共享、渠道共享、库存共享"，打通跨组织协同流程与信息堵点；在与供应链上下游企业合作中，着眼于长远利益，时刻将"服务意识"放在首位，坚决秉持供应链整体利益优先理念。中电科技重视共享文化的推广与宣传，每年组织供应商大会及供应链管理论坛，强化合作企业间的沟通交流，推动"合作共赢"的企业文化向全供应链传播融合。②客户服务及关系管理。中电科技打造以"三联一合（企业联盟、业务联动、信息联通、产融结合）"为特征的一体化供应链服务平台，为客户提供包含集中采购、技术支持、数据管理、供应链金融、咨询培训等综合性供应链服务，帮助企业解决生产经营中存在的流动资金、采购管理、产品研发等瓶颈问题。针对企业资金压力大、流动资金紧缺问题，中电科技利用自身资金及资信优势，构建票据池，为客户提供票据融资，与银行等金融机构为客户提供应收或预付保理融资，进而解决客户资金瓶颈；利用战略合作伙伴技术优势，协调技术资源，为客户提供技术支持，同时参与客户产品设计选型，推动产品标准化，有效降低了供应链上下游成本、协力突破客户的研发瓶颈。中电科技利用供应链服务平台的集约化资源配置优势，协同核心层、运营层、保障层为供应链网络中的各企业解决痛点、难点问题，打通供应链各环节，实现了供应链物流、资金流、信息流、商流的"四流合一"。③反对商业贿赂、欺诈等。中电科技以采购供应链管理体系建设为核心，构建"阳光采购"制度堤坝，将腐败风险关进制度的笼子。在体系流程设计中，重视对权力的相互制约与监督，对采购供应链管理中核心的供应商管控权、采购权、付款权实施"三权分立"；在制度实施过程中建立稽核审计机制；对采购关键岗位从业人员实施轮岗及离岗审计制度。通过供应链数据共享、体系共建和业务联动，增强渠道透明度，防范暗箱操作，逐步在中电科技内部及供应链上下游形成了廉洁自律的供应链文化。④维护职工权益，创建和谐劳动关系。中电科技根据人才建设工作需要，制订人才发展战略。重视畅通人才发展通路及完善激励机制，结合目前和未来需求预测，设立人力资源发展目标，建立人力资源总体规划和能力框架体系。为有效提升内部员工及合作伙伴的采购供应链管理能力、推进供应链上下游的知识体系标准化，中电科技引进了WTO最新的采购与供应链管理知识体系，建立"注册采购师"培训中心，为上下游合作伙伴提供从"如何制订供应战略""明确需求与规划供应"到"物流管理""库存管理"等12个模块的专业实践课程培训。通过标准课程体系培训，促进了上下游企业交流，统一了供应链上下游专业语言，形成了一致的采购供应链管理价值观，进而推动了跨组织协调效率与供应链管理效率的提升。中电科技通过薪酬福利、社会保障、职位晋升、职称评定、荣誉推介等体系方式激励员工的工作热情，保持员工队伍高效运作。

6. 履行社会责任，扶持中小企业。中电科技响应国家号召，加大对中小企业和民营企业的帮扶力度：通过供应链管理咨询，帮助上游中小微供应商实现了自身供应链管理水平的提高，使中小微企业的供应链能力显著提升；积极贯彻中央精神，基于中电科技庞大的供应链规模，通过供应链金融解决方案，融合电科财务强大的资金归集再分配能力，提前变现中小企业的账期，解决中小企业应收账款清欠问题，提升中小企业资金周转率。2020年新冠肺炎疫情期间，中电科技联合电科财务响应国家号召，加大线上金融服务力度，联合为产业链上下游制造企业提供了21.21亿元的供应链金融服务，有效缓解了疫情对行业内中小企业的冲击，稳健打造中电科技的经营底色和鲜明特质。

案例创造人：邱国华

企业诚信建设在我国首座IGCC示范电站的探索与实践

华能（天津）煤气化发电有限公司

一、企业简介

华能（天津）煤气化发电有限公司（以下简称天津 IGCC）成立于 2008 年，负责建设和运营我国第一座、世界第六座大型 IGCC 电站——华能天津 IGCC 示范电站。2004 年，中国华能集团有限公司（以下简称华能集团）从我国以煤为主的能源结构和可持续发展战略出发，率先提出了"绿色煤电"计划，牵头联合大唐、华电、国电、中电投、神华、中煤、国开投等国内能源和投资企业实施该计划，美国博地能源公司随后参与。

"绿色煤电"计划分 3 个阶段实施。第一阶段建设运营天津 IGCC，开发自主知识产权 2000 吨 / 天级气化技术，同步建成绿色煤电实验室；第二阶段研发煤制氢、储氢、氢气和二氧化碳分离及封存等"绿色煤电"技术；第三阶段建设运营 40 万千瓦等级 IGCC+CCS 示范电厂，为商业化运营做准备。作为"绿色煤电"计划第一阶段示范工程，天津 IGCC 是我国第一座、世界第六座大型 IGCC 电厂，也是目前我国唯一一座 IGCC 电厂，是"国家洁净煤发电示范工程""十一五"863 计划重大课题依托项目和"基于 IGCC 的绿色煤电国家 863 计划研究开发基地"。天津 IGCC 装机容量为 26.5 万千瓦，于 2012 年投产，标志着具有我国自主知识产权、代表世界洁净煤发电技术前沿水平的"绿色煤电"计划取得了实质性突破。投产以来，安全生产能力、经营生存环境、整体管理水平显著提高，受到国内外广泛关注，成为我国坚持绿色发展、科技创新的一面旗帜和认真履行大国责任、积极应对全球气候变化的窗口。累计接待国家部委和相关企业调研 300 余次，多家媒体多次对天津 IGCC 进行报道。

2018 年 9 月 26 日，天津 IGCC 连续运行 166 天，打破由日本勿来 IGCC 电厂保持的 163 天世界纪录，标志着机组稳定运行能力达到世界 IGCC 机组先进水平。天津 IGCC 先后获得"全国文明单位""全国五一劳动奖状""全国'工人先锋号'""中国美丽电厂""中央企业先进集体"等 16 项国家级荣誉和 100 余项省部及局级荣誉。

二、企业诚信建设和信用体系建设实践

天津 IGCC 作为推动我国煤炭资源高效利用及污染物近零排放的科技示范项目，坚持目标管理、问题导向，构建并推行精细化管理，以强烈的责任感和高度的使命感扎实推进企业诚信经营，取得良好成效。

（一）核心价值理念

一直以来，天津 IGCC 秉承"坚持诚信，注重合作，不断创新，积极进取，创造业绩，服务国家"的核心价值观，各项工作取得了显著成就，实现了公司和员工的共同发展。

（二）诚信经营理念

天津 IGCC 严格遵守国家法律法规和行业规范制度，各级党员领导干部严格落实党中央的一系列要求部署，未发生违法违纪事件。创新廉洁风险教育方式，连年开展警示教育讲堂、"廉洁教育"讲堂、法律讲座等依法从严治企相关活动，围绕公司安全生产、经营管理、创新发展、党的建设各个方面，全面排查问题隐患，不断强化后续整改治理，公司依法治企水平不断提升。

（三）严格遵纪守法，夯实管理基础

天津 IGCC 广大干部员工认真践行"诚信"核心价值观，将"诚信"理念落实在工作上、行动中，讲实话、做实事，实事求是，"诚信"理念深入人心。大力强化信用风险意识，讲诚信，不失信，努力强化信用风险理念。

（四）聚焦电厂诚信和信用体系建设

天津 IGCC 落实专人负责信用管理，公司财预部负责银行、债券等信用管理工作；公司商务部负责供应商服务评价管理等工作，开展供应商等级评价，协助上级公司管理供应商等级库；办公室负责合同履行信用管理等工作。

应收账款管理制度。天津 IGCC 严格执行上级公司内部控制对于应收款项的管理规定，建立起了一整套覆盖会计核算、数据传递和信息反馈、票据盘点、定期对账、各业务部门催收、定期与财务部核对及应收账款坏账评估的管理机制。作为华能集团的下属单位，严格落实中央企业责任，建立了"两金压控"长效机制。此外，为进一步规范应收/应付款项管理，严肃财经纪律，制订实施了《发票管理办法》，有力保障应收账款管理工作平稳顺利开展。

合同管理制度。天津 IGCC 合同管理按照《合同管理办法制度》《印章管理办法》《文书档案管理办法》《档案管理办法》等进行管理。从合同起草、合同审核会签、合同签署等进行规范，在合同履行过程中明确了承办部门职责，对履约管理进行严格把控。同时，细分合同种类，对合同编号、档案、备案、统计进行规范化管理，建立了合同标准文本库，不断优化完善，将合同审批一次通过率纳入年度目标绩效考核，提高合同质量和审批效率。在全公司营造遵纪守法、合法经营、防范法律风险的法治环境。

风险控制及危机管理制度。天津 IGCC 建立了风险控制机制，从公司行政事务、财务管理、劳动用工、合同管理等各方面开展风险排查治理，全面排查问题隐患，不断强化后续整改治理工作，形成内部风险防控机制。

信用评估考核制度。天津 IGCC 加强专项信用评估考核，对物资供应商、工程承包商等合作伙伴开展信用评估和评级工作，实施基于信用等级的差异化合作管理。

（五）聚焦诚信经营，实践成果显著

疫情防控取得良好成效。新冠肺炎疫情期间，天津 IGCC 积极贯彻上级公司和地方政府的各项工作部署，组织召开 8 次防控疫情专题会议，制订实施包括《疫情应急职守管理办法》等 10 余项具体措施，织密织牢防控网，保持了"零感染"。

天津 IGCC 严格遵守相关法律法规，坚持股东会引领、董事会领导，接受监事会监督，充分发挥经营班子和全体员工的工作积极性，按年度、按重要决策事项召开"三会"，审议《年度董事会工作报告》

《年度监事会工作报告》《年度总经理工作报告》《年度财务决算报告》等文件，防范经营风险，有效地规范了股东行为，保护了投资者的合法权益，一如既往地推进公司健康有序稳定发展。

反对商业贿赂、欺诈等。天津 IGCC 纪委建立健全党风廉政建设责任制，推进廉洁风险防控体系建设。组织各重点部门对廉洁风险点进行分析、识别，形成廉洁风险信息库，以制订风险防控措施并加强落实；推进职能部门的自我监督，构建大监督格局；对物资采购、工程建设、科研外协等重点领域、关键环节加强监督检查，开展历年重点工作完成情况检查，持续完善"不能腐"的体制机制，有力推动反商业贿赂和欺诈行为。

抓制度建设，形成制度文化。天津 IGCC 统筹整合化工、电力制度、规程、规范及技术要求，以执行最严格原则，做到"制度统一""规范统一""标准统一"。针对 IGCC 安全风险管理难度远大于常规火电厂的特点，推行并不断完善 HSSE 本质安全生产管理体系，取得良好成效。安全管理体系课题先后获国家和行业及集团级管理创新成果 5 项。不断完善制度体系建设，提高制度适用性，共修订制度 212 项，新增 59 项，废除 18 项；强化制度执行刚性，形成"用制度管人、按制度办事"氛围。同时，全员签订《廉洁诚信承诺书》，从上至下营造诚信文化氛围。

抓内控管理，夯实管理基础。天津 IGCC 坚持诚信守法经营，坚决抵制失信行为，并且不断提升信用风险意识，执行华能国际电力股份有限公司内控管理制度，把内部控制作为内部管理的主要依据，将精细化管理与内控体系建设有机结合，充分发挥内控的约束力，通过自查自纠、建设内控精品案例库、重点工作评分等措施，建立起了一整套规范高效、运行顺畅、风控严格的管理体系，有效提升了管理水平。近 3 年，内控综合评价连续在华能集团系统内部获"优"，并在毕马威、安永内控外部审计中，实现"零差错，零缺陷"。

不断加强人才队伍培养。天津 IGCC 根据人才建设工作需要，制订了人才发展战略。推动干部队伍年轻化，在优秀骨干中选拔中层干部 37 人次，其中 35 岁及以下年轻干部占比达 43%。深入探索"双通道"晋升机制，先后有 11 人被评选为技术专家、专业师。鼓励优秀员工"走出去"，累计向上级公司和兄弟单位输送人才 43 人，借调挂职 110 人次。通过薪酬福利、社会保障、职位晋升、职称评定、荣誉推介等体系激励员工的工作热情，保持员工队伍高效运作。

针对过去几年生产现场出现的重复缺陷频发等问题，天津 IGCC 在管理规范化的基础上，注重信用管理，提出"一次把事情做好"理念。比如，扎实推进环保工作。通过强化环保安全意识、加大改造投入、完善监督机构、严格执行考核标准、常态化开展检查，顺利取得排污许可证并通过各项环保专项检查。

（六）注重文化引领，助力诚信信用体系执行

2010 年，在工程建设高峰期，天津 IGCC 开展"作风·能力"大讨论，经过反复凝练，形成了企业核心理念。2012 年，企业文化建设整体规划、分层推进，在继承了华能集团"三色"文化优秀基因并结合核心理念的基础上，逐渐形成了"敢能实"的工程建设精神。敢，敢为先，不退不缩；敢担当，不推不诿；敢碰硬，不屈不挠。能，能创新，不休不止；能坚守，不离不弃；能吃苦，不言不怨。实，重实干，不骄不躁；重实际，不循不冒；重实效，不等不靠。2015 年，在华能集团企业文化建设"五统一"指导下，天津 IGCC 立足自身实际，为"敢能实"工程建设精神充实了安全、环保、管理、党建、廉洁、行为的六大理念，形成了"敢能实"文化体系。

三、履行社会责任，热心公益事业

天津 IGCC 致力于参加各类公益事业，承担社会责任。积极响应上级公司号召，累计采购扶贫物资 89.13 万元；积极参与天津港保税区东西部扶贫捐款活动，累计捐款 20 万元；组织开展爱心志愿、帮扶共建等一系列的志愿活动。

案例创造人：秦建明　祁海鹏

铸牢诚信品牌，建设航天强国

沈阳航天新光集团有限公司

一、企业简介

沈阳航天新光集团有限公司（以下简称沈航新光）隶属于中国航天科工第三研究院，是我国民族航空工业的发源地。1951年建厂，被命名为国营第一一一厂，是"一五"期间国家重点布局建设的156家核心企业之一，研制出了我国第一台航空喷气式发动机。作为中国航天骨干企业之一，沈航新光被誉为中国航空航天动力装置的摇篮、国防建设的功勋企业。沈航新光持续以航天动力系统技术创新和产品研制作为企业立身之基与发展之源，形成了以防务装备和航天产业相关技术创新、产品研制为核心的军民融合产业发展架构。资产总额10亿元，占地面积26.6万平方米；拥有经营管理、设计工艺技术、技能与综合保障人员近900人，其中专业技术人员388人；各类研发试验和生产设备2000余台（套）。

沈航新光相继获得"全国企业文化建设先进单位""全国精神文明单位""全国职工之家""全国五一劳动奖状""沈阳市企业文化建设优秀单位""沈阳央企十大先进单位""辽宁省思想政治工作先进单位""沈阳市委先进基层党组织"等荣誉称号。连续多年获得国家级和辽宁省"守合同、重信用企业"荣誉，并且连续33年获得政府主管部门及社会团体颁发的"守合同、重信用企业"证书。

二、企业诚信建设和信用体系建设实践

沈航新光一直以文明守法和诚信经营为企业信条，积极贯彻国家和地方的相关法律法规，在发展过程中形成了"依法经营、按章办事、廉洁从业、诚实守信"的企业文化。在诚信经营理念、体系建设、制度完善、决策部署、社会责任等方面进行了切实有效的工作，并且进行了大胆而积极有益的探索。

以诚信经营为理念，不断壮大诚信经营企业文化。沈航新光号召全体职工牢固树立质量意识。提出了质量至上，树立"零缺陷"质量理念，确定了"顾客至上，质量第一，持续改进"的质量方针。加强思想道德教育，引导职工树立正确的诚信观念。大力倡导诚实守信的经营理念，不断强化信用意识，自觉抵制一切失信行为。为实现企业转型升级，企业实施一系列改革，经营形势持续向好，职工观念随之转变，服务意识不断增强，企业呈现出蓬勃向上的发展态势。在市场开拓进程中，以诚信为基石，赢得客户的信任，最后赢得市场。为增强诚信意识，开展形势任务教育，明确全员任务目标和行动方向，开理论培训，使职工在学习过程中能够理论联系实际、举一反三，既清楚了什么是诚信，又进一步明确了工作职责，收到了很好的效果。开展座谈、讨论、承诺活动，使职工根据自己的岗位明确诚信标准。通过一系列教育，职工的诚信意识得到了明显增强，进一步明确了日常工作生活中哪些是诚信行为、哪些是不诚信行为，企业中"诚信为本""信用至上"的良好风气逐步形成。组织建立和实施诚信工作管理机制，以确保对诚信管理的有效性进行沟通。

以制度为保证，形成诚信建设的长效机制。为持续推进诚信建设，沈航新光建立了公平、合理的诚信评价机制，对每位员工实行考核，激励员工诚信行为，促进企业诚信建设的良性循环。建立了一系列信用管理制度，主要包括《合同管理制度》《质量管理制度》《生产管理制度》《环保工作制度》《安全管理制度》《财务管理制度》《劳资管理制度》《企业经营风险控制管理制度》等，为企业搞好诚信建设奠定了制度基础。修订实施《诚信管理规定》并严格进行考核，要求各部门各司其职，树立起注重诚信的核心价值观，自觉守党和国家的各项方针政策、遵守国家的法律法规，确保企业依法诚信经营，建立诚信文化，为客户提供优质的产品和服务。严格遵守国家和地方有关环境、职业健康安全方面的法律法规，做到不污染环境、不危及职工和顾客的人身安全并保障产品安全，勇于承担社会责任。

通过抓诚信建设，沈航新光上下形成了浓厚的诚信氛围，员工素质显著提高，企业凝聚力逐步增强，整体实力稳步提升。客户只要有问题，公司职工就会耐心细致地答复，必要时会异地进行现场指导，真正做到了让客户满意。目前，沈航新光以"诚信"为特色的企业文化已经形成，企业自身也受益匪浅。近年来，各项经济指标稳步上升，实现了企业效益和社会效益的双丰收。

以体系建设为抓手，确保诚信建设融入中心工作。沈航新光严格执行质量方面的法律法规，保证产品质量。组织开展职业道德教育活动，宣传以诚实守信为行为准则的质量诚信理念，让职工牢固树立质量诚信意识，有效引导职工的质量诚信行为，做到全员诚信，树立企业诚信形象。科研生产各单位按照总体单位和客户的要求，认真执行产品质量标准，将质量诚信融入科研生产管理各个环节，确保客户满意。严格实施安全方面的法律法规和规章制度，杜绝火灾和各种伤害性事故的发生。积极维护职工的合法权益，关心爱护职工。严格按照要求使用相关资质证书，杜绝转借企业相关资质证书的行为。

产品生产过程突出质量诚信要求，确保总体要求及产品质量特性指标在设计输出文件中得到有效落实。采购部门严格按照相关规定对采购过程、采购信息进行管理，杜绝以次充好、假冒伪劣物资进入库房的行为。生产部门在开展产品外协的活动中，严格外协供方、外协过程、外协信息的管理，落实外协产品的技术状态控制和批次管理要求，杜绝混批、混料及不合格产品进入后续工序。

生产部门在科研生产策划过程中，依据交付计划安排，合理组织资源，确定生产计划，为产品按期交付提供保证。按照工艺文件的规定要求完成产品制造过程，杜绝工序遗漏、产品"四伤"、人为错误的发生；各生产单位严格落实产品质量控制要求，在产品生产过程中，组织职工认真做好检验、试验及相关验证并如实记录，不弄虚作假，配合设计、工艺部门做好统计分析工作，为产品质量满足客户要求及提高和改进工序质量保证能力提供依据。在产品检验、验收过程中，如实对产品质量进行把关，做到不接受不合格产品、不制造不合格产品、不传递不合格产品的"三不"原则。各单位通过日常工作的监督、检查和计划总结，及时发现和纠正在诚信方面存在的问题和隐患。对检查发现的问题及隐患及时进行整改。

以多措并举抓落实，强化诚信建设落实到位。沈航新光开展诚信教育，强化对广大干部职工的守法诚信教育，形成了"诚信为本，操守为重"的良好风尚。创新管理，大胆实施诚信建设。

合同管理，严格依法办事。沈航新光结合企业实际，建立了一整套合同管理制度，明确了合同管理的内容、方法和管理人员的职责、权限，做到以制度保合同、以合同树信用，促进合同管理的制度化、规范化。依法签约，严格履行合同。严格按照经济方面的相关法律法规的要求，依法签订经济合同。在合同签订前，严格审查对方当事人的法律地位和履行合同的物质条件，对不具备合同主体资格和无履约条件的当事人，合同坚决不签；对不符合国家法律、政策规定的合同坚决不签。力求合同双方权利义务详尽，经济责任明确，为合同的切实履行打下了坚实的基础。通过建立经济合同台账、使用经济合同示范文本、完善合同档案管理办法等措施，强化对企业经济合同的管理、控制和监督，防止合同纠纷的发生，保证合同依法有效地履行。签订合同时，以国家法律法规相关内容为准则。始终把质量管理当作一项综合系统工程来抓，加大质量责任制的贯彻落实力度，严格工艺执行纪律，主动帮助客户解决问题，赢得了客户的信任和赞誉，营造出了良好的信用环境，增强了企业的市场信誉度和竞争力。

沈航新光以履行责任为导向，营造和谐文明的企业形象。关爱职工，及时发放劳保用品和防暑防寒物品，逢年过节公司均会组织慰问困难职工，定期开展职工慰问活动，解决职工后顾之忧。规范用工，切实履行职责。严格按照相关法律法规办事、用工。听取职工建议和意见，推行厂务公开，保证职工的知情权，接受职工监督。定期组织职工对企业领导干部进行民主评议。党员发挥带头作用，在诚信实践过程中，要求党员带头践行诚信，用自身的言行感染身边的职工。通过开展争创"青年文明号"、争当"青年岗位能手"等一系列活动，极大提高了青年职工争先创优的诚信工作意识。

社会责任方面。2018年，沈航新光对东川区老村村贫困大学生爱心帮扶，给予4户贫困学生每户2000元的爱心帮扶。每年秋季，沈航新光都会为公司考入大学的职工子女送上爱心助学慰问金。公司党员、团员定期开展奉献活动，赢得了社会各界的赞誉。

在企业转型升级过程中，公司进一步加强企业诚信建设，树立良好的诚信形象，拓展公司市场份额，降低成本，增加效益，推动企业又好又快发展。以"技术创新、商业模式创新、管理创新"为抓手，坚持创新实干，要求全员必须坚持"四性"要求，即技术先进性、质量可靠性、成本经济性和服务保障性。实施"三年振兴"计划成效显著。向发展成为国内具有核心竞争力的航天综合类企业发展目标迈进。

沈航新光具有良好的诚信企业文化，诚信已深深植入职工内心，为完成科研生产提供了强有力的保障。企业信用良好，无不良失信行为记录，并且在文明经营和诚实守信等方面做了积极有益的探索，具有一定的推广意义。未来，沈航新光将继续秉承"依法经营、按章办事、廉洁从业、诚实守信"的理念，积极为祖国的航天事业和社会发展做出更大的贡献。

案例创造人：胡河海　陈剑

心系百姓，诚信为民，积极打造具有综合竞争能力的供水服务企业

沈阳水务集团有限公司

一、企业简介

沈阳水务集团有限公司（以下简称水务集团）成立于2008年，注册资本40亿元，是经沈阳市政府批准由沈阳市国资委出资组建的，集供水、排水、污水、地下水资源日常管理为一体，城乡区域统一运营管理，实现水资源的统一投资、建设、管理的国有独资有限公司。在全国率先实现了水资源区域一体化管理，供、污、排一体化经营，生产、运营、服务与资本一体化运作。截至2019年，水务集团总资产168亿元，现有职工6598人。水务集团在沈阳市委市政府的正确领导下，以保障城市供水稳定为基础，以推进重点项目建设为载体，紧紧围绕加强党的建设及上级确定的既定目标，勇担社会责任，实现了经济运行质量稳步发展的良好局面。

二、企业诚信建设和信用体系建设实践

1. 保障城市供水，维护大局稳定。水务集团所辖供水面积744.6平方公里；供水能力217.2万立方米/日（其中地表水2/3，地下水1/3）；供水管网8028.3公里，实际运行泵站2092处，沈阳市基本实现了全天24小时供水。水务集团科学组织，精心安排，保水质、水压、水量，确保设备完好率及泵站运行率。特别是在2020年春节极高峰供水期间，沈阳大部分市区实现"零"投诉目标，创下近10年来最好效果，得到沈阳市委市政府及沈阳市民的好评。

2. 全力推进企业综合改革。水务集团于2019年10月启动《水务集团综合改革实施方案》起草工作，同年4月21日经沈阳市委第六次深改组会议审议通过，水务集团综合改革工作进入可实操阶段。水务集团围绕《水务集团综合改革实施方案》七大改革内容，确定了68项具体工作任务，制订了时间表和路线图，明确了每项任务实施时间节点和责任部门，实现综改工作从顶层设计到实际操作的无缝连接。目前，已经完成集团总部部门及下属单位组织机构调整，集团总部由35个部门压缩为17个部门，下属单位由57个缩减至31个。"三项制度"改革工作已经启动，法人治理结构进一步完善。

3. 强化企业管理，搭建监督平台。通过制度建设、KPI绩效考核、智慧水务建设等手段，水务集团进一步深化企业管理，强化监督问责，优化管理手段，提高管理效能。一是加强制度建设，规范企业管理。大力开展制度建设、流程再造，打破旧制度、旧流程，提质增效，真正在改革创新中突破发展难点、打通管理堵点，充分发挥正风肃纪大数据平台的作用，做到既管住人又管住事，努力实现发展提速

度、服务提效益、落实提效能的目标，推动企业管理升级。二是加强水质管理，确保水质安全。结合企业改革进程，进一步完善水质制度体系建设。水务集团在开展水源合理调配、水厂工艺改造等工作中做好水质检测、水质状况分析等相关工作，深入开展饮用水水源地保护区风险隐患排查工作，严格落实水源环境保护工作责任制，持续开展水质管理培训工作。三是做好降漏增效工作。全力推进管网改造工程，降低管网物理漏失；加大营业查收管理力度，降低管理漏失；开展水表智慧化建设，逐步实现数据在线传输，加大监督管控力度。

4. 做好生态环境治理，保障供水大局稳定。水务集团全力做好中央环保督察反馈问题整改，深化水源环境治理，科学合理调配水压、水量，切实做好水源迁建与保护工作；继续做好污水厂新建改造工程及城市污水、排水管网基础设施建设，提高污水综合治理水平，实现社会效益与经济效益双丰收。

5. 强化财务体系建设，做好工程项目风险管控和资金保障。水务集团通过强化企业管理等手段，做好成本管控工作，有效降低成本。严格管控专项资金集中使用情况，加强集团重点工程的风险防控力度，降低投资风险。加强资金管控，防范金融风险，加强银企合作，扩大集团授信规模，打造诚信企业，树立企业良好的社会形象。

6. 持续改善营商环境，提高服务水平。按照"放管服"改革的总体目标，水务集团以问题为导向强化整改、补齐短板，以目标为导向完善流程，进一步提升营商环境建设水平。优化审批流程，严格执行收费标准。推行"只进一个门，最多跑一次"的服务理念，缩短服务半径，努力打造"一站式"服务，提升服务水平。规范收费行为，杜绝乱收费现象，严格执行设计费、监理费下降10%的标准，规范工程施工，满足用户需求。持续做好"三供一业"接收工作，严格按照沈阳市委市政府规定时限高质量完成改造工作。创新服务模式，强化服务平台建设。为满足用户需求，水务集团拟在每个区设立一个综合服务大厅，对标全国先进水务公司实行"一站式"综合服务，建立13530供水抢修军事化服务承诺机制；定期走访企业，实行"项目管家制"服务；加强对重点项目、工业园区、重点用户的服务；建立线上线下移动端综合服务网络，利用沈阳水务微信平台、公众号、支付宝等信息化途径，为用户提供足不出户的便捷服务，实现水务服务"线上线下、多管齐下"的目标。

7. 强化工程项目管理，提高基础设施建设水平。水务集团加强工程管理，建立信息管控体系，推动施工管控流程再造，提高工程精细化管理和综合施工能力。做好供水基础设施建设，加大水厂工程建设力度，2020年实现大伙房西部二期、康平、法库净水厂正式投入运行，继续推进北部净配水厂建设工程。排水防涝工程全力推进，全力推进排水防涝EPC项目建设，为安全度汛做好保障。坚持做好排水管道维修养护工作和汛前准备工作，不断提升城市水环境综合治理水平，确保城市安全度汛。提升污水治理能力，实现东部污水厂稳定达标运行，保证桃仙污水处理厂8万吨/天的稳定处理能力，确保达标排放。全力推进仙女河污水转输工程，实现各污水厂污水量均衡的目标。同时，进一步整合污水资源，启动北部污水厂前期建设工作和东污、桃仙工程收尾工作，实现污水系统高标准、高质量发展。

8. 加强企业党建工作，提升干部职工素质能力。加强企业党建工作是实现新目标、完成新任务的政治保障，水务集团要通过进一步强化责任意识、转变工作作风，不断提升干部职工队伍的素质能力。强化"四个意识"，明确政治方向。大力加强党的政治建设，强化"四个意识"，始终在政治立场、政治方向、政治原则、政治道路上与党中央保持高度一致，坚定执行党的政治路线、方针、政策，严守政治纪律和政治规矩。强化党建工作，维护企业稳定。加大宣传力度，做好国有企业改革等工作的宣传；做好干部培养选拔工作，坚持培养与使用并重，最大限度发挥干部带头作用；利用正风肃纪大平台建设，狠抓正风肃纪工作，运用监督执纪"四种形态"，抓好党风廉政建设。加强作风建设，强化执行力。继续坚定不移地加强班子建设，切实发挥领导核心和引领作用，要坚定不移地抓班子带队伍；加强和改进群团工作领导，充分调动广大干部职工的积极性、主动性和创造性，努力形成有目标、有路径、有措施、有时限的高效闭环管理，全面提升企业的执行力和战斗力。

未来，水务集团将继续团结和带领企业广大党员干部坚定不移地加强诚信建设，切实发挥领导核心和战斗堡垒作用，继续坚定不移地抓班子带队伍、谋民生促发展，为实现水务集团做强、做优、做大目标做出新的更大的贡献。

案例创造人：蒋勇

坚持企业诚信，构建和谐企业

沈阳铁路信号有限责任公司

一、企业简介

沈阳铁路信号有限责任公司（以下简称沈信公司）是国务院国资委所属的中央企业，隶属于通号（西安）轨道交通工业集团有限公司，注册资本金 16000 万元。作为最早从事铁路信号控制设备生产的厂家之一，沈信公司创造了一个又一个第一，中国第一台铁路信号继电器、第一台单元控制台、第一门铁路专用纵横制电话自动交换机、第一台中国标准的应答器、第一台符合欧洲标准的信号继电器、第一台在高速动车组上替代庞巴迪产品的 BTM/ 天线都在沈信公司诞生。截至 2020 年 6 月，职工人数为 1468 人。2015-2019 年，沈信公司累计实现营业收入 68.06 亿元，复合增长率 4.68%；累计实现利润 21.79 亿元，复合增长率 2.57%；5 年平均净资产收益率 61.63%，平均经济增加值 EVA 为 4.02 亿元。

沈信公司是中国轨道交通信号控制领域的核心制造企业，围绕中国铁路列车运行控制系统 CTCS0－CTCS3 级的技术体系，18 大类 73 个子类产品通过中国铁路安全产品生产企业 TXSX 认定及 CRCC 产品认证，多个安全产品通过了第三方安全评估，是当今中国轨道交通信号控制行业内产品结构品种最为齐全的企业，拥有国家级企业技术中心，是国家高新技术企业。产品覆盖了从车载到轨旁、从车站到区间的各个应用领域，包含了列车运行控制系统涉及的重要设备。先后参与建设了武广、京沪、哈大、秦沈、兰新、青藏、合福、长白、南广、向莆、丹大、沈丹等多个铁路重大建设项目，为北京、上海、大连、郑州、杭州、沈阳、成都、西安等多个城市的地铁建设项目提供了优质的产品与服务。向巴西、肯尼亚、阿根廷、韩国、泰国、越南、巴基斯坦等多个国家提供了铁路设备及器材，特别是 2020 年为中国首个海外高铁项目——雅万高铁提供了一系列产品，向世界形象地展示了中国高铁这张"新名片"。

沈信公司在 1997 年就通过了 ISO9001 质量体系认证，2007 年又通过了 ISO14001 环境管理体系和 OHSAS18001 职业健康安全管理体系认证，2012 年通过了国际铁路行业标准（IRIS）质量体系认证。

二、企业诚信经营主要做法

1. 企业核心价值观。沈信公司一直坚持"诚信经营、以信取胜"的经营理念，以"为客户提供高品质、高可靠性的优质产品并提供及时周到服务"作为企业的核心价值观。坚持以强化产品质量控制、满足客户需求、确保铁路运输安全为己任，塑造以提高质量、树立品牌、诚信履约、服务社会为核心的特色诚信文化，开展了大量卓有成效的工作，产品和服务在客户中赢得了良好的口碑。

2. 以诚信为根本，以质量求发展。质量是企业和产业核心竞争力的体现，质量问题不仅是技术和管理问题，更是法治和诚信道德问题。做好质量工作，必须从强化制度、落实责任、加强教育、增强意识入手，综合施策，标本兼治，全面提高质量管理水平。在这一主导思想下，沈信公司大力强化职工质量意识，切实提高产品实物质量，确保为铁路运输提供可靠的产品和优质的服务。在产品质量实名制管理的基础上，又进一步在业内率先引入产品生命周期追溯管理，对生产过程和产品应用都实现了可追溯的管理，不仅有效提高了职工对产品质量的重视程度，而且对现场问题处理建立了快速反应机制和预案处理程序，将产品质量风险降到了最低，从而使客户对产品产生了高度认可和信赖，在市场上树立了良好的品牌，为企业的发展打下了坚实的基础。

3. 以客户为中心，依靠服务拓展市场。在为客户提供产品的同时，沈信公司也为客户提供了良好的售后服务，不仅能够在第一时间内解决产品现场运行出现的问题，而且还能举一反三地为客户提供针对性的服务方案。沈信公司成立了专业的售后服务团队，定期对客户进行回访，了解客户的需求，掌握客户的动态，稳定了客户群，提高了客户对公司的满意度。此外，还建立了客户信用档案，按照客户的履约情况将其进行信用分级并在随后的经营过程中采取差异性策略，降低经营风险，确保合同实现。秉承"以诚取信，服务社会，锐意进取，追求卓越"的宗旨带领全体职工诚信经营、创新提高，不仅使沈信公司在激烈的市场竞争中占据了生存发展的一席之地，而且还赢得了客户乃至竞争对手的尊重和社会的认可。

三、企业质量安全及安全生产管控能力

沈信公司一直牢固树立"质量是生命，安全大于天"的理念，以构建安全质量长效机制为主线，对质量安全工作进行安排部署。2012年，获得欧洲铁路行业标准（IRIS）认证证书，沈信公司质量管理体系建设再次迈上一个新台阶，实现了与国际铁路管理标准接轨的目标；同时，又引进和转化欧洲铁路EN系列标准，建立产品安全保障体系，把产品安全作为企业生存发展的底线和红线的同时，也为产品走出去奠定了基础。近年来，沈信公司质量管理体系不断完善、提高，严格按要求开展内审、管理评审及各种监督检查，自我检查、自我提高；历经各种内、外审（客户审核、体系认证审核、产品认证审核、行政许可审核等）和上级检查，都获得了较高的评价。2015年，沈信公司通过了产品安全保障体系认证，使产品安全保障能力得到进一步加强。沈信公司获得了环境管理体系认证证书，通过多年体系运行，提高了环境和职业健康安全管理水平和绩效。连续多年在地方政府的安全生产年度考评中取得优秀成绩，先后荣获了"沈阳市安全生产标兵单位""沈阳市安全生产先进单位""辽宁省安全文化示范企业"等荣誉称号。

四、企业生产组织能力

沈信公司作为中国铁路信号继电器的研发中心和生产基地，拥有8条生产线的10万级净化继电器生产车间，具有每年70万台信号继电器的生产能力，承担着中国铁路70%的市场供应。电子产品方面，依托在生产工艺和制造流程方面的多年经验积累，建成了国际先进水平的电子生产线。3条SMT和THT生产线不仅技术工艺先进可靠，还大量采用了AOI、SPI、X-Ray、飞针在线测试仪等高端测试设备，保证了生产过程中产品的一致性和高品质。全年可生产机柜类产品5000架，可生产移频器材6000套、应答器18000台、机车信号类1000台。每月各类板组总体生产能力基本可控制在25000块左右。

沈信公司全面推进精益生产管理，建立先进的生产管理系统，以注重全过程质量为前提，梳理并完善面向生产制造的产品和工艺设计，建立注重质量的制造、营销等组织流程，创造价值，减少浪费。解决束缚企业发展的生产方式和思维模式，提高经营响应速度、加快产品交付及时率、提升制造效率、降低库存和资金积压、加强质量过程控制、降低生产成本、建立学习型组织、发现并解决根本问题。通过

"精益"学习和"精益"实践最终构建起"精益研究型"的制造企业，打造国际一流的轨道交通装备制造企业。

五、企业法治建设及风控管理

沈信公司全面按照国务院国资委要求加强法治建设及风控管理，建立健全管理机制，在法律审核、合同管理、法律纠纷管理、外聘律师管理、风控管理等方面均制订了相应的管理制度，形成了完善的法务管理及风控管理机制。近年来，未发生重大事项法律风险事件，未发生合同法律纠纷，未发生职工劳动争议仲裁及诉讼案件，企业未因违法违规受到行政、刑事处罚。沈信公司注重加强风控管理，以合规管理为核心，建立风险、内控及合规体系，通过体系的不断完善进一步防范化解企业重大风险。

六、企业信息化建设情况

沈信公司根据行业特点通过信息技术将信息化与工业化深度结合，在生产管理过程中利用信息化系统进行数据采集、管理、存储、分析；通过信息化技术智能监控，实现设计开发、生产过程、仓储、设备工装的信息化管理。在业内率先实现了产品信息跟踪管理，建立了基于产品生命周期的产品档案管理系统。

沈信公司的 PLM 系统实现了对产品设计、工艺、制造的一体化生命周期管理。SAP 系统包含生产管理、财务管理、物资管理、项目管理、销售售后管理、人力资源管理、设备管理八大模块。

七、企业党建工作情况

沈信公司党委坚持把政治建设摆在首位，沿着"全面从严治党"的主线，始终在强化创新理论武装上不遗余力，党的创新理论成果始终贯穿于各时期党员干部学习教育中。沈信公司通过意识形态及党建活动引领，推进党建融入中心工作，进一步强化领导干部党建工作自觉，以之作为党建与中心工作深度融合的思想前提；进一步丰富党建活动载体，以之作为党建与中心工作深度融合的有效途径。沈信公司将党的路线、方针、政策不折不扣贯彻落实到企业改革发展各项工作中去，从而切实承担好、落实好党对国有企业的领导不动摇，发挥企业党委的领导核心和政治核心作用。

八、企业履行社会责任情况

沈信公司依法履行社会责任，连续多年获得"残疾人就业先进单位""老干部工作目标管理先进单位"荣誉称号。沈信公司积极吸收安排大学生就业，妥善安排接收复员退伍军人。一直坚持依法诚信经营，所有经营活动合法合规，未受到任何行政处罚，未发生法律经济纠纷案件。在行业内树立了良好口碑，先后荣获"国家级守合同、重信用单位""辽宁省守合同、重信用单位""沈阳市守合同、重信用单位""辽宁省诚信示范企业""沈阳市纳税百强企业""沈阳市质量协会先进单位""沈阳市安全生产先进单位""沈阳市实施卓越绩效模式先进企业"等多个称号。

2008年汶川地震发生后，沈信公司职工个人自愿捐款达263350元，缴纳特殊党费41825元，募集特殊团费8528元。抗震救灾小分队押运救灾器材深入抗震救灾第一线。2008年奥运会召开前夕，沈信公司组织部分职工连续三天三夜为北京奥运支线八达岭站赶制产品，保证按时完工。2010年，沈信公司在向玉树和西南干旱灾区捐赠活动中共捐献了69401元。沈信公司党委向地方爱心书屋捐赠图书千余册，团委先后组织团员青年向地方农民工子弟小学和河南社旗县山区捐赠衣物、书籍。2020年，在新冠肺炎疫情防控最关键的时期，沈信公司以最优条件优先进行支援疫情前线的CT机设备零件电镀的工作，精益求精，为生命点亮绿灯；与此同时，职工共捐款10.65万元，树立了良好的企业形象。

多年以来，沈信公司始终围绕"满足客户需要是我们永远的追求"这一经营理念和成长为世界一流企业的目标，立足铁路、服务社会，立志做中国轨道交通信号领域系统综合配套能力最强的企业。如今，沈信公司的产品已遍布国内，产品覆盖了国内轨道交通市场的每个角落，为国内铁路干线、支线及轨道交通等领域提供优质的产品和服务。

案例创造人：高柏峰

诚信为本，基业长青，勇担科技强国重任

北京时代凌宇科技股份有限公司

一、企业简介

北京时代凌宇科技股份有限公司（以下简称时代凌宇）是由中国建投集团、国家开发银行、中关村发展集团和阿里巴巴集团战略投资，以 IBA（物联网、大数据、人工智能）融合为核心技术的智慧城市解决方案提供商，成立于 2007 年，国家高新技术企业。

时代凌宇历来将诚信视为事业发展的基石，坚持"人无诚信不立、业无诚信不兴、国无诚信不强"的理念。认为诚信是企业的无形资源，是企业发展壮大的巨大动力，对企业的长远发展具有重大的推动作用。历年荣获"北京市企业创新信用领跑企业"称号、北京民营企业百强"社会责任百强"等荣誉，致力于成为持续创造价值、基业长青、受人尊敬的公司，尊重人才、重视人才，诚实守信，维护国家利益和社会利益，热心公益，回馈社会，为新时代经济社会建设持续贡献力量。

二、以德治企，树立良好的企业形象

首先，时代凌宇从企业的自身实际出发，把诚信文化作为与管理文化、安全文化、经营文化等体系相并列的企业文化子体系来建塑，建立以诚信为基石的核心价值观，提出"和谐、开放、创新、协作、正直、勤勉、务实、专业"的核心价值，确定"科技领先、追求卓越、服务至上、奉献顾客"的质量方针，指导和规范企业和员工的生产、经营行为。其次，树立契约意识，诚实履约，让业主满意，在项目实施过程中严格执行工程标准和合同条款，做好工程回访工作，单项工程验收合格率达 100%，工程一次性验收合格率达 98%，顾客年度回访率达 100%，顾客满意度达 100%。

时代凌宇成立至今，从无不按约履行合同的行为，履约率达 100%，从未因不诚信经营受到有关部门处罚、媒体曝光等。时代凌宇是北京软件和信息服务协会北京市诚信系统集成优秀企业、北京市工商联守法诚信承诺示范单位、北京市朝阳区百强民营企业、朝阳区 2016 年度守法诚信承诺示范单位。2016 年，中国市场学会信用工作委员会授予时代凌宇"AAA 级企业信用等级"，2017 年、2019 年连续获得北京市经信委、首都精神文明办、北京市工商局、北京市地税局 4 家单位联合颁发的"北京市诚信创建企业"荣誉。

三、依法治企，守法经营

首先，时代凌宇严格按照相关法律法规及现代企业制度的相关要求，不断完善公司的管理体系，修订、增补各项管理制度，做到员工各司其职，以管理的规范化规避企业的法律、信用等各项风险。通过努力，时代凌宇获得了"信息系统集成及服务一级""建筑智能化系统设计专项甲级"等业内多项一级、甲级资质，通过 ISO9001 质量管理体系认证、OHSAS18001 职业健康安全管理体系认证、ISO14001 环

境管理体系认证等多项行业专业资格认证。其次，时代凌宇严格遵守相关税费政策和规定，在税费缴纳方面，做到及时足额缴纳，不偷税不漏税，历年被评为"北京市纳税信用 A 级企业"；在账款管理方面，严格按照合同规定及时付款，做到不拖欠、不延误、不刁难；在银行信贷活动中，坚持诚实守信原则，保证银企良好合作关系，获得多家银行大额授信。再次，时代凌宇自登记注册开始即成立了工会组织，切实保障员工的正当利益。在工会领导组织下，成立了足球协会、篮球协会、羽毛球协会、游泳协会、舞蹈协会等多个群众社团，开展经常性群众活动，形成了健康积极向上的企业文化氛围，切实有效维护了员工身心健康。第四，时代凌宇自登记注册开始即成立了党支部（后改建为党总支），将党的科学发展理念融入企业经营之中，用理论指导实际工作，在岗位中积极创先争优。党组织的凝聚力和党员的模范带头作用在企业中发挥了不可或缺的作用。目前已形成"大党建"格局，引领企业各项工作开展。

四、注重总结实践经验，完善企业诚信建设，做强做大企业

时代凌宇在企业中营造诚信环境，把诚信纳入企业的规章制度，贯穿于生产和宣传中，成为企业全体成员共同遵守的行为规范，构筑和谐、健康的工作氛围。首先，从制度层面不断加强诚信体系建设和自我完善。多年来，时代凌宇建立了一系列质量管控、合同管理、财务管理规章制度并有效运行，配备了相应的专兼职信用管理人员，与公司各部门协调开展工作，将诚信经营制度化、规范化、标准化、流程化、正规化，从制度层面保障了诚信经营活动的顺利进行。其次，注重诚信建设实践经验总结，在参加招投标等经济活动时，从不弄虚作假，不伪造证件，不虚构业绩，坚持以事实为本，踏踏实实、认认真真做好投标准备工作；在招标过程中，坚持以实力说话，不拉关系，不搞不正之风，不压低价恶意中标。这些好的诚信行为都得到及时总结梳理，形成制度规范，有的提升为企业文化，融入企业日常管理行为得到遵守和实施。再次，在项目的执行过程中，坚持诚信经营原则，以工程质量为根本，以安全为前提，充分发挥技术优势，优化施工方案，秉承绿色环保、节能降耗、科学施工、合理优化的原则，精心组织、从严要求、力保质量、确保安全，用 100% 的优良工程交出满意的答卷；在项目运维过程中，能急顾客之所急，想顾客之所想，确保足够的技术力量坚守在项目运行一线，制订严谨的应急抢险方案，确保在特殊条件情况下项目的正常运行，充分考虑顾客的工作实际需求，充分保障顾客利益，根据合同约定严格执行，不用技术优势卡、要挟顾客修改合同、提高价格，不埋下技术隐患重复收费，保持了良好的运维关系，多次得到顾客的好评和赞赏。2017 年，"五位一体"城管物联网平台运维团队获得"北京工人先锋号"荣誉称号；2020 年，通州项目部创建"北京市青年文明号"通过初审，目前正在紧锣密鼓地按照相关要求开展相关创建工作，准备迎接验收。

五、积极开展"以德治企、诚实守信"教育

时代凌宇重视对员工的诚信教育工作，开展系统性、经常性诚信教育工作，使诚信文明之风在公司范围内形成浓厚氛围，员工道德素质明显提升，成为推动公司持续快速健康发展的不竭动力。首先，通过新员工入职培训对新加入公司的员工开展诚信建设教育工作，使得新员工加入公司的第一天起即在诚信文化的氛围里得到熏陶和教育，自觉养成诚实守信的良好职业道德规范。其次，通过邀请外部的老师、公司内选拔优秀干部、员工担任讲师等方式，不定期组织业务培训、专题讲座等形式，进行经常性的诚信教育工作，在员工中形成了诚信是企业之本的观念——诚信建设是市场经济的重要基石，是市场经济的生命线；作为市场经济的微观基础和重要载体，企业的信用建设直接关系到社会信用水平的高低，而且决定着企业自身兴衰成败。再次，通过公司内刊、微信号、官网等多种宣传平

台，开展经常性的诚实守信教育和学习心得交流工作，使得诚实守信深入人心，成为全体员工职业操守潜移默化的重要一环，并且通过褒扬先进的做法弘扬诚信精神，使之根深蒂固，成为企业发展的基因。

案例创造人：黄孝斌　王国金

品质筑经典，诚信树先锋

中国建筑一局（集团）有限公司

一、企业简介

中国建筑一局（集团）有限公司（以下简称中建一局）是中国建筑集团有限公司（以下简称中国建筑）所属核心子企业，组建于1953年，是中国第一支建筑"国家队"。60多年来，中建一局始终坚持质量为先、诚信为本，将"诚信"作为企业的立业之基、发展之本。从工业化的建设者、工业建筑的先锋到城镇化的主力军、房屋建筑的标杆，中建一局始终处于国内建筑行业领先地位。

二、企业诚信建设措施

根据中央文明办和国务院国资委推进诚信建设的要求，中建一局深植中国建筑"诚信、创新、超越、共赢"的企业精神和"笃诚守信"的行为规范，始终坚持"以诚信为荣，以失信为耻"的价值导向，将诚信作为提升核心竞争力必须坚守的第一原则，将市场经济法人"契约精神"融入企业血液，不断强化对上级、对下属、对客户、对合作方、对员工及对社会的诚信引导，持续为社会创造价值，提升客户满意度，为员工拓展幸福空间。

（一）立足战略目标，引领诚信建设方向

中国建筑作为10家创建世界一流示范企业之一，认真贯彻党中央和国务院推进企业高质量发展和创建世界一流企业的战略部署，确立了"一创五强"的战略目标。中建一局深度解码中国建筑"一创五强"战略目标的科学内涵，明确了"一最五个领先"战略目标，"一最"即"中国建筑旗下最具核心竞争力的世界一流企业"，"五个领先"即"品牌美誉领先、发展质量领先、治理体系领先、科技创新领先、人才素质领先"。中建一局战略目标的实现就是对诚信建设最有力的诠释，在"1135"战略体系中明确了"以客户为中心的品牌强企战略"。

（二）立足3个维度，解码诚信建设内涵

中建一局将诚信解码为"品格、能力、执行力"3个维度。"品格"是基础，指做人做事的品格，体现在"言必信"；"能力"和"执行力"是保证，指战略方针的落实能力、目标任务的实现能力、规章制度的执行能力，体现在"行必果"。诚信是"品格、能力、执行力"的有机统一，三者缺一不可。

中建一局从内外7个角度全方位推进诚信建设。在外部诚信上，体现为"对客户的完美履约""对合作方的协作共赢""对社会的责任担当"；在内部诚信上，体现为"对上级单位的价值创造""对下属单位的引领扶持""对员工的竞争择优""员工对企业的敬业尽责"。

（三）立足制度体系，夯实诚信建设根基

中建一局始终致力于结合企业高质量发展需求，完善现代企业制度、推进治理体系和治理能力的现代化，尤其注重将诚信体系建设打造为企业遵循的基本准则。制订了《中建一局诚信体系建设管理规定》，明确了《中建一局子企业诚信评估指标体系》，以制度形式将"诚信"精神落地为与实际工作结合、具体可行的管理体系文件，将"诚信"管理解码为量化可评估的指标体系。致力于做好"三个明确"：①明确诚信内涵；②明确管理方式；③明确考核机制。

（四）立足循环提升，深化诚信建设成效

中建一局将依据评估结果，每年对诚信评估指标进行优化调整，并加强诚信体系建设支撑措施的打造。

1. 运用 PDCAS 循环方法，持续优化指标体系匹配度。按照 PDCAS 管理方法，中建一局不断优化、完善指标设置和评价机制，不断强化诚信指标的导向性和约束性。通过目标引领、规定动作、底线管理、强化培训等方法，建立长效机制。通过铁腕推进执行力建设，构建督办机制和"回头看"机制，不断检验诚信管理制度的执行情况，促进诚信管理体系 PDCAS 循环的闭合与改进提升。

2. 抓实子企业诚信建设，持续强化评估体系实效性。中建一局以子企业诚信建设为抓手，持续加强诚信指标的检查、评估与执行改进。通过加强诚信对标学习，推广子企业诚信建设取得的好经验，将诚信体系建设精髓制式化、模板化。通过量化评价查找各子企业诚信管理问题，有针对性地提出解决对策及建议，发挥评估结果对子企业业务管理的指导及规范作用，巩固诚信评估的成果。

3. 推进信息化管理进程，持续提升诚信管理标准化。通过制订标准化、规范化的管理流程，将人工统计数据信息升级为由管理流程生成数据信息，从而对各子企业以及项目的诚信管理行为起到及时约束及管控作用，提高诚信行为管理效率。

（五）立足选树典型，涵养诚信建设底色

中建一局构筑诚信先锋金字塔，通过树立不同层面的"诚信先锋"，引领全体员工学"先锋"、做"先锋"，引领激励全体员工践行诚信。此外，编写诚信故事书，用基层员工小故事生动阐释诚信内涵，成为中建一局广大员工学习诚信先锋、践行诚信文化的参考书。

（六）立足底线管理，筑牢诚信建设藩篱

中建一局注重以底线管理来打造诚信，设定了全方位、成体系的规定动作和底线要求，要求做到规定动作不打折扣、底线坚守没有借口，否则即为失信。在品牌底线上，要求所有工程的品质必须高于行业中等水平，发布了安全生产管理十项禁令、质量管理十六条强制性条文；在效益底线上，设定了公司收入利润率及项目目标收益率、结算收益率、过程确权率等底线标准。通过守住每个层面、每个环节的诚信底线，来确保企业整体目标的实现。

三、取得的成效

诚信管理体系的全面实施，使中建一局诚信的"品格、能力、执行力"显著增强，在筑造精品工程的同时铸就了企业诚信的新高度。

对企业内部而言，"文化软实力"显著提升。中建一局全局上下的诚信意识得以强化，履职能力和执行力持续提升。诚信建设的成效主要体现在两级班子对发展战略的明确、对发展路径的清晰、对发展举措的执行及对预算指标的落实，体现在全体员工对每份合约的敬畏践行、每项数据的真实准确、每份文件的落地有声、每个制度的坚决执行。立足诚信建设，中建一局基本消灭了"僵尸企业"和"僵尸项目部"，大幅降低了子企业间和项目部间的离散度。

对企业外部而言，"品牌影响力"显著提升。中建一局全局上下诚信履约、精诚合作，以经典品质和责任担当兑现诚信。对社会——勇担责任，恪守规范。中建一局恪守现代商业伦理和行业规范，以实际行动承担起国有企业的经济责任、政治责任和社会责任。对客户——敬畏契约、完美履约。坚持以客户为中心的品牌强企战略，用覆盖全领域的殿堂级荣誉展示诚信，以"工程的经典品质"兑现诚信。

（一）企业"品格"持续积淀

1. 以"绿色施工"兑现诚信。中建一局是国内最早、最多获国际绿色权威认证——LEED认证的企业。此外，全国绿色示范工程、AAA级安全文明标准化工地、全国建筑业新技术推广应用示范工程以及建筑工业化工作室、工业化生产基地，引领建筑生产方式变革和绿色施工发展，也承载着中建一局人诚信兴企的追求与实践。

2. 以"精准扶贫"兑现诚信。中建一局将"稳就业"与"脱贫攻坚"精准结合，作为中国建筑甘肃省陇南市康县扶贫牵头单位，和康县政府联动，精准推进"建筑劳务示范村"建设，以33个村作为样板先行，开创"农民-农民工-产业工人"就业脱贫模式，巩固康县摘帽脱贫成果，确保康县贫困劳动力端稳"就业饭碗"不返贫、一人就业全家脱贫，逐步将康县培育成"建筑劳务输出基地"，致力于5年内将康县打造成为"建筑劳务输出品牌县"。2020年，康县实现了脱贫摘帽。

3. 以"匠心履约"兑现诚信。在国内最大单体建筑平移工程——厦门后溪长途汽车站主站房平移工程中，中建一局将交替步履式顶推平移技术首次应用于国内平移工程，创造了国内平移面积最大、荷载最重、距离最远的单体建筑平移之最。在景德镇文化的"一号工程"、中国唯一古御窑厂遗址——景德镇御窑博物馆项目中，中建一局历经数百次试验，攻破异形建筑拱体施工难题，勇闯七八十道难关，完成了世界最大规模的窑址群体迁移，实现了世界首例窑砖干挂及砌筑工艺在多曲面拱体结构上的运用，开创多项行业之最，斩获各项荣誉专利，获得了百余家主流媒体的关注报道。

（二）企业"能力"持续提升

1. 以荣誉奖项兑现诚信。中建一局荣获了"第二届中国质量奖"，是首家也是唯一一家建筑企业，担负着"向世界展示中国质量最新发展水平、树立'中国工程'良好形象"的国家使命。此外，中建一局是最早荣获全国质量管理奖和国家质量管理卓越企业，唯一荣获北京市人民政府质量管理奖建筑企业，连续10余年获评"企业资信和信用AAA级企业""全国质量效益型企业""全国用户满意企业""全国优秀施工企业""全国先进建筑施工企业""全国诚信施工十佳企业"荣誉称号。

2. 以"技术攻坚"兑现诚信。在全球最大会展中心——深圳国际会展中心（一期）工程南区工程建设中，中建一局用中国建造破解"世界建造"难题，展示"中国智慧"和"中国质量"。在世界首个泳池上架设冰壶赛道的奥运场馆、世界唯一冰上和水上项目均能运行的奥运场馆、世界冬奥历史上最大的冰壶场馆、2022年北京冬奥会冰壶比赛场馆——"冰立方"工程建设中，中建一局奉献"中国智慧""中国方案"，向将在2022年走进这座"蓝色魔方"的世界各国人民展示一个立体多彩的美丽中国。在莫斯科中国贸易中心项目建设中，中建一局用"中国标准"和125年以来最冷冬季下的"中国速度"震撼俄罗斯，项目荣获了"莫斯科市优质工程奖第一名"，这是莫斯科市建筑行业质量最高奖，也是中国企业第一次荣获该奖项。

（三）企业"执行力"持续塑强

1. 以"品质保障"兑现诚信。中建一局首创并始终坚持"5.5精品工程生产线"质量管理模式（坚持"过程精品"理念、以目标管理理论为基础、以PDCAS循环为方法的质量管理模式，包含"目标管理、精品策划、过程控制、阶段考核、持续改进"5个步骤和"人力资源、劳务、物资、科技、安全"5个平台，致力建造稳定、均衡、优良的建筑产品），坚守质量底线目标——中建一局建造的工程，其质量底线标准一定要高于行业同期中等水平。5年来，中建一局荣获了13项"鲁班奖"、30项国家优质工程奖、多项中国钢结构金奖,培育科技八大技术优势——中国建筑行业第一家荣获国家科技进步一等奖,6项"詹天佑奖"、22项中国安装工程优质奖、19项全国建筑工程装饰奖等。此外,中建一局荣获多项国家级科技奖项,拥有多项国家专利,主持研制多项国家标准、国家级工法和省部级工法等。

2. 以"驰援抗疫"兑现诚信。17年前,中建一局连续奋战七天七夜建成小汤山医院;17年后,中建一局再度担负起中央企业使命,驰援武汉、西安、徐州、天津、北京、宿州6个城市的抗疫工程建设,参加"火神山""雷神山"、天津应急医院、北京应急口罩厂、西安应急医院、徐州应急医院、宿州集中隔离点、北京龙泉医院方舱式核酸检测实验室7项应急抗疫工程建设。在这场没有硝烟的战争中,中建一局的建设者们星夜奔赴、奋勇逆行,以敢于担当的先锋精神、勇于奉献的无私情怀、精益求精的专业技术、使命必达的工作热情,高质量完成援建任务,为打赢新冠肺炎疫情防控阻击战贡献力量。

四、总结及展望

"丈夫一言许人,千金不易。"诚信文化的落地是一个企业真正践行承诺、敢于负责的表现,通过出台诚信管理文件,中建一局引导全体员工不断强化诚信意识,形成对诚信体系建设的高度认同和自觉执行,用"诚信"推动企业经营活力和发展潜力的释放。

未来,中建一局将在诚信体系建设进程中持续探索,以诚信先锋的思想和路径,积聚发展正能量,释放创新推动力,不断向专业化和科学化的诚信管理迈进,不断向"中国建筑旗下最具核心竞争力的世界一流企业"的战略目标迈进。

案例创造人:罗世威 孟培林

以基于TQM的iPS高质量发展模式提升企业核心竞争力

山西省工业设备安装集团有限公司

一、企业简介

山西省工业设备安装集团有限公司（以下简称山西安装）始建于1952年，是国家高新技术企业、中国建筑业竞争力百强企业、山西省优秀骨干建筑企业，全国首家市政公用、石油化工工程施工总承包双特级及市政、化工石化医药行业设计双甲级资质企业。

山西安装拥有1个新三板挂牌子公司、2个甲级设计院、1个研究院、3个高新技术企业子公司、1个省级技术中心，下设4个事业部、10个子公司及北京、华东、华南、华中、西南、西北、东北7个区域分部。现有员工3300余人，其中注册师（含一级建造师）1163人，中高级职称人员1281人。

山西安装始终坚持"重信守诺、共建共赢"的诚信经营理念，从大质量管理的角度运营TQM系统，系统地梳理业务模式，通过构筑战略管理体系（PDCA）及日常管理体系（SDCA），并且通过智慧化（IT）赋能，实现PDCA与SDCA有机循环，持续健全信用管理制度，提升诚信履约能力，夯实企业核心竞争力，为转型升级高质量发展凝聚了强大动力。

二、诚信建设体系

（一）战略管理体系（PDCA）方面

山西安装融入国家战略，抢抓发展机遇，确定了打造"国内知名、行业领先的现代工程服务商"的战略目标，研判形势、立足主业，通过延伸上下游产业链，围绕转型升级推动高质量发展。

1. 优化业务板块。山西安装从以市场开发为核心的业务模式向以客户需求为核心的业务模式转变，构建"设计咨询、投资建设、建筑施工、运营维保"四位一体全产业链一体化服务体系，形成为客户提供多方面增值服务的经营方式。

2. 践行"走出去"战略。山西安装聚焦"长江经济带""粤港澳大湾区""成渝经济圈""黄河几字湾都市圈"等热点区域，布局北京、华东、华南、华中、西南、东北、西北7个分部。同时积极开拓海外市场，在越南、孟加拉、马来西亚落地生根，远征"冰上丝绸之路"成功开拓俄罗斯市场。整体上形成了深耕山西、面向全国、走向海外的"一总部七分部"市场战略体系。

3. 打造"专业化"能力。山西安装各分子公司以"专业化"发展为方向，全力打造"国内知名、行业领先+"的专业化品牌，在轨道交通、机电安装、精细化工、风力发电、垃圾处理、LNG等领域赢得了市场认可，积累了竞争优势。

4. 推动转型业务。山西安装聚焦清洁供热、分布式能源、固废处置、海绵城市建设领域，打造了山安蓝天、山安茂德、山安立德、山安碧泉为代表的一批专业平台公司，推动业务创新，实现提质转型。

（二）日常管理体系（SDCA）方面

1. 做优"三化"建设。山西安装实施"三化"（公司集团化、分子公司专业化、项目精细化）建设，建立健全适应市场化要求的现代企业管理体制和机制。集团公司定位"生产经营、资产运营和资本运营"，分子公司定位"业务管理、成本控制、增收创效"，项目部定位"合同履约"，共同形成"集团公司统筹高效、分子公司经营有力、工程项目精品创效"的运营体制，企业充满活力和动力。

2. 打造四大板块。山西安装推动"设计咨询、投资建设、建筑施工、运营维保"全产业链发展。设计咨询板块以化工石化医药、市政两个甲级设计院为牵引，以工程总承包事业部、省级技术中心、BIM信息技术研究院为载体，提升核心设计咨询能力，助推转型升级；投资建设板块以建设投资事业部为牵引，以专业平台公司为载体，践行"小投资撬动大市场"理念，着力提升投融资一体化能力，引领转型升级；建筑施工板块以工程公司"走出去""专业化"为抓手，提升核心能力，做强施工主业，支撑转型升级；运营维保板块以运营维保事业部为牵引，以调试、检测、售电为载体，提升专业运维能力，服务转型升级。四大板块业务的合理构成，共同推动了主业规模增长、利润贡献和全产业链一体化能力的提升。

3. 明确"专业化"方向。山西安装各分（子）公司通过"专业化"提升能力、培养优势，通过"走出去"拓展发展空间。山西安装上海山安以打造"轨道交通机电工程服务商"专业品牌为目标，参与了上海、杭州、广州、北京、深圳等城市的几十条地铁、城际铁路的机电安装工程。第八工程公司以打造"固废处理工程服务商"专业品牌为目标，涉足合肥、烟台、太原、雄安新区等地，承揽了多项垃电工程。第六工程公司以打造"电力工程服务商"专业品牌为目标，建设了众多国内外风电 EPC 工程，已竣工风电项目总装机容量达 832 兆瓦，22 个在建风电项目总装机容量超过 1000 兆瓦。

4. 实现绿色发展。山安蓝天聚焦清洁供热节能技术研发、投资及应用。由其投资建设的亚洲最大单体集中供热工程"太古供热热源工程"可向太原市供热 7600 万平方米，不论是施工难度、生态效益还是社会效益均在全国市政供热领域名列前茅，并且荣获该领域第一个鲁班奖项。2018 年，山安蓝天在新三板挂牌成功，目前持有的供热服务面积超过 1 亿平方米。山安茂德致力于为客户提供分布式能源解决方案和用能服务，由其打造的山西建筑产业现代化园区、晋东南园区综合能源管理系统，将园区内的冷、热、电、气、水、废等统一规划和管理，形成多能互补、节能高效的能源利用体系。山安立德在固废产生、运输、处理等方面具有专业优势，目前正在实施的山西综改区潇河园区建筑垃圾资源化处理项目年消纳建筑垃圾 200 万吨，可生产 90 万吨再生骨料、200 万平方米透水砖、50 万立方米再生骨料混凝土、20 万吨道路材料、4000 吨复合材料，总产值可达 24085 万元。山安碧泉以信息化作为城市智能管理的重要手段，打造智慧海绵城市综合体，由其投资建设的介休小水网 PPP 项目、汾河流域新绛段综合治理项目突出"山水田园、碧水长流、人水和谐"理念，实现水资源、水环境、水生态、水安全、水文明与经济社会协调发展。

5. 助推建筑工业化。山西安装建设运营的山西建筑产业现代化晋中主园区建设规模为年产 PC 构件 10 万立方米、综合管廊 40 公里、地铁涵洞管片 10000 环，晋东南园区年产装配式钢构件 4 万吨、重型钢构 5 万吨、综合管廊 40 公里、楼承板 20 万平方米、PC 构件 10 万立方米。

6. 专注科技研发。山西安装积极倡导"开工必优、过程精品、一次成优"的质量管理理念，促进高新技术、前沿技术融入传统产业、改造传统产业，为企业转型升级发展注入了全新动能。与清华大学、浙江大学、同济大学等多所知名高校开展了"产学研"合作，依托重大工程项目，在多个领域开发了独有的核心技术，在部分关键技术实现了"跟跑、并跑、领跑"的转变。目前，在绿色清洁领域、机电安装领域、焊接领域、建筑工程领域及智能化与消防领域共开发关键核心技术30余项。

（三）智慧化（IT）赋能

山西安装以两化融合为牵引，对战略管理及日常管理进行循环赋能，以实现智能化转型。

1. 在日常管理方面。山西安装建设"两化融合BIM系统"，将计算机技术与物联网及AI应用相结合，通过RFID数据采集技术、无线网络技术及视频监控等技术手段，实现对现场施工人员、设备、物资的实时定位，变被动式管理为主动式智能化管理，有效提高施工现场的管理水平和管理效率。

2. 在安全预警方面。山西安装的智慧工地云平台可通过构建信息门户，设置告警级别，及时推送告警信息，实现分级告警，有效预防安全与质量事故，避免安全事故，提高施工现场的管理效率。

3. 项目周期管理方面。山西安装结合施工需求、路线部署、周期策划、风险预测、应急机制等方面，深入应用BIM系统，确保设计计划、施工计划、施工节点、项目运维预警按期完成，实现对项目施工进度的统一集中管理。

4. 在成本管理方面。山西安装应用BIM技术，可实现施工过程中工程量的动态查询及人、材、机等资源的动态管理和工程成本的实时监控，减少了工程预算超支现象的发生。

三、诚信建设管理

在以基于TQM的iPS高质量发展模式下，山西安装坚持项目精细化管理，切实抓好质量、安全、文明施工、进度等各方面管理工作，保障诚信履约、优质履约。

（一）质量管理方面

1. 建立质量管理网络。山西安装建立以总工程师为首的质量监督检查组织机构，横向包括各职能机构，纵向包括各分子公司、项目部、施工班组，形成完善的质量管理网络，对工程质量进行全过程、全方位、全员的控制；同时，定期安排各相关部门专业技术骨干进行培训，动态更新各项管理制度。

2. 山西安装实施施工组织设计和施工方案的审查制度。工程开工前，项目部的工程施工组织设计方案须经集团工程管理部、安全部、技术中心3个部门批准并报送监理工程师审核通过。对于重大或关键部位的施工，以及新技术新材料的使用，项目部须提前一周将具体的施工方案、施工技术保证措施，呈报监理主管工程师审批。对于需要专家论证的施工方案，须提前一个月报专家论证。

3. 山西安装实施严格的奖罚制度。在施工前，项目部须制订符合本工程施工要求的详细规章制度和奖罚措施，尤其是保证工程质量的奖罚措施。对施工质量好的作业人员进行重奖，对违章施工造成质量事故的人员进行重罚，不允许出现不合格品。

4. 山西安装实施技术复核制度和技术交底制度。施工中，除按质量标准规定的复查、检查内容进行严格的复查、检查外，在重点工序施工前须对关键的检查项目进行严格的复核，杜绝重大差错事故的发生。

5. 山西安装坚持"三检"制度。每道工序完后，首先由作业班组进行自检，再由施工员、项目经理组织有关施工人员、质检员进行互检和交接检。隐蔽工程在做好"三检"的基础上，请监理工程师审核并签字认可。各分子公司每月对项目工程质量全面检查一次，检查中严格执行有关规范和标准，对在检查中发现的不合格项目起草、编制不合格报告，限期纠正并进行跟踪验证。

（二）安全管理方面

山西安装建立了完善有效的安全生产管理体系。集团安全部负责指导各分子公司开展安全教育，贯彻宣传各类法规，通知和落实上级部门的文件精神，制订各类管理条例，每月对各分子公司进行安全工作检查、评比，处理有关较大的安全问题。项目部成立安全管理小组并设专职安全员，主要职责是对工人的安全技术交底，贯彻上级精神，每天检查工程施工安全工作，每周召开工程安全会议。各作业班组设立兼职安全员，主要是带领各班组认真操作，对每个工人耐心指导，发现问题即时处理并及时向施工员汇报工作。

（三）文明施工管理方面

山西安装要求所有承建的工程项目，按照相关文件精神全面落实建筑工地施工扬尘治理"六个百分之百"，以及施工噪声及施工现场非道路移动机械污染防治要求，切实提升建筑工地绿色施工和环保治理水平。对派驻工程的所有人员进行教育，提高文明素质，提高管理水平，要求以崭新的精神面貌展现给社会各界，把文明施工作为维护企业形象、企业信誉的基本工作。

（四）进度管理方面

项目部进度控制的原则是在保证质量和安全的基础上确保施工进度。山西安装建立了项目总控制网络并以此为依据，按不同施工阶段、不同专业工种分解为不同的进度分目标；以各项技术、管理措施为保证手段，进行施工全过程的动态控制；以关键线路和次关键线路为线索，以网络计划中心起止里程碑为控制点，在不同施工阶段确定重点控制对象。

制订施工细则，保证控制节点的实现。在不同专业和不同工种的任务之间进行综合平衡并强调相互间的衔接配合，确定相互交接的日期，强化工期的严肃性，保证工程进度不在本工序造成延误。通过对各道工序完成的质量与时间的控制保证各分部工程进度的实现。

四、诚信建设成效

1. 山西安装是山西首家两化融合示范企业，被推选为中国安装协会副会长单位、中国化工施工行业协会副理事长单位。

2. 山西安装营业收入连续3年大幅增长，从2017年的44.47亿元到2018年的66.02亿元，再到2019年的102.58亿元，平均增长幅度高达51.91%；利润总额从2017年的0.65亿元到2018年的2.10亿元，再到2019年的4.22亿元，平均增长幅度高达162.09%。2019年，转型业务利润贡献率达到67%，实现了建筑施工、转型业务在规模和利润上的结构反转。

3. 山西安装在工程建设领域累计获得"鲁班奖"14项、国家优质工程奖7项、"中国安装之星"15项、部级优质工程奖28项等200多项国家级和省级奖项，累计创国家级工法4项、省部级工法175项，拥有国家发明专利17项、实用新型专利162项。

4. 多年来，山西安装的合同履约率始终保持100%，多次获得"国家守合同、重信用企业""全国用户满意标杆企业（市场质量信用等级AAA级）""全国优秀施工企业""全国用户满意施工企业""全国建筑业AAA级信用企业""中国工业创新型先进企业""全国'安康杯'竞赛优胜单位"和山西省"五一劳动奖状""山西省质量奖"等诸多国家级和省级荣誉。

五、展望

山西安装将秉承"重信守诺、共建共赢"的经营理念，继续坚持管理先行、创新驱动，大力培育具有引领性、带动性和具备工程化、产业化的新业务，进一步做强做大优势领域，强化深化转型升级，向着更加高远的目标砥砺前行，为"蹚出一条转型发展新路"做出积极贡献。

案例创造人：王利民　梁波

坚持诚信经营，展现国企担当，创建世界一流企业

双星集团有限责任公司

一、企业简介

双星集团有限责任公司（以下简称双星集团）是一家具有99年历史的国有企业，总部位于青岛市西海岸新区，双星轮胎是山东省轮胎行业目前唯一一家国有上市公司。2008年以前，双星集团主业主要为鞋和服装。2008年，鞋服产业全面改制后从双星集团分离，双星集团全面转行到轮胎产业。2014年，双星集团开启了"二次创业、创轮胎世界名牌"的新征程，通过智慧转型，关闭了所有老工厂，淘汰了90%以上的落后产能，率先建立了全球轮胎行业第一个全流程"工业4.0"智能化工厂，并且以此培育了智能装备、工业机器人（含智能物流）和废旧橡塑循环利用3个新产业，搭建"研发4.0+工业4.0+服务4.0"产业互联网生态圈。双星集团成为5年来国内所有企业中唯一一家被工业和信息化部授予全国"品牌培育""技术创新""质量标杆""智能制造""绿色制造""绿色产品""绿色供应链""服务转型"全产业链试点示范的企业，被称为"中国轮胎智能制造的引领者"。2018年，双星集团控股曾名列全球前十的韩国锦湖轮胎，双星轮胎品牌连续6年荣登"亚洲品牌500强"中国轮胎榜首，品牌价值576.98亿元。2020年，双星集团开启了"三次创业"新征程，围绕橡胶轮胎、人工智能及高端装备、废旧橡塑循环利用三大产业，实施智慧生态、智慧轮胎、智能装备、环保新材料的"三智一新"战略，尽快把双星集团打造成为科技、时代、智慧型的世界一流企业。

二、企业诚信建设及诚信管理做法

双星集团自成立以来，始终坚持"真诚、后我、拼搏"的企业精神，以实现"创双星轮胎世界名牌"的愿景，依法经营、诚信经营，积极履行公共责任、公民义务及恪守道德规范，以高标准、高要求为起点，严把产品质量关，用实际行动来维护企业的声誉，营造诚实守信、公平竞争的市场环境，建立了自己独特的管理体系和企业文化。

1. 营造诚信守法、创新、快速反应、自主学习的文化环境。双星集团将"遵纪守法，诚信经营"作为贯穿企业发展战略中的一项重要行动准则，高层领导以身作则、尽忠职守、克己奉公，为全体职工树立遵纪守法、恪守诚信的典范，通过一系列的活动营造合法、诚信的企业文化氛围。工会以"工会网格化"建设为抓手，工会组织覆盖到各部门，依靠工会组织的感召力吸引了3800多名职工入会，组织开展"传统美德经典诵读"和道德讲堂、"我们的节日"等活动，更好地用中华传统文化滋养人们心灵、陶冶道德情操。同时，完善了《工会与行政沟通协商管理平台》《职工书屋管理平台》，理顺了《员

工关爱平台》操作流程，开展节假日集中救助家庭困难和患大病职工等活动，使广大职工感受到组织的温暖。2017年以来，双星集团各级工会共计组织关爱帮扶1300人，金额达到46万元。此外，实施职工医疗互助保障计划，为发生住院、门诊大病的职工提供保障待遇，在册在岗职工基本都进行了参保，上报职工互助保险报销700余人次，报销金额64.7万元，解决和缓解了职工因病造成的家庭经济困难。

2. 倡导诚信、践行诚信。双星集团将道德诚信的建设作为实现企业战略愿景和持续成长的根本前提和保证，突出政治引领，强化"两个责任"，强化权力制约监督，把权力放进制度的笼子里，坚持以零容忍的态度惩治腐败，加大对违规违纪查处力度，消除制度执行的"弹性空间"和"死角地带"。此外，明确党委班子、行政班子的责任划分和"一岗双责"的责任，确保工作有人抓、问题有人管、责任有人担，切实增强主体责任意识，自觉担当起抓好党建、管党治党这个首要责任。把企业领导班子综合考评、经营业绩考核衔接起来，层层签订党风廉政建设责任书，党委书记带头讲党课，率先对照党章进行"政治体检"，带头抓作风建设，带头调研学习，带头抓检查考核，层层传导责任压力，既要干好事业，又要带好队伍。同时，创新惩治和预防腐败体系建设，建立了"干部廉洁自律承诺制度""双星集团加强党风党纪追责，推进领导干部能上能下实施细则""业务预算及费用审批制度"等制度，从制度约束、规范权力运行方面不断完善党风廉政建设和惩防体系建设，形成了一整套行之有效的自我约束和预警机制。与此同时，进一步规范职代会工作流程，坚持企业生产经营管理方面的重大事项向职代会报告并听取意见建议，严格落实职代会审议建议、协商共决、审议通过等职权，提高了依法履职能力。

3年来，在公司道德体系的监管和高层领导的带领下，双星集团诚实守信、依法经营、依法纳税，客户满意度、职工满意度持续提高，合同违约率为零，不拖欠银行贷款，应付账款控制在合理范围，公司职工无违法记录，在社会公众中树立了良好的诚信形象。

3. 履行产品和服务的质量安全职责。质量是企业稳定与持续发展的保证与动力，是永无止境的改善和提高。企业的生存与发展必须以可靠的质量为依托，才能不断满足和超越用户的质量需求，双星集团遵循"残次品就是废品，废品就要被铡掉"的质量理念，先后通过ISO9001质量体系认证和IATF16949质量体系认证、ISO14001环境管理体系认证、OHSAS18001职业健康安全管理体系认证、ISO10012测量管理体系认证；产品通过国家3C认证，以及美国交通运输部（DOT）、欧洲经济委员会（ECE）、巴西INMETRO认证和海湾七国GCC认证及美国环保署EPA的Smartway认证。同时，对产品、过程、体系和质量目标进行监控、审核和评审，发现存在的缺陷和可能的改进机会，确定实施和监控改进措施，不断提升企业的质量形象，传达给客户最好的价值及最好的产品。

4. 公益支持。企业在自身发展壮大的同时更要有社会责任感和使命感，唯有如此才能成为令人尊敬的企业，也才能实现企业的基业长青。双星集团在资源条件许可的条件下，积极提升在社会责任方面的成熟度，将支持公益作为卓越企业公民的表现机会和途径。同时，始终坚持企业文化建设与参与公益活动相结合，建立健全长效机制。对内，搭建了职工关怀平台，从职工嫁娶、生育、大病等方面，给予职工最贴心的关怀、最暖心的救助；对外，双星集团成立了志愿服务队，广泛开展义务献血、慈善捐款、资助贫困学生等社会公益活动。正是这种对员工的尊重和爱护，让每一个双星人都受到了影响和熏陶。为了将公益支持落到实处，双星集团确定工会和党支部负责公益支持的策划与组织实施工作。公益支持的重点分为两个层面：第一层面为重点支持对象，包括行业发展与教育事业；第二层面为其他公益支持，包括慈善事业、环保绿化等。

三、企业诚信建设和管理的成果

1. 示范作用凸现。因为创新和智慧转型，双星集团成为 5 年来国内所有企业中唯一一家被工业和信息化部授予"品牌培育""技术创新""质量标杆""智能制造""绿色制造""绿色供应链""服务转型"全产业链试点示范的企业，被称为"中国轮胎智能制造的引领者"，也是中国轮胎历史上唯一一家被评为"全国先进生产力典范企业"的企业。

2. 国家发展改革委两项专项建设基金——智能工厂和研发中心。2015 年，双星集团环保搬迁转型升级绿色轮胎"工业 4.0"示范基地，高性能乘用车子午胎项目采用世界先进的工艺路线和装备，建成后对整个轮胎产业的产业升级具有带头示范作用，该项目科技含量较高、产业拉动效应强、经济社会效益好，获得了国家发展改革委第四批专项建设基金 8300 万元。双星全球研发中心暨石墨烯轮胎中心实验室项目是双星集团加速推进全球化战略的一部分，将充分利用互联网技术，整合全球研发资源，建立全球领先的高性能轮胎研发、检测、认证平台和石墨烯轮胎中心实验室。石墨烯轮胎中心实验室的建立将进一步促进石墨烯商业化应用。2016 年，双星全球研发中心建设项目获得了第二批国家专项建设基金 2600 万元。

3. 收购锦湖轮胎。双星集团以未来业务计划和员工、管理等非价格因素，成功收购韩国锦湖轮胎，2018 年完成交割，正式持有其 45% 股份并成为控股股东，一举成为全球前十、中国最大的轮胎企业。

4. 入选"双百行动"，成功混改，为国有企业改革树立典范。国务院国资委公布"双百行动"入选企业名单，双星集团位列其中。2020 年 7 月，双星集团完成混合所有制改革，引入具有支持双星集团快速发展所需关键资源的战略投资者。混改后，双星集团将继续以党建为统领，以"混"和"改"为手段，以做强做优做大为目标，强化股东会、放权董事会、完善监事会，不断完善法人治理结构，积极探索更加成熟、更加定型的中国特色现代企业制度。

5. 创新企业管理模式，荣获多项大奖。双星集团以轮胎智慧型转型为主线，通过做精实现做强，通过颠覆实现引领，通过共享实现做大，率先在行业内推进以"三化两圈"为核心的物联网生态圈管理模式，全面实施卓越绩效管理，荣获青岛市"市长质量奖""青岛市企业管理奖""中国企业管理杰出贡献奖""第十一届石油和化工行业级企业管理创新成果奖"等多项大奖。

6. 双星集团一直以来严格把控公司产品质量，坚持以诚信作为企业文化的核心价值观之一，为我国社会信用体系的建设树立了良好的企业标杆，凭借着企业信用建设方面的优异成绩荣获省级和市级的"守合同、重信用企业"和"青岛市诚信企业"及"全国诚信经营示范单位""2018 年 AAA 级信用企业""全国产品和服务质量诚信示范企业"等荣誉。

7. 双星全面推进品牌全面建设，持续提升产品和服务质量，彰显企业独特魅力和品牌影响力。双星集团凭借转型升级、智能制造、调结构转方式、服务引领、品牌创造等成功经验近年来先后 10 余次被中央广播电视总台各频道进行系列报道。例如，2018 年，"青岛制造"主题宣传片在中央广播电视总台 4 个频道滚动播出，向全国展示了青岛"品牌之都、工匠之城"的独特魅力和"开放、现代、活力、时尚"的城市形象。双星集团作为青岛"五朵金花"之一彰显了作为企业的独特魅力和品牌影响力。

8. 亚洲品牌 500 强。2015-2020 年，双星集团连续 6 年荣登"亚洲品牌 500 强"榜单，位居 323 位，中国轮胎企业首位。

9. 中国 500 最具价值品牌。2016-2020 年，双星集团连续 5 年荣登"中国 500 最具价值品牌"，位列综合排名 96 位，轮胎行业排名第一，品牌价值 576.98 亿元。

10. "厚道鲁商"品牌企业。2018 年，山东省"厚道鲁商"倡树行动指导委员会发布"2018 年'厚道鲁商'品牌企业名单"，双星集团榜上有名，获评"厚道鲁商"品牌企业称号。

未来，双星集团将继续高度重视诚信建设工作，积极发扬诚信文化，牢固树立诚信意识，进一步创新举措，保持"诚信经营示范单位"的高标准，倡导诚信、践行诚信，为客户创造价值，推动诚信建设工作再上新台阶。

案例创造人：柴永森　张军华

坚持诚信发展，铸造卓越未来

北京大风车教育科技发展有限公司

一、企业简介

北京大风车教育科技发展有限公司（以下简称大风车）创立于2001年，是致力于"大风车"教育品牌连锁、特许经营、教育咨询、教育投资、师资培训、教育投资、文化传播和教材教具研发及相关产品生产的高科技教育集团。大风车始终保持国际前瞻视野，长期与NAEYC全美幼教协会、新加坡国立幼儿教育协会等教育机构保持紧密合作关系。

大风车以"提供高品质的学前教育服务"为使命，建立起了完善的幼儿园连锁加盟体系，拥有《视觉识别手册》《声音识别手册》《店面识别手册》《行为识别手册》《流程识别手册》《营建系统手册》《管理规范手册》《督导系统手册》《培训系统手册》二十余本系统手册，相继开发了《大风车Dream For Children（快乐英语）》《风车的童语（思维阅读）》《风车的童画（儿童绘画）》《多元智能探索》等课程和教育教学配套产品，保障了大风车教育教学体系的良好运行，提升了大风车的教育教学品质，力求引领及推动中国学前教育的发展。

大风车有着20年的品牌积淀，荣获了近50项教育大奖，成功运营了幼儿园、风车宝贝托育中心、BABY创客早教、少儿戏剧英语、风车智慧服务平台及汇智学堂六大核心项目，品牌规模遍及全国300多个城市，先后培养了5万多名优秀教师，累计为200多万家庭及孩子提供教育服务，是行业公认的高品质教育连锁品牌。

大风车的投资人为五道口投资集团。五道口投资集团专注于股权投资、并购基金、资产管理等综合性投资服务，旗下有光大五道口投资基金、五道口九鼎投资有限公司、金日传媒集团、新华手机电视台等。

二、坚守诚信运营，品牌载誉前行

优质教育是学前教育的根本追求，有质量的教育才能真正促进幼儿的健康成长。20年来，以创始人周建国为领导的大风车人始终坚持诚信为纲、匠心运营，时刻不忘坚守行业诚信与行业自律，努力践行社会主义价值观，秉承"提供高品质的学前教育"的企业使命，聚焦幼儿，着眼发展，关注整体，注重差异，努力打造"大风车"金牌教育品质，发展以质量为导向的学前教育，与孩子、家长和社会共同成长。

通过不断的努力与诚信精神的坚守，"大风车"这个系出名门的学前教育品牌，如今已在国内大地上生根发芽、开花结果。大风车先后荣膺近50项教育大奖，多次荣获中国商业联合会、中国连锁经营协会、中国妇女儿童事业发展中心和新浪、网易、北京晨报等权威机构与媒体颁发的荣誉奖项，如

2018年度"中国连锁经营协会会员",2017年"全国诚信兴商双优示范单位",2016年"全国商业诚信建设示范单位"及"全国商业质量品牌示范单位"……大风车已成为中国商业联合会常务理事单位、中国连锁经营协会理事单位、中国民办教育协会学前教育专业委员会副理事长单位、中国学前教育研究会会员。多年来,大风车以诚信为出发点和基石,树立起了新时代的企业诚信典范,赢得了广泛的社会赞誉和认可。如今,"以诚信促发展"的理念已成为大风车的高度引领和精神财富,长期助力大风车提升品牌诚信实力。

三、共享教育资源,助力行业升级

基于20年的品牌发展积淀,大风车形成了卓越的管理体系,研发出幼儿园管理六大维度共32个板块、1080个管理环节标准,共26本运营管理手册(总计600万字),打造了行业领先的管理体系。在大风车专业的培训体系中,研发出针对幼儿园的21个岗位,包括岗前、在岗、进阶、晋升合计四大阶段的成长训练营,针对投资人与园长开设管理特训营,全面助力园所提升领导力、执行力、决策力。

大风车秉持诚信、开放共享的经营理念。2019年,以"引领学前教育行业升级"为主题的"大风车教育理念解读"发布会在山东济南隆重召开。会上,大风车教育专家解读科学教育理念、提倡前沿教育主张,发扬"用爱心做教育""用生态做教育"的教育理念,主张"师德为先、诚信为本、能力为重、终身学习"的教育四步箴言,提倡"坚持诚信为首,将各项幼教工作扎扎实实落到实处",以及"提供高品质的学前教育服务"的服务理念,帮助山东省广大幼教机构重塑经营理念,实现教育'质'的跃迁。此外,2019年,大风车与山东土地集团和河北承德双桥区政府分别签署了战略合作意向,努力打造大风车生态教育产业链在中国教育产业新环境中发挥的先导地位。不仅如此,大风车还面向全国,将自身的研发成果、先进的教学理念、培训体系及科学化、特色化的课程研发成果普及到全国各地。通过共享教育教学资源,大风车助力幼儿园提高管理效率,降低管理成本,强化教学质量,增强互动频率,实现家园共育及优质教育资源共享,推动了行业的整体发展与升级,促进了社会、行业、企业的多方共赢。

教育,关乎儿童,关乎国家,关乎未来。好的教育,既要有科学的教育理念做支撑,又要落实到实践中去。大风车始终秉承"专业、诚信、进取、创新"的核心价值观,努力践行科技创新、诚信经营的企业精神,不断强化企业信用体系建设,为形成全社会诚实守信、重信守诺的良好风尚及推动我国教育事业健康有序发展而努力着。

四、布局教育科技,促进资源均衡

大风车以前瞻视野布局教育科技,依托自身资源、能力,与互联网技术结合,联动线上线下打造儿童教育新生态,历时18个月,投资近5000万元,开发了行业领先的儿童教育互联网平台——风车智慧服务平台。

风车智慧服务平台运用云存储、AI智能、人脸识别及大数据等尖端技术,集教育课程、师资培训、园区管理、家园共育、社区服务于一体,借助双师课堂、直播课堂将大风车优质的教育服务资源输送到全国各地,帮助改善国内教育资源分配不均衡的状态;将集中培训、线上培训、入园实训三大教师培训形式相结合,提升老师整体素质,提高教育质量。此外,该平台通过园长、教师、家长三端App联动,化解了园所效率低下的问题:为园长定制的智能化的移动办公工具,使园长管理更高效;为幼儿园教师的智能教学提供帮助,使教学工作更便捷;为孩子和家长提供咨询服务,让家园沟通更顺畅、家长更放心。

五、践行社会责任，履行社会义务

20年来，大风车的创始人周建国领导着大风车人牢记"诚实守信"经营之道，秉持"提供高品质的学前教育服务"的企业目标，铸造了宝贵的诚信品牌，在风起云涌的市场竞争中持续保持着自己的核心竞争力，稳扎稳打，奠定了企业长足发展的根基。

多年来，大风车积极投身儿童公益事业，热切关注儿童的教育与成长。目前，已向中国少年儿童文化艺术基金会提出申请，设立大风车扶贫专项公益基金，未来3年要服务3000所贫困偏远山区学校，改善地区学习资源不平衡、教师专业水平参差不齐的教育状态，全面推动儿童教育均衡、普惠、优质发展。

在当今学前教育的新形势下，大风车全面梳理运营、管理、服务的闭环，精细化早幼教业务主体，整合教育资源，回归教育质量，深化品牌内涵，在北京、山东等先后举办多场学前教育项目投资解析说明会，团结了一批热爱儿童教育事业的合作者，将大风车先进的教育理念、教育成果带到更多城市，帮助构建当地的学前教育体系，填补学前教育空白、改善教育资源不足的失衡状态，为当地带去与一线城市同等水平的教育质量。

不忘初心，牢记使命，在努力做好新时代的学前教育的同时，大风车不忘践行社会责任，履行社会义务。大风车将不断深耕儿童教育领域，用更优质的课程、先进的技术、贴心的服务，以资源共享的方式，为儿童教育的未来发展增值增效。

教育在进步，科技在发展。未来的儿童教育行业需要科技创新精神的不断助力。大风车将不断加大创新力度，加快"教育＋互联网"科技成果的转化。继续坚定诚信至上、服务为先、质量第一的经营理念，不断研发教育成果，从传统教育服务模式向以科技赋能教育为手段的方向发展。大风车以诚信换得家长满意和社会认可，将一如既往地坚定诚信做人、诚信做事、诚信做教育、诚信做企业的理念，坚持诚信发展，铸造卓越未来。

案例创造人：周建民　周建国

树诚信之风，扬桥梁之志

中建桥梁有限公司

一、企业简介

2012年，中建六局桥梁公司在中建六局原基础设施事业部的基础上孵化而成，于2012年在天津正式挂牌成立；2014年，按照上级单位部署，与原北方分公司进行整合并整建制迁址沈阳，同年，新的中建六局桥梁公司在沈阳揭牌办公；2016年，由中建六局出资，以中建六局桥梁公司为主体，设立中建六局桥梁有限公司并于同年在重庆江津注册成立。2017年，中建六局桥梁有限公司整建制迁址重庆江津现址办公。2017年6月，中建六局桥梁有限公司正式更名为中建桥梁有限公司；同年，中建桥梁有限公司（以下简称中建桥梁）正式揭牌。

目前，中建桥梁注册资本12.97亿元，已具有市政总承包、公路总承包、钢结构工程专业承包等5项一级资质和水利水电工程施工总承包二级、桥梁工程专业承包二级等共计13项施工资质。主要从事投资建设及桥梁、公路、市政、房建等大型基础设施项目运营及施工管理，业务覆盖了现代桥梁四大结构类型，跨越了长江、黄河、松花江、海河、辽河、珠江六大水系，创造了行业内、系统内的多个世界第一。

二、确立诚信经营理念，助力企业飞速发展

中建桥梁自成立以来，高度重视诚信建设，弘扬"诚信、创新、超越、共赢"的企业精神，坚守"品质保障、价值创造"的核心价值观，将"包容、担当、简洁、高效"作为企业文化理念，积极践行"中建信条"，在各项工作中体现诚信、践行诚信，始终以诚信为企业灵魂，树立企业诚信品牌，促进企业稳健发展。

三、加强体系建设，打造精品桥梁

（一）重合同、守信用，把现场当成市场

中建桥梁在施工过程中始终把重合同、守信用放在重要位置，通过对自身管控能力的把控，守时保质保量实现项目履约，得到了业主的一致好评。

中建桥梁承建的鼎山长江大桥建设时期，遭遇长江上游百年一遇洪峰，峰值达到199米，为践行诚信保履，项目部全体员工昼夜奋战，坚决保证主塔施工始终高于水位，创造了一场与洪峰赛跑的奇迹，为重庆人民交上了一份满意的答卷。鼎山长江大桥也获得了鲁班奖、重庆市首届十大最美桥梁等多个奖项。

被媒体誉为中国最美高速的鹤大高速，蜿蜒于长白山腹地的白山黑水之间。107公里的线路穿越深山密林，不仅征拆难度大，而且地质环境复杂。中建桥梁500多位建设者鏖战1000多个日夜，保质保

量提前2个多月实现全线竣工通车。鹤大高速项目被交通运输部列为"资源节约循环利用科技示范工程"和建设"绿色循环低碳公路主题试点工程",是吉林省首个交通运输部"双示范"项目,被中国建筑业协会授予"第四批全国建筑业绿色施工示范工程"称号。

京新高速是目前世界上最长的穿沙公路,在无路、无电、无水、无通信的艰苦条件下,中建桥梁与中建二局、中建交通、中建铁路3家兄弟单位同台竞技,多次夺得全线综合评比第一名,接连创造了全线多个第一:第一个拉通便道,第一个完成标准化箱式房驻地建设,第一个建成梁场和搅拌站,第一个开始水稳层施工……2016年9月15日,中建桥梁49公里的路面在全线第一个贯通。

中建桥梁在基础设施领域施工中的出色表现,赢得了中建集团和地方政府业主的青睐,三门峡国道310项目、重庆郭家沱大桥、江津几江长江大桥、潼南涪江大桥的承接是对中建桥梁履约实力最好的证明,优质履约带来的品牌红利正在一步一步凸显。

（二）建立分包诚信档案,确保农民工合法权益

中建桥梁根据《中建桥梁有限公司成本管理手册》《中建桥梁有限公司工程项目法律事务管理办法》《中建桥梁有限公司工期履约管理办法》等制度规定,规范对分包商的管理,建立健全分包商名录,对分包商实行诚信等级管理。根据《中建桥梁有限公司劳务实名制管理办法》等规定,对农民工实行实名制管理,维护农民工的合法权益,确保农民工的工资按时、足额发放。中建桥梁自成立以来从未恶意拖欠农民工工资。同时,中建桥梁秉承对农民工兄弟负责的态度,积极倡导农民工加入项目工会,开展对农民工安全教育、普法教育等活动,提高了农民工的安全、法制和维权意识,使农民工能更加安心、放心、专心地投入工作,为工程建设提供了快车道,也在项目有序管理等方面起到了促进的作用。

（三）强化体系建设,为诚信体系提供保障

中建桥梁积极建立并运行安质环标准化管理体系,严格按照"四个标准、三个体系"的要求开展各项管理工作。对质量、职业健康安全和环境进行规范管理,确保公司的质量、职业健康安全和环境绩效的持续改进。中建桥梁致力于完善质量保证体系。根据自身特点制订了《中建桥梁有限公司施工生产计划管理细则》《中建桥梁有限公司施工组织设计管理办法》和《中建桥梁有限公司项目施工技术管理办法》等制度,通过严把材料质量关、技术交底复核关、施工工艺方法关、质量检查验收关,实现对工程质量的全过程管控。

（四）坚持安全生产和文明施工

中建桥梁围绕保安全、求稳定、促和谐的核心工作,确定安全生产目标并将目标以责任书的形式逐级分解、落实到人,同时制订了《中建桥梁有限公司安全生产管理规定》《中建桥梁有限公司环境管理节能减排管理规定》《中建桥梁有限公司安全生产奖罚管理办法》等安全生产管理制度,并且设立安全生产专用账户,奖罚分明。坚持以"季、月联检"、年中安全生产大检查暨"三联创"考核、开展"安全生产月"、专项整治行动、综合督查、项目自检、岗位边检、公司专业人员巡查、日检等手段加大安全生产检查力度,对发现的事故隐患及时排除,取得了良好效果。通过不断的检查交流和评比,增强了全员的安全意识,促进了企业安全形势持续稳定,更为项目施工生产提供了有力保障。

（五）把诚信建设作为企业文化的重要内容

中建桥梁将诚信教育作为企业文化的核心,建立了严格的诚信管理制度,通过建立完善的规章考核制度、定期组织企业经营管理人员和员工学习法律知识、开展诚信文化培训、完善公司各项管理制度等方式,营造诚信守法的良好氛围,让诚信内化于心、外化于行。

四、完善制度，支撑品质、效益

中建桥梁始终坚持在新开工项目投标过程中积极践行中央企业责任，制订《中建桥梁有限公司国内工程承包项目营销底线管理规定》《中建桥梁有限公司国内工程承包项目投标评审委员会工作规则》等制度规范，加强重大风险项目投标管控，科学决策，降低经营风险。在经营过程中，中建桥梁成立了13个议事委员会并制订相关工作规则，确保在决策过程中集中思想、发现问题及时解决，有效提高公司决策性会议的质量和效益。中建桥梁还根据发展实际制订了《中建桥梁有限公司违规经营投资责任追究实施细则》《中建桥梁有限公司总包项目投标管理办法》，严格履行与建设单位、分包单位、劳务企业、材料设备供应单位等签订的合同。中建桥梁现行制度193项，大到重大决策、小到软件正版化管理，正逐步建立标准化管理标准，以制度保障带动组织保障，努力营造诚信经营、忠实履约的企业形象。

五、落实决策部署，提高管理能力

中建桥梁有限公司深入贯彻党中央和国务院各项决策部署，认真落实国务院国资委和上级单位各项工作要求，以"三重一大"决策为载体，注重精益管控，管理能力进一步提高。

中建桥梁弘扬"诚信、创新、超越、共赢"的企业精神，坚守"品质保障、价值创造"的核心价值观，大力推进守法诚信管理和安全质量标准化管理，将现场标准化建设作为保证优质生产的基础，从物的标准化、人的标准化和管理的标准化等方面制订了管理制度、技术标准、诚信守法要求和实施细则，并贯彻到施工生产的各个环节，通过标准化的推进进一步规范施工现场的优质生产与诚信文明施工，保障了企业的优质运营。

六、承担社会责任，彰显中央企业担当

中建桥梁彰显中央企业社会责任，将诚信贯穿于各项工作中。在扶贫捐助、金秋助学、抗震救灾等方面积极参与，做出了卓越贡献。

1. 用情扶贫，用心扶智。中建桥梁把扶贫工作和培养锻炼干部相结合，选派优秀干部到扶贫地区挂职锻炼，每期不少于两年。扶贫挂职干部积极参与扶贫地区党和政府工作的集体决策，并按分工做好分管工作，助力2020全面脱贫目标的实现。中建桥梁还通过捐款、购买贫困地区农副产品等方式，把扶贫工作落细落实，积极探索精准扶贫新模式。扶贫先扶智，教育扶贫才是精准扶贫，守护好贫困孩子的求学梦，"中建人"责无旁贷，中建桥梁践行"包容、担当"的企业文化理念，通过组织员工为贫困地区儿童捐款等方式践行中央企业的使命。

2. 携手抗疫，同心共生。面对突如其来的新冠肺炎疫情，中建桥梁积极行动，响应党中央号召，为打赢疫情阻击战贡献了自己的力量。在疫情最为艰巨的时候，中建桥梁员工捐款10万余元助力重庆市江津区打赢疫情防控阻击战。疫情逐渐减缓后，中建桥梁总部按照江津区政府要求，率先制订应急预案、采购防护用品、上报复工申请，是江津区首个复工的企业，为江津区树立了标杆，江津区建委、卫健委多次组织观摩。中建桥梁抗疫志愿先锋队员们用实际行动书写着中央企业的责任与担当，给无情的战役增添浓浓暖意和希望，将企业文化转化为抗击疫情的生动实践，为坚决打赢疫情防控阻击战贡献力量。

中建桥梁始终践行优秀诚信企业价值观，倾力打造一张靓丽的"中建桥梁"世界名片。

案例创造人：王殿永

筑诚筑信，人企相依

中建二局第三建筑工程有限公司

一、企业简介

中建二局第三建筑工程有限公司（以下简称三公司）成立于1952年，总部设在北京，注册资本金10亿元，是中国建筑股份有限公司旗下具有国家房屋建筑施工总承包特级、建筑行业（建筑工程）甲级设计资质的大型综合建筑施工企业。目前，三公司形成了20个职能部门、6个区域分公司、2个专业分公司、1个设计院的管理架构，不断加强区域建设，深耕核心市场，形成了京津冀环渤海湾、华东、华中、华南、西南、中西部、赣闽等七大市场区域布局，辐射全国23个省、自治区及4个直辖市。

三公司成立60多年来，建设了一大批标志性的经典工程，为国家的建设做出了突出的贡献。目前，三公司已经成长为了年合同额超过800亿元、营业收入超过350亿元的大型国有骨干建筑企业，资金、技术实力不断增强，项目管理水平不断提高，荣获"鲁班奖"14项、"詹天佑奖"4项、"国家优质工程奖"14项，全国建设工程项目施工安全生产标准化工地31项，拥有国家级工法6项、国家级发明专利50项。相继获得"全国文明单位"和"全国五一劳动奖状"（4次）、"中央企业先进基层党组织"（2次）、"首都文明单位标兵"、"全国最佳志愿服务组织"、"全国优秀施工企业"（8次）、"全国质量效益型先进施工企业"、"全国工程建设质量管理优秀企业"、"创'鲁班奖'特别荣誉企业"、"北京市用户满意企业"等荣誉称号。近年来，三公司秉承"筑诚筑信·人企相依"的企业精神，始终坚持过程精品、超值服务的履约理念，努力加强超值履约能力、低成本竞争能力、总承包能力、全产业链整合能力，致力于将公司打造成建筑行业综合建造能力标杆性企业。

二、企业诚信建设和信用体系建设实践

三公司自成立以来，始终讲诚信、重承诺，以诚行天下、以信立鳌头，以诚信作为企业长青之基。三公司领导经常强调"爱护信誉就像爱护我们的眼睛一样"，以上率下；全体员工自觉践行诚信理念，恪守诚信。

1. 以诚信回报社会。近年来，三公司每年可创造20多万个就业岗位；年提供住宅10万套，一次性交房最多3万套，以高品质住宅为居民提供美好生活保障；投身基础设施，聚焦城市建设，建设民生工程，为全面建成小康社会贡献智慧和力量。近年来，三公司积极助力打赢脱贫攻坚战，结对帮扶甘肃省康乐县周家沟村，开展"抓党建、促脱贫"工作；三公司累计捐款32万元，成立扶贫专项基金；通过春蕾行动、消费扶贫、发放党建书籍、帮扶困难党员等方式开展扶贫，捐资9.7万元帮助当地建设村民文化活动广场，改善人居环境，充分利用自身优势资源，有序有力开展工作，助力脱贫攻坚，彰显中央企业担当。

2. 以责任彰显国有企业担当。①三公司积极参加震后援建。在唐山地震援建中，承建了唐山凤凰大厦、新区热电厂等30多项工程，施工面积约180万平方米，为新唐山的建设做出了突出的贡献。在什邡援建中，承建了近11万平方米的廉租房小区、医院学校工程，涉及1468套廉租房（占整个什邡援建廉租房数量的三分之一）、200套安置房、4个卫生院、2所学校、1个妇女儿童活动中心。在陇南市武都区援建中，提前两天完成共2.35万平方米的学校、医院用房及1280套活动板房的安装任务并顺利通过交验，确保了灾区中学中考、高考的如期进行，以优异的成绩树立了企业的良好社会形象。②积极抗击"非典"。2003年"非典"疫情期间，三公司承接了北京市建委和中建二局交办的一项艰巨的任务——把亦庄博爱医院改建成具有500张床位的"非典"病人康复医院。三公司仅用5天的时间就圆满完成了施工面积为6000平方米、500个床位的"非典"医院改建任务。③积极参加抗击新冠肺炎疫情。三公司员工积极参加"两山建设"。自2020年除夕以来，身在武汉的三公司员工余涛和他组建的汉阳志愿车队连续十九日，昼夜抢运防护物资，成为抗疫线上温暖的"摆渡人"。余涛和他的车队累计运输防护服729箱、口罩30万个、消毒水500升、羽绒服80箱、泡面1000箱、饼干2000箱……余涛爱心车队驰援武汉的事迹被多家主流媒体报道，多个新媒体平台独家推送，事迹累计传播阅读量突破500万+。④积极参加志愿服务。三公司在全国多地定点帮扶的小学已超过10个，在云南省开展的"筑梦计划"义务支教已持续6年。三公司每年都多次开展社会公益活动，还积极参与各类重大活动的志愿服务，累计服务10余万人次，在志愿和服务中彰显企业担当并让员工不断收获和成长。

3. 以诚信回馈合作方。三公司以诚信立企，也以诚信回馈合作方，不断为客户提供更舒适、更高品质的产品和服务，赢得了客户的信赖，公司与多个业主和分包商持续合作超过10年、20年，施工领域覆盖住宅、商业综合体、医院、学校、地铁、机场、高速公路、海绵城市、地下管廊等多业态，在全国23个省份开展业务，形成了互相成就的良好局面。

4. 以发展成就员工。三公司建立长效关怀机制，对员工关怀友爱，员工福利不断增加，发展成果与员工共享。开展丰富多彩的文体活动（篮球赛、足球赛、乒羽赛、趣味运动会等），提升员工幸福指数，拓展员工幸福空间，构建人企相依的和谐企业。近年来，三公司的"家基金"内涵不断扩充，已经囊括了新员工入职基金、结婚基金、生育基金、升学基金等多方面内容，3年累计发放金额总计52万元。下属单位还设立了"爱心基金""帮扶基金"，用于帮助重疾病员工，凝聚力量，汇聚爱心，累计发放爱心捐款30余万元，及时救助了3名患病困难员工。三公司坚持把发展成果与员工共享，不断提高员工收入。三公司持续关爱青年员工成长成才，重点推出了面向毕业1~3年的青年员工的"三年种子计划"和聚焦精英化培养的"筑匠计划"，结合即将实施的"五年青苗计划"（关注毕业4~6年还处在一般岗位的青年员工），实现了对毕业1~6年青年员工的全面覆盖，初步形成了青年人才关注和培养系统化方案，努力营造"人人皆可成才，人人尽展其才"的良好企业氛围，彰显青年员工更大价值。

案例创造人：施振源　杨欢

诚信之花，开满"饰界"

中建二局装饰工程有限公司

一、企业简介

中建二局装饰工程有限公司（以下简称装饰公司）成立于1992年，隶属于中国建筑第二工程局有限公司，总部设在北京，注册资本金1亿元，下设4个分公司和1个直营事业部。随着改革开放的不断深入，装饰公司积极调整经营战略，率先进入市场求发展，现已形成北京、上海、沈阳、深圳、成都、郑州、武汉七大中心城市及辐射区为重点的经营区域；同时，积极实施国际化经营，先后在越南、印度、柬埔寨等国家开拓了海外施工任务。

装饰公司具有建筑装修装饰工程和建筑幕墙工程专业承包一级、建筑装饰设计和建筑幕墙工程设计甲级等共计11项资质，装饰公司一直秉承"品质保证、价值创造"的核心价值观及"诚信、创新、超越、共赢"的企业精神，紧密结合企业特色，打造了一批优质工程，例如北京城乡贸易中心改造装修、北京协和医院综合楼装修、北京儿艺安徒生剧场改造装修、上海迪士尼宝藏湾项目、北京环球影城主题公园装修、冬奥会国家体育馆外幕墙装修、横琴口岸及综合交通枢纽开发工程项目ABC区室外装修工程1标段等150多个重点标志性工程。

装饰公司拥有良好的信誉，截至目前获得"鲁班奖"3项、"詹天佑奖"1项，国家优质工程奖15项、全国建筑装饰优质工程奖6项，省部级优质工程42项，拥有国家发明和实用新型专利28项，全国、省部级BIM竞赛24项，省部级工法5项，北京市工法2项等，被评为"全国优秀施工企业""全国'安康杯'优胜单位"，获得中国建筑装饰协会"企业信用等级AAA"、北京市建筑业联合会"北京建设行业AAA信用企业"、联合信用评价有限公司"信用等级AAA"等荣誉称号。

二、践行社会主义核心价值观，着力做好"三个工程"

（一）助力社会和谐，做好责任工程

1.心系社会公益，承担社会责任。装饰公司从2013年开始，已连续8年先后在四川、云南、贵州、陕西等省的贫困地区和特殊教育学校开展以"爱与饰界同行"为主题的社会公益活动，累计捐款50余万元及其他爱心物资、慰问品等，获得多家主流媒体报道。装饰公司始终秉持初心，弘扬"助残扶弱"的精神，让具有装饰员工特色的智慧与力量发乎于心、践之于行并积厚于企，将成果转化为文化积淀、将职工关怀植根基层、将装饰特色彰显活力，努力回报社会。活动开展8年来，收获了社会各界的好评，"爱与饰界同行"已成为企业凝心聚力、服务基层的靓丽名片，实现了企业、公益与社会的共赢发展。

2.积极开展志愿服务活动。近3年来，装饰公司在北京长阳温馨家园康复站建立了志愿服务基地，在文宝斋民族敬老院开展敬老爱老志愿活动。2020年，在教师节来临之际，装饰公司"建证·攻坚党员服务队"走进北京市房山区天云无障碍援助中心，慰问特教教师并与特教教师代表结成"心灵帮扶对子"，此次爱心活动还获得多家主流媒体宣传报道。另外，还多次组织医疗团队到项目地为农民工开展义务体检等，3年来共计组织志愿服务活动30余次，荣获"首都学雷锋志愿服务站"荣誉称号。

3. 落实"党建促扶贫"工作部署。装饰公司积极响应上级号召，助力脱贫攻坚。2019年，装饰公司的全体党员、职工积极向甘肃省康乐县进行捐款活动，为扶贫康乐县尽一份心意；为湖北、甘肃等省的贫困地区助销农副产品8万余元。2020年，新冠肺炎疫情期间，装饰公司工会加紧对甘肃省康乐县、康县的消费扶贫进度，采购销售12.3万元，帮助销售1.2万元，超额完成上级单位下达的任务，为助力全国脱贫攻坚尽一份微薄力量。

（二）积极正向引导，做好品牌工程

1. 以身边榜样教育引导身边人。企业诚信建设不仅要讲传承，更要紧扣时代发展的要求与时俱进。装饰公司始终坚持"以德治企，诚实守信"的道德信条，以荣获"中央企业劳动模范"杨瑞增同志为身边榜样，在四川分公司、上海分公司分别开展了"'不忘初心、牢记使命'——央企劳模杨瑞增事迹"宣讲报告会。通过言传身教、现身说法，引导大家勇于拼搏奉献、正确对待荣誉成绩。

2. 彰显红色力量，助力项目攻坚。北京冬奥会工程作为北京地区的重点项目，各方高度关注，政治影响力大。为保证工程顺利复工复产，按期交付使用，2020年4月15日，装饰公司在该项目组织开展"推进复工复产、劳动技能比武"活动，装饰公司党委副书记、纪委书记、工会主席为比赛获奖人员颁发奖牌和证书。该活动受到了媒体广泛关注。同时，装饰公司近3年拍摄的《我与红色助廉》微电影荣获中国建筑"青春有为、廉洁有我"微电影大赛优秀奖；"数"说《条例》原创漫画登上中宣部党建网；装饰公司党建宣传片《精准扶贫，责任担当》荣获全国第五届"最美责任之声"金奖……扩大了企业品牌社会影响力。

（三）凝聚发展能量，做好素质工程

1. 营造书香氛围，提高全员文化素质。装饰公司举办"诵读中华经典、营造书香装饰"及"阅读马拉松"读书活动，开展"好书共分享，书香润人生"活动，以读书赛为契机，推动读书活动走进项目、走进基层，提高全员文化素质。近3年来装饰公司荣获了"全国职工书屋""全国职工书屋示范点"称号，已建成3个全国职工书屋示范点。

2. 丰富文化生活，增强职工身体素质。装饰公司机关党支部组织青年参加了"北京城市欢乐跑"志愿服务；工会组织开展了"五四清廉杯"篮球友谊赛、"奉献的青春"羽毛球比赛、登山比赛等活动，通过形式多样的团体活动，提高了同事之间的交流和团结协作能力，锤炼了员工拼搏、团结、奋进的精神，增强了全员的身体素质。

3. 举办"饰界青年秀"活动，提高青年人才素质。装饰公司致力于构建让职工不断成长并共同践行诚信、共同创造价值的平台，充分发挥所有人的创造力。结合"能力建设"目标，装饰公司连续3年组织"饰界青年秀"比赛。成立"星光"人才评审小组，每年定一个比赛主题，近3年活动的主题分别是演讲、朗诵、唱歌，其中还特设知识竞赛环节与才艺展示环节，旨在让装饰青年不同角度展示自身才华，全方位提升人才综合素质。

三、大力开展技术攻关，激发创新创效新活力

1. 技术引领，发展绿色施工创新创效。通过不断努力，装饰公司拥有了一批自主知识产权和核心创新技术，跨入了高新技术企业行列。在文旅主题公园、异形建筑幕墙等设计与建造技术领域处于国内领

先地位。装饰公司的核心技术"宁波罗蒙环球城关键施工技术"获得中国施工企业管理协会科学技术奖科技创新成果一等奖,"上海迪士尼宝藏湾及飞跃项目"获得了国家科技进步奖最高奖——詹天佑奖。在建筑幕墙建造方面,特别是在大跨度、双曲面异型幕墙施工技术方面,装饰公司拥有独特的创新技术,从而在绿色施工、科技创效方面收获颇丰,近几年获得各类BIM设计、技术应用竞赛奖24项。其中,"长治万达广场幕墙个工程BIM技术应用"获得2018年度北京市工程建设BIM大赛一等奖,"丹景台异型幕墙BIM深化设计与施工"获得2019第二届"优路杯"全国BIM技术大赛(工业与民用建筑-综合组)银奖,"BIM技术在异型复杂幕墙中的应用"获得全国第三届中国建筑工程BIM大赛二等奖等。

2. 技术攻关,微学习推动大创新。装饰公司围绕生产经营中心工作,推行"党建+创新工作站"。北京环球影城项目党小组以国际文旅施工为平台,打造学习型、创新型团队。党员技术骨干成立"技术攻关小组",在项目遇到设计困难时身先士卒,连续3个月不离现场,反复研究美方业主设计图,深化施工图3万张,最终高质量完成了深化设计任务。同时,该项目成立了"创新工作站",主要研究特质水泥砂浆在主题立面中的施工工艺技术,通过认真钻研、工艺升级,主题立面施工取得了完美的饰面效果,高质量地完成了北京环球影城项目的整个大立面雕刻工作,得到了美方业主的一致好评。

3. 匠心雕琢,全国首家主题雕刻创新工作室揭牌成立。2020年,装饰公司工匠人才(主题雕刻)创新工作室在北京环球影城项目揭牌成立。该工作室也是全国首家主题雕刻创新工作室。工匠人才(主题雕刻)创新工作室是装饰公司的精英团队,其中主题砂浆雕刻工艺是装饰公司深耕多年的一项工艺。与传统建筑装修相比,主题公园包装大量采用特异造型,许多传统成品材料与工艺都需要利用雕刻师的高超技巧才能得以还原其真实面貌,非常考验上色师傅的审美、知识及喷色技巧。装饰公司制订了工作室组建标准和要求,"有先模人物领衔、有创新团队、有攻关项目、有创新成果、有固定工作场所、有活动经费和保障体系"的"六有"模式成为创新工作室的"规定动作"。目前,装饰公司工匠人才(主题雕刻)创新工作室获得创新成果21项、国家级QC小组成果奖4项,拥有发明和实用新型专利7项、成果转化4项。另外,装饰公司的主题公园场景营造核心技术、数字化塑石假山技术、主题立面雕刻技术、主题上色技术等还亮相2020年北京服贸会,展现了打造世界一流主题公园项目过程前沿技术成果。

装饰公司党委全面贯彻党的十九大会议精神,坚持"不忘初心、牢记使命",以建设社会主义核心价值体系为根本,始终坚持"两手抓,两手都要硬"的方针,积极开展企业诚信文明创建活动,秉承"追求卓越品质,创建一流业绩"的办企宗旨,以诚取信、追求卓越,竭诚回报社会各界的支持与厚爱。

案例创造人:吕芳

诚信为本，构建互惠共享新格局；品质至上，打造百年名企新基业

广西柳州钢铁集团有限公司

一、企业简介

1958年，柳州钢铁厂拉开了建设序幕，这就是广西柳州钢铁集团有限公司（以下简称柳钢）的前身。柳钢秉承"包容，创新，超越，共享"的核心理念，立足柳州本部，大手笔实施沿海战略，加快发展向海经济，着力打造防城港千万吨级钢铁新基地和建设我国南方重要的中金不锈钢生产基地，勾画了以柳州本部生产基地为中心、防城港钢铁基地和玉林不锈钢基地为两翼的"一体两翼"钢铁发展版图。柳钢以钢铁制造为主业，业务涵盖物流与贸易、环保与资源综合利用、能源与化工、房地产、医疗养老等板块。柳钢2013年成为第一批符合《钢铁行业规范条件》的45家企业之一；在"2016年中国钢铁企业综合竞争力评级"中获评"A级竞争力特强钢铁企业"，名列2016年全球前五十大钢铁企业32位；2017年位列中国500强企业313位，利润进入全国同行前十名；2018年，实现营业收入888亿元，利润103亿元，是广西壮族自治区首家年度利润超百亿元的国有企业，在"2018年中国钢铁企业综合竞争力评级"中获得"A+"评价，荣登竞争力极强方阵，获评"十大优秀钢铁企业品牌""钢铁行业改革开放40周年功勋企业"等称号；2019年，实现营业收入达1013.6亿元，同比增长13.69%，成为广西壮族自治区制造业第一家营收超千亿元的企业，实现利润50.6亿元，创历史第二好水平，获评为"2019年优秀钢铁企业品牌""2019绿色发展二十大优秀企业"，信用评级提升至"AAA级"（全国最高信用等级）；2020年，柳钢获评"中国卓越钢铁企业品牌""中国钢材市场优秀品牌（板卷类）""全国文明单位""2020绿色发展标杆企业"等荣誉称号，在"2020中国品牌价值评价信息榜"上位列冶金有色领域第七位，也是广西壮族自治区唯一冶金有色上榜企业。

二、企业诚信建设和信用体系建设实践

（一）诚信经营理念

2018年，面对机遇和挑战并存的市场环境，为了顺应新时代、达成新目标、打造新基业，柳钢人通过对已有文化的梳理和扬弃，形成了更清晰、更完善的企业文化体系——"和越之道"。"和越之道"的本质是"和于心、越于行"。"和于心"要求开放包容、团结融合，诚信为本、同创共享；"越于行"要求改革创新、求精求效，务实超越、品质至上。柳钢坚持诚信经营，在营销中倡导"服务第一、合作共赢"，始终以客户需求为目标，通过产品销售、技术研发、生产组织与市场"零距离"对接，不断提升客户满意度和忠诚度。柳钢追求品质第一，产品质量稳步提升，荣获首届"广西壮族自治区主席质

量奖"，2012年以来连续6年获得"全国用户满意企业"称号；经营质量不断改善，坚持以效益为中心，与时俱进转变理念，审时度势调整战略，求真务实把控方向。柳钢遵循这种价值取向，将"诚信为本、品质至上"作为企业的价值观。

（二）严格遵纪守法

柳钢一直严格遵守国家颁布的各项法律法规及产业政策，柳钢是工业和信息化部公布的第一批符合《钢铁行业规范条件》的45家企业之一。柳钢注重企业质量诚信管理，严格遵守相关法律法规，树立产品质量安全主体意识。严格执行工业产品生产许可证制度，依法取得行政许可产品的生产、销售许可。

（三）企业诚信理念建设和信用风险体系建设

柳钢在60多年的经营实践中逐渐形成了"诚信为本、品质至上"的价值观，始终秉承"做事先做人，做人先要诚""言必信、行必果，不欺瞒、不浮夸""不造谣、不传谣、不信谣""自觉兑现承诺，绝不弄虚作假"的诚信理念。牢固树立信用风险防控意识，建立了一套完善的风控体系，通过以风险管理促进业务健康发展为原则，协调处理好风险防控与业务创新之间的关系，完善主动避险的长效风险防控机制，为企业健康发展保驾护航。

（四）诚信理念宣传、教育、培训

柳钢始终重视对诚信理念的宣传教育，对外通过与共建单位举办诚信宣讲活动，强化职工的守法意识和诚信理念；对内通过微信公众号等平台推出"扫黑除恶"和"民间借贷"专题的有奖竞答，形成了"扶正祛邪，弘扬正气"的良好氛围，引导职工树立正确的理财观，维护社会和谐和公司正常生产经营。在完善培训教育的同时，柳钢还创新性地打造了"阳光采购，廉洁诚信"党建品牌，让党建融入采购业务，让党建促进采购业务人员的廉洁诚信。"阳光采购，廉洁诚信"党建品牌在2020年荣获柳州市国资委党工委系统第四批优秀党建品牌。

（五）企业诚信和信用体系建设及实践

1. 供方管理。柳钢在供方管理方面建立了供应商评估和准入制度，确定合格供应商清单并启用供应商管理信息系统，对供应商提供物资或劳务的质量、价格、交货及时性、供货条件及其资信、经营状况等进行实时管理和综合评价，根据评价结果对供应商进行合理选择和调整。通过优胜劣汰机制提高供应商队伍的整体水平，促进供应数量和质量的稳定。同时，向各供应方反馈评价结果，要求其做好质量管理、整顿等工作。

2. 风控管理。柳钢制订了《全面风险和内控制度》，成立了审计和风控委员会，聘请咨询机构，保证了风控方案的贯彻落实和内控规范工作的有效推进。通过在企业管理的各个环节和经营过程中执行风险管理的基本流程，培育良好的风险管理文化、建立健全全面风险管理体系，包括风险管理策略、风险理财措施、风险管理的组织职能体系、风险管理信息系统和内部控制系统，为实现企业总体目标服务。

3. 财务管理。柳钢实施内部财务委派管理，控制治理结构风险，建立内部会计稽查网络，加强业务监督。以全面预算管理为主要手段，以资金集中管理、投资控制等为重点内容，实施动态的过程监管，并且注意加强全面预算管理，确保资金链安全。柳钢坚持投资、融资和担保的集中管理，严格控制担保、抵押、质押事项，严格落实资金"收支两条线"，加强对资金运行的监控。严格执行《应收账款管理制度》，做好日常台账管理，按时与客户和经销商核对账目余额，确保资金良性循环，保障企业资金安全。与银行等金融机构保持了良好的合作关系，柳钢长短期借款全部到期还本付息，未有延迟支付债务本金及利息的情况，发行的债务融资工具均已到期兑付。

4. 销售和客户管理。柳钢严格按《经销商管理办法》开展经销商队伍管理工作，配套客户分级管理制度有效促进经销商队伍由经销商向供应服务商的转型升级，达到建设中国钢铁行业重要生产服务商和经销向营销转变的要求。组织加大市场服务工作，建立以市场和客户为中心的新工作模式。深入市场，了解客户诉求，及时解决销售面临的突出问题。加强售后服务工作，维护客户利益。推进前期服务工作，及时发现产品使用中存在的问题，做好产品使用信息的收集和反馈整改工作，避免批量异议的产生。

5. 工程管理。柳钢出台了《招标投标及自主采购监督管理办法》，合法合规开展公开招标和自主采购工作。其中，自主采购通过电子采招平台，实现公平、公正、公开招投标。制订《建设工程监理管理办法》《工程供方管理办法》，公平、公正地对承包方、监理方进行评价。按《柳钢工程供方管理办法》执行，注册柳钢合格工程供方需要办理准入审批程序，每年对在册的柳钢工程供方按合同履行情况、安全管理情况做综合评价。设备款项的支付严格按合同约定条款按时办理，利用信息系统实现流程的异地审批，优质高效推进各项合同签订、付款的速度。下发《农民工工资欠薪突发事件应急处置预案》，多措并举保证农民工工资按时到账。设立农民工工资保证金，保证专款专用，及时、足额支付农民工工资。

6. 信用管理。2016年，柳钢积极响应国家关于建立健全社会诚信体系，惩戒失信、褒扬诚信的要求，从企业自身角度探索能抵御市场风险、引导合作方共同维护市场正常秩序、降低交易成本的共赢方式，在企业内部建立了一套以顶层设计为中心、战略发展为推手的黑名单惩戒机制，通过规范化、制度化的引导，终极目标是实现集团企业统一标准，整合力量精准打击，从而有效预防、减少并纠正失信行为，进而增强企业核心竞争力。该机制充分体现了柳钢在企业风险防范方面的创新和领先，为构建社会信用体系、促进市场主体依法诚信经营、营造公平诚信的市场环境发挥了坚实作用。黑名单惩戒机制实施以来，发挥着良好的经济效益和社会效益，受到广西壮族自治区国资委的肯定和推广，惩戒模式逐渐成熟，创效成果日益显现。2020年，该机制代表柳钢参加中钢协的冶金企业管理现代化创新成果评选，获得三等奖。

7. 质量管理。柳钢通过引进和更新检验化验先进仪器和设备，从技术上防止人为因素错误数据的产生。加强实验室化验能力验证及比对工作，2019-2020年共获得30项能力验证满意结果证书，柳钢冶金材料检测中心被中实国金国际实验室能力验证研究有限公司授予"能力验证质量奖"，确保实验室分析的准确性和权威性。在追求卓越中不断改变产品质量售后服务模式，强化钢材产品要以满足客户要求为标准的意识，由制造商向服务商转变，开展个性化产品质量售后服务，为客户提供产品技术服务，100%及时有效处理客户产品质量异议。2019-2020年，柳钢钢材产品合格率达到99.94%以上，质量异议率在0.35‰以下。

8. 与股东、投资人和债权人等利益相关者关系。柳钢作为100%国资控股企业，始终在广西壮族自治区国资委的领导和监管下依法依规开展各项业务，坚定不移地落实国有资产保值增值的总体目标。坚决执行相关法律法规及公司《章程》等的规定，保障股东、投资人和债权人的权益。

9. 反对商业贿赂、欺诈等。柳钢将廉政建设深度融入生产经营过程、项目建设过程，强化监督、审计，一体式推进不敢腐、不能腐、不想腐的体系建设，有效地确保企业健康稳定发展。柳钢充分认识到商业贿赂、欺诈的危害性，坚决抵制商业贿赂行为、商业欺诈行为和采取不正当手段获取商业机会和商业利益，正本清源的同时打造风清气正的营商环境。

10. 维护职工权益，创建和谐劳动关系。柳钢严格遵守相关法律法规，依法与职工签订劳动合同，保护职工的合法权益。按时、足额向职工发放劳动报酬，为职工缴纳五险一金等，使职工充分享受到企业的发展成果，努力提高职工生活水平，提高职工的幸福感。

11. 环境资源保护。在发展的同时，柳钢积极承担应尽的社会责任。柳钢始终坚持走绿色发展道路。近10年来累计投资约80亿元建成50多个技术先进的节能环保项目，有效确保了工业废水"零排放"、废渣与废气全部综合回收利用，实现了现代化钢企与宜居城市的和谐相融，也成就了柳州市"工业城市中山水最美，山水城市中工业最强"的美誉。2019年，归集研发费用15.6亿元，新增专利59项，成为国家级工业企业知识产权运用试点企业。品种钢比例达60.2%，品种钢创效6.65亿元。荣获"2019年优秀钢铁企业品牌"。环保技改业内领先，2019年环境污染事故为零，获评"2019绿色发展二十大优秀企业"。

（六）履行社会责任，热心公益事业

柳钢在发展壮大的同时，积极回报社会、造福社会，广泛投身于社会公益事业，近几年来累计投入2000多万元开展扶贫工作，有力推动了定点扶贫村经济社会的发展。新冠肺炎疫情期间，柳钢成为广西壮族自治区唯一一家派出援鄂医疗队的企业，积极向社会捐款、捐钢材，抗疫捐款逾3087.96万元，捐款金额在全国钢企中排名第七。在脱贫攻坚工作中，柳钢近年来已帮助各定点帮扶贫困村累计近6000人实现脱贫，仅2019年就帮助4个定点帮扶贫困村实现脱贫。主动承办扶贫农产品展销会，全年扶贫类救济性捐赠累计达330万元。柳钢及下属资产公司分获"广西国企消费扶贫示范单位""全区脱贫攻坚先进集体"等荣誉称号。

案例创造人：李德云　魏宝峰

敬畏产品，尊重客户，以诚信品牌建设引领高质量发展

新余钢铁集团有限公司

一、企业简介

新余钢铁集团有限公司（以下简称新钢公司）成立于1958年，是一家产能达千万吨的省属大型国有钢铁联合企业、江西省工业骨干企业。现有资产总值510亿元，在岗职工2.28万人。下属上市公司1家，直属及参控股企业98家。2019年，产钢942万吨，实现营业收入650亿元，列2020中国企业500强300位。2020年1-10月，产钢823万吨、营业收入664亿元，同比分别增长3%、26%。

新钢公司经过60余年的发展，成为集矿石采选、钢铁冶炼、钢材轧制及延伸加工于一体，拥有普钢、特钢、金属制品、钢结构、化工制品产品系列共800多个品种、3000多个规格的生产制造企业。板材生产能力达到700万吨/年，厚度覆盖0.28～380毫米。新钢公司具有较强的科技创新能力，先后4次获得国家科技进步二等奖，拥有国家企业技术中心、国家认可实验室、院士工作站、博士后工作站及江西省船用钢工程技术研究中心等多个科技创新平台。产品开发能力强劲，成功开发了几十类高端产品，广泛运用于石油石化、大型桥梁、军用船舶、核能电厂、航空航天等国家重点工程，远销美国、日本和欧盟、东南亚等20多个国家和地区。

长期以来，新钢公司在做大经济总量、提高发展质量的同时积极履行社会责任、支持地方经济发展，先后获得"全国五一劳动奖状""全国爱国拥军模范单位""全国创建和谐劳动关系模范企业""全国用户满意企业""中国质量诚信企业"及"江西崛起十强企业""江西税利突出贡献企业""江西重点名牌产品生产企业"等荣誉。

二、企业诚信建设和信用体系建设实践

新钢公司建厂之初就是一个既没有资源优势也没有物流优势的"两不靠"企业。在市场上既没有天时也没有地利，势必要坚守诚信，把"人和"做到极致才能在激烈的市场环境中立足。经过多年的努力，新钢公司以"敬畏产品、尊重客户"为核心价值观，秉承"诚信为本、互利为宗"的经营理念，在市场上树立了诚信企业形象，纳税信用等级达到A类，作为主体单位的新钢集团和新钢股份公司双双获得等级AA+的评级，新钢股份连续多年被评为"守合同、重信用"AAA级企业。

（一）秉承"诚信为本、互利为宗"的经营理念

为客户提供高品质的产品和个性化的服务是企业的责任和义务，也是一项公开承诺。诚信就是全力以赴地承担责任、履行义务和兑现承诺。互利就是让客户通过使用企业的产品和服务，获得产品品质和

价格上的利益，从而认可企业；而企业通过获得市场和客户的广泛认可来获得企业长远的利益。"诚信为本、互利为宗"经营理念符合市场经济运行的基本规律。诚信是成熟的市场经济对企业提出的最基本也是最关键的要求，不讲诚信的企业是不可能长久生存的；互利则是企业持续发展的基础，互利共赢既是企业进入市场的通行证，也是企业做强、做优、做大的起点。市场经济讲求平等交易，本质上是法制经济和道德经济。新钢公司之所以取得今天的成功，也正是因为全体职工始终坚守着诚信和互利的基本信念。

（二）树立"敬畏产品、尊重客户"的核心价值观

"敬畏产品、尊重客户"是新钢公司的生存之基、发展之道，也是让"诚信为本、互利为宗"这一企业经营理念得以实现的核心文化要素。新钢公司作为一家参与完全市场竞争的企业，真正决定自身生存和发展的永远是客户和市场。敬畏产品，是指严格执行各项规章制度，精心作业，精准生产出符合客户需要且质量稳定的产品。尊重客户，是指提供优质服务，满足客户需要且赢得认可和信任。新钢公司正是因为以"敬畏产品、尊重客户"为核心价值观，把这一理念融入企业的血液中、贯彻到生产经营环节的方方面面，才使得客户满意度不断提高，产品认可度不断增强，诚信企业形象在市场上更加深入人心。

（三）企业诚信实践

1.在生产过程中强化产品质量管控。新钢公司引导职工树立"客户为先、质量为本"的工作理念，把客户的需求贯彻到每一道工序、每一个岗位、每一位职工心中，形成齐抓共管的质量工作态势。生产过程中，不断强化对人、机、料、法、环、测等诸因素的过程管控，实现生产稳定、产品及服务质量进一步提升的目标。始终秉承产品质量是企业的生命线，坚决贯彻"敬畏产品、尊重客户"理念，把"质量提升"工作放在首位，近5年来通过质量攻关、加大质量考核比重、设立月度质量指标攻关奖、加大工艺违规抽查力度等措施，以及对影响质量的工艺装备不断进行改造，产品质量得到一定提升，钢轧非计划率和质量异议吨钢损失分别下降45.9%和54.3%；通过加大对标学习，技术经济指标有了一定进步，目前生铁综合焦比、高炉入炉焦比、转炉钢铁料消耗等指标均优于行业平均水平。此外，新钢公司还强化产销衔接。通过智能化"智"造、信息化手段、精细化操作，不断提高钢轧一次命中率，力保每单产品按时交付，使合同交货期管理水平和客户满意度得到进一步提升。

2.在标准化管理过程中强化质量管理体系建设。质量管理体系建设是企业产品质量稳定提升的保证，也是企业诚信形象的重要标识。新钢公司始终保持综合管理体系的有效运行，并且实现了质量、安全、环境管理体系的换版及全员相关知识系列培训的目标。产品出口欧盟市场取得了英国劳式认证公司的质量管理体系证书，整合了出口欧盟市场CPR、PED及新加坡市场的许可证书，获得出口德国压力容器板AD2000证书及出口泰国的系列产品TIS认证等。2个产品获"中国名牌产品称号"，4个产品获"江西省名牌产品称号"，12个产品获得全国冶金产品实物质量"金杯奖"。陆续取得了多项认证证书。产品认证认可的顺利通过保证了企业在国内外市场准入及进出口业务便利通关等方面工作的顺利实施，提升了企业信用度、缩短了交货期等，促进了相关产品及其专业管理水平的提升。

3.在经营环节中强化服务诚信。"金杯、银杯不如客户的口碑"，如何提升客户服务体验、让客户满意是新钢公司诚信经营的重要环节，也是"敬畏产品、尊重客户"的核心要义。新钢公司以提升客户满意度为导向，不断改进营销服务。不断细化管理，增强全员服务意识，重造业务流程，打造钢材加工配送营销服务模式，将钢材产品的个性化定制服务直接送到工地，为客户提供深度优质服务。通过信息化建设，将经营工作各关键业务环节嵌入系统，实现业务全流程自动化、智能化，提高工作效率。打造

质量异议处理平台，实现全流程可视化查询和跟踪，3分钟内到达责任单位，加快质量问题的改进和整改。开发智能营销大数据系统，根据客户的订单完成情况、成交均价情况、合作年限、合同履约情况、不良记录等多种要素数据对客户进行评级分级管理，营造"公平、公正、公开"的营销环境。急客户之所急、想客户之所想，做到客户诉求立接立办，普通诉求只找1人只说1次、4小时内回复、2个工作日内办结，异议诉求2日内确认、7日内办结。2020年1-10月，普通诉求405起，全部在4小时内完成回复，平均等待时间为1.17小时，而且均在两日内办结。客户满意度不断提升至行业领先水平。

4. 在人力资源管理中强化用工诚信。企业的根基在职工，力量在职工。新钢公司始终坚持以职工为中心，大力践行"让企业更有竞争力、让职工更有幸福感"的企业使命，让广大职工共享企业改革发展成果，积极营造和谐促发展，发展保和谐的良好氛围。①维护职工合法权益。认真做好《集体合同》签订工作，制订《职工帮困基金管理章程》和《职工帮困基金管理细则》等管理体系文件，开展在岗职工及其家庭成员患大病致贫情况的调查摸底，积极维护职工合法权益。成立劳动争议调解小组，坚持定期接访和平时电话接访，定期排摸和分析职工队伍稳定情况，努力构建和谐劳动关系。②保证职工收入福利的稳定增长。自2016年以来，职工收入每年保持两位数增长。每年调整职工基本养老保险、医疗保险和公积金缴费基数，特别是2017年以来职工公积金缴费基数在原来的基础上增长了4倍。2018年，启动了企业年金保障机制建设，职工福利待遇不断提高。2009年，开始推行职工免费工作餐并持续改进配送方式、提高工作餐标准，进一步增强职工的幸福感、获得感。③开展全员培训教育。坚持"培训是对职工最好的福利和关爱"理念，打造全员培训体系。建立覆盖"三大类别"（经营管理、专业技术、工种技能）、"五个层级"（职工、班组长、科职、中层和公司高管）人员的培训管理体系和课程体系。成立了一支80人的培训师队伍，形成了近百门培训课程供职工点课学习，形成了"师带徒""新钢课堂"和干部读书等特色培训项目，致力构建职工学习培训、上岗作业、竞赛打磨、成长成才的培训模式。中层干部的理论素养、政治品格和工作能力得到提升；技术人才的专业水平和业务能力得到提高；高技能人才队伍逐渐壮大，占职工队伍比例达52%。④贴心做好服务职工工作。新钢公司投资3000多万元对公司878个班组进行"三室一间"（学习室、操作室、休息室、卫生间）改造，极大地改善了基层班组职工工作、学习、生活的环境。定期为全体职工提供免费体检并为女职工开展免费妇科普查。从2001年开始，每年安排职工参加疗养、休养，有125人次劳模参加市级（含）以上疗养，安排职工312批1.1万人次参加庐山休养。做好江西省职工互助保障计划参保和理赔工作。截至目前，公司为近24万人次职工投保，投保费约为616万元；873人次获得保障赔付，理赔金和慰问金共计发放约358万元。每年组织送温暖活动，走访慰问困难职工家庭。充分发挥帮困基金的作用，为困难学生提供育才资助，为困难家庭发放帮困金，让职工家属感受到组织的温暖。

5. 在金融环节中强化信用诚信。新钢公司重视诚信经营体系建设工作，以优化控制环境、防范经营风险为重点，建立了新钢股份信用体系基本框架。加强各业务领域信用管理，强化源头防范，坚持抓早抓小，落实落细监督，提升企业信用管理水平，树立诚实守信企业形象。聘请的外部审计机构每年对公司是否存在违反诚信经营和失信风险等内部控制进行独立评估，出具内部控制审计报告并向董事会进行汇报。外部审计机构通过测试公司的内部控制系统、审查内部控制程序、开展舞弊问卷调查、复核会计估计等手段，确保公司经营结果真实可信。此外，新钢公司积极做好诚信融资工作。自2007年钢铁主业整体上市以来，新钢公司累计通过发行股票或债券直接融资200.20亿元。期间，尽管公司曾经面临短期经营亏损、资金周转等困难，但始终保持及时、足额履行偿债义务，在资本市场中始终保持诚信披露、诚信融资的准则，自身诚信水平不断提升，信用评级取得了长足进步。新钢公司自开立银行账户以来从未发生逾期还本付息及延期兑付情况，即使在钢铁行业最为困难的时期，新钢公司在银行间信用等级依然维持着良好资信记录。

6.在社会尽责环节强化责任诚信。新钢公司党委始终把坚持党的领导、加强党的建设贯穿企业改革发展全过程，着力构建"三个三"党建工作体系，落实"1234"党建工作法，积极推进"做精党支部、做强党小组"，切实做到党的建设与生产经营深度整合、互为促进，把党的政治优势转化为企业的发展优势，以高质量党建引领和保障企业高质量发展。①全力推进绿色制造。新钢公司坚决打好污染防治攻坚战，把节能减排、环境治理工作当成维护企业生存的头等大事，大力实施"清洁工厂建设"，实现了达标排放目标并向超低排放目标大步进发。截至2019年，新钢公司累计完成环保投资58.95亿元，环保设施与生产设施同步运行率100%。2019年环保运行费用达到17.5亿元，吨钢环保运行成本180多元。"室内窗明几净、室外鸟语花香、厂区天蓝地洁、周边水清草绿"的环境新生态正在形成，为新余市城区环境的改善贡献了新钢力量，充分彰显了国有企业的使命担当。②携手推进产业聚集。新钢公司提升钢铁产品延伸水平，加强对新余市现有钢铁产品深加工产线的技术指导和支持，使其产能得到充分发挥释放，较好地强化公司的龙头带动作用。大力发展循环经济，提高资源利用比例，打造资源综合利用产业示范基地。做强钢铁下游产业链条。根据新余市产业基础和新钢公司产品特点，结合国家产业政策和周边市场需求，发展装备制造、钢结构、汽车及零部件和金属制品产业，吸引上下游产业入园发展，着力构建优特钢带、装备制造、钢结构、汽车、金属制品和五金等重点产业全产业链条，促进产业集中集聚发展，走出一条厂城融合、共生共存、共同成长、共创荣光的发展道路。③积极投身支援抗疫。2020年新冠肺炎疫情期间，新钢公司广大基层党组织和党员冲锋在前，勇于担当，充分发挥战斗堡垒作用和先锋模范作用，以投身抗疫一线的实际行动践行初心使命，让党旗在疫情防控斗争中高高飘扬。新钢公司共组织党员志愿者1277人，在社区街道服务近1万个班次，为社区疫情防控工作平稳可控立下了功劳，为公司职工和家属的健康平安默默无闻地付出和奉献。新钢公司共捐款600万元用于疫情防控；同时，组织党员职工为疫情防控自愿捐款，捐款总人数2万多人，捐款总金额184万余元。④依法诚信纳税。作为江西省重点税源企业，新钢公司近年来纳税信用等级一直都是"A"级。新钢公司下设直属及参、控股企业100余家，带动了钢材周边产品及钢材深加工产业链的发展，带来了更多的就业及商贸机会，增加了地方政府的各项财税收入。2020年，面对突如其来的新冠肺炎疫情，新钢公司克服产成品出厂严重受阻、资金回笼减少、钢材成交量及价格大幅下降等极端困难，确保了生产、经营运行平稳，各项税费都正常申报缴纳。2020年1—10月，新钢公司上缴各项税费共22.23亿元。切实帮助服务小微企业和个体工商户减轻经营负担，主动落实租金减免政策，2020年减免租金117.75万元。

案例创造人：夏文勇　熊上东　纪钟晨

匠心100年，诚信赢未来

青岛海湾精细化工有限公司

一、企业简介

青岛海湾精细化工有限公司（以下简称海湾精化）是青岛海湾集团有限公司（以下简称海湾集团）的直属企业，是一家生产染料、精细化工产品和硅胶、硅溶胶系列产品的大型国有企业，也是我国第一家民族染料生产企业。产品14大类、100多个品种，远销欧洲、亚洲、北美等20多个国家和地区。

人无信不立、业无信不兴。海湾精化始终坚持把诚信放在第一位，建设以诚信经营理念为宗旨的企业文化体系，提出了"绿色发展、客户至上、造福社会、成就员工"的使命，一步一个脚印踏实稳健地历经风雨走过了百年之余。2010年由青岛市北区搬迁至平度新河园区二次创业、落户发展，投资建设了以双乙烯酮、二乙芳胺、吡唑酮、苯胺黑、酸性染料、分散染料、泡花碱、硅胶、硅溶胶及热电联产项目为主的绿色产业链，以及污水处理厂、MVR、焚烧炉、三效蒸发、膜技术、废酸处理等配套环保设施。

二、科技创新驱动，为诚信经营提供原动力

海湾精化重视研发工作，自20世纪90年代成立技术中心以来，秉承创新精神，着重新产品研发工作，坚持自主研发为主、技术引进消化与联合开发为辅的创新模式，始终保证产品质量稳居全国同行业前列。通过走出去、请进来的方式，与国际知名化工巨头广泛接触与技术交流，积极与高校、科研院所开展产学研合作，利用对方先进的人才与技术促进技术创新。积极引进先进的生产技术与设备并根据企业自身情况消化吸收，转变为真正适合企业的技术。搬迁至新河园区后，企业技术中心不断升级完善，现有研发设备100余台，设备原值1700余万元。近年来，引进先进的液质联用仪、液（气）相色谱仪、紫外分光光度仪、datacolor分光仪（测色配色仪）、马尔文激光粒度仪、梅特勒熔点仪等大型或先进的化学分析检测仪器设备及各类反应釜、离心机、换热器、流量计等中试生产设备。在硬件通入的同时，软件方面也同步进行，极大地提高了管理效率，继续扩大中国知网镜像版检索系统的购买范围，建立知识产权管理制度，为实验研发提供了可靠的外部条件，也为技术人员的成长提供了良好的发展平台。2020年4月，海湾精化检测中心正式获得中国合格评定国家认可委员会（CNAS）的认可，标志着技术中心检测中心的整体检测能力达到了国家一流水平，出具数据可获全球60多个国家和地区的互认；同时，也保障了公司产品的性能和质量、促进了新产品研发、提升了国内外客户的认可度，从而提高了企业的综合竞争力。其间，申报青岛市重点创新项目38项，拥有自主知识产权44项，16项科技成果技术达到国内先进和领先水平，3项科技成果分别获得过科学技术奖三等奖、科技进步奖二等奖、科技进步奖三等奖，1项获得2018年青岛市科学技术三等奖，1项获得2020年山东省科技进步奖三等奖，2

项技术（产品）获得专精特新技术（产品）称号，1项成果获得山东省质量改进优秀成果等。

海湾精化先后开发新品种150多个，其中40多个填补了国内空白。新一代尤丽特系列、尤丽素系列产品填补了国内高档染料的空白，产品获得了国际环保纺织协会颁发的染料、助剂生态安全证书，产品连续多年获得英国天祥绿叶环保证书，2020年与瑞士蓝标公司签署蓝标合作伙伴协议。研发的油黑NL新产品对标日本东方油黑产品，达到国际一流水准。研发的分散染料系列色泽鲜艳，分散性好，抗日晒牢度强，处于国内领先地位，产品市场竞争力强，创造了较好的经济效益。产品先后获得"青岛市高新产品""青岛市名牌产品""全国质量检验稳定合格产品""全国质量信得过产品""天祥绿色产品认证"称号。2018年，"双桃"牌苯胺黑产品被认定为"专精特新"产品；2019年，"双桃"牌苯胺黑产品被认定为山东省优质品牌产品；2020年，海湾精化被认定为山东省高端品牌培育企业。

海湾精化先后荣获"全国五一劳动奖章""环境优美工厂""全国质量管理奖""石油和化学工业先进集体""'十二五'全国石化行业环保先进单位""节能减排竞赛先进单位"等称号。2018年，获得青岛市互联网工业"智能工厂"称号；2019年，获得石油和化学工业联合会"绿色工厂"和"最具社会责任企业"称号；2020年，获得工业和信息化部第五批绿色制造——"绿色工厂"和"中国精细化工百强企业"等荣誉称号，并且通过了"青岛市社会责任示范企业"（制造业）评审。

三、坚持质量提升，夯实诚信经营基础

海湾精化不断完善质量管理体系要求，在原材料控制、生产过程控制、成品质量控制等过程中对标准、制度、流程进行严格把控，不断加强内部质量管理。早在1997年，海湾精化就已经按照ISO9001质量保证模式的要求建立、实施了文件化的质量体系并通过了SGS的评审认证。随着ISO9001换版升级，海湾精化始终紧跟体系要求，分别于2001年、2008年、2015年取得新版本质量体系审核并按规定期限进行了复审。为进一步加强海湾精化管理水平、提升企业市场竞争力，2019年一次性通过ISO50001能源管理体系、ISO14001环境管理体系、ISO45001职业健康安全管理体系，并且在后续的生产经营管理过程中以四大体系的持续有效运行为目标，实现了四体系的全面一体化建设，促进了PDCA活动的不断改进和完善。

好的产品质量是生产出来的而不是检验出来的，海湾精化始终严格遵循体系要求，出台了一系列完善的第三层次文件及相关体系文件并由相关职能部门不定期督查体系文件执行情况。通过对组织环境、领导作用、策划、支持与保障、运行控制、绩效评价、改进与创新七大过程的描述和有效运行，从而达到客户满意率90分以上、产品质量合格率大于98%、新产品占当年销售收入大于5%的管理体系目标，最终实现持续稳定提供符合法律法规要求和客户及其他方要求的产品和服务。

当前，全球新一轮科技革命和产业变革深入推进，信息技术日新月异。海湾精化紧跟时代要求，自2002年起逐步实施了K3 ERP企业资源管理系统、NC ERP企业资源管理系统、PIMS生产管理系统、SIS安全连锁系统、CRM客户关系管理系统、电子巡检系统、OA等自动化系统、实验室信息管理系统（LIMS）等多个自动化系统，尤其是随着海湾集团"一体化"进程的推进，2020年海湾精化更换了SAP ERP企业资源管理系统，并且和各自动化系统实现了无缝对接，形成了以财务管理为中心，以产品、技术数据为基础的多维管理系统，有效地实现了对成本及费用的预测、控制和反馈及对生产经营全过程的物流、信息流及资金流的监控，使企业的管理水平日趋先进、科学、规范、高效，极大加强了产品的市场竞争力。

四、品牌营销创新，树立诚信经营好口碑

2019年以来，围绕"品牌建设年"这一主线，海湾精化加强市场营销变革，积极开拓产品在新领

域或其他行业的新应用。发挥"双桃"染料的品牌优势，做大做强尤丽特等优势染料品种，全力抢占染料高端市场，保证产品销量和毛利水平。根据市场需求变化，开发油黑 NL 等优势产品，拓展高端领域新市场。同时，顺应时代潮流，建立网络销售模式，租用中国化工网旺铺进行网络平台销售；积极参加中国化工展、上海国际染料展、有机颜料展等国内外行业展会，进一步提高了企业的知名度和影响力。通过加强技术支持和售后服务工作，满足客户多元化、差异化和定制化的使用需求。

为继续扩大"双桃"品牌效应，2020 年，海湾精化销售人员全面做好个人防护，主动出击走访客户。积极与现有客户或潜客户进行沟通交流，重点开发直供客户，全力拓展尤丽素染料销售渠道。同时，销售人员还积极探索销售新渠道，利用网站及各类平台将新产品信息"搬"到线上，通过线上展示、线上沟通和线上交易，将优质的产品和专业高效的服务呈现给广大客户，进一步提升了"双桃"品牌在业界的影响力和公信力。

为刺激需求，保证新产品迅速进入市场并获得客户认可，海湾精化于 2020 年 9 月推出尤丽素系列产品限时促销活动。即以规定最低限价以上价格签订合同，单一客户每单达到 10 吨及以上则赠送一定数量的尤丽素黄。限时促销活动正式上线后，在短短数天时间积累了大量新客户，取得了单类产品当月销售收入 1160.87 万元的好成绩。

五、打造诚信品牌，助力海湾走向世界

创立至今，海湾精化一直秉承创新、诚信、实干、共赢的价值理念，积极开展并加强与业界及各行各业的深度交流和密切合作。凭借多年来雄厚的研发投入、优异的产品品质、高效的管理水平与竭诚的服务精神，海湾精化与国外客户签订了合作协议。目前，油黑 NL 系列已成功与常州高莱公司（英国独资）实现品牌直供。

诚至金来，不忘初心。跨越百年历史，海湾精化始终用行动践行诚信；着眼未来，海湾精化将继续秉承诚信经营的理念，为消费者提供匠心产品。同时，海湾精化还将不断提高服务、售后标准，用诚信讲好品牌故事、传播好品牌文化，努力成为国际一流、国内领先的现代化工企业。

案例创造人：王云龙　马炎

诚信立企，品牌引领，打造行业标杆

青岛海湾化学有限公司

一、企业简介

青岛海湾化学有限公司（以下简称海湾化学）属青岛海湾集团有限公司（以下简称海湾集团）旗下骨干企业，是国家重点氯碱企业、中国化工 500 强企业。现占地 2100 亩，总投资近百亿元，已建成年产 60 万吨离子膜烧碱、80 万吨氯乙烯、80 万吨聚氯乙烯、50 万吨苯乙烯、16 万吨偏硅酸钠生产装置，另有年吞吐量 260 万吨的专用液体化工码头。其中，乙烯法 PVC 装置国内产能最大，低温乙烯储罐是国内最大，苯乙烯装置是国内单套最大，偏硅酸钠装置是亚洲第一。随着双酚 A、环氧氯丙烷等后续项目的落地实施及产业链延伸，海湾化学 2022 年销售收入将超过 140 亿元，2025 年达到 210 亿元，"十四五"末期将超过 400 亿元。

二、企业诚信建设探索与实践

近年，海湾化学先后获得 GB/T 19001-2016/ISO 9001:2015 质量管理体系认证，GB/T 28001-2011/OHSAS 18001:2007 职业健康安全管理体系认证和 GB/T 24001-2016/ISO 14001:2015 环境管理体系认证。

（一）主动退城入园，还城市碧海蓝天

2008 年，青岛市提出"环湾保护、拥湾发展"的城市发展战略。2010 年，青岛市全面启动老城区搬迁。海湾化学成为首批启动搬迁的企业，企业领导班子高瞻远瞩，抓住千载难逢的发展良机，主动做出搬迁选择。经论证与调研，最终选址董家口循环经济区。这样一来，一方面还城市一片碧海蓝天；另一方面为企业赢得了腾挪发展的空间，让企业实现了新旧动能转换。

（二）引进清洁技术，助企业凤凰涅槃

要做百年诚信化工企业，就必须坚定不移地走绿色、低碳、循环、可持续发展之路，打造绿色、美丽化工。"减量化、再利用、再循环"的 3R 原则是检验循环经济发展水平的重要标志。海湾化学践行"创新、协调、绿色、开放、共享"的新发展理念，引进了英国英力士的氧氯化平衡法生产工艺生产聚氯乙烯，彻底告别了 128 吨/年的汞触媒消耗。因采用清洁生产工艺，海湾化学近年来获得工业和信息化部高污染物削减排放资金奖励 850 万元。

海湾化学在搬迁之初就注入了"废物是放错位置的资源"的清洁生产理念，从源头入手，构建绿色生产方式。投产后仍不断优化工艺，通过一系列技术改造项目，将原材料及废弃物"吃干榨尽"，富余能量全部转换再利用，有效解决了废水、废渣的排放问题，实现了资源的综合利用。海湾化学通过引进国际先进的废水、废气、废渣处理和循环利用设备，最大限度地降低原材料、能源消耗及"三废"排

放，全部实现清洁生产；将生产过程产生的废热并入管网充分利用，以及应用循环水气化低温乙烯工艺，降低蒸汽消耗，每年可节约用热量折合标准煤20多万吨，降低生产成本2500多万元，水资源回收再利用每年可节约资金逾720万元。2017年竣工投产后，海湾化学营业收入翻番增长，劳动生产率大幅提升。

（三）聚焦品牌建设，帮客户排忧解难

2019年，海湾集团提出开展"品牌建设年"活动。作为海湾集团的"排头兵"，海湾化学全面推进品牌战略。

1. 坚持以质取胜。海湾化学视质量为生命，并以此制订了严格的质量管控流程。海湾化学聚氯乙烯装置投产之初，有客户反馈：以海湾树脂粉为原料产出的保鲜膜、医用产品等出现偏黄的现象。海湾集团领导高度重视，确定2019年为"品牌建设年"，力争把聚氯乙烯打造为国内第一品牌。崇尚实干的海湾化学人最擅长"在危机中育新机、于变局中开新局"。他们下定决心要"啃"下这块"硬骨头"。功夫不负有心人。在海湾化学上下技术骨干的努力下，2019年8月，聚氯乙烯产品的颜色、晶点等问题得到根本改善，各项指标均高出专利商给出的优等品指标，成为客户口中的口碑产品。在2020年9月进行的客户满意度调查中，产品质量满意度达95.74%，产品服务满意度达97.94%，业务员评价满意度为99.23%。

2. 坚持客户至上。品牌讲究的是口碑，而口碑是客户发自内心的认可。海湾化学选了一条最难走的路，就是让最挑剔的客户满意。高端的家用地板膜、保鲜膜、车衣膜、手机膜对原料PVC质量要求非常高，一直由国外几家知名品牌占据着这些高端应用市场。其中，车衣膜最难做，膜厚度只有0.1毫米，不能有晶点，如果出现一个晶点就有空洞口。围绕车衣膜的指标要求，海湾化学通过调整对比工艺参数，试样多次，终于成功生产出满足最挑剔客户的PVC产品。产品生产出来，海湾化学派技术型销售人员上门服务，指导客户进行指标调整，现场查看试样结果。海湾化学拿出符合最挑剔客户要求的产品，这样也就能满足其他客户的要求，品牌自然也就树立起来了。为持续满足重点客户的个性化、特色化需求，海湾化学还开始推行"标准+α"服务方式。海湾化学每年都会进行客户满意度调查，召开品牌建设研讨会、重点客户恳谈会等活动，搜集客户反馈信息并列出问题清单，一对一给出解决方案。

（四）以诚为本，营造廉洁氛围

海湾化学将道德诚信的建设作为实现公司战略愿景和持续成长的根本前提和保证，突出党建引领，强化"两个责任"，强化权力制约监督，把权力放进制度的笼子里，坚持以零容忍的态度惩治腐败，加大对违规违纪查处力度。此外，海湾化学明确党委班子、行政班子的责任划分和"一岗双责"的责任，确保工作有人抓、问题有人管、责任有人担，切实增强主体责任意识，自觉担当起抓好党建、管党治党这个首要责任。把企业领导班子综合考评、经营业绩考核衔接起来，层层签订党风廉政建设责任书，集团领导、公司领导班子带头讲党课，率先对照党章进行"政治体检"，带头抓作风建设，带头调研学习，带头抓检查考核，层层传导责任压力，既要干好事业，又要带好队伍。认真贯彻落实党风廉政建设责任制，落实党委主体责任和纪委监督责任。对干部违反工作纪律的行为给予批评教育或责令检查、提醒谈话等。加强干部考核力度，推行"1+2"模式，即中层干部之间互评和公司领导参与评议综合打分，实行末位淘汰制。近两年时间，共有3名干部免职，2名干部降职处分，实现了干部能上能下常态化。与此同时，海湾化学进一步规范职代会工作流程，坚持企业生产经营管理方面的重大事项向职代会报告并听取意见建议，严格落实职代会审议建议、协商共决、审议通过等职权，提高了依法履职能力。

（五）履行社会责任，为企业赢得赞誉

1. 疫情严峻，海湾有情。2020年春节期间，海湾化学开足马力，加班加点，扩大消毒产品产量，支援抗击新冠肺炎疫情。次氯酸钠是 84 消毒液的主要原料。作为青岛地区最大的次氯酸钠生产企业，海湾化学克服困难，千方百计，调整生产负荷，加大产品产量，次氯酸钠产量由 60 吨／天增加到 300 吨／天，全力保障消毒液企业生产需要。同时，海湾化学以国有企业的责任和担当，承诺产品不涨价、质量更达标、货源更充足，以实际行动支持青岛疫情防控工作。

2.2020 年 3 月 2 日，海湾化学党委组织党员进行抗疫自愿捐款，221 名党员积极响应共捐款 49300 元；另外，826 名职工也伸出援手，捐款 53140 元，合计 102440 元。这些款项用于慰问抗疫一线医护人员、基层干部群众、公安民警和社区工作者及因新冠肺炎去世的群众家属等。

（六）落实幸福计划，为职工谋求幸福

海湾化学坚持严管与厚爱相结合。2020 年 1 月 1 日，《青岛海湾化学有限公司职工创业幸福计划》与《青岛海湾化学有限公司职工奖惩条例》同时实施，在助力职工磨砺成长的同时为职工铺就了宽广的幸福之路。在职工创业幸福计划中，原有职工福利保持不变，职工收入每年适度增长，职工享受"五险两金"；在岗职工按有关规定享受带薪休假、探亲假等。为鼓励职工加强学习，继续进行学历教育，凡取得国家承认专科学历的报销学费 80%、本科学历的报销学费 100%。

海湾化学连续 11 年组织"爱心基金"捐款活动，2020 年共有 1065 名职工捐助 206099 元。为 1142 名职工赠送生日蛋糕及生日纪念酒；为 119 名在岗女职工发放了"三八"节礼品；为学龄前职工子女 373 人发放"六一"礼物；夏季为 1203 名职工发放梨汁、芦荟胶清凉物品，发放 7 万斤西瓜；中秋及春节期间开展走访慰问活动。此外，新冠肺炎疫情期间，海湾化学邀请医疗单位到厂区对 3000 名职工及施工人员进行核酸检测。

三、企业诚信建设和管理的成果

（一）企业诚信建设硕果累累

海湾化学以诚信立企，连年获得青岛市依法纳税 A 级企业，是青岛市劳动保障守法诚信示范用人单位。企业先后获得"全国石油和化工行业先进集体""全国石油和化工行业绿色工厂""全国石化行业最具社会责任企业""青岛市最具影响力企业""青岛市智能工厂"等荣誉称号。

2020 年，企业诚信建设成果显著。海湾化学成为新一代"青岛金花"培育企业；聚氯乙烯树脂获"国家绿色设计产品""山东省优质品牌""山东省质量改进优秀成果"和青岛西海岸新区"琅琊榜"上榜品牌；"海晶牌"烧碱、"东岳牌"工业偏硅酸钠被认定为 2020 年度山东省优质品牌。

（二）企业广受各方关注

海湾化学搬迁发展以来，企业广受各方关注，成为全国化工行业发展的典型代表。

2018 年，海湾化学搬迁发展的成果引起中央广播电视总台关注，派人员到企业采访并对具体做法和未来发展给予了重点报道。2020 年，海湾化学受邀参加国务院国资委组织的对标世界一流管理提升现场推进会。在主会场，海湾化学是青岛市唯一一家参会的国有企业。2020 年，中国石化联合会从全国挑选了包括海湾化学在内的 6 家企业进行"十四五"规划调研。《中国化工报》连续 6 期在头版头条做了系列报道，擦亮了海湾化学品牌。此外，海湾化学发展动态每年被多家报纸、杂志争先报道；在多家融媒体发表文章若干篇，树立了海湾化学绿色、高端、美丽化工的新形象。

案例创造人：邹铁军

品质服务创品牌，诚信经营显担当

青岛海达控股有限公司

一、企业简介

青岛海达控股有限公司（以下简称海达控股）是青岛海湾集团有限公司（以下简称海湾集团）的全资子公司，资产规模约30亿元。海达控股始创于1949年。2008年，青岛市实施"环湾保护、拥湾发展"战略，为积极配合政府建设，海达控股主动退盐27000余亩，为上合示范区发展做出重大贡献，也因此全面实施产业转型，由单一制盐业向投资服务业实现了新旧动能转换、涅槃重生，逐步构建起以城市综合物业服务为主和园林市政工程、投资、房地产等产业齐头并进的新发展格局。无论是长达60余年的制盐业时代，还是当前立足于上合示范区并全面进入"专业化、规模化、品牌化"发展的新阶段，海达控股始终坚持打"品质"牌、树"诚信"牌，坚持"一切以业主为中心"的经营理念，持续提高企业综合竞争力，不断提升守法诚信形象，在赢得业主信赖的同时也赢得了社会各界的广泛好评。

二、树立诚信理念，健全诚信体系，靠信誉保证求得企业生存发展

1. 树立诚信经营理念，明确企业健康持续发展的价值取向。海达控股将诚信经营作为企业的追求，坚持靠诚信赢得市场。一是建立健全以诚信理念为重点的企业品牌文化体系。将诚信建设作为企业文化建设的重要环节来抓，奉行"诚信赢得尊重、专业赢得信赖、合作实现共赢"的核心价值观。诚信是海达控股核心价值观的基本原则，为人正直、言行诚实、信誉至上，忠于企业、成于业主、信于内外，言必行、诺必履。在日常生产经营中，海达控股注重培育市场信誉度，严格按国家法律法规要求，真诚面对业主，培养员工积极践行诚信服务的准则，不断提高服务意识，以真诚的服务感动业主、赢得业主的认可。倡导"契约精神"，对外严格履行合同义务，为业主提供超预期服务；对内做出的决定、承诺的事情，领导带头一一兑现，绝不失信员工，赢得了广大员工的好评。向社会公开服务承诺的内容标准、服务程序，定期开展业主满意度调查，虚心接受业主的监督指导，连续多年业主满意度超过95%。

2. 健全工作机制，创建诚信经营准则和员工行为规范。在建设诚信企业过程中，海达控股立足产业实际，从生产经营准则和员工行为规范入手，积极按照国家及行业质量、环保标准开展各项工作，在物业服务、项目建设、房地产营销等日常经营工作中，建立了符合时代要求和市场经济规律的企业标准。将诚信建设作为班子建设的重要课题，利用党委扩大会、总经理办公会等形式总结、剖析诚信经营存在的问题，提出明确的提升措施，提高诚信经营要求，统领诚信建设工作。建立诚信奖罚考核机制，对员工在工作纪律、服务质量、工作作风、服务创新、安全生产及参加公益活动等方面进行考核，不断提升员工工作积极性。

三、树立品质意识，强化质量管理，靠高质量取信业主、赢得市场

1. "以业主为中心，用品质创造价值"作为企业宗旨。由于投资服务业的行业性质，决定了必须坚持业主至上、品质第一的服务理念。为此，海达控股坚持"专业化、规模户、品牌化"发展战略，深入实施管理体制改革，持续开展了"提升企业核心竞争力"大讨论、大行动，全员服务理念、工作作风快速转变，构建起"规范、有序、高效、公平、激励"的专业化、标准化、流程化内部运行机制；同时，各产业同步发力，扎实开展各项业务质量提升工作，效果显著。

2. 服务业：打造精细化服务模式，提升服务品质。海达控股的城市综合物业服务业积极对标标杆，推行标准化服务体系，主动提高服务标准，结合《青岛市城市管理标准》编制作业规范5册，建立起了标准化、流程化作业体系；全面创新服务模式，办公物业创新探索出"上合国际服务模式"，高标准完成国际国内各类考察接待活动；住宅物业创建"五级服务模式"，满足了各类业主个性化服务需求；环卫创建"深度保洁示范段"，上合示范区尚德大道成为区域环卫标杆，园林管护创建"标准化园林养护示范区"，如意湖公园成为区域管护地标性园林"名片"；加速推进智能环卫、智能办公、智慧社区平台搭建，把握智慧城市综合服务管理大势；加速推进机械化建设进程，累计投入2000余万元配置性能优、效率高、能耗低、形象好、国内领先的大型专业化作业设备，同时加大对现有设备技术升级改造力度，使其符合项目实际、符合作业特点；加强对口业务培训，扩大广度、提升深度，2020年共开展60余项目各类专业培训，员工技能素质、团队整体素质得到全面提升。通过一系列措施，城市综合物业获得市场高度认可，环卫业务总管护里程近500千米，水域管护面积约314万平方米，园林养护面积达200万平方米，办公、住宅等商住服务面积达75余万平方米，年营业收入从"十三五"初期的300多万元增长至7000余万元，实现了规模化扩张。

3. 园林市政工程、房地产：创建精品工程，提升项目品质。海达控股以国家规范、行业标准为基础，以安全、进度、质量"三大管控"为重点，深入开展精品工程创树活动，全力打造海达地产、海达园林品牌。坚持项目高品质定位，反复优化设计方案，力求给业主带来最佳视觉及体验效果；运用综合检查与考核等手段，加大项目施工安全检查力度，确保各项目安全文明施工，至今未发生一起责任安全事故；加大项目品质建设投入，从主体建筑到公共部位装修、从立面品质到室外景观绿化，均达到行业较高水准。为了提高项目品质，海达控股不惜多次增加投资成本，房地产项目门窗五金配件均使用国际进口大品牌，园林项目选取超规格高品质苗木提升景观形象，得到业界高度评价及业主充分认可，品牌美誉度不断提升。凭借过硬品质和良好口碑，园林市政工程先后承接园林市政规模工程项目10余个，总造价6.76亿元；房地产累计开发完成50余万平方米，先后获得"青岛杯""青岛市房屋建筑工程优质结构工程奖""青岛市标准化示范工地"等荣誉。

四、加强党建引领，履行国企责任，促进精神文明建设全面发展

1. 全力防控新冠疫情。新冠疫情防控工作中，海达控股党委扛牢政治责任，坚决贯彻执行上级党委的决策部署，压实防控措施，带领广大干部员工以实际行动践行初心使命。由于服务业的特殊性，海达物业承担起上合示范区内的公共防疫任务，成为区域防疫"主力军"。在海达控股党委的号召下，党员自发组成防疫突击队4个，带领100余名员工日夜坚守防疫一线，认真履行职责，高标准完成上合示范区防疫任务。另外，党员干部员工自发募捐防疫善款2.8万元，有效体现了国企的责任和担当，得到政府主管单位的高度评价。《青岛日报》《半岛都市报》等对海达控股防疫先进事迹进行了广泛宣传。

2. 抓稳员工思想政治教育。海达控股以全面加强党建工作为契机，坚持对干部员工的思想、纪律、作风和道德教育不放松，坚持每月2次公司党委中心组学习和支部干部员工集体学习的方法，使员工提

高了思想意识、明确了政治方向。学业务提升业务水平、业务能力，为更好地适应新时期海达控股各大产业快速发展奠定基础；学政策提升自己，不断实践，紧跟时代步伐；学文明礼仪，使个人言行更趋文明，提高个人素质。由于海达控股不断地加强学习引导，使学习工作化、工作学习化成为常态，有力地提升了干部员工的政治素质、知识素养、能力水平和思想行为修养。

3. 抓牢党风廉政建设。认真贯彻执行中央"八项规定"，坚持领导带头执行原则，在物品采购、公务接待、公车管理等方面严格按照要求认真贯彻执行；认真落实党风廉政建设责任制和廉洁自律各项规定，搞好责任分解、责任考核和责任追究。2020年，海达控股纪委分批次对公司重点业务部门负责人进行80余人次党风廉政谈话，党风廉政教育集体活动开展8次，使得广大干部员工廉洁从业意识不断加强，营造了风清气正的发展环境。

4. 开展道德教育。海达控股作为青岛市"守法诚信"用人单位、青岛市"AAA级信誉企业"，一直倡导诚信守约的道德规范，大力开展"四德工程"建设，把"国企海达，诚信为本"作为公司开展各项业务的行为准则，树立诚信国企形象。在全体人员范围内开展诚信箴言征集活动，共征集诚信箴言157条；在公司范围内形成讲诚信、守信用的良好氛围和以诚信为荣、失信为耻的道德观念；另外，大力发掘公司转型发展以来涌现出的优秀集体和先进个人，如"拾金不昧"的曾大爷、"中大奖不忘献爱心"的安保员，特别是"最美彩票哥"王伟被评为青岛市文明市民和第四届山东省道德模范并荣获第四届全国道德模范提名奖。通过对先进事迹进行各种途径的宣传，起到发挥先进典型的示范作用，使广大员工不断提高思想道德境界和锐意进取精神。

5. 开展社会主义核心价值观宣传教育活动，广泛普及文明礼仪知识。海达控股以房地产、物业服务为主题，开展文明礼仪知识培训活动和服务技能竞赛活动，倡导文明服务、文明乘车、文明旅游、文明就餐、文明上网等礼仪，推进文明礼仪宣传教育公司范围全覆盖，并在海达物业组织开展"文明服务明星"的评比活动。加大公益广告宣传，充分利用海达如意金岸大型电子显示屏和办公楼前宣传栏制作"中国梦""四德工程""社会主义核心价值观"和"讲文明树新风"等公益广告进行公益宣传，承担海达控股作为国企的社会责任。此外，海达控股还建立了海达青年志愿者队伍，组织共51人注册了青岛志愿者服务网，在上合示范区开展公共区域捡拾垃圾、"安全文明出行"交通引导、给环卫工人送清凉、为残疾儿童献爱心等活动。

6. 建设和谐企业文化。海达控股积极开展节日文体活动，相继组织开展了"提升核心竞争力"宣讲、"见证·海达"诗歌朗诵会比赛、"健步行·随手拍"活动、部门篮球对抗赛、绿色出行骑行活动及组织50多名团员青年开展素质拓展户外培训、拔河比赛等活动。大力开展"我们的节日"活动，清明节组织团员青年文明祭祀，开展网上祭英烈活动，近70人次参与了留言和献花。坚持弘扬优秀传统文化，开展"诵读中华经典、品味传统文化"活动，并建立诵读微信群，并定期进行诵读和心得交流。另外，海达控股还设立了党建活动室、职工书屋，投入3万多元购买791册图书，丰富员工的精神生活。通过开展一系列健康有益的文体活动，丰富了员工文化生活，激发了员工的工作热情和积极向上的精神，增强了企业的凝聚力。

7. 扎实细致做好送温暖、扶贫救助等工作。海达控股高度关注困难职工、困难党员和退休、离休干部，每年中秋节和春节等重要节假日，公司领导带队分赴军转干部、离休干部和困难员工家中进行走访慰问。每年春节，给困难员工带去大米、鸡蛋、花生油等慰问品；夏季，公司党委开展"送清凉"活动，为一线员工送去西瓜、饮料、矿泉水等防暑降温物品。另外，海达控股每年都响应政府号召，组织员工进行"慈善一日捐"活动；与海湾集团共同参与平度南庄镇扶贫对接，计划投入300万元，落实国企扶贫攻坚的社会责任；设立爱心基金，年度爱心基金捐款 8.7 万元，共为 25 名员工提供医疗救助。海达控股先后获得"青岛市文明单位""青岛市红十字博爱银奖""十佳关心支持国防建设先进单位""胶州市慈善捐赠明星企业"等荣誉，住宅物业项目荣获"山东省文明标兵示范项目"称号。

以诚信为本的海达控股，将在今后的发展中始终铭记广大业主挚诚相伴的真情旅程，把业主的需求及满意放在首位，成就海达控股不断发展、更加繁荣的辉煌之路。

案例创造人：况宝玉

诚信铸品牌，建功新时代

青岛海湾新材料科技有限公司

一、企业简介

青岛海湾新材料科技有限公司（以下简称海湾新材料）于 2017 年注册成立，注册资金 1.5 亿元，建设运营青岛市危险废物处置中心，包括"青岛海湾集团固体废物综合处置利用中心项目""青岛海湾集团医疗废物处置中心项目"，是青岛市的重点工程和应急工程。

海湾新材料将坚持科技创新，专注环保事业，以青岛海湾集团有限公司（以下简称海湾集团）的"四化"标准为基础，以国际标准的运营管理和研发模式为目标，开拓创新，走产业化、市场化、专业化的道路，致力于发展环保产业，打造国内领先、国际先进的危险废物处置中心，肩负起国有企业的社会责任，为青岛市的生态环境效益、社会效益和经济可持续发展提供不可或缺的硬件保障。

二、企业诚信建设和管理的做法

海湾新材料把诚信经营作为企业的追求，在绿色发展和服务社会等方面均取得了实质性的突破，依法经营、诚信经营，积极履行公共责任、公民义务及恪守道德规范，以高标准、高要求为起点，严把经营的安全关、危废的处置关，用实际行动来维护企业的声誉，营造诚实守信、公平竞争的市场环境，建立了自己独特的管理体系、服务体系及企业文化。

（一）诚信经营，把 HSEF 作为绿色发展的重点

海湾新材料认真贯彻执行"安全第一、环保优先、以人为本"的工作理念，狠抓落实，突出抓好制度体系建设、安全环保检查、环境污染防治、人员培训和风险管控。建立健全公司 HSEF 管理网络体系、风险分级管控和隐患排查治理双重预防体系，推进安全双重预防体系建设。完成公司质量 ISO9001、职业健康 ISO14001、环境 ISO45001 体系认证工作并取得证书。制订公司安全专项三年行动整治方案，规范岗位工作区域和巡检路线，发挥视频监控作用，加强"三纪"管理，开展班组岗前安全知识考试，制订公司"反三违"方案，加强有限空间作业管理。深入开展夏季"四防"和冬季"四防"工作，对照方案的要求逐一落实，组建防汛队伍，加强应急值守。召开多次冬季"四防"专题会，进行专项排查工作并落实各项措施执行情况。加强全员培训，提升全员安全意识，对新员工和外来劳务人员进行了 815 人次的入厂安全教育，对全公司员工进行各种安全教育培训 2135 人次，组织培训考试 1368 人次。重新修订公司安全、环保应急预案并完成备案，组织各种安全、环保演练 18 次，参加应急演练 156 人次，通过演练提高了企业的应急处置能力。

（二）诚信经营，把健康运行作为高质量发展的目标

1. 严抓源头风险。①严格依法履行项目立项、规划、用地、安全生产、消防、环境保护、建设等相

关手续的办理。②仔细核实产废单位的危险废物实际产生种类、数量，认真分析产废工艺，保证了采样－化验－运输－仓储配伍等处置信息共享，实现危废产生与处置的全程监控。③对填埋物料、飞灰、炉渣等产生、预处理、贮存、包装、标识、检测分析、转移、处置严格环境保护和安全生产要求。④对医疗机构危险废物和教育、科研、检测机构实验室废物的产生、收集、贮存、包装、标识、转移、处置等情况全过程无害化管理。

2. 严格贮存管理。按照危险废物贮存标准和识别标识设置等相关要求，设置防扬散、防流失、防渗漏装置，规范危险废物信息公开栏、贮存设施警示标志牌，在出入口、设施内部、危险废物运输车辆通道等关键位置设置视频监控并与企业联网。危险物料根据种类和危险特性分区分类贮存，建立规范的贮存台账。对废弃剧毒化学品贮存，严格按照相关管理要求落实治安防范措施。

3. 强化转运监管、规范利用处置。严把转移危险废物运输单位、车辆和人员资质信息，加强安全防范措施，如实填报危险废物转移联单，严格遵守国家有关危险货物道路运输的规定，严控危险废物非法转运。严格按照相关法律法规及环境保护相关标准、技术规范等要求认真做好污染环境防治的工作。

（三）诚信经营，疫情防控彰显国企担当

海湾新材料作为青岛市唯一一家运行的危险废物处置企业，医疗废物处置中心于2019年12月31日经青岛市生态环境局批复开始试运行医疗废物收集、运输、贮存和处置，承担青岛市医疗废物处置任务。2020年，新冠肺炎疫情突然发生，对于一个刚投入运行的医疗废物处置项目来说，应急处置是一个莫大的考验。面对疫情，公司按照上级的统一部署，迅速开展疫情防控工作。海湾新材料党支部积极发挥战斗堡垒作用，带领党员领导干部主动作为，一是积极与青岛市卫健委、交通局联合召开专题会议，安排落实积压医疗废物转运及运输的人力、运力问题；二是针对医废运输距离较远且中小医疗机构布局分散、医疗废物产量较少的现状，最大限度调整短途收集、长途运输的方式，保证医疗废物"日产日清"，往返路程多达300~500公里；三是杜绝"二次污染"，严把入口关；四是严把处置过程，及时调整工艺指标。为确保处置过程的高标准，海湾新材料指定专人24小时在岗值班，监控转窑内的燃烧情况和控制参数，及时调整工艺指标。海湾新材料全体党员干部员工在党支部的带领下，克服重重困难，把好了疫情防控的最后一道关口；圆满完成了疫情防控、医废处置的各项任务，各项指标健康运行、平稳推进。

（四）诚信经营，把科技创新作为驱动原动力

海湾新材料在技术创新方面，着重对废水、废气、可利用危废物料进行重点攻关，寻求循环利用，以降低运行成本、收益利润最大化。

（五）诚信经营，把宣传作为树立品牌的抓手

海湾新材料充分利用媒体资源及各种渠道，加大对外宣传力度，近年来，在公司生产运营、项目建设、创新管理方面接受了现场采访，多家主流媒体进行了大力报道，受到社会各界的关心和支持。为提升各产废单位的环保意识，依法依规正确处置危险废物，相关政府部门组织年产废50吨以上企业进行观摩，社会影响良好，海湾新材料及时汇总相关素材并制作成宣传片等影像资料，树立了企业良好形象。

海湾新材料坚持意识形态工作，加强对公司网站和微信公众号、微信群等的日常监管，多种渠道收集舆情信息，强化正面宣传引导，结合企业实际研究制订意识形态工作实施方案，建立健全了工作责任制，努力做到守土有责、守土负责、守土尽责，确保了意识形态领域的安全。

三、以党建引领企业诚信发展

海湾新材料始终坚持以党的政治建设为统领，增强"四个意识"，坚定"四个自信"，做到"两个维护"，深化"不忘初心，牢记使命"主题教育，以一流党建引领一流企业发展。

一是深化"不忘初心，牢记使命"主题教育，积极推进各部门会议、管理、考核等制度补充和完善；根据每年度目标计划明确分工、建立细化各岗位工作标准，开展"一部一个专题"为牵引带动全面工作，完善业务学习、培训考核计划，划分时间节点，部门之间确定业务老师、相互培训；完善工作流程、理顺工作关系，提升各部门协同配合能力、提高整体工作效率。

二是以党建为引领做好新冠肺炎疫情防控和医废处置协同工作，持续发挥党支部堡垒、党员先锋模范作用，确保了各项工作的环保、安全，为疫情防控工作把好了最后一道关口并形成常态化机制。

三是强化危机意识、提倡节能降耗、协同应对风险挑战。

四是持续推进班组建设，联系指导老师到海湾新材料召开交流培训会，班子成员集体参加，会后各分管领导到部门召开精益班组建设分析会、各部门按照要求搭建班组框架、明确分工及岗位责任；召开支部会听取班组建设情况汇报、分析下步主要工作；持续跟踪班组建设进展情况，提高了班组建设化水平。

五是加强日报工作，海湾新材料专设企业行政管理群进行日报工作，形成日常工作信息共享平台，保证了各项工作进度的信息共享，促进了一盘棋思想，各项工作统筹推进。

六是强化市场服务意识。海湾新材料把提高对客户的服务作为工作的重中之重，制订计划和方案，公司领导班子成员带头参与回访。认真分析市场形势，及时召开专题会议，针对存在的问题制订针对措施，逐项研究解决。加强对业务人员培训，在技术、投标、工作流程使用上进行学习，提升了应对及解决问题的能力，保证了物料处置的供应，减少了对环境的污染。

海湾新材料党支部成立以来，组织力强，政治功能突出，党建有力，团结带动员工，在推动企业搬迁发展方面充分发挥了战斗堡垒作用，出色地按照党章规定完成了基层党组织的基本任务。2020年，被海湾集团授予"先进基层党组织"荣誉称号，并且被青岛市商业联合会评为"诚信企业"。

做有责任的企业是海湾新材料的追求理念，未来将持续高度重视诚信建设工作、积极发扬诚信文化、牢固树立诚信意识，作为危废综合处置行业的一分子，力争在同行业中"抗红旗"、争第一。海湾新材料将充分发挥自身影响力，按照"诚信经营"的高标准，倡导诚信、践行诚信，在推进"诚信"发展的道路上与众多的优秀企业携手并进，为推动社会和谐稳定、经济健康发展做出积极的贡献。

案例创造人：王旭东　张建峰

诚信发展，迸发新活力

青岛海湾液体化工港务有限公司

一、企业简介

青岛海湾液体化工港务有限公司（以下简称海湾港务）成立于2011年，主要从事危险化学品货物的装卸、仓储服务。经过近10年的飞速发展，完成了从无到有、从单一货种到多货种发展的巨型转变。海湾港务正着力于"拓客户、兴发展、优环境"，完善港口基础及配套设施建设，提升港口服务能级，优化营商环境。码头建有1个2万吨级、1个3万吨级液体化工品泊位（水工结构兼顾8万吨级），泊位总长度453.8米，可同时停靠2万吨和3万吨级船舶各一艘，或者是同时停靠3艘5千吨级船舶。目前主要接卸产品包括EDC（二氯乙烷）、低温乙烯、丙烯、液化石油气（LPG）、芳烃类（苯、甲苯）、乙苯、液体烧碱、VCM（氯乙烯）等液体化工品。此外，海湾港务依托临港区位和硬件设施设备的优势不断拓展液体化工品业务，持续加强物流仓储配套设施的建设，提升港区服务优势。海湾港务作为山东省青岛市董家口港区唯一的液体化工品港口企业，项目配套罐区用地205亩，规划建设储罐32台，总罐容12.8万立方米，年周转量171万吨／年，设计储存物料包括丙烯、液化石油气、醇类（甲醇、乙醇）、芳烃类（苯、甲苯）等；同时，配套建设装车站台，拥有车位12个。

二、企业诚信建设

海湾港务以诚信为本，内诚于心、外信于人。对客户以诚相待，信守诺言，说到做到。想客户之所想，急客户之所急。帮助客户实现价值，双方共赢。在此基础上形成的核心竞争力推动企业可持续发展。

海湾港务在诚信运营过程中一直把职工的安全卫生健康工作放在首位，设有专门的组织机构负责职工的安全卫生健康工作。积极协调全体职工签订劳动安全卫生专项集体合同，真正做到一切从尊重职工出发，为职工提供安全、健康的工作环境。海湾港务内部管理以人为本，力求公平、公正，职工之间相互尊重、彼此合作，发扬奉献精神。海湾港务积极为职工搭建成长成才的舞台，通过诚实劳动实现自身价值，力争让每一名职工共享企业发展成果。

海湾港务工会充分维护职工的合法权益并在协调劳动关系中起到了"桥梁纽带"作用，深入贯彻相关法律法规，坚持职代会制度雷打不动，凡涉及职工切身利益的改革方案必须经职代会通过。积极推行集体合同和工资集体协商制度，全员签订劳动和社会保障部门统一编制的劳动合同并严格履行，使广大职工的切身利益得到有效保障，无一例劳动争议投诉现象发生。职工录用程序上，严格把关，新进职工核对年龄，没有达到法定工作年龄的一概不予录用，严格遵守国家有关法律法规，从未使用过童工。高度重视女职工劳动保护，签订女职工权益保护专项集体合同，教育鼓励女职工做一名好职工、好妻子、好母亲、好女儿、好媳妇。为全部职工定期缴纳社会保险费，为所有职工办理缴纳工伤保险、养老保险、医疗保险、生育保险、失业保险及住房公积金。为了进一步提高职工满意度，在网络公开、畅通言路举办民主生活会的基础上，创新民主管理机制，开通微信、公众号、QQ群、电话热线、职工面对面等渠道，解决了大量的生产、生活问题。同时，为进一步做好新冠肺炎疫情防控常态化背景下农民工保障服务工作，建立预防农民工工资拖欠的长效机制，每年定期组织对建设项目合同、合同履行支付情况进行自检自查，严防拖欠农民工工资案件的发生。

三、社会责任

随着各地企业复工复产步伐不断加快，海湾港务在持续抓好新冠肺炎疫情防控的同时，全力提效率、强服务、促生产，为生产发展按下"快进键"。

新冠肺炎疫情期间，公司放大"码头+管道+后方园区"的硬件配套优势，厚积薄发。面对疫情期间人流限制、物流运输困难及线下订单不稳定等不利影响，迅速组织"云端看海"线上营销，积极开拓市场，全天候做好客户的服务保障，现场一线职工实行"四班三运转"24小时不间断作业；同时，设身处地与客户研讨合作新模式，为客户节省物流成本，为港口节省场地及资源。

2020年1月以来，海湾港务克服人员短缺、特殊天气影响等困难，创纪录、夺高产。4月15日，海湾港务码头操作班单班作业VCM（氯乙烯）3009吨，作业效率134吨/时，在港时间22.5小时，刷新年度生产纪录；8月23日，操作班单班作业苯6992吨，作业效率165吨/时，在港时间42.5小时，刷新生产纪录；9月13日，在港作业"奥托尼"低温乙烯船6592吨，作业效率254吨/时，在港时间26小时，刷新纪录；9月26日，在港作业"银桂"液碱船11777吨，作业效率400吨/时，在港时间29.5小时，创近年来新高……生产持续向好，为完成全面目标任务打下坚实基础。面对船舶集中到港，海湾港务打响危险化学品突船疏港大会战，2020年11月完成作业量13.56万吨、外贸量2.21万吨，战绩卓越；12月，延续全年吞吐量同比增长的势头，以开展诚信示范行动为契机，全力冲刺"满堂红"。2020年12月，海湾港务启动新一年诚信示范行动，推动服务承诺公开、服务流程优化、服务体系升级。

为了积极响应国家和省市新旧动能转换，主动强化环保责任，建设绿色港口。海湾港务坚持自主创新、节能减排、降本增效，实施高杆灯改造升级，有效降低综合能源单耗，为守护好一方碧水蓝天做出了积极贡献。

海湾港务扎实推进危化品安全生产专项整治三年行动，创新实施危化品码头高质量选船机制，全面深化船载危化品安全诚信治理。根据船舶载运危险化学品的行业特点，大胆创新，充分运用诚信管理的理念，借助选船机制对从事危化品运输的船舶进行筛选，从源头上控制危险品船舶质量和从业人员的素质，通过收集和公布船舶的不良行为信息并予以联合惩戒的手段，使守信者畅通无阻、失信者寸步难行。

四、社会公益

海湾港务关注社会公益事业，积极参加社会公益活动，承担社会责任。每年开展"爱心基金捐款""慈善一日捐"活动，募得的款项全部存入公司指定专户，专款专用。新冠肺炎疫情期间，助力消费扶贫，爱心助农，企业采购部分农产品，同时鼓励党员干部职工帮助农民解决疫情影响下农产品待销问题，带动农民增收致富，助力打赢脱贫攻坚战，为慈善工作做出了突出贡献。广大党员干部能够很好地发挥党员先锋模范作用，用爱心践行"两学一做"，同时充分体现海湾港务人助人为乐的崇高精神，展示了全体职工优良的精神风貌，更加彰显了海湾港务作为高度负责任、高度受尊敬企业的品牌形象。

五、企业诚信成果

2020年,海湾港务获得"交通运输企业安全生产标准化建设"一级等级证明,圆满完成安全生产标准化换证工作(取证满3年换证)。在今后的安全生产标准化工作中,海湾港务将进一步夯实安全工作基础,完善安全管理长效机制,提高企业安全生产管理水平,把安全生产标准化建设作为一项长期的、基础性的系统工程来抓,实现安全生产标准化建设常态化、制度化、规范化的目标。

2020年11月,海湾港务被评定为"2018-2019年度青岛市劳动保障守法诚信示范用人单位",作为诚信典型向社会推介。

案例创造人:万国鑫　柳宗海

追求卓越，铸造精品；诚信经营，奉献社会

山东泰安建筑工程集团有限公司

一、企业简介

山东泰安建筑工程集团有限公司（以下简称泰建集团）始建于1952年，2003年由国有企业泰安建筑工程公司改制组建而成，是具有多项国家总承包一级资质的综合性建筑安装施工企业，具有年度实现产值200亿元、施工面积600万平方米的综合施工能力。自改制以来，不断深化经营和机制改革，秉承"求实、创新、融合、突破"的发展理念，确定了"建筑施工与装饰、索道安装与经营、国外工程承包与劳务输出、房地产开发与物业管理"四大板块共同发展的经营战略，创出了一座座丰碑工程、精品工程，正朝着"百年品牌"的目标大踏步前进。

自20世纪50年代参加建设北京人民大会堂等首都十大标志性建筑、支援四川三线工程以来，泰建集团铸就了一大批国家和省市级的优质工程。荣获"鲁班奖""国家优质工程""筑匠杯""泰山杯"等多项国家和省市级最高奖项，连续多年获得"中国建筑企业信誉AAA级信用企业""全国优秀施工企业""中国工程建设诚信典型企业""中国建筑业全国用户满意工程单位"等荣誉称号。连续几十年保持省级"重合同、守信用"企业；获"全国模范职工之家""山东省工人先锋号"及省市级文明单位等多项荣誉称号。

在科技创新、产学研合作及引进管理模式上，泰建集团一直走在前列。现有企业技术中心及BIM中心，并且引入了建筑智能信息化、智慧工地等先进的施工技术及管理模式；倡导绿色发展的理念，是山东省装配式建筑产业技术创新联盟常务理事单位，承接泰安首个装配式建筑施工项目，2018年获得"山东省装配式优秀示范企业"荣誉称号。泰建集团注重产学研合作创新，与多所高校达成产学研合作，致力于提高科技创新能力和成果转化水平，2019年，泰建集团荣获"中国产学研合作创新示范企业"称号，董事长亓玉政荣获"中国产学研合作突出贡献奖"，为企业实现跨越式发展提供了原生动力。

二、企业诚信建设和信用体系建设实践

1.诚信为本，严格执行合同，信守承诺。泰建集团把诚信经营作为企业的追求，以诚信为本，严格执行合同，信守承诺。严格遵守合同约定，认真履行承包合同约定义务，认真遵守国家法律法规和行业规范制度，将诚信建设落实到企业基础管理中，将诚信建设落实到合同履约管理中。泰建集团根据招标文件要求，在投标前就加入合同主要条款，中标后严格按照招标文件、标前会议纪要及投标承诺内容起草合同文本，便于合同履约；同时，编制每项工程的建设工程合同履约检查登记表，重点是对项目手续开、竣工时间和质量目标、工程价款、变更登记等事项进行检查，及时了解项目的履约情况并对涉及自身履约有问题的项目发出整改通知书，从而有效地确保了合同的履约。泰建集团合理组织施工，确保每

项工程均按照合同要求的各项条款保质保量完成，对劳务分包合同更是信守承诺，按时发放工人工资，从无拖欠劳务工人工资行为。多年来，泰建集团的合同履约率均为100%，捍卫了"守合同、重信用"的荣誉，提高了企业的社会信誉。

2. 将诚信建设落实到创建精品工程过程中。多年来，泰建集团始终坚持创新发展理念，坚持质量第一、效益优先，强化质量就是效益、就是品牌、就是信誉的意识，健全和完善质量管理体系。工程自签订施工合同后，积极开展工程前期预控工作，依据设计图纸及相关施工规范编制分项工程专项施工方案作为施工的指导和依据。建立健全质量保证体系，针对项目管理目标、关键质量控制点编制技术质量保证措施，各分项工程均预先进行质量交底；施工过程中坚持"样板引路"制度；积极推广应用建筑业十项新技术；施工中严格过程控制，遵循"三检制"，通过深化设计、创新工艺、加强细部节点精细施工，加大对薄弱环节的质量检查力度，消除了检查盲区，对质量通病进行专项治理。积极开展群众性全面质量管理活动，完善防控标准，狠抓措施落实，工程质量治理成效显著。严格落实项目经理质量终身责任制，强化质量管理。大力推进工程质量管理标准化，以质量行为标准化和实体质量控制标准化为重点，强化施工过程质量控制和全员标准化管理。狠抓项目管理，精细过程质量控制，确保创优目标，以创"泰山杯"和"鲁班奖"为目标，大力推行质量创优目标管理。近3年来，泰建集团荣获山东省建筑工程质量"泰山杯"工程7项、省优质结构工程9项、市优质工程30多项，2020年荣获国家优质工程奖1项。

3. 坚持以"技术创新"提高企业核心竞争力。泰建集团坚持以"技术创新"提高企业核心竞争力，着力发展建筑施工新技术应用及研发、装配式建筑施工应用，积极贯彻国家经济、科技、教育改革和发展的各项方针和政策，研究、探索产学研的管理体制和运行体制，为推动泰安市地区产学研合作提出建议和措施。与山东科技大学、山东农业大学、泰山学院达成产学研合作协议，推动了企业与大学、科研院所的战略合作，共建产学研合作基地，共建产业技术实验室和技术信息交流平台，促进企业开发和应用新技术、新产品、新工艺，实现优势资源互补，共同从事技术开发和服务。特别是2018年以来，泰建集团全面推进企业文化建设，通过将企业文化融入施工现场，应用BIM现代化的管理方法及工具将施工经验与先进理念相结合，全面提升了整体管理水平，也率先在现场与市场两场联动活动中赢得了先机，提高了企业的信用分，增强了竞标实力。

4. 关心职工生活，维护职工利益，帮助职工解决实际问题。泰建集团为职工办理养老、工伤、社会医疗、失业、生育5项保险，为职工解决了后顾之忧。职工收入进一步提高，极大地调动了职工积极性，得到了职工群众的拥护。泰建集团被全国总工会授予"全国模范职工之家"。改进职工思想政治工作，推进企业文化建设。充分发挥党委保证监督作用、党支部战斗堡垒作用和共产党员先锋模范作用，努力加强和改进党的建设，政治优势和市场机制紧密结合，努力加强和改进职工思想政治工作。

5. 诚信理念宣传、教育、培训。多年来，泰建集团始终重视对经营管理者及职工的诚信文化培养，在公司内部牢固树立讲诚信理念，从生产经营、项目建设到人才队伍管理等方面都注重诚信理念的培养。诚信经营是泰建集团每一位职工都自觉遵循的理念，在公司内部定期组织开展以诚信为主的思想道德教育活动，利用内部报纸《泰安建工报》、宣传画册、标语、标牌等方式宣传诚信主题，持续推进诚信建设。

6. 履行社会责任，热心公益事业。泰建集团一直注重社会公益事业，积极履行社会责任，倡导社会正能量，对企业所在地的学校教育、医疗卫生以及慈善捐助等方面都做出了积极的贡献，累计投入各项费用近亿元，并积极鼓励员工参与捐赠、参加志愿者活动，奉献爱心、助人为乐、见义勇为、拾金不昧的良好风气在公司蔚然成风。未来，在企业不断发展壮大的同时，泰建集团将把这一优良传统持续发扬光大，以担当之责、仁爱之心关爱社会，回馈社会，积极为社会做出更多贡献。

　　企业诚信建设是企业持续发展的需要，是企业的无形资产与核心竞争力的关键所在。泰建集团将继续秉承"求实、创新、融合、突破"的发展理念，以严格规范的内部管理和雄厚的技术能力为国内外业主提供可靠、满意的服务，并与各界友人共同携手创造更加辉煌灿烂的美好明天。

案例创造人：王芳　宫臣

坚持"五个升级"履行央企责任，打造3515"诚信名片"

际华三五一五皮革皮鞋有限公司

一、企业简介

诚信关系到企业的信誉，是企业生存发展的基础，是企业发展的推动力。近些年来，际华三五一五皮革皮鞋有限公司（以下简称际华3515）坚持诚信经营，遵守国家法律法规，依法开展经营活动，建立健全信用制度，以诚信和信誉善待市场、服务社会、服务消费者，以科技创新为企业增添强大动力，倾力铸就企业金质名片。

际华3515始建于1951年，前身是中国人民解放军第三五一五工厂，现为国务院国资委监管的央企——新兴际华集团旗下际华集团股份有限公司的全资子公司。际华3515是国内军用鞋靴、特种鞋靴、职业鞋靴、PU/TPU双密度鞋靴及橡胶双密度鞋靴研发生产基地。

二、坚定不移推进产品升级，以优质产品提升企业竞争力

际华3515坚持依靠科技创新求发展，加速了科技创新和产品升级步伐。际华3515积极参与军品项目研制工作，加强与科研院所、知名高校合作，加快成果转化。2017年，中国皮革和制鞋工业研究院际华3515技术中心落户际华3515。近年来，际华3515先后引进30工位PU注射成型机、智能胶粘生产线、激光裁断机、智能标记印线机、脚型三维扫描仪等一大批智能化生产设备，完成设备更新投资3000多万元，大大提升了公司的制鞋装备水平。面对市场转型升级需求，按照上级企业战略布局，升级广州研发中心为际华集团华南研发中心和华南营销中心，及时学习掌握市场前沿研发设计技术。际华3515先后参与军品研发项目、城市执法系列鞋靴、南航系列产品、森警防护靴研发项目，有力地支撑了市场开拓；同时，起草了消防救援鞋靴等标准规范，大大提升了企业在行业的话语权和标准领域的地位。

际华3515高度重视科技创新工作，修订完善了《科技进步奖励办法》，鼓励全员参与科技创新，大大激发了广大职工的创新创造热情，为产品升级提供了技术支撑。2019年，际华3515隆重召开首届科技创新大会，设立100多万元科技创新奖励资金，产品转型升级、鞋靴舒适性提升、品质检验提升目视化等项目团队获得公司表彰。近年来，际华3515成功通过了"河南省知识产权优势企业"备案，被河南省科技厅、河南省财政厅认定为国家级"高新技术企业"。

三、坚定不移推进服务升级，靠优质服务取信广大消费者

际华3515树立"一切围绕客户，一切为了客户，为客户提供超值服务"的服务理念，深入市场调研，了解客户的潜在需求，挖掘客户痛点，为客户创造价值。际华3515专门购置了售后服务车辆，开展零距离贴身服务，参加陆军某单位和际华集团开展的"被装巡回服务万里行"活动，深入森林灭火救援指战员驻地、河南警察学院等地，行程上万公里。开展售后服务不仅解决了广大官兵、应急救援等客户的实际困难，而且进一步收集了产品质量、市场需求、客户痛点等重要信息，为下一步落实特色服务奠定了基础，同时也提升了"3515"品牌的影响力。

四、坚定不移推进品牌升级，靠品牌口碑提升公司知名度

际华3515大力实施"品牌创未来"的发展战略，细化战略路径，明确品牌定位，促进品牌升级。"强人"定位于打造专卖区域知名品牌；"3515"品牌定位于打造军队、行业配发市场国内第一品牌。经过际华3515的持续努力，"强人""3515"先后被评为中国驰名商标，际华3515成为国内拥有两个中国驰名商标的重点企业。2019年，公司艾思莱萨·3515高端定制旗舰店盛大开幕。通过实施"3515平台+意大利基因+上海交大运行支持+广州高端研发制造"四位一体的运营模式，强势进军高端定制市场，致力于打造中国鞋业高端定制。际华3515不断加强品牌推广，提升企业形象。举行慰问、交流及邀请客户实地参观等多项活动，并且在多家主流媒体广泛宣传，提升际华3515品牌知名度和美誉度。

五、坚定不移推进人才升级，以人才支撑企业健康持续发展

大学之大在大师，企业之强在强人。近年来，际华3515党委坚持"德才兼备、以德为先，五湖四海、任人唯贤、事业为上、公道正派"的用人标准，启动了人才创新计划，围绕"招得来、长得快、留得住"的培养方针，一是大力引进提拔年轻人才，加大对外招聘大学生力度，通过师徒结对，定向培养人才，提拔优秀人才进入管理、专家、工匠序列，为企业长远发展夯实了基础；二是完善内部人才培养方案，出台《关于促进企业人才队伍建设的实施意见》，打通了行政人员、管理专家、工匠3条人才成长通道；三是组织内部轮岗交流，对相关岗位中层管理人员进行岗位轮换，通过优势互补，为培养复合型人才创造条件；四是2018年全体管理人员中首次实施市场化选聘，2020年在一般管理人员中开展市场化选聘，为企业深化选人用人制度改革、推动人才队伍建设进行了积极探索，积累了宝贵经验，彰显出企业大力推进改革发展的决心与魄力。近年来，际华3515涌现出了"全国五一劳动奖章""新兴际华集团劳动模范""中原大工匠"陈虎、"漯河工匠"李阳等一批先进典型。

六、坚持履行社会责任，彰显央企责任担当

作为央企所属企业，际华3515深入贯彻党的十九大精神，持之以恒推动生态文明建设，把"强盛一五、绿色一五、和谐一五"确定为企业的发展愿景，多年来一直坚持绿色发展之路，履行国企应有的社会责任与担当。际华3515加强环保投入，推进节能减排，实现绿色低碳循环发展，完成绿色工厂认证验收，打造成为际华集团鞋靴板块绿色环保的"名片"。2020年，际华3515对所有产生污染物的工序均安装了集气罩，连接到环保设备，经处理后排放。际华3515共有12套环保设备，排放数值均优于国家和地方标准，获得了国家级"工业产品绿色设计示范企业"称号。

作为央企所属企业，际华3515在圆满完成军队、武警多个紧急限期政治任务外，在各项急难险重任务中冲锋在前、敢打硬仗，彰显国企的担当。际华3515还号召广大职工参与"漯河慈善日"捐款等社会公益活动，彰显了职工的无私爱心。

近年来，际华 3515 先后荣获"河南省皮革行业诚信示范单位"、中国皮革行业信用评价"AAA 级信用企业"和"全国模范劳动关系和谐企业""中央企业先进集体""阅兵保障先进单位""国家级绿色工厂"等多项荣誉称号，充分展示了企业诚信建设取得的成绩。

案例创造人：刘彦青　万洪勇

社会责任谨记心，诚信经营方长远

骆驼集团股份有限公司

一、企业简介

骆驼集团股份有限公司（以下简称骆驼集团）始创于 1980 年，是一家专业从事先进汽车电池研究、开发、生产、销售及回收的综合性大型集团公司，目前总部位于湖北省襄阳市。先后在国内外多地建有多个生产及回收工厂、研发中心或贸易公司，并拟在国内东北、西南及境外北美、中亚等地继续布局。2011 年，骆驼集团在上海证券交易所主板上市，现有市值近百亿元。"骆驼"商标是中国驰名商标。骆驼集团连续 8 年荣获"中国民营企业 500 强"及"中国民营企业制造业 500 强"称号。

骆驼集团坚定"提供绿色动力，发展循环经济"的企业使命，秉承"诚实本分，做事认真，永远思考，不断创新"的核心价值观竭诚为客户提供更好的产品和方案，在国内建立了完整的综合性销售与服务网络，是国内汽车电池配套量最大的公司之一，为 200 多家主要汽车厂商配套供应电池，在国内汽车蓄电池配套市场及维护替换市场占有率分别达到 45%、25%，此外还将业务拓展至欧洲、美洲、非洲、东南亚等地区。

骆驼集团具备极其完善的质量保障体系，已通过 ISO 9001、ISO/TS 16949 等质量管理体系认证、ISO 14001 环境管理体系认证、OHSAS 18001 职业健康安全管理体系认证，以及欧盟 CE、美国 UL 等认证。还先后被授予"国家权威检测合格产品证书""中国电器工业最具影响力品牌""中国市场品牌'质量'信誉竞争力调查"十佳品牌和"全国守合同、重信用企业""质量信誉 AAA 等级"等荣誉或称号。连续 6 年被谷城县人民政府评为"税收贡献大户"，连续 7 年被中国农业银行授予"AAA"企业。"骆驼"牌蓄电池先后被湖北省人民政府授予"湖北省精品名牌"及"消费者满意产品"，被东风汽车公司、神龙汽车有限公司等著名汽车生产厂家授予"优秀供应商""质量优胜奖"荣誉，被湖北省工商联评为"湖北省模范劳动关系和谐企业"。

二、诚信经营，互利互惠

紧紧把握经营管理的主线，围绕经营和质量，进一步完善公司的各项管理制度并采取措施加强监督和落实的力度，不断强化质量管理，提升设计理念，创造"安全、环保、舒适、和谐"的设计成果，确保工程设计。注重理论与实践的结合，积极推广应用新技术，不断优化各项技术经济指标。骆驼集团成功研发的适用于启停系统的 EFB、AGM 电池，被大众、福特等行业标杆主机厂选用；新能源团队成功通过泰尔认证及国际知名主机厂日产审核，确定 48V 电池成功定点由骆驼集团开发，为主机厂提供了完美的产品解决方案。骆驼集团鼓励支持创新，重视创新对降本增效的支撑作用，公司有完善的项目管理体制，结合财务数据管控，达到研发降成本、生产降成本、材料降成本的显著效果，为企业的主机厂客户降成本做出卓越贡献,实现双赢目标。

三、严把质量关,硬化产品品牌

骆驼集团始终视产品质量如生命,执着于产品质量的持续提升,提高产品市场竞争力,用心呵护客户的需求。骆驼集团上至董事长、下至一线操作员工,对产品质量的要求都是精益求精。

质量上去了,产品性能才能上去。产品性能上去了,产品的竞争力才能上去。骆驼集团一直秉承总结经验、固化推进,夯实基础、提升素质,博采众长、不断提高,精益求精、持续改进的原则。正是因为一直以来特别重视产品质量,致力于提高产品性价比,持续提升产品竞争力,产品在市场上才能永远保持强劲的生命力。

四、回馈社会,履行企业责任

2020年年初,新冠肺炎疫情突如其来。骆驼集团在全力做好内部疫情防控工作的前提下,积极为疫情防控捐款捐物、为应急保障车辆提供蓄电池供货服务、义不容辞为车主提供蓄电池更换服务,为早日打赢这场没有硝烟的战役提供了坚实后盾与温情援助。继骆驼集团创始人刘国本累计捐款590万元、捐赠口罩5万余个后,骆驼集团党委及工会又发出《骆驼股份新冠肺炎战"疫"捐款倡议书》,呼吁全体"骆驼人"捐款,贡献自己的力量。骆驼集团员工纷纷响应号召。新冠肺炎疫情期间,骆驼集团累计捐赠物资合计约723.72万元。此外,骆驼集团通过自身行动,带动了客户、合作伙伴等社会各界力量也参与进来,将这份爱心善举持续传递。

新冠肺炎疫情期间,前线的白衣天使和工作人员不畏艰险、迎难而上。而在全国各地,骆驼集团的多位安装服务人员坚守自己的岗位,他们在严峻的环境中义无反顾地逆向而行,为广大车主及抗疫物资运送车辆提供紧急救援服务,为抗击疫情奉献力量。

案例创造人:刘长来 夏诗忠

以诚信铸魂立业，助推公司高质量转型发展

宝鸡秦源煤业有限公司

一、企业简介

宝鸡秦源煤业有限公司（以下简称秦源煤业）是宝鸡市政府与徐矿集团于2003年合资组建的国有煤炭企业。十几年来，秦源煤业坚持以诚铸魂、以信立业，坚定融入地方、发展地方、贡献地方，累计生产煤炭近2000万吨，上缴各种税费15亿元，接纳和带动5000多人就业，赢得了各级政府的支持、合作伙伴的信赖。秦源煤业先后获得中国煤炭工业"双十佳煤矿""全国特级安全高效矿井""全国安全文化建设示范企业""全国'安康杯'竞赛优胜企业""陕西省文明单位标兵""宝鸡市地方纳税突出贡献奖"等荣誉称号。

由于矿井资源枯竭，秦源煤业被列为2018年国家化解过剩产能矿井。作为一个老的国有企业，面对"矿关了，职工怎么办，历史遗留问题怎么解决"等行业历史难题，公司领导班子不等不靠、迎难而上、艰苦奋斗、二次创业，以高度的政治担当认真践行"关井不减人、转型谋发展"的光荣使命，确立了"争当全国国有企业化解过剩产能矿井转型发展先进典型"的总目标，响亮提出"番号不撤、品牌不倒、思想不乱、队伍不散、斗志不减、待遇不降"的"六个不"的工作总要求，探索走出了一条化解过剩产能矿井转型重生的"秦源之路"，多次受到上级的肯定和好评。

二、传承厚重文化，引领诚信创建

秦源煤业始终把诚信文化建设作为核心竞争力来培育，将守法诚信浸润到公司管理、发展各个方面，在传承中博采众长，在发展中守正出新，形成了具有秦源煤业特点的诚信文化内涵和价值理念。

1. 传承历史文化。出资筹建秦源煤业的徐矿集团是中国民族工业的启蒙，是中国煤炭工业改革的先锋，是一个有着138年建矿史的能源企业；秦源煤业所在地——宝鸡，是周、秦文化发祥地，历史悠久、文化底蕴厚重。秦源煤业兼从千年周秦文化和百年徐矿能源开发文化中汲取营养，凝练形成了自己特有的"博采众长、永创新高、弘扬诚信、追求卓越"文化。

2. 厚植创业文化。秦源煤业开启二次创业征程后，大力发展服务外包产业，建立了"共建、共享、共赢"诚信合作的文化理念。合作方把整个矿井交付秦源煤业托管运营，主要是建立在百年徐矿成熟管理技术、高效品牌队伍和良好诚信商誉的基础之上，近3年以来先后整体托管多个矿井，其中多数都是慕名主动寻求合作。

3. 打造本安文化。秦源煤业以建设本质安全型矿井为目标，建立"意识＋责任＋标准化"的安全管理模式，始终把安全发展放在高于一切、重于一切、先于一切的位置；坚持"管理、装备、素质、系统"并重，形成了"理念先导、素质提升、科技支撑、现场生根、制度固化"契合公司实际的安全文化

体系。

4. 培育品牌文化。用激情创业、追求卓越、争创一流和秦源煤业的"五种"精神在外塑造出一流的品牌文化，增强了公司文化软实力和品牌影响力。受陕西省信用协会邀请，秦源煤业协办了省重点企业信用建设推进会并做了经验交流发言，"以政治担当践行对职工的承诺"得到了大会的认可，被授予"陕西省企业信用建设标准化共建基地"。

三、健全信用制度，内生诚信动力

秦源煤业始终把构建诚信体系作为诚信经营、守法治企的重要保障，建制度、立规矩、强执行，做到"信于守则、合于公约"。

1. 健全管理制度。为健全信用管理机制、提高公司信誉、降低和减少经营风险，秦源煤业党委书记、董事长全面领导信用管理工作，经营副总经理分管领导，由党政办公室、经营管理部、财务部、人力资源部、安全生产指挥中心等部门组建了信用管理机构并明确了信用管理机构职能和各部门的职责，全面修订、完善"三重一大"决策制度实施办法、党委会议事规则、法人治理结构程序、合规管理办法和各种工作会议制度，以及合同信用管理制度、客户信用等级管理制度、信用风险预警办法等制度规定，实现了业务规范化、流程标准化、管理制度化。

2. 建立培训制度。秦源煤业把教育培训作为树立诚信意识的重要手段，定期组织广大职工学习公司各项管理制度，开展在线赋能诚信教育，选派专人参加陕西省诚信体系建设培训。通过信用教育与培训，全体职工熟知了信用体系建设制度，掌握了信用管理方面的最新知识，加深了信用管理重要性的认识，提高了诚信建设业务知识和能力，增强了"以质量创信誉，靠信誉求发展"的信用理念，营造了诚信守法浓厚氛围，确保信用管理制度有效地实施到具体工作中去。

3. 强化信用责任。秦源煤业建立失信人员惩戒制度，用内部管理规定明确每一个岗位职责与标准，设立诚信监督机构、加强监督检查，对阳奉阴违、说假话、办假事、不守信用等人员记入失信名单，把失信行为列为干部选拔、评定职称、先进评选的重要考核指标之一。合作方发生失信违法行为，酌情采取取消相关优惠政策、取消合作资格、诉诸法律等措施，扩大因其失信违法而造成的社会影响。

四、履行社会责任，增强诚信理念

在刚关井闭坑、职工思想不稳的最困难时期，秦源煤业高站位、高定位、高标准主动承担起国有企业的社会责任，为同类企业提供了"秦源方案"、创立了"秦源样本"。

1. 响应号召。被列入2018年退出产能矿井后，秦源煤业积极拥护国家政策，响应国家化解过剩产能号召，早谋划、早行动，于2018年6月11日全面启动关井闭坑程序，同年10月顺利通过了省、市两级化解过剩产能检查组验收，提前两个月完成关井闭坑工作。省、市两级检查组都给予了高度评价，认为去产能工作如此迅速、高效和彻底，在陕西省是第一家，也是唯一的一家。

2. 兑现承诺。在职工安置上，秦源煤业坚持以人为本，郑重承诺"不让一名职工失岗失业，不让一名职工委屈上访，不给政府添麻烦，不给社会增负担"，鼓舞、感动着每一名职工。通过"走访转"调研，公司形成"留有所为、退有所养、去有所得"和"一主一辅、一远一近"整体托管其他矿井的总体思路，成功托管了山西省和甘肃省的两个异地矿井，实现了矿井关闭和全员安置的无缝对接，实现了全员妥善安置，确保了大局和谐稳定，得到了企业所在地政府相关部门和徐矿集团的充分认可与赞誉，认为"关井不减人破解了行业历史难题"。2019年4月，秦源煤业还在徐矿集团党委中心组学习会上就"关井不减人"典型做法做了交流汇报。

3. 显现成效。面对2020年突如其来的新冠肺炎疫情，秦源煤业把职工生命安全和身体健康放在第一位，疫情就是命令，防控就是责任，果断打响疫情防控阻击战，把疫情防控作为重中之重的政治任务来抓，第一时间成立了应对疫情防控领导小组，明确了"一个统一""两个结合""三个加强""六个严禁"的疫情防控总要求，做到守土有责、守土负责，实现了"零感染"。

4. 助力脱贫。秦源煤业在转型的同时也关注企业所在地的脱贫攻坚工作，曾在包村扶贫、公共设施建设、捐资助学、儿童爱心帮扶等多项活动中积极捐款捐物，合计金额132440元，为企业所在地打赢"脱贫攻坚战"做出了贡献，荣获"宝鸡市助力脱贫攻坚先进单位"荣誉称号。

五、塑造外创形象，树立诚信品牌

秦源煤业按照高质量转型发展要求，积极发展服务外包产业，2018年5月与山西一煤炭企业签订矿井整体托管协议，双方本着诚实守信，共建、共享、共赢的合作理念，经过近3年的运营，把一个村镇停产矿井打造成合作方标志性矿井。

1. 以信立足。上述的托管煤矿原属村镇集体煤矿，管理粗放，安全生产欠账较多，井上、井下环境差，管理机构、技术力量不具备矿井验收条件，一直未通过验收，加上职工思想上眷恋故土及管理人员对当地一些规定及甲方的傲慢成见不适应，职工队伍极不稳定。秦源煤业积极做职工思想工作，遵守合同约定，做实做细思想政治工作，使职工打开心结，把托管的矿井当成自己的矿井来经营，重新对井上及井下全方位、无死角对照规定排查，对不符合规定的重新设计、改造，完善基础资料。通过一年多时间系统性整改完善，人员队伍调整，矿井一次通过验收，步入安全生产正轨，改变了甲方傲慢的态度和偏见。

2. 以信促效。根据甲方建设安全高效矿井的要求，上述托管煤矿的项目部充分发挥企业自身品牌、管理技术、人才队伍优势，精心组织安全生产，实现了稳产高产、"四个一"样板标准化矿井，秦源煤业托管的矿井是甲方3个矿井中产量完成最好、安全生产标准化创建最有亮点的标准化矿井，甲方多次组织另外两个矿井的管理人员到该矿井学习标准化创建经验和管理经验。甲方鉴于秦源煤业守信合作经营，把矿井打造成当地政府认可的安全高效示范矿井，两次调增吨煤单价和进尺单价，将为秦源煤业多创效近900万元。

3. 以信塑形。托管的山西煤矿，产量进尺多次刷新纪录，持续保持稳中有进的强势势头，"秦源之治"在当地打造出一张服务外包新名片。在新冠肺炎疫情期间，秦源煤业党委一手抓疫情防控，一手抓复工复产，托管的矿井于2020年2月19日一次通过当地政府的复产复工验收，成为山西省朔州市首批通过复工复产验收的矿井，得到当地政府和甲方的高度认可，塑造了服务外包良好新形象。目前，甲方有意向把主力矿井交给秦源煤业托管，一次托管两个矿井，甲方明确提出2021年合同到期后再续签托管合同5~10年。

六、扫清发展障碍，践行诚信担当

作为老的国有企业，秦源煤业历史包袱重、遗留问题棘手，但新任领导班子面对急、难、险、重等问题，不推诿、不回避，主动担当作为，真诚逐个化解历史遗留问题。

1. 主动认领。秦源煤业关井后，历史遗留问题日益凸显，新一届领导班子承诺对历史遗留问题不推诿、不回避，主动梳理，全部认领，本着"节省时间、不伤和气、友好合作"的愿望，主动向对方提出解决方案。

2. 主动化解。对于遗留的欠款问题，秦源煤业在全面了解来龙去脉后，主要领导多次带着诚意登门解决，主动与对方商谈，在全部承认欠款的基础上提出解决方案，通过多种偿还方式取得合作方的谅解和认可，用真诚和智慧妥善化解了历时久、金额大、情况复杂的历史遗留问题。

3. 主动补欠。对于职工反映的历史欠账，秦源煤业安排职能部门主动排查并向职工承诺："本届公司领导班子不会欠职工一分钱。"目前，秦源煤业共为职工补缴、补发养老保险、工伤保险、住房公积金、荣誉金等款项达 200 余万元；对外欠账，秦源煤业制订还款计划，根据经营情况每月做出一定的还款安排，2018 年以来累计偿还各类外债 3300 余万元，做到了"内不欺己，外不欺人"。

七、展现为民情怀，推动诚信自律

秦源煤业始终坚持"以人为本"的原则，将"让全体职工过上好日子"作为公司不懈追求的目标，千方百计兑现对职工做出的承诺，民生实事一件接着一件办，让全体职工更有获得感、幸福感、归属感。

1. 办实事。一是关心职工困难。关心、救济、慰问困难职工 272 人次，发放慰问金 25.5 万元；金秋助学 49 名，发放助学金 4.9 万元。二是关爱职工健康。改造、修缮职工餐厅，增添消毒和用餐设施，每餐 5 元钱确保四菜一汤、两荤两素；购买 4 台净水设备，确保职工用水干净卫生；每年对在岗职工免费健康体检一次。

2. 提素质。一是提升文化素质。通过校企联合办学，免费为 157 人开展学历提升教育，500 余人次参加了不同种类的技能培训，提高了文化层次和专业技术职称。二是提升身体素质。聘请专业老师教职工学做广播体操，建造了室内羽毛球场、篮球场、乒乓球室等，增添了文体设施，按照有场地、有设施、有时间、有氛围的"四有"标准为职工创造丰富的业余文化生活，全员健身逐渐普及。

3. 疏心结。一是真心解难。全面梳理职工反映的真实难题并逐一落实解决。一位长期伤病退伍职工，专程致谢秦源煤业为其补交已不存在的前单位所欠的养老保险两万余元。二是真情解困。针对秦源煤业绝大多数职工在外创业的实际情况，秦源煤业成立创业帮扶中心，安排专人帮助、解决外创职工家庭遇到的实际困难和问题，切实解除外创职工的后顾之忧。

4. 谋福利。一是增收入。在秦源煤业关井闭坑转型发展和严峻疫情冲击困难时期，优先保证职工收入，职工工资不仅没有降低，反而增长了 27.5%；评聘岗位技术明星，每月人均发放 1000 元的技术津贴；设立了安全风险台阶收入、劳动竞赛奖、稳定奖等奖项，据实按时足额兑现。二是送福利。重新启动了停止长达 10 年之久的职工疗养、休养制度，组织劳模、标兵免费外出疗养；实施职工带薪年休假制度；每月给过生日的职工送上生日祝福套餐；重大节假日根据传统发放应节物品；职工每人一间标准化宿舍，配备空调、热水器、电视机、洗衣机、烧水壶、床上用品等设施用品；将本部和项目部两地取暖的燃煤锅炉改造为电锅炉。

案例创造人：吴积和　金松平

奋勇向前，后来居上

河南能源化工集团重型装备有限公司

一、企业简介

河南能源化工集团重型装备有限公司（以下简称重装公司）是河南能源化工集团有限公司（以下简称河南能化集团）的全资子公司。重装公司 2010 年在开封市示范区开工建设，2018 年正式投产。企业注册资本金 5 亿元，占地约 600 亩，建筑面积约 22 万平方米，总设计产能 30 亿元。成立至今，重装公司先后荣获"河南省重点工程建设竞赛先进单位""河南省模范劳动关系和谐企业""开封市改革开放突出贡献企业""出彩开封·突出贡献奖"等奖项，被评为"河南省安全生产标准化企业"，入选开封市智能制造示范企业名单。

二、抗疫情、稳复工，真抓实干，攻坚克难

2020 年，面对严峻复杂的新冠肺炎疫情防控和经济形势，重装公司始终坚持底线思维，抓细抓实疫情防控和复工复产，科学摆布安全生产经营战场，各项指标逆势增长，首次进入中国煤炭机械工业 50 强，位列 45 名，在行业内初露头角。在抗击疫情关键时期，稳妥做好复工复产和稳岗就业工作，向各煤业公司交付液压支架 20 余套，间接保障疫情期间能源供给，确保 600 余名职工生命健康和经济收入的稳定，积极履行国有企业担当，为地方财政做出积极贡献。

三、笃精工、锻重器，创新驱动，智能引领

近两年来，在开封市委、市政府的大力支持下，重装公司制订科学发展战略，产品定位为聚焦液压支架及液压油缸的制造与再制造，发展成为集设计、生产、服务于一体的液压支架与液压油缸装备专业制造企业。乘着河南省煤矿智能化改造的东风，重装公司进一步抢抓发展先进制造业的战略机遇，致力于建设智能工厂与绿色工厂，企业快速发展，已实现扭亏增盈，走向良性发展。

四、树标杆、严考核，深化改革，释放活力

有追赶目标才有奋斗的动力，改革与发展是企业永恒不变的主题。重装公司把国内行业领先企业——郑煤机集团作为标杆企业，全面对标。建立涉及生产、成本、运营、收入、效益、创新、安全等方面较为完备的标杆指标体系，确定了 38 项对标参数，设置了多重标杆。与生产经营对标同时进行的，还有企业改革发展对标，重装公司深入学习、借鉴郑煤机集团"三项制度"改革经验，从劳动、人事、分配等方面进行改革。结合企业实际，积极细化管理制度，建立与企业经营管理相融合的管理机制。建立了一套体现岗变薪变、绩效挂钩、分配讲贡献的绩效薪酬管理体系，并且根据形势变化不断更新指标，与时俱进。在分厂层面，推行内部市场化改革，在计件工资的基础上增加安全、质量等绩效考核指标，分配制度不断优化，提高了员工安全生产、降本增效、质量提升等方面的自主管理意识。做到人人

头上有指标、人人肩上有任务，完成任务有奖励，有效激励了干部职工工作积极性。大力推行以"内部竞聘制、市场选聘制、任期制"为主要内容的干部制度改革。打破国有企业干部铁饭碗，实现干部能上能下，从制度层面逐步解决国有企业中层管理干部终身制问题。通过一系列的体制机制变革，重装公司实现了管理提升目标，释放了新的发展活力，为公司适应新时代发展要求提供了坚实保障。

五、拓市场、强服务，抓好市场，谋求发展

企业要发展，市场是王道，市场活则企业活。要想跑得快，全靠车头带。重装公司建立年度销售状元制度，通过完善订单评审、销售费用提取、售后服务等机制，对完成设定目标的销售人员进行高额奖励，激发营销队伍主动性、积极性。在确保为河南能化集团内部市场提供优质产品和服务的同时，外部市场拓展也取得突破性成绩。

重装公司秉承"1= 优质产品 × 工期保障 × 优质服务"的理念，一切要素围着市场转。重装公司对内完善售后服务机制，明确售后服务流程、标准，做好数据积累，逐步由卖产品向卖服务转变，延伸产品链条，增加产品附加值，大大提升了售后服务水平和质量，客户满意度稳步提高。2020年，订单大幅提高，营业收入 10.35 亿元，同比增长 55%。

六、提产能、保质量，强基固本，决胜未来

销售开疆拓土，生产保驾护航。随着订单的增加，产能提升是重装公司迫在眉睫的大事。为确保工期和产品质量，重装公司优化生产组织管理，修订完善生产组织管理办法14项，推广标准化设计、标准化作业，推行拉动式生产组织模式，强化计划管理和项目完工率。通过 ERP 管理系统实现工号的精细化管理，整体生产流程实现了严格把控，液压支架装配有条不紊稳步进行，确保了液压支架装配和发货速度能够有效满足客户需求。同时，重装公司通过新增设备、调整布局，减少工件流转环节和距离；优化工艺路线，推广标准化设计，提升工作效率；通过优化分配机制，最大限度激发员工积极性，实现员工从"要我干"向"我要干 + 干优质"的转变，大大促进了产能提升。

质量是产品的绝对标签，更是企业开拓市场的保证。重装公司坚持问题导向，通过发现和堵塞质量管理漏洞，不断完善质量管控体系建设。为产品质量设置了4道关卡，通过加强培训，提升质量意识；完善监测检验条件，提升检测精准度；加强外部质量控制，提高材料入厂合格率；创新管理方法，加强内部质量控制，从源头、过程全方位为产品质量保驾护航。

高效的生产组织和精益求精的质量，充分树立了重装公司良好的品牌形象，为企业发展奠定了坚实的市场基础。

七、引人才、强培训，提升素质，建好队伍

人才是制约企业发展的关键。为破解影响企业发展的人才瓶颈问题，重装公司重点做好"外部引进"和"内部培养"两篇文章，员工素质得到极大提升。在外部引进上，通过引进煤机行业高素质人才队伍，充分借助外部智力资源，迅速建立专业研发设计团队，确保有效满足液压支架设计及"三机配套"需求。在内部培养上，从提高一线职工队伍素质入手，先后两次修订职工培训管理办法，建立4级培训体系，实行培训积分考核制，大力开展职工技能登高、"双工"评选、"五星"班组创建等活动，为职工搭建学习成长的平台、风采展示的舞台、技术比武的擂台，通过荣誉和物质双激励，鼓励职工学本领、练技艺、提等级，为企业发展提供人才支撑。2020年以来，重装公司共评选出五星班组20个和明星员工165人，A级工105人次、B级工167人次、C级工281人次。职工素质，尤其是一线职工素质的快速提升，成为重装公司质量提升、产能提升的保障。

八、把方向、管大局，抓好党建，强基固本

党政军民学，东西南北中，党是领导一切的。重装公司党委发挥把方向、管大局、保落实的作用，把加强党的建设放在首位，紧紧围绕企业高质量发展这个中心任务，以推进"旗帜引领，匠心筑梦"365党建品牌工作为抓手，着力在实现党建工作与企业生产经营工作相互融入、相互促进上下功夫，以党的建设高质量推动企业发展高质量。通过开展"党员示范岗""三亮三比"及"5+N"主题党日等系列活动，激发广大党员干部不忘初心、践行使命的强大内生动力，强化党组织把方向、管大局、促落实的政治核心地位；开展党的建设健康体检，严格落实"三会一课"、双重组织生活、谈心谈话、民主评议等基本制度，构建党建工作绩效考评体系，实现党建工作"目标明确、指标分解、压力传递、绩效考核、循环提升"闭合管理，以重点工作评价+党建基础指标为考核路径，开展党员积分看板管理，让每一名党员都成为一面旗帜，做到关键任务有党员引领、关键工序有党员盯守、关键时刻有党员冲锋。党员队伍强不强，"战场"上面见真章。新冠肺炎疫情防控期间，党员干部的先锋模范作用得到进一步的发挥。党支部负责人在支部微信群里发出一个通知，不到3分钟时间，一支8名党员的突击队正式成立，担负起为第一批到岗职工测温送餐的任务。此后，随着职工陆续到岗，党员先锋队的规模越来越大，党旗在防控疫情斗争和复工复产第一线高高飘扬。此外，重装公司党委把开展形势任务教育作为一项长期政治任务落实到工作中，把讲清形势、讲清思路、讲出干劲作为形势教育的落脚点，通过开展专家专题讲座、形势任务教育进基层等一系列活动，将干部职工的思想和行动统一到公司重点工作部署和重要目标任务上来，让职工了解当前形势、任务和发展方向，形成思想统一、信心坚定的良好氛围，凝聚发展合力。

蓝图浩展，筑梦征程。未来，重装公司将全力推进自动化、智能化综采装备的研发生产，打造国际知名高端液压油缸产业园和智能制造产业园，对接全球市场、弄潮智能时代，努力为河南省乃至国家能源产业的发展贡献重装公司的力量。

案例创造人：黄涛　李雪伟

坚持诚信经营，促进高质量发展

安徽百大合家福连锁超市股份有限公司

一、企业简介

安徽百大合家福连锁超市股份有限公司（以下简称合家福）成立于2000年，是合肥百货大楼集团股份有限公司旗下的大型综合性连锁超市企业，注册资本金1.8亿元，资产规模23.33亿元。合家福主营生鲜、食品、家居用品及自有品牌商品等零售业务，所属门店近200家，经营面积55.4万平方米，员工人数5500余人，提供就业岗位1万多个。合家福拥有自建物流配送服务体系，物流园区占地约100亩，生鲜商品恒温库和低温库近千平方米。2019年，合家福销售收入39.6亿元，2020年销售收入突破41.5亿元，实现销售双提升，财税贡献超过1亿元，年销售总额连续10年名列中国快速消费品连锁50强，稳居安徽省超市零售行业首位。

合家福始终秉持"诚实、自律、拼搏、创新"的企业精神，秉承高质量、高标准的经营发展理念，追求卓越质量、打造精品商贸、服务千家万户。合家福通过引入卓越绩效管理评价准则，内强管理激发活力、外树形象协同发展，不断提升企业核心竞争力。合家福及所属分公司（门店）先后获得"全国商业和谐企业""全国商业服务业顾客满意企业""全国巾帼文明岗""全国食品商品流通百强骨干企业""全国工人先锋号""全国诚信示范市场""全国低碳示范商店"等荣誉称号。2012年至今，合家福连续获评合肥市第十二届、第十三届及第十四届文明单位和2019-2020年度"中国商业年度品牌"、第十六届全国商业企业管理现代化创新成果奖等荣誉称号。2020年以来，合家福党委获得"安徽省先进党组织"、合肥市疫情防控"先进集体"、安徽省抗击新冠肺炎疫情"先进集体"等荣誉称号。

二、强化内部管理，深化诚信体系建设

合家福自2000年成立以来，始终坚持"以顾客为中心，以服务为根本；超越顾客期望，追求卓越绩效"的核心价值观，紧紧围绕"诚实、自律、拼搏、创新"的企业精神扎实推进诚信经营管理，稳固维护企业信用。坚定以"消费者可以没有合家福，合家福不能没有消费者"的经营理念，推进以诚信经营理念为先导的质量管理体系的持续改进和高效运行。认真梳理和完善公司各项管理制度，做到责任清晰、运转有序、落实有力。

合家福积极推进食品安全体系建设，打造"食安阿福"新形象。建立"三信"管理制度，采用专人负责制，分级分类分战区进行细化管理。加大供应商及商品经营资信的审核力度，对"民生商品"实行快速建档，严控定价，严格按照公司的规定，做好商品购销合同的审核把关、存档保管工作，抓实基础管理。制订《合家福公司门店食品安全检查细则》，实时舆情监控，关注热点，及时预防风险，开展重要节日食品安全大检查。坚持自主送检与执法抽检相结合，加大食品安全专项检查频次，重点突破问题

点，落实高危商品、敏感商品、定牌商品的自主送检工作，有效控制食品安全风险，以实际行动捍卫"舌尖上的安全"。

开展专项合规检核，强化合规体系建设。合家福以诚信体系建设为主导，从强化流程建设入手，对风险控制和关键环节进行了重点梳理，建立《合规检核管理制度》《内部调查制度》《安全生产工作考核办法及考核细则》等制度。转变工作思路及方式，将"支持业务、服务运营"的理念落实到实际工作中。通过专项检核工作，监督公司制度流程的合规执行并依据检查中发现制度流程存在的不足提出修改完善建议。建立、完善生鲜损耗管控、负库存管理、临保商品处理、团购业务管理等经营环节的制度流程。从诚信合规建设、风险防控、反舞弊调查、流程监督检核、改善利润等专业方面进行架构职能升级，推进诚信合规体系建设，构建实用高效的内控合规体系及网络，加强诚信文化宣传和贯彻指导。建设诚信信息平台，制订诚信激励和惩戒措施，营造诚信文化氛围。

强化内控体系建设，加强风险防控。合家福结合公司实际，建立并完善《工作手册》及内部管理制度控制流程，严格落实执行卡券领用管理制度、增值税发票管理制度。对照内控手册涉及内容逐条检查，开展自查自纠工作，细化各类风险点，每季度对公司所属区域门店及异地分公司进行轮回督导检查。对于发现的问题及时与对应的财务负责人进行沟通，按要求提交整改报告并督促整改；同时，积极协调解决公司所属区域门店及异地分公司日常工作中的困难，制订异地财务督导工作制度和流程，使异地财务督导工作常态化、规范化。

强化考核机制，提升服务质量。合家福制订并完善《合家福客户诉求管理办法》，每日安排专人值班，对电话、公司网站等各渠道的顾客意见投诉及时进行回复解答，涉及商品及服务投诉事件快速反馈至战区或相关部门，跟进处理及整改进度，同时做好记录存档工作；结合"服务标准300条"，优化检查内容，提升检查质量，采取日常自查和重点巡查相结合，每月中心部室与门店采取互查形式进行考核；推行服务星级评价系统，有效提高了服务能力和服务质量，完善了服务体系的机制支撑。

三、加强管理体系建设，安全高效促发展

合家福引入并运行ISO质量管理体系，坚持"内生增效、外延增销"思路，巩固标准化建设。截至2019年，已完成ISO质量体系认证第三次换证审核。将质量管理体系建设与内控体系建设相结合，有效提升了各中心（部室）、门店、异地分公司的工作效率与工作质量。制订《食品安全管理员管理规定》《现场制售管理规定》等进货查验制度，所有售卖产品均有质量检验合格证明，并成功实现肉菜可追溯。为保障公司以高标准的质量管理体系稳定运行，2020年，合家福积极推进并完成"HACCP"食品安全体系认证项目工作，是安徽省连锁超市首家开展食品安全质量认证企业，目前已在购物广场店和九华山路店率先执行，有效控制了食品安全风险并大幅降低了管理成本，促进企业满足法律法规和相关管理条例的规定，推动企业高质量发展。

四、持续丰富文化建设，增强职工向心力

合家福基于企业职能定位、行业属性、职工特点特性和业务发展要求，不断深化文明建设、诚信建设、法治建设、质量建设、品牌建设，坚持引导全体干部职工和广大消费者践行绿色文明新风尚。持续开展丰富的职工文体活动，关爱职工生活，保障职工权益，为全体职工创建文明和谐的工作氛围，增强职工的向心力。建立职工活动室和职工书屋；关爱职工健康，每年组织职工进行一次体检；在春节等重大节日期间，组织开展形式多样的文艺活动、户外拓展活动等，提高职工的文化修养；组织开展职工消防运动会，提高职工的消防技能和身体素质；建立职工爱心互助基金，开展职工子女爱心助学活动等。

五、坚决履行社会责任，积极投身社会公益

保供稳价勇担使命。合家福卓越发展，不忘初心使命，勇担社会责任。新冠肺炎疫情期间，合家福党委坚决贯彻落实党中央和国务院及安徽省的重要部署，充分发挥基层党组织战斗堡垒和先锋模范作用，大力开展"防疫情、保供应"工作。合家福在巢湖半汤工人疗养院开设2家便利超市，为援鄂医疗队员隔离期间提供日常物资供应；向新冠肺炎省级定点医院捐赠慰问爱心物资5.27万元；根据减轻中小企业房租负担有关政策，合家福主动担当，共减免186家中小企业、个体户租金888.57万元；对隔离封闭的小区、医疗机构及保障社会稳定运行的企事业单位开展生活保障物资配送。2020年6月，商务部办公厅向合家福致感谢信，肯定合家福为打赢疫情防控战做出的贡献。安徽省委授予合家福党委"安徽省先进党组织"荣誉称号，合肥市委市政府授予合家福疫情防控"先进集体"称号。2020年10月，合肥市在上报安徽省委省政府抗击新冠肺炎疫情先进集体征求意见工作中，合家福是合肥市唯一获推荐参评的零售企业。

积极投身社会公益。合家福紧紧围绕合肥市政府"保障供给，稳定物价，安全消费，惠顾民生"的要求，积极做好应急物资储备工作。成立"阿福民生爱心小分队"和"阿福精准扶贫小分队"，推进公益事业专业化、品牌化、常态化。近3年来，"阿福服务队"累计开展"四送二进"公益活动近200场次，获得安徽省文明委"感动江淮志愿服务"优秀典型、合肥市志愿服务"先进集体"等多项荣誉。

持续助力脱贫攻坚。合家福坚持立足职能定位、优势资源，推进扶贫工作的持续化、定点化。

军企同心共抗讯情。自2020年长江进入主汛期及巢湖防汛形势日趋严峻以来，合家福前往庐江县慰问日夜奋战在抗洪抢险一线的解放军某部官兵并捐赠了价值6万元的生活物资，公司所属区域分（子）公司也积极向属地干群捐赠防汛物资。

案例创造人：王伟　胡延文

诚信合规报销，依法遵章服务

内蒙古电力（集团）有限责任公司内蒙古电力科学研究院分公司

一、企业简介

内蒙古电力（集团）有限责任公司内蒙古电力科学研究院分公司（以下简称内蒙古电力科学研究院）创建于1958年，隶属于内蒙古电力（集团）有限责任公司，承担着内蒙古自治区电力工业技术监督、技术服务、科研开发与技术创新、技术信息收集与发布、技术人才培养与储备五大核心职能，负责内蒙古电力（集团）有限责任公司（以下简称内蒙古电力）国家认定企业技术中心、博士后科研工作站的日常管理，是内蒙古自治区"高层次人才创新创业基地"，也是内蒙古自治区唯一开展电力行业技术监督工作的授权单位。设有锡林南路本部及和林科技园区两个办公区域，拥有各类资质67项，建有15个经政府授权的专业检测、检验中心，2个重点实验室，是"新能源电力系统国家重点实验室"和"电力电子应用技术国家工程研究中心"内蒙古试验研究基地建设的主要实施单位。服务客户包括发、供、用电企业，服务内容涵盖发、输、变、配、用电各环节，涉及技术监督、现场试验、基建调试、设备检测监造、实验室检测、系统计算、事故分析、技术方案论证、疑难问题诊断、科研开发、技术攻关、成果转化应用、新技术推广等方面。

未来，内蒙古电力科学研究院将继续秉持"为电力系统提供技术支撑、为电力客户提供优质服务"的宗旨，践行"以人为本、技术为先、务实钻研、创新发展"的企业理念，弘扬"主动工作、快乐生活"的团队价值观，践行新发展理念，坚持"技术支撑服务"与"科研创新发展"两轮并驱，致力于打造国内一流的电力科研机构，建设"数字电科院""人文电科院""百年电科院"。

二、企业诚信财务报销现状

内蒙古电力科学研究院认真贯彻落实内蒙古电力决策部署，紧紧围绕"大生产、大科研、大经营、全院一盘棋"的工作思路，积极推进企业管理创新与改革发展，着力提升企业内控管理水平，诚信服务的理念渗透管理的各个环节。

内蒙古电力科学研究院财务处是服务于内蒙古电力科学研究院生产、科研、经营等各环节价值管理的窗口部门，充分发挥监督、检查、指导和保障的部门职能，持续推进财务管理集约化、信息化、标准化、精益化进程。不仅需要财务人员的依法遵章服务，更需要与业务人员紧密配合，实现诚信合规报销。

1.财务报销服务的部分环节有需完善提升。财务报销作为最基础、最普遍、最直接的业财对接环节，也是反映企业经济活动事项及业务工作活动价值链管理最基础的环节。财务报销的高效性、合规性、准确性、完整性是影响企业的业务与财务融合的有效性及企业财务管理精益化水平的重要环节。财务报销在工作事项沟通及业务处理的过程中仍需不断完善提升，提高诚信服务的质量、效率，保证企业价值链基础环节管理的合法性、高效性、流畅性。

2.财务报销服务要更具业务指导性和实际可操作性。因业务领域不同，在业务处理过程中，财务人员作为沟通业财的重要桥梁，需将财务方面的专业知识、法律法规及文件要求转化成易于业务人员接收的操作规范，便于业务人员理解财务报销规范，更加合法、规范、顺利、高效地完成财务报销业务流程。

3.财务报销单据查询的便捷性有待提升。财务报销单据要便于业务人员、经办人员、部门负责人及业务归口管理部门人员按不同的口径查询相关费用报销数据，达到与相关费用的月度预算及年度预算相匹配的程度，实现企业各部门人员对企业诚信财务报销服务的透明化监督与实时的合理化意见反馈，形成企业内部业务与财务的良性互动，更好地提升企业诚信品牌形象，促进企业的优质发展。

三、企业诚信财务报销实施方案

1.着力建设"1"支诚信财务服务队伍。内蒙古电力科学研究院财务处从积极履行诚信服务的角度为出发点，建设具有内蒙古电力科学研究院企业特色的财务服务队伍。这支具有蓬勃朝气、青春活力的财务队伍，本着"诚信至上"的服务宗旨，通过常态化、优质化的学习培训不断更新行业及专业相关的知识储备，更好、更高效地将专业知识指导并运用于工作实践。

2.认真做好"2"个结合的学习活动。第一，内蒙古电力科学研究院财务处每月在部门内部定期开展学习活动，即党建学习与业务学习相结合。在严格执行财务法律法规和相关规章制度的前提下，强化财务人员一岗双责的责任意识，树立财务人员正确的大局意识，要清楚地认识到违法违纪的高额成本，从思想上绷紧廉洁自律之弦，要严格遵守廉洁自律各项规定，自觉抵制不正之风，真正做到自重、自省、自警、自励，提高财务"底线思维"及"红线意识"。从价值管理角度出发，立足于诚信服务，将廉洁自律的思想作风与企业财务报销业务相结合，严格把好企业报销业务的财务审核关。第二，不定期地与企业内部业务部门开展业财结合的学习活动，如通过素质拓展、道德讲堂、业务交流等丰富多彩的活动形式，加强与业务部门的沟通，可以促进企业财务人员对内蒙古电力科学研究生产、科研及经营等各方面业务工作的认识与理解。在更好地加强与业务部门人员工作配合的同时，将财务工作的诚信服务理念传递至业务工作的不同环节，实现企业诚信财务服务如春雨般"润物细无声"。

3.重点突出"3"个诚信财务服务特色。第一，精心制作内蒙古电力科学研究院《财务报销手册》。内蒙古电力科学研究院财务处以最新的财务制度标准为基准，在借鉴系统内外相关单位的先进管理理念并结合内蒙古电力科学研究院生产、科研、经营管理等实践经验，整理编制《财务报销手册》，并且依据相关规定更新实施，不断地优化完善《财务报销手册》的内容。该手册将财务专业的制度标准化规定转化为易于业务部门报销经办人理解、便于操作执行的简明图例，以诚信服务、据实报销为前提，指导经办人及时准确地申报费用预算，正确完整地准备齐全报销所需的相关票据及附件材料，规范合理地填报财务报销单据。第二，不定期开展"财务小课堂"，向企业的业务人员宣贯与报销相关的、最新的财务政策及法律规范等。近年来，增值税、个人所得税等相关政策法规的更新出台，以及财务标准化制度的修订变更，涉及很多与企业员工报销息息相关的事项。内蒙古电力科学研究院财务处研究学习最新的相关政策法规，选取员工最为关心的财务报销事项为培训主题，通过开展"财务小课堂"活动，以专业、生动、深入浅出的互动交流形式向业务人员准确地传达与报销相关的政策法规。第三，通过线上线下等多种形式建立企业诚信财务服务沟通机制。因内蒙古电力科学研究院生产、科研、经营等相关业务大多需要出差办理，财务处为解决业务人员报销难题，通过线上线下等多种形式的沟通，建立业务人员与财务人员的无障碍沟通服务机制，随时为业务人员提供报销咨询服务。

4. 关键强化"4"个诚信财务服务要点。内蒙古电力科学研究院生产、科研、经营等方方面面均涉及报销相关的事项，向业务人员及时准确地传达报销的财务要求，财务人员与业务人员配合并践行"诚信、依法、合规、专业"的理念，提高报销的质量和效率。第一，严格执行全员出差审批管理要求。按照内蒙古电力科学研究院相关规定，实行全员出差审批管理。第二，费用预算及时准确申报。第三，据实报销，切实做到"两个真实，一个完整"。内蒙古电力科学研究院财务处以"诚信、依法、合规、专业"管理理念为准绳，要求业务单据据实报销，即报销业务必须真实发生，处理的相关成本费用必须合法合规，需要做到"两个真实，一个完整"，即业务真实、票据真实、出差行程闭环完整合理。第四，报销单据及时传递。

四、企业诚信财务报销服务实施效果分析

1. 企业月度、年度预算执行准确性提升。2019年至2020年11月，内蒙古电力科学研究院月度预算执行率均高于90%，并且2019年年度预算执行率高于90%，充分体现了内蒙古电力科学研究院在企业费用预算申报的精准性及预算执行的准确性等方面所做的努力，更好地促进了企业诚信财务服务水平的提升。

2. 业务人员报销单据填报的效率提高。企业的财务报销业务涉及的业务费用种类较多，在财务人员的正确指导和帮助下，业务人员在财务管控系统填报报销单据的质量和效率大大提升，系统单据平均处理时间大大缩短，单据回退率有所降低，报销付款到账的时间大幅缩短。

3. 业务人员报销问题反馈及时。内蒙古电力科学研究院财务报销通过线上线下的无障碍沟机制，极大地提高了业务人员报销问题反馈解决的及时性，为出差在外的现场业务人员及时解决财务报销难题，有效地避免了诸多问题，实现了业务人员与财务人员沟通反馈的良性互动。

4. 业务人员与财务人员专业知识融合性提升。在"坚持系统观念"的原则为发展指引，内蒙古电力科学研究院立足于业务与财务的深度、有效融合的发展要求，秉承"诚信、依法、合规、专业"的服务理念，财务服务团队在不断更新自身专业的知识储备的同时，自主地学习了解内蒙古电力科学研究院科研、生产、经营、物资等前端业务部门的业务处理流程，极大地提高了处理财务报销业务的准确性，并且可以站在业务活动的工作视角来主动思考企业财务的价值管理，提升了企业财务的服务管理水平。内蒙古电力科学研究院不同专业的业务人员主动学习财务报销的相关政策和制度标准，可以从财务的角度出发、从报销业务的源头处理环节开始切实地做到诚信、依法、合规报销，从前端业务处理的流程开始更好地规避财务报销中的相关风险，真正实现企业诚信财务服务。

案例创造人：梁宇婷　王银　樊静

以信用为依托持续优化营商环境、获得用户满意

内蒙古电力（集团）有限责任公司乌兰察布电业局

一、企业简介

内蒙古电力（集团）有限责任公司乌兰察布电业局（以下简称乌兰察布电业局）组建于1979年，是内蒙古电力（集团）有限责任公司（以下简称内蒙古电力）直属特大型供电企业，担负着乌兰察布市和锡林郭勒盟部分地区的电力供应任务。统设职能部门10个，专设职能部门8个，本部内设机构1个，供电分支机构12个，专业生产机构9个，营销服务机构5个，其他机构7个。

乌兰察布电网位于蒙西电网东端，拥有全国第一座220千伏杜尔伯特数字化变电站，是蒙西电网西电东送的重要出口。目前，共运行变电站182座，主变总台数360台，总容量21886.55兆伏安，35千伏及以上输电线路共8172.877公里。

近年来，在内蒙古电力坚强领导和乌兰察布市经济社会高质量发展带动下，乌兰察布电业局售电量始终保持高速增长，2020年售电量466.68亿千瓦时，领跑蒙西电网供电单位。售电量的持续攀升，促使销售收入、内部利润、固定资产等主要经营指标显著增长，带动各项工作迈上新台阶。

二、企业诚信建设管理举措

1. 营造诚实守信、履责在肩、服务人民的良性文化氛围。诚信是企业的立业之道和兴业之本，也是企业增强市场竞争力，实现可持续发展的动力源泉。乌兰察布电业局始终坚持"责任，服务，发展"的企业使命，将诚信贯穿于企业生产经营业务，各项工作取得骄人成绩，实现了企业和电力用户同发展、共成长的目标。该局立足经营实际，履责在肩，全面推进各级电网建设，不断完善电网输送格局，为地方经济社会发展提供强有力的电力支撑；坚持"人民电业为人民"的服务宗旨，通过夯实服务基础，有序开展营销"三零三省"大服务工作，全面保障地区重要负荷落地，保障地区居民用电无忧；坚持高质量发展总基调，在内蒙古电力带领下，各项中心业务有序推进，诚信体系建设整体水平不断提高，先后获得"内蒙古区用户满意企业""内蒙古自治区国资委企业管理工作先进单位"和"全国文明单位""全国模范职工之家"及"第三届'信用电力'优秀组织单位"等多项荣誉。

2. 以体系标准化规范生产经营活动，助力企业诚信运营。企业标准是企业开展生产、经营活动的重要依据，也是企业诚信运营的有力保障，乌兰察布电业局积极构建、完善标准化体系建设，实现了标准覆盖经营全业务、全流程，目前有管理标准218项、技术标准555项、工作标准528项。为保障标准落地，通过自上而下、自下而上双向结合方式，在将标准应运到经营业务的同时从实践中开展标准体系自评价，纠正标准执行不到位及冲击标准行为，推动标准体系高质量运行。

3. 强化依法治企，保障各项经营业务规范化运作，为诚信企业构建提供法律保障。乌兰察布电业局

作为成立较早的供电企业，多年发展历程总结出依法治企对企业发展的重要意义，高度重视法律事务管理工作，一是结合经营实际建立授权委托机制，建立高效合同审签管理系统，明确合同审签流程，形成合同线上线下两条线同步运作闭环管理，2020年对外签订经济合同3174份，涉及金额22亿元，合同签订体量大、金额多，两项指标均位于内蒙古电力系统前列，基于科学授权和高效合同管理，目前未发生一起因合同审查不力引起的纠纷；二是高度关注企业经营过程中的诉讼案件和非诉讼业务开展，在尽最大努力获取案件胜诉的同时认真开展非诉讼业务，为企业安全生产、市场营销及"三重一大"决策等提出法律意见，保障企业各项决策部署有法可依，实现运营风险可控在控；三是审时度势，借着"七五普法"法治宣传教育契机，扩宽宣传渠道，开展各类普法、咨询活动。

4. 加强财务管控，依法纳税降低企业涉税风险。市场经济体制改革的深化促使企业间经济交往日益增多，而市场的信用危机又导致企业拖欠现象严重，为避免陷入信用危机，乌兰察布电业局不断强化财务内管外控，一是以"全面清理"为原则，建立往来款项清理制度，将款项清理纳入年度重点工作，对应付类款项、应收类款项、应核销类款项逐一清理，该付的付、该收的收，实现与上下游合作主体一账一清，确保合作双方诚信履约；二是强化税务管理，坚持依法纳税，2020年新冠肺炎疫情期间，乌兰察布电业局主动学习电子办税方法，依法、足额、及时完成各项税费缴纳，基于诚信纳税行为，乌兰察布电业局先后在税务局年度"纳税信用等级评定"中4次荣获"A级纳税人"称号。

5. 以市场为导向，以客户为中心，持续优化营商环境，不断提升诚信服务水平，打造内蒙古自治区用户满意企业。"十三五"期间，乌兰察布电业局积极推进"大营销、大服务、大市场"体系建设，切实提升客户"获得电力"指标。聚焦客户需求，以多样化优质服务增强客户满意度。打造内蒙古电力系统内首家智能型、市场型、体验型"三型一化"A级客户服务中心，丰富服务中心业务功能，提高业务办理效率，不断深化"互联网+营销"服务模式，助推客户服务多样化开展；综合线上业务办理、充值交费、故障报修等业务需求，提升"蒙电E家"App应用能力，拓展微信、网站、银行、支付宝等线上交费渠道和电子账单推送，实现线上提交申请、线下快速响应目标；建立客户服务经理制，以社区为单位开展"网格化"服务管理，实现用电咨询、故障报修、停电通知一站式服务并在此基础上结合业扩工程项目经理制，以"双经理"工作机制实现电力服务从售前到售后的无缝对接；客户服务中心入驻乌兰察布政务服务中心，编制《办电服务指南》《审批工作细则》《标准化服务指南》等办电材料，为广大电力客户提供服务指导；成立各大工业园区客户服务中心，提升客户不跑腿服务体验。开展"三零三省"服务，助力电力用户松绑减负。针对小微企业等用电客户报装接电，实现客户办电零上门、精简报装手续零审批、客户用电零投资。通过预约、线上智能服务，缩短办电时间，压减办理环节等，深入开展10千伏非居民客户省心、省力、省钱的"三省"服务，以"审批最少、流程最优、效率最高、服务最好"的营商环境，诚信服务客户。执行新冠肺炎疫情期间电价政策，让电力客户尽享电费减免政策红利。2020年累计减免基本电费357.82万元，除高耗能企业外工商业电价优惠电费5233.86万元，免收工商业客户违约金约233万元，累计降低企业用电成本17.55亿元，执行输配电倒阶梯优惠政策，累计优惠2.96亿元；同时，加大宣传力度，让电价政策足额传导至终端客户，让电力客户尽享电费减免政策红利，提升客户满意度。

三、企业信用体系建设管理实践

1. 积极参与中电联"信用电力"竞赛。乌兰察布电业局在2018年第三届"信用电力"竞赛中入围获奖，获得"优秀组织单位"荣誉。

2. 开展失信行为自查自纠和上下游合作主体信用风险排查工作，降低企业信用运营风险。将诚信贯穿企业生产、经营业务，设立信用体系建设专责，根据中电联《关于征集涉电力市场主体在发电领域失信行为信息的通知》和内蒙古电力诚信体系建设相关要求，常态化开展信用风险排查，在各处室开展失信行为自查自纠的基础上就各种存在的失信行为进行排查、统计，发现问题及时督促整改、纠正，确保联合惩戒"黑名单"事件为零；同时，及时掌握中电联发布的"重点关注企业名单"，严防死守，确保与上下游利益主体谨慎合作，降低运营风险。

3. 协助信用评估机构，对涉信风险合作企业信用情况摸底核实，净化企业经营环境，为推进诚信体系建设大格局做出贡献。

4. 以"诚信经营"为抓手，供电服务质量不断提升，市场占有率保持较高水平，百万客户投诉量再创新低。乌兰察布电业局把诚信经营、真情服务根植到企业各项工作，近年来供电服务水平不断提升，市场占有率逐年上升，始终保持较高水平。百万客户投诉量逐年递减，远远低于内蒙古电力下达指标，多次获得"内蒙古自治区用户满意企业"荣誉。这一桩桩好成绩离不开电力客户的信赖与支持，更离不开乌兰察布电业局的诚信践诺。

四、结语

服务只有起点，诚信没有终点，未来，乌兰察布电业局将继续以"依法治企、规范运作、诚实守信"高质量发展基础为契机，在日常经营管理活动中守住信用红线，筑牢信用底线，找准角色定位，上下一盘棋用诚信助推服务品质，真情打造优质高效服务体系，以信谋立，全面推进"电网坚强、服务卓越、治理科学、管理精益、文化优秀"现代化企业建设，做客户信得过的电力企业。

案例创造人：章雪姣

党建价值中的诚信服务

内蒙古电力（集团）有限责任公司乌海电业局海勃湾供电分局

一、企业简介

内蒙古电力（集团）有限责任公司乌海电业局海勃湾供电分局（以下简称海勃湾分局）成立于1976年，主要负责内蒙古乌海市海勃湾城区的电力供应维护和用电交费等相关业务，服务广大电力用户近13万户。现有在册职工108人，下设8个班组。支部现有党员30名，占职工总数27%，平均年龄35岁。近年来，海勃湾分局紧扣新时代党的建设工作总体要求，对党的工作积极探索、创新基层党建工作新思路，打造"一二三四"党建特色工作法，坚持依法治企、诚信经营，努力树立诚实守信的市场形象，把诚信建设活动融入文明创建、生产经营、客户服务等工作中，找准基层党组织工作与生产、经营任务的结合点，为实现国有企业和谐稳定发展提供强有力的支撑和保证。

海勃湾分局党支部曾荣获2014年度"内蒙古自治区国资委先进基层党组织""2015年度内蒙古电力公司'蒙电'基层党组织建设示范点"和"先进基层党组织"的荣誉称号，荣获2015—2016年度内蒙古自治区国资委和乌海市"先进基层党组织"和2017年内蒙古电力公司"先进基层党组织"、乌海市"学雷锋示范点"、乌海市"巾帼文明岗"荣誉称号，2018年度、2019年度获评乌海市"文明服务窗口单位"，2019年获得第九届内蒙古自治区级文明单位。连续12年蝉联海勃湾区政风行风评议第一名，现已成为行风评议免评单位。

二、具体实施方法

海勃湾分局党支部严格贯彻落实上级党委关于党建工作的部署和要求，针对工作中的问题，党支部加强主动领导、创新工作举措，形成典型价值意义的"一二三四"党建特色工作法，即一个平台、两个特色服务、三支志愿者队伍、人才培养"四新工程"，结合创新管理理念与创新成果的推广运用，营造出思想同心、目标同向、行动同步的和谐氛围，有效推动国有企业基层组织诚信服务体系建设取得扎实成效。

（一）开辟"一个平台"，增强党员学习教育吸引力

为加强"诚信、责任、创新、奉献"的团队价值观文化入脑入心，海勃湾分局通过楼宇电视、网络、新媒体等媒介开展诚信文化宣传、强化诚信理念渗透。为有效提升党员学习力和战斗力，海勃湾分局党支部在此基础上创新学习形式，建立集党史、党课、岗位知识、诚信服务资讯、培训、积分管理于一体的"海供党建学习吧"App平台。该平台的学习计划功能可以针对职工的知识薄弱点及应知应会知识有效帮助党员、职工规划学习内容与时间，加深干部职工对诚信建设的理解和认识；该平台引入"学分"概念，后台可依据学分自动生成每个党员的日常培训档案，根据登录情况、学习内容、学习时长、

测试练习等内容生成各类统计报表，为职工"颁发"单位自己设置的"学习完成证书"，作为党员年底评比的标准之一，激发职工学习热情。2020年新冠肺炎疫情期间，海勃湾分局根据实际情况建立"云数据"平台，将其辅助应用与"海供党建学习吧"App 云平台相连接，形成"学习培训－过程管理－以学促干"闭环模式，利用数据优势服务党建工作，将基础制度可视化管理，从而稳步辐射中心工作，增强全员诚信理念、规则意识和契约精神，树牢"诚信为本、操守为重"的良好道德风尚，让诚实守信成为职工的自觉行为。

（二）叫响"两个服务"，促进电力优质服务表达力

海勃湾分局党支部以饱满的热情，务实的工作作风，根据自身职业特点及客户需求，把诚信融入经营管理和日常服务中，开展诚信主题实践活动，推动自身信用体系建设长效机制建立。根据优化营商环境相关要求，设立"党员示范岗"，由党员带头积极开展"两个特色服务"能力提升建设。营销班组党员积极践行"打开一扇门，找到一个人，解决全部事"的服务承诺，制作"优质服务对接卡"实现班组内部联动机制，为客户提供"一站式"服务；为乌海市道德模范、身边好人及最美家庭制作"电子礼遇卡"，让客户感受到更加舒适的营业环境和周到快捷的服务体验。生产班组党员践行"电话一声响，抢修奔现场，送电解民忧"服务承诺，并且实行特色鲜明的"台区客户经理制"绿色网格化服务，在处理客户报修急修的过程中规范服务流程，缩短停电时间，提高服务品质。"两个特色服务"开展以来，海勃湾分局职工均以精湛的业务技能展示了良好的团队服务形象，在供电服务、履行社会责任等领域广泛服务，竭诚为客户提供一流的暖心服务，以诚信赢得每一位客户的真心，为全力打造"海供"服务品牌做出了积极的贡献。

（三）依托"三支队伍"，提升"蒙电志愿"品牌影响力

为进一步推进"蒙电示范群体"创建，更好地服务改革、服务发展、服务社会、服务职工群众，充分发挥基层党组织推动发展、凝聚人心、促进和谐的作用，海勃湾分局党支部以电力三相色为灵感，精心打造"蒙电深情"黄、绿、红三支志愿服务队，将志愿服务工作与日常的安全生产、优质服务等中心工作融为一体，深化"戴党徽、亮身份"系列活动，不断发挥党支部的先锋模范作用和正面影响力，曾获得"内蒙古电力公司优秀青年志愿项目"。

黄色安全志愿者服务分队，拉起黄色警戒线，积极响应诉求，高效保障光明，为特殊群体提供上门检修线路等服务697次，圆满完成重大保电任务52余次，多措并举优化营商环境，保障客户高效用电，及时响应客户服务诉求，将使命扛在肩上。

绿色优质服务志愿者分队，打开特色窗口，聚焦优质服务，加强引领宣传。进行用电宣传活动共计34余次，发挥企业责任新风貌，保障客户便捷用电，真正下功夫、花心思地为客户提供优质服务，把担当抓在手中。

红色爱心志愿者服务分队，穿好红马甲，帮扶互助，倾情志愿服务。真正面对面、心贴心地解决客户用电难题，使责任落到足下。

（四）打造"四项工程"，夯实人才培养建设凝聚力

海勃湾分局党支部以"蒙电先锋"工程为契，建立跟踪、培养、使用的"育新工程""匠新工程""畅新工程""举新工程"人才培养体系，加强"技术人才、技能人才、管理人才"三支队伍建设，为建设诚信企业、文明单位而储备高素质人才力量。将"育新工程"（入职两年新职工）作为人才培养起点，坚持"选、育、管"原则，通过《育新培训协议》合格出师后；再以"匠新工程""畅新工程"将胜任岗位能力、有提升潜质的创新型、综合管理型人才进行职业生涯中期培养，实现为企业储备德才

兼备的骨干力量和成就职工个人价值目标的目的。最终，通过"举新工程"将优质人才培养成后备管理人才和技术带头人，为上级部门输送后备力量。每项工程均采用积分、纪实、民主评议和绩效考核等措施，实现培养目标、培养计划、培养对象、跟踪管理、综合评价的全过程闭环管理。海勃湾分局党支部整合现有资源、推进"四新"人才培养工程，积极探索用事业凝聚人心、用实践造就人才的良性发展之路，让精神文明建设在基层"活"起来。

三、实施成效

海勃湾分局党支部打造党组织建设工作的载体，将党组织建设工作渗入到中心工作各环节，以提高企业诚信意识和信用水平、改善营商环境为根本目的，以人民为中心，把党建优势转化为生产、经营优质服务的动能，在企业内广泛形成守信光荣、失信可耻的浓厚氛围，使诚实守信成为职工的自觉行为规范，取得了实实在在的成效。

海勃湾分局党支部创新的热情空前高涨，实现了由被动创新向主动创新、由完成任务的创新向解决问题式的创新、由重形式的创新向重内容的创新转变。一是党员自觉主动接受党支部的教育和熏陶。二是发挥夯实党支部的战斗堡垒作用，有效推动国有企业诚信体系建设与中心工作的深度融合。三是党建引领服务中心工作效果突出。几年里，海勃湾分局党支部积极引导"匠新工程"成员立足一线服务工作并开展科技创新活动，QC 成果连续 6 年获得内蒙古自治区质量管理小组一等奖，研发的 33 项成果中有 4 项成果获国家专利、5 项成果获得国家级荣誉、13 项成果获得内蒙古自治区级荣誉，对解决工作、生产中存在的服务问题及提高党员、职工的综合文明素质起到了强大的推动作用。

案例创造人：孙静　李静

"互联网+蒙电采购服务"模式下构建电力招投标信用评价体系

内蒙古蒙能招标有限公司

一、企业简介

内蒙古蒙能招标有限公司（以下简称招标公司）成立于 2000 年，具有"三甲"资质（住房和城乡建设部工程招标代理机构甲级资质、国家发展改革委中央投资项目招标代理机构甲级资质及政府采购甲级资格），经营范围包括土木工程、建筑工程、设备安装工程和装修工程的勘察、设计、监理及与工程建设有关的重要设备材料采购招标的代理，主要负责承接内蒙古电力（集团）有限责任公司各类设备、材料、设计、施工、监理等招标采购工作（一级采购）。招标公司下设综合处、财务处、党群处、资审处等 8 个处室，现有员工 64 人，拥有一支由 860 名各行业高级技术专家组成的专家库，为保证项目的质量和评标过程中的公正性提供了权威性的技术支持。

多年来，招标公司严格遵守国家有关法律法规，规范执业，遵循"公开、公平、公正和诚实信用"的原则，以"搭建诚信平台，融通供需双方"服务内蒙古电网发展的宗旨开展招标投标工作，努力做到在招标代理活动中取得良好的社会和经济效益。曾获多类行业荣誉，2019 年度获得中物联颁发的"优秀采购代理机构"荣誉称号，2020 年蝉联内蒙古自治区文明单位标兵称号。

二、企业诚信建设和信用体系建设实践

招标有限公司作为内蒙古电力（集团）有限责任公司（以下简称内蒙古电力）的子公司，积极贯彻落实国家和内蒙古电力的有关文件精神，通过对招标全流程各环节的优化管理，不断构建出"互联网＋蒙电采购服务"模式下的电力招投标信用评价体系。

一是招标文件审查会中坚决坚持诚实信用原则。对于工程量清单中是否存在与招标项目的实际不相适应，资质要求、业绩要求是否存在一些排斥潜在投标人的情况进行认真审查。从源头上把关，避免招标中出现不公平、不诚信的行为。

二是充分利用"互联网＋"大数据信息服务。报名审核阶段，投标人需要在投标时提供在中国裁判文书网、国家企业信用公示系统及"信用中国"网站查询结果截图或查询报告（查询日期应在投标截止日期 20 天内，查询结果应为网站自动生成的 PDF 文件的打印版）。从而将失信的投标人在报名阶段予以筛除。建立起"一处失信，处处受限"的信用体系。

三是积极推进投标保证金电子保函。为积极贯彻落实国家有关文件精神，持续净化招标采购市场环境，不断优化营商环境，招标公司把"投标保证金电子保函"作为推进"互联网＋蒙电采购服务"品

牌建设重要创新项目之一，积极推进该项目开发、内部测试与对接工作。目前，已实现投标人可通过 CA 锁登陆蒙电电子商务系统，线上完成信息提交、费用交纳、保单生成等工作，全流程简单高效，对于推动招投标全流程的电子化、信息化、规范化升级发展、强化电力招投标信用评价体系构建，激发市场活力、优化营商环境等方面都具有积极意义。与以往的现金形式的投标保证金对投标人的投标行为进行约束的作用相比，电子保函对于电力招投标信用评价体系构建具有以下 4 个优点。①减轻企业负担，优化营商环境。投标企业通过交纳电子保函的方式，只需在线向第三方担保平台缴纳少量的保函手续费，减轻企业资金支出压力，提高企业资金使用价值。例如，电力企业投标一个 800 万元的施工项目，依照投标文件的要求需缴纳 8 万元的投标保证金，按规定中标后保证金要等一段时间才能退回，如果同时竞标几个项目，交纳保证金将给企业带来极大的资金压力。选择电子保函后，企业资金压力将会得到很好的解决，电子投标保函费率是 1% 左右，8 万元的保证金只需交 800 元的保函费，企业因投标占用的资金将会大大减少。如果投标企业一年内的投标电子保函计划占用费用为 10 万元，相应可替代的投标保证金为 1000 万元，企业将节省 990 万元的资金占用。真正降低了企业财务负担，进一步提升了投标效率，有助于激发企业参与市场竞争活力，提升行业整体素质和自律性，减少了企业不诚信的投标行为，激励市场更加规范有序、合理竞争，进一步优化营商环境。②强化电子动态监督和预警，减少虚假行为。使用蒙电电子商务平台＋"投标保证金电子保函"的模式可以在很大程度上杜绝人为干扰，全过程网上留痕，信息真伪可溯可查，有助于形成投标保证金闭环管理，让行业主管部门全过程参与线上监督，更方便审计、监管部门对投标保证金制度的执行情况进行监督；同时，可充分发挥信用信息和交易大数据在电力行业发展中的作用，通过第三方保函服务平台的优化授信，实时统计投保数量与保险金额等数据信息，精准反映本地区投标保证保险使用情况，将信誉不良企业进行筛除，有效减少后续招标环节的工作量。③有助于行业监管，推动行业市场信用体系建设，构建优胜劣汰的市场机制。电子保函担保机构在承保工程投标保证保险业务时，为防范和避免相应信用履约风险，会对投标人财务状况、经营管理能力、工程业绩、诚信记录等信息进行全面审核，电子化发展后的保证保险产品不仅可实现将上述信息录入系统平台，还能追踪记录其履约的真实信息数据，在不断积累的过程中形成企业的履约信用系统。④用电子保函来监管整个招投标全过程，只要在某一个环节中出现了问题，平台可以第一时间做出相应的对策，第一时间有记录可追溯，通报出函的担保平台或相关部门，尽量把风险率控制在最低；信誉好的施工企业将比较容易取得银行保函并获得更多政策奖励，履约能力差、有不良行为记录的企业则难以获得或不能获得银行的担保，失信严重的企业最终将不得不退出市场，从而真正构建"守信得偿，失信惩戒"的信用机制。

近年来，招标公司在内蒙古电力的坚强领导下，始终围绕"公平、公正、公开、诚实信用"的原则服务于内蒙古电网的建设发展，树立了"搭建诚信平台，融通供需双方"的服务理念，营造了良好的招标采购环境，在招标代理活动中取得良好的社会和经济效益。今后，招标公司将进一步提升招标全过程管理水平，不断优化"互联网＋蒙电采购服务"模式下的电力招投标信用评价体系。

案例创造人：成然　张钊

诚信汇聚强大绿色动能，助力于地区高质量发展

内蒙古电力（集团）有限责任公司巴彦淖尔电业局

一、企业简介

内蒙古电力（集团）有限责任公司巴彦淖尔电业局（以下简称巴彦淖尔电业局）位于内蒙古自治区巴彦淖尔市，成立于 2010 年，是国有独资企业，担负着巴彦淖尔市 168 万城乡居民供电的重要任务，拥有 500 千伏变电站 5 座、220 千伏变电站 19 座、110 千伏变电站 57 座，输电线路共 4908 公里，服务用户 107 万户。

近年来，巴彦淖尔电业局深耕技术先进、结构合理、网架坚强、适度超前的现代化电网建设，为地区打造"天赋河套"农产品区域公用品牌、助推地方经济高质量发展提供源源不断的动能。巴彦淖尔电业局持续完善社会信用体系建设，在经营发展过程中不断提高供电服务等工作的社会信用水平和信用风险防范能力，积极主动地向社会公开供电服务质量状况和质量承诺信息，接受社会监督，将信用建设融入企业发展血脉，在践行"人民电业为人民"庄严承诺的路上，不断提高质量诚信意识和质量法制意识，推动牢固树立"质量诚信，用户满意"的经营理念，促进社会健康有序发展。

二、诚信推动电网建设，真情奉献祖国北疆

2020 年，巴彦淖尔电业局积极服务地方经济，高标准完成巴彦淖尔地区"十四五"输电网、配电网规划，配合巴彦淖尔市发展改革委编制完成黄河流域、可再生能源等专题规划。综合电网实际和客户需求，科学精准安排投资计划，圆满完成 8 项电网基建前期、两大类 48 项配网前期工作。为建设用户放心工程，巴彦淖尔电业局加大可研内审力度，建立供电所、供电分局、电业局三级评审流程，层层把关，切实将用户放心工程落到实处。2020 年，海子堰 110 千伏变电站工程荣获内蒙古自治区安装工程优质奖（内蒙古安装之星），忠义 220 千伏变电站工程争创省部级优质工程，新安 220 千伏变电站工程荣获内蒙古自治区优质样板工程。

在电网建设飞速发展的 2020 年，巴彦淖尔电业局不断加强对安全生产的监管力度和对工程建设领域的巡察整改力度，以不遗余力的责任心助力诚信电网工程有效落地。巴彦淖尔电业局积极探索工程安全管理新思维、新方法，"蒙电工程 e 战役""数字工地"系统有效提升工程建设信息化水平，对工程质量及进度数字化把关。落地执行《相关方安全管理办法》，2020 年完成相关方资质备案 28 家，严格管控施工安全，全年累计下发安全质量检查通报 16 份，依据《相关方安全管理办法》累计下发违章通知单 23 份，累计处罚违约金 46.5 万元。依据《配电网工程建设施工考核管理办法》累计下发施工违章考

核通知单 20 份，累计处罚违约金 7 万元，存在问题限时完成整改。严格履行五方验收程序，对 14700 多件抽检不合格设备材料全部发回换货。守信于心，全面落实《保障农民工工资支付条例》要求，率先在内蒙古电力系统完成施工单位办理农民工工资支付专用账户工作。截至 2020 年 12 月 10 日，巴彦淖尔电业局累计建立农民工工资专用账户 30 个，通过专用账户累计发放农民工工资 1170 万元，参与本年度尾留和结转工程、2020 年新建工程（包括已竣工的工程项目）的施工单位已全部结清工人工资。

"企业需求在哪里，供电线路就延伸到哪里"是电力人立责于信，履责于行的庄严承诺，诚信的"强电流"注定会驱动城乡的大发展。巴彦淖尔电业局聚焦巴彦淖尔市 2020 年重点目标任务，紧随巴彦淖尔市发展的目光和脚步，将电网规划融入城乡发展大规划之中，为"天赋河套"农产品区域公用品牌建设、现代农牧业发展等重点工作持续提供绿色能源支撑。"十三五"以来，巴彦淖尔电业局无缝融入全市生态优先、绿色发展的高质量发展布局，电力输送"主动脉"不断壮大，电网及基础设施年均投资 15 亿元，新建 220 千伏变电站 5 座、110 千伏变电站 15 座，全面增强了电网资源配置能力，着力解决了电网联系薄弱、农村供电设施过负荷、供电"卡脖子"和"低电压"等突出问题，主、配网输送互带能力实现再次飞跃，城市供电可靠性从 99.87% 提高到 99.918%。建成乌拉特中旗百万千瓦风电汇集站，首座 220 千伏户外 GIS 变电站建国 220 千伏运维站投运，完成了黑柳子工业园区、黑猫煤化工等全市重点园区和项目电力配套工程。目前，巴彦淖尔电网已经形成了"河套—德岭山—春坤山""后旗—河套—祥泰—千里山""巴中—德岭山""一横一纵一个分支"的 500 千伏主网架结构，覆盖广泛、分区科学的 220 千伏输电网日趋完善。同时，巴彦淖尔电业局在推动城乡供电服务均等化的进程中不断加大配电网改造升级力度，为祖国北疆绿色可持续发展编织起安全、可靠、清洁、高效的供电网。

三、优质、诚信服务让"获得电力"落地生根

在巴彦淖尔市临河区双河镇进步村稻鱼蟹共生现代立体农业产业园，5000 亩连片水稻绵延如碧波。然而，这片绿油油的富民项目区在以前还是荒草丛生、多半被弃管的盐碱地。2019 年，进步村引进内蒙古德欣安农业发展有限公司投入资金 1200 万元，规划发展无公害优质水稻及稻下养鱼蟹项目。为了让水稻田第一时间用上电，巴彦淖尔电业局组织多部门联动，把办公现场搬到了水稻田间，办票、签字、施工……仅用 8 天时间就在泥泞的荒地里为客户送上了电，让 5000 亩农田种进水稻、"喝上了水"，用真诚优质的服务换来用户满意的笑容。

巴彦淖尔经济技术开发区的沃尔绒毛产业园以前只有几家绒毛企业入驻，大批车间仍然空置。2019 年 3 月，巴彦淖尔电业局按照"三零"服务政策给园区企业免费配套用电设施，为园区减负。园区节省下开支，又在厂房租赁上给入驻企业腾出很大的让利空间。双重利好加快了绒毛企业入驻园区的脚步，"三零"服务帮助园区扭转颓势，推动园区快速发展。从 2019 年 4 月份开始，巴彦淖尔电业局组织人手安装设备，快速新建 10 千伏线路一条，箱式变压器 6 台，并且配套提供项目所需全部低压材料，工程先后投入 300 多万元。从 2019 年 7 月至今，共有 43 户企业陆续入驻园区，其中 22 户已具备生产条件投产，电力供应全部到位。

"办电做减法，服务做加法"，让供电服务"最后一公里"缩短为"零距离"，是巴彦淖尔电业局的承诺。2020 年，巴彦淖尔电业局全面启动"获得电力"服务提升年活动，按照国家发展改革委"获得电力"指标分解，主动对标一线城市，点对点开展"获得电力"指标提升工作。着力打造审批最少、流程最优、效率最高、服务最好的业务流程，建立"勘察、设计、施工"一体化管理、一站式服务模式，将高压、低压报装业务分别压减为 4 个和 2 个环节。

近年来，巴彦淖尔电业局紧密结合巴彦淖尔市全力建设河套全域绿色有机高端农畜产品生产加工服

务输出基地、大力实施"天赋河套"农产品区域公用品牌建设的战略目标，按照"零上门、零审批、零投资"的"三零"服务工作要求，通过降低企业用电成本、压减办电时间、规范供电服务行为、拓宽办电渠道等多项举措提升"获得电力"指标，不断优化电力营商环境、优化业务流程、精简办电手续，按下了诚信服务、优质服务的"加速键"，受理"三零"报装 5198 户、累计送电 4009 户。将新建建筑上电纳入政府工改平台，通过平台上的政企联动，创新实行线上联审和线下联合勘察的新模式。不断提升"互联网 + 客户服务"能力和客户问题解决能力，开辟办电绿色通道，积极引导电力客户通过 95598 网站、微信、蒙电 E 家 App 等电子渠道办理业扩报装、交费、报修、咨询（查询）等业务，实现用电业务"网上办、掌上办、指尖办"，报装时限在国家能源局相关实施方案的基础上再次压缩 50% 以上，全面落地"一证办电"的服务承诺，实现"数据线上跑，办电零距离"的工作目标。巴彦淖尔电业局这些举措施行后，巴彦淖尔市低压非居民（含小微企业）直接装表接电工程接电时间不超过 5 天，10 千伏高压单电源用户接电不超过 27 天（不含用户工程设计、施工时间），小微企业人员在办电过程中不用自己跑腿，"三零"用户办电环节减少到 2 个，用户电力获得感持续提升。

座座高塔铸成钢筋铁骨，条条银线织就经济动脉。巴彦淖尔电业局将迈着新时代发展的步伐输送光明践初心、服务民生履使命，把人民对美好生活的用电需求作为出发点和落脚点，厚植诚信力量，以坚强电网的"满格电力"为河套百姓照亮全面建成小康之路，为实现"塞上江南、绿色崛起"宏伟目标注入强劲动能。

案例创造人：王珏　王蒙

诚信铸口碑，产融促腾飞

深圳市润电投资有限公司

一、企业简介

深圳市润电投资有限公司（以下简称润电投资）成立于 2017 年，主要经营范围为投资兴办实业、投资咨询、投资顾问、企业管理咨询等，是华润电力控股有限公司全资子公司，作为广东润创新能源股权投资基金（以下简称润创新能源基金）的 GP 投资方和执行事务合伙人，致力于成为新能源产融结合解决方案提供者。按照华润集团"双擎两翼"发展战略，为推动"产融协同"、服务华润电力主业创新发展，润电投资受命发起设立了润创新能源基金，以市场化方式弥补华润电力发展手段的不足，为产业转型创新提供支持。在华润电力、华润资本的支持帮助下，经多渠道多层次的沟通与努力，仅历时 8 个月就完成了润创新能源基金的募集、设立和首笔资金到位，成立速度创造行业先河，也是行业内为数不多的无任何兜底条件的纯市场化基金。润电投资充分发挥润创新能源基金的市场化优势，深化产融协同，创新发展方式和发展手段开展投资业务。润创新能源基金成立后不到 3 年的时间里，快速布局了一批优质平原风电项目，主要分布在山东、河南、河北、安徽、江苏 5 个省份，借助"预收购+EPC"合作模式成功锁定了 13 个共 84 万千瓦带补贴优质风电项目，为华润电力在传统风电领域的发展添砖加瓦；成功进军环保发电行业，通过合作开发、自主开发等模式开发的生物质热电联产项目 3 个（一期基金投资建设 2 个），生活垃圾焚烧发电项目 5 个（一期基金投资 3 个），日处理总规模 4000 吨，年处理能力 14.6 万吨，在环保发电行业实现零的突破；审慎初探能源高科技领域，持续跟踪国内赛道，已有 3 个项目通过基金立项前的专家评审会审查。

秉承成为"新能源产融结合解决方案提供者"的战略目标，润电投资带领润创新能源基金坚持通过对所投行业的深刻钻研和洞察，发掘并获取优质投资机会，凭借投资团队成员的专业能力、资源网络及拼搏奋斗为被投企业和投资者创造价值。

二、企业诚信建设和信用体系建设实践

润电投资的快速发展离不开各合作方的信任，这种信任得益于成立伊始就重视诚信经营、建立市场信用、打造良好口碑。润电投资秉承母公司华润电力"诚实守信，业绩导向，以人为本，创新发展"的价值观，各项工作取得了显著成就，实现了公司和员工的共同发展。

1."诚实守信"是华润电力及至每一个下属公司、每一位成员的核心价值观，是建基立业的根本。润电投资自成立以来重诚信、讲诚信，党员领导干部严格落实国务院国资委、上级单位的一系列要求部署，严格遵守国家法律法规和行业规范制度生产经营，依法从严治企，未发生违法违纪事件，未发生重大失信事件。广大干部员工认真践行，把"诚实守信"价值观落实在行动中、工作上，讲实话、做实

事，遵纪守法、实事求是深入人心。①润电投资自润创新能源基金所投的风电、环保项目成立之初，就要求其围绕建设、生产、经营、管理等各个方面依法依规开展制度建设，形成管理体系，为企业合法合规管理打造坚实基础，避免问题隐患出现，体现依法诚信治企。此外，润电投资还重视对所投公司开展诚信理念宣传教育，各单位通过宣传栏、企业文化海报、内部宣传网站等各种媒介大力倡导诚信理念，使诚实守信的价值观深入人心。②润电投资主营业务为投资兴办实业、投资咨询、投资顾问、企业管理咨询，为润创新能源基金提供前端管理等为主，服务严格按照国家法律法规和行业规范标准执行，保障服务质量诚信。③润电投资在项目前期开发工作中严守国家要求，润创新能源基金投资的多个生活垃圾焚烧发电项目均按照国家要求通过政府BOO或BOT招标模式确定润电投资为项目特许经营单位，并且与政府相关部门签订了上述项目的特许经营协议。此后，依据协议规定，按期推进各项目建设、运营等各项工作。④落实专人负责信用管理。润电投资财务融资部负责银行等投融资机构信用管理工作，建立应收账款管理制度，按照预算控制、专项管理、及时结算、定期清理原则进行统一管理，配合各项目公司收取款项并开具相关收款票据、按公司规定正确核算往来款价值、定期对应收款情况进行分析、定期与往来单位核对账目、督促具体业务经办部门及时催收款项、协调金融机构贷款发放等。润电投资法律合规部负责合同履行信用管理、风险控制及危机管理等工作，从合同起草、审核、会签、签署等进行规范，明确各方职责并对履约的关键节点建立台账，对照实施、严格把控、塑造良好信用。建立风险控制机制，定期对公司制度建设、财务管理、合同管理、行政事务等方面开展风险排查治理，全面排查问题隐患，不断强化后续整改治理，形成内部风险防控机制。

2."业绩导向"是企业的成长基因，是润电投资事业发展的有力支撑。润电投资和润创新能源基金凭借着良好的品牌口碑和过人的实力，在新能源行业投资者中崭露头角。2018年，获得招商银行颁发的"探索创新·携手共赢"对公创新产品先行先试客户奖。2019年，投资的日照生物质项目荣获"融资中国2018年度中国最佳私募股权投资案例TOP10"奖项，润创新能源基金入选"融资中国2018-2019年度中国节能环保产业十佳投资机构"，润电投资总经理兼润创新能源基金董事总经理赵剑剑入选"融资中国2018—2019年度中国节能环保产业十佳投资人物"，润创新能源基金获2019年中国能源（集团）500强421名。2020年，润创新能源基金投资的日照生物质项目荣获亚洲能源大奖"年度最佳生物质发电项目"；同年，润创新能源基金还获评2020年中国能源（集团）500强411名，荣膺"投中2020年度粤港澳大湾区最佳新锐投资机构TOP 3"奖项。成立不到3年，润创新能源基金已成为最具市场竞争力和品牌效应的新能源产业基金之一。良好的业绩对润电投资的信用体系建设起到了支撑作用，润创基金作为私募基金独立完成了60亿元的项目融资，是首只争取到银行系金融租赁公司低成本融资的基金，也是首只实现投运后银行项目贷款置换的基金。顺利融资彰显了资本市场对润创新能源基金投资项目的认可，也为润电投资带来了更多可靠的信用伙伴，利于公司的进一步发展。

3.以人为本是电力的行业特质，是价值创造的宗旨。润电投资对内维护职工权益，创建和谐劳动关系。所投项目均建立规范的劳动关系和劳动合同制度，实现职工劳动合同签订率100%，建立和完善包括薪酬制度、覆盖全员的考核办法、劳动管理等劳动用工制度，保障职工依法享有劳动权利，企业诚信守法是对职工树立诚信理念的潜移默化。对外立足于努力满足利益相关方的需要，不断创造价值，提升效率效益。认真履行股东责任和义务，充分行使股东权利，做好公司的管理工作，有效规范股东行为，保护投资者的合法权益，正确处理与基金合伙人、投资人和债权人等利益相关者之间的关系。加强反腐倡廉体制建设，反对商业贿赂、欺诈，从主观上树立全员清正廉洁理念，从制度上全面约束、层层防控，杜绝商业贿赂、欺诈等行为，将诚实守信价值观落实到位、贯彻到底。

4. "创新发展"是华润电力的优良传统，是华润电力领先行业发展的重要驱动。润电投资在投资开发中重视创新发展，为项目所在地提供一体化的能源解决方案和一站式的综合能源服务，目前已投产的代表性投资项目为日照生物质热电联产项目。该项目坐落在山东省日照市岚山区木材加工园区，以日照港口码头进口松木装卸作业脱落产生树皮、当地木材加工企业所产废弃边角料、农作物秸秆等为主燃料，以污水厂中水为主生产水源，实现农林废弃物的就地利用和处置。该项目配套高标准建设除尘、脱硫、脱硝装置，每年减少二氧化碳排放约 40.0 万吨、二氧化硫排放约 1450 吨。该项目供热还助推了当地政府关停分散供热锅炉和散煤焚烧采暖锅炉，减轻了当地大气污染，成为环境治理样板。除了保护环境，该项目收购秸秆还为农民创收提供了新渠道，并且招募当地人员创造了就业机会。该项目同时提供周边用热企业工业蒸汽 25 万余吨并可提供居民采暖，年发电量 2.2 亿千瓦时，既促进生态循环，又有助于缓解能源紧张局面，是循环经济模式的优良样板。该项目获"2020 年亚洲能源年度最佳生物质发电项目奖"，该奖是亚洲地区能源行业负有盛名的大奖，获奖是行业对该项目的高度肯定。润电投资坚持以创新打造具有可持续发展及践行社会责任的优秀项目，成为当地政府、居民心中的诚信企业。

企业信用建设的根本环节是对诚信文化的传承发扬，这是一项长期而艰巨的任务。润电投资将着眼长远，把诚实守信作为办企业、干工作的基本准则，遵纪守法，不断培育信用文化，让诚实守信成为润电投资的立身之本。

案例创造人：赵剑剑　黄卓

诚实守信，以人为本，推动公司可持续发展

江苏镇江发电有限公司

一、企业简介

江苏镇江发电有限公司（以下简称镇江发电公司）是一家大型的火力发电公司，华东电网的主力电厂之一，位于江苏省镇江市丹徒区境内，地处苏南电网负荷中心及华东电网的腹地，是连接华东地区的重要电站。镇江发电公司成立于1997年，一期工程于1998年正式开工并于2000年3月及8月投入生产，二期工程于2002年开工建设并于2003年3月及5月投产运行，三期工程于2003年10月开工建设并于2005年7月及11月分别投入生产。

镇江发电公司总投资达70多亿元，由华润电力（江苏）投资有限公司（42.5%）、江苏省国信集团有限公司（37.5%）、北京国华电力有限责任公司（20%）三方共同投资经营。设置5个部门：发电部、技术支持部、营销部、办公室、环境健康和安全部。2003年，通过ISO14001认证和清洁生产审核；2010年，被国家电监会授予"世博保电先进单位"称号；2011年10月，江苏省经济和信息化委员会授予镇江发电公司"2011年度电力迎峰度夏工作有功单位"称号；2011年，被国家电监会和中电联授予"2010年度全国600兆瓦级火电可靠性金牌机组"（#5机组）称号；2013年，被中国电力设备协会评为"第九届设备管理优秀单位"，同年被中国电力企业联合会授予"全国电力行业优秀企业"称号；2014年，被全国电力技术市场协会和电力行业热工自动化技术委员会授予年度"热控技术管理先进电厂"荣誉称号；2016年，被江苏省质量监督局授予"江苏省能源计量示范单位称号"，被江苏省安全监督管理局授予"江苏省安全文化建设示范企业"称号；2017年，被江苏省总工会授予"江苏省工人先锋号"荣誉称号，顺利通过NOSA四星评审；2018年，被江苏省电力行业协会授予"标准化良好行为企业AAA认证"，被国家能源局授予"电力安全生产先进单位"荣誉称号；2019年，通过中国电力企业联合会"企业标准化良好行为AAAAA级"认证。自机组投产以来，镇江发电公司先后获得"节能先进单位""可靠性管理先进单位""安全生产先进单位""一流火力发电厂"等荣誉称号。

二、管理与战略

1. 质量管理。镇江发电公司建立了完善的质量管理体系，在日常的检修和技术改造实施过程中，成立了质量保证体系组织机构，由技术支持部门领导担任质量组组长、各专业负责人担任专业组组长。质量保证体系主要举措如下所述：①成立检修及技术改造策划组，定期召开策划会；②编制检修文件包、检修方案、措施等文件；③召开解体分析会，对发现的问题进行协商处理；④对施工单位过程进行监督，对工程中的W、H点进行验收；⑤制订停机、开机安全技术措施；⑥制订分系统和整组调试方案及检修后的设备调试工作计划，保证机组检修后整体验收质量。近3年未发生过各种质量事故，未受过

当地政府和质量部门的处罚。

2. 安全管理。镇江发电公司建立了完善的职业健康安全管理体系，各项制度健全。注重风险评估和管控，2017—2019年未发生不安全事故，无政府及安监部门的处罚记录。①镇江发电公司以责任落实、强化管理、严格执行为手段，规范EHS体系管理的标准化、制度化的建设。按照相关标准制订、完善了安全生产保障和监督体系的相关企业标准等，如《安健环组织体系建设管理》《各级人员安健环责任制》《安健环目标管理》《职业健康管理》《环保管理及污染控制管理》等系统性管理标准。②公司积极开展安健环培训工作，对外部的各种不安全事件信息在公司内部进行举一反三，深刻吸取事故教训，努力营造安全文化氛围；加强安全监督管理与检查，开展各类安全大检查和隐患排查治理工作，组织危化品、交通、厂外设施、脚手架、防火防爆、施工用电、高处作业、吊装、防火、有限空间等专项安全检查，实现闭环管理；严控相关方管理，开展应急管理、特种设备管理、消防、两票、职业健康等日常管理；重视安全风险分级管控和隐患排查治理双重预防机制的建设，对检修、技改中的风险作业实施每日汇报制度，重大高风险作业实现三级管控。近3年来，镇江发电公司无不良安全行为记录，未发生安全责任事故，荣获"电力安全生产先进单位""消防工作先进集体""交通运输港口企业先进集体""江苏省节能减排成效显著单位""镇江市职业卫生示范企业""消防安全管理先进单位"及镇江市"安全隐患随手拍"活动一等奖多项荣誉称号。

3. 环保管理。镇江发电公司建立了完善的环境保护管理体系和环保监督体系，各项制度健全，制订了《环保管理及污染控制管理》《环保技术监督管理》《环保设施运行管理》等管理标准。建立了大气污染物自动监控系统（CEMS），参数实时上传至江苏省生态环境厅，环保信息向社会公示；同时，聘请有资质单位定期对公司大气污染物排放、废水、厂界噪声等进行检测。2019年，脱硫设施投入率100%、脱硫效率98.49%、脱硝设施投入率100%、除尘器除尘效率99.98%、粉煤灰综合利用率100%、炉渣综合利用率100%。镇江发电公司重视废水排放治理，2019年完成了含煤废水（含煤场雨水、喷淋水系统）处理系统改造、增加三期煤场东侧道路雨排水系统等，废水处理系统改造完成立项。镇江发电公司严格固危废管控，按照减量化的原则，完成转移废油7.52吨、废催化剂422吨、处理废包装容器7.16吨，妥善办理各项转移手续。2019年，镇江发电公司完成了三期煤场全封闭的开工工作，此项工程目前正在施工中。2017—2019年，镇江发电公司无不良环保行为记录，未发生环保责任事故，连续多年被评为环保绿色企业。

4. 管理创新。镇江发电公司狠抓技术改造与管理创新，加大技改投入力度，设备环保水平和健康水平明显提高，安全生产再创佳绩，经营业绩屡创新高。

5. 发展战略。镇江发电公司通过对新业态的前瞻性布局，紧扣国家能源结构调整方向，培育公司未来增长点；同时，每年制订商业计划，并对商业计划的执行情况进行监测并反思。镇江发电公司每年制订绩效考核、年度预算等工作计划，充分考虑到了煤炭、电力、热力及国家宏观因素的影响，根据自身特点和区域优势，大力发展循环经济，通过供热和副产品来提高经济效益。镇江发电公司积极组织开展SDA活动，每年通过对各专业存在问题的专题分析和调研建立SDA小组，对现场疑难问题进行攻关。近3年以来，随着国家能源政策的不断出台及电力市场改革的不断深入，镇江发电公司管理层深刻意识到，要长期持续保证公司主营业务的市场占有率，必须处理好能源、水源和环境三大问题，热电联产作为解决这三大问题的关键技术之一，多元化发展实现热能梯级综合利用是目前提高公司能源利用率的最佳途径，也是公司未来中长期发展战略。通过系统成本领先战略，以高标准获取优质资源，协同打造持久的核心竞争力，从安全管理、清洁能源、节能减排和公益事业等多角度提升企业价值和公众形象。

三、社会责任

1. 工资支付、劳动福利与保障。镇江发电公司严格按照相关法律法规规定，全员签订劳动合同、参加社会保险，按照薪酬福利管理制度及劳动合同约定时间支付员工工资；同时，公司拥有较完善的职业健康管理制度体系，重视员工职业健康教育培训，为员工建立职业健康管理档案及记录台账，按照《职业健康管理》《劳动防护用品管理》维护职业病防护设备、设施，定期发放劳动防护用品，为员工提供健康的工作环境，确保员工在劳动过程中受到保护。近3年来，未发生一起劳动纠纷及劳动仲裁。2019年，镇江发电公司荣获镇江市"2018年度劳动关系和谐达标企业"荣誉称号。

2. 纳税。镇江发电公司历年来依法诚信纳税，获得2013年镇江市纳税大户奖励及2014年度企业纳税贡献奖、2016年度企业纳税贡献奖、2017年度企业纳税贡献奖、2018年度企业纳税贡献奖等奖项。

3. 社会贡献。镇江发电公司积极承担央企社会责任，坚持面向社会提供公益服务、捐助。先后开展关爱留守儿童、公益植树、爱心助学、义务献血等多项公益活动，2019年荣获镇江市政府颁发的"2017—2018年度无偿献血促进奖"称号。自2008年起，每年向镇江市慈善总会捐款25万元；组织党员开展济困捐赠，对口帮扶困难家庭；新冠肺炎疫情期间凝心聚力，镇江发电公司党支部向武汉市慈善总会捐款病毒防控专项基金7350元；开展助学活动，为当地贫困学生提供助学物资；落实镇江市政府精准扶贫工作要求，对镇江市丹徒区上党镇东方村的13户困难家庭对口帮扶。多年来，镇江发电公司积极关心社会、服务社会，践行了央企的政治责任和社会责任。

案例创造人：陈琦文　夏群

不忘初心五建匠人，全面践行国企使命担当

湖南省第五工程有限公司

一、企业简介

湖南省第五工程有限公司（以下简称湖南五建）创建于1953年，系湖南省属国有大型特级建筑施工企业，隶属于湖南建工集团有限公司。60多年来，湖南五建坚持"一流、超越、精作、奉献"的企业精神和"创新、转型、升级"的发展理念，用"诚信经营、用户至上、以人为本、科技先导、创建一流"的经营理念在激烈的市场竞争中乘风破浪、奋勇前行，资产规模越来越大，生产效益连年攀升，综合竞争力不断提高。60多年来，湖南五建全体职工不忘初心使命，不等不靠、立足专业、主动变革，主动投身竞争激烈的建筑市场，拼出了生存新空间、闯出了一片新天地、赢得了企业的新发展。

二、构建体系，信用外化于管理

湖南五建高度重视企业诚信和信用体系建设，在60多年的发展历程中，始终秉承"诚信经营、用户至上"的宗旨，坚持"一流、超越"的质量、职业健康安全和环境管理体系方针，矢志不渝打造精品工程、品牌工程。强力推进诚信合规文化建设，持续推动企业建设规范化、常态化、长效化，把诚信文化落实到生产经营中，将诚信理念真正转化为企业管理标准和员工行为准则，先后获评"全国建筑业AAA级信用企业""工程建设AAA级信用企业""湖南省守合同、重信用单位""长沙市建筑业AAA级信用企业""株洲市建筑业AAA级信用企业"等各级诚信建设荣誉。

三、优化机制，信用内化于创新

作为建筑施工企业，签下合约的那一刻，就意味着对客户的庄严承诺。房屋建设是百年大计，事关人民群众的生命财产安全，容不得半点马虎。湖南五建牢固树立红线意识，建立健全了质安保证体系，增强风险防控能力，实施开工前交底制度、开工条件审查，加大对重大危险源的动态监控，质量安全形势平稳可控。编制印发《项目管理标准化图集》《公司工程质量常见问题治理控制要点》，标准化实施并不断推进。所有区域公司严格按照统一的管理制度、管理动作及管理流程推进工程质量、安全标准化与项目管理精细化工作。同时，结合客户的管理需求，促进质量、深入开展安全标化工作。建立工程质量、安全巡检机制，面向各区域公司每年开展两次工程大检查并进行排名，对获得优秀的区域公司给予表彰，对后进的制订帮促措施。加强区域公司之间的工程技术管理交流，促进"双标化"的深入推进，进一步提升整体工程质量、安全管理水平。加大力度推进BIM技术的应用，落实、督促、各区域公司三维建模的实际运用效果，通过BIM技术实现优化场地布置、三维技术交底、关键施工工艺模拟等，大大提高了工效、节约了成本。

为积极践行新发展理念，大力推进装配式建筑产业发展，加快促进企业转型升级和高质量发展，

2018年7月，湖南五建投资新建了湖南建工·五建装配式建筑产业基地并组建了全资子公司——湖南建工五建建筑工业化有限公司，是集设计研发、预制构件生产、预拌混凝土、预拌砂浆、智慧物流、装配式建筑施工、新材料研发生产和培训咨询服务为一体的建筑工业化综合基地。该基地2019年3月正式竣工投产以来，积极面向市场，建立了集科技研发、设计、生产、施工全产业链管理的组织架构，专注于装配式建筑工程总承包业务开拓，相继承接了湖南创意设计总部大厦项目A栋、株洲东湖学校、株洲市第四代住房未来社区、株洲市响石广场改造工程等一批具有示范性、代表性项目的PC构件生产制作安装，取得了《层叠式预制电梯井、设备管道井成套技术体系研发与应用》《预制层叠式电梯井的专用模具》等一系列科研成果，切实发挥了产业基地的支撑作用，赢得广泛的社会赞誉和行业认可，2020年被湖南省住房和城乡建设厅认定为综合类省级装配式建筑产业基地。

四、品质至上，信用显化于品牌

湖南五建能够在市场的浪潮中脱颖而出，靠的就是诚信经营，品质至上。湖南五建承建的怀化市妇幼保健院新院建设项目荣获"国家优质工程奖""湖南省建设工程芙蓉奖""湖南省优质工程奖"等多项荣誉，这是湖南五建承建工程中获得的众多行业荣誉之一。怀化市妇幼保健院新院建设项目位于怀化市鹤城区，是武陵山片区湘、鄂、黔、渝、桂五省交界处最大的三甲妇幼保健院，是一家集医疗、急救、保健、科研、教学于一体的花园式智能化妇幼保健医院，服务半径200多公里，惠及人群1000余万。工程总建筑面积64350.14平方米，其中地下建筑面积21739.89平方米，地上建筑面积42610.25平方米；基础为人工挖孔桩+筏板基础，主体为框架结构，抗震设防烈度6度。该项目按照绿色建筑二星级标准进行设计，采用了地源热泵系统、雨水收集利用系统等多项绿色建造技术，是怀化市首个高星级绿色建筑项目。该工程推广应用《建筑业10项新技术》（2010版）10大项21小项，获评"湖南省建筑业新技术应用示范工程"，工程科技创新及示范效果突出，共有自主创新技术7项，其中获国家发明专利1项、国家实用新型专利2项，国家级工法1篇，省级工法4篇。工程应用新技术整体达到国内领先水平。

品质打造品牌，实力铸就辉煌。2018年，湖南五建顺利取得建筑工程施工总承包特级资质、建筑行业工程设计（建筑工程、人防工程）甲级资质，系株洲市建筑行业唯一一家特级企业；成功通过高新技术企业认证、AA主体长期信用评级，融资规模达到29.26亿元。累计荣获中国建设工程鲁班奖22项、国家优质工程奖12项、全国市政金杯示范工程2项、中国安装工程优质奖（中国安装之星）2项、中国钢结构金奖1项，全国建设工程项目施工安全生产标准化工地11个，以及省级各类质量安全奖项等数千余项。

五、守其初心，信用彰化于行动

2017—2019年，湖南五建根据湖南省委常委会议精神和《湖南省易地扶贫搬迁实施方案》提出的工作要点，积极投身湖南省易地扶贫搬迁项目建设，负责易地扶贫安置点共82个，涉及20多个县（市、区），总造价11.47亿元，住房总面积77.19万平方米，安置户数7566户、安置人数27561人，累计投入扶贫建设资金约9000万元。

嘉禾易地扶贫搬迁集中安置项目是嘉禾县打赢脱贫攻坚战的头号工程。根据合同约定，该项目工期为210天，任务重、难度大、时间紧。从接到任务的那天起，湖南五建便选派一批优秀青年骨干，整合了一支作风过硬、能打硬战的项目管理团队并成立项目临时党支部、设立党员先锋岗，团结协作攻坚克难。项目团队倒排工期，时刻抢抓进度，将责任分工一项项分解，一项项落实，确保了项目推进有序，保证了一个又一个目标节点的实现。2018年冬季的嘉禾县，连续强降雨天和低温天气导致工程进度一度受阻。为此，分公司领导轮流到项目蹲点，积极奔走各方解决难题。项目部全体人员克服阴雨低温情况，加班加点追进度。最终，在规定的时间内圆满完成竣工交付工作。

2020年的新冠肺炎疫情突如其来，湖南五建上下第一时间响应上级号召，积极投身株洲康复医院隔离病房改建、株洲市第二人民医院（株洲发热定点医院）的道路抢修等建设援助等工作，为株洲市疫情防控做好准备。湖南五建通过株洲市红十字会定点向株洲市第二人民医院捐赠70套防护服、197件隔离衣、79个防护面屏、80副护目镜，向株洲市渌口区人民医院捐赠防护服500套、N95口罩800个，助力医疗机构抗击新冠肺炎疫情。为加强疫情防控工作，株洲杉木塘、戴家岭、沿河等街道社区要求对株洲市部分老旧开放式小区进行封闭管理。在员工放假的情况下，湖南五建迅速组织青年突击队50余人对株洲市23个开放式的老旧生活小区进行封闭，在短短的1天时间对株洲市23个生活小区55个路口全部封闭完成，共搭设小区安全围挡3700多米，保障各小区的疫情防控安全。

五建易扶人，新时代的交卷人。湖南五建用"一流、超越、精作、奉献"的精神和优质高效的施工成果赢得了各级政府和人民的高度赞扬。与此同时，湖南五建认真履行国企的社会责任，积极参与社会公益事业，对贫困儿童和家庭开展精准帮扶、金秋助学捐款活动，积极参与和支持社区建设，努力实现与当地社区共同发展的目标。近年来，对沅陵县大合坪乡茶溪村、团坪村及茶陵县腰陂镇双溪村、思聪街道办茶冲村等乡村精准扶贫捐款近200万元，以实际行动助力社会的和谐发展。湖南五建始终秉承"为社会添服务，为员工谋发展"的企业宗旨，在履行好政治责任、经济责任的同时积极履行社会责任，切实体现国企担当。

案例创造人：文小兵　曾芳

诚信为本，追求卓越

湖南建工交通建设有限公司

一、企业简介

湖南建工交通建设有限公司（以下简称交建公司）前身为20世纪90年代成立的湖南省建筑工程集团总公司路桥工程有限公司。2015年7月，交建公司成立，成为湖南建工集团开展路桥业务的唯一专业子公司。目前，已发展成为集投融建运于一体，涵盖公路工程、市政建设、隧道、养护、交安、试验检测等领域的大型工程总承包国有企业。

二、诚信经营筑牢根基

交建公司虽然注册只有5年多时间，但实际上已有近30年的积累和发展历史，30年的诚信经营使交建公司在祖国大地这片热土上生根、发芽、开花、结果。交建公司一直注重诚信经营，致力于"诚信经营"的品牌建立与维护。项目招投标中，坚持不弄虚作假、不参与违法违规的活动；项目实施过程中，全面、严格履行合约，全力达成业主的项目建设目标；项目后期，建立项目回访机制，由工程科技部指导、督促项目部对已竣工项目进行定期与不定期的回访，对用户投诉及反馈意见进行登记并及时处理，保证用户使用的满意度。根据相关调查结果，交建公司市场认可度高，用户满意度和忠诚度居同行业领先水平，经营成果丰硕。目前，交建公司业务遍及湖南、湖北、四川、重庆、江西、贵州、河北、山西、内蒙古、宁夏、新疆、西藏、广东、广西等省、自治区、直辖市，完成了一批荣获"鲁班奖""芙蓉奖"的优质工程，年实施能力达100亿元以上。

三、诚信合规铸就品质

交建公司一直致力于持续改善公司治理，调整优化产业结构，加强诚信合规建设，努力实现依法治理、规范经营、高效运作。从组织、制度、流程全面建立起诚信合规管理体系，并在全公司范围内予以推行实施。通过全力推进合规工作，提高对合规管理的重视程度，落实并完善了签订合同前对商业伙伴的尽职调查，切实履行了合规管理的第一道风险防控职能。为进一步加强员工对于诚信合规的重视程度，各管理部门协同确定了绩效合同诚信合规考核内容和指标，将诚信合规工作的完成情况与部室绩效合同挂钩并根据实际情况修改、完善绩效合同考核中对诚信合规工作的监督和考核。为更加高效推进诚信合规制度构建，交建公司合规专员及合规负责人还参加了中国贸促会举办的专项合规培训，加强业务领域的学习，提高合规工作的能力。在内部报纸、网站开设诚信合规专栏，每年举办诚信合规培训，举行诚信合规签名宣誓活动，营造良好浓厚的诚信建设氛围。通过切实践行诚信合规，推动思维方式从传统思维向国际化思维转变，同时强化企业的环境责任和社会责任，有效地提高了企业的无形资产、品牌价值和外部形象。

四、诚信体系树起品牌

交建公司视诚信为立身之本，发展之基，将以人为本融入企业诚信文化建设，建立了岗位诚信为核心的企业诚信文化体系，确立了"创新、诚信、进取、和谐"的核心价值观，把诚信文化落实到生产经营中，将诚信理念真正转化为企业管理标准和员工行为准则，完善科学决策、制度执行、民主监督、风险管理机制，确保企业行为依法合规，诚信运营。

企业竞争力需要的是成熟完善的企业制度的支撑。交建公司认为加强基础管理的手段就是抓好制度建设和制度落实。每一项制度出台后都要在员工中进行广泛的学习宣传，让员工充分了解制度的内容、要求，提高员工遵守制度的自觉性。在制度的执行上，要求领导带头、以身作则。搭建了制度体系的"四梁八柱"，从党的建设、人力资源、专业技术、工程质量、资金管理、风险防范等包括13个专业板块，建立了科学完善的管理制度和切实有效的管控机制，共计139项制度，为推进公司管理工作实现制度化、规范化、标准化、系统化提供了依据。同时，在建立健全法人治理结构过程中严格按照现代企业制度要求形成了各项基本治理制度，重点规范了党委会、董事会、经理层的议事规则和办事程序，使法人治理结构的运行制度化、流程化、规范化。

针对湖南省内各区域的信用评价工作，交建公司专门成立了工作小组并指定信用管理专员与相关部门对接，分片区责任到各单位，对省内各区域信用评价进行统一督导，积极参与并支持相关部门的信用评价推进工作。加强两个一体化监管平台的跟踪和维护，加强湖南省建筑市场和工程质量安全监管一体化平台的跟踪、查询，信用评价取得了突破性的进展，荣获"湖南省公路施工企业信用等级A级""银行授信AAA级企业""互联网诚信示范单位"称号。

五、诚信担当赢得赞誉

交建公司坚决贯彻湖南建工集团"一流、超越、精作、奉献"的企业精神，以"谁主管、谁负责、谁主张"为管理理念，以构建学习、责任、创新、实干、执行文化体系为重点，总结提炼公司发展、管理、经营、用人等理念，定位出公司党委的初心和使命——为员工谋幸福、为企业谋发展，打造行稳致远、基业长青的幸福交建。中国企业文化建设峰会组委会授予交建公司"2019年度企业文化建设先进单位"荣誉称号，宏特公司获评"2018届省属监管企业文明单位"荣誉称号。坚持党建带工建、带团建，组织参加湖南省总工会"湖南百万职工同声唱"网络歌唱大赛，荣获"一等奖"；娄双项目获评"全国五四红旗团支部""湖南省工人先锋号"荣誉称号。

2020年新冠肺炎疫情防控期间，交建公司积极履行国有企业的责任担当，积极参与抗疫工作。组织员工开展自愿捐款，筹集资金近20万元；全体党员自愿交纳特殊党费。全力助力"武汉战疫"，积极响应党中央"全面推进复工复产、扩大消费发展经济"号召，采购滞销农产品、对接销售渠道，解决农户销路问题。近年来，交建公司积极参与国家精准扶贫工程，克服重重困难，保质保量地完成湘西沅陵县茶溪村、团坪村、花垣让烈村扶贫建设工程，搭建连接县（乡）的幸福桥、便民出行的放心路，为当地发展插上"翅膀"；完成安仁、资兴农村公路、扶贫公路建设质量安全检测任务，获得交通运输部及湖南省委省政府的一致好评。2017年6月下旬，特大洪水围困三湘，湘江水位创下历史最高纪录。面对汛情，交建公司上下积极行动，认真做好抗洪救灾工作。S228新田县城至竹林坪公路项目，果断有效处置山体滑坡事件，成功避免了一场因自然灾害导致塌方的安全事故，受到主流媒体的宣传报道和永州市交通局的通报表扬。G354冷新公路项目成功解除船只冲击钢栈桥险情，从启动应急预案到解除险情总共花了不到24个小时，得到了娄底市委市政府和新化县委县政府及建设方的高度赞扬。2018年1月，长沙遭遇入冬后范围最广、持续时间最长的低温雨雪冰冻天气，市内多条交通要道结冰，严重影响市民出行安全。1月28日，交建公司迅速集结50人铲冰保畅突击队、6台铲车及2台平地机，负责芙蓉南路上铁道学院至现代凯莱酒店路段的铲冰扫雪保畅工作，及时清除交通安全隐患，为人民群众安全便利出行保驾护航。

案例创造人：谭鹏　胡彪

建设诚信安徽交航，助力高质量发展

安徽省交通航务工程有限公司

一、企业简介

安徽省交通航务工程有限公司（以下简称安徽交航）是中国企业500强、ENR全球承包商250强、中国承包商80强——安徽建工集团有限公司控股的子公司，系安徽省首家市政特级资质企业，已同集团公司整体上市。

安徽交航拥有市政公用工程施工总承包特级资质，市政甲级设计资质，港口与航道工程、公路工程、建筑工程3项施工总承包一级资质，水利水电施工总承包二级资质，同时具有环保、隧道、路基路面、桥梁、钢结构、地质灾害处理、河湖整治、航道整治及城市园林绿化等10项专业承包资质。安徽交航自1992年改制以来，坚持"诚信为本、敬业至上"的观念，从困境中起步，经济效益年年递增，财政贡献连续3年位居合肥市瑶海区建筑企业首位。

二、企业诚信建设和信用体系建设实践

1. 诚信经营理念。诚信："诚"即诚实、诚恳、忠诚，是内在的道德品质；"信"即信用、信任、信义，是外化的言行一致。"诚信"就是诚实无欺，讲求信用，遵守承诺，表里如一。为本："本"即哲学上事物的"根本"，"为本"就是最重要、最根本、最值得大家关注。敬业："敬"即敬重敬畏，是认知和态度；"业"即职业事业，是岗位和责任。"敬业"就是要敬重事业，尽职尽责，创新创造，精益求精。至上即最高，居于首位，是最高的准则、最根本的行为规范、最重要的要求。

2. 诚信和信用体系建设。①公司设信用管理人员专职1名，工程管理部、总工办、财务资产部均有人员兼职参与信用管理工作，并由经营公司（资质办）负责管理。在客户资信管理制度方面，按企业客户资信管理制度严格执行，在综合办公CES系统上建立客户数据库，对相关客户进行分类建档并对不合格客户及时清理。企业设专人对客户进行信用评估考核，对相关企业信用进行管理。②应收账款管理制度。财务资产部负责应收账款的计划、控制和考核并对应收账款有效监控、及时清理，对任何应收款逾期的一律报告公司债权管理领导小组，并通知公司法律事务部启动法律催讨程序。③合同管理制度。企业通过综合办公CES系统对合同管理从签订、实施到合同终止进行全程监控，由分管领导牵头成本合约部统一管理，规范合同签订流程，严格合同实施。④风险控制及应急管理制度。安徽交航成立了应急处置领导小组，相继出台《生产安全事故综合应急预案》《网络舆情应急处置预案》《复工复产疫情防控风险应急预案》《突发新冠肺炎病例后扩散风险评估方案》《工程建设领域廉洁风险防控清单》等，对突发事件进行预判，把一些可以避免的风险消灭在萌芽之中，对于一些不可避免的突发事件通过预警能够及时得到解决。突发事件发生后，根据收集的

与突发事件相关的信息确认突发事件程度、找出突发事件产生的原因、辨认影响的范围和影响的程度及后果，对各种可行的应急处理方案进行比较后选择出最佳解决方案有效地遏止事态的扩散，避免突发事件给企业造成进一步的损失。⑤职业道德行为准则或规章。安徽交航把职业道德教育融入企业文化建设中，出台了《企业职工日常行为守则》《职工诚信行为规范》，注重用规章制度来增强职工的诚信意识、规范职工的诚信行为，培养了令行禁止、步调一致工作作风，增强了职工遵章守纪的意识，提高了制度执行力，"安徽交航人"以自己的诚信言行赢得了尊重，受到了社会各界的好评。

3. 决策部署。①树立诚信经营理念。安徽交航把诚信经营作为企业的追求，坚持靠信用待用户、争市场，主要措施为：一是建设以诚信理念为宗旨的企业文化体系，把诚信建设作为企业文化建设的中心环节来抓，倡导"特别能吃苦，特别能战斗"的企业作风，形成了"团结、拼搏、求实、创新"的企业精神等企业文化理念；二是着眼于道德宣传教育，着力于增强诚信意识，充分利用板报宣传栏、企业文件等形式广泛宣传道德建设的条例、规定及先进典型，宣传企业的发展理念和文明建设的指导思想，利用多种形式落实企业的经营准则和行为规范。②强化诚信经营管理。市场经济是诚信经济，诚信必将成为企业行为的准则，成为企业管理的灵魂和根基，主要做法为：一是创建《诚信经营准则》和企业与职工的行为规范，从确立生产经营准则和行为规范入手，明确企业健康发展的价值取向；二是打造企业领导率先垂范立诚守信平台，为企业经营和职工成长提供行为导向；三是建立诚信奖罚考核机制，为职工奋发进取明确方向。③硬化诚信经营载体。优良的产品品质和服务品质是企业讲诚信的首要体现，是构筑诚信文化的基础和要件，也是企业最好的竞争手段。一是通过抓教育、搞培训，建体系、立制度，强化质量意识教育，夯实质量保证基础；二是强化质量保证体系，实现全过程质量控制；三是强化质量监督，把质量指标量化到各项目部的工作任务及经济责任制考核中，不断开展质量问题大讨论，时刻绷紧质量这根弦。"创优质工程，让用户满意"的质量理念成为职工的共识。④固化诚信经营传统。"人无信不立，企无信难存"。安徽交航领导班子精心制订企业经营发展战略，积极推进企业改革和制度创新、管理创新、技术创新，强化管理能力建设，提高企业发展质量，使企业步入一个崭新的发展阶段，坚持以诚信的思想和作为服务广大用户，时刻牢记诚信是企业的生命。

4. 社会责任。作为社会公民，安徽交航积极履行社会责任。一方面，安徽交航建房、筑路、架桥、修复生态、兴修水利等，为经济社会发展贡献力量；另一方面，安徽交航坚持企业高质量发展与践行社会公益责任双赢的发展之路，在抗洪抢险、减灾救灾、扶贫攻坚、对口支援、爱心助学等方面自觉开展公益支持，奉献社会。因在2020年安徽省防汛抗洪表现突出，在安徽省抢险救援能力提升工程中负责安徽省水域工程应急救援基地建设及后续安徽省全省水域工程日常应急救援任务。

5. 企业诚信实践。安徽交航连续多年入选国家市场监督管理总局"守合同、重信用"公示资格，被中国建筑业协会评为"2020年度AAA级信用企业"，被安徽省科技厅、财政厅及国家税务总局安徽省税务局评为"2020年度高新技术企业"，被东方金城评定为"AAA信用等级"，被建设银行评定为"AA+信用等级"，2019年度纳税信用评价A，连续3年被安徽省建筑业协会评为安徽省建筑业50强、连续6年被评为"安徽省环境保护优秀施工示范单位"、连续7年被合肥市城乡建设委员会（市城乡建设局）评为合肥市建筑业50强。安徽省内、外工程一次交验合格率100%，无重大质量、安全事故发生，通过了质量、环境、职业健康管理体系认证。

安徽交航自改制以来，在社会各界的支持和关注下，艰苦创业，从无到有、从小到大，在风雨中默默前行、化蛹成蝶，在工程总承包方面取得了长足的发展，先后承建了近 20 余个大、中型工程项目，形成了讲诚信、守合同、重信用的光荣传统，一批工程获得行政主管部门、行业协会通报嘉奖和用户的高度评价。

案例创造人：祝敬毅　李衍

履行诚信经营，彰显央企担当，努力建设区域一流示范性水电企业

国能达拉河水电开发有限公司

一、企业简介

国能达拉河水电开发有限公司（以下简称达拉河公司）原股东为甘肃省电力公司所属多经企业甘肃电力明珠集团公司，于 2007 年建成投产，总装机容量 52.5 兆瓦（3×17.5 兆瓦），水库总库容 1506 万立方米，调节库容 1031 万立方米，为不完全季调节水库。2011 年，由国电甘肃电力有限公司并购接收，成立了达拉河公司，注册资本金 7372.84 万元。2014 年，经原中国国电集团公司批复，国电甘肃新能源有限公司与达拉河公司、国电尼傲峡水电开发有限公司 3 个法人单位实行"一套人马，多块牌子"的管理模式。2017 年，经党中央、国务院批准，原国电集团与神华集团完成重组整合为国家能源投资集团有限责任公司（以下简称国家能源集团）。目前，达拉河公司隶属于国家能源集团。

达拉河公司主要经营业务为水力发电投资、开发、生产、运营、销售。自投产以来年均发电量 2.42 亿千瓦时，截至目前，达拉河公司实现发电量 3.04 亿千瓦时，创历史最好成绩；利用小时数高于区域平均值 970 小时，市场占有率 112.33%。

二、企业诚信建设和信用体系建设实践

1. 诚信经营理念。作为国家能源集团伫立在甘肃的骨干型央企，达拉河公司牢牢把握国家能源集团"一个目标、三型五化、七个一流"总体发展战略及大力发展清洁能源的战略思想，与水结缘的达拉河公司对水有着浓厚的感情和思想。达拉河公司把水电的发展作为自身的价值观导向，作为自身做人做事的标准并持续在地企和谐共生中奉献力量。

2. 严格遵纪守法。达拉河公司严格遵守法律法规和社会公德、商业道德及行业规则；及时足额纳税；维护投资者和债权人权益；尊重知识产权和财产权；维护行业发展秩序，反对不正当竞争；严肃落实中央八项规定精神，杜绝商业活动中的腐败行为；负责任的参与政治活动。

3. 经营诚信理念和信用风险意识。达拉河公司经营管理者及干部职工高度重视诚信和廉洁经营，重视履约，杜绝违纪违法活动，遵循公平、诚信、规范、合作共赢的原则，致力于提供优质的电力经营服务；同时，强调在生产经营活动中，特别是在工程、服务、物资等项目上严格执行集团专业评审、严格履行内控程序、严防业主信用风险，切实贯彻风险可控、能力可及、量入为出、目标保证的原则。

4. 诚信理念宣传、教育、培训。达拉河公司将诚信作为企业重要价值观之一，坚持依法纳税、诚信

和廉洁经营、依规生产。

5. 企业诚信和信用体系建设。达拉河公司综合管理部、财务产权部、安全生产环保部均有人员兼职参与信用管理工作。①应收账款管理制度。严格执行上级相关规定，在2020年年初党委会、办公会研究了应收账款余额指标控制目标。②合同管理制度。对各类经济合同进行统一归口管理，规范合同管理行为。严格合同评审会签、批准签字、法律意见审查等方面的审核程序，依托法律管理系统对合同全流程进行严密把关。③风险控制及危机管理制度。贯彻执行《国家能源集团甘肃电力有限公司内部控制管理规定》《国家能源集团甘肃电力有限公司全面风险管理规定》等制度，内部制订了《全面预算管理办法》《全面风险管理与内部控制工作规定》《存货管理办法（试行）》等制度并实施良好。

6. 企业诚信实践。①行业服务质量诚信。达拉河公司建立了信用体系评价组织机构，在2020年成功获评中电联"AA+级诚信企业"，荣获了迭部县委第六批"县级精神文明单位"称号。制订了《安全生产及监察工作规定》《反违章管理规定及实施细则》《技术监督管理办法》《发电机组试运行管理标准（暂行）》《安全生产考核管理暂行办法》《地质灾害防治管理办法》《生产安全事故综合应急预案》等制度并实施良好。②客户服务及关系管理。达拉河公司秉承"客户至上"的经营理念，致力于为客户提供高品质的电力市场服务，努力建设与客户共赢关系。根据生产组织形式和季节性特点，在生产经营等过程中采用现代化管理方法和科技手段开展科技攻关，争创名牌工程和名牌产品。积极增强全生命周期服务能力，坚持将客户作为集团的核心利益相关方。通过提供优质的电力市场服务，与众多电力客户均建立了长期稳定的合作关系并取得地方政府的高度支持。③与股东等利益相关者关系。达拉河公司高度重视维护股东方的合法权益，以国有资产保值增值为出发点，不断完善和规范公司的组织和行为，有力推进业务良好开展和稳定运行。严格履行"三重一大"决策制度，及时足额向股东方完成利益分配。④反对商业贿赂、欺诈等。达拉河公司加强反腐倡廉建设，健全腐败预防与惩治机制，构建廉洁文化，杜绝权钱交易，避免不正当竞争。加大对惩防体系的检查考核力度，与各领导签订《党风廉政及经营业绩责任书》，将党风廉政建设纳入成员企业班子整体考核，推动惩防体系落实。积极开展效能监察，针对管理漏洞提出监察建议，重点开展工程成本、分包采购、工程结算等方面的效能监察。"重大事项决策、重要干部任免、重要项目安排、大额资金使用"实行集体决策。⑤维护职工权益，创建和谐劳动关系。贯彻上级单位"一盘棋、一家人、一条心、一股劲"的文化理念，切实维护职工权益。例如，2017年积极落实"三改四定"实施方案，对队伍结构及薪酬体系分配进行了再优化；制订了《企业年金管理办法》，建立完善了年金分配体系，积极落实带薪休假制度，为职工建立社会保险，范围涵盖养老、医疗、工伤、生育和失业保险并及时足额交纳各项资金，为职工积极落实了大病互助医疗保险及补充医疗保险等；建立平等的人才竞争机制；每年组织职工培训；积极慰问困难职工、离退休职工及家属。⑥环境资源保护。在环境价值创造方面，达拉河公司把环境保护上升到战略高度，推进生态环境修复的长效机制建设，严肃执行生态流量依规下泄，响应政府号召完成花卉长廊建设及基建期用地的覆土种植工作。达拉河公司致力于在甘肃省甘南藏族自治州清洁可再生能源行业做出更大的贡献，积极带动行业绿色发展，加强资源节约，不断提升环境保护绩效。

7. 履行社会责任，热心公益事业。2019年，达拉河公司配合地方政府圆满完成"7.29"特大山洪泥石流灾害抢险及处置工作，抢险救灾工作获国家能源局表扬。社会责任彰显央企担当，达拉河公司在2019年承载起区域电网送出线路事故跳闸后的孤网运行调频、调压任务，完成岷县铁路牵引变提供电力和火车牵引保障任务，获得相关单位高度评价。在 2008 年汶川地震救灾、2016 年迭部达拉沟森林大火救灾、2020 年新冠肺炎疫情抗击中发挥专业优势，做出了巨大贡献。达拉河公司积极参与慈善事业，获得了社会的广泛好评。

案例创造人：庞欣　李佳琦

聚焦"四位一体"协同机制，打造诚信电力品牌

国能南宁发电有限公司

一、企业简介

国能南宁发电有限公司（以下简称南宁公司）是国家能源集团广西电力有限公司下属大型骨干发电企业，成立于 2004 年，位于广西壮族自治区南宁市东面约 45 公里的六景工业园区。南宁公司是以发电为主的综合型发电企业，主营业务有电力和热力销售，截至 2019 年，累计完成发电量 346 亿千瓦时，供热量 599.4 万吉焦，主营业收入超过 100 亿元。经营范围还包括三料（粉煤灰、石膏、炉渣）销售，固体排放物综合利用率达到 100%。

南宁公司装机容量为两台 660 兆瓦国产超临界燃煤发电供热机组，总投资约 46 亿元，现有在岗职工 225 人，平均年龄 36.6 岁，是一支年轻化、知识化、充满活力的职工队伍。自投产以来，南宁公司坚定不移抓好安全生产，全面落实安全生产责任，未发生不安全事件；全力以赴做到诚信经营，在经营过程中恪守职业道德，遵纪守法，照章纳税，赢得广大用户和社会的一致好评。先后获得"企业信用评价 AAA 级信用企业""全国积极履行环保和社会责任突出企业"和国家能源局"电力安全生产标准化一级企业"、广西壮族自治区"安全文化建设示范企业"、广西壮族自治区"文明单位"及"全国安全文化建设示范企业"、广西壮族自治区"劳动关系和谐单位"等殊荣。

二、企业诚信建设情况

南宁公司将信用体系建设融入企业生产经营，与"诚信履约、绿色环保、劳动和谐、安全文明"电厂建设互相促进，形成"四位一体"的协同机制。

1. 高度重视信用体系建设，致力塑造"信用示范电厂"。南宁公司不断建立健全信用体系，强化内部风险防范机制，积极参加信用等级评价。2012 年，南宁公司获评中国企业联合会"信用评价 AAA 级信用企业"，树立了诚实守信的企业形象，增强了团队凝聚力，促进了公司的生产经营活动处于良性循环。2018 年，南宁公司邀请中电联专家开展信用评价现场访谈工作，全面细致评价了企业管理、质量安全、财务状况、人力资源等 26 项指标，不断提高企业精细化管理水平。2020 年，南宁公司启动信用复评工作，全面组织编制电力企业信用申报书，梳理各项支撑数据、表单资料，并鼓励职工积极参与中电联信用电力网络竞赛活动，较好地贯彻执行了电力行业信用体系建设标准、评价规范及相关文件要求；同年 8 月，再次获得"信用评价 AAA 级信用企业"称号，较好地塑造出区域火电企业"信用电力"的品牌形象。

2. 高度重视合同履约精神，着力打造"诚信服务电厂"。南宁公司建立健全合同管理机制，及时修订《合同管理标准》《采购管理标准》等制度，持续加强规章制度、经济合同、重大决策等的前期法律审查力度，持续提升审核质量，合同法律审核率 100%；切实落实相关法律法规，自觉履行和维护合同双方的合

法权益，对采购、销售等关键环节进行专项培训，有效地增强了全体职工依法办事、诚实守信、自觉遵守信用的意识，在公司上下形成了恪守合同信用的氛围。南宁公司自成立以来，未发生合同纠纷；同时，与客户建立了良好的沟通协作关系，定期拜访电力客户及热用户，及时了解客户的需求，确保诚信服务。

3. 高度重视节能减排工作，着力打造"绿色环保电厂"。南宁公司基建初期即严格按照国家环保"三同时"的要求配套建成脱硫、脱硝与含煤废水处理系统。2020年，又投入近3亿元完成了两台机组烟气超低排放改造。改造完成后，主要污染物将大幅下降，实现深度减排。自2015年以来，南宁公司大力发展供热项目，一期供热管网已经建成投产，二期项目已经完成管道施工，集中供热项目替代了六景工业园区50余台小锅炉，践行了南宁市绿色环保发展理念，有效推动了地方经济发展和节能减排工作。2018年，南宁公司成功实现白泥100%替代石灰石用于烟气脱硫，成为广西壮族自治区首家可长期实现100%使用白泥脱硫的火电企业，烟气脱硫产生的石膏全部外售水泥建材行业，真正实现了以废治废、变害为宝，推动了当地产业循环化发展，为南宁市生态文明建设做出贡献。2019年，南宁公司开始推进污泥处置项目，积极推进将城市废水处理厂的污泥掺入煤炭燃烧发电，已累计消纳污泥约6000吨，有效解决了所在城市固废处理、污染环境、侵占土地资源的痛点与难点问题。

4. 自觉履行中央企业社会责任，打造"劳动和谐电厂"。①自觉履行纳税义务，确保合法合规经营。南宁公司始终认真贯彻落实国家税收法律法规和相关制度规定，坚持依法经营、诚信纳税，不断完善内部税务工作管理体系，未发生任何税务罚款及滞纳金事项。截至2019年，累计缴纳税费5.6亿元，连续4年获得纳税信用最高等级A级荣誉称号，树立了良好企业形象，为地方社会经济发展做出了积极贡献。②强化使命担当，助力脱贫攻坚。南宁公司坚持履行帮扶责任，选派1名党员脱产到灌阳县徐源村参与困难精准帮扶工作长达4年，共帮助筹集建设资金655万元，解决了村里"路不畅、水不安、电不足"三大难题。2018年，该村脱贫摘帽。截至2019年，累计脱贫125户472人。③严格履行相关法律法规规定，依法足额缴纳社会保险，按要求兑现职工薪酬、福利；规范劳动用工，主动履行劳动用工备案，劳动合同签订率为100%；合理安排工作时间，制订了《职工休假与考勤管理标准》，进一步保障职工休息休假的权利；根据劳动保护的相关要求，提供劳动防护，未收到职工仲裁请求。

5. 全面落实安全生产责任，着力建设"安全文明电厂"。南宁公司注重美化办公、生产、生活环境，制订《文明宿舍管理办法》及《办公室定制化管理办法》，每季度开展文明宿舍和文明办公室检查，对文明卫生死角、不文明行为编制下发《检查通报》，保持办公环境和生活环境整齐有序。制订《现场安全文明生产标准化建设三年规划》，围绕"人、设备、环境"三大重点，从制度建设、员工观念、操作行为、隐患闭环管理及设备、设施等方面扎实推进，要求各部门分区负责推进现场安全文明现场整治。认真落实国家能源集团公司"一防三保""十必须、两严格"工作要求，加强对外委队伍的安全管理，尤其是2020年加大对两台机组大修、超低排放改造等大型项目的施工管控，有效保障了施工队伍的作业安全，形成了良好的安全生产局面，先后被评为"广西壮族自治区安全文化建设示范企业""全国安全文化建设示范企业"，树立了区域火电企业环境建设的标杆形象。

一直以来，南宁公司将诚信经营作为企业的追求，坚持以质量诚信服务客户，无不良失信行为记录，企业信用良好。今后，南宁公司将继续建立以诚信理念为宗旨的企业文化体系，倡导"共担、共享、共赢"的企业价值观，着力于增强诚信意识，积极为地区发展做出更大的贡献。

案例创造人：杜庆敏　高惠玲

凝聚诚信正能量、营造诚信新风尚，为打造"四个一流"新矿机而努力奋斗

国家能源集团宁夏煤业有限责任公司矿山机械制造维修分公司

一、企业简介

2007年，按照专业化发展、集约化经营思路，原灵州矿山机械制造公司（1997年投产）与大武口总机厂（1970年投产）重组整合，成立了国家能源集团宁夏煤业有限责任公司矿山机械制造维修分公司（以下简称矿机公司），主要负责各矿井采掘设备维修和辅助运输设备、支护设备及相关零部件的制造，占地总面积45.66万平方米（宁东工作区15万平方米、煤化工工作区9.66万平方米、大武口工作区21万平方米），厂房及办公楼总面积14.6万平方米（宁东工作区6.8万平方米、煤化工工作区3.8万平方米、大武口工作区4万平方米）。下设宁东、煤制油化工基地和大武口3个工作区，代管石嘴山兴达工贸公司。宁东工作区负责采煤机、刮板机、综掘机等维修；煤制油化工基地液压支架修理厂负责综采液压支架、各类支柱及千斤等维修；大武口工作区负责矿井运输设备、支护设备、洗选设备及零部件的加工制造；石嘴山兴达工贸公司是国家能源集团宁夏煤业有限责任公司（以下简称宁夏煤业公司）下属的全资子公司（福利性质企业），主要从事锚杆、钢筋网、金属网、锚固剂、钢带、钢护板等产品的制造。现有机关职能部门7个，分别为办公室、党群工作部、经营管理部、生产管理部、生产技术部、安环质量管理部、机电动力部；生产及辅助单位13个，分别为综机车间、电气车间、综采配件车间、支架修理一车间、支柱修理车间、支架修理二车间、金工车间、胶运车间、结构车间、供应站、生活服务中心、信息培训中心、治安保卫队。现有在册从业人员808人（不含石嘴山兴达工贸公司63人），其中合同制职工590人，劳务用工218人。

矿机公司有着40多年的发展历史，圆满完成了宁夏煤业公司下达的生产任务，保证了各生产矿井正常生产。近年先后被授予国家和宁夏回族自治区"守合同、重信用单位"称号，被宁夏回族自治区评为"文明单位"，被宁夏回族自治区国资委评为"先进基层党组织"，先后被宁夏煤业公司授予"文明单位""安全生产先进单位""四好领导班子""科技创新先进单位""教育培训先进单位""班组建设先进单位""信访维稳先进单位""社会治安综合治理先进单位"等荣誉称号。

二、诚信建设情况

矿机公司坚持"信用至上"的经营观念，公司各级人员有较强的信用责任意识和信用义务观念，能够按照国家的相关法律法规及宁夏煤业公司相关规定依法合规组织生产经营活动。矿机公司上下充分认识到守合同、重信用是企业经营和生存的重要保障。

1. 加强信用体系设，提高信用建设水平。矿机公司成立以经理、党委书记为组长，其他领导班子成员为副组长，副总工程师、机关各部门负责人为成员的信用体系建设领导小组，统筹公司信用体系建设工作，研究制订公司信用体系建设工作方案、政策措施，领导公司信用体系建设考核工作，保证党中央及上级单位关于信用体系建设工作的决策部署在公司的贯彻落实。

2. 强化合同管理，树立良好企业形象。为了强化经营管理，矿机公司建立健全了合同管理制度，强化职工法制意识和诚信经营观念。2020年，矿机公司共签订合同38份，合同实际履约率均为100%。目前，矿机公司所有签订的合同无一因矿机公司违约而变更，也无一引起诉讼，树立了良好的诚信经营形象。

3. 强化质量管理，提升产品质量。一是重新修订质量管控流程，编制《液压支架动作1万次不大修维修方案》，现正在逐项实施；二是设备前期调研过程要详细了解设备过煤量、使用状况、工作面地质条件并重点掌握接续工作面特殊要求及地质条件等，制订出有针对性的维修方案并提报需求计划；三是维修过程中提高技术标准要求；四是加大维修过程管控，外购大部件由原直接使用改为试机检测后使用，液压支架阀类由原外形检测增加了性能检测；五是加强对重要部件维修工艺的技术要求，如立柱缸体采取熔覆铜合金修复，立柱活柱、推移活塞杆等采用激光熔覆不锈钢修复工艺等；六是加强关键工序检验，增加关键焊缝着色探伤，对各类千斤顶及缸体的熔覆层及镀层进行批次盐雾试验等；七是加强建设技术素质过硬的售后服务队伍，设备到矿后实时了解设备使用状况，及时解决矿方反馈的质量问题；八是采用"走出去、请进来"的方式对标提升质量管控水平，提炼总结较高的质量管理标准，并且聘请中国矿业大学专业团队公司调研，建立相应的质量管控体系。

4. 强化法治建设，全力保障工作落实。2020年，矿机公司围绕全面推进依法治企的总体部署，建立总法律顾问制度，成立法治建设工作领导小组。补充完善"三重一大"清单，将党委研究讨论作为决定公司"三重一大"决策事项的前置程序，明确公司党委对重大事项决策、执行、监督各个环节的权责、工作程序及方式。以"三审计一巡察"查出问题为导向，以案示警、以案明纪、以案促改，提高依法合规意识。加强普法宣传教育活动，明确职责分工，及时发放各种普法资料，积极开展各类法治宣传教育活动，全力保障普法工作的落实。下发《矿山机械制造维修分公司"七五普法"后两年工作实施方案》，落实普法责任，明确职责分工。"七五普法"工作开展以来，矿机公司举办法治宣传讲座3场次，参训3600人次，其中党委书记进行宪法宣讲一次；组织全员普法考试4次；上报社会主义核心价值观主题微电影征集展示活动之法制微电影一部；发放各种法治宣传材料6000余份、图书2000余册；利用电子屏、悬挂法治宣传标语300多幅。

5. 加强隐患排查，确保安全稳定。矿机公司围绕宁夏煤业公司综合治理信访维稳工作部署，社会治安及综治维稳工作完成年度各项指标，2020年未发生刑事案件及较大以上治安案件，未发生重特大交通事故。坚持"打防结合、预防为主"方针，积极开展网贷、网络赌博、信贷、黄赌毒、信访维稳摸排工作，狠抓内部交通管理、消防管控整治，取得了很好的成效。2020年共开展信访维稳摸排工作13次，各党支部信息报送44次，交通检查11次，消防检查44次，专项检查6次。

三、履行社会责任

一是坚决打赢新冠肺炎疫情防控阻击战。对"五类人员"进行摸查登记并建立台账，保证信息及时准确。宣传印发防控知识手册，加强职工自我保护意识。加强对高风险地区返宁人员、有基础病史、海（境）外亲属关系职工的排查登记，确保职工身体健康及生命安全。加强疫情防控督导工作，确保各项防控措施落实到位。做好疫情防控的同时紧抓安全生产，做到疫情防控和安全生产"两手抓""两不误"。

　　二是加强推进"职工志愿者服务队"队伍建设，在职工中弘扬"奉献、友爱、互助、进步"的志愿精神，延伸工会职能。在抗击新冠肺炎疫情期间，志愿者对上班职工进行入厂登记、体温检测、车辆消毒、午餐的运送和发放等工作。王少辉、许广磊等车间职工主动报名参加各社区疫情志愿支援活动，为社区疫情防控奉献出自己的力量。"雷锋月"，志愿者对厂区绿植杂草进行了修整，对厂区外公共区域的杂物进行了清理，营造了良好的工作环境。2020年4月，组织开展无偿献血活动，共有129名员工参加献血，共捐献血液50530毫升。2020年第三季度，开展志愿服务活动多次，参与人员100余人次，为矿机公司的发展汇集了正能量。

案例创造人：马海灵　曹磊

坚持环保领跑、立足诚信发展，建设高品质清洁综合能源动力中心

中国神华能源股份有限公司惠州热电分公司

一、企业简介

中国神华能源股份有限公司惠州热电分公司（以下简称惠州电厂）成立于2007年，负责惠州热电工程项目的筹建和运营。惠州电厂厂区位于广东省惠州市大亚湾石化区K1地块，原规划建设4台300兆瓦级燃煤热电联产机组。一期工程2×330兆瓦机组于2008年3月开工建设，2010年4月建成投产发电，同年5月正式对外供热，2016年1月实现"全厂超低排放"。一期工程总投资30.9亿元，由中国神华能源股份有限公司全额投资。截至2019年12月，惠州电厂累计完成发电量357.08亿千瓦时，累计完成供热量3157.7万吉焦，累计实现利润总额28.01亿元、利税总额37.71亿元，为地方经济绿色低碳发展增添了强劲动力。2020年，惠州电厂主动作为，积极发挥石化区综合能源动力中心特点，为促进园区企业复工复产提供稳定能源保障，2020年前11个月累计完成发电量36.38亿千瓦时、累计完成供热量681.31万吉焦、累计实现利润总额2.68亿元。惠州电厂积极践行国家能源集团"一个目标、三型五化、七个一流"发展战略，坚持新发展理念、构建新发展格局，深入推进节能降耗攻坚行动，精心打造清洁综合能源动力中心，持续为地方经济绿色发展增添新动能。

二、诚信工作实践

（一）环保诚信——连续9年获评"环保诚信"（绿牌）企业

作为广东省大亚湾石化产业园区的热电联产企业，惠州电厂向园区内24家中下游化工企业供应热能蒸汽，已成为大亚湾石化区的核心热源点。长期以来，惠州电厂积极承担社会责任，通过机组"超低排放"改造，实施主动环保，有效发挥"集中供热、热电联产"功能，促进了大亚湾社会经济与环境保护的协调发展，为打造"惠州蓝"做出了应有的贡献，连续9年获评"环保诚信"（绿牌）企业。

1.落实"两山"理论，杜绝环境污染。惠州电厂在废气、废水及固体废弃物排放、水资源管理和保护、温室气体排放及清洁能源发展、生物多样性保护、生态修复等环保工作中遵守国家法律法规及地方政府相关政策。严格按照国家环境保护要求，执行相关法律法规，投产以来实现环境污染"零事件"。

2.不断夯实体系建设，筑牢制度屏障。面对环保工作日趋严峻的外部监管形势，惠州电厂苦练内功，从体系建设、人员配置、风险评估、隐患排查治理等方面全面加强环保管理体系和管理能力建设。①强基固本，健全环保管理体系：建立环保技术监督三级网络、环保专业组等环保组织机构，进一步健全环保管理体系。②到岗到位，完善环保岗位设置：坚持问题导向，选优配强，通过岗位调整在安健环

监察部增加一名生产经验丰富的环保高级主管，通过岗位公开竞聘在生产技术部配置一名环化工程师，在运行部配置一名环化运行工程师，人员到岗到位后编制《生产部门环保管理有关职责分工分界原则》，进一步明确各级人员环保管理职责，有效夯实了环保"监察、管理、执行"体系建设。③风险评估，更新环境影响因素：下发《关于开展2020年度环境风险评估和环境隐患排查的通知》，成立环境风险评估和环境隐患排查组织机构，结合最新环境保护相关政策、法律法规出台及内部设备系统变更，识别更新环境因素111个，其中管理类7个、生产设施运行类28个、环保设施运行类28个、检修维护类19个、办公及后勤29个，共评价出重要环境因素14个，摸清全面环保管理对象底数。④系统梳理，加强隐患排查治理：以变更、延续排污许可证为契机，全面梳理投产以来环保管理档案，认真对照环评及其批复、环保验收文件，逐项排查环保管理要求落实情况，针对执行不到位或因政策、法律法规更新带来的潜在风险，列入即查即改项目，针对全厂废水、废气、无组织排放、VOCs、固废、噪声等污染进行全流程梳理，针对排查出来的问题按照"五定"原则落实整改计划，安排专人推进环境安全隐患治理。⑤制度护航，筑牢依章治企屏障：编制《环境保护管理实施细则》《固体废物的处理与处置实施细则》《环保技术监督实施细则》等环保管理制度，明确环境保护管理程序和执行要求，规范和强化环境保护全业务流程风险管控，严格控制各种污染物排放，降低对环境造成的影响，提高环境保护管理水平。

3. 科学部署战略规划，履行社会责任。"环保诚信"（绿牌）企业，是地方政府对惠州电厂多年环保工作成绩的认可，惠州电厂始终不断巩固超低排放的环保优势，持续推进全面环保工程，建设超低能耗、洁净美丽电站，切实履行企业环保社会责任。一是坚定不移打好"三大攻坚战"，持续落实污染防治攻坚战行动计划，严防无组织排放，开展废水零排放改造和废水设备治理，通过全面排查环保风险隐患，加强环保设备管理，有效落实环保水保"三同时"要求，保证设备可靠运行，确保环保排放指标合格。二是对重要环保事项，坚持"一事一方案、一事一档案"，按期销号，深入开展世界环境日、全国低碳日等主题宣传活动，不断强化环保意识。三是规范环保指标监测管理，做实环保台账、排污年报、排污许可证执行报告、环保信息的编报及公开工作，完成企业环境信用评价工作，取得环保"绿牌"称号。

（二）节能降耗——投产以来供电煤耗累计下降25.17克/千瓦时

惠州电厂双机投产以来，坚定走"以热定电、电热共赢"的新发展道路，在不断开拓热力市场的同时，通过实施"供热扩容+冷凝水回收"等节能技改工作，进一步提升供热安全可靠性的同时实现节能降耗，在节能技改项目中取得重点突破，双机以热定电，供电煤耗大幅下降，节能经济效益和社会效益显著。

惠州电厂坚持"以市场需求为导向、以经济效益为中心"，为扩展供热市场积极推进1、2号机组供热能力扩容改造项目，通过精心组织、提前谋划，克服了施工工期紧、任务重等困难，利用机组检修机会，2018年6月完成了两台机组高、中压供热母管扩容改造等重大技改项目，2018年12月完成供热冷凝水回收改造，提高了机组供热可靠性及热力市场竞争力，拓宽企业热力市场，增加了企业的经济效益。改造后，单台机组高压供热能力扩容60吨/小时，中压供热扩容80吨/小时，供热冷凝水回收能力100吨/小时，2019年全面开始提高供热量。此外，从大亚湾石化园区循环经济、资源充分利用的角度考虑，惠州电厂回收利用忠信化工供热冷凝水，通过供热冷凝水回收可锁定热用户进一步稳固热力市场。项目实施后，平均节省费用2.9万元/月，节省酸量6.86吨/月，节省液碱量8.14吨/月，回收冷凝水量29.76吨/小时。

在广东省内，惠州电厂实现机组高、中、低多参数对外供热，高压供热小时平均流量由30吨/小时增至 66 吨 / 小时，瞬时最大流量达到 115.16 吨 / 小时；中压供热小时平均流量由 115 吨 / 小时增至 162 吨 / 小时，瞬时最大流量达到 243.48 吨 / 小时；低压供热小时平均流量由 39 吨 / 小时增至 56 吨 / 小时，瞬时最大流量达到 105.88 吨 / 小时。此外，与行业科研单位积极开展热负荷与电负荷经济调度研究项目，降低供电煤耗 1.47 克 / 千瓦时。改造项目投运以来，截至 2020 年 11 月，供电煤耗累计下降了 19.4 克 / 千瓦时，燃料成本减少了 4723.63 万元。投产以来，供电煤耗累计下降 25.17 克 / 千瓦时。

（三）诚信经营——连续 9 年荣获"惠州市纳税 A 级单位"称号

惠州电厂 2010 年 4 月正式投产，同年 5 月开始供热，当时热用户仅有一家，供热量 52 万吉焦，热电比仅为 5.8%。"十二五"时期，惠州电厂抓住关键时期发展机遇，积极主动开拓电力热力市场，年均发电量达到 37.66 亿千瓦时、利用小时超过 5700 小时，年均供热量 227 万吉焦，年均利润达 3.54 亿元。连续 9 年荣获"惠州市纳税 A 级单位"称号。

自 2015 年以来，全国特别是广东省的煤机利用小时不断下降，煤电企业的亏损面不断扩大，惠州电厂经历连续两年的经营低谷，机组经常性停备时有发生，发电利用小时下降了近 1000 小时，供热量也没有显著增长，利润下降近 1 亿元 / 年，企业感受到了前所未有的危机和挑战。面对不利的市场环境和发展困境，惠电人始终坚守干事创业的初心，始终怀揣敢为天下先的激情，始终坚持开拓进取大步向前的理念。在全面深入的研判未来市场形势和变化后，惠州电厂坚定了走"以热定电、电热共赢"的新发展道路，这条道路也是适应时代需要、适应发展改革的经营路线。能够走通这条道路，需要分 3 步进行。第一步要充分契合客户需要、完全打开热力市场。为此，惠州电厂紧锣密鼓完成了两台机组的供热改造，以适应大亚湾石化区集中供热安全可靠性需要。第二步，调整原有较为固定死板的价格体系，通过设定有吸引力和竞争力的价格机制，吸引更多的热用户用热，同时调整高中低压蒸汽的匹配量，有助于全厂能耗水平的改善。第三步，真正走出围墙，以市场化的运作机制和以服务者的姿态跑市场、抢客户，锁定热力市场份额。通过几年努力，惠州电厂终于在 2018 年 9 月实现了热力市场飞跃发展：供热量大幅增长 120 吨 / 小时，热电比超过 50%，实现了双机"以热定电"运行方式，在艰难的市场竞争中通过热电联产优势和市场竞争策略，确保了机组利用小时在广东省领先，开创了惠州电厂发展史上新的篇章，也奠定了惠州电厂在广东省电力市场中的领先地位，近年来的市场占有率始终排在广东省和国家能源集团系统力前列，2017 年、2019 年和 2020 年更是稳居市场占有率第一。

创业难，守业更难。面对新形势和新困难，惠州电厂要进一步鼓舞士气、增强忧患意识、切实提高紧迫感和责任感，坚持诚信经营，与各市场主体共克时艰，服务好大亚湾石化区企业发展，做电网和热网坚实的后盾。

案例创造人：李利民　常维维

十年树木、百年树人，诚信文化助力创建世界一流电力示范企业

国能粤电台山发电有限公司

一、企业简介

国能粤电台山发电有限公司（以下简称台山公司）成立于2001年，注册资本466950万元，由中国神华能源股份有限公司、广东电力发展股份有限公司分别持股80%、20%。台山公司位于广东省江门台山市铜鼓湾，靠近珠三角地区电力负荷中心。台山公司工程分两期建设，一期工程5台600兆瓦亚临界机组相继于2003—2006年投产，二期工程两台1000兆瓦超超临界机组于2012年核准投产。1号、3号、4号及5号机组通过630兆瓦增容铭牌认证，目前总装机容量为5120兆瓦，是国内装机规模最大的火力发电厂之一。

台山公司自成立以来，始终坚持党的领导，以质量效益为中心，努力打造安全高效、生态文明的一流电力企业，取得了较好的经营业绩，实现了国有资产的保值增值。截至2019年，累计发电3004.37亿千瓦时、创造产值1140.05亿元、实现利润254.71亿元、缴纳税额166.09亿元，是广东省重要能源保障单位。

二、企业诚信经营理念

台山公司成立之初就将"诚信，责任，规范，素养，自律，竞合，开放，创新"十六字立为企业核心文化理念，通过发放《企业文化手册》、组织全体员工签订《诚信自律声明》和开展信用行为评定工作，引导全员将诚信理念内化于心、外化与行，践行社会主义核心价值观和国家能源集团"诚信，法治，创新，和谐"的核心价值观，努力培育和弘扬诚信文化，持续提升企业品牌知名度和信誉度。

台山公司经营活动秉持"以安全生产为基础，以经济效益为中心，以市场开发为导向，以机制创新为动力"的经营理念，为电网提供绿色、清洁、高效的电能，践行"可靠、可调，规范、诚信，做电网不间断电源（UPS）"的客户服务理念。

台山公司先后获得全国"第六届全国文明单位""五一劳动奖状""全国电力行业优秀企业""全国电力行业用户满意企业""电力安全生产标准化一级企业""全国安全文化建设示范企业""全国模范职工之家""全国青年文明号"等荣誉称号，连续14年获得"全国'安康杯'竞赛优胜企业"、连续13年获得广东省"文明单位"、连续3次获得"广东省诚信示范企业"荣誉称号，荣获广东省"法治文化建设示范企业""广东省最佳诚信企业"及国家能源集团"文明单位"等称号。台山公司一期工程获得"鲁班奖"和"中国电力行业优质工程"荣誉称号。台山公司多台机组在全国电力行业竞赛中获得"金

牌机组""A级机组""中电联可靠性优胜机组"等荣誉称号。

三、企业诚信体系建设

1. 安全与健康方面的守法诚信。台山公司牢固树立"以人为本、风险预控"的安全理念，实施"基于风险、过程控制、持续改进、闭环管理"的预控式管理，安全"零容忍"，对标"持续化"，考训"常态化"的安健环策略，落实风险预控"一个流程"，风险预控体系保持一级水平，做到"安全第一、预防为主、综合治理"的安健环方针。依照国家相关法律法规及国家能源集团标准先后完善发布安全生产管理体系160个制度，包括安全管理48个、生产管理84个、应急预案28个，涵盖安全文化、风险评估、业务流程、监督评价、体系评价共5个层面、28个业务全流程。按照"党政同责、一岗双责、齐抓共管、失职追责"的原则，结合人员实际，健全了安委会及消防、交通、应急、职业健康、环保、特种设备共7个专委会组织机构，形成覆盖167个岗位序列的安全生产责任制，建立了全员岗位说明书，形成了以责任制为核心的全员、全过程、全方位、全时段的责任体系。按照"基于系统风险、事前科学预防、事中妥善处置、事后总结完善"的思路，不断健全、完善应急管理体系，重点突出预警报警和应急体系全面响应的控制。建立健全消防、保卫、医疗急救等抢险队伍，健全快速响应、到位的应急机制。

2. 节能环保方面的守法诚信。台山公司制订了《环境保护管理细则》《废物的处理与处置细则》《污染物排放控制考核管理细则》《碳排放管理实施细则》等废气、废水及固体废弃物（有害及无害）排放、水资源管理和保护等环保领域的管理制度文件。台山公司制订了《突发环境事件应急预案》《酸碱泄漏现场处置方案》《脱硫系统异常事件处置方案》《危化品泄漏点处置方案》《贮灰场溃坝现场处置方案》《加油站着火事故处置方案》《靠泊油船泄露现场处置方案》《燃油罐区火灾事故应急处置方案》等多个突发环境事件应急预案，并且依照相关法律规定定期开展应急演练。2020年，台山公司25项主要生态环保技术指标全部完成，达到同行业先进水平。台山公司通过开展"攻坚2020、展望2025"节能降耗高品质行动计划降低机组供电煤耗实现碳减排，通过系统优化、4号机通流改造等措施，机组平均供电煤耗较同期值下降2.71克/千瓦时，实现碳排放强度较同期下降4.2克/千瓦时。获得"广东省节能先进单位"荣誉称号，5次获得"环保诚信企业"荣誉称号，9次获得广东省环保年度"绿牌"企业荣誉称号，被纳入广东省监督执法首批正面清单企业名录。

3. 人员廉洁从业方面守法诚信。台山公司开展"每周一廉洁提醒"活动，每周一给高风险岗位人员发送一条廉洁短信，加强党风廉政教育，进行组织提醒和警示教育，早打招呼、提前预防、增强各级人员廉洁自律意识和自觉行动。台山公司"廉洁特别提醒"在元旦和春节、国际劳动节和端午节、中秋节和国庆节等重要时间节点加强警示和提醒，预防"节日病"发生。每月30日前，台山公司发布次月的廉政学习计划，下发通知和学习资料。每季度组织一次党支部学习记录检查评价。党委对班子、党支部、部门负责人主体责任落实集体约谈，纪委书记对纪委委员、各支部纪检委员、职工监督员落实监督责任集体约谈，组织开展集体约谈常驻承包商项目经理，开展任前廉洁谈话，落实廉洁从业责任。教育提醒，纪委书记提醒班子成员，年内至少4次。党委中心组反腐倡廉专题学习，台山公司党委书记主讲反腐倡廉党课。利用公司内网的"廉洁文化"等栏目发表廉洁从业文章，主要内容涵盖中央及上级精神、反腐倡廉最新要求、案例分享、公司各党支部党风廉政教育学习主题等，进行全员党风廉政教育；编制、发布《廉洁文化专刊》，挂内网主页供党员、干部、高风险岗位人员学习，倡导廉洁从业文化。编制了《廉洁从业红线底线手册》，供党员、干部、高风险岗位人员学习，倡导廉洁从业的氛围，让员工不逾越红线，知敬畏、守底线，促进员工学廉、知廉、守廉。坚持每年开展一次廉政文化月特色活动，通过系列活动涵养了风清气正的廉洁从业氛围和良好政治生态，未发生廉洁事件。

四、健全企业守法诚信制度

台山公司贯彻落实《国家能源集团信用管理办法》，建立健全企业信用管理体系，明确公司企业信用管理的分管领导，明确党建部（工会办公室）为归口管理部门。发布《台山电厂诚信行为管理办法》《台山电厂法律事务工作管理办法》《台山电厂合规管理办法》《台山电厂企业主要负责人履行推进法治建设第一责任人职责实施细则》等11个诚信管理和法律事务工作制度，建立366个企业规章制度。《台山电厂诚信行为管理办法》明确新员工、新班组、新部门及新入厂的承包商员工与公司签署《诚信自律声明》并将诚信管理结果作为岗位晋升、技能评价的重要基础要件，引导人员和机构从自我管理、履行职责、遵守规则、遵守道德4个方面开展诚信管理。累计评选16名"诚信自律员工"，将诚信自律先进员工树立为典型，激励全体员工争做诚信自律的好员工。

台山公司制订《台山电厂供应商管理标准》《台山电厂承包商评价管理细则》，结合《国家能源投资集团有限责任公司供应商失信管理实施细则（试行）》，建立健全供应商、承包商信用管理体系，加强和规范供应商的信用监管，建立"重点关注名单""黑名单"制度。根据国家能源集团联合惩戒失信供应商的要求，对因违反法律法规、不履行法定义务、违背商业道德、违反合同义务和承诺等失信行为的供应商，经国家能源集团认定、处置、信息公布、异议处理等相关程序后，采取"警告""暂停资格"和"取消资格"3种方式进行信用约束和联合惩戒，视其失信行为严重情况采取对应的措施，限制其参与本公司及国家能源集团范围内的采购活动资格，直到供应商信用记录恢复正常为止。台山公司采购活动开始前，要求所有参与的潜在供应商签署《廉洁守信承诺书》，承诺在业务交往活动中恪守诚信、廉洁、自律的行为准则。合同签订后，台山公司倡导合同双方重合同、守信用。台山公司每季度开展《季度供应商评价报告》，针对供应商资质、技术管理、银行信誉、运营状态、协作关系、诚信、投标、交货质量、服务、支持力度等方面对公司供应商方面进行评价，评价信用等级分为B、A、AA、AAA 4个级别，并按照评价结果进行应用。台山公司招标采购系统定期更新中国电力联合会发布的涉电领域失信联合惩戒对象名单及政府主管部门认定的失信被执行人名单，限制失信联合惩戒对象在系统的注册直到移出名单，实现"一处失信，处处受限"的信用惩戒格局。台山公司荣获"广东省最佳诚信企业"荣誉称号并连续3年荣获"广东省诚信示范企业"荣誉称号。

五、社会责任

台山公司始终将践行社会责任融入企业发展战略之中。截至2020年12月30日，已实现安全生产6232天，圆满完成国家重大节日、重要会议及活动的保电任务。台山公司7台机组全部完成超低排放改造，排放值优于燃气电厂排放标准。台山公司组织员工持续开展"情系侨乡、扶困助学"活动，自2003年累计资助贫困学生970人，累计捐助金额45.8万元，旧衣捐赠活动累计1800件；每年组织义务献血，累计献血量达18.71万毫升，连续多年被评为"台山市无偿献血工作先进单位"荣誉称号，有效树立了良好的企业形象，积极履行了国企的社会责任，有力促进了地企之间的和谐关系，得到了社会各界的充分认可。

案例创造人：甘超齐　唐旺

坚持诚信经营、履行社会责任，建设世界一流高品质能源企业

河北国华沧东发电有限责任公司

一、企业简介

河北国华沧东发电有限责任公司（以下简称沧东公司）位于河北省沧州市渤海新区，注册成立于 2001 年，由中国神华能源股份有限公司、河北建投能源投资股份有限公司和沧州建投能源投资有限公司三方共同组建。目前已建成装机容量 2520 兆瓦，已建海水淡化装置 4 台，海水淡化项目被列为国家发展改革委示范项目，目前 4 台装置日制水能力达到 5.75 万吨。

沧东公司全面建设资源节约、环境友好的现代化能源企业，创造了独具特色的"土地零占用、淡水零开采、燃煤零运输"的模式；同时，积极响应近零排放改造，打造清洁高效的绿色发电企业，4 台机组均达到近零排放标准，实现 4 台机组超低排放的目标。截至 2019 年，累计实现发电量 1652 亿千瓦时，累计售水 6330 万吨，利润总额 84.34 亿元，保持了较好的经营发展态势。

二、企业诚信经营理念

沧东公司以"忠诚、安全、创新、责任、关爱"为核心理念。诚信守法经营，和谐内外部环境，积极贯彻国家和地方的法律法规是沧东公司全力倡导的企业文化理念，也是开展各项工作的着眼点和着力点。为此，沧东公司在信用制度建设方面、依法纳税及时缴纳税金财务管理方面、严格执行质量管理体系规程并确保产品质量方面、严格执行相关法律法规并切实维护职工合法权益及足额缴纳各项社会保险方面、企业日常安全生产管理方面、周边环境维护与改造及社会公益事业与精神文明创建工作方面都做了大量的工作。

沧东公司获得河北省诚信企业"AAA"级荣誉证书与称号、"沧州市诚信企业"称号；连续 4 年获评纳税信用评级为 A 级；沧东公司一期工程获得中国建设工程"鲁班奖"。沧东公司多台机组在全国电力行业竞赛中获"金牌机组""5A 级机组""中电联可靠性优胜机组"等荣誉称号。

三、企业诚信体系建设

（一）加强环保监督，奉献社会，用实际行动赢得社会及上级公司的认可

沧东公司设置节能和环保专门组织机构，分别成立领导小组和工作小组，每年将节能环保目标纳入公司安健环年度目标责任书和管理计划，制订环境目标、指标和环境管理方案并逐项分解到公司各相关部门，制订保障措施切实保障各项方案得到落实。依托安全风险预控管理体系中环境管理子系统、技术监督制度等指导公司环境管理工作，不断完善环保监督三级网络并定期组织培训和专项会议，制订并更新了《环境保护管理制度实施细则》《环境保护责任制管理办法》《废弃物处理与弃置制度实施细则》

《环境污染与考核上报管理制度》《环保设施运行管理办法》及《防止重大环境污染预案》等规章制度。

2020年，沧东公司开展环境风险排查工作并制订整改措施，针对环境风险相关重大意外事件和隐患制订《突发环境事件应急预案》并通过专家评审在环保部门完成备案，同时制订《环保问题舆情管理和应急处置预案》。

沧东公司积极排查治理环境隐患，强化对废水、废气、噪声、工业固体废物及危险废物等的监督管理，完成危废暂存间规范化整改，杜绝有毒有害废物的不规范处置。2020年，沧东公司未发生环境污染事故，污染物达标排放，各项指标均达到国内行业领先水平。

2019年11月，沧东公司顺利通过国华电力安全文明生产标准化现场创优查评，成为国华电力首家通过创优查评的火力发电企业。持续规范和完善现场安全文明生产标准化工作，制订安全文明标准化三年规划。对于需长期治理的项目，融入机组检修规划中，扎实构建安全文明生产标准化的长效机制。

（二）人员廉洁从业，营造清风正气环境

沧东公司坚守使命，聚焦政治监督定位。充分发挥纪委政治"显微镜""探照灯""传感器"的作用，推进党内政治生活监督日常化，坚持每双月一个监督重点，先后开展"党支部委员会议事情况""党小组会落实情况及效果"等5次专项监督；力争党内政治生态纯净化，组织开展"纪检与我面对面""纪检人员进班组"活动12场次；确保新冠肺炎疫情防控监督常态化，以纪委委员现场督察、支部纪检委员"交叉式"监督检查、班组廉政监督员时时观察的监督方式，沧东公司开展疫情防控监督工作28次，深化落实政治责任。

精准发力，把日常监督做到位。沧东公司在开展常态化工作的基础上，继续精准运用监督执纪"四种形态"，开展"蹲点式调研""体验式监督"，推动单一监督向深入、日常、主动监督转变。

锤炼斗争精神，营造清风正气环境。沧东公司以形势任务、廉洁守纪、规章制度"三教育"为主线，在内网、微信群等设立了"沧海一'课'"党课教育、"沧海一'肃'"廉洁警示、"沧海一'述'"正风时评、"沧海'红'流"党旗飘飘、"沧海涛声"文化驿站等，讲正气、发正言。其中，"沧海一'述'"已发表时评文章11篇，被国华内网选载3篇（为系统内电厂最多）。自2019年，沧东公司开展了"人人都是企业形象、事事践行初心使命"的主题系列教育，"事事"即四讲四正——讲政治正思想、讲纪律正作风、讲规矩正风气、讲道德正品行；以"党风正、厂风兴、民风好"为主题，充分利用党课、各层级会议等传统形式与短视频、抖音等新媒体，举办"'抖'出精彩""'抖'擞精神"抖音大赛，旗帜鲜明做好正面宣传，抵制不良风气。

沧东公司未发生廉洁事件。

（三）严格执行相关法律法规，积极保障职工合法权益

目前，沧东公司职工共计681人，均与公司签订长期或定期劳动合同，合同签订率为100%。每名职工自签订合同之日起，沧东公司即依法为员工办理养老、医疗、失业、工伤、生育等各项社会保险或意外伤害保险并一直及时、足额缴纳各项社会保险，从未发生瞒报、漏报、欠缴社会保险费的行为。通过外部调研和内部座谈征求职工的意见和建议，结合企业发展实际，注重向关键性岗位与高素质人才倾斜以培养和激励职工的学习钻研热情。2020年新冠肺炎疫情期间，职工工资始终坚持按时足额发放。沧东公司从组建至今未发生任何劳资纠纷。

（四）守法诚信制度完善

沧东公司发布《沧东电厂企业主要负责人履行推进法治建设第一责任人职责实施办法》《沧东电厂合规管理办法》《法律事务管理办法》等11项诚信管理和法律事务工作制度，建立266项企业规章制度。贯彻落

实《国家能源集团信用管理办法》，不断建立健全企业信用管理体系。自2014年开始，每年按时在"河北省市场主体信用信息公示系统"向社会公示《企业年度报告》，6年来未发生被列入经营异常名录情况。通过举办"电力信用知识竞赛"、拍摄"诚信经营"普法微视频等活动，不断营造企业诚信经营的良好氛围。

结合《国家能源投资集团有限责任公司供应商失信管理实施细则（试行）》，建立健全供应商信用管理体系、加强和规范供应商的信用监管，建立"重点关注名单""黑名单"制度。根据国家能源集团联合惩戒失信供应商的要求，对因违反法律法规、不履行法定义务、违背商业道德违反合同义务和承诺等失信行为的供应商，经国家能源集团认定、处置、信息公布、异议处理等相关程序后，采取"警告""暂停资格"和"取消资格"3种方式进行信用约束和联合惩戒，视其失信行为严重情况采取对应的措施，限制其参与本公司及国家能源集团范围内的采购活动资格，直到供应商信用记录恢复正常为止。

四、全面履行社会责任

（一）自主化科技创新，多元化诚信经营，海水淡化助力企业复工复产

沧东公司地处河北沧州渤海新区，淡水资源匮乏，长期依赖地下水和远程调水来解决用水问题。因地下水超采严重，政府已全面禁止开采。随着渤海新区经济发展，大量企业入驻，远程调水在水质和水量均无法提供稳定的水源支撑。沧东公司建设之初，便设计发挥濒临渤海海水资源丰富和"电水联产"自有蒸汽的优势，提出"淡水零开采"战略，依靠海水淡化解决自身生产生活用水。

沧东公司通过引进、吸收和创新，不断升级海水淡化装置，在解决电厂自身生产生活用水的基础上，逐渐向周边企业供水。随着渤海新区经济不断发展，沧东公司与地方政府达成"企业制水、政府输水、用户用水"的政企合作供水模式，不断延伸海水淡化水专用管网。目前，沧东公司海水淡化外供水管网已达70公里，海水淡化设备额定日产水量为5.75万吨，担负着向地方周边30家企业每年1000万吨以上优质淡化水的供应任务，日外供水约为3万吨，涉及生物医药、大型石油化工、电力能源等企业，成为该区域企业用户"第一水源"。

2020年3月以来，因受新冠肺炎疫情影响和新能源发电市场冲击，沧东公司发电负荷持续低落，对海水淡化制水造成较大影响，淡化水供给不足，对企业用户的稳产复产造成威胁。面对海水淡化水突出的供需矛盾和用水企业的诉求，沧东公司积极协调河北省电网调度部门，争取到海水淡化装备运行所需的最低发电负荷保障；组织生产部门和市场人员开展供水专题研讨，从发电制水负荷匹配、海水淡化运行优化调整、低负荷应对、供需曲线优化等方面进行研究，挖掘潜能，优化运行和管理，促进供水量提高。沧东公司以高度的社会责任感，内外协调，多措并举保障海水淡化水的生产和供应，助力企业用户稳产复产，多家主流媒体均进行了重点报道；同时，依托多年来积淀的政企合作模式，通过到政府相关部门调研、拉网式用户走访市场调研及重点用户跟进突破的方式，积极促成与重点新增用水企业供用水合作，为落实新建5万吨及后续规划海水淡化项目提供建设条件。

沧东公司积极调研周边企业用汽需求，与多家企业签订工业蒸汽供应合同，深入推进蒸汽外供；积极跟进对外供热新增管线建设，提升港区居民用热供应稳定性，全面履行社会责任，实现企业良性发展和服务地方社会的双赢，为全面创建世界一流示范企业打好基础。

在后续发展规划上，沧东公司将全面落实国家及上级公司的总体战略，坚持国华电力建设讲政治、高素质、负责任、有追求、重人文的世界一流高品质能源企业奋斗目标，强化管理，创新引领，努力建设清洁高效、多元发展的世界一流高品质能源企业。

（二）坚守"微笑·爱心"初心使命，青年志愿服务活动展现新作为

沧东公司大力弘扬志愿服务精神，打造"微笑·爱心"志愿活动品牌，连续4年开展"温暖羌

塘""维爱同行"活动，为西藏自治区聂荣县藏区同胞捐赠暖衣共计 1200 余件，助力脱贫攻坚；连续 4 年开展"关爱来自星星的你"系列活动，赴渤海新区自闭症儿童培育基地进行志愿活动，累计服务小时数突破 1000 小时；根据渤海新区"临海环湖"的地理特点，与兄弟单位联动，创建"河小青"保护母亲河生态水源志愿服务队；在中小学开学之际开展了"关爱儿童健康，助力核酸检测"志愿服务活动。

案例创造人：杨知社　张彤

以诚为基、以信为本，促进企业发展

文县柳园水电开发有限公司

一、企业简介

文县柳园水电开发有限公司（以下简称柳园公司）上级单位为国能陕西水电有限公司。柳园公司位于甘肃省文县境内，距下游文县县城 20 公里。柳园公司为一座径流引水式电站，以发电为主，2011 年 12 月两台机组全部投产发电，总装机容量 28 兆瓦，设计水头 30 米，多年平均发电量 1.52 亿千瓦时，年利用小时数 5414 小时。

柳园公司自成立以来，诚信守法经营，和谐内外部环境。积极贯彻国家和地方的法律法规是柳园公司开展各项工作的着眼点和着力点，企业在信用制度建设、依法纳税、质量管理、切实维护职工合法权益并足额缴纳各项社会保险、安全生产管理、环境维护及开展社会公益事业方面做了大量的工作。

二、诚信经营

柳园公司一直把信用管理工作作为企业的一项重要管理内容，在日常工作中不断加强对企业信用管理工作的投入。柳园公司信用良好，通过"信用中国"查询，无行政处罚信息、无失信惩戒信息，无风险提示信息，2015 年和 2017—2019 年荣获"纳税信用 A 级纳税人"守信激励奖励。

"诚信者，天下之结也"。诚信是企业的立身之本，也是维护市场经济秩序的重要原则。市场主体讲诚信，可以降低交易成本、促进公平竞争、增强经济活动的可预期性、提高经济效益。正因为如此，柳园公司将诚信经营列为企业必须践行的行为准则。

柳园公司主动加入小水电行业协会，积极参加各种以诚信为主题的活动或宣传。按照行业协会宗旨坚持自我规制、自我约束、自我管理、自我净化。积极参与行业协会工作，坚持执行行业自律规范、自律公约，建立健全企业信用评价、激励和惩戒机制，促进企业诚信经营。

三、体系建设

竞争日趋激烈的市场经济中，如何使诚信体系巩固起来、真正建立起来，如何将诚信的正能量在整个社会传播开来，是每一个企业应该思考的问题。为树立诚信意识、弘扬诚信精神，全面提高企业信用建设水平，充分发挥诚信典型示范引领带动作用，柳园公司采取多项措施扎实推进企业信用体系建设工作。

一是合同履约方面。柳园公司合同履行坚持诚实信用原则，在市场活动中讲究信用，恪守诺言，诚实不欺，在不损害他人利益和社会利益的前提下追求自己的利益。设置合同管理岗位，有专人负责合同管理，对合同实施全过程管理；建立合同台账，将合同履约节点一一列入台账，并设置履约提醒，确保按期履行合同。加强供应商管理，多方位和供应商、交流，增加相互之间的信赖；同时，借助国能 e 购平台及利用外部信用工具，进一步掌握供应商各方面的信息、信用情况，以便开展业务工作。

二是款项支付方面，优先支付涉及农民工、小微企业及民营企业的款项。对应付账款进行梳理，有超期未付的款项认真查找原因，具备付款条件的积极联系对方单位进行支付。对应付账款进行审计监督，以确保应付账款及时支付。

三是诚信纳税，自觉遵守社会主义市场经济体制下的竞争规则，坚持守法经营，保证企业在法制建设的良好空间内健康有序发展；严格遵守企业财会制度、会计准则，真实准确核算企业经营成果，依法履行纳税义务，保证依法诚信纳税；认真履行代扣代缴义务，做好企业职工个人所得税全员全额明细申报工作。

四、制度完善

柳园公司成立伊始就把商业信誉放在首位，认真贯彻执行相关法律法规，坚持信用至上的经营理念，提出"守合同、重信用是企业发展的原动力"的理念，在实际工作中依法签订和履行合同，自觉维护双方当事人的合法权益，建立健全了合同管理制度，坚持不懈地抓相关法律法规的学习、宣传的培训工作，培养和加强职工依法守信的观念。

市场经济是法制经济，也是诚信经济，结合企业实际，柳园公司有针对性的发布实施了一系列涉及信用管理的制度，如《环境因素识别与合规性评价控制程序》《合规管理规定》《合同管理办法》等。在相关制度作为日常生产经营活动准绳引导下，柳园公司对内以诚相待，鼓励和认可职工业绩，提高职工归属感、荣誉感并认同企业行动方向，增强了与企业共命运的意识，提升了企业信用度；多年来，柳园公司自觉接受市场监督管理部门和行业监管部门的监督管理，对外遵守法律和市场规则、认真履行契约责任、依法纳税，未出现任何偷逃税款等违法行为或不良记录。

五、社会责任

对企业来说，衡量竞争力的基本标准不仅局限于成本、质量、服务，道德标准也正在成为保持企业竞争优势的重要因素。只有通过履行社会责任，塑造和展现有益于社会发展、有益于环境的正面形象，取得社会公信，企业才能更被市场青睐，具有更强的竞争力。要求企业在管理战略上要从更广泛的公众利益和社会发展的角度来考虑问题，自觉接受社会和公众对自己的监督、检验和认可。在构建社会主义和谐社会的时代大背景下，企业的功能不仅仅在于提供就业、创造利润和缴纳税款，还应更多地表现在维护市场秩序、扶助社会困难群体、保障职工权益、参与社区发展、推动社会进步、注重环境和生态保护等方方面面。柳园公司积极做好"企业公民"，承担起相应的社会责任，主动承担与社会各利益相关者和自然环境之间和谐的义务。

经营管理方面，柳园公司依法合规经营，依法诚信纳税，促进了地方经济发展，为社会创造财富。同其他单位、个人的业务来往，柳园公司始终坚持诚实信用准则，实行公平交易，严格履行合同。

节能环保方面，柳园公司按照环保、安监部门要求，委托有资质单位进行废油、废弃物处置，防止污染环境，增加厂区周边绿植，保持和恢复生态平衡。

柳园公司积极参与社会公益活动，支援抢险救灾及其他有益工作。柳园公司联合当地政府加强防汛宣传，协助水利水务部门开展抗旱防汛工作。

案例创造人：赵亚飞　张骏

秉承诚信守法经营，倡导绿色能源发展，迈向世界一流新能源领军企业

国电和风风电开发有限公司

一、企业简介

国电和风风电开发有限公司（以下简称和风公司）是国电电力较早投资、建设、运营的专业化风力发电企业，是绿色环保的新能源企业。和风公司于2008年注册成立，总装机容量100.8万千瓦，辖下15座风电场分布在辽宁、吉林、黑龙江及蒙东地区。进入新一轮电力体制改革以来，运营10余载的和风公司继续站在企业兴衰的高度，坚持走"以人为本，文化兴企"之路，大力推进企业诚信建设，精心打造企业特色文化，有力促进了企业各项工作的协调发展。

和风公司秉承营造电力市场良好发展环境，促进市场健康发展，增强电力企业依法经营意识，塑造企业外部形象。多年来，保持电力信用评级AAA级企业；2019年度获得中国工商银行授信评级AA+级，2020年度获得中国农业银行授信评级AAA级。

二、企业信用体系建设

和风公司高度重视企业信用体系建设工作，坚持"依法生产、依法经营、依法管理"的方针。作为绿色环保的新能源电力企业，保障社会稳定供电是和风公司肩上的责任。扛起发电企业的信用，避免国家的能源损失，同时也为新能源发电公司的发展打下坚定的基础，可谓是一举多得的双赢政策。

（一）内部管理机制建设

和风公司率先建立内部管理机制，从以下几方面入手。

一是建章立制，明确职责分工。明确了信用体系建设的原则、目标、指导方针。明确了由市场营销部为信用管理部门，企业内部各部门与风电场在于信用管理方面职责定位，互相配合，加强监督，提升信用管理质量。通过制度建设，涵盖了合同管理及档案制度、企业风险管理制度、涉网设备"两个细则"考核制度、可靠性管理制度、安全生产及监督管理制度、文明生产制度等，明确了各个内部部门的责任与权力，推进信用体系的建设。

二是构建体系，加强信用监督。和风公司着力构建大安全理念，树立电力安全是信用之基的理念，从设备不安全状态、人员不安全行为、不服从调度指令、涉网设备信息安全等方面开展监督。率先推行安全垂直管理体系，现场安全监督员全部改由安全监察部垂直管理，加大违章惩处力度，确保安全责任制落地落实，从而确保信用之基坚固。

三是依法治企，维护商业形象。和风公司以法治和风建设为契机，加强涉法涉诉管理，严格合同管

理制度，合同执行预期挂牌督办机制，各项合同的谈判和签订在遵纪守法的前提下进行。建立合同模板，坚持合同法律审核机制和大额合同提级审核制度，确保合同签订规范，从而避免了各种合同纠纷。开展民营企业欠款专项整治行动，加强合同执行的各部门联动，维护企业合法权益和商业信誉。

四是外树形象，构筑信用文化。和风公司始终将"诚信"作为公司核心价值导向，把诚信作为公司发展必须遵守的规则和公司品牌塑造的基本法则，构建"信用电力百年老店"。2020年，和风公司积极参加中电联第四届信用电力知识竞赛活动，共有21人参加比赛，取得了较好成绩，通过竞赛让公司员工了解电力信用政策、文化、生产、党建、标准等五大部分知识，对推进公司整体信用文化建立，起到整体推动作用。

五是实施客户信用风险管理。和风公司从严掌控物资采购合作方、财务往来客户、合同买卖方的资信调查，履行财务先入先出、扶持小微企业等诚信经营，及时全额缴纳各项税费。在电力市场营销方面，提高售电营销辅助决策水平，探索电力客户信用评价和检测手段，为公司电费回收管理工作和售电营销决策带来重大的革新。在员工权益方面，做到透明清晰，绝不侵占员工福利，不发生拖欠员工工资事件。

（二）后续工作方向

和风公司领导班子及全体员工坚持"以诚待人"的信念，为了建立更完善的信用企业管理体系，不断探索、不断钻研，并且确立了如下所述后续的工作方向。

1. 强化信用管理体系建设程度，防范信用风险。和风公司将进一步加强企业信用管理体系建设，牢固树立企业形象、品牌意识、诚信意识、强化风险防范意识，完善信用风险防范机制，对信用管理的方针、目标（如安全性、可信性等）做出承诺并形成文件，开展公司信用管理、组织实施工作。

2. 制订信用管理相关规章制度，强化信用自律。和风公司根据实际情况，发挥公司信用管理归口管理部门的责任，促进公司信用管理组织机构的构建，设定公司信用管理工作目标，完善公司信用管理办法的修订，强化公司信用管理工作人员的专业能力，提高信用管理工作的质量。通过公司信用组织机构，层层贯彻，利用各种自媒体途径进行宣传，增强保护自身信用的自觉性与主动性，强化全员信用意识与风险防范意识，取得广大员工的准确理解和实施。

3. 积极履行社会责任，提升企业综合竞争力。和风公司在电力市场运营中保持诚信经营、公平竞争，弘扬诚信意识，同客户业务往来始终坚持诚实信用准则，实行公平交易，打造诚信守法企业形象。积极推进依法生产、依法经营、依法管理，提升综合竞争力。

4. 完成年度信用企业评级复评工作，保障公司信用等级。和风公司定期完成公司信用管理报告，认真开展公司层面信用评级申报和复评工作，监督、指导公司信用管理工作的实施，协调解决遇到的困难和问题，保障公司信用等级，维护公司信用形象。

5. 依据相关文件建立应急措施实施方案。和风公司依据相关文件和相关重大突发事件应急处置管理要求，建立公司突发失信事件应急预案，完善应急措施方案、报备上级单位程序；同时，组织员工进行宣讲工作，演练应急措施的实施方案。

作为时代更迭的一代，作为一家绿色环保的新能源发电企业，和风公司坚定"诚实、可靠、发展"的思路，走在创建全国优秀诚信企业的道路上，一体推进企业信用建设与集团创一流、内控评价、企业文化建设的紧密结合。

案例创造人：石生伟　宋威娜

诚信经营，敢为人先，打造华中公司示范品牌

国电物资集团有限公司华中物流配送公司

一、企业简介

国电物资集团有限公司华中物流配送公司（以下简称华中公司）以"敢为人先、追求卓越、引领前行"的华中精神为湖北、湖南、江西区域及所属项目单位生产、基建及日常管理提供物资询价采购与配送、工程服务项目集中评审等优质服务。华中公司成立于2005年，由最初的3个职能部门、10名员工，历经十几年发展到现在拥有综合管理部、财务管理部、计划经营部、询比价业务部、电商业务部、党建纪检部6个职能部门及江西项目部的企业规模，现有员工51名。区域内总装机容量1346.6万千瓦，其中火电1163万千瓦、水电163.48万千瓦、风电及生物质发电20.6万千瓦。

一直以来，华中公司紧紧围绕中心工作，始终秉承"诚信经营、优质服务、高效管理、合作共赢"的发展理念，努力践行"真情、友情、亲情"的"三情"文化，充分发挥专业公司的规模优势和技术优势，做精做优物资供应保障，得到了区域公司电厂和供应商的肯定和信赖。公司班子团结奋进，员工队伍稳定，干群关系和谐，公司经营业绩稳步提升，连年超额完成上级公司下达的目标任务，用斐然的经营业绩诠释了华中精神。2019年，华中公司实现营业收入19595万元，利润3983万元。

经过多年努力，华中公司持续延伸电力物资"三情文化"和服务理念，推进公司诚信建设，增强社会责任意识和诚实守信、合法经营，同区域分（子）公司、项目单位建立了稳固的物资供应保障体系，为公司发展奠定了基础、提供了保障、发挥了作用。多次获得原国电集团公司、物资集团授予的"四好"领导班子、"先进基层党支部"和"目标责任考核先进单位"等荣誉称号。自2014年以来，连续5年保持集团公司"五星级企业"称号。

二、思想统一，筑牢诚信经营基石

华中公司坚持以党的建设为引领，切实用党的十九大精神武装头脑，引导全体党员树牢"四个意识"，坚定"四个自信"，坚决做到"两个维护"，始终在思想上、政治上、行动上与党中央保持高度一致，筑牢诚信经营基石。

三、制度保障，规范诚信经营管理

华中公司按照"把业务能力强起来、服务品质硬起来、管理标准严起来、工作作风实起来"的工作标准，实现了公司机构改革平稳过渡、业务转型顺利对接、制度管理体系初步建立、业务日趋规范。华中公司近年来不断完善公司制度体系框架，积极组织开展制度"废立改"，定期落实制度建设"回头看"，强化责任落实，优化管理体系，提升企业制度约束力。截至目前，共计修订完善制度66项，涵盖了公司综合管理、财务管理、业务管理及党务纪检管理等方面内容。

四、人才培养，锻造诚信经营团队

近年来，华中公司立足企业长远发展，以六大主题系列培训为抓手，全方位提升员工的工作能力，为公司诚信经营打造了一支政治上靠得住、工作上有本事、作风上过得硬且具有良好的职业道德和行为操守、诚信守法的人才队伍。

五、业务提升，塑造诚信经营能力

1. 华中公司始终把责任挺在前面，以打造专业化公司为己任，坚持专业采购，推进长协采购，建设网上商城。深入项目单位，开展商城调研宣讲及商城上线培训；对区域电厂使用频繁且交易量大的物资，积极同电厂、分（子）公司研究协商，共同寻找优质供应商。深耕华中区域电力设备市场，制订以超市类消耗用品、备品备件为重点，先区域后集团级的铺货策略，确定商城铺货续签的标准化流程及模板，创造性开展了长协续签工作，走在其他区域配送的前列。在区域优势不明显的情况下，"保品质、重实效，推进商城铺货工作"项目获得2017年度总经理奖励基金一等奖。

2. 华中公司始终坚持用小指标保大指标的理念，各项指标均保持前列。对询价文件挂网前预审，形成合格评审项目的审前策划、审后汇报的工作机制，平均计划完成率为99.92%。坚持"三大原则、六项举措"，降低流标率、二挂率。目前，一挂成功率平均为92.6%，高于上级公司下达的85%的考核指标，成交服务费回收率达99.85%。

3. 华中公司始终在积极开展课题研究，推动创新创效诚信经营不断着力。华中公司在配合相关部门完成既定任务的基础上，结合实际，主动开展课题研究。在采购业务课题研究成果评审会上，得到上级公司的高度认可和好评。2014年以来共获得总经理奖励基金一等奖四次，三等奖3次；2019年各部门共开展课题项目14个，赶帮超的氛围日益浓厚；2020年瞄准公司年度54项重点工作任务，以16项主题活动为载体，结合公司科技创新工作，始终坚持经营性指标成效最佳为目标，12个突击队、11个创新工作室、16个QC质量小组、21个课题研究小组为实施主体，全面推进全年各项工作有序开展。

4. 华中公司始终坚持诚信经营、服务至上原则，以服务抢市场，以服务创效益，以服务促共赢。华中公司把服务作为永恒的主题，畅通协调沟通机制，不断提高应急供应保障能力，圆满完成了重大项目物资供应，得到分（子）公司、项目单位的充分肯定。延伸服务内涵，丰富服务方式。超前服务、主动服务、全程服务的意识不断增强。深入现场进行业务宣讲和技术咨询，编制《华中区域发电企业主要设备情况表》，量身定制精准服务方案。2018年开展精准服务11场次，参与主辅机厂7家，服务区域8个电厂。2019年针对汉川电厂问题，迅速成立岗位建功突击队，多次深入电厂，联系设备厂家，帮助解决实际问题。与项目单位基层党组织结对子，组织开展"走进电厂、每月一讲"系列主题党日活动，"培训＋服务"落地有声，有实效。持续推进湖北省产销对接相关工作，相继与武汉大学、华中科技大学及中南电力设计院等达成合作意向。与宝武集团、随州火电项目筹建处两家单位就随州火电项目基建钢材属地化进行了对接，配合电子商务中心和北京配送做好湖北专区建设的相关工作。通过前期沟通跟进，与江西赣能股份有限公司达成合作意向，以江西赣能股份有限公司丰城二期发电厂为试点，采用国家能源e购平台作为该厂物资采购的重要渠道，实现了集团开拓外部市场的先河。

5. 华中公司始终坚持把应收应付账款的管理作为公司诚信经营的生命线常抓不懈。2018年应收账款余额219万元，与上年同期相比下降了304万元，远低于上级公司考核指标2150万元，得到了上级公司的高度认可。加强与电厂的联系、沟通，华中公司应收账款余额逐月下降。2020年，华中公司开展账款清欠"党员突击队"活动，进一步加大清理力度，1年以上账龄从2017年的523万元下降到目前的8万多元，资金风险得到了有效控制，诚信经营卓有成效。

六、文化引领，造就诚信经营理念

华中公司始终坚持深入践行"三情文化"，建设和谐企业，树立诚信理念。全心全意依靠员工办企业，坚持发展依靠员工、发展成果由员工共享，切实将真情、友情、亲情文化落地有声是华中的治企宗旨。开展"发现感人瞬间，记录最美相遇，传承正能量"为主题的活动，讲述身边的能人故事，弘扬彰显华中精神；召开读书讲书分享会、员工联谊会，宣扬华中文化，凝聚企业活力，提升员工的幸福感和获得感。重视员工学习教育，搭建员工成才平台，畅通晋升渠道。开展"安全生产、青年争先"活动，设立青年安全生产示范岗。开展"我为核心价值观代言""青年大学习"及青春阅读等主题活动，激励青年员工在企业发展中争当"主角"，成为诚信经营的推动者和实践者。

华中公司领导班子将团结带领全体干部员工以时不我待的精神，继承和发扬敢于攻坚克难的传统和精神，立足新起点、再启新征程，牢记新使命，创新求实，将公司诚信经营提升到一个新高度，为集团发展做出新的更大的贡献。

案例创造人：孙传德　刘俊

至诚则成，立信于行

国能诚信招标有限公司

一、企业简介

国能诚信招标有限公司（以下简称诚信公司）成立于 2003 年 7 月，是原中国国电集团公司为了适应电力体制改革和电力建设的顺利开展，依法组建的专业化招标代理公司，是中国招标投标协会理事单位。2017 年，中国国电集团公司与神华集团有限责任公司重组，正式成立国家能源投资集团有限责任公司（以下简称国家能源集团）；2019 年 5 月，为适应国家能源集团采购与物资集中管控的新要求，诚信公司业务类型进行调整，主要负责国家能源集团各子（分）公司及部分火电发电企业非招标采购代理工作。

诚信公司自成立以来，坚持以"至诚则成，立信于行"为发展准则，面对电力市场改革和挑战，注重诚信发展，将诚信理念贯穿在企业管理、公司经营的每个环节中，通过以制度建设推动公司诚信保障体系、以强化项目过程管控塑造公司诚信履约形象、以企业"真情、友情、亲情"的三情文化建设厚植公司诚信文化之魂，诚心诚意待客户，诚信诚恳待供应商，诚挚诚念待员工，多角度发挥优势互补，达到合作共赢。

二、诚心诚意待客户

诚信公司自成立以来，坚持公开、公平、公正、科学合理的原则，立足行业，面向全国，以招标法定程序为基础，严格以"统一计划、统一流程、统一标准、统一平台"为实施准则。多年来，承担了国家的大型重点水电、火电工程及多个风电、煤矿、煤化工、新能源、燃机等项目的国内招标业务，为 800 余家采购单位提供了全方位高效的招投标服务。坚持开展"前期咨询、中期走访、后期回访"的服务模式，把客户的需求和对公司的意见和建议作为改进工作、提升招标质量的内在动力，用真诚的服务打造优质形象、赢得各方赞誉。

诚信公司以良好的商业信誉，高质量、高效率的规范服务为客户科学择优选择、确保工程质量、控制工期和工程造价等方面提供了有力的保障。先后 9 次获得"中国最具竞争力招标机构""电力行业最具竞争力招标机构""工程建设项目最具竞争力招标机构""煤矿矿山行业最具竞争力招标机构""风电行业最具竞争力招标机构"等称号。

在从招标采购业务调整为非招标采购业务后，诚信公司也始终把规范放在首位，既要为客户服好务，也要坚持原则底线不动摇，在与客户沟通的过程中既恰如其分，又有礼有节，客户对公司采购专责积极沟通、耐心解释、认真负责的态度高度赞扬。率先推行管家式服务，指定业务骨干作为管家——相应服务单位的第一责任人和总协调人，承担与客户的联系工作。每一位管家都精准掌握客户的采购计划、物资需求、供应商分布情况并定期分析采购数据、出具报告，对客户存在的突出问题摸脉诊断，为客户提供更加及时、贴心的服务，保证了"客户有呼、诚信有应"。诚信公司还建立了协调会机制，定期召开内部采购业务协调会以及与客户的协调会，通过问题清单、责任清单、措施清单"三个清单"集中解决遇到的问题。针对非招标业务难点痛点，成立QC专题小组，先后制订了标包策划原则、资质业绩设定原则、采购失败转单一来源适用条件、预警系统应用规则等业务标准。创新开展"服务万里行"精准服务活动，4个月的时间对客户所属27家采购单位进行现场走访，主动听取客户对采购工作的意见建议，实现了采购单位全覆盖、采购专责走访全覆盖，真正与客户"结亲连心"，得到了客户上下的高度认可和一致好评。

2019年，诚信公司完成招标额188.28亿元、非招标额24.5亿元，实现营业收入5.34亿元。营业收入连续5年稳步攀升、连创新高，保持了安全廉洁稳定良好局面，赢得了各方赞誉。

三、诚信、诚恳待供应商

诚信公司始终坚持主动作为，真诚服务供应商。在行业内率先研发出拥有自主知识产权的电子招投标平台，是国内首个完全符合相关法律法规规定的招投标系统，电子招投标平台于2014年10月正式上线运行，有力推动招投标业务由传统电子模式向全流程电子化转型，进一步规范采购流程、提高工作效率，对广大供应商实现了开标信息公开、评标结果公示、投标保证金退还实时查询等便捷功能，为供应商节省了大量的投标人力、物力成本，实现了阳光采购，得到广大供应商的一致认可。2017年，"互联网+电子招投标平台建设研究及推广应用"项目获国资委中央企业团工委"2017航天科工杯"中央企业青年创新大赛金奖。

在从事招标采购代理工作过程中，诚信公司针对供应商的来电、来函、来访等活动，专门建立了定期工作反馈、意见建议登记及反馈等机制，严控异议投诉率；同时，利用"首问负责制""400电话月度考核"等手段，做好超前预防，投诉、来访率同比大幅降低，在供应商中打造"诚信招标"品牌，树立了良好的口碑，连续3届获得了中国招投标协会颁发的"招标代理机构诚信创优5A级先进单位"称号。

在转型从事非招标采购代理业务后，诚信公司继续深化走访机制。积极践行"真情、友情、亲情"三情文化，本着哪里有需要我们就去哪里的原则，积极主动听取供应商对采购工作的意见建议，逐步开展对供应商的培训交流；开设"诚信非招标采购服务平台"微信公众号，为供应商答疑解惑，提供更优质、更全面的服务；设立供应商投诉异议通道，使供应商可以通过采购平台、电话、邮件等形式及时反馈问题，由专人负责处理，第一时间为供应商排忧解惑。

四、诚挚、诚念待员工

诚信公司坚持"紧紧依靠员工、一切为了员工"的理念，广开言路畅通诉求渠道，员工可以对公司经营管理建言献策，领导干部主动倾听员工心声、分头认领意见建议、全力抓好整改落实，对员工反映的事情认真对待、仔细分析、及时处理。

诚信公司注重实施员工素质提升工程，提升员工专业技能，积极拓展员工职业发展通道，促进员工成长成才。按照"岗位培训与职业资格培训相结合、短期培训与长期教育相结合、内部培训与外部学习相结合"的原则，多形式、多渠道、多专业对员工进行培训。组织开展"走进电厂、每月一讲""人人上讲台"和技术讲堂等主题活动，形成学习、培训、考试、提高的良性循环，切实提升了员工的业务素质。通过举办形式多样的培训课堂、现场答疑等活动，充分调动了广大员工学业务的积极性，在公司内"比学赶帮超"氛围浓厚，以点带面培养了一批懂技术的专家型人才、一批懂商务的高级招标经理、一批懂管理的行家能手，从而带动整个公司专业技能进步和人员素质提升。多年来，诚信公司培养、选拔了大批能干事、干成事的人、品行好作风正的人、有闯劲敢负责的人、有特长能攻坚的人、不张扬能吃苦的人、员工满意度高的人，在公司内形成了正确的选人用人导向，营造了风清气正、干事创业的氛围。

在注重业务提升的同时，诚信公司同样重视树立自己的文化自信，不断丰富三情文化理念内涵。坚持凝聚发展合力，坚持开展形式多样的文体活动，持续改善员工工作生活及文化设施。组织员工参加健走比赛、乒乓球比赛、趣味运动会、篮球赛等文体活动，开展植树、捐赠图书和助盲等公益活动，弘扬企业正能量，履行中央企业社会责任。举办公司迎新春茶话会、"庆三八妇女节"趣味运动会、"赠书促学，书香诚信"全员阅读活动等多项文体活动，丰富了员工的精神文化生活。举办"和谐诚信"企业开放日活动，邀请干部员工家属走进公司，共叙情谊，共话未来，进一步促进了三情文化的落地生根。在新冠肺炎疫情期间，开展"为奉献者奉献"爱心活动，为支援湖北疫情防控中感染疫病或牺牲的医务人员、各地参加本地疫情防控中感染疫病或牺牲的医务人员子女捐款，用实际行动体现责任担当，向奋战在抗疫一线的医务人员致敬，向他们的子女提供关爱。

"走过一山又一山，快马加鞭不下鞍"，成绩代表过去，未来任重道远。机遇是争来的，不是等来的，事业是干出来的，不是说出来的。诚信公司将持续秉承"诚贵在于信，信则在于行"的理念，以只争朝夕、时不我待的精神，以高效务实、拼搏进取的作风，以"朝受命、夕饮冰"的使命感，以"昼无为、夜难寐"的紧迫感，勇担责任，狠抓落实，勇立潮头，勇当标杆，为全力打造具有全球竞争力的世界一流专业化采购机构迈出关键的一步。

案例创造人：韩修成　宋五异　张迎

履行央企责任，创新驱动高质量发展

国能大渡河流域水电开发有限公司

一、企业简介

国能大渡河流域水电开发有限公司（以下简称大渡河公司）于2000年在成都高新区注册成立，主要任务是以龚嘴、铜街子为母体电站，滚动开发大渡河流域水电站，是国家能源集团所属最大的集水电开发建设和运营管理于一体的大型流域水电开发公司。

大渡河公司承担着"奉献清洁能源、建设美丽中国"的历史使命，主要负责四川大渡河、西藏帕隆藏布流域水电开发，拥有水电资源约3000万千瓦。截至2019年，资产总额为889.49亿元，投产水电装机1173.5万千瓦，在川投运装机约占四川统调水电总装机容量的27%，约占四川统调水电装机的四分之一，是保障四川电力能源供应的"稳定器"和"压舱石"，为四川省经济社会发展和国家优质清洁能源基地建设做出了突出贡献。

在国家能源集团创新文化战略的总体布局、科学规划下，大渡河公司坚持战略导向、价值导向、市场导向、问题导向，积极培育具有大渡河特色的创新文化体系和工作机制，弘扬企业家精神，激发全员创造力，提升企业软实力和核心竞争力，推动了企业高质量发展。先后获得"全国五一劳动奖状""全国文明单位""中国企业文化建设二十五周年杰出单位""四川省企业文化建设示范单位""中国电力行业企业文化建设工作先进单位""全国模范职工之家"和国务院国资委"抗震救灾先进集体"及"中华慈善突出贡献企业""全国企业文化建设最佳实践企业"等荣誉称号，创新文化成果获得"全国企业文化建设实践创新奖"和"优秀案例奖"，被评为"中央企业先进基层党组织""中央企业思想政治工作先进单位"和"四川省'十佳'慈善企业"。共获得国家科技进步奖二等奖、中国产学研合作创新成果一等奖、第24届全国企业管理现代化创新成果一等奖、四川省科技进步奖一等奖等省部级以上科技奖励104项，获得知识产权270项，主持及参编水电行业标准30余项。

二、企业诚信建设实践

围绕"四个革命、一个合作"的能源安全新战略要求，按照"诚信守法、诚信经营、全员参与、防控风险"的原则，大渡河公司逐步构建涵盖公司安全生产、工程建设、招标采购、财务金融等领域的质量信用体系、安全信用体系、社会信用体系。大渡河公司不断增强企业信用工作认识，加强业务协同协作，在各业务方面推进诚信建设工作，在社会责任方面展现了企业担当。

（一）发挥综合效益，为长江流域防洪减灾做贡献

1. 科技兴安，捷战百年大洪水。利用气象水情监测、强降雨预报预警及防洪方案智能生成技术，精准预测洪水情势，联合会商，实施梯级水库洪水联合调度。通过科学调度大渡河"总开

关"瀑布沟电站预泄、腾库、拦洪、错峰，成功应对大渡河 1 号、2 号洪水，3 号"8·18"洪水及"6·27""7·17""8·24""8·31"等多场大洪水，为乐山等下游地区抗洪抢险争取了宝贵时间，并大大减轻大渡河乃至长江中下游沿线的防洪压力，保沫水、长江安澜。尤其在"8·18"流域超百年特大洪水中，提前 7 天预测强降雨过程，提前 3 天瀑布沟预泄至汛限水位以下 2 米，通过削峰、错峰、拦洪，瀑布沟水库单次拦蓄洪量 5 亿立方米，削峰率 80%，刷新历史纪录，将下游峨边、龚嘴、铜街子等断面超百年一遇洪水化解为 5 年一遇洪水。如不提前精准预预判、不及时果断决策科学调度，金口河、峨边、沙湾等区域将被洪水淹没近 3 米，近 5 万人将遭受洪灾之害，乐山城区及川渝地区洪涝灾害将更加严重。为此，水利部发函通报表扬大渡河公司为四川省及长江流域防洪减灾做出的巨大贡献。

2. 创建多模式气象预报预警体系，提升了流域防灾预警能力。一是首创了多源气象优势融合预报技术，针对大渡河流域跨 5 个纬度、复杂地形引起的局地小气候和极端降雨频发难题，优化提升气象预报技术，实时引入多源气象数值预报成果与应用，建立分区域、分目标的集合预报，有效降低单个预报模式的不确定性，降雨预报精度提升 3 个百分点。二是自主开发了多维局地气象预警平台，实现临近强降雨的智能预警预报，为流域在建工程、生产单位、防汛重点关注区域提供实时在线的降雨、温度、降雪等气象预警服务，有效提升区域性强降雨预报预警及时性，预警时间较传统平均提前 40%。

3. 创建国内首个流域相似性径流预报模型，延长预见期提高洪水预报精度。针对传统水文预报在过程描述、数据挖掘等方面的不足，大渡河公司建立了耦合数据驱动模型和过程驱动模型优势的降雨径流相似性预报模型。场次洪水预报精度提高 3 个百分点，可靠预见期从传统的 1 天提高至 7 天，为预泄、拦洪争取了宝贵时间。

4. 创建防洪调度决策方案智能生成模型，实现了从传统经验向智能决策的转变，提升调度决策及时性。针对大渡河流域梯级电站在不同尺度、不同水情和工况下的调度决策问题，提出多时空尺度递进精细化建模方法，依托水位电量双因素驱动，建立电站群调度优化和仿真模型，实现调度信息自动采集和输入、调度方案比选、流域调度模拟推演、调度决策智能生成、调度结果展示等功能，为汛期电站群防洪调度提供科学决策支持。

（二）实施精准扶贫，助力打赢脱贫攻坚战

大渡河公司在国家能源集团坚强领导下，紧紧围绕"两不愁三保障"突出问题，扎实开展教育扶贫、产业扶贫、基础设施扶贫、技能培训扶贫、党建扶贫，实施扶贫项目 41 个，累计投入帮扶资金 1.24 亿元。2018 年、2019 年连续 2 年在四川省国资委扶贫工作考核中名列前茅，2019 年以排名第一的成绩荣获四川省委省政府定点扶贫先进单位荣誉称号。

1. 加强领导，尽锐出战，形成扶贫强大合力。大渡河公司成立以党委书记、董事长为组长的扶贫工作领导小组，每年召开扶贫工作会，学习党中央和国家能源集团党组扶贫重要精神，部署年度扶贫计划和任务；每季度召开领导小组会议，研究脱贫攻坚重点工作，明确方向和任务；每月召开领导小组办公室会议，及时协调解决脱贫攻坚的问题，确保项目推进顺畅。

2. 着眼长远，倾情投入，深入推进教育扶贫。

3. 创新模式，授人以渔，扎实推进产业扶贫。

4. 精准帮扶，综合施策，推动普格县脱贫摘帽。

2021 年，大渡河公司将坚持以党的十九大、十九届五中全会精神为指导，持续推进信用建设工作，全方位弘扬信用意识和观念，通过文化建设培养员工信用意识和信用能力，增强企业的法制意识和履约能力，开展诚信文化建设，加强诚信文化宣传普及、强化诚信教育培训等工作。营造诚信经营，体现央企当担，助力构建和谐社会。

案例创造人：涂扬举　高建

坚守诚信底线、实现价值创造，努力建设行业一流专业化服务公司

中国神华国际工程有限公司

一、企业简介

中国神华国际工程有限公司（以下简称工程公司）是国家能源投资集团有限责任公司（以下简称国家能源集团）的全资子公司，注册资本1亿元。负责国家能源集团招标、造价及工程咨询业务，参与国家能源集团招标、造价和工程咨询业务的管理制度、流程、标准、规范的制订，承担国家能源集团内部交易计价专业服务工作等。工程公司招标业务覆盖国家能源集团八大板块的近90家二级单位、1300多家三级单位，每年开评标1万多标包，中标金额1300多亿元，供应商库有16万多家单位，专家库有2万多名评标专家，招标规模在央企中排前五名。

工程公司拥有工程招标、国际招标、中央投资、政府采购4个招标代理甲级资质；工程造价咨询甲级资质；工程咨询铁路、火电、新能源、水电4个甲级资信，煤炭、信息化、建筑3个乙级资信。系中国招标投标协会常务理事单位，中国建设工程造价协会副理事长单位；荣获中国招投标协会授予的"诚信创优3A单位"（最高级）和2019年"推动行业发展突出贡献单位"，以及中国造价协会"优秀会员单位"等称号。招标全流程电子化在抗疫中广泛创新和突破，深化完善"零现场"投标、虚拟化开标、"不见面"评标，荣获中国国资国企产业创新战略联盟"不见面"采购平台首批推荐奖。

二、企业诚信建设工作

工程公司作为国家能源集团专业的招投标代理、造价、咨询机构，2019年的经营业绩考核获得了国家能源集团综合保障板块A级企业第一名，已经连续7年A级；党建责任制考核获得"优秀"；连续两年获得国家能源集团"先进单位"荣誉。2020年前三季度利润指标与去年同期相比增长42%，预计全年利润总额将突破3.7亿元，经营再创历史最好成绩。

工程公司始终坚持党建统领全局，长期开展精神文明建设，激发干部员工工作热情，人均工作量饱满，去年人均创收超过200万元，在行业内名列前茅。站在新的平台上，紧紧围绕国家能源集团总体发展战略，秉持着为项目单位保优选、控成本、降造价、提效能、防风险的服务理念，逐步形成了以党建统领、战略引领、科技驱动、人才支撑、文化凝聚的发展体系，将企业文化建设与业务创新发展融为一体，凝聚强大精神力量，努力打造专业化、规范化、标准化、信息化、智慧化投资平台，实现了行业一流的经营管理目标。

1. 着力加强诚信体系建设。工程公司始终积极推行诚信建设和失信治理，建立《供应商诚信管理办

法》《招标从业人员管理办法》《评标专家库和专家管理办法》等管理制度，对招标业务工作中的供应商、评标专家和从业人员等在业务开展过程中的遵纪守法、诚信参与招投标提出要求，对内开展诚信承诺制度、对外开展诚信建设宣传活动。建立健全供应商诚信管理机制，在国家能源招标网上把诚信管理要求、失信惩戒有关规定等内容向投标人、招标人、评标专家和社会进行宣传；同时，积极投入社会信用体系建设，与中电联等国家和行业有关诚信管理机构协同工作，对失信供应商实行联合惩戒。在招标工作中，对投标人提出诚信要求并明确失信处理有关规定，创造了良好诚信的招投标环境。按照规定对失信供应商、失信专家等进行处理并列入黑名单，在国家能源集团供应商诚信体系建设中起到了积极作用。

2. 创新创效助力企业发展。工程公司建立相应的创新创效激励制度并落实到部门和人员，促进全员创新。工程公司是国家能源集团第一个实现业务与财务一体化全面应用的单位，业务与财务高度融合，平台与外部银行、税控、发票等系统互联互通，根据业务规则自动拒收、拒付无效款项，实现了与银行自动对账和资金清算、原路径退还保证金、专家劳务费银行代发和个税自动计算、批量自动打印发票和快递单、自动生成凭证等功能，财务工作的质量、效率及管控能力大幅提高，创新引入银行虚拟子账户解决投标保证金收退难题，保证金收款时间由原来的3天缩短为实时，退款周期由原来一个月压缩到一天，大幅度提升了客户满意度和公司信誉。

2020年，工程公司受国家能源集团委托开展招标文件范本编制，公司尽锐出战，组织80余名项目经理和109名内外专家参加修订。积极克服新冠肺炎疫情影响，集中攻关，加班加点，高质量完成了全部范本修订，共356套、2500多万字，涵盖了国家能源集团全部行业板块。招标文件范本通过了国家能源集团采购监督管理委员会审议，国家能源集团正式发布实施。范本应用有效提升评标质量、减少投诉异议，为建设行业一流专业化公司奠定了坚实基础，得到了国家能源集团的高度认可，也体现了工程公司敢打硬仗、能打胜仗的良好风貌。

3. 以信息化技术驱动诚实守信与业务经营协调发展。虽然2020年春节后新冠肺炎疫情蔓延，但招标复工刻不容缓，在国家能源集团有力指挥下，工程公司按"招标机构+招标人"模式组织远程评标，从2月18日起恢复了紧急项目招标。在疫情最严峻时期，党员干部冲锋在前，采用造价提前清标、项目经理进组评标、合并同类项目共用评委会等措施，提升远程评标效率，顺利完成了随州电厂等多个支持湖北项目、风电抢装项目等紧急采购，做到了招标"不停摆"、生产"不停歇"，信守了合同、实现了承诺。

工程公司充分利用信息化手段，促进招标、造价和咨询一体化发展，从技术手段上提升全过程项目管理能力，打通跨业务数据壁垒，是目前所有央企中唯一一家招标、造价和咨询一体化运营的单位。借鉴国家能源集团主数据标准，从各个业务单元抽取企业级主数据，建设公共信息管理平台，集中管理公共代码、组织机构、招标人、供应商、专家、项目、合同、价格等各类共享信息，实现了各业务系统数据的统一和共享，具备了"一处失信，处处受制"的技术条件，为下一步信用系统建设打下了坚实的基础。

4. 以大数据和人工智能技术为管控工作提供有力支撑。工程公司多年的业务开展积累了大量结构化、非结构化历史数据，这是工程公司的宝贵财富。通过大数据技术与实际业务的融合应用，建设智能化分析平台，将大幅促进公司的业务服务水平和能力。商业智能（BI）和大数据技术将企业经营状况、业务运营、人力资源等信息进行实时动态展示和分析，具备了可视化实时动态管理，能对不同周期维度的指标变化做趋势分析；同时，能实时采集国家能源招标网上各业务模块产生的数据，结合工程造价、咨询的历史数据，形成了业务健康运行、监测、诊断的系统。通过对业务流程数据的采集和分析，实时掌握了各个系统流程和业务的运行情况，对业务关键环节处理时限、质量风险和项目异常情况等进行监测和预警。此外，通过人性化的"拖、拽"操作，自定义的生成图表和"一键"生成分析报告，及时显示市场及价格走势、厂商、产品及其技术发展态势，实现了产品和服务的全寿命周期管理，为管理者决策提供了重要的数据支持。通过知识图谱技术，构建出以标的物、供应商、价格、采购人、专家等组成的采购市场图谱，为采购方案制订提供有力支持。围绕供应商构建了知识图谱，实现了供应商工商信息校验、关联关系探查与失信行为的发现等功能，为供应商在注册、购标、评标环节提供校验和提示服务。通过对投标文件机器码一致性识别、关键信息雷同校验、供应商股权关系、高管、各环节联系人等关联关系分析等措施，甄别和预警围标串标行为，提高风险管控能力，保证招投标工作公平、公正和科学择优。

5. 以精神文明建设带动形成风清气正的企业文化。工程公司是国家能源集团首届文明单位标兵，通过推进企业文化和精神文明建设，引导全体员工树立正确的价值标杆，提升广大员工的思想觉悟，营造立德正身、崇德向善、文明和谐的工作氛围和生活氛围，是工程公司长期坚持的做法和努力方向；同时，通过举办"培育和践行社会主义核心价值观"专题讲座，坚持正确的舆论导向，紧紧围绕公司的中心工作弘扬企业精神、传播企业文化，内聚人心、外树形象。

工程公司业务专业性强、覆盖面广、风险性大、关注度高。公司党委紧绷廉洁从业红线，从政治建设的高度确保风险防控常态化。全面落实从严治党要求，狠抓党风廉政和反腐败工作，推进廉政教育常态化、制度化，积极打造"依法合规、阳光透明、廉洁高效"招标体系，建立完备的业务管理体系、质量控制体系和网络安全体系，定期开展业务质量和评标现场工作纪律等检查，发现问题及时改进，防范业务风险，保证业务合规性和人员廉洁从业，形成了一套独特的"廉洁文化"。

6. 积极响应党中央号召，支援湖北抗疫、恢复生产"搭把手、拉一把"行动。工程公司召开专门会议研究落实具体办法，认真做好与湖北的产销对接工作，对 2019 年之前未清退保证金 34 家湖北企业清退保证金，涉及 59 个标包，总金额 451 万元。对在国家能源招标网注册的 3642 家湖北企业延长 3 年服务期，减免服务费 4151 万元。按照"同等优先"的原则，与招标人进行沟通，落实国家能源集团驻鄂企业基建所需钢材的属地化采购。加强造价咨询、科技创新等项目与湖北省设计咨询机构、高等院校等合作交流。

7. 承担社会责任开展诚信帮扶和脱贫攻坚工作。为响应国家能源集团"打赢扶贫攻坚战"的号召，积极履行社会责任，助力贫困地区脱贫攻坚。

经过多年规范化、标准化、专业化运作，工程公司已经形成了完善的服务体系和管理模式，培养了一支素质过硬、操守优良、业务精湛的人才队伍，业已成长为国内招标咨询行业中实力最强、专业范围最广、服务最规范、社会信誉度最高的专业化公司之一，在业内树立了优秀的企业品牌和形象。工程公司将不忘初心、牢记使命，努力把企业打造成行业一流的专业化公司，为国家能源集团创建世界一流做出自己的贡献。

案例创造人：苏晓辉　向杰

依法纳税，诚信经营

国网山西省电力公司高平市供电公司

一、企业简介

国网山西省电力公司高平市供电公司（以下简称高平公司）隶属于国网山西省电力公司晋城供电公司（以下简称晋城公司），担负着高平市全境35千伏及以下输电、变电、配电设施的建设维护、电力运营和供用电营销服务任务，服务区域946平方公里，市场占有率100%，服务用户19.84万户。截至2020年11月，售电量完成7.0886亿千瓦时，同比升高5.04%；综合线损率3.91%，同比降低0.10个百分点。2020年未发生重特大人身事故和设备、交通、火灾事故及一般责任事故，未发生误操作事故，实现10221天安全无事故长周期。高平公司曾荣获高平市委市政府"改革创新杯""金杯奖"和晋城公司2019年度"先进集体""安全先进集体""工人先锋号"等荣誉称号。截至2020年，已连续19年保持山西省"文明和谐单位"称号。

高平公司始终坚持"人民电业为人民"的服务宗旨，内强管理、外树形象，加快高平电网建设，彰显央企社会担当，有力地促进了高平市经济社会的发展和人民生活水平的提高；同时，在依法纳税方面，认真履行纳税义务，争当诚信纳税模范，除企业所得税为国网山西省电力公司（以下简称山西电力）统一申报缴纳外，房产税、土地使用税、增值税和增值附加税、印花税等各项税种均按时申报并足额缴纳，积极响应国家各项税收政策。

二、增强税收意识，自觉依法纳税

高平公司上下高度重视税收法律、法规及专业知识的培训和学习，全年先后组织财务人员参加高平市税务局税务知识培训4次，邀请高平市税务局人员入企讲课2次，参加晋城公司内部人员培训3次，及时掌握国家税收政策变化，全员税收法制意识不断提升；通过微信群转发、张贴宣传海报等方式，向员工宣贯纳税政策；充分利用个人所得税App平台，指导员工真实准确填写专项附加扣除，不少员工在年度汇算清缴时收到退税，真正享受到国家税收政策的实惠；公司财务部门严格遵守国家的法律法规，坚持按时申报并足额缴纳税款，2018—2020年共纳税1690余万元，其中2018年纳税总额633万余元、2019年纳税总额565万余元、2020纳税总额492万余元，充分体现了企业的社会责任担当，也享受到国家减税降费政策为企业减负的红利，为企业实现提质增效提供了保障，为企业高质量发展提供了助力。

三、开通绿色通道，服务光伏扶贫

为配合国家能源发展战略，鼓励光伏产业健康发展，高平公司严格按照国家税务总局的相关文件要求，积极与高平市国税局协商光伏发电项目电力产品发票开具及增值税税款征收有关问题，签订了自然人委托代征协议，开票额度由 3 万元提升至 10 万元，确保发票开具工作顺利开展，实现光伏发电用户电费资金的顺利结算。截至 2019 年 12 月，光伏发电用户并网 5147 户，结算上网电费 5147 户，累计结算上网电费 4594.8 万元，上网电费结算率完成 100%。高平公司勇担社会责任，想用户所想、急用户所急，代开发票协议的签订为光伏扶贫这一利国利民政策的落实奠定了基础，彰显了企业"人民电业为人民"的服务宗旨。

四、深化财务应用，强化内控管理

为加快财务管理转型，高平公司着力构建"1233"新型资金管理体系建设，优化经营管理策略，深化财务多维管控标准化流程应用，贯通业务、财务流程和信息交互链路，规范各类业务处理，理顺各节点岗位权限，充分发挥系统管理、控制职能，实现各类业务账务处理规范、标准、统一，确保会计核算的准确性。高平公司会计基础管理工作稳步提升，确保能够及时、按质、按量申报缴纳各项税费，从根源上降低税费申报缴纳流程中的风险。

依法诚信纳税是企业的神圣职责和光荣义务，今后，高平公司将继续加强财务队伍建设，及时准确足额申报纳税，以实际行动承担企业纳税责任，全力支持地方经济发展，积极践行公司作为责任央企的经济责任、政治责任、社会责任。

案例创造人：罗旭艳　张志芳

基于电力大数据的企业信用评价服务应用

国网北京市电力公司客户服务中心

一、企业简介

2012年，按照国网北京市电力公司（以下简称北京电力）"三集五大"体系建设工作总体部署，国网北京市电力公司客户服务中心（以下简称客服中心）正式组建，为北京电力二级单位，原北京电力所属客户服务中心、重要客户服务中心整体和电费管理中心部分并入客服中心。目前，客服中心设置职能部门4个，分别为办公室（党委办公室）、党委党建部（党委宣传部、监察部、工会、团委）、党委组织部（人力资源部）、财务资产部；设置业务机构6个，分别为重要客户服务部、大客户服务部、95598客户服务部（95598远程工作站）、95598运营管理部、电费管理部、营销技术支持部；代管北京电力展示厅；受托管理北京京电电力工程设计有限公司惟明力通分公司。

客服中心作为北京电力营销专业支撑机构，对外开展党政军机关等重要客户服务保障、大客户业扩报装全流程办理、普遍客户服务渠道运营和服务质量评价等优质服务工作，对内承接电费一级账户业务处理、售电交费渠道运营管理、营销业务质量稽查监控和业务指标管控等专业支撑工作，在北京电力整体发展中担负着塑造企业品牌形象、实现企业经营成果的重要使命。

近年来，围绕国家"信用中国""数字中国"建设的相关要求，北京电力积极贯彻落实《2020年电力大数据应用专项行动方案》，推动电力数据服务国家现代化治理，有序推进企业信用评价及应用大数据项目开展，进一步挖掘电力数据潜力，以应用需求和价值发挥为导向，推动电力数据与金融数据无缝衔接，加速推进电力数据在征信行业成果落地应用，助力国家经济快速健康发展。

二、创新电力征信指标体系，构建大数据征信评估模型

在构建电力征信指标体系（即模型）建设过程中，创新实现将金融行业5C分析法与电力客户的用电行为及社会信用行为进行有机关联，即围绕道德品质、还款能力、资本实力、担保和经营环境条件五大要素，创新高价值指标，具体包含五大维度53个评价指标（字段），覆盖基本属性、用电交费、经营能力、发展潜力、电力法规等方面，如企业用电在行业中的占比、行业生产总值增长率（取自北京市统计局）、行业景气度、是否高精尖产业、节假日企业复工率等高质量业务指标，全面支撑核心企业征信应用场景和征信评估。

结合电力数据时效性强、连续性好、完整度高、覆盖用户范围广的特征，具有较强的客观性、真实性。利用大数据分析技术，综合分析客户交费方式、交费行为、用电趋势、用电业务、用电信用等用电行为，构建电力企业客户征信模型体系，为客观精准地反映企业的生产经营状况，先后开展多维度数据分析与验证工作：一是运用一致性检验方法，用来评价对同一对象的多次测量之间的信度，确保从行业

到企业征信评价结果的准确度和合理度;二是定量定性算法结果对比分析,利用AHP层次分析法得出指标权重,形成特征数据,使用梯度提升决策树算法、逻辑回归算法计算得出定量的征信分;三是补充专家打分检验法,反复验证分析信用分布情况及数据指标,多次联合营销部、客服中心及各属地公司,以专家打分法确定指标权重,对算法、指标体系权重进行综合调优。

三、打破企业评估数据瓶颈,实现征信评估科学化验证

电力大数据涉及发电、输电、变电、配电、用电、调度各环节,是跨单位、跨专业、跨业务数据的集合,电力大数据由结构化数据和非结构化数据构成,在数据处理、数据加工过程中面临着数据量大、数据结构复杂等技术难题,在数据清洗和加工过程中,北京电力以充分挖掘发挥电力数据价值为核心,融合内部客户用电数据与外部社会可获得的征信数据,打破数据瓶颈,确保基础数据的规范化、结构化和准确性。

一是内部数据清洗。通过基础数据平台接入北京市高压及低压非民用户2年数据,涉及营销八大类数据55张数据库表,采集三大类数据6张数据库表。在数据清洗过程中,针对数据异常问题通过插入均值、临近值及随机森林算法插入等技术处理,突破解决了关键数据缺失与数据异常等问题,如用户个别年月的电量电费记录缺失中断、运行容量等字段缺失、户龄超出常规年限等数据异常情况,实现数据的清洗、数据加工及数据融合应用,为模型建设和场景应用奠定了良好的数据基础。

二是外部数据打通。积极拓展与政府等公共机构在信用与金融领域的技术与数据合作创新,持续以大数据应用为主线,不断促进与政务平台的数据对接,联合北京市统计局,以用电量、行业、温度、行业生产总值增长率指标作为输入,构建行业企业用电预测,丰富电力数据创新应用;同时,为打造企业信用综合评估,积极推进与企查查等相关平台的数据合作,构建企业征信评估画像,加速数据的跨界融合和应用,辅助金融机构进行信用评级、信用核查、信用预警等。

四、拓展企业信用应用场景,助力高精尖产业高效发展

为拓展"电力+金融"创新模式,依据2020年上级单位统一部署实施"信用评价与应用"大数据应用工作,北京电力积极探索企业征信评估,提出六大应用场景,包括能源企业白名单、信贷反欺诈分析、授信辅助分析、贷后预期分析、企业经营状况画(空壳企业识别)、供应链金融。在此基础上,创新拓展衍生高精尖产业分析、产业迁移分析、内部管理提升等分析功能,可精准评估企业所处区域、产业、行业的企业生产经营水平,以信用赋能企业创新与高质量发展。

以高精尖产业分析为例,针对入库企业的发展性、影响力及信用行为和信用能力等进行综合评价,择优生成高精尖企业白名单,进入白名单的企业需在过去两年中信用"0瑕疵",即可获得相关政府部门、金融机构、投资机构、担保机构及各种企业服务机构、社会组织、专业园区、创新型孵化器等的信用认可,共同构筑包含企业融资激励、审批激励、服务激励、培育激励等内容丰富、可操作性强、满足企业创新与发展需求的"企业服务大礼包"。通过社会化联合激励全面助力企业高效发展,实现拓宽企业融资渠道,带动企业信用管理水平的提升和规范,打造企业的信用品牌,让信用为守信企业带来更多价值,成为企业持续创新与高质量发展的助推器。

五、探索信用数据跨界合作,实现产业流量增值化变现

探索信用数据跨界合作,对内构建完善的电力客户信用评价系统,作为电网企业营销工作的重要环节,将从根本上改变传统企业电费回收模式;以事前预警制订差异化营销策略,有效降低电力公司运营风险;通过标签化信用评级、客户分群等,切实用数据解决管理难题;对营销电费风险管理机制提供数据化支撑,实现电力客户差异化营销服务及催费策略应用,全面提升电费营销风险管控能力,实现降本

增效目标，助力电力企业数字化转型。同时，对外打造"银－电－政－企"生态圈，为建立中小微企业诚信体系提供辅助支撑，着重在贷前反欺诈、贷中授信辅助、贷后预警监测、空壳企业识别等方面开展数据分析与应用，通过探索"电力贷"产品的联合推广，拓展"电力＋金融"的创新模式，辅助金融机构为中小微企业提供贷款，助力中小微企业新冠肺炎疫情后顺利复工复产并提升中小微企业电费回收力度，实现合作共赢。当前，北京电力已达成与光大银行的战略合作，实现信用变现、信用增值，利用电力征信数据为银行提供企业信用评估，不断拓展电力数据的对外增值服务，后续还将开展高频贷后风险防控工作，开发更多种类型的电力数字征信产品，为银行金融机构提供更加强大的风险防控工具，为服务于社会治理增信赋能提供支撑，发挥企业社会效益，体现央企担当。

案例创造人：穆士才　王明胜　李岳东

银、营、财三方电费账务核算内控管理信用评价体系建设实践

国网北京市电力公司客户服务中心

一、企业简介

2012年,按照国网北京市电力公司(以下简称北京电力)"三集五大"体系建设工作总体部署,国网北京市电力公司客户服务中心(以下简称客服中心)正式组建,为北京电力二级单位,原北京电力所属客户服务中心、重要客户服务中心整体和电费管理中心部分并入客服中心。目前,客服中心设置职能部门4个,分别为办公室(党委办公室)、党委党建部(党委宣传部、监察部、工会、团委)、党委组织部(人力资源部)、财务资产部;设置业务机构6个,分别为重要客户服务部、大客户服务部、95598客户服务部(95598远程工作站)、95598运营管理部、电费管理部、营销技术支持部;代管北京电力展示厅;受托管理北京京电电力工程设计有限公司惟明力通分公司。

客服中心作为北京电力营销专业支撑机构,对外开展党政军机关等重要客户服务保障、大客户业扩报装全流程办理、普遍客户服务渠道运营和服务质量评价等优质服务工作,对内承接电费一级账户业务处理、售电交费渠道运营管理、营销业务质量稽查监控和业务指标管控等专业支撑工作,在北京电力整体发展中担负着塑造企业品牌形象、实现企业经营成果的重要使命。

二、实施背景

北京电力作为首都电网企业,属于资金密集型企业,电费收入占比公司主营业务收入90%以上,电费资金安全管理及高效利用直接关系到企业的资金命脉。电费资金具有代收机构广泛、交费方式多样、交费周期分散、客户数量等众多特点。目前,北京电力已实现营销与财务、财务与合作银行、营销与合作银行间账务数据电子化传递数据,系统自动化对账、记账处理。由此,各代收合作机构电费账务处理及时性、准确性和服务规范性、系统稳定性、业务拓展配合度等对电费资金安全管理、高效利用具有重大意义。北京电力电费代收合作机构共计19家,其中银行13家、第三方机构6家。为进一步规范电费代收合作机构账务处理,加强电费资金内控管理,保障资金安全,做好北京电力与各合作机构业务拓展、手续费合理利用参考支撑,特制订《银、营、财三方电费账务核算内控管理信用评价体系》。

三、职责分工

1. 北京电力财务资产部(以下简称公司财务部):负责对《电费代收合作机构服务质量评价办法》提出建设性意见及评价结果应用。

2. 客服中心财务资产部(以下简称客服中心财务部):牵头组织制订《电费代收合作机构服务质量

评价办法》，定期开展银、企业务信用质量评价，汇总评价结果，报送公司财务部。

3. 客服中心电费管理部（以下简称客服中心电费部）：定期开展银、营业务信用质量评价，汇总各供电公司对于上门收款业务评分结果，报送客服中心财务部。

4. 各供电公司：按月开展上门收款业务信用质量评价，报送客服中心电费部。

四、评价范围

评价对象涵盖电费代收合作机构共计19家，其中银行13家，包括工商银行、农业银行、中国银行、光大银行、农商银行、邮储银行、交通银行、招商银行、北京银行、华夏银行、中信银行、浦发银行、建设银行；第三方机构6家，包括恒信通、北京邮政、支付宝、电e宝、腾讯、银联商务。评价主体由财务专业、营销专业组成。涉及北京电力、客服中心、各供电公司。

五、评价方式

银、营、财三方电费账务核算内控管理信用评价体系采用百分制，将19家合作机构按业务范围广度分为3组，按月打分，按季度计算平均得分并加权汇总。得分区间位于95~100分（含95分）信用评价结果为A级，90~95分（含90分）为B级，85~90分（含85分）为C级，低于85分为D级。

1. 综合业务银行，包括工商银行、农业银行、中国银行、光大银行、农商银行，共计5家。

2. 非综合业务银行，包括邮储银行、交通银行、招商银行、北京银行、华夏银行、中信银行、浦发银行、建设银行，共计8家。

3. 第三方机构，包括恒信通、北京邮政、支付宝、电e宝、腾讯、银联商务，共计6家。

六、信用评价指标计算公式

1. 综合业务银行得分的计算公式如下所述。

最终得分=（银企业务开展情况得分+贡献度加分）×40%+[（银电联网业务账务情况得分+对公业务账务情况得分+问题处理及接口系统情况得分）+银营业务拓展情况加分]×40%+解款银行服务情况得分×20%

2. 非综合业务银行得分的计算公式如下所述。

最终得分=（银企业务开展情况得分+贡献度加分）×50%+[（银电联网业务账务情况得分+问题处理及接口系统情况得分）+银营业务拓展情况加分]×50%

3. 第三方机构得分的计算公式如下所述。

最终得分=银企业务开展情况得分×20%+[（银电联网业务账务情况得分+问题处理及接口系统情况得分）+银营业务拓展情况加分]×80%

七、样本选取

考虑到综合业务银行业务涵盖齐全，可以更好地展现评价过程及结果，本次案例对象从5家综合业务银行中选取，暂定为X综合业务银行，除上门收款、银行代收、代售、托收、批扣等业务外，还涵盖代发第三方代收渠道电子到账通知，业务范围覆盖最为全面。

八、信用评价过程

下面，以2020年二季度数据为例阐述信用评价过程。

1. 银、企业务评价。由客服中心财务部对各服务机构银、企业务进行评价打分。以2020年4月的数据为例，银、企业务单据处理平稳度指标方面，回单送达时间拖延5日并缺失一张回单，共计扣除6分，得分29分；银、企账务平稳度方面，未发生银、企对账单延迟送达，得分35分；手续费结算规范性方面，一是电费代收手续费未发生延迟结算、资料送达不及时及开票有误等问题，二是自动扣划手续费未发生延迟开票及开票有误事项，得分15分。账务异常问题处理配合度方面，未发生银行流水数据有误等问题，得分15分。贡献度加分方面，提供回单凭证关联服务并配合完成公司法人变更，共计加2分。综上所述，X综合业务银行2020年4月银、企业务得分96分。

2.银、营业务评价。由客服中心电费部对各服务机构银、营业务进行评价打分。以2020年4月的数据为例，银、电联网业务账务方面，发生20次以上批扣业务电费差异账，达到扣分上限10分，未发生代收、代售及托收差异账，总得分30分。对公业务账务方面，未发生自有网点预付费、后付费差异账，未发生主动付款迟发或错发问题，总得分30分。问题处理及系统接口方面，未发生5个工作日内未处理完毕差异账、3个工作日内未处理完毕工单，未发生影响严重系统问题，总得分30分。未发生银、营业务拓展等事项。综上所述，X综合业务银行2020年4月银、营业务得分90分。

3.上门收款业务评价。由各供电公司对各服务机构上门收款业务进行评价打分，客服中心电费部进行汇总。以2020年4月的数据为例，X综合业务银行未发生未准时上门收款、未及时返回银行回单、未及时返回支票退票、拒办或拖延办理正常业务及业务不熟练造成的服务质量问题等，总得分100分。

4.季度平均及汇总。将X综合业务银行银、企业务和银、营业务及上门收款业务2020年4—6月得分取平均值（过程略），得分分别为96分、90分、100分。按照各业务指标权重，加权计算得出X综合业务银行二季度信用评价得分94.4分，在5家综合业务银行中位列第二名，信用评价结果为B级。

九、信用评价结果应用

一是纠正服务信用风险行为。按期发布服务信用评价结果，确保季度信用评价结果及加减分项传达至各合作机构，引导各合作机构重视电费账务信用管理、明确改进方向、优化服务举措。二是建立信用预警机制。通过汇总分析信用风险行为，作为本季度服务信用风险点，重点提示各合作机构。同时，对于评价结果为"A""B"的合作机构，鼓励其进一步提升服务质量、巩固提升信用等级；对于评价结果为"C"的合作机构，开展座谈会及服务培训等，提示其改进服务质量；对于评价结果为"D"的合作机构，报请北京电力以一定方式进行约谈。针对已发生的风险行为，在手续费中予以体现。三是提供决策支撑依据。该评价结果将用于公司财务部进行手续费费率调整、合作业务拓展等事项的重要决策支撑依据。对于评价结果为"A""B"的合作机构优先考虑电费代收渠道拓展、手续费费率调整。

案例创造人：焦亚男　程蕾　张磊

坚持诚信经营、助力复工复产，服务地方经济高速发展

国网重庆市电力公司永川供电分公司

一、企业简介

国网重庆市电力公司永川供电分公司（以下简称永川公司）成立于1978年，是国网重庆市电力公司（以下简称重庆电力）下属地市级分公司。负责重庆市永川区、荣昌区、双桥经开区电力供应和优质服务任务，供区面积2698平方公里、人口208.8万、客户86.47万户。2019年售电量41.55亿千瓦时，营业收入21.91亿元。

永川公司始终牢记"人民电业为人民"的企业宗旨，秉承"安全、优质、经济、绿色、高效"的发展理念，围绕"以客户为中心，专业、专注，持续改善"核心价值观，持续保障电网安全稳定运行，加大电网投资建设，优化营销供电服务，服务地方经济社会发展大局，为建设"具有中国特色国际领先的能源互联网企业"做坚强有力支撑。

二、企业诚信建设和信用体系建设实践

1. 诚信经营理念。永川公司一直以来秉承"诚信、责任、创新、奉献"的核心价值观，各项工作取得了显著成就，实现了公司和员工的共同发展。"诚信"，公司重诚信、讲诚信，员工遵纪守法、言行一致，忠诚国家、忠诚企业，未发生重大失信事件。"责任"，广大员工始终坚持局部服从整体、小局服从大局，主动把这种责任转化为贯彻公司党组决策部署的自觉行动，转化为推动工作的强劲动力，做到对国家负责、对企业负责、对自己负责，公司整体责任意识较强。"创新"，公司发展的历程就是创新的过程，大力倡导勇于变革、敢为人先、敢于打破常规、敢于承担风险的创新精神，全面推进理论创新、技术创新、管理创新和实践创新。"奉献"，坚持企业对国家讲奉献、员工对企业讲奉献，多年来一代代电网人不断传承发扬奉献精神，公司事业发展不断巩固提升，2020年获永川区首批"优质诚信企业"荣誉称号。

2. 严格遵纪守法。永川公司一直严格遵守国家颁布的各项法律法规及产业政策，并且专设法律事务部，进行各种法律法规的收集、更新和发放工作，保证执行法律法规的即时性。永川公司成立至今始终守法经营，严格执行行业标准，建立良好的诚信准则，广大干部员工认真践行"诚信"核心价值观，将"诚信"理念落实在工作上、行动中，讲实话、做实事，实事求是，"诚信"理念深入人心。大力强化信用风险意识，讲诚信，不失信，努力强化信用风险理念。

3. 经营管理者、员工诚信理念和信用风险意识。永川公司高度重视诚信道德建设，将诚信作为公司生存之基、经营之本、发展之道，建立《诚信道德体系》，制订《员工行为规范》《员工奖罚管理办法》等制度，明确"诚信经营、合作共赢"目标。永川公司高层领导率先垂范，倡导诚信理念、践行诚信准则，讲道德、重信用、恪守诚信、廉洁自律；利用会议、参观考察、交流学习等方式向各相关方倡导、践行的《诚信道德体系》要求；通过培训会、宣讲会、座谈会、表彰会、走访慰问等形式对员工进行思想、信念等职业道德教育，大力弘扬传统美德、职业道德，致力于构建诚实守信的工作环境。员工自觉践行永川公司《诚信道德体系》，坚持"以诚取信、以信立誉"原则，按照君子品格要求，守本分、讲道德、重信用、言行一致，不弄虚作假，做到表里如一，诚信履职。

4. 企业诚信和信用体系建设。永川公司宗旨是"人民电业为人民"。遵循安全、优质、经济、绿色、高效的发展理念，以客户为中心，专业，专注。做全球能源革命的引领者，服务国计民生的先行者。建立诚信规范管理体系，大力弘扬传统美德、职业道德，打造高质量人才队伍，积极履行企业社会责任。①组织制度规范。永川公司汲取以往管理中的经验，梳理流程、识别风险，针对人力、采购、财务等关键岗位制订下发了《廉洁从业若干规定》《公司经营道德规范》《员工道德行为规范》等，做到"讲道德、依法治、守合同、重信用"。②构建诚信组织。永川公司积极履行社会责任，做好环境友好、资源节约型企业；坚持"无情不商、服务至上"的理念，以诚实守信赢得广泛的社会赞誉与良好口碑。③职业行为监督。永川公司通过严格贯彻落实国有企业相关制度，对管理层决策及职务行为进行监督测评，对于中层以下管理人员和关键岗位技术人员采取绩效考评、民主测评的方式，并使其接受员工与客户的阳光监督。永川公司纪检、审计和效能监察加强日常管控，确保各项职业行为置放于监控之中。对生产经营、社会责任等履行情况进行监督，积极听取改善意见。通过民主生活会、职代会、座谈会等广开言路，调动全员参与企业管理的积极性。④职业道德教育。在公司核心价值观统领下，永川公司员工以身作则，自觉行使监督权和约束权，以事实为依据，以法律为准绳，按规章制度和流程办事。永川公司建立了以理想信念教育、警示教育、典范教育、文化素养教育为主要内容的职业道德教育，广泛树立敬业爱岗、诚实守信的学习楷模。⑤结果激励改进。永川公司每年对诚实守信、爱岗敬业的员工进行表彰，重在激发员工使命感、荣誉感，持续提升员工思想境界，开拓员工工作视野，与先进找差距，主动抬高工作目标，守本分、讲道德、重信用。

5. 企业诚信实践。①不折不扣落实降电价政策。降低大工业企业基本电费支出，落实批发、零售、餐饮、住宿企业优惠电费，落实非高耗能行业大工业和一般工商业企业优惠电费。②"两送一促"服务供区客户。③加强大数据分析应用，按照基本电费优惠政策，永川公司为323户次大工业客户优惠751.70万元。④加强客户基本信息核对，纠正行业分类错误118户，提高政策执行准确性；永川公司累计为工商业客户优惠电费6756.22万元。⑤主动融入地方重点工作。

6. 履行社会责任，热心公益事业。永川公司以"四个全力"履行央企责任，服务社会民生改善。①全力推进农网升级改造。完成431个台区、25条线路的预防性检修，确保电力设施警示标识齐全，人身安全隐患及时处理。高质量完成农网改造，"十三五"以来，永川公司范围内农网户均配变容量达2.26千伏安，供电电压合格率达99.82%。②全力服务D级危房改造。成立专项工作小组，建立台区经理服务团队，开展联系贫困户、现场勘查、协调施工单位、安全宣传等工作，累计完成1.65万户贫困户D级危房改造表计安装、装拆工作。③全力落实惠民政策。通过营业厅、镇街政府宣传栏、村村通广播等多种方式宣传电量减免政策。2015—2019年，共为城乡低保户、城市"三无"人员和农村特困户减免电费275.98万元。④全力服务乡村振兴工程。带头解决永川区朱沱镇涨谷村用电问题，为6户种植大户接通了动力电源；为荣昌区观胜镇凉坪社区扶贫重点项目装配变压器，新架设电线路1830米，组立电杆7基。

案例创造人：张俊耀　易礼宏　蔡磊

降低工业企业用电成本，提升用户电力信用获得感

国网重庆市电力公司长寿供电分公司

一、企业简介

国网重庆市电力公司长寿供电分公司（以下简称长寿公司）成立于1985年，供区面积1419平方公里，供电客户49.21万户；年售电量89.22亿千瓦时；运行管理35千伏及以上变电站30座。重庆市长寿区是西部地区重要的综合性重化工基地，巴斯夫、BP、威立雅等18家世界500强落户于此，是国家级新材料和先进制造业基地、长江上游国家级特色商贸物流基地、都市康养休闲旅游区、城乡融合发展示范区（"两地两区"）。长寿公司积极服务长寿"两地两区"建设，对标世界银行营商环境样本城市标准，不断提高"获得电力"水平。定期开展高危客户用电检查、每年开展重要（高危）化工企业供电中断应急演练，定制"一企一策"降本措施，积极配合做好转供电加价规范清理，累计降低企业用电成本2.78亿元，优质服务获得各界一致好评。

二、诚信建设工作背景

随着电力市场化的推进，电力客户成为供电企业的战略中心，供电企业必须以电力客户为中心推动企业发展。长寿公司从诚信经营、优质服务方面打造"信用电力"平台，旨在提高电力服务质量，提升电力用户电力信用获得感，从而推进企业可持续发展。

按照相关文件要求，长寿公司根据重庆市经信委、国网重庆市电力公司（以下简称重庆电力）统一部署，在长寿区经信委指导下，出台实施方案，采取有力措施，上下合力，大力开展合理降低企业用电成本，促进工业经济稳定增长。

三、主要举措

1. 机制建立情况。根据重庆市经信委、重庆电力的工作要求，长寿公司成立由公司总经理任组长的帮助电力用户降低用电成本工作小组，负责统筹组织开展降低长寿辖区工业企业用电成本推进工作，协调解决工作中的难题，监督各实施机构的工作进度和成效。

2. 工作落实情况。①高度重视、组织有力。为切实合理降低工业客户用电成本，长寿公司从营销、运检等部门抽调骨干人员成立专项工作组，负责统筹全公司资源，组织安排相关工作；同时，每月对工作开展情况及取得的成效进行追踪、监控，在周例会、月度会上进行通报，使此项工作持续、常态化开展。②逐户分析、深入走访。长寿公司由分管领导带队、营销部牵头、运检部等部门配合，分组承包、分解任务，逐户走访，了解掌握客户的生产经营情况，结合客户历年以来的用电量和电费支出情况，逐

户分析电价超高的原因，为客户量身定做降低用电成本方案，制订《降低工业客户用电成本建议书》，建立"一户一策"档案。针对暂时没有采纳建议或者采纳了建议成效不明显的客户，再次组织分析诊断，优化调整降价方案，安排多次走访，通过深入沟通让客户真切地感受到供电企业的诚意，从而消除疑虑，积极采纳降价建议。③协同联动，形成合力。长寿公司积极统筹内部资源，针对需要改造设备或改接负荷的客户，优先安排运维、营销、设计等专业技术人员到现场服务，当面诊断问题，预估改造费用，为客户提供增值服务；同时，积极帮助客户协调变压器厂家，用"以旧换新"的方式更换变压器，为客户减少改造成本，帮助客户在最短的时间内收回改造成本，让客户看到实实在在的降价效果。④技术支撑，优化方案。为帮助新投工业企业降低用电成本，一是在受理用电申请时向客户收集企业详细的用电负荷清单，进行用电分类容量的统计，结合企业近期和远期生产计划，考虑企业在今后用电中设备检修、节假日放假和产量波动等情况，建议客户合理配置变压器台数和容量；二是在制订供电方案时，从客户受电变压器的选型和无功补偿的配置等方面制订详细的客户受电系统方案，为客户后期用电过程中成本的降低提供了条件；三是在供用电合同签订时，帮助客户合理选择基本电费的收取方式，预计客户投运后生产用电最大负荷未达到运行容量的65%建议选择按最大需量计费，超过则选择按变压器容量计费；四是投运送电阶段，大客户经理根据客户生产规模的变化为客户制订变压器分期投运计划，避免投运容量高于需用容量，增加基本电费开支。⑤积极汇报、争取支持。在开展此项工作期间，长寿公司不定期向当地政府及相关部门汇报工作开展情况及取得的成效，得到了当地政府的认可和肯定；同时，结合客户安全管理和隐患整治工作，协调长寿区经信委组织相关用电客户就合理降低用电成本开展经验交流，让享受到降价成效的企业现场正面宣传，为推动该项工作有效开展发挥了重要的推进剂作用，政企联动降电价效果明显。

四、工作成效

1. 长寿公司执行两部制电价工业客户有266户，基本电费单价同比下降的客户有179户，平均基本电费单价为0.11元/千瓦时，同比下降0.27元/千瓦时。

2. 长寿公司工业客户用电量在25万千瓦时及以上的有75户，平均基本电费单价为0.105元/千瓦时。其中，基本电费单价在0.2元/千瓦时以下的客户有55户，占比77%。

3. 长寿公司共计走访大工业客户124家，已有89家企业采纳了建议，累计为企业合理降低基本电费5455.8万元。其中，15家企业办理需量计收基本电费，54家企业办理暂停业务，20家企业办理减容业务。长寿公司将继续以"为客户带来优质服务和价值提升"为目标，进一步优化行业的营商环境，不断丰富方式方法，提高企业市场竞争力。

五、实践

1. 根据负荷情况正确选择基本电价计收方式。如重庆农药化工（集团）有限公司、重庆镪镓君骁物资有限公司、重庆市银泰天然气有限公司等7家原采用按变压器容量计收基本电费，通过走访客户，宣传电价政策，客户基本电费计收方式申请由按容量计费调整为按需量计费，每月基本电费共减少12.55万元。

2. 暂停方式。如中国石化长寿晏家加气母站，将两台800千伏安变压器供电的4台压缩机负荷全部改接至1600千伏安变压器，将两台800千伏安变压器暂停，每月节约基本电费2.08万元，现基本电费到户单价由0.28元/千瓦时降低到0.14元/千瓦时。

3. 减容方式。如重庆市三灵化肥有限责任公司原有一台6300千伏安变压器，通过用电信息采集系统查询到该户去年最大负荷为2800千瓦。通过走访，了解到客户由于生产性质原因每年将多次暂停，因此不具备执行需量计费条件，客户最终采用长寿公司的建议，将 6300 千伏安变压器减容至 3150 千伏安，每月基本电费将减少 81900 元，预计 3 个月可回收工程投资成本。现到户均价从 1.03 元／千瓦时降低到 0.78 元／千瓦时。

4. 改类方式。如重庆海科化工新材料有限公司，原为工业生产用户，走访客户发现生产负荷已全部拆除，仅有办公和商业用电，根据现场实际情况建议客户办理改类手续，通过实际用电情况调整执行一般工商业电价，降低了用电成本。

5. 变压器以旧换新方式。如重庆海德冶金材料有限责任公司，该户为一台 315 千伏安变压器，通过用电信息采集系统查询到该户投运以来最大负荷为 150 千瓦。长寿公司工作人员在江南供电所召开江南循环经济区专变客户座谈会，由长寿公司联系变压器厂家、施工单位，通过对客户原有变压器进行"以旧换新"的形式进行改造。最终，客户采纳长寿公司的建议，把 315 千伏安变压器减容为 250 千伏安，每月可节约基本电费 0.819 万元，预计 4 个月可回收工程投资成本。

六、下一步工作思路

1. 新投客户降低电价的计划及措施。①严格执行相关文件，对符合产业政策受电变压器在 315 千伏安及以上的新增工业企业客户主动宣传城市公用事业附加费减免的政策，协助客户及时到相关部门申请、备案，确保新增客户投运后能及时按文件要去减免城市公用事业附加费。②进一步加强对新增工业企业客户无功补偿设备的管理，业扩报装竣工验收环节严把无功补偿设备的验收，确保新增客户无功补偿的合理性。③加强与新增工业企业客户的沟通，尽可能详细地收集客户的用电相关信息，为企业量身定制更合理的供电方案。主动推送用电优化建议或上门推荐提升用能水平措施。引导客户参与长寿公司网荷互动、需求侧响应等活动。推广能效诊断服务，向高信用等级客户提供综合能源服务和电能替代业务。

2. 存量客户降低电价的计划及措施。①建立电价超高客户档案。根据到户均价仍然超 1 元／千瓦时的存量客户清单，完成电价超高客户档案的建立工作并逐户落实"一对一"大客户服务经理。②开展电价超高用户的现场走访工作。在现场走访的基础上，根据该方案要求对该次涉及用户进行补充走访，为客户答疑解惑，将再次走访情况与建议措施报帮助电力用户合理用电工作小组备案。③落实跟踪评估工作。每周督促"一对一"大客户服务经理，做好对口服务企业实施效果统计分析工作。对于实施效果不明显的客户，及时跟踪查找问题原因，提出新的改进措施并于每月 24 日将当月本部门帮扶情况报帮助电力用户合理用电工作小组备案。在客户愿意的情况下，长寿公司将积极协调施工单位、变压器厂家以成本价对其进行用电设施改造，力争为客户降低用电成本取得实效。

长寿公司以降低工业企业用电成本为契机，以点带面总结提炼营销业务工作方法及经验，为工业企业用电提供供电方案支撑，有效降低工业企业用电成本，扎实提高优质服务水平，提升用户电力信用获得感。

案例创造人：焦典　胡国栋　姚思蓼

培育诚信文化、强化供电服务，推动企业高质量发展

国网重庆市电力公司开州供电分公司

一、企业简介

国网重庆市电力公司开州供电分公司（以下简称开州公司）于2004年改制成立，担负开州区3963平方公里、60万户、168.53万人的供电任务。开州公司共设有8个部门、8个业务实施机构，下辖13个供电所、23座变电站，受权委托管理重庆德泉电力股份有限公司。现有职工1140人，平均年龄46.5岁。开州电网是一个典型的受端电网，90%以上电力从重庆主网下网。根据地理结构，主要分为城区、浦里和东里3个客服中心，已形成以镇安、东华2座220千伏变电站为支撑，6座110千伏变电站为枢纽，15座35千伏变电站为骨架的电网结构（总容量164.5万千伏安），区域110千伏网架基本形成链式布局，供电可靠性大幅提升。目前运行维护输电线路1020公里，10千伏配电线路4200公里。

在开州区委和国网重庆市电力公司（以下简称重庆电力）党委的正确领导下，开州公司坚持以诚立企、以诚兴企、以诚强企的企业文化建设理念，树立良好的诚信服务形象，体现"诚信、责任、创新、奉献"的核心价值观。在工作中将"诚信"二字"内化于心、外化于行、固化于制"，大力培育和弘扬诚信文化，打造高素质的诚信团队。

二、优秀诚信企业创建工作总体情况

1. 认识创建重要意义。作为国有供电企业，诚信代表形象，关系公司发展，体现企业精神。加强诚信建设，塑造诚信形象，是开州公司在终端能源市场竞争中取胜的基本条件。对于供电企业来说，对外诚信，就是以"三心"服务面对客户，诚实、守信、规范地为用户提供优质便捷的服务，兑现供电企业的服务承诺。其内涵包括：服务理念和服务方式体现人本意识；服务承诺必须"言必行，行必果"；服务质量满足用户需要。对内诚信，就是以诚信重诺面对员工，工种、岗位之间负责守信；上下级之间服务守信；干群之间承诺守信。必须牢固树立电网企业"四个服务"宗旨，用真心和诚意，取信员工、取信客户，以各方满意作为工作的最终标准。

2. 明确创建工作思路。开州公司坚持将创建工作与"建设具有中国特色国际领先的能源互联网企业"战略目标相互融合，把干部员工的思想和行动统一到深化企业改革、加快企业发展上来，实现社会效益、经济效益和环境效益的共同提高。坚持服务员工、依靠员工，把工作着力点放到与员工工作生活息息相关的事情上，切实解决员工反映强烈的问题。努力提高干部员工的思想道德素质和科学文化素质，充分发挥他们参与精神文明创建工作的积极性主动性创造性。坚持德治与法治结合，教育与管理并

重。把提高员工队伍的文明素质与完善企业管理的规章制度结合，把加强行业自律和完善社会监督结合，综合运用教育、行政、经济、法律、舆论等多种手段，加强行业作风建设，纠正行业不正之风，促进行业新风形成。

3. 落实创建工作责任。诚信服务内化于心，必须大力倡导以客户为中心的理念，把诚信服务转化为企业的行为方式和员工的自觉行动。一次不热情的接待、一次不专业的解释，可能导致用户对公司服务工作的"全盘否定"。要以诚信为本，注重细节，用心满足客户需求，拓展诚信服务内涵：一要加强对员工营销服务的调考，通过角色互换实地情景演练，充分考虑客户需求；二要开展"十佳服务明星"评选等活动，树立先进典型，增强员工对诚信服务工作的使命感和责任感；三要坚持"便民不扰民"的原则，如在迎峰度夏期间实施"凌晨工程"，在用电低谷时期开展设备线路维修工作，严格兑现停送电时间承诺，减少对客户正常生活影响；四要树立人本意识，如在营业服务大厅配备必要的休息座椅、饮用水、纸笔、老花镜和防暑降温药品，从细节工作中为客户营造舒心方便的办电环境；五要创新服务方式，如推行一张笑脸相迎、一声礼貌问候、一杯清茶解渴、一腔热情办事、一句温馨话语相送的"五个一"诚信服务行动，让广大客户感受公司在服务工作上的不懈努力。

4. 建立创建工作机制。要为诚信服务提供组织和制度保障。一要形成诚信教育引导机制，牢固树立员工诚信服务意识；二要健全完善业绩考评体系，建立诚信褒扬和失信惩戒制度，不仅要考核经营绩效，还要考核诚信行为；三要强化"岗位评价"和"行为评价"，形成员工信用和评估机制。通过常态机制建设，真正激励员工"诚实做人、诚信做事"。

三、创建工作主要经验和成绩

1. 坚持服务文化诚信践行，打造诚信团队。开州公司推进诚信建设，核心是要培育诚信文化，把诚信理念渗透和凝结于公司的价值理念中，落实在行动中。一要自觉遵守《重庆市电力公司员工诚信公约》，丰富和发展"以人为本、忠诚企业、奉献社会"的企业文化内涵，使之成为判断公司管理行为及员工职业行为的基准。二要把诚信建设与弘扬抗灾救灾、迎峰度夏中"勇担责任、攻坚克难"精神有机结合起来，与营销服务"千方百计、千辛万苦、千言万语"的"三千"精神结合起来，形成具有公司特色的诚信文化体系。三要大力开展"和谐渝电"五项工程，真正做到使政府、社会和客户放心，让客户省心，与群众知心。通过培育诚信文化，树立"诚信第一、品格第一"的理念，打造一支有文化底蕴、有价值追求且重承诺、讲操守的干部员工队伍，营造人人讲诚信、人人重诚信的良好氛围。

2. 推进电网建设发展，筑牢诚信之"基"。在诚信企业创建工作中，开州公司始终将电网发展作为基础性工作来抓，以重庆市电力公司与开州区政府签订的战略合作协议为遵循，总揽电网发展，紧紧跟进开州区委区府中心工作和重点招商引资项目、服务脱贫攻坚和乡村振兴。开展配电网滚动修编，编制2018-2025年区域电网规划。完成"十四五"35千伏及以上项目需求排序，实施配电网网格化规划，确保现状电网到目标网架平稳过渡。满足经济发展对电力的需求，2015-2019年投入资金7.45亿元，建成110千伏平桥变电站、220千伏镇安变电站，增容改造110千伏中集、新城及县坝变电站，形成以东华和镇安两座220千伏变电站为支撑、6座110千伏变电站为枢纽、15座35千伏变电站为骨架的电网结构，主网互联互通的能力显著增强。服务开州区委区府重点工程，保证临江家居产业园、浦里新区重点工程建设用电接入，完成城开高速桥隧重要节点工程施工用电建设，接入容量30280千伏安。多次圆满完成开州区重大政治及社会活动保电工作。在近年开州电网用电负荷屡创新高的情况下，开州电网保持安全平稳运行状态。开州区全社会用电量保持平均5%的增速。

3. 优化营商环境，凸显文明之"举"。在优秀企业创建工作中，开州公司始终将优化营商环境、提升获得电力水平作为经常性工作来抓。从加强制度建设、工作标准、运行机制等方面入手构建快速高效的供电服务体系，守正创新，担当作为，实现客户"用好电""抢修快""少跑路"的目标。一是多措并举让客户"少跑路"。对标京、沪标准提升营商环境"获得电力"水平，深化政企信息互联互通，有效落实"一证办电"相关要求。加强"网上国网"应用推广，全面推行办电全过程电子化。应用地理信息系统、配电网工程管控 App 等技术，落实接电全过程信息化管控。深化应用国网"零上门、零审批、零投资"的"三零"服务举措，实现小微企业 2 个环节、15 天内、零成本完成装表接电。实现了小微企业接入成本、工业企业用电成本、接电时长、抢修时长"四个下降"。安排 1 名党支部书记到浦里园区挂职，增强对园区服务的及时性和有效性。开展共产党员服务队"优化电力营商环境、提升供电服务水平"主题活动，全面走访工业客户，为用电成本偏高客户制订降成本方案，帮助 28 户客户降低用电均价 0.10 元/千瓦时。截至 2020 年 7 月，执行一般工商业客户降价政策，累计降低电价 889.21 万元，惠及 2.27 万客户。二是全力做到"用得好"。全面梳理电网安全隐患和供电瓶颈问题，提升电能质量和供电安全可靠性。加强电网安全稳定滚动校核，常态发布重大停电风险预警，推动电网安全隐患治理，开展变电设备设施电气火灾、高层建筑电气火灾隐患整治，确保客户生命财产安全和电网安全稳定运行。加强停电计划检修管理，减少停电频次和停电时长，杜绝重复停电。开展线路跨鱼塘触电隐患整治，常态开展安全用电"六进"宣传活动，提高全民安全用电意识。三是提高效率实现"抢修快"。成立配网抢修指挥中心，完善故障抢修指挥及监督体系，优化抢修流程，按日通报故障处理情况，实现接单、研判、监督到评估的全业务链管理，做到"一张工单、一支队伍、一次到达现场解决问题"。全面推广带电作业和零点检修，减少对客户用电影响，实现配网故障率、平均故障抢修时间逐年下降。面对 2020 年"7·16"洪灾及敦好镇山体滑坡事故，开州公司出动抢修职工 450 人次及车辆 146 台次，第一时间恢复受灾乡镇供电，抢修保供电被中央广播电视总台报道。

4. 办好民生实事，展示诚信之"形"。在优秀企业创建过程中，开州公司始终将服务民生作为企业最大的社会责任，打通服务群众最后一公里。一是实施低电压治理。针对开州区春节集中返乡民工增多，个别场镇、农村用电负荷短期急增造成的短时低电压问题，通过系统检测、现场实测、客户反映等渠道，收集分析网内低电压台区存量情况，完成临江、温泉、岳溪等主要场镇配电网升级改造，持续推进低电压治理，提升电能质量。围绕提升城市中心区和重要场镇供电保障能力，解决城区负荷转移难、部分村社特殊时段、特殊地点短时低电压等问题，完成城区多条重过载线路割接及负荷调整，提高配网手拉手供电能力。近年来，投入资金 1.39 亿元，治理低电压台区 278 个，解决 8 万余户供电质量问题。二是做好专业扶贫工作。实施三年电力脱贫攻坚计划，制订脱贫攻坚乡村振兴 30 条措施。2015 年以来，共投入 4.56 亿元解决 18.36 万余户农民用电难题，实现村村通动力电。配套服务家庭农场、乡村旅游、农业产业项目。成立电力扶贫工作站，5 名职工任职岳溪镇竹园村、南家村驻村扶贫工作队员。优化城乡困难家庭电量减免方式，为 2.65 万户困难户减少电费支出 652.05 万元。投入电网改造资金 1979 万元，推进市级深度贫困镇大进镇电力基础设施建设。党员干部结对帮扶 34 个贫困村。落实帮扶资金 30 万元。开展"脱贫攻坚·青年有为"志愿服务活动。公司荣获开州区"脱贫攻坚先进单位"称号，3 名党员获评"脱贫攻坚先进个人"称号。

5. 坚持依法治企，大兴诚信之"风"。在优秀企业创建过程中，公司始终贯穿依法经营、诚信经营理念，培育法治文化，根治作风顽疾，堵塞管理漏洞，促进依法治企和文明企业建设。一是厚植法治文化。二是加强党风廉政建设。三是持续转变行业作风。

6. 提升效率效益，盛开诚信之"花"。在抓好政治和精神文明建设的同时，开州公司狠抓物质文明建设。开州公司始终坚持高质量发展，紧扣"全面赶超，区域领先"的五年发展目标，突出挖潜增效和开源节流，各项工作不断取得新的进展和突破，主要经济技术指标一直位居重庆电力系统区县级公司前列。2019 年，开州公司售电量突破 14 亿千瓦时，2020 年售电量将突破 15 亿千瓦时，位居重庆电力系统区县级公司前五位。2020 年用电负荷创历史新高，达 42.9 万千瓦。最近 3 年上缴税费 11956 万元。开州公司在重庆电力系统区县级公司中率先跃升为国家中二型企业。

近 3 年，开州公司先后获得国家电网公司"先进集体""文明单位""工会工作先进集体"和重庆市"模范劳动关系和谐企业""安全文化建设示范企业""诚信守法示范企业"及重庆电力"先进基层党委""'四好'领导班子先进集体"等荣誉称号，获评开州区"支持地方经济突出贡献奖"和"开州区要素保障优秀企业"荣誉称号。

案例创造人：李敏

贯穿工程管理全过程的企业信用管理

淮安宏能集团有限公司

一、企业简介

淮安宏能集团有限公司（以下简称宏能集团）成立于2002年，现有员工621人，下辖输电、变电、配电、土建、综合能源合计5个分公司。宏能集团主要从事电力工程施工业务，是江苏省淮安市唯一的国家电力工程施工总承包二级资质企业，同时拥有房建总承包二级、通信工程施工总承包三级、电子与智能化工程专业承包二级、建筑机电安装工程专业承包二级、输变电工程专业承包二级、钢结构工程专业承包三级资质及电力设施承装（修、试）二级资质。宏能集团是江苏省承装修试电力设施企业协会常务理事单位、淮安市建筑业协会副会长单位，自成立以来逐步发展壮大为年产值2.79亿元的大型产业集团。

宏能集团以质量求生存，以信誉求发展，先后被评为"重合同、守信用企业""江苏省安装行业最佳企业""江苏省优秀建筑企业"。两项工程获得中国安装业协会颁发的"中国安装之星"荣誉称号，多个工程获得江苏省住房和城乡建设厅颁发的省优"扬子杯"荣誉称号。

二、企业诚信建设工作

宏能集团作为一家国有电力施工类企业，近年来结合自身业务开展，积极探索贯穿工程管理全过程的企业信用管理。经过深入讨论，一致认为：诚信是企业开拓市场、赢得客户和社会认可的重要抓手，是宏能集团核心价值观的重要组成部分，不仅要践行施工诚信，更是要本着对客户、对社会高度负责的态度，在售后服务、财务管理、社会责任履行等多方面体现企业诚信担当，塑造企业诚信形象。

1. 攻坚克难，视施工诚信为生命。作为一家电力施工企业，按照合同约定、高质量完成各类工程施工是企业信用管理的基础。一直以来，宏能集团视施工诚信为生命、视合同约定为法则，攻坚克难、不讲条件，攻克了一个又一个难啃的骨头。

江苏富强新材料有限公司是山东金岭集团在淮安市投资设立的盐化工企业，220千伏金岭变作为先行配套项目，对该公司能否顺利投产起到至关重要的作用。2019年11月10日，金岭变项目正式开工；2020年，新冠肺炎疫情突然袭来，施工受到严重挑战。为了履行对客户的承诺，宏能集团立即成立工期管控和技术攻关组，立足安全、质量，打破常规，及时调整工序、流程，抓住关键路径，加班加点工作。主动作为，密切做好与各相关方的协调配合，确保工程安全、优质、有序向前推进。2020年8月25日，该工程如期通过竣工验收，业主方赞叹不已。

2020年5月6日凌晨，大雨后的夜晚透着丝丝寒冷，宏能集团60余人组成的两支队伍来到了楚州－朱桥220千伏线路增容改造工程施工现场。该工程跨越在运行的徐盐客专高铁及贡兴联络线，旨在增加用电容量，保障地方用电。虽然已是午夜，线路改造施工现场仍灯火通明，牵引机上机器轰鸣，在施工人员娴熟的操作下，牵引机、电缆轴快速转动，粗实的导线顺着前方铁塔上的滑轮缓缓回收。高铁线路附近的 GT22、GT23 号铁塔上，几名全副武装的施工人员紧张地进行地线牵引、挂线作业，在沉沉的夜幕下表演着"高空杂技"。保障输电线路旧线拆除和新线展放施工安全的同时不影响下方高铁线路的安全，是该次施工的难点所在。为此，宏能集团连续 8 天在每日夜间 0 点至次日凌晨 4 时的高铁停运"窗口"期间完成放紧线、新线展放作业。为了确保在高风险下夜间施工作业安全有序进行，宏能集团超前策划、精心组织，多次组织铁路相关人员查勘现场，进行危险点分析。召开工程安全技术交底会，全方案宣贯学习施工方案，明确职责分工。针对夜间施工视线差、现场安全和质量监护难度大等困难，提前组织现场灯光的预布置和测试工作，确保各施工点位的照明无死角。5 月 14 日，该工程比原计划提前 6 天顺利结束，宏能集团安全完成集团历史上第一次夜间跨越营业高铁线路施工，再一次实现了"让政府放心"的庄严承诺。

2. 热情周到，把服务诚信做到位。如果说施工中的诚信是企业诚信的基础，那么，服务诚信就是企业信用的又一集中体现。宏能集团不仅严格履行工程质保期相关规定，同时主动为客户考虑，在工程质保期后提供贴心服务。

淮安和兴汽车配件有限公司的配电工程由宏能集团配电分公司施工完成。2019 年 10 月 2 日上午，配电分公司党员服务队来到该企业为 10 千伏配电室内的高、低设备进行预防性试验。经过连续 6 个小时的"奋战"，党员服务队完成了 5 根高压电缆、16 台高压柜、24 台低压柜、3 台变压器、9 台开关、14 组避雷器、18 只电流互感器、7 只电压互感器及 10 台低压刀闸的电气检测工作，过程中发现低压柜、高压开关等多处安全隐患，并在后续一一加以排除。

3. 应付必付，把财务诚信落实好。一直以来，作为一家国有电力施工企业，宏能集团把财务诚信作为企业担当的重要载体，坚持高标准、严要求开展财务管理，在社会各界树立了国有企业就是讲信用的良好形象。为了切实减轻民营企业负担，宏能集团及时清退各类工程保证金；主动联系供应商办理快到期工程款的支付工作；优化配电合同支付条款，按照实际工程进度支付工程款，减少民营企业垫资。人性化的财务管理政策为宏能集团赢得各合作单位的美誉。宏能集团在工程施工中会和很多单位开展业务分包合作，这些业务分包单位员工中可能会有农民工。近年来，为积极响应国家号召、维护广大农民工权益，宏能集团除多次开展拖欠农民工工资问题专项纠查外，还专门研究出台一系列长效机制：开设代发农民工工资专用账户；修订分包合同模板，强制要求不得拖欠农民工工资；开展工程竣工清场结算，督办分包单位结清农民工工资；定期检查核对分包单位农民工工资的发放情况等。

4. 践行责任，对社会庄严承诺。一直以来，宏能集团除聚焦经营业绩提升外，不忘自身国有企业定位，一直牢记：践行社会责任是企业诚信的重要组成，是对社会的庄严承诺。

2020 年，新冠肺炎疫情突发，淮安市第四人民医院作为定点收治医院，腾空两幢病房作为应急救治场所，同时搭建 60 间样板间作为隔离区，急需新增设施的用电电源。施工现场位于淮安市第四人民医院新建样板房南侧，由于疫情管控管理，所有施工人员的活动空间只有一个 5 米宽的消防通道。施工人员需要在这有限宽度的空间内完成插杆、欧式箱变及柱上开关安装等吊装作业，再加之道路两旁有树木，需要反复移动吊车到合适的位置。因为宽度有限，每台设备的起吊、安装都需要吊车人员和地面人员反复确认，施工非常困难。在接到任务后不到半个小时，宏能集团启动绿色特快服务通道，选择优秀设计人员赶赴现场勘查用电接入方案。安排最好的施工人员连续奋战，在第一组队员持续工作 10 余个小时后，换上第二组队员继续与时间赛跑。为了解决天太黑无法施工问题，用工程车远光灯提供光源。

虽然每 4 个小时就更换一次口罩，但由于消耗体力很大，不少施工人员的口罩很快就湿了，鼻子捂得特别难受，引起了红斑。但是，这个时候所有施工人员脑海中就一个字——"快"。同样的工程量，常规需要 15 天左右完成，最后仅用了 2 天就圆满完成。

　　宏远事业，唯信方能，从施工到服务，再到财务管理，宏能集团牢牢把控工程管理全过程，全心全意打造诚信宏能；始终把国有企业社会责任担在双肩，用对社会的大爱为企业诚信增光添彩，为建设诚信社会做出应有的贡献。

案例创造人：梁军　胡羽

泰州电力人的诚信品牌故事

国网江苏省电力有限公司泰州供电分公司

一、企业简介

国网江苏省电力有限公司泰州供电分公司（以下简称泰州公司）辖4个市（县、区）公司，本部设有职能部室15个、业务支撑和实施机构7个，供电所84个，营业户数266万余户。泰州电网现有35千伏及以上变电站176座、输电线路5922公里（含电缆），以500千伏变电站为支撑电源点，形成南北两个分区高可靠性220千伏双环网结构。2020年，完成售电量278.15亿千瓦时，同比增长3.45%；调度最高用电负荷526.3万千瓦，同比增长7.12%。全口径劳动生产率224.18万元／人·年。

近年来，泰州公司先后获得"全国文明单位""全国五一劳动奖状""全国用户满意企业""全国实施卓越绩效模式先进企业"和2019年质量之光"年度质量标杆""全国'安康杯'竞赛优胜电网企业""改革创新奖""江苏省质量奖优秀奖"等荣誉称号，连续15年被评为泰州市"十佳服务地方发展单位"，获得服务地方经济社会发展"特别贡献奖""泰州市市长质量奖"，蝉联泰州市"骏马奖"。

二、诚信故事集锦

2020年2月1日，抢修电话响起，永丰一组用户来电反映自家及周围几家失电了。当时野徐镇永丰一组已确诊新冠肺炎病人一名，并且此人前期未进行居家隔离，活动范围较广。抢修就是命令，泰州公司党员张德润在做好自身防护措施的情况下立刻赶往现场，与同事经过一个多小时的抢修，终于恢复了供电。

为了保障收治医院的安全可靠供电，泰州公司党员张强主动与已收治3名新冠肺炎确诊患者的泰兴市人民医院建立了应急联络机制，定期开展设备线路特巡和用电保障服务并对医院内部设备运维提出优化建议。随着新冠肺炎疫情防控进入关键时期，各类医疗器材及消杀用品企业开足马力全线生产，成为防疫保电的重要对象，张强和服务队的同事们提高对相关企业的线路设备"拉网式"巡查频次，并深入企业配电间上门"问诊"。

当硕士生物科技股份有限公司在江苏省内率先研发出核酸检测试剂盒的好消息传来，泰州公司党员张敏子立刻带队主动上门对该公司配电设施安全"体检"，确保了该公司生产稳定有序。当生产专业生物抗体药剂的迈博太科药业有限公司提出要紧急增容、扩大产能的时候，张敏子召集相关专业人员，连夜制订供电方案，一大早又跑去与用户耐心沟通。一边协调开辟"绿色通道"，解决客户项目进程问题；一边延伸服务，为客户制订内部施工方案，主动提出边施工边验收的服务举措。她"说办就办，马上就办"的工作作风带动了同事，有效把各环节工期再压缩，全力加速了新生产线的投产。

三、诚信文化建设

一代又一代泰电人在传承、在接力，将"你用电、我用心"的诚信文化深入骨髓，在长期供电服务的实践中，以客户的感知和体验为核心，系统分析服务过程中的痕迹，精准识别出客户"七心"需求，精心打造出电能"七彩"服务，在需求侧和供应侧之间建立动态平衡匹配关系，开创性提出"七心七彩"互动服务匹配管理模式，实现"真诚服务、共谋发展"，达到整体效用最优。

一是红色安心使命：从20世纪80年代"用心点亮凤城"、保障用户"有电用"的心愿发展形成"你用电、我用心"的质量文化，在实践中深化为"更安全、更可靠、更绿色、更经济"的行为自觉，丰富质量文化内涵。确保夏、冬季用电高峰期间居民的电力供应，基本实现对企业不拉闸限电，做到让用户安心感知。

二是橙色暖心感知：以流动"大篷车"、服务"大本营"、互动"云终端"三大渠道为桥梁，以共产党员服务队、青年志愿者服务队、职业经理服务队、社区经理服务队、能效小组服务队等为支撑，实现农村低压客户"一次都不跑"、高压客户"最多跑一次"、园区客户"一对一"专属客户经理、社区服务"三级挂钩""结对帮扶"等，做到让用户暖心感知。

三是金色放心品质：以坚强智能电网和专业人才队伍为核心，实现电能质量在线监测全覆盖，大力开展低电压全面治理，保障电压偏差、频率偏差、电压三相不平衡、谐波和间谐波、电压波动和闪变等电能质量问题对用户"零"感知，不断改进与创新提升电能质量水平，做到让用户放心感知。

四是绿色尽心责任：以"电从远方来、来的是清洁电"为引领，助力《大气污染防治行动计划》实施，通过推动再电气化构建能源互联网，以清洁和绿色方式满足电力需求，确保太阳能、风力、生质能、地热等绿色电全额消纳，尽心尽责让泰州市人民用上绿色电，打好电力蓝天保卫战，彰显责任央企形象，做到让用户清洁感知。

五是青色顺心共享：开拓综合能源服务新业态，本着"创新、协调、绿色、开放、共享"理念。发挥电网在能源转换中的枢纽作用，优化营商环境，构建多元、包容、灵活的综合能源服务生态，主动满足客户多元化用能需求，提高社会用能效率、助力节能环保，实现生产者、消费者和社会效益多赢的局面，做到让用户顺心共享。

六是蓝色省心智慧：全面优化完善综合型、服务型、智能型、线上线下一体化的"三型一化"营业服务，精心打造以全业务旗舰厅为核心，以高效率精品厅、活策略智能厅和快响应自助厅为支撑的"多层次、立体化"营业厅协同运营管理体系，实现共享型和平台型企业战略和一站式服务要求，做到让用户智慧省心感知。

七是紫色贴心和谐：建立供电服务指挥中心，以用户为中心，以提升供电可靠性和优质服务水平为重点，构建"强前端、大后台"的供电服务新体系，规范化、常态化地开展配网调控、配网指挥、服务指挥3项基本业务，全面推进业扩全流程管控、配电运营管控、服务质量监督、运营分析决策4项协同业务。做到让用户贴心和谐感知。

泰州公司从当初解决有和无、以满足户户亮灯为特征的初创阶段，到现在建立"七心七彩"互动服务匹配管理模式，即使面对新冠肺炎疫情这样的极端公共事件，电能也保证长年不断，像空气、像水一样，满足用户"无感知"的用能体验。随着坚强智能电网的发展，当年泰州市唯一的220千伏变电站，变成了今天世界首座交直流合建的特高压泰州站，当年小巷里盘根错节的配电线路变成了今天整齐矗立在路旁的绿色配电箱，当年奔波在田头村口的抢修服务小巴车变成了今天统一涂装的黄色皮卡，当年人潮拥挤的供电服务大厅变成了今天综合型、服务型、智能型、线上线下一体化的"三型一化"智能营业厅。

泰州公司秉承"努力超越、追求卓越"的企业精神，以满足人们美好生活的用能需求为出发点和落脚点，用奋斗争先进位、用汗水浇灌收获、用务实担当作为。将准确把握新形势、新变化，明确新任务、新要求，研究新策略、新举措，以实干笃定前行，敢想、敢拼、敢为人先，开启"信用电力"高质量发展新征程，为泰州市建设高质量发展中部支点城市做出新的更大贡献。

案例创造人：王飞　殷伍平

加强社会信用体系建设，助力现代智慧供应链发展

国网江苏省电力有限公司连云港供电分公司

一、企业简介

国网江苏省电力有限公司连云港供电分公司（以下简称连云港公司）成立于1976年，隶属国网江苏省电力有限公司（以下简称江苏电力），从事境内电网建设运营和电力销售服务。现有职能部室15个、业务支撑和实施机构7个，下辖赣榆区和东海、灌云、灌南4个区（县）供电企业，全口径用工4476人（主业职工1727人，三新公司职工2366人，集体职工383人），服务连云港市235.86万用电客户。地区公共电网辖35千伏及以上变电站154座（500千伏3座，220千伏30座，110千伏及以下变电站121座），总容量2421.22万千伏安；输电线路399条，总长度6039.02公里；配变32640台，配电线路1604条。

连云港公司先后获得"全国文明单位""全国'安康杯'竞赛活动优胜企业"（连续11年）及"全国五一劳动奖状""全国模范职工之家""全国用户满意服务单位""全国质量信得过班组建设优秀企业""全国学习型组织先进单位""全国优秀志愿服务组织""江苏制造突出贡献奖先进单位"和国家电网公司首届"红旗党委"等荣誉称号。

二、企业信用建设主要做法

为了建立诚信公平的竞争环境，营造以质取胜的市场氛围，助力现代智慧供应链建设，连云港公司在物资管理活动中围绕供应商合同履约过程中的诚信问题、物资在全寿命周期内发生的重大质量问题、物资部门开评标规范性问题及废旧物资处置合规性问题等方面开展信用体系建设相关决策部署，从技术、监督、组织等方面开展信用风险防控，助力优化电力营商环境、保障物资高质量供应、促进公开透明评标模式推行、强化废旧物资处置监督，勇担诚信企业社会责任。

1．"小创新"助力"大信用"营商环境优化。针对提高供应商信用管理效率的迫切需求，连云港公司借助"物资履约语音管理系统"等基于一线需求的"小创新"，为电网企业基层物资管理人员开展信用管理提供抓手，通过语音关联、快速拨号、履约跟踪记录可视化等模块功能，为供应商物资履约全过程提供"提醒式服务"，在履约人员和供应商之间架起良性沟通的桥梁，有效助力现代智慧供应链的信用管理体系建设。新冠肺炎疫情期间，还与上下游供应商加强沟通和创新合作，建立了廉洁诚信、友好合作、互利共赢的伙伴关系，共克时艰。物资履约语音管理系统在经济、管理、社会等多维度成效显著。目前，已在连云港、无锡、宿迁、镇江、淮安、徐州、苏州、南京等8家地市以招标方式采购应

用,实现成果转化营收 200 万元以上。以连云港市 2020 年上半年物资计划 7859 条计算,单次履约通话节约 1 分钟,全年将节省 268 小时,物资供应到货及时率从原先的 87% 提升至 98%,助力保障连云港市物资供应 9.12 亿元,高效服务对接物资供应商 1528 家,全方位提高了履约工作在电网建设中的物资供应保障效力,切实加强了信用风险管控可靠性。2021 年,连云港公司还将结合信用管理相关制度标准,培育升级"物资履约智能语音服务平台"等创新成果衍生出的低成本、高效益软件类成果产业链雏形,进一步拓展信用管理相关平台创新成果的支撑领域,为供电服务指挥中心、安全应急指挥中心和营销客户服务大厅等专业提供定制化、持续性的信用管理产品研发,用"小创新"助力"大信用"营商环境优化。

2. "信用+"保障"高质量"电网物资供应。为履行保障物资高质量供应的承诺,进一步提升入网设备质量水平,连云港公司物资部党支部与国网江苏省电力有限公司物资分公司质量监督部党支部联合开展"以三互促三更,共同提升设备监造管理水平"结对创先活动。该次结对创先活动立足于连云港公司层面监造业务一线工作实例,双方成立共产党员联合攻关团队,借助结对创先的平台和形式,统筹双方质量监督技术资源,进一步完善省、市两级质量监督工作体系,丰富质量监督工作策略。积极探索"信用+质量监督"新模式,收集了 1528 家供应商质量信用信息,包括职业资格、企业营业执照、信用等级证书及前期不良行为记录等;积极创新质量信用监管新举措,对供应商质量信用信息进行整合分析,开展信用分级分类监管,编制供应商质量红黑名单,开展联合激励惩戒;加强物资筹建全过程透明化抽检体系,防范人为干预风险,紧密对接监理机构、检测机构,确保取(封)样、送样、返样时效。通过"组织结对互建、党员结对互帮、管理结对互促"实现了"支部成员业务更专、设备监造范围更全、信用监管制度更优"的目标。2021 年,连云港公司将进一步推进物资质量监察标准化建设,开展"回头看"活动强化监督检查及问题整改,落实"问题发现-整改"双向反馈机制,持续增强物资供应质量领域主体的信用意识。

3. "标准型"促进"全透明"评标模式推广。在江苏电力关于推进授权采购评标基地标准化建设的统一决策部署下,连云港公司积极响应,高效推进方案制订、规划布局及设备采购等多个环节。2020 年 9 月 22 日,作为江苏省首建的连云港授权采购评标标准型基地正式揭牌投运。连云港公司以主业、集体企业及供应商为服务对象,全线梳理评标环节可能存在的监督监管漏洞,设立了开标区、技术评审区、商务评审区、洽谈监督区和办公休息区等功能分区,强化区域屏蔽隔离;同时,建立多维一体的"三中心"智能型网络,即计算机网络管理中心、安防管理中心以及信息与多媒体中心,通过智能门禁系统、大屏监控监听、多媒体会议等方式实现了评标场所及人员全方位"无死角"监督,有效提升评标智能化管理水平,可靠降低物资人员廉政风险和评标信用风险。2021 年,连云港公司将依托标准化授权采购评标基地,加快更新评标系统改造和通信网络安全贯通,实现同组专家之间信息的无障碍交流、协同和实时监督,全面提高授权采购评审质量,真正做到评审"全透明"化。

4. "精细化"完善"多环节"废旧物资处置。废旧物资处置是物资实物资产管理全流程的末端环节,存在着拆退不足额、处置不顺畅的信用管理风险,严重影响报废物资处置效率,存在废旧物资灭失风险。为进一步防范废旧物资处置风险,构建风清气正廉洁生态环境,推动废旧物资领域的提质增效,连云港公司多措并举盘活废旧资源,切实保障废旧物资足额回收、颗粒归仓。连云港公司开展废旧物资管理协同监督自查自纠情况督导,对照废旧物资涉七大方面 26 类风险点进行了逐一检查,采取现场检查、抽查资料等方式,对县(区)公司废旧物资拆除回收、在库保管、移交交接、合同履行、回收商管理等方面进行督导检查,压实相关单位和部门落实废旧物资管理自查自纠工作第一责任。制订《废旧物资入库管理规定》，构建废旧物资回收处置流程长效规范管控体系。该规定主要针对已办理固定资产报废手续的物资、已办理非固定资产报废手续的低值易耗品、废弃材料及零配件的入库环节相关注意事项进行细化；建立拆旧物资定期反馈核查机制，形成物资部门"及时反馈"、项目部门"重点核查"的良性循环模式，切实保障"颗粒归仓"。在回收商信用管理上，收集回收商履约信用信息，定期开展回收商实物回收、资金支付等履约评价，根据评价结果对回收商履约能力进行分级分类管理，从资质能力、信用表现等方面入手，构建科学客观的履约信用指标评价体系，为废旧物资回收商的选择提供客观依据。截至目前，已有处置结果的废旧物资共5788条，共计资产4159万元，废旧物资处置规范率达100%。

5. "小奉献"彰显"连电人"社会信誉责任。连云港公司不仅从技术、监督、制度等方面切实防范信用风险，在保障战"疫"物资上也发挥了先锋模范作用，履行了党员积极作为的社会信用责任。

2020年1月23日，还在尼泊尔旅行的履约主管王磊一家人，得知国内新冠肺炎疫情肆虐，口罩紧缺，立刻将"风情游"切换为口罩"购物游"模式。他们每到一个城市就去找合格口罩的商铺，先后去了加德满都和距离它5小时车程的奇特旺、7小时车程的博卡拉。从一开始靠求着导游、翻译帮忙带着他们去买，到后来他们自己摸索通过手机翻译软件的"汉译英"功能与商家沟通。一家人努力克服语言沟通的障碍，仔仔细细与店家确认口罩货源并打包，花了一周的时间购买到了3092只符合防疫质量标准的口罩，然后齐心协力，一路"背"着装满"宝贝"的旅行箱和背包顺利返回连云港。回国后，王磊以个人名义将3092只口罩全部捐赠给连云港市疫情防控一线的医院和医护人员，彰显了国网电力基层党员心系祖国的大爱之情，履行了一名共产党员对人民无私奉献的承诺。该事迹已被多家媒体平台报道。疫情期间，王磊也不忘工作使命，组织团队升级物资履约系统，为物资履约工作按下了加速键，全方位保障复工复产物资高效供应。

三、展望未来

社会信用体系建设是社会主义市场经济发展的重要基础。下一步，连云港公司将聚焦信用管理与常规业务融合，细化并明确助力建设现代智慧供应链的信用承诺，履行电网企业服务人民、保障电网安全的社会承诺；同时，用好合同信用承诺的约束效力和激励效力，与合作方建立良性沟通的桥梁，以探求构建物资管理多元信用监管模式的路径。

案例创造人：尚暖　周斌　李红

依法治企、诚实守信、公开透明，全力打造新时代中国特色的诚实守信电力企业新标杆

国网江苏省电力有限公司启东市供电分公司

一、企业简介

国网江苏省电力有限公司启东市供电分公司（以下简称启东公司）隶属国家特大型央企——国网江苏省电力有限公司（以下简称江苏电力）。近年来，启东公司在上级公司和地方政府的正确领导下，以建设具有中国特色国际领先的能源互联网企业为目标，持续强化"五个坚持"，积极推动"四个转型"，各项工作不断迈上新台阶。2019年，完成售电量37.91亿千瓦时，同比增长5.64%；电网调度最高负荷77.82万千瓦；累计完成业扩报装70.62万千伏安；高压平均接电周期20.94个工作日。启东公司有5个职能部室、4个业务支撑机构、3个其他业务实施机构，下辖11个供电所。启东市境内共有35千伏及以上变电所33个，其中220千伏变电所5个、110千伏变电所15个、35千伏变电所13个，主变容量336.04万千伏安；35千伏及以上公共输电线路1120公里。另有110千伏用户变4座、35千伏用户变14座。

启东公司曾获评"江苏省文明单位""全国实施用户满意工程（服务类）先进单位""厂务公开先进单位""国网江苏电力先进集体""南通市创先争优先进基层党组织""国网南通供电公司党风廉政建设先进单位"等荣誉。多年来在启东市行风评议活动中名列前茅，被启东市委评为"学习实践活动先进集体"，获评启东市"五星级单位"。

二、企业诚信建设和信用体系建设实践

1. 公司发展理念。启东公司不忘初心，始终坚持以创新举措、创新发展、与时俱进为工作原则，坚持以促进电力市场主体健康发展为目标，持续在整体设计、全面统筹、协调推进上下功夫、求实效，强大局、重细节、有计划地推进各项工作，在这基础上促使电力行业信用体系建设水平不断提升。

2. 严格遵纪守法。启东公司定期举办法律知识的学习培训活动，提高员工的法律意识，切实做到企业运营活动守法。规范各类常用的合同格式。通过一系列的措施，切实做到依法决策、依法管理、依法生产经营，严格依法办事，无违反国家相关法律法规的生产经营行为发生；全体员工遵纪守法，无违法乱纪的情况发生。

3. 诚信理念宣传、教育、培训。作为企业文化的一部分，诚信建设在启东公司内部也如火如荼地进行着。启东公司高层领导率先组织开展系列讨论活动，在高层和普通员工之间形成沟通的桥梁，取得了极佳的效果。人手一册企业文化手册，启东公司内部的杂志、报纸、网站等也时时在宣贯企业文化。启

东公司还经常以多种形式开展诚信理念、质量意识等方面的教育、培训和竞赛，以不断巩固和提升全员的诚信理念和质量意识。

4. 企业诚信和信用体系建设。启东公司不断完善各部门单位的诚信和信用体系建设。①客户资信管理制度。建立客户信息档案，包括客户的基础资料、客户特征、业务状况、交易现状等内容，并根据客户的具体情况对客户进行信用分类，达到有效管理。②内部受信制度。为避免因企业的失信、违信而给企业信誉带来损失并进一步加强恪守诚信，积极履行信用义务，建立完善了内部受信制度，主要包括客户合同管理、应付账款管理、债务管理、信息披露管理、信用危机管理以及现金流管理等。③应收账款管理制度。启东公司财务部对公司应收账款管理建立风险预警机制，对每月超过一定限额的应收账款进行预警，并提供明细表，以方便催收贷款。④风险控制及危机管理制度。启东公司出台财务、资金、人事、投资、风险、监察等多项制度办法；不断改善工作环境中的职业健康与安全条件，并确保对可能发生的紧急状态和危险情况做好应急准备；健全逐级安全生产责任体制；建立舆论危机防范体制和预警机制，信息中心负责日常舆情监控，对于出现的负面舆情及时采取措施；遵守网络安全和信息系统保密管理相关规定，保证网络运行安全、可靠，做到实体安全、运行安全、数据安全。⑤信用评估考核制度。建立企业信用评估考核制度并严格依据制度开展信用考核，根据考核结果对相关人员进行奖惩，对因失信对企业造成重大影响的人员进行严肃处理。

5. 职业道德行为准则或规章。启东公司制订了员工道德准则，要求员工思想过硬，业务精通；勇于创新，意识新颖；恪尽职守，处事公平；顾全大局，一心为公；敢想敢创，勇攻难关；思维敏捷，缜密果断；精益求精，技术超前；不断追求，直指尖端；勤于调研，信息通畅；优质服务，用户至上；廉洁奉公，一心为厂；降低成本，节约资源；科学采购，保证生产；兢兢业业，职务清廉；主动服务，业务熟练；面向一线，工作超前；尽职尽责，保证生产。

6. 企业诚信实践。①加强信用体系宣传，强化员工诚信认知。在整个企业中营造良好的文化氛围极为关键，这是构建信用体系的重要组成部分。在具体落实方面，启东公司注重培养员工形成诚信意识，同时要求他们在行动中体现，在这基础上树立"全心全意为客户服务"的诚信企业形象。通过总结电力行业信用建设方面的典型事例、经验及电力行业在经济社会发展中所起到的积极作用，有针对性地对相关诚信事迹、人物等进行重点宣传，增强员工对电力行业信用体系建设的认识与了解。②开展信用知识培训，规范员工诚信行为。企业信用体系建设知识教育是电力企业员工教育的重要组成部分，其关键在于做好全员信用文化知识的普及，通过开展"信用兴企"教育活动、职业道德教育活动、信用规范宣讲课堂等，帮助员工都具有信用风险防控意识，做到人人讲诚信，让企业信用文化落地生根、入脑入心。充分利用业余时间和工作空隙，结合企业内部定期授课、问卷考评等方式，强化员工诚信教育，充分了解员工信用思想动态，及时纠偏纠误。③在企业中塑造信用电力品牌，不断完善企业诚信内涵。电力企业努力创造信用品牌及积攒社会信誉，在具体实践中加强信用条款的宣贯工作，纠正部分客户对电力企业诚信问题的错误认知，进一步培养当事人或相关方的信用意识，从而塑造诚信可靠的电力行业发展环境。从维护电力行业整体形象与信用的高度出发，协调处理好企业与新闻媒体之间的关系，引导媒体对电力企业进行真实、公正、正面的报道，提高电力企业的影响力和美誉度。④以科学战略助推信用体系建设，推动企业经营能力实现提升。在具体落实方面，电力企业应在结合市场需求、加强资源管理、促使经营效率提升上找准着力点，对各阶段发展进行论证，在这基础上采取针对性建设方案，推进企业生产能力获得全面提升。与此同时，还应注重提升供电的可靠性，以及在提高供电服务水平上下足功夫，保持电力企业在生产经营过程中的良性循环。⑤以人才培养支撑信用体系建设，推动企业管理能力实现提升。基于中、高层管理者在推进电力企业发展上具有重大作用，为此，应注重提升这部分管理者的综合素质；同时，还应提升一般管理者的基本素质与业务能力，为企业实现良性发展提供人才支持。对于电力企业而言，需要依据自身实际情况定期开展岗位业务培训活动且注重跟进考核与评价，从这些方面努力来提升管理者的管理能力。再者，技术人才在促使电力企业发展上所具有的作用同样不容忽视，为此，应注重培养工程技术人才，同时适当提升中、高级技工占比，着重培养专家型人才等，为电力企业发展提供技术人才支撑。⑥以技术标准来推动信用体系建设，促使企业技术能力实现较大幅度提升。纵观电力企业在历史上的发展规律，信用体系建设需足够的行业技术标准作为根本保障。建立及完善电力企业技术标准体系，在技术标准方面能与国际水平相匹配。在具体落实方面，要坚持"简化、统一、协调、优化"的标准化原则，按照稳步推进、持续改进、不断提升的做法，制订符合实际、可操作性较强的技术标准和工作标准，从而构建企业"凡事有章可循、凡事有据可查、凡事有人监督"的标准化工作机制，保证国家和行业技术标准的贯彻执行，确保电力产品质量和服务质量。

三、总结

随着经济的发展，电力企业的竞争越来越强，市场对于信用的需求也越来越强烈，在项目招标、项目核准、执法监督等多个方面，信用起着至关重要的作用。我国经济的高速增长，经济发展动力从传统增长点转向互联网、智能制造、清洁能源等方向。经过多年的努力，启东公司不断推进电力行业信用体系建设，诚信建设已经取得了一些成果，希望通过后期的进一步努力，使企业的信用建设迈上新台阶。

案例创造人：张伟杰

基于信用体系建设的电力企业外包安全管理实践

国网江苏省电力有限公司丹阳市供电分公司

一、企业简介

国网江苏省电力有限公司丹阳市供电分公司（以下简称丹阳公司）主要负责经营、管理、建设丹阳电网，承担促进丹阳市电力资源优化配置的工作，为丹阳市经济社会发展和人民生活提供电力保障。现有职能部室及业务支撑与实施机构13个。丹阳公司党委下设27个基层党组织。丹阳公司曾获得"全国群众体育先进单位""国家电网公司文明单位""江苏省和谐劳动关系模范单位""江苏省廉政文化建设示范点"等荣誉称号。

近年来，丹阳公司保持了"国网公司一流县供电企业""江苏省文明行业""江苏省文明单位"等荣誉称号，荣获"全国模范职工之家"、全国"安康杯"竞赛优胜单位、"江苏省五一劳动奖状"称号。丹阳公司职工书屋被评为"全国职工书屋示范点"，丹阳公司还被评为国网江苏电力有限公司"先进单位""安全生产先进集体""档案工作先进单位"。

二、信用体系建设

2020年以来，丹阳公司深入贯彻落实上级公司决策部署，聚焦外包安全管理，强化现场作业管控，全力打造外包安全管理试点项目，对建设安全生产电力体系进行深入研究和实践。始终坚持"人本管理、风险管理、系统管理"三大理念及"三个措施管人员、三个层面管风险、两个手段管现场"的"三三二"外包安全管理体系建设，将安全生产信用管理与电力安全管理实际相融合，探索促进电力本质安全水平提升的有效手段。

1. 组织保证。丹阳公司建立了系统的管理机制，确保组织职能与现场管理需求相匹配，以信用与党建为两大支柱、管理与专业为两大抓手，基于信用评价体系，夯实外包安全管理基础。一是加强核心机制建设，加快建设电力施工信用联合奖惩机制、信用信息共享机制、信用修复机制、信息评价公示机制等核心机制。二是加强信用基础建设，加快建立信用评价体系，加强信用监测预警与评价评级，积极开展信用服务。三是加强信用模型建设，紧跟社会信用体系完善步伐，积极探索建立外包安全质量管理信用模型，定期对外包队伍进行信用评价。丹阳公司党委结合外包安全管理提升试点项目成立了"外包安全管理党员联合攻关队"和"外包安全管理党员宣教队"两支党员先锋团队。

2. 战略秉承。丹阳公司深化安全生产改革创新，牢固树立安全发展理念，加强安全生产监督，夯实安全生产基础。坚持标本兼治，重在治本，建立长效机制。深入贯彻"两个一以贯之"，完善公司管控机制，动态优化各层级责权配置，改善和提升企业治理。把战略实施的重心转向基层，将主权交给现场，转变为以现场为中心的管理理念，增强发展内生动力，培育创新创造能力。

3. 过程管控。①员工素养提升。丹阳公司以人的管理为核心要素，提升外包人员素养。设立外包人员素养门槛，从安全、技能上推行同质化培训、标准化管理，完成30天外包核心班组专业技能培训，共42人参与120课时的安全教育、10个门类的技能培训、8场次的理论技能考评，从队伍资质、人员素质、现场巡查等方面开展综合考察，建立6家符合条件的试点核心班组和2支党员先锋团队，形成配农网施工抢修的攻坚力量，以点带面引领外包队伍安全技能水平整体提升。②过程质量控制。丹阳公司以队伍管控为主体，增强现场安全水平。遵循"一个原则，两个层面，统一调度"借用工模式，只允许核心队伍之间互相借工，以及核心队伍借工至非核心队伍，实现由主业部门统一调度所有核心班组成员的管理制度，进一步强化外包人员流动管理，规范协作工作形式，实现外包队伍管理模式由"散兵游勇"向"集团作战"转变。自成立核心班组以来，共承担配农网工程113起，施工量同比提升15%。在较大规模的配网工程中，核心班组成员借工50余人次，未发生核心班组现场违章行为，整体外包队伍现场违章同比下降25%，外包安全管理成效逐步显现。③现场改进与创新。丹阳公司以"两个中心"为载体，完善外包安全管控机制。整合队伍人员库、现场违章库等各类数据库，深挖大数据价值，构建外包业务全覆盖的信息数据平台，在此基础上搭建外包安全管培中心和施工作业监控中心，精准开展业务培训和现场监控，实现远程实时安全督察，定点清除安全管理漏洞。

4. 安全质量信用动态评价体系。根据具体的工作特性，丹阳公司分别编制了《丹阳供电公司外包安全管理办法》《丹阳供电公司外包单位动态评价管理办法》，定期组织外包团队围绕工作现场勘查、"两票"规范使用、开收工会实效性、执行"三戴"、验电接地和严格监护"六要素"展开交流讨论和经验分享，对六大外包核心班组进行动态信用评价管理。主要针对外包单位的日常安全管理、安全教育培训、现场违章、施工准备阶段、风险管理、现场安全工器具、人员能力及工作到位情况、现场安全措施执行情况等方面进行评价，将评价结果运用到核心队伍中的选拔中，真正体现优胜劣汰。

构建外包施工单位信用评价体系是一个持续完善的过程。随着数据的不断完善，丹阳公司下一步将细化各项信用指标，建立外包施工企业素质积分机制，利用层次分析法从不同纬度进行打分。

三、下阶段工作打算

丹阳公司将持续打造"事前准入三严格、事中控制三把关、事后评估两考核"的"三三二"外包队伍安全防护体系，强化外包队伍安全能力提升，全力以赴促进安全管理提质增效。

1. 事前准入"三严格"。在"双准入"的基础上，丹阳公司进一步从安全资质、机构设置、安全业绩等要素，开展外包队伍安全能力考评，将考评结果作为队伍入围的重要依据；严格安全责任监督落实。将外包安全全面纳入丹阳公司安全管理和监督检查的范围，强化安全责任落实；严格核心班组同质化管控。加速6家试点核心班组团队驻地的标准化建设，试点开展安全工器具电子标签化管理。

2. 事中控制"三把关"。丹阳公司根据生产计划和停电计划，统筹编制外包作业任务，突出刚性执行。落实外包人员进场许可和持证上岗制度，运用作业人员安全码，加强身份证明、健康证明、特种作业证等人员信息核查，严格要求通过资质审查的备案人员和现场施工的人员一一匹配，杜绝作业人员无序流动。通过现场督察和中心监控"现场＋远程"两种方式，构建完善"公司、项目主管单位、外包队伍"三级安全督察防护网。

3. 事后评估"两考核"。从安全、质量、进度、廉政、合法合规"五个维度"，以及项目经理、项目验收人、发包单位负责人、安监部"四个层面"，开展外包队伍全员考核并公布成绩。开展考核结果阳光管理，以月度为周期，对考核结果进行通报公示，确保考核全流程"公开、公平、公正"，加快构建正向激励与反向监督的优胜劣汰考核体系。

4. "信用+"引领外包安全管理提档升级。丹阳公司基于信用管理安全生产的理念下，建立健全外包团队安全质量信用等级评定与发布机制。按照"月度统计、季度发布"的原则，每两个月统计安全质量信息，每季度评定安全质量信用等级，经公司安全质量信息评定领导小组审核后，发布评定通报。

四、结语

县级供电公司是最基层、最基本的单元，是安全生产的执行者和实践者，基于信用建设体系开展外包安全项目建设，对构建整体安全生态体系具有重要的示范引领作用。下阶段，丹阳公司将持续围绕上级公司任务部署，以外包安全管理提升试点为契机，全面总结推广试点项目的典型经验，形成可复制、可推广的县级公司安全管理模式，以点带面引领其他部门单位安全水平整体提升，为上级公司在外包安全领域树立"丹阳标杆"、输出"丹阳经验"。

案例创造人：汤丹辉　张聂鹏　陈锋

诚信建设"六联方",打造诚信品牌新高地

国网山东省电力公司枣庄供电公司

一、企业简介

国网山东省电力公司枣庄供电公司(以下简称枣庄公司)是国网山东省电力公司(以下简称山东电力)直供直管市级供电企业。现设有14个职能部门、15个业务机构、48个供电所,职工4428人,担负着枣庄市六区一市及高新技术产业开发区的供电任务,用电营业户数195.5万。枣庄滕州是"工匠祖师"鲁班的故里,他发明的"鲁班锁"六联方流传至今。六联方,通体不用钉子、绳子,仅仅依靠6根实木联方相互啮合,就能实现外观严丝合缝、结构坚实牢固。枣庄公司将独特地域文化与诚信企业建设相融合,把"职工群众""党委政府""民营企业""电力客户""留守儿童""新闻媒体"六大利益相关方作为公司诚信价值创造的"六联方",通过与六方沟通、协作、服务,发挥各方合力,使干部职工诚信守信、履职尽责、真诚服务意识不断增强,推动诚信价值最大化,更好地服务人民群众、更好地服务地方经济发展。枣庄公司先后荣获"全国五一劳动奖状""全国文明单位""全国模范劳动关系和谐企业""全国用户满意企业"等称号。

二、诚信建设主要做法

1.联结职工群众——让诚信理念更加统一。枣庄公司高度重视诚信教育工作,不断创新方式方法,通过"三微书屋",全方位深化认知认同,促进"诚信为本、信用至上"入脑入心。一是开设诚信教育"微课堂"。组建诚信文化宣讲团,编印针对性、可读性很强的《诚信教育宣讲材料》,定期深入班组、供电所开展巡回宣讲活动。以车间、班所为单位,搭建学习交流"微信群",实时发布诚信建设方面的工作信息,形成了以车间(单位)为中心,辐射124个班组、48个供电所的学习教育微矩阵。依托党支部主题党日、班组大讲堂,组织开展"支部书记谈诚信""班组十分钟文化课堂""道德讲堂""讲诚信、创最好"青年辩论赛等系列活动,累计集中学习600余次、撰写学习体会1320份。二是建设诚信教育"微阵地"。推进党员活动室、劳模创新工作室、企业文化示范点、职工之家实体化运作,充分发挥组织生活、学习教育、党员活动、创新实践等作用,激发全体干部职工诚实守信的干事热情。建设公司、基层单位两级诚信典型案例库,开展"我身边的微典型"评选,深入挖掘身边人、身边事的闪光言行,讲好身边故事。三是实施诚信教育"微传播"。依托公司网站、班组文化长廊等平台,开展专题培训、宣讲辅导、经验推广等诚信传播活动。利用"互联网+"媒体阵地,通过在"三微一端"、微信公众号、H5展示等网络媒体,立体化开展诚信理念传播,形成"公司本部、基层单位、班组站所"三级传播矩阵。以基层员工幸福之家、一线班组职工小家、劳模先进奉献大家为主题,开展"争做诚信职工""诚信在供电"等系列故事征集活动,引导职工爱岗爱企、诚实守信,为企业尽心尽力,在企业发

展中实现自己的人生价值。

2. 联手党委政府——让诚信项目更加高效。枣庄公司坚持经济发展、电力先行。主动对接地方政府，积极争取资金、争取项目，加快建设各级电网，为枣庄市经济发展提供了坚强电力支撑，赢得了政府的高度认可。主动服务新旧动能转换。统筹考虑新旧动能转换项目及重点园区负荷增长需求，精准建立 2019-2025 年电网规划项目库。1000 千伏山亭特高压工程作为山东－河北环网工程的重要组成部分，总投资 27 亿元，于 2019 年 12 月顺利投产。针对城市核心区负荷增长需求，投资 5.87 亿元，实施"2115"电网工程，投运 35 千伏及以上工程 12 项，线路 71.18 公里，变电容量 82.2 万千伏安。主动服务重点项目落地。密切跟踪枣庄市 143 项重点项目，建立领导帮包责任制，实行专属客户经理"一对一"服务，确保重点产业项目用好电。围绕正凯集团混纺纱项目，第一时间申报 35 千伏业扩配套项目包，外线投资 300 万元，帮助企业提前 6 个月送电投产。围绕墨子科创园项目，针对规划、掘路、绿化等电力外线工程行政审批手续，供电窗口实行"一窗受理""全程代办"，从客户申请到施工仅用 29 天。主动服务枣庄市脱贫攻坚。坚决落实扶贫攻坚重大政治任务，扎实推进贫困地区三年电网建设攻坚、扶贫项目电力服务保障等十大行动，获评"枣庄市脱贫攻坚先进单位"。持续加大贫困地区电网建设力度，累计投入资金 1.9 亿元，实现枣庄市 214 个省定贫困村电网改造全覆盖，新建、改造 10 千伏及以下线路 540 公里，新增配变容量 6.2 万千伏安，贫困村供电质量显著提升。主动服务美丽乡村建设。大力实施配网升级惠民工程，投资 4.4 亿元，完成 656 项单体工程建设，7 项工程获评山东电力样板工程，10 千伏线路互供率提升至 95%，城乡户均容量提升至 3.14 千伏安，供电可靠率位居山东省前列。

3. 联建民营企业——让诚信实践更加深入。枣庄公司认真落实"双招双引"和"一次办好"改革要求，积极践行诚信履责实践，用心用情为企业发展提供服务。一是大力实施"三省""三零"服务。推行 10 千伏及以上大中型企业客户省力、省时、省钱"三省"服务，开展小微企业客户零上门、零审批、零投资"三零"服务，高、低压报装电网环节平均时限同比压减 49%、43%，累计为 18 家大中型企业、155 家小微企业节省投资 6156 万元。联合枣庄市能源局等 8 部门印发《进一步优化提升简化获得电力专项行动的实施意见》，在山东省率先实现 9 项政务信息共享共用。推行办电资料电子化传递、收资和存档，实现客户办电业务"一次都不跑"。深化输配电价改革，严格落实"一般工商业平均电价再降 10%"要求，开展降价政策宣传 13 万户，累计降低客户用电成本 1.7 亿元。积极服务 289 户工商业客户参与市场化交易，市场化交易电量 59 亿千瓦时，降低客户用电成本 6348 万元。二是创新开展"鲁班在行动"。针对枣庄地区中小企业多、发展速度快等特点，主动与 121 家民营企业结对共建，实施菜单式"三全六送"服务，为民营企业主动提供安全用电、应急保障、节能服务、创新创效、用电培训、爱心帮扶等六大服务项目，通过点单、接单、送单、评单 4 步流程为客户提供上门服务，全力当好民营企业的"电保姆""店小二"。采取走出去、请进来等方式，每年召开 2~3 次座谈会或联谊活动，与民营企业交流管理方法、分享安全管理经验，互帮互学、共同提升，促进了企业和谐共赢。

4. 联系电力客户——让诚信服务更加暖心。枣庄公司始终牢记"人民电业为人民"企业宗旨，突出将心比心、以心换心，积极创新诚信服务举措，不断提升优质服务水平，用真诚服务赢得信赖、塑造形象。一是开展"三心笃行"活动。以"真心再走访、细心挖根源、用心抓落实"为主线，通过客户经理集中入户、低电压专项治理等系列举措，畅通服务客户"最后一公里"。累计发放服务联系卡 102 万张，安装二级保护器 8.2 万只，消除低电压台区 198 个。二是设立供电服务流动站。充分利用工作休息日,在相对密集的乡村、社区,以及报修数量较多、智能交费推广比例较低的台区设立供电服务流动站,主动开展智能交费与新型业务推广、安全用电宣传、客户诉求收集、用电隐患排查及处理等服务,缩短服务半径、提高服务效率。2020年共开展活动162次,解决客户合理诉求278件,处理客户用电故障500余次。三是深入实施抢修服务专业化管理。严格履行供电服务十项承诺,打破城乡服务界限,以45分钟抢修时限为标准,在枣庄市合理划分抢修服务半径,分区域设置65个抢修布点,推行一个报修、一张服务工单、一支队伍、一次到达现场、一次解决问题"五个一"标准化抢修,全面实现了农村地区"45分钟达到现场、5小时恢复供电"的城市标准。四是实施服务质量"全覆盖"管控。以解决客户投诉为切入点,开展优质服务"学讲评"夜校、"三型一化"营业厅岗位培训,全面规范窗口人员服务行为。实施"诚信践诺＋服务实践"管理,建立优质服务约束机制,实施内部"焦点访谈"、客户投诉"说清楚"制度,客户投诉同比下降41%,荣获山东省"服务名牌"称号。

5. **联心留守儿童——让诚信彩虹更加绚丽。**枣庄公司积极履行社会责任,深入实施"红石榴计划"公益项目,长期开展帮扶校园留守儿童社会公益活动,通过"榴芽"培育、"榴花"呵护、"榴香"传递,将彩虹温暖传递给整个社会。一是"榴芽"培育,搭起爱心桥梁。借喻"红石榴"红红火火、激情饱满、孕育希望的精神内涵,积极倡导并倾心关爱留守儿童,依托彩虹共产党员服务队,组建成立17支爱心小组,在枣庄市建成19个"留守儿童快乐成长活动站",实行"1+N"组队模式,即由1名队员带领N名党员和志愿者,定期开展"一对一""一对多"帮扶活动。主动邀请政府部门、妇联和其他企事业单位担任公司"红石榴计划"公益项目管理委员会委员,对活动进行监督指导,保障活动规范有序开展。二是"榴花"呵护,给予最好关爱。采取"一人一档",建立留守儿童健康成长档案,详细记录留守儿童的生日、"微心愿"、成长足迹。制作"彩虹连心卡",制订爱心帮扶计划,通过定期走访慰问,设立亲情电话,帮助留守儿童健康快乐成长。常态开展"彩虹连心·情暖万家"亲情活动,主动邀请留守儿童走进供电营业厅、变电站、工作场所,了解电力知识和企业发展情况,不断拓宽眼界,增加社会融入度。利用节假日上门开展学习辅导、亲情陪护,与留守儿童一起做游戏、过节日,与父母视频连线,弥补孩子的情感缺失。三是"榴香"传递,点燃奋进激情。在企业内部开展"爱心接力",建立"红石榴计划"志愿者梯队,每年组织青年职工、入党积极分子志愿报名,定期开展"以老带新"活动。在外部实施"责任传递",加强与相关部门的合作,通过"红石榴计划"故事讲述、"善小"道德实践宣讲,将活动经验推广到其他企事业单位中,与他们共同策划、共同实施,促进了活动更广泛、更系统、更有效地开展。目前,已累计资助帮扶贫困、留守儿童840多名,圆了316名孩子的大学梦。在"红石榴计划"的引领带动下,枣庄市其他社会团体累计筹建留守儿童活动站300余个,受助留守儿童达到2万余名。

6. **联动新闻媒体——让诚信品牌更加出彩。**枣庄公司始终把诚信品牌宣传作为重中之重,建立高效协同的推进机制,持续加大与新闻媒体的沟通交流,讲好诚信故事,传播正能量,提升公司品牌价值。一是构建诚信品牌传播机制。二是持续开展社会责任传播。三是常态开展"媒体进电力"活动,定期邀请新闻媒体走进供电所、营业厅、检修现场,体验供电方在推进重点项目建设、服务乡村振兴、支持清洁能源发展、助力脱贫攻坚战等方面所做的工作,展示在服务地方经济发展、服务电力客户中企业形象,增进媒体对供电工作的价值认同,不断提升企业影响力和美誉度。

三、诚信建设工作成效

一是诚信理念深入人心。"你用电、我用心""诚实守信、真诚服务""人人树诚信美德,人人做诚信员工"等理念在枣庄公司形成广泛共识，先后涌现出"中国好人"刘萍、"2019最美奋斗者"阚伟、"德耀中华人物"李明强、山东省"道德模范"邱丙霞等一大批先进典型，促进了诚信文化人格化承载、故事化诠释。二是履责实践成效显著。枣庄公司连续11年发布《服务经济社会发展白皮书》，连续9年实现春节期间"零停电"，用行动兑现了庄严承诺。"第一书记"扶贫工作连续5年获评枣庄市优秀，彩虹共产党员服务队先后被国家电网公司授予"'十佳'共产党员服务队""优秀共产党员服务队"称号，"同舟抗疫·亮旗保电"工作三获枣庄市委市政府肯定。三是品牌价值有力彰显。枣庄公司连续9年保持全国文明单位称号，所属7家单位全部通过山东省文明单位复审。连续5次荣获枣庄市行风评议"双第一"，连续6年蝉联"全国实施用户满意工程先进单位"。"红石榴计划"实践被中国社会科学院专题调研，被中宣部列为重大宣传典型，先后被多家中央媒体连续报道。

案例创造人：田鹏　曹凯　吕显斌

深化物资精益过程管控，助推供电企业服务诚信建设

国网陕西省电力公司汉中供电公司

一、企业简介

国网陕西省电力公司汉中供电公司（以下简称汉中公司）直供直管汉台、勉县、略阳 3 个县（区），趸售南郑、城固等 8 个县（区）；全口径用工 2005 人，党员 1035 人；固定资产原值 67.23 亿元。汉中公司所属 330 千伏变电站 5 座，主变容量 288 万千伏安，线路 30 条 1148.168 公里；110 千伏变电站 46 座，主变容量 288.45 万千伏安，线路 99 条 1934 公里；35 千伏变电站 14 座，主变容量 17.995 万千伏安，线路 31 条 434.8 公里。2019 年，累计完成固定资产投资 2.41 亿元；售电量 85.97 亿千瓦时。2019 年，深入开展企业信用体系建设工作，清理民营企业物资合同货款挂账 182 条，清付 58 家民营企业货款 594.56 万元，树立了良好企业形象。汉中公司先后获得全国"电力行业优秀企业""模范职工之家"和国家电网有限公司（以下简国网公司）"文明单位""先进集体"及国网陕西省电力公司（以下简称陕西电力）"先进单位"等荣誉称号，连续 11 年保持"全国文明单位"荣誉称号，连续 2 年获评为西北能监局"百日零投诉"优胜单位，连续 8 年获评为汉中市"支持地方经济建设优秀单位"，同业对标连续 9 年保持陕西电力第一梯队。

二、供电企业基于精益过程管控的物资管理背景

1. 落实"以人民为中心"的发展理念的需要。党的十九大报告中提出必须坚持"以人民为中心"的发展理念。这一核心理念已成为新时代一切工作的出发点和落脚点。作为国民经济中流砥柱的国有企业，如何在发展过程中既能壮大国家综合实力，又能更好地保障人民共同利益，是一直面临的课题。国网公司作为关系国家能源安全和国民经济命脉的国有重点骨干企业，一方面肩负着党和国家事业发展的重要责任和使命，一方面要推动公司高质量发展，确立了"建设具有中国特色国际领先能源互联网企业"的新时代战略目标，聚焦"供电服务能力和水平还不能满足人民日益增长的美好生活需要"这一矛盾和问题。国家电网事业是党和人民的事业，一切工作都是为党和人民服务。要坚持"人民电业为人民"的企业宗旨，把服务人民美好生活需要作为工作的出发点和落脚点，把为客户创造价值作为工作的重要着力点，努力提高为民服务的质量和水平，牢固树立以客户为中心的理念，加快构建现代服务体系。

2. 供电企业服务诚信建设的必然要求。汉中供电公司准确把握企业服务党和国家工作大局、服务地方经济社会发展的职责定位，用可靠的电力保障和一流的供电服务，以实际行动践行"人民电业为人

民"的企业宗旨，更好满足人民美好生活的用能需要。大力实施质量强网，按照适度超前原则，强化电网规划、设计、招标、建设、运维全过程质量管控。以加强城市新兴区域网架、提升互联互供能力为重点，建设坚强智能主网。按照"结构合理、适度超前、技术领先"原则，大力实施标准化建设，确保廊道、选址、建设一次到位。着力解决配网主干线路"T"接不合理、老旧设备占比高等问题，大力推进改造升级，协调建强城乡配网。认真贯彻落实陕西电力和汉中市委市政府营商环境各项安排部署，大力优化电力营商环境，依托供电服务指挥平台强化业扩全过程管控，持续推动公司由业务驱动向服务驱动转变。制订业扩配套项目实施细则及标准，进一步提升低压接入容量至160千伏安，完善物资供应保障体系，将业扩配套工程建设纳入供服平台管理流程，实行项目限时建设。着力打造"费用少、停电少"的客户服务体验，持续提升"获得电力"指标。电力客户对供电服务品质持续提升的需求，传导了市场终端客户对电力物资供应的多样化、精益化需求。传统的物资服务手段、物资工作流程越来越难以满足人民日益增长的美好生活用电的需要，势必影响供电企业服务诚信建设。

3. 建设现代供应链的内在要求。汉中公司在推进物资管理的实践中，依托物资标准化、信息化为支撑，实现了物资管理从边缘专业到核心业务的转变，开启了物资由传统管理向现代供应链管理模式转变的新阶段。立足于物资管理发展新阶段，管理实践中显现出一系列需要解决和改进的问题。从物资部门来看，工作中存在需求计划提报不精准，物资应急保障不完善、废旧物资处置不及时等问题不同程度存在，反映出业务管理模式粗放、业务协同能力不足的问题，没有实现信息整合和数据共享，客观上存在专业单打独斗的管理现状，无法将专业局部最优转变为整体最优，工作被动，成为制约物资管理提质增效的短板和羁绊。从项目部门来看，工作中存在物资管理制度不熟悉、物资业务要求变化快、物资供应不能做到"按需供应"、物资服务支撑不完善的问题和不足，反映出横向协同不够、信息共享不通畅、沟通手段不足等深层次矛盾。

三、供电企业基于精益过程管控的物资管理内涵和主要做法

汉中公司应用精益管理思想，在推进物资管理提质增效的实践中提出了"价值导向，减少低效，持续改善"的物资精益过程管控思路。精准定位物资管理的价值导向，刀刃向内，主动求变，推行以"价值导向，减少低效，持续改善"为主导的物资精益化过程管控变革创新。深化管理思维转变，学习吸收精益管理理论，用价值维度来分析物资管理中存在的实际问题，突破固有思维模式，打破专业和业务壁垒，重新认识和思考问题，释放生产要素活力，创新创造价值。坚持价值导向，坚持以服务电网和企业发展需要为价值准则，电网和企业发展需要什么，物资就做什么。把物资管理提升放置于电网和企业发展的大局中来考虑，在服务电网和企业发展的实践中实现管理提升。应用"价值导向，减少低效，持续改善"精益化过程管控工具，检视排查问题，把问题作为改善点，建立问题导向整改提升机制，剖析过程管控中存在的低效率、低价值的劳动和管理行为，采取改进提升措施减少低效能的劳动和管理行为，持续改善，不断提升物资精益化过程管控质效。

1. 精准定位，树立"人民电业为人民"的物资管理价值导向。国网汉中供电公司着眼于供电企业的根本宗旨，树立"人民电业为人民"的物资管理价值导向，找准物资管理工作是为电网发展和安全运行提供物资供应保障的价值定位，把"服务电网发展和安全运行需要"作为物资管理的价值准则。精准定位物资管理的价值导向，为刀刃向内、主动求变、认识和解决物资管理深层次问题提供了观察分析工具。精准定位物资管理的价值导向，为纵深推进物资管理、全面提升物资管理效率效益指明了前进方向，为推进物资精益化过程管控变革创新提供了根本遵循，为评价物资精益化过程管控变革创新成效提供了判断标准。

2. 精要诠释，明确以"价值导向，减少低效，持续改善"为主导的物资精益化过程管控的定义做法。汉中公司在推进电网、企业高质量发展中，对标供电企业先进单位管理和专业水平，奋力追赶超越。通过对物资管理的深入调研，提出了推进物资规范化、精益化管理的工作思路。从物资管理实际出发，对精益管理理论进行学习吸收，形成了自己的认识，对"价值导向，减少低效，持续改善"进行了注解定义。"价值导向"是从价值从客户端定义的精益思想引申出来，要义是物资管理要站在全局的高度，站在服务电网和企业发展的高度看事情、想问题。"减少低效"源自精益生产管理理论中的"消除浪费"。浪费本意指的是生产现场存在的不能为客户创造价值的活动，包括等待浪费、搬运浪费、不良浪费、动作浪费、加工浪费、库存浪费、制造过多（过早）浪费、管理浪费。结合物资管理实际，对"消除浪费"进行狭义的引申定义，在物资管理范畴内，浪费定义为管理浪费，包括基础管理不牢、思想观念僵化、职责不明确、制度执行不规范、信息不互通、沟通协调不利、管控措施不到位、工作效率效益低下等不能创造价值的活动。在物资精益化过程管控的范畴内，对"消除浪费"的定义内涵进一步缩小化、具体化，定义为：减少低效，是指减少过程管控中出现的一切低效率、低价值的劳动和管理。"持续改善"是指在精益管理思想指导下，对物资管理的各项业务、各个层面、各个环节出现的问题进行归纳汇总，逐项运用"价值导向、减少低效"的思维模式进行重新思考、重新认识。把问题作为改善点，建立问题导向整改提升机制，进行持续改善，精益求精。

3. 精耕细作，推行以"价值导向，减少低效，持续改善"为主导的物资精益化过程管控，主要从以下9个方面开展工作。①加强物资基础管理。②加强信息互联互通。③加强物资计划前置管理。④加强物资供应过程管控。⑤推进积压物资利库。⑥推进库存应急物资一本账管理。⑦加强废旧物资全流程管控。⑧建立问题导向整改提升机制。⑨持续提升服务品质。

四、供电企业基于精益过程管控的物资管理效果

1. 供电企业服务诚信能力增强。一是物资工作有效融入汉中公司服务诚信建设体系。牢固树立"人民电业为人民"的物资管理价值导向，坚持以服务电网和企业发展需要为价值准则，物资服务意识全面强化，坚持"首问负责制""内转外不转"，持续优化物资工作流程，主动延伸物资服务"手臂"，加快由业务驱动向服务驱动转变。"人民电业为人民"的物资管理价值导向把物资工作融入了电网、企业发展的"初心"，融入了公司服务诚信建设体系。二是电网建设物资保障能力持续提升。按照电网建设里程碑计划及实施进度，强化项目跟踪负责制，督促供应商按期交货，实时掌握物资供应节点信息，加强物资计划供应联动，超前预判供货风险，精准执行供应计划，构建"超前介入、主动对接、全程管控"的重点工程物资供应模式，2019年电网建设供应物资1.55亿元，"三供一业"改造项目供应物资2190.16万元，供应计划执行率100%，为建设坚强电网及履行"为美好生活充电，为美丽中国赋能"的企业使命和更高质量地满足汉中市人民群众和地方经济日益增长的用电需求做出积极贡献。三是电网应急抢险物资响应能力持续提升。分类储备应急物资，推进库存应急物资一本账管理。建立三级应急物资供应保障机制，推进应急物资保障网络覆盖到班组。编制发布应急物资保障工作手册，完善生产部门、物资部门应急物资保障协同工作机制，确保应急物资保障供应忙而不乱、高效有序。在重大活动及抢险等工作中启动物资应急保障预案，统筹调配应急物资资源，为电网应急抢险，迅速恢复可靠供电，践行"你用电，我用心"的服务承诺提供了坚强的物资保障。

2. 现代供应链管理效益增强。汉中公司推行"价值导向，减少低效，持续改善"为主导的物资精益化过程管控，缩小管理颗粒度，把"价值导向，减少低效，持续改善"理念贯穿到物资业务全领域全过程。加强物资计划前置管理，主动了解项目前期及工程进度，跟进项目需求及供应时序，提出计划申报

专业性建议，引导项目单位规范准确按时提报需求计划。加强项目部门信息沟通，统筹衔接项目综合计划、投资计划、工程里程碑计划、采购计划和供应计划。2019年申报工程、服务类采购计划233条，金额0.91亿元；申报工程物资类采购计划450条，金额0.38亿元；申报配网协议库存物资计划1201条，金额1.07亿元；清理库存积压物资902条，项目部门利库627条，积压物资利库率69.51%。提高物资通用性，大力开展配网实物储备、供应商寄售业务，既方便生产运行和维护，又提高常态项目物资和应急物资的供应效率。持续优化物资工作流程，固化节点管控表单，减少低效管理活动，不断提高物资工作规范化、信息化和精益化管理水平，有效防控物资管理风险，全面提升物资工作效率效益。

3. 物资专业高质量发展能力增强。一是供应链自适应和学习能力增强。践行"人民电业为人民"企业宗旨，推进电网高质量发展，更好满足人民美好生活的用电需要，对物资供应的需求日益多样化。这就决定了整个供应链必须实现灵活高效运作，必须大幅提升伺服响应能力。汉中公司推行"价值导向，减少低效，持续改善"为主导的物资精益化过程管控，牢固树立"人民电业为人民"的物资管理价值导向，主动适应电网高质量发展形势，主动适应人民美好生活的用电需要，主动学习吸收精益管理理论，突破固有思维模式，推进管理变革实践。坚持把为电网和企业发展服务的价值准则作为推进物资精益化过程管控变革创新的根本遵循和评价标准，刀刃向内，自我革命，提高了供应链自适应和学习能力。二是协同发展能力增强。推行"价值导向，减少低效，持续改善"为主导的物资精益化过程管控，打破专业和业务壁垒，用价值维度来分析物资管理中存在的实际问题，重新认识和思考物资管理中存在的问题，转变思维观念，释放生产要素活力，深化了物资专业领域内的纵向推进和横向协同，实现了业务更高效、服务更精细、保障更顺畅的目标，实现了跨专业跨部门协同配合持续改进提升的要求，形成了快速响应和精准服务的协同物资工作机制。三是可持续发展能力增强。推行"价值导向，减少低效，持续改善"为主导的物资精益化过程管控，转变了物资管理专业人员的思想观念，应用物资精益化过程管控工具破解思想认识束缚、专业部门壁垒、职责条块分割、固有机制羁绊，凝聚了创新创效共识，激发了创新创效热情。

案例创造人：朱小勇

以社会信用体系建设为抓手规范企业内外部经营

国网陕西省电力公司西安供电公司

一、企业简介

国网陕西省电力公司西安供电公司（以下简称西安公司）担负着西安市 11 区 2 县的电网建设运营及供电服务工作，供电区域面积 10108 平方公里。作为具有基础性、公益性、服务性特点的电网企业，近年来，西安公司在国家电网有限公司（以下简称国网公司）和国网陕西省电力公司（以下简称陕西电力）的正确指导下，紧紧围绕西安市委市政府工作大局，以服务经济社会发展为己任，强化电网设备运行与维护，确保西安市安全可靠供电；加快电网建设改造步伐，电网投资稳步增长；大力提升优质服务水平，树立公司良好形象。先后获得"全国五一劳动奖状""全国文明单位""国网公司先进集体""陕西省先进集体""西安市先进集体"等荣誉称号。连续 13 年名列西安市行风测评公共服务行业第一名。

随着市场经济深入推进和以信用为基础开展监管的要求，与许多电网企业一样，西安公司面临信用体系建设工作刚刚起步、部分员工对信用体系建设的认识不够深刻、同类失信事件时有发生、监督考核方面还需进一步加强，以及公司需要以信用为抓手，通过事前预警、事中监督、事后整改考核的全过程监管手段规范公司经营管理、筑牢经营风险防线等急需解决的问题。2018 年 7 月，西安公司按照国网公司及陕西电力的统一部署及相关要求，启动了信用体系建设工作，建立了"123"信用举措。经过两年的探索实践，不但有效降低了公司范围内的各类失信事件的发生、规范了公司经营管理，更应用信用建设成果开展对上下游企业的信用监管工作，杜绝黑名单企业进入公司生产经营环节的现象发生，维护了企业自身利益，探索出了一条以信用体系建设为抓手的贯穿事前、事中、事后的企业管理新思路。

二、实施背景

1. 应对社会信用监管和电力体制改革的必然选择。一方面，党的十九大报告明确提出，要"推进诚信建设"。另一方面，国家发展改革委、国家能源局在电力市场建设和售电侧改革等配套文件中提出了信用体系建设的具体要求，信用体系建设成为事前、事中、事后监管的重要内容和有效手段。

2. 打造世界一流能源互联网企业的必备条件。面对激烈的市场竞争，面对国际社会及国内市场对企业诚信的要求，各类组织把诚信服务的战略管理摆到了重要的地位。西安公司自 2018 年全面开展失信联合惩戒工作，积极构建常态化的信用管理体系，以诚信电力倒逼经营管理规范，用联合惩戒约束电力产业链，形成"一处失信、处处受限"信用惩戒格局，助力公司实现一流能源互联网企业建设。

3. 提升西安公司依法治企能力水平的必经之路。一方面，虽然西安公司依法治企能力不断增强，但由于信用体系建设工作刚刚起步，部分员工对信用体系建设的认识还不够深刻，同类失信事件还时有发生，监督考核方面还需进一步加强；另一方面，随着外部经营形势复杂，风险挑战激增，西安公司需要以信用为抓手，通过事前预警、事中监督、事后整改考核的全过程监管手段，规范公司经营管理，筑牢经营风险防线，切实解决不合规经营同类问题屡纠屡犯、公司上下游关联市场主体失信未"过滤"等问题。综上，西安公司倡导和增强诚实守信、合法经营的意识，探索构建一套信用管理体系，为提升公司依法治企水平、促进公司持续健康发展奠定基础。

三、内涵和做法

按照国网公司及陕西电力的统一部署及相关要求，西安公司于2018年7月启动了信用体系建设工作。两年多以来，在公司领导班子高度重视和部署推动下，按照立足当前、着眼长远、循序渐进的工作思路，围绕制度、监管和宣传"三位一体"的工作逻辑，公司社会信用体系建设蹄疾步稳、扎实推进。

1. 加强顶层设计，全面部署社会信用体系建设。一是完善信用工作统筹协调机制。2018年，西安公司按照国网公司及陕西电力的统一部署及相关要求，建立了由互联网办公室归口管理，覆盖各部门、单位及集体企业的公司信用体系工作联络机制，落实分管领导和联络专责，保证信用工作落到实处，形成公司各层级联合应对和化解信用风险的工作机制。二是落实公司各部门主体责任。按照"谁产生，谁负责"和"谁审批、谁监管"的原则，梳理了公司各职能部门与政府相关部门的一一对应关系，明晰了公司信用职能管理对口部门。要求各部门负责做好本部门业务范围内相关法律法规和政策的宣贯培训；在生产经营活动中，严格遵守国家相关法律法规和公司各项规定要求，预防和杜绝各类失信行为的发生，降低失信风险；对发现的失信事件，落实责任，以最快速度修复失信行为。

2. 坚持制度先行，全力保障社会信用体系建设。为确保各项信用工作有章可循、有规可依，西安公司根据等国家层面的相关信用文件和行业相关信用体系建设工作要求，结合各类失信事件，从职责分工、失信风险预防、自查自纠及考核等方面制订并下发《国网西安供电公司信用体系建设实施细则》。该细则的下发为西安公司有序开展信用工作提供了制度保障。建立了风险防范、信用修复和联合惩戒工作机制，提高了全员守信意识和依法依规办事意识，有效降低失信风险，保证公司持续健康稳定发展。

3. 贯穿过程监管，全面实践社会信用体系建设要求。①事前预警机制：梳理信用隐患，规范日常工作；加强年报报送，定期更新停用名单。②事中监管机制：应用平台"自查+抽查"；开展失信信息监测管控；深入开展信用状况排查工作。③加强事后信用整改：失信事件成因分析；开展失信事实整改工作；严格过程督办；加强失信联合惩戒；积极推动停用单位的注销工作。

4. 实施联合惩戒，运用信用体系保护公司利益。①建立外部惩戒清单，规避信用风险：严格物资全过程管控；严格分包队伍的全过程管控；严格外包业务的过程管控。②探索对外联合惩戒，加强对失信客户的监管。对用电客户的联合惩戒中，陕西电力与人民银行签订了相关协议，西安公司作为陕西电力的下属单位，可通过陕西电力将违约用电、窃电客户的信息推送至金融征信平台，直至失信客户完成失信行为整改，从失信客户惩戒清单上移除，从而减少因外部客户失信产生的经济损失。

5. 加大信用宣贯，营造浓厚的社会信用体系建设氛围。①完善信用教育，分层分类培训。一是对外加强与政府相关部门的沟通，学习了解电力建设、供电等方面政策法规和信用情况；二是对内与上级公司常沟通、勤汇报，明确信用工作要求。针对不同群体，分层分类开展信用培训：公司领导层主要从信用体系建设重要性和紧迫性、我国和能源行业信用体系建设发展情况等方面进行培训；各部门、单位信用联络人主要开展信用管理知识、上级公司文件精神及工作要求等方面的培训；三是要求各单位自行组织开展信用相关培训，做到"人人知信用、人人懂信用、人人用信用"。②加强信用文化，多措并举宣传。一是西安公司领导高度重视，带头学懂吃透信用建设，在公司安全大讲堂中对信用政策等内容进行授课；二是围绕国家及能源行业和国网公司等发布的政策法规，整理印发信用体系建设宣传手册；三是通过滚动播放信用宣传片、信用宣传展板等多种途径，对信用政策法规和陕西电力工作方向及安排和典型案例进行宣传；四是大力组织全员应用门户网站、手机终端等方式，积极参与"信用电力"知识竞赛答题、典型案例投稿活动，以赛代训，推广普及、宣贯信用知识。③编制宣贯手册，广泛宣传信用。针对信用体系建设工作中出现的常见问题，西安公司收集国家及行业出台的行政法规，同时分类汇总已发生失信事件，结合工作实际，对不缴或少缴应纳税款、未按期限公示年度报告等引起的失信事件，围绕失信修复、失信风险预警等重点工作梳理存在的失信风险点，并且针对此类问题提出应对措施，汇编形成包括失信行为联合惩戒措施、失信行为的认定标准、信用修复、失信行为常见案例学习等内容的信用体系建设宣贯手册，方便各级员工学习，做到信用知识的入脑、入心。④编制查询手册，指导开展工作。鉴于西安公司信用体系建设工作刚刚起步，各相关信用工作联络员对信用查询、企业年报上报等工作流程还不熟悉，信用归口部门编制一系列查询手册，指导各级员工开展工作。一是汇总"信用中国""企业信用信息公示系统"等信用公示网站的信息，编制失信信息查询手册并配以相关网站截图，方便各级人员查询；二是针对企业年报上报工作，从年报上报入口、需要准备的材料和企业年报上报流程等内容编制企业年报上报流程指南，指导相关人员上报企业年报。

四、实施效果

1. 探索构建了一套市级电网信用管理模式。西安公司从加强组织领导、加强信用宣传培训、加强信用全过程管控、加强信用总结应用"四个加强"。务实推进"123"举措落地，即制订了一套适合于西安公司信用工作开展的管理制度（《国网西安供电公司信用体系建设实施细则》），编制了信用"两手册（信用宣贯手册、信用查询手册）"，健全了西安公司信用管理"三机制（事前预警机制、事中督办机制、事后整改机制）"。2019年，西安公司共排查发现2起失信事件，较未推进"123"举措之前下降80%；注销国网陕西省电力公司西安城区供电分公司、西安供电局城南供电分局等9家曾用名单位，避免因机构变更、未及时报送企业年报等原因引起的失信行为。"123"举措的落地，加强了西安公司的信用内部治理，筑牢了信用底线，形成了"守信获益、失信受罚"的信用格局。

2. 促进了西安公司依法经营和营商环境优化。西安公司严格按照国家法律法规与行业标准要求，加强企业纳税信用等级管理，主动提前部署，按照时间节提醒相关部门、各直属单位及时缴纳应缴税款，按期限公示年度报告，对建设施工、供电服务等现场作业易错点查漏补缺，促进公司诚信经营、依法管理。针对外部失信，明确有关监管部门对上下游相关企业在经济合作中失信行为的认定标准和流程，助推失信联合惩戒，营造优质供用电环境，共守"诚信约定"。

案例创造人：钟晓军　贺家琛

供电企业基于大数据的电力大客户信用评估体系的探索与构建

国网陕西省电力公司咸阳供电公司

一、企业简介

国网陕西省电力公司咸阳供电公司（以下简称咸阳公司）是国网陕西省电力公司（以下简称陕西电力）直属的国家大型一类供电企业，负责咸阳市、杨凌农业高新技术产业示范区的电力规划、电网建设、电力营销和用电服务等工作，以建设运营电网为核心业务，下辖兴平市供电分公司、杨凌供电公司、高新区供电公司，对彬州、泾阳、三原等10个市县实行趸售供电。截至2019年，咸阳公司在咸阳市公共服务行业社会行风评议中连续11年位居第一，先后荣获"全国五一劳动奖状""全国文明单位""全国模范职工之家""全国电力行业优秀企业""全国电力行业用户满意企业""国家电网公司先进集体""全国实施卓越绩效模式先进企业"等称号。

二、实施背景

目前，国内征信体系建设正在逐步完善，通过在金融、移动运营、医疗、电子商务等行业的构建与实施，已填补了公民、企业征信记录的空白。但是，电力行业征信体系的建设仍然相对落后，对电力大数据的采集分析未得到充分的挖掘。利用大客户交费信息、大客户运营能力、行业政策动态等多样化信息开展数据挖掘，实施动态化的大客户信用评估与评级，可实现在电力领域的一次有益探索，同时也能够为国内征信领域的进一步完善提供强有力的支撑。

国家电网公司正在大力推进智能电网和全球能源互联网建设，对电网及电网企业的信息化水平提出了更高的要求，尤其是对于数据资产的深入挖掘利用、研究分析，有着迫切的需求。因此，探索与构建大客户信用评估与监测分析，实现源端与大客户用电业务融合、后端大数据分析，成为必然选择。随着社会与经济不断发展进步，大客户用电水平稳步提升，对地市供电企业的整体经营效益影响较大，科学合理的构建大客户信用评价模型，通过对大客户所属的行业、合同容量、交费行为及外部的政策数据特征等相关维度去构建大客户信用评价分析模型及分析成果（分数、等级），可以为电力公司规避大客户电费回收风险、降低公司损失，也可以制订差异化的服务和营销策略、提升客户满意度。

三、内涵与主要做法

基于大数据的电力大客户信用评估体系的探索与构建，是综合利用了供电企业积累的大量客户基本信息、用电及交费信息数据及外部社会、经济、气象等数据，结合先进的大数据挖掘技术手段，通过对终端大客户进行信用评级，构建客户信用评价体系，对电力大客户进行信用评价分析，以指导针对不同信用等级的大客户制订差异化营销服务策略，提高客户满意度、减少拖欠电费、违约用电现象；同时，提高企业的营销管理水平、完善电力市场秩序、优化电费回收环境及为客户提供优质可靠的服务，在供电企业大客户管理中具有重要的现实意义。

1. 信用评估体系模型构建。电力大客户具有数量相对少、用购电量大、区域分布及产业分布鲜明等特点。该类客户是供电企业的重要客户，其交费及时性和拖欠费情况会对供电企业的经营带来较大影响和风险。针对该类客户进行信用等级综合评价，有利于制订相应的营销和服务策略，也有利于供电企业电费和其他应收账款的及时回收、规避经营风险、提高经济效益。信用评级是根据对月均电费金额不同级别的用电客户，充分分析用电客户电费历史缴纳行为、经营现状、经营者情况、所属行业现行经济状况等综合情况进行评估，从多个维度建立科学的用电客户信用评价指标体系和信用评估模块，对用电客户的信用状况进行量化分析和科学评价，将客户划分不同等级。结合业务的关注情况，选取欠费次数、欠费金额、欠费时长、滞后次数、滞后金额、滞后时长、交费金额、交费次数、预交占比等指标，构建企业信用评价的分析模型。通过选取能够客观反映客户信用状况的参数，构建科学的客户信用评价体系，及时、正确反映客户信用状况的动态变化情况。针对各信用等级用户，采取不同的营销措施与服务策略，从而达到规避经营风险，及时回笼电费的目的，建立供电企业与电力客户之间可持续发展的良好供需关系。首先，依据指标信息熵对用电客户的付费能力及其意愿进行客观的综合评价；其次，应用熵权法构建行业信用评价模型、合同容量信用评价模型；最后，将上述两个维度的信用模型权重进行加权平均，结合客户在各指标的得分以及人工调整因子，得到信用评价综合模型。

2. 信用大数据分析。经过与国内外先进大数据技术的比对，可参考使用的大数据分析技术有如下两类。一是大客户海量数据集成技术。在分布式大数据环境下通过大数据数据处理技术，通过 HIVE 数据仓库作为大数据海量数据存储的分布式数据库，在 HIVE 分布式数据仓库下实现大客户数据的 SQL 解析、执行、调度，以及结果集处理。对于 SQL 请求，根据不同规则分发到不同节点进行并行处理，同时对结果集进行分布式本地处理，在集中合并，然后返回给客户端。二是大数据算法分析技术。通过集成后存储在 HIVE 数据仓库中的数据使用相关大数据算法，完成针对大客户信用评价分析，算法模型以理论数据为依据，依托企业业务实现客户数据的深层次挖掘分析，如例用大数据挖掘算法——熵值法完成给大客户信用情况的打分并按照打分情况给客户评价，不仅提升了大客户管理水平，还降低了电费回收的风险。具体到评价模型的算法选取上，可用熵值法进行模型创建。通过计算不同行业、不同合同容量的各指标权重，结合客户在各指标的得分情况，最终得出客户信用评价综合模型。熵值法是一种客观赋权的方法，它的思想是通过计算指标的信息熵，根据指标的相对变化程度对系统整体的影响来决定指标的权重，相对变化程度大的指标具有较大的权重。此方法现广泛应用在统计学等各个领域，具有较强的研究价值。熵值法首先是计算样本的各指标得分并利用各指标的信息效用值确定指标的权重，然后求加权和得到综合得分。

3. 信用标准划分。客户交费信誉等级按评估最终得分划分为 4 个等级：A、B、C、D，级别越低，表明被评价客户的企业运行状况、交费状况越差，电费回收面临的风险越大。

四、信用评估体系的应用

信用评级的结果最重要的用途是进行电费风险防范，实现对各信誉等级的客户的差别化营销和电费风险管理。根据评级结果，对不同客户群制订相应的应对措施，有效规避欠费风险；同时，通过这些信用数据量化分析，制订相应规章制度，搭建起电力企业客户信用评价管理体系，实现信用精细化管理的能控和可控。可以对信用评级较好的客户提供一次增值延伸服务，而对信用评级较差的客户可以制订相应防范措施，有效规避和转移风险。A级客户每年提供一次增值延伸服务，定期举办客户座谈、互访交流活动，营造出供用电双方和谐共赢的良好局面，促进其他等级客户的提升。B级客户由于其电费缴纳暂时不存在风险发生，但易受市场及政策的影响，因此应安排催费员随时关注企业生产经营状况和有关信息，并严格执行购电制。C级客户由于发生过交费不良记录，企业发展不明朗，应对这些客户制订"一户一策"，按用电分类、用电负荷及电费上缴情况的不同制订相应防范措施，采取预交电费、装设预付费装置、分次抄表结算等手段，有效规避和转移风险，严格按照规定收取违约金，严肃这类客户的电费交纳秩序。D级客户由于付费能力差，企业生产不稳定，电费风险大，应及时制订"一户一策"，形成分析报告并汇报主管领导，组织协调相关部门启动预警机制。对D类客户应缩短抄表周期，签订缴纳电费承诺书，缩短电费回收周期，安装"预付费电能表"确保先付费后用电。对经营不景气及政策边缘客户推行电费担保制度，同时积极收集、保存、整理好充分的证据，保留随时利用法律手段催收电费、维护企业利益的权利。

咸阳公司针对电力行业征信体系建设发展的薄弱点，借鉴国内外先进企业以大数据监测分析为手段的信用评估方法，针对供电企业大客户开展信用评估与服务策略研究。新的评估体系建成后，可根据供电企业大客户的信用评级及打分情况制订营销差异化服务策略，有效保障供电企业的自身利益和可持续发展。

案例创造人：王斐　李小卫

以供电质量促服务提升

国网陕西省电力公司洛川县供电分公司

一、企业简介

国网陕西省电力公司洛川县供电分公司（以下简称洛川公司）成立于1975年，下设职能部门6个、业务实施机构3个、主业班组6个、供电营业所9个。辖区内有110千伏变电站2座；35千伏变电站6座，35千伏输电线路14条，总长168.69公里；10千伏开闭所1座，10千伏配电线路35条，总长1089.65公里；0.4千伏线路887.84公里，配电变压器1771台，总容量348.94兆伏安。固定资产3.11亿元，承担着洛川县8.3万余户的供电服务工作，2020年售电量2.38亿千瓦时，创历史新高。

多年来，洛川公司在上级公司的正确领导下，在洛川县委县政府的关心支持下，先后被授予"全国农网建设改造先进县""省级文明标兵单位""新农村电气化县先进单位""国网公司县级供电企业同业对标供电服务标杆单位"以及国网陕西省电力公司（以下简称陕西电力）"标准化、精益化县供电企业"、国网陕西省电力公司延安供电公司（以下简称延安公司）"双文明单位"，洛川公司党委连续多年获陕西电力、延安公司"电网先锋党支部""洛川县十大优秀基层党组织"等殊荣，政风行风测评连续多年获洛川县公共服务行业测评第一名。

陕西省延安市洛川县被认定为世界最佳苹果优生区，是全国唯一整县通过认证的绿色食品原料生产基地。洛川县总耕地面积64万亩，苹果种植面积53万亩，苹果总产量达95万吨，综合产值突破百亿元。"小苹果"做成了"大产业"，成为政府主导、产业发展、经济支撑的支柱体。目前，入驻洛川县的企业40家、农民合作社18家、小微企业140余家，以农民专业合作社为营销主体，建成了世界上单点规模最大的13万吨保鲜贮藏库群，形成以鲜果交易、贮藏保鲜为一体的仓储交易中心。近年来，仅贮藏环节平均每斤增值0.5元，每年为果农增加收入1.2亿元以上。产业要发展，电力需先行。作为服务洛川县23万果乡群众、8.1万户的供电企业，洛川公司始终胸怀已任，践行初心使命，攻坚克难补齐电网短板，精准施策抓实定点帮扶，让客户体验智能服务优势，不断为决战脱贫攻坚及经济发展提供强大电力"引擎"。

二、以服务为己任，精准施策满足需求

"十三五"是我国全面建成小康社会的决胜期，随着洛川县经济社会的快速发展，电商平台已成为洛川县苹果销售的主渠道，客户已不满足"不停电"的基本用电需求，而是对供电的"可靠性"、检修计划的"合理性"、故障恢复的"及时性"、便捷服务的"个性化"提出了更高的要求，"能否减少停电次数，能否为客户提供定制服务，能否让客户感知服务质效，能否让客户感知企业诚信度"是摆在洛

川公司面前的重大课题和努力方向。为不断提升和改进供电服务水平，强化服务意识，提升客户满意度，在电网规划和建设过程中需统筹考虑电网改造、新增布点、市政迁改、电源联络等停电工作给客户造成的影响，进而创新引入了基于业务流程的角色设计，通过用角色对应各业务流程节点，形成角色职责，再将若干的角色融入各岗位，推行工作过程"一卡通"，杜绝因标准多样、流程繁杂、执行不一造成服务过程中的"推诿扯皮"现象。为践行"人民电业为人民"的服务宗旨，本着"不停电就是最好的服务"工作目标，将停电模式由原来的"昼停夜送"优化为"带电作业""一停多用""综合检修"的管理模式。形成"一放管、两促进、三到位、五确保"的工作体系，有效降低因停电给客户带至的诸多不便，从客户的角度深入思考，从客户需求考量服务，从客户关注的热点问题入手，从改进和优化工作方法来探索新形势下的电力服务工作，为洛川县域经济发展提供可持续的电力保障和优质服务。

三、以客户为中心，提升感知能力

洛川公司在推行由"单一"服务向"全局"模式转变的基础上，将常态化工作与"大服务"相融合，坚持问题导向、客户导向和创新导向，发挥多专业联动良好供电服务氛围；坚持以规范化、智能化、精益化为主线，发挥经验型向创新型的思维转变；以"跨专业融会贯通、智能化在线监测、精准化主动服务、多维度价值挖掘、个性化定制服务"为着力点，提升各级人员的服务水平和管理效能。解决服务手段单一、信息获取方式单一、线上流程繁杂、线下管理不规范、服务效率低下等问题，让客户亲身感受到电力抢修高效和智能服务带来的便捷和高效，由此形成"一体作战、全流程应用"的服务体验，实现信息资源共享和现场的实时交互。

1. 推行停电作业"一放管"。洛川公司本着服务客户、服务供电负荷接入、服务地方政府的原则，对于涉及业扩新增、市政民生工程等停电申请，适度放管纳入到周计划范畴，实施"及时受理、一线审批、即时接入"，为客户开通"绿色服务通道"，让客户即时体验到电力的便捷快速入网服务。

2. 实现保电过程"两促进"。促进过程管控"零失误"、促进响应速度"零时差"。针对重大活动类（文艺演出及苹果博览会）、考试类（高考、中考、等级水平）、扶贫类、防疫类、日常会议类（上级指定及各类研讨）等方面的保电服务。一是编制预案传至资源数据库进行统一编号，编号采用"年度+日期+类别首字母"，若保电类别"首字母"发生冲突，采用"关键字"的首字母。二是针对同一天、同类别、多个点的保电任务，按照"时间顺序+序号"提供记录查询。三是建立保电档案库，即时启动"一任务、一档案""一类别、一台账""一方案、一流程"进行归类管理。四是组织各相关部门、班所提前5天进行现场勘查，将保电部位精准到线路、台区、重要客户分布，将安全管控、流程优化、突发事件措施、人员分工、备用电源布置、保电走径及注意事项编制到保电手册内，为保电人员提供人手一册的保电手册，通过建立保电资源数据库及档案库以便各专业、各部门、各班所随时进行查阅、借鉴，以多措并举的工作方法确保每一项保电工作万无一失。新冠肺炎疫情期间，为洛川县域内企业客户、居民客户推出用电核算折扣机制，为防疫指挥中心及县医院提供上门保供电服务，上门走访企业复工复产情况、了解客户用电需求。洛川公司为洛川县重大活动场所提供保电服务，2020年共计参与重大保电服务10余次。

3. 实现客户需求"三到位"。洛川公司为切实践行"人民电业为人民"的服务宗旨，在服务客户中推行"服务到位、措施到位、预案到位"，提升客户的感知能力、互动水平、服务效率，按照"一小区一模式""一小区一预案"的原则，破解老旧小区移交过程中出现的瓶颈，将"间接式"转变为"直面式"，为客户提供"全天候、全方位、一站式"的新服务理念，以"电保姆""店小二"式个性定制服务打通了电力与居民客户的"最后一公里",彻底解决因合表用电造成的电价偏高居民有电用不起、安全隐患多等热点和难点问题,让老旧小区享受到"高效、便捷、优质、专业"的用电服务。在此基础上,成立"党员突击队""青年员工驻点服务队",将服务延伸到各老旧住宅小区客户群,这一举措不仅减少了中间供电环节,真正实现了"始于客户需求、终于客户满意"的服务目标。

4. 以制度建设引领"五确保"。洛川公司为保障组织机构科学合理、健全公司组织机构,按照"五级管理职责"(公司主要领导、分管领导、部门负责人、班所长、员工)管理层级,相继出台《国网洛川县供电公司优质服务管理制度》《国网洛川县供电公司关于强化整治漠视侵害群众利益问题工作要求》《国网洛川县供电公司故障异常停电及台区停电管控工作要求》等管理规范,为标准化管理、制度化作业、智能化服务提供了坚强的理论和制度保障。

5. 实现客户"智能感知"。通过对服务类别数据相关特征化处理,采用"大数据",建立清晰的业务流程,以往年基础数据分析维度和层次,将从客户区域、预案拟定、客户需求、现场环境构建大数据分析模型,一方面从时间维度纵向贯通分析历年来客户在用电方面存在问题、关注难点等因素,运用大数据分析、数据统计法实现科学量化、有序优化的流程;一方面实现固化"关键字"检索应用动态更新,根据客户居住区域、客户用电性质,实时更新分类标准,提高标准化管理的科学性与实用性,然后根据不同的类型进行细分,配置针对性的策略,数字化、动态地为客户的个性服务进行画像。

四、诚信践服务,质效促提升

1. 管理指标。计划停电总量显著下降,同比 2019 年停电总次数减少 28 次,下降 15.38%。因频繁停电引起的客户投诉量下降 53.85%,线路跳闸总数下降 28.06%,异常总数下降 19.15%。停电计划执行率提升,2020 年计划检修完成 100%,同比增长 3.32%,指标处于 A 段。电压合格率提升,C、D 类供电电压合格率保持在陕西省 A 段。

2. 管理效益。依托运营监测系统,将客户首次报装留存联系方式通过"逐区域、逐号码、逐客户"进行系统核查,确保停电短信精准发送。分时段持续提升供电可靠性。在技术创新方面改进配网故障抢修管理工作方法,对故障抢修工单进行分析研判,将故障类型、故障原因、故障高发期、故障频次等实现"一类型一分析""一频次一分析",通过技术引领,为客户做好故障研判,达到快速处置、高效有序的工作方法。深化营配调数据共享,通过对数字化县调的不断探索和深入,将智能分析延伸至支线、分支线及客户供电质量、客户电量和用电特性,及故障抢修过程的"全景"应用。洛川公司 2019 年提炼的管理创新成果——"提高检修计划执行率"荣获陕西电力系统三等奖并进行了推广应用。

3. 社会效益。2019 年,洛川公司客户满意度达 98.94%,企业社会形象得到进一步提升。连续 18 年获得洛川县政风行风测评排名第一,管理水平位列陕西电力第二名。

4. 优质服务"零投诉"。洛川公司对 2020 年度新装的 685 户客户,按照高压客户抽检率 100%、低压客户抽检率 20% 规定,对客户实行"一对一"回访,重点围绕客户在报装用电过程中工作人员服务态度、业扩申请资料是否做到"一次性告知"、接电时限是否超时,是否存在向客户指定购买材料等"三指定"行为、是否存在"吃拿卡要"等问题,征求客户对改进供电服务质量的意见和建议。该次抽检客户满意率达到 99% 以上。

五、跟踪过程实施,实现经验可推广

洛川公司以"五个零时差"评价机制,以客户为中心,弥补了各专业、各岗位之间因衔接不畅、执行偏差、质效不高、服务脱节等问题,不断优化和转变供电响应速度、服务模式、运作模式,保证了各级工作任务一致、步调统一、深度相同,减少内耗,提高效益,对传统型、经验型模式进行清理和整合,应用标准化、规范化、信息化、大数据等手段,减少线下串行管理链条,确保服务过程中的"无缝对接",提高了管理运作效率,推动了业务流转和各专业之间的运转速度。

案例创造人:李霞　陈美娜　郭娟

以诚信筑基，助推企业高质量发展

国网陕西省电力公司榆林供电公司

一、企业简介

国网陕西省电力公司榆林供电公司（以下简称榆林公司）隶属国网陕西省电力公司（以下简称陕西电力）成立于1996年，内设职能部门12个、业务支撑和实施机构10个、县级公司2个、供电所9个。员工总数827人，平均年龄36岁。供电面积约3100平方公里，各类客户7.95万户。主要承担陕北火电外送、新能源消纳和神华等大型电厂上网任务。榆林电网是陕西省外送能力最强、新能源并网规模最大的地市级电网，在促进地方经济社会发展中体现了国网担当。历年来，榆林公司先后获得"中央企业先进集体"、全国电力系统"最具社会责任感企业"、陕西省"五一劳动奖状"等多项荣誉。

2020年，公司贯彻落实国网公司、陕西电力和榆林市委市政府各项部署，坚持新发展理念，实干担当，锐意进取，啃下不少"硬骨头"。售电量185.8亿千瓦时，位居陕西电力第二。电费回收实现100%。电网负荷14次创新高（448.11万千瓦），最大日供电量21次创新高（8050.07万千瓦时）。安全生产周期保持陕西省供电企业最长纪录，年建设规模创历史新高。

二、信用体系建设背景

榆林公司在2018年全面开展信用体系建设以来，坚持"服务大局、预防为主、突出重点、分工协作"的工作原则，紧密围绕失信行为预警应对和信用风险立体防范两个方面，建立了失信联合惩戒工作机制，为公司持续健康发展奠定基础，筑牢公司防范经营风险的底线。经过两年多的有序推进，榆林公司信用体系建设有着显著的提高，但在基层供电所层面还存在着一些问题。供电所作为最基层的业务支撑机构与服务窗口，直接服务于广大电力客户，业务涵盖面广，社会交往复杂，诚信风险集聚，是加强信用体系建设的重要层面。其信用体系建设工作的好坏，直接关系到榆林公司的形象和经济效益。所以，必须加强乡镇供电所信用体系建设工作，使其成为常态化工作，提升供电所队伍的诚信意识，预防和杜绝违规违纪行为的发生。

三、诚信风险现状

近些年，从各单位发生的案例中发现，违规违纪人员呈现出向一线下沉的趋势，其中供电所人员不在少数，主要表现在以下20个方面。

1. 未经授权批准或集体讨论决定，以供电所名义对外开展工作或签订任何协议、合同。
2. 利用供电所职权或岗位工作便利为家属、亲友提供从事关联业务机会。
3. 假借供电所名义私自安装、更换、操作变压器、开关等高压设备。
4. 以供电所名义向客户推荐或指定设计、施工、物资供应单位，或者将客户信息透露给设计、施工、物资供应单位。

5. 以供电所名义承揽、挂靠等形式从事电气工程勘察、施工安装等营利性活动（关联业务）。

6. 以任何名义出借、盗用供电所施工（安全）工机具转交他人施工，牟取私利或其他好处。

7. 以供电所名义安排员工从事非本职工作范围以外的盈利活动。

8. 自制、伪造或购买任何涉及与收费有关的收据、票据并用于供电营销业务。

9. 允许村组等人员假借涉电名义进行搭车收费的情况。

10. 在调查处理投诉过程中弄虚作假、避重就轻、内部护短及对投诉人打击报复。

11. 利用岗位工作之便"吃、拿、卡、要"或收受客户礼金、有价证券、烟、酒、土特产等物品。

12. 工作中擅自拆除表计铅封、更改计量装置接线、人为损毁计量装置，或者临时用电客户不装用电计量装置、临时用电不建档，利用下甩电量、少计电量方式协助客户窃电或从中谋取利益。

13. 对违约用电和窃电行为知情不报或在处理上为违规单位、个人说情甚至私下处理。

14. 截留、挪用、侵占电费或临时用电费。

15. 将电费、临时用电费、预收电费、滞纳金、工程款等资金存入个人账户或设立"小金库"。

16. 私自承揽农网工程、客户工程，或者将农网改造工程结余物资或领用的维修材料挪用到客户工程使用。

17. 在验收、供电等工作环节违反技术标准和时限要求，刁难客户。

18. 个人私接客户或协助客户更改容量、铭牌。

19. 私自改变用电类别、分类电量比例或自立供电服务收费项目，擅自更改供电服务收费标准，伪造、购买相关收费收据、票据，少收费、乱收费。

20. 以虚列人员劳务、工程项目等套取（骗取）劳务报酬或工程费用。

四、诚信风险防控存在的问题

榆林公司针对以上诚信风险的表现形式，不断加强诚信风险防控工作，但在基层供电所层面，受人员素质、思想观念、内控管理等方面的影响，诚信风险防控工作仍然不能落实到位，供电所信用体系建设有待进一步加强和改进。

1. 队伍建设相对薄弱，诚信意识不强。部分供电所长在旧体制下的管理方式已跟不上现行管理要求，日常工作重点只关注于电费回收、线路抢修、线损管理等硬性考核指标，忽视了员工教育，放松了对员工规范执行制度行为的监督，从而造成供电所队伍组织纪律意识、诚信意识和民主作风意识不强等问题。

2. 诚信教育针对性不强，存在走过场现象。虽然县级公司每年都分别与所辖供电所签订信用承诺书，但承诺书均千篇一律，不能结合实际工作有针对性地进行责任划分，诚信责任不够明确。对于上级有关诚信政策、相关文件精神等，各供电所均能组织学习，但学习局限于照本宣科，结合实际工作开展诚信教育活动的主动性不够，教育载体单一，活动内容和形势针对性不强，容易使员工误解诚信教育只不过是走过场。

五、实施方法

榆林公司按照陕西电力统一部署及相关要求，不断夯实信用体系建设工作，将诚信风险防控工作融入基层供电所实际工作中，增强供电所人员诚信意识，防控诚信风险，对公司健康发展具有重要意义。

1. 抓所长队伍建设，强化信用工作的责任心和执行力。供电所所长作为"兵头将尾"，位置和作用非常重要，所长的管理水平和综合素质的高低及对信用体系建设工作的认识程度直接影响供电所员工，也直接关系到供电所管理工作。因此，加强所长队伍建设对推进供电所诚信风险管控工作至关重要。在所长队伍的选配和建设上，一是打破身份界限，使用政治觉悟高、原则性强，业务水平过硬，员工信任的农电职工担任供电所长；二是加强后备所长队伍建设，注重选拔和培养，构建能者上、平者让、庸者下的良性用人平台，推进适应现代电力企业管理的高素质的供电所长队伍建设；三是实行基层供电所所长竞争上岗和异地交流常态化，定期进行供电所经营绩效审计，实施所长离任审计，从多层面对供电所管理进行评价；四是加强建立供电所长信用责任考核机制，与所长年度经营指标、安全生产目标完成情况"同比重"考核，严格实施违规违纪"问责制"和"一票否决制"，有效扭转经营生产、信用建设工作"一手重、一手轻"的局面。

2.抓员工诚信教育，充分认识诚信风险防控的必要性和紧迫性。一是开展常态化诚信教育活动，组织广大供电所员工学习了解电力建设、供电等方面的政策法规和信用情况；二是根据供电所岗位性质的不同，结合规范化、制度化管理要求，明确不同岗位承担的诚信目标，实行差别化管理并要求每位员工都要清楚违规违纪应承担的责任与后果，以此增强供电所员工的责任意识；三是广泛开展供电所诚信风险的排查分析，结合岗位实际和管理要求，拟定班组、岗位自我提示警句，使每个人都认知诚信的重要性和必要性，做到人人熟知、个个知晓；四是抓好供电所管理制度的制订和完善，进一步梳理、规范业务流程，提高供电所管理水平，使诚信风险防控工作较好地贯穿于供电所经营管理中，在供电所员工"十个不准""十项承诺"和员工守则中得以彰显。

3.抓重点领域监督，加强薄弱环节的管控力度。供电所诚信风险重点环节主要在物资、工程等方面，是信用行为易发的薄弱环节，必须采取一系列管控措施。一是物资管理方面要完善管理制度，确定专人负责，规范出入库手续，实行账物分人管理。加强废旧物资处理，由地市级公司物资管理部门按照规范流程对废旧物资集中回收、统一处理，防止供电所擅自处理废旧物资等违纪违规事件的发生。加强对备品备件、大修技改材料使用的监督检查，抽查客户工程材料购置情况，防止以旧换新或挪用、以物易物、以物易钱现象的发生。二是在业扩工程管理方面严格制度约束，严禁供电所员工以任何形式私自承揽业扩工程并作为一项"红线"制度实施。加强抽查和客户走访，检查供电所在实施业扩工程和延伸服务收费方面是否符合规定要求，是否开票。杜绝"三指定"现象。

六、实施成效

1.创新管理，筑牢企业根基。榆林公司以"守信激励、失信惩戒"为导向，建立健全纵向联动、横向协同的工作机制，突出重点、统筹推进，加强宣传培训、风险防范、应急处置、考核问责、信息共享，构建跨部门、跨企业、跨领域的失信联合惩戒体系。目前，榆林公司所属9家市场主体未发生任何失信行为，基层供电所未发生任何信用投诉事件。

2.信用治企，提升核心竞争力。榆林公司信用体系建设工作开展以来，全员诚信意识进一步增强，形成按制度办事、靠制度管人、用制度规范行为的长效机制，以信用体系建设服务企业生产经营，提升了服务质量，提高了核心竞争力，彰显了社会形象，推动了企业实现高质量发展，树立了良好的央企品牌。

案例创造人：潘永新　乔琦琦

加强诚信机制建设，服务公司发展大局

国网湖南省电力有限公司管理培训中心

一、企业简介

国网湖南省电力有限公司管理培训中心（以下简称培训中心）是国网湖南省电力有限公司（以下简称湖南电力）直属二级机构，与中共湖南电力党校两块牌子、一套班子。前身为湖南电力职工温泉疗养院，成立于1988年。

培训中心是国家电网有限公司（以下简称国网公司）、湖南省、湖南电力"文明单位"，国网公司领导力中心湖南分中心和湖南电力党建实训基地、反腐倡廉教育基地、团校设于此。2019年，培训中心入选国网公司党校系统"建设国内一流企业党校"示范单位，成功创建国网公司党校党建研究分中心、党性教育现场教学基地。

二、企业诚信建设和信用体系建设实践

1. 强化信用建设机制。培训中心认真贯彻落实上级相关文件要求，组织各部门、集体企业开展信用状况自查自纠工作，守住信用红线，筑牢信用底线，确保培训中心不发生黑名单事件，切实推进信用体系建设工作。紧密围绕信用体系建设目标，建立健全党委办公室、纪委办、组织部等部门守信联合激励、失信联合惩戒工作机制，切实推进企业信用建设。加大信用监督力度，开展合同管理廉洁风险管控协同监督，强化合同履约责任落实落地，避免失信行为发生。

2. 加大信用知识宣传。为使守信知识入脑入心，培训中心党委多次在周例会、月度例会上宣贯企业守信知识，要求各部门把信用体系建设与依法合规治企结合起来，确保信用体系建设相关工作任务落实落地。通过在单位门户网站上传信用体系建设宣传视频，下发信用体系宣贯手册，组织各级员工认真学习；组织员工积极参与第四届"信用电力"知识竞赛活动，撰写论文，深入普及信用知识。

3. 充分利用廉政基地。湖南电力反腐倡廉教育基地设于培训中心，2015年开工建设，2016年1月正式投运并向社会公众免费开放。培训中心反腐倡廉教育基地分为6个展区（高瞻远瞩决策篇、警钟长鸣教育篇、重拳出击惩处篇、前车之鉴忏悔篇、干事干净文化篇、典型引领示范篇），以"干事干净、廉洁从业"为主题，以违法违纪案例警示教育为主线，综合运用文字、图像、动漫、场景模拟及声、光、电等形式，全方位诠释纪律之规、贪腐之祸和清廉之福，旨在教育引导参观实训人员知敬畏、守纪律、讲规矩，干事干净，廉洁从业。培训中心充分利用现有场地开展反腐倡廉和普法教育、弘扬廉洁文化和法治文化。投运5年多来，累计接待社会各界和电网员工参观实训5万余人次。

4. 加强培训中心信用支撑能力建设。结合电力行业信用体系建设建设要求和培训中心实际，培训

中心深入探索为信用体系建设提供支撑的方法。①加快信用课程体系建设。进一步完善办学体系，建设核心办学平台，落实湖南电力信用建设相关文件要求，加强与湖南电力各专培室沟通汇报，积极推进信用建设培训课程开发。研究思考信用课程定位，将信用体系建设培训课程融入已开发的"党建、党风廉政建设、领导力、管理学"学科中，在"党建、党风廉政建设"学科中加入企业文化课程，在"管理学"学科中加入合同履行、公司信用奖惩机制等信用相关课程。②做好信用案例收集。培训中心启动电力行业系统内信用体系建设相关案例收集工作，确保案例真实、鲜活。建立信用典型案例库，以案例库为基础萃取典型经验，深化信用课题研究工作，将萃取研究结果用于科级干部"启航班""远航班"和基层党建"党务人才班"3个精品项目和其他培训项目，以案例促学习，巩固诚信文化建设成果，培养一支诚实守信的高素质干部员工队伍，夯实湖南电力高质量发展基础。③依托智慧平台做好信用推广。培训中心依托"智慧校园"建设项目，推动信息化与教学、科研工作全方位深度融合，提高校园智能化、数字化建设水平。针对培训中心原有培训方式单一问题，积极推进"互联网+信用体系建设"模式，将信用体系建设融入"智慧校园"建设，搭建信用体系智慧宣传平台，把信用知识宣传充分融入办学治校中，定期在智慧教务管理、学员引导系统和移动服务学员端推送信用体系建设微视频、信用体系建设电子手册等。采用"线下+线上"培训新模式，开发增设新课程，开设直播室将信用课程融入线上培训，拓展培训范围和人数，将湖南电力信用理念传达到一线、基层，在湖南电力各个层级营造诚实守信的良好氛围。充分利用知识管理中心（图书馆）资源，打造湖南电力系统知识共享平台，新增信用电力模块供员工自主阅读。④推进信用文化建设。培训中心在现有基础上精心设计文化元素和载体，在园区设置弘扬"诚信、责任、创新、奉献"核心价值观的展板或文化长廊，与自然景观相融合，突出党校红色文化、湖湘特色文化、国网企业诚信文化；为学员印发《企业文化手册》，广泛宣传国家及行业信用政策文件和"诚信国网"建设核心内容；在学员中开展"诚信学员"评选，讲好"诚信国网故事"，树立榜样典型，弘扬"重诚信、讲诚信"的信用理念，传播信用正能量。

5. 履行社会责任，彰显企业担当。①承担湖南电力援鄂供电保障队返湘休整服务保障。2020年3月21日，湖南电力援鄂供电保障队圆满完成援鄂保电任务，顺利抵达培训中心开始14天的休整。为做好援鄂供电保障队休整期间的保障工作，培训中心成立了以常务副校长为组长、其他校领导为副组长的领导小组，另组建了5个专业工作组，建立了服务保障工作微信群；同时，通过"红相里"公众号，推广了湖南电力工会心理关爱热线电话，确保队员们休整期间顺心舒心。制订了《公司援鄂供电保障队返湘休整服务保障方案》。在健康防护上，配备2名医务人员建立驻点医疗站，每天进行体温监测，队员们单间居住，楼栋进行封闭管理，每天消毒两次，通风两次，并且在修整期的第一天和第十三天开展两次核酸检测。日常生活上，专门配备5名生活管家，房间配备物品均是统一标准，书桌上《致援鄂保电勇士的欢迎信》格外醒目，桌上还有服务手册、各类书籍、每日更新的菜单，房间还摆放了小型运动器具及其他日用品等。通过培训中心上下的共同努力，休整保障服务工作获得了湖南电力党委的充分肯定和全体队员广泛好评，收到全体队员赠送的锦旗和感谢信。②承办湖南省有扶贫任务的乡镇（街道）党政正职健康疗养活动。2020年8月，培训中心接到湖南省委省政府交办的重大政治任务：承办全省有扶贫任务的乡镇（街道）党政正职健康疗养活动。2020年8月17日至9月18日，培训中心充分发挥融合前身疗养机构服务接待优势和先进培训核心业务特色，以最饱满的热情、最专业的服务、最真诚的态度共服务接待了湖南省内3个市（州）前后5批近千人的扶贫领导人员健康疗养。疗养期间，培训中心立足挖掘疗养机构底蕴、发挥培训机构优势，以"文化润心"为主线，将红色文化、绿色文化、廉洁文化、校园文化、养生文化等元素融入服务工作之中,打造"养生+养心"特色疗养服务,获得上级领导和广大疗养人员充分肯定。

培训中心认真落实湖南省委省政府要求,发挥自身优势为脱贫攻坚助力,承办健康疗养活动准备充分、服务贴心、全员参与、创新形式,为扶贫干部提供一场充电之旅、文化之旅,全面彰显了积极履行政治责任、社会责任的央企担当。

案例创造人:付文　张叶军　龙庆兰

扬诚信供电之帆，为美好生活赋能

国网湖南省电力有限公司益阳供电分公司

一、企业简介

国网湖南省电力有限公司益阳供电分公司（以下简称益阳公司）起步于1979年，供电区域面积1.2万平方公里，供电区域人口约490万人，益阳公司深入贯彻"建设具有中国特色国际领先的能源互联网企业"新战略，积极打造坚强电网，持续做强做优做大。益阳公司以科技创新为支撑，改进服务手段，努力提高技术保障、完善设施保障、规范制度流程，坚持"优质、方便、规范、真诚"的服务方针和"你用电，我用心"的服务理念，在全体员工中树立了"服务就是效益、服务就是形象、服务就是职责"和"人人是窗口，个个是形象"的思想意识。全年供电服务承诺兑现率达到100%。其中，资阳区供电公司（以下简称资阳公司）成立于2018年，以建设和运营电网为核心业务，供电区域内有220千伏变电站2座、110千伏变电站5座、35千伏变电站3座及10千伏公用配变1889台，客户数17.23万户。资阳公司先后获得2019年湖南省"文明窗口单位"、益阳市"2018-2019年文明单位"及资阳区"2019年平安建设工作先进单位""安全生产工作先进单位""立项争资工作先进单位"和益阳公司系统内"先进单位"等荣誉称号。

二、企业诚信建设和信用体系建设实践

1. 诚信经营理念。资阳公司以服务客户为己任，实施"初心工程"诚信主体实践活动，践行"诚实做人，扎实工作，讷言敏行，科学高效"的工作作风，推行规范化管理，实行首问负责制，向社会公布了11项服务承诺。在供电营业场所公开电价、收费标准和服务程序，服务热线全天24小时受理和提供查询、咨询、用电申请、电力故障报修等供电服务业务。

2. 严格遵纪守法。以领导干部和关键岗位员工为重点，加强相关法律法规的宣传教育，坚持反腐倡廉法制宣传教育与政治理论教育、理想信念教育、职业道德教育、党的优良传统教育和作风教育相结合，采取以案说法、警示教育等有效作法，警钟长鸣，增强警示意义，不断增强各级领导干部和员工的反腐倡廉意识，加强自我约束，提高遵纪守法、廉洁自律的自觉性。

3. 加强经营管理者、员工诚信理念和信用风险意识。资阳公司加强诚信理念和信用风险意识管理，管理者和员工无合同欺诈、故意不履行合同、恶意拖欠、逃废债务等失信行为。财务信用方面，无提供虚假财务会计信息等失信行为，取得"服务质量满意单位"称号；纳税信用方面，无偷税、逃避追缴欠税、骗取税收优惠、伪造发票等失信行为，取得纳税信用A级认证。

4. 诚信理念宣传、教育、培训。资阳公司把加强诚信理念宣传、教育、培训作为诚信建设的重要内容。各级领导干部带头学法知法守法用法，提高依法决策、依法经营、依法管理的意识和能力，推进领

导干部学法经常化、制度化。加强诚信知识的考察及学法守法用法情况的督促检查，年度学习诚信时间不少于45学时，撰写诚信笔记不少于5篇，将诚信用法情况列入年度述职报告，并把诚信建设、依法决策、依法管理、依法办事等考核结果作为干部综合考核评价的重要内容。

5. 企业诚信和信用体系建设。资阳公司信用管理制度健全，成立了以总经理为组长的信用管理委员会，委员会下设管理办公室，具体开展信用管理工作。①客户资信管理制度。与高危及重要客户签订供用电合同，供用电合同签订必须遵守平等自愿、协商一致的原则，不签订供用电合同不进行供电。供用电合同条款符合国家有关法律法规要求，合同正式签订前必须履行供电企业内部管理程序，必须经公司法律部门审核，确保合同合法有效。合同中明确客户接入系统方案、供用电双方产权、供用电设施运行维护责任、安全管理责任、客户备用电源和应急电源配置、供电中断情况下的非电保安措施及免责性条款等内容。②内部受信制度。资阳公司成立的总经理直接领导的独立信用管理部门，专职协调企业的销售目标、财务目标和社会责任诚信工作；同时，在企业内部形成科学的风险制约机制，防止个别部门或各层级管理人员盲目决策所产生的信用风险。将信用部门的各项职责在各业务部门之间重新进行合理分工，各部门承担不同的信用管理工作，按照不同的管理目标和特点进行科学设计，将问题在信用部门集中统一的管理并加以解决。③应收账款管理制度。分管领导负责对原始凭证进行审核、审批。财务部门负责对报销人员拿来的报销凭证进行审核，有权对不符合财务制度和手续不全的原始凭证、报销凭证拒绝审核报销并责成相关责任人进行整改。对报销凭证进行报销付款，有权抵制不合规收支。对报销凭证进行记账，打印记账凭证。④合同管理制度。合同管理实行分级管理、归口管理与专业管理相结合的原则，实行承办人制度、审查会签制度、授权委托制度、合同专用章制度、合同备案制度、合同争议报告制度、审计监察制度及责任追究制度，做到制度、机构、人员"三落实"。资阳公司所属各单位对外的经济活动，除即时清结者外，要求订立书面合同。⑤风险控制及危机管理制度。为规范资阳公司风险控制与危机管理工作，及时发现和处置重大风险和危机应对，确保公司运行正常有序，根据国家有关法律法规和公司《章程》制订风险控制及危机管理制度，努力实现全面风险管理。⑥信用评估考核制度。信用评估是信用控制体系中最重要环节，做好客户信用评估工作，能够降低企业融资成本、降低交易风险，形成促进对方改善经营管理外在压力和内在动力。

6. 职业道德行为建设。为美好生活充电、为美丽资阳赋能，是资阳公司义不容辞的责任；做国民经济保障者、能源革命践行者、美好生活服务者，是资阳公司员工的行为准则。资阳公司鼓励员工不断改进工作，不断创新，勇于尝试风险。资阳公司倡导"干一行爱一行"，人人实事求是定位自己。资阳公司看重工作绩效，注重工作质量，品质永远是企业的生命线，资阳公司员工时刻牢记"人民电业为人民"的宗旨，把"努力超越、追求卓越"融入血脉，遵守工作目的就是完善下一道工序，公司的最后一道工序是客户。虚心听取下一道工序的批评，决不推卸责任，决不相互抱怨。

7. 企业诚信实践。①产品及服务质量诚信。供电是资阳公司的产品，在公司组织的"资阳供电助力企业，推动资阳经济社会高质量发展座谈会"上，资阳公司提出了"九项措施"，简化工作流程，提高工作效率；召开"电地合力、共谋发展"座谈会，广泛征求社会各界的意见；对资阳区12个企业的54名电力值班人员进行培训，协助用户做好用电设备的运行维护管理。在复工复产后电力负荷紧张的近半年里制订严密的有序用电方案，使电力客户最大限度得到了电力保障。真诚服务赢得了资阳区委区政府的高度评价和广大客户的一致赞誉。②客户服务及关系管理。加强供电服务，保持95598热线畅通，对客户咨询关于限电方面的问题编制应答标准范本，对投诉举报做好解释工作。提升服务质量和水平，建立和谐的供用电关系。教育窗口服务人员，充分体谅客户的心情和难处，耐心细致地与客户沟通，做到缺电不缺服务。③反对商业贿赂、欺诈。依法预防和查处电力行业商业贿赂案件，通过开展专项治理，规范电力市场秩序，建立健全防治商业贿赂的长效机制，促进供电体制改革和电力工业健康有序发展。④维护职工权益，创建和谐劳动关系。⑤环境资源保护。为宣传电网发展成果，普及环保知识，树立国家电网品牌形象，资阳公司开展了"绿色环保新生活，资阳电力在行动"的主题环保宣传活动。资阳公司的志愿者积极为客户发放宣传资料 1100 份，接受用电知识咨询 400 余次。

8. 履行社会责任，热心公益事业。资阳公司把改善人民生活、增进人民福祉作为工作出发点和落脚点，全面履行社会责任。将脱贫攻坚工作作为首要重大政治任务，投入资金 2710 万元完成贫困村农网改造；累计帮扶 150 户 366 人脱贫出列。在 2020 年防汛保供电工作中，累计出动抢修人员 455 人次、抢修车辆 167 台次，发挥了重要作用，被评为"抗洪抢险先进单位"。在新冠肺炎疫情防控阻击战中当好电力先行官，先后出动保电人员 120 人次、车辆 56 台次、应急发电车发电机 20 台次，为 30 余家医院、生产企业及其他重要客户提供了可靠的电力供应；派出的 3 名援鄂队员圆满完成任务，以实际行动践行国网人的初心使命。

案例创造人：龚琰　曾娉婷

强化制度建设，诚信服务社会

张家界创远电力勘测设计有限责任公司

一、企业简介

张家界创远电力勘测设计有限责任公司（以下简称创远公司）是一家从事电力工程勘察设计、技术服务和电力建设及其相关产业投资的乙级资质单位。创远公司于2009年成立，注册资金200万元，现拥有电力行业（送电工程、变电工程）专业乙级资质、工程勘察（工程测量）专业乙级资质，2018年获得工程咨询单位乙级资信证书，现已取得ISO质量、环境、职业健康安全管理"三标体系"认证。创远公司主要负责张家界市220千伏及以下电压等级的变电、送电、配电工程的勘测设计和电网规划、技术咨询等业务，是张家界市电网发展的支撑机构。先后获得张家界市"五四红旗团支部""青年文明号"，以及国网湖南省电力有限公司张家界供电分公司（以下简称张家界公司）的"先进工作单位"等荣誉称号。

二、企业诚信建设和信用体系建设实践

1. 诚信经营理念。创远公司的核心价值观为"以人为本，忠诚企业，奉献社会"。将诚信放在首位，对于诚信敬业理念高度重视，多年来竭诚为社会各界服务。

2. 严格遵纪守法。创远公司以领导干部和关键岗位员工为重点，加强相关法律法规的宣传教育，坚持反腐倡廉法制宣传教育与政治理论教育、理想信念教育、职业道德教育、党的优良传统教育和作风教育相结合，采取以案说法、警示教育等有效作法，警钟长鸣，增强警示意义，不断增强各级领导干部和员工的反腐倡廉意识，加强自我约束，提高遵纪守法、廉洁自律的自觉性。创远公司严格遵纪守法，没有因违法经营而发生一起行政处罚事件。

3. 经营管理者、员工诚信理念和信用风险意识。创远公司加强诚信理念和信用风险意识管理，管理者和员工无合同欺诈、故意不履行合同、恶意拖欠、逃废债务等失信行为，合同履约率100%。财务信用方面，无提供虚假财务会计信息等失信行为；纳税信用方面，无偷税、逃避追缴欠税、骗取税收优惠、伪造发票等失信行为。

4. 诚信理念宣传、教育、培训。创远公司为提高员工的诚信理念意识，增强员工对诚信经营的了解和认识，将诚信培训纳入年度培训计划，每年开班培训不少于8课时，累计培训152人次。在每次的例会、专业会议上，就公司的诚信理念、宗旨等进行强调，使合法经营思想深入员工、深入基层。

5. 诚信和信用体系建设。①客户资信管理制度。创远公司指定专门的部门和人员负责资信管理。建立客户资信管理制度，创建客户信用档案，做好相关跟踪服务工作。根据对客户信用调查的结果及业务往来过程中的表现，将客户分为不同信用等级。定期更新客户档案，坚持动态分析、动态管理，加强对

客户资源的分析和管理，针对不同级别的客户提供个性化、全方位的服务。②内部受信制度。在总经理的直接领导下对企业的经营管理、质量管理、日常管理等管理流程进行了规范。通过完备的管理流程，在企业内部形成科学的风险制约机制，防止个别部门或各层级管理人员盲目决策所产生的信用风险。在市场经营、合同签订、资金等方面严格执行内部受信制度，严格限定各级的权限及受信额度，实现有效授权，规避受信风险。③应收账款管理制度。建立应收账款台账，按照期限、回收难度进行分类，按期催收。加强财务部门和业务部门的日常沟通，对于时间超过一年的账款及信用等级低的客户重点监控，提前防控风险，保证企业的财政安全。④合同管理制度。创远公司合同管理遵循统一领导、集中审批、归口管理原则，实行承办人制度、审查会签制度、合同专用章制度、合同档案制度，对合同起草、合同审核会签、合同签署等各环节进行规范。在合同履行过程中，明确了承办部门职责，对履约管理进行严格把控；同时，细分合同种类，对合同编号、档案进行规范化管理。⑤风险控制及危机管理制度。创远公司努力加强全面风险管理，从公司行政事务、财务管理、劳动用工、合同管理等各方面开展风险排查治理，全面排查问题隐患，不断强化后续整改治理，形成内部风险防控机制。加强现金流控制，开展成本预算制，避免资金使用的无序浪费，降低资金使用风险。高度重视科学合理规划现金流使用计划，最大限度减少应收、预付款风险，加强对应付款、各类负债等方面的风险控制，最大限度降低经营风险。⑥信用评估考核制度。建立信用评估制度，重点做好对客户、供应商等合作伙伴开展信用评估和评级工作，针对各层级的信用等级实施差异化的合作管理。

6. 职业道德行为教育。创远公司把职业道德教育融入企业文化建设中，制订了相关制度等，注重用规章制度来增强员工的诚信意识，规范员工的诚信行为，培养了令行禁止、步调一致的工作作风，提高了员工遵章守纪的自觉性和执行力水平。

7. 企业诚信实践。创远公司秉承"安全、质量、环保"的理念，在实践中贯彻诚信价值观。①产品及服务质量诚信。创远公司提供的产品主要是电力工程勘测设计成果。为保证产品及服务质量，建立健全一套高效的内控管理体系，精确管控设计进度，实行严格的三级校审制度，严防死守"质量生命线"。创远公司信守合同，严格把控设计进度和设计质量，为业主提供优良的电力设计方案，在国网湖南省电力有限公司内部的质量检查和评比中，多项工程获得优质工程奖项。多年来，创远公司信守诚信理念，严格遵守行业技术标准，设计并投产的35千伏及以上新建变电站12座、35千伏及以上线路213.6公里，设计的项目合格率100%，没有发生较大的质量事故，得到业主、合作方的好评。②客户服务及关系管理。秉承以客户为中心、积极沟通交流的原则，创远公司对业主、施工方提出的需求、问题投诉等及时响应，积极解决。创远公司制订了定期回访制度，每周定期收集客户的意见，及时反馈意见，积极解决问题，加强客户关系维护。③反对商业贿赂、欺诈。结合实际情况，创远公司推进制度反腐，加强对易发腐败的重要环节、重点部位岗位人员的监督、管理力度，确保杜绝商业贿赂。严格遵循公平竞争原则，引导管理人员及相关利益团体依法办事，诚实守信，自觉抵制见利忘义、损公肥私、不讲信用、欺骗欺诈等消极腐败现象，树立企业良好形象。设立预防商业贿赂工作举报箱，公开举报电话。在落实反贿赂反欺诈过程中，公司纪检部门进行明察暗访，加强对重要岗位人员的管理，及时处理问题。④维护员工权益，创建和谐劳动关系。规范用工，平等协商，切实维护员工合法权益，积极贯彻执行相关法律法规，切实规范用工行为。按规定为劳动者投保，从未拖欠或克扣劳动者工资，依法建立稳定和谐的劳动关系。建立了平等协商与集体合同制度，集体合同经职工大会讨论通过，内容具体，使员工的劳动保障权、身体健康权等权益得到保障。⑤环境资源保护。创远公司坚持经济效益、社会效益和环境效益并举的方针，建立了覆盖全面的安全环保管理体系，通过了 ISO14000 环境体系管理认证。严格按照环保要求开展设计工作，设计成果必须通过环境质量评估。在设计中首先确保生态环境的安全，积极与环保、林业部门沟通交流，坚决不跨越、不破坏"生态红线"。

8.履行社会责任，热心公益事业。创远公司把改善人民生活、增进人民福祉作为工作出发点和落脚点，全面履行社会责任。将脱贫攻坚工作作为首要重大政治任务，参与张家界公司投资的贫困村农网改造。参与"结对帮扶"，累计帮扶 12 户 26 人脱贫出列。

案例创造人：莫铁斌　楚芹

诚信经营，厚道厚德

张家界市湘能农电服务有限公司

一、企业简介

张家界市湘能农电服务有限公司（以下简称湘能公司）成立于2018年，由原张家界新源农电劳动服务有限责任公司吸收合并武陵源万和、慈利嘉利、慈利安联3家县级农服公司改制成立，下设城郊、武陵源区、慈利县和桑植县4家分公司，共管辖乡镇服务部（供电所）29个，统一承揽张家界市永定区、武陵源区和慈利县辖区及桑植县部分农村地区的供用电业务，目前有职工544人。湘能公司始终坚持诚信守法经营，坚持以人为本，不断加强内部规范管理，积极履行社会责任，创新企业文化，有力地推动了公司健康快速可持续性发展。自成立以来未出现任何违反国家法律法规及企业规章制度的行为。2018年被国网湖南省电力有限公司张家界供电分公司（以下简称张家界公司）评为先进集体；2019年荣获国网湖南省电力有限公司（以下简称湖南电力）青创赛铜奖，同年被评为"张家界市诚信企业"；2020年荣获湖南电力职工技术创新优秀成果三等奖。

二、坚守底线，确保管理规范

湘能公司能从创业之初的劳务公司定位逐渐发展成了一家集电力工程施工、能源技术咨询服务、技术培训服务等多元内容为一体的现代新型公司，离不开逐步规范的管理体系。湘能公司始终坚持把依法经营、规范管理作为推进企业转型升级、引领行业发展的基本前提，建立健全制度体系，按照"6+N"的模式印发了"指导意见+管理办法"，完成近16万余字的制度汇编，6项指导意见由张家界公司下发，29项管理办法经市职工代表大会全票表决通过并下发，倡导全员严守"安全、服务、廉政"三条底线，不断加强企业风险防范和控制能力，推动企业保持持续健康、高速发展。

自2018年改制重建以来，湘能公司扎实落实"夯实基础年、规范管理年、管理提升年"三年行动计划，整合农村电网人力资源，率先在湖南省推行"123"管理模式，统一了职工档案、职工调动管理，统筹了工资发放、社保的集约，建立了分公司、服务部、职工三级绩效联动，解决了农电长期以来人员混乱、工资标准不一、大病就医难等问题；完善财务管理模式，推行"234"管理模式，落实了资金收支两条线管理，建立了市、县、所三级预算管理体，统一了核算人员、会计政策、核算办法、财务系统，扭转了农电财务长期混乱的现象，既精减了财务人员又规范了财务管理。2018年湘能公司组建时亏损351万元，2019年即扭亏为盈，当年实现税后利润281.14万元。规范了工程管理，推行"123"管理模式，要求全员时刻牢记以客户为中心，适应上级公司管理要求与下级公司实际需求，落实服务传统业务、开拓新型业务、优化营商环境三大举措，在进一步规范业扩市场的同时有效提升公司盈利能力。把全员思想建设摆在企业管理的重要位置，公司各级领导利用各类会议、活动开展法律法规宣讲，将依法经营、规范管理理念融入公司日常管理的方方面面。常态组织开展职工廉政教育，从违规违纪类别、处理程度等方面，以经济的角度直观的与职工分析违规违纪所需承担的风险与损失，通过身边案例的学习及"接地气"的分析让大家"不想腐、不敢腐"，进一步筑牢了基层员工的底线意识，有效杜绝了"小微腐败"情况发生。

三、以人为本，凸显企业担当

在创造企业价值的同时，湘能公司不忘为企业一起奋斗的职工，建立健全企业薪酬福利体系，让职工共享发展成果，关心关怀职工，职工在实现人生价值的同时，让工作从"心"出发。2018 年起，3 年来供电服务职工平均工资增幅属历史之最。为真正做到关注员工工作与生活，湘能公司将食堂经费、体检费、差旅费、住房公积金、意外伤害保险等标准均稳步进行上调；劳保用品按主业标准全部配置到位；率先全面完成工会筹建，畅通了员工诉求渠道，解决了同地区慰问不同标准的问题；首次开展了供电服务职工疗休养，116 名职工分两批赴湖南省内外进行疗休养，进一步提升职工幸福感。完善一线生产岗位激励机制与绩效考评体系，建立绩效预留机制，完善偏远山区及设备主人、工作负责人等兼职岗位补贴，进一步加大对生产一线岗位的倾斜；创建"定额承包责任制绩效"考评试点，落实服务部绩效超缺员系数，针对全域各服务部人员配置率合理调整绩效系数，真正落实"多劳多得"。

湘能公司不忘职工对自身发展的渴望，建立"有需必培，有培必考，逢考必用"培训培养体系，2020 年开展"人人过关轮训""新进职工入职培训""技能鉴定考前培训"等各类培训 35 轮次，受训人次达 1283 人。结合公司各项培训开展效果评估，了解培训给职工带来的积极影响，确保所有职工都能接受到专业的培训，"功以成才，业由成才"，真正让职工成为企业的核心竞争力。落实岗位竞聘、人员轮岗制度，合理调剂超缺员单位人员，开展服务部岗位公开竞聘。拓展职工晋升渠道，把起到模范带头作用的党员及肯干、能干、有特色的优秀职工主动放在急难险重岗位锻炼，主动宣传。从服务部一线职工中累计选聘供电服务工匠 12 人，选拔"一所四员"46 人，进一步拓展职工的晋升渠道和成长平台。

湘能公司常态开展年度困难职工补助工作，针对 9 类困难职工组织开展需求收集、资格审查工作，已累计帮扶困难职工 60 余人次；同时，通过常态工作了解职工生活上存在的困难，开展节假日、病期走访慰问工作，真正做到了将温暖送到职工的心坎上。

四、重承诺、守合约，诚信经营

湘能公司时刻把诚信经营、诚信纳税作为企业生存的前提条件，立足于自身的长远发展，明理诚信，树立了良好的商业信誉和企业形象。

在遵纪守法方面，湘能公司持续强化依法合规经营意识，提升企业法律管理能力。在依法纳税方面，湘能公司严格遵守税法和税务征管办法，按时足额交纳各种税费和社会保险，无拖欠职工工资、欠资社保情况。在合同执行方面，湘能公司严格按照国家相关法律法规制订了《张家界市湘能农电服务有限公司合同管理办法》，让合同管理流程更加明确，合同的决策、审核、审批、签订、履行严格遵守国家法律法规，对合同签订审批流程、授权委托、印章使用进行严格把关；同时，积极参与"重合同、守信用"活动，培养良好的契约精神。湘能公司自成立以来，严格履行各类合同，无拖欠合同单位款项现象，企业社会形象良好，2019 年被评为"张家界市诚信企业"，排名第二。

五、不忘初心，履行社会责任

在实现企业不断发展的同时，湘能公司深切认识到所肩负的社会责任，始终秉承"发展企业、奉献社会"的理念，积极履行社会责任。

自 2018 年起，湘能公司与长沙电力职业技术学院联合推进"教育＋就业"扶贫举措，面向张家界市两区两县贫困学子采用定向培养这一新型人才培养模式，3年来累计收集1000余名贫困学子信息，定向招收学生30名，支付贫困学生定向培养费44.25万元。贫困学子待毕业考核合格后均可聘入供电服务队伍，有效破解贫困家庭考生"教育难、就业难"的困境，在实现"一人就业、全家脱贫"的同时，进一步夯实了队伍基础，筑牢了企业发展根基，受到了社会各界一致好评。在历年寒暑假期，积极向定向培养贫困学子提供勤工俭学岗位，根据学生家庭所在地就近安排在当地乡镇供电所农网营销服务辅助、农网运检辅助、内勤班材料管理、内勤班资料管理等勤工俭学岗位，指定业务骨干与学生签订短期师徒协议，使学生快速融入工作。同时，还安排为居住地距离较远的学生提供住宿、备齐生活用品，并且根据岗位的工作时间、劳动强度、劳动性质给予一定的劳务报酬，给他们解决实际困难，让学生们深切感受到企业的关怀与关心。

湘能公司倡导各基层服务部着力打造党员服务热线铭牌，分网格推广该地党员服务热线，进一步加快客户诉求解决，提升供电服务质效，主要加强计划停电、故障停电管控、宣传，取得了各地党委政府、村支两委支持，为优化营商环境做出了应有贡献。

"大商谋道，小商谋利"，湘能公司始终将企业社会责任的战略规划融入企业与利益相关的共同发展中，追求企业命运与社会发展的紧密结合，将持续秉承"发展企业、奉献社会"的理念，推动经济、社会的可持续发展。

案例创造人：彭长友　张旭峰

精益规范管理，诚信服务社会

湖南经研电力设计有限公司

一、企业简介

湖南经研电力设计有限公司（以下简称经研公司）是从事输变电工程可研、勘察、设计的专业技术企业，近年来，本着以"依法从严治企、精益规范管理"为企业宗旨，始终坚持"精心组织、诚信服务"的经营方针，为电力建设全过程提供一揽子技术解决方案服务。目前，经研公司拥有住房和城乡建设部、国家发展改革委核准的工程设计电力行业（送电、变电工程）、工程勘察、工程咨询"三甲"资质，也是国网湖南省电力有限公司系统内第一个"三甲"资质设计企业，可独立承接所有电压等级接入系统和可行性研究设计业务、资质范围内各电压等级电网工程勘察设计、咨询业务、资质范围内相应的建设工程项目总承包业务及项目管理和技术服务，是湖南电力系统内220千伏及以上电压等级最主要的设计单位。

经研公司恪守诚信经营，本着"诚信、责任、创新、奉献"的核心价值观，在企业内部广泛开展以加强内部管理、提高服务质量为中心的诚信企业建设活动，取得可喜的成绩，连续12年被湖南省信用评价中心评为"AAA信用等级"和"AAA质量信用等级"企业。

二、广泛宣传、深入发动，增强诚信企业创建实效性

为推动创建活动的全面开展，经研公司坚持"从实际出发，注重实效"的原则，结合公司实际和干部员工的思想实际，在公司内部广泛深入地开展了"诚信为本，服务为重"的宣传教育和以"质量第一、安全高效"为内容的职业道德教育，共组织20余次学习培训，引导干部员工树立公平合法、诚实守信、质量至上的工作理念，自觉遵守行业规范，抵制各种不讲信用、敷衍塞责和服务失范的行为，营造浓厚的"诚信待人、守法经营"的经营和工作环境，以实际行动维护公司的声誉。

三、科学管理、诚信经营，夯实企业生存发展基础

经研公司优质高效完成年度生产经营任务，经营业绩稳步提升。近3年来，共完成各类勘察设计咨询业务1830项，累计完成变电容量近2万兆伏安，架空线路2945公里，电缆50.2公里，合同履约率100%。其中，高质量完成长沙电网"630攻坚"和"三年行动计划"的各项任务，建成湘潭九华北变、黔张常铁路外部供电等一批重点工程，白田、金洲、韶光、横塘等工程相继投产，荣获长沙电网"630攻坚"先进集体。全力推进500千伏项目，澧洲顺利送电，优质高效完成郴州东、澧洲扩家界、平江电厂等多个可研任务，顺利完成湖南电力紧急交办的艾家冲改扩建项目，被称为"湖南电网500千伏改扩建工程史上最复杂的项目"岗市改扩建项目正式投运，设计质量和工程进度获得上级的好评。综合能源业务成就显著。完成电池储能、数据站建设，以及长株潭智慧能源站的设计任务，支撑"数字韶山"和

湖南省智慧能源综合服务平台建设。完成新能源消纳规划、多个数据中心初步设计，以及储能项目可研报告，保障岸电工程和大灵山风电配套储能电站项目按期竣工。

四、内强素质、外塑形象，依靠优质服务打开局面

内强素质，掀起学习活动热潮。经研公司通过"学习型企业"建设，启动"抗击疫情、学习强企"系列线上培训，组织大、中型培训40余次，公司员工综合素质和专业能力得到大幅提升。目前，公司员工176人，具有研究生学历59人，其中博士1人。拥有注册电气工程师12人，一级注册结构师3人，注册岩土师2人，注册咨询工程师17人，注册造价师4人，一级注册建造师7人，二级注册建造师2人。拥有全部电压等级完整的设计资料，年设计能力达到变电容量6400兆伏安、架空线路1500公里、电缆线路400公里。

争先创优，培育科研创新内生动力。经研公司秉承"科技创新、争先创优"的精神，努力在专业技术领域钻研，争当行业"排头兵"。近3年来，经研公司先后获得湖南省科技进步三等奖、中国电力规划设计协会优秀设计等优秀工程、优秀勘察设计、优秀工程咨询奖40余项，自主研发并申请专利16项，参与国家和省（部）级标准化设计规范编制近20项。多次获得"基建专业管理先进集体""设计评审先进单位""可研工作先进单位""最具学习力企业"等荣誉称号。

外塑形象，大力开拓新市场新领域。经研公司积极开展工程项目总承包业务，参与风力发电、光伏发电等新能源项目建设，主动承担企业的社会责任，为打造资源节约型、环境友好型社会贡献力量。努力践行国家的西部大开发战略，将多年积淀和发展的优秀技术技能、科学的管理模式和成熟规范的标准带到西部地区，为当地的基础建设添砖加瓦、增光添彩。

五、精益管理，专业管控，增强高质量发展保障

展现精益管理新风貌。经研公司强化"严细实"管理要求，发挥"标委会""制委会"作用，全面落实"制度化、程序化、规范化、标准化"，完善内部体制机制，明晰职能职责分工，用制度管事、管人、管权，堵塞管理漏洞，消除管理通病。强化大局意识、责任意识、团队意识，进一步深化协同运作，强化横向联动、纵向协同，深化业务融合，打通沟通障碍，消除业务壁垒，禁止推诿扯皮，减少管理内耗，促进资源信息共建共享，畅通管理流程化渠道，实现职能管理向流程管理转变。

提升强化执行新能力。经研公司强化能力、业绩、成果导向，用指标评价部门、用数据反映成效、用业绩考核干部，提高部门、员工工作执行效率，带动生产经营管理水平整体提升。开展"质量技术提升年"活动，运用宣传教育、问题剖析、量化评比、质量审查等手段，以推行考核与奖惩为动力，增强全员质量意识，实现质量管理体系横行贯通，用一年时间减少设计差错与失误，用扎实的质量塑造良好的品牌影响力。

加强过程管理，严格审核把关。经研公司通过开展标准化设计及成果应用，固化工作流程，强化三级校审，提高设计效率，缩短设计周期。常态化开展设计质量"回头看"，建立设计技术协调和设计质量通报机制，在设计内容和设计深度上细致审查、严格把关，并且研究分析设计支撑工作中的典型问题、共性问题，形成问题分析和改进措施清单。加强总包项目管理，总结近年来总包项目的经验，进一步规范项目管控，确保优质高效安全投产。

六、凝心聚力、民主和谐，用实际行动赢得社会认可

党建引领中心工作。经研公司深入贯彻落实党的十九大会议精神，开展"不忘初心、牢记使命"主题教育，促使党建工作向纵深推进。推动"举旗·攻坚工程"，开展"亮旗表率在一线"，深度融入支撑、设计、总承包等中心工作，连续两年获得社区"共驻共建先进单位"，荣获湖南电力"电网十佳先

锋党支部"称号。

发挥群团合力。经研公司经常性地组织开展各种喜闻乐见的文体活动。例如,"三八妇女节"踏青,"五四青年节"春游,以及红色教育实践和红色诗歌朗诵、合唱等活动。经研公司工会以保障员工的利益为出发点,开展送清凉、送温暖、慰问、体检和读书观影等工作,促进了公司与员工之间劳动关系的和谐与稳定。

注重企业文化建设。经研公司通过道德讲堂、诚信演讲和专家讲座等活动,以及法律大讲堂和专业制度、法规的宣贯培训,把诚信教育作为企业文化的重要内容,让诚信观念深深植根于员工心中,努力建设具有地域特色、行业特征、企业特点的诚信文化体系和运行机制,真正成为凝聚力和创造力的重要源泉,为诚信企业建设添砖加瓦。

热心公益,奉献社会。经研公司连续3年组织到邵东县仁风小学进行捐物助学活动,在西藏自治区普兰县捐助贫困牧民,感悟初心、践行使命。开展"联学联创"活动,策划对新宁县大兴村进行帮扶工作方案,先后采取了捐物助学、捐资助建、消费扶贫、技术扶贫等多种方式,陆续解决了村民们学习生活上的问题和村子发展中的困难,实践"人民电业为人民"的宗旨,助力打赢打好脱贫攻坚战。

诚信企业建设是一个长期性的系统工程,经研公司将深入持久地开展诚信经营活动,进一步强化诚信监督机制,以诚信创新品牌,增强公司的竞争力,使公司持续快速发展。经研公司将一如既往重视企业信誉,精益求精地追求设计质量,认真对待每一项任务、履行每一份合约,不辜负社会的信任,为加快建设富饶美丽幸福新湖南贡献力量。

案例创造人:陈霖华　周鲲

聚焦疫情防控，深化以社会责任为导向的企业诚信建设

国网山西省电力公司大同供电公司

一、企业简介

国网山西省电力公司大同供电公司（以下简称大同公司）成立于1979年，是国网山西省电力公司（以下简称山西电力）直属的大型二类供电企业，以电网规划、建设、运行管理及电力调度、经营等为主营业务，承担着大同4区（平城区、云冈区、云州区、新荣区）6县（阳高、天镇、浑源、灵丘、广灵、左云）工农业生产和346.3万人民生活供电及电力建设任务，供电面积1.4176万平方公里。下设12个职能部门、9个业务机构、9个县（区）公司，用工总量4752人，供电用户134.17万户。

2020年，大同公司积极克服新冠肺炎疫情不利影响，以国家电网有限公司（以下简称国网公司）战略目标为引领，争当服务地方经济发展、服务能源革命综合试点"两个排头兵"，围绕重点工作计划，"一手抓疫情防控、一手抓复工复产"，各项工作推进扎实有序。

二、加强组织领导，打好疫情防控坚实基础

2020年，新冠肺炎疫情突如其来，大同公司严格执行国网公司和山西电力安排部署疫情防控工作具体要求，贯彻落实支持疫情防控及供电服务保障10项举措等实施方案，全力做好疫情防控工作。在这场打赢疫情防控阻击战中，大同公司积极践行"人民电业为人民"的企业宗旨，切实担负起作为供电企业应承担的社会责任和使命，全面彰显企业诚信，保障医疗机构用电安全，助力用电企业复工复产，确保电网安全稳定运行，全力以赴打好打赢疫情防控硬仗，助力实现2020年经济社会发展目标任务。

大同公司充分发挥党组织的战斗堡垒作用和党员的先锋模范作用，于新冠肺炎疫情期间，迅速成立了以总经理、党委书记为组长的工作领导小组，编发进一步加强疫情防控工作通知，启动大同公司突发公共卫生事件应急预案，推动预案前置、形成执行合力。通过创新"网格化＋信息化"排查模式，于2020年1月28日完成全公司1.86万名职工及家属涉鄂情况的全面摸排，2月5日出台疫情期间厂区进出管理规定；与此同时，紧急采购口罩3200个、测温枪25把，全员、全方位、全过程、全链条防控体系初步形成。大同公司坚持"一手抓疫情防控，一手抓复工保障"，在持续筑牢疫情"防火墙"的同时，将公司疫情防控工作由全面排查、全员参与、全口径上报向精准施策、重点排查、关键部位严防转变。累计向基层单位发放口罩3.1万个、体温枪33把、消毒液1000余升，为公司运行值班、防控一线人员供餐4000余份，日均消杀办公面积3.5万平方米，为入境家属职工发放防疫爱心包6个，保障了公司正常复产和疫情防控"两手抓、两不误、两促进"。通过科学的供电保障措施、优质服务措施和防控治

理措施的协调整体推进，大同公司全体党员干部职工凝心聚力，不向困难退半步，从内部管理抓起，为抗击疫情斗争取得新成绩、实现新突破打下坚实基础，为全面夺取疫情防控和实现经济复苏双胜利提供有力保障。

三、关注重点单位，提升供电保障能力水平

大同公司全面提升新冠肺炎疫情防控重点单位供电保障水平。对大同市防疫定点医疗机构、发热门诊及隔离场所、疫情防控物资生产企业等疫情防控重点单位及场所，全面开展隐患排查治理。建立供电保障全天候专属运维团队，开展 24 小时在线供电监测，采取驻点保电、特巡、带电作业相结合等方式，确保稳定可靠供电，确因疫情防控需要增加第二路电源的，免收高可靠性供电费。同时，做好应急抢修准备，统筹应急发电车、抢修车辆、抢修工器具等资源调配，实行先复电后抢修，确保突发情况下处置高效及时。大同市共有疫情防控相关重点保电用户 22 家，涉及医院、医药、消杀 3 类企业。大同公司制订专项保障计划，统一认识，提高站位，细化措施，上下协同，全力为重点用户保驾护航。全面梳理 22 家重点用户供电路径，从用户配电室追溯到 220 千伏变电站，实时监控保电负荷，优化运行方式，对保电线路调整拉路序位，实行监控挂牌保电，各专业每日汇报设备运行、巡视、测温情况及保电安排，确保电网运行情况可控在控。对重点保电用户涉及的 15 座 220 千伏变电站、18 座 110 千伏变电站及 30 条 110 千伏线路、2 条 35 千伏线路、31 条 10 千伏线路加强巡视检查，发现隐患及时处理，确保疫情期间设备运行健康平稳。建立 22 家重点保电用户一对一专人对接机制，每日了解用电负荷、运行情况，疫情期间未发生一起停电事件。

大同市中医院是该市唯一定点收治新冠肺炎疑似病例的医院。2020 年 2 月 19 日，在抗疫保电巡检期间，大同公司了解到该中医院配电设备已无法满足 21 个负压（传染）病房和洗涤消毒室用电需求，经过多方协调之后，以最快速度集结施工队伍和相关物资，于当日中午进驻该中医院配电室开展改造升级，从材料准备、低压柜就位、敷设低压电缆、制作电缆头到设备实验，大同公司各部门有序衔接、环环相扣，高效率推进施工。2 月 20 日上午 10 时，该中医院所有负压（传染）病房和洗涤消毒室等送电成功。在该次抗疫保电支援中，大同公司先行垫资 25 万余元，出动工作人员 45 人，现场作业 20 小时 55 分钟，安装低压配电柜 2 面，铺设低压电缆 560 米，架设绝缘导线 310 米及其他配套设施，迅速解决了该中医院疫情防控用电缺口问题，有力支撑了大同市疫情防控工作，彰显了责任央企形象。2 月 20 日中午，大同公司收到了来自大同市中医院的感谢信。

四、提升办电效率，助推复工复产加快进程

为确保新冠肺炎疫情防控和复工复产供电服务保障精准高效，大同公司进一步提升办电服务效率。充分发挥"网上国网"手机 App、95598 热线等渠道优势，全面推行网上办电服务，实现电费交纳、账单查询、故障报修等服务事项"网上办、掌上办、指尖办"。对疫情防控物资生产企业新装、增容扩产用电，开通疫情防控接电"绿色通道"，实施零上门、零审批、零投资"三零"服务。及时为复工复产企业提供暂停（含恢复）、减容（含恢复）等变更用电服务，支持企业满负荷生产。对因疫情防控引发的企业基本电费计收方式变更、暂停及其恢复等业务，实行"当日受理、次日办结""先办理、后补材料"，全力支持企业尽快复工复产。对除高耗能行业用户外现执行一般工商业及其他电价、大工业电价的电力用户计收电费时，统一按原到户电价水平的 95% 结算，让用户切实感受到降成本"红利"。为助力大同市政府动态掌握全市企业复工复产情况，依托电力大数据，开展企业复工复产监测分析，为大同市疫情防治发挥积极作用。大同公司充分发挥网格化服务在疫情期间的应急系统中的作用，累计为 17 家疫情防控企业提供"三零"办电服务，在最短时间内完成接电任务。积极主动与山西省卫健委沟通联

络建立保供电常态沟通机制，建立全天候专属保障团队，针对疫情防控重点场所、重点企业，迅速制订"一户一策"保电方案，"一对一"现场值守，保障 235 个重点客户安全可靠用电。坚决执行阶段性降低用电成本政策，截至 2020 年 11 月，累计为 6.12 万户企业减免电费支出 1.72 亿元。推进"不见面办电"，推广应用"网上国网"线上办电交费，深化营销大数据分析，打造企业复工电力指数，常态协助政府开展企业复工复产监测分析，支撑政府科学决策，上线"转供电费码"，精准支撑清理规范转供电加价，得到好评。

大同市云州区玉鑫农牧开发有限公司于 2020 年春节放假期间申请报停两台 2000 千伏安变压器，新冠肺炎疫情期间，该企业特向山西省卫健委申请办理了消毒产品企业卫生许可证，投入医用消毒酒精的生产线。大同公司在与该企业负责人详细了解用电情况后，迅速为该企业"量身定制"了最优最快的复电计划。一路通过远程引导客户从"网上国网"App 办理申请容量恢复业务，一路增派工作人员主动上门协助企业排查隐患、收取材料、启用设备，通过缩减办电环节服务民生用电，将原来需要 4 天的业务流程缩短至 24 小时以内。同时，为减轻企业负担，大同公司执行灵活电价政策，减免了该企业两台 2000 千伏安变压器暂停时间不足 15 天应正常缴纳的电费，按照该企业实际停用时间免收基本电费。玉鑫农牧开发有限公司的用电得到了保障，生产也能开足马力，复工之后，每日生产约 170 吨酒精原液，在保障大同市医用消毒酒精供应的同时也积极向全国其他消毒品紧缺地区实施供应。

2020 年 8 月 21 日，大同公司接到了来自平城中学的紧急增容申请。平城中学是大同市平城区政府兴办的一所全封闭寄宿制学校，校区由原大同市体育学校改建而成，2020 年开学季将迎来第一批高一学生，在新建了教室、宿舍、食堂后，原有的 250 千伏安变压器已经不能满足其用电需求。大同公司了解了该学校目前变压器超负荷工作的现状及急需在 2020 年 9 月开学前完成增容的诉求后，迅速协助该校通过"网上国网"提交了业扩申请，此时，距离开学仅剩 10 天。大同公司紧急部署，迅速行动，为该校量身定制了增容方案。2020 年 8 月 28 日，完成平城中学 1250 千伏安变压器安装后，大同公司组织开展验收工作并在当日成功送电，超前完成任务。该次业扩申请，平城中学经办人全程通过线上进行办理，电子化传递办电证照，随时可登录"网上国网"查看办电流程，真正实现了"零接触"式办电服务。从业扩申请到成功送电仅用时 7 日，大同公司以"数据跑"代替"客户跑"，体现了大同公司在践行"获得电力"中的"国网速度"。目前，大同公司已将高压办电环节由 6 个环节精简至 4 个环节，低压由 4 个环节优化至 2 个环节，有效提升用户快捷办电的体验感和认同感。

大同公司在新冠肺炎疫情最艰难的时刻，坚决履行对大众的承诺，时刻保障电力的可靠供应，以高度的社会责任感铸就诚信品牌，初心不改，屹立激流稳如山，有序推进疫情防控及助力复工复产各项举措落实，用实际行动响亮地印证了自身作为"国民经济保障者、能源革命践行者、美好生活服务者"的战略定位，为建设具有中国特色国际领先的能源互联网企业做出了积极贡献。

案例创造人：陈翔　叶泓灏　高正阳

优质服务撑起责任担当

国网山西省电力公司陵川县供电公司

一、企业简介

国网山西省电力公司陵川县供电公司（以下简称陵川公司）成立于1972年，是山西省内中型县公司之一。现有6个部室，下设7个班组、7个乡（镇）供电所、1个营业站。全民职工105人，劳务派遣工5人；众辉职工106人；集体职工6人，社会化用工7人。主要担负着陵川县7个乡镇、古郊乡部分地区供用电工作，供电区域占陵川县总面积的40%（目前正在逐步接收水电自供区，接收完毕供电区域将达到100%）。管辖35千伏变电站4座，主变压器8台，总容量77.80兆伏安；35千伏公用线路11条，总长96.898公里；10千伏公用配电变压器670台，总容量184.45兆伏安；10千伏公用线路36条，总长639.42公里。承担着陵川县8.9万余户的供电服务工作，2020年售电量4.08亿千瓦时，创历史新高。

多年来，在上级公司党委的正确领导下，在陵川县委县政府的大力支持下，陵川公司先后被授予"山西省2019-2020年度文明单位""国家网电有限公司2017-2020年度文明单位""国网公司配电网标准化创建县百佳公司"等荣誉称号。杨村供电所被评为"全能型乡镇供电所"和"五星级乡镇供电所"，礼义镇供电所被评为"全能型乡镇供电所"和"四星级乡镇供电所"。此外，还获得了"山西省五一劳动奖状""晋城市五一劳动奖状"等荣誉称号。

二、企业诚信体系建设

陵川公司从建立伊始，始终坚持党建引领，深入践行"人民电业为人民"的企业宗旨，以客户为中心，以服务为根本，以共产党员服务队为载体，高质量提升服务品质，争当"优质服务先锋"，将温情服务送进千家万户，以实际行动不断彰显着国有企业的责任与担当。

（一）"宅"在岗位，阻击疫情

新冠肺炎疫情期间，全国上下纷纷将疫情防控作为压倒一切的重大政治任务，各行各业坚守岗位，"宅"在岗位，全力阻击疫情；广大居民积极响应，"宅"在家，履行"在家不出门，就是对社会、对国家最大的贡献"的号召。陵川公司严格落实上级"疫情就是命令、防控就是责任"的命令，第一时间启动应急机制，广大党员干部职工放弃休假纷纷挺身而出，"宅"在岗位，为阻击战提供坚强电力保障，为居民提供优质供电服务，为返岗职工提供全面安全保护，紧张有序，忙而不乱，用实际行动书写了供电人"人民电业为人民"的初心与使命。

陵川公司第一时间成立新冠肺炎疫情工作领导小组，组织部门负责人及以上人员召开疫情防控工作部署会，制订下发1个总体方案和3个专项方案，指导疫情防控和保电工作。全口径排查职工及家属信息，统筹安排职工返岗、物资调配，保障职工健康安全和正常工作秩序；结合"爱国卫生运动"开展卫生环境整治和办公场所消杀。根据陵川县疫情防控实际情况，绘制疫情防控保电场所示意图，对陵川县人民医院等医疗单位、集中隔离点在内的32个保电点制订"一点一案"措施并开展相关保电工作，主动对接水电自供区范围内的陵川县第二人民医院，应急电源车24小时待命，全面做好疫情防控重点区域电力保障。助力企业复工复产，严格落实各项工作部署，通过"三问"服务助力全县规模以上企业复工复产，持续提供"跟踪式"电力服务。向陵川县委县政府编制报送疫情防控供电保障、助力企业复工复产专题报告，获陵川县委县政府高度肯定。

（二）"光伏"路上的"供电人"

为实现"十三五"脱贫目标任务，创新产业扶贫机制。陵川县大力推进科学扶贫、精准扶贫，充分发挥当地光照资源充足的优势，积极实施光伏资产收益扶贫项目，建成3座村级光伏扶贫电站，为贫困群众开辟了稳定的增收渠道，增加了村集体经济收入，加快了扶贫对象脱贫致富步伐。

陵川公司为支持光伏扶贫，确保光伏项目按时并网发电，投资52万元，完成晋城市陵川县第一批扶贫光伏项目配套送出工程：涉及冶子村、铺上村、圪坨村等3个贫困村，新建及改造配变台区2个（容量400千伏安）和10千伏线路0.52公里、低压线路0.27公里。改造后，贫困村户均配变容量达到1.3千伏安，每年户均停电小时数低于28小时。每个村集体平均年收入高达13万元。

在推动村集体收入的同时，陵川公司积极宣传光伏发电上网政策，根据人口分布和光伏建设条件，以户为单元，统筹规划，分阶段整村推进，大力支持、积极动员引导贫困户屋顶及院落安装户用光伏系统的申报建设，以增加稳定收入。在光伏发电用户报装过程中，陵川公司特地开辟绿色通道，不断简化报装接电程序，缩短内部周转时间，做到"一口对外"，还邀请陵川县经信局及相关单位负责人共同深入到项目现场，协助客户解决用电审批中的问题，配合用电客户尽快完成送电投产。

以陵川县崇文镇冶子村（精准扶贫村）为例。冶子村位于陵川县城西南10公里处，有着一定农业基础，全村共103户、320口人。其中，建档立卡贫困户25户，贫困人口66人。冶子村三面环山，坡大面广，地面无企业，地下无资源，村民收入主要靠种植玉米，属于典型的村集体经济"空壳村"。2016年，冶子村向陵川公司申请更换变电设备和供电线路，陵川公司高度重视，迅速组织工程技术人员进行现场勘查，拿出初步方案并用最短工期完成施工任务，为冶子村光伏项目提供了保障。该村也采取各项措施进行村集体经济破零和提高村民收入。①屋顶式光伏发电。每户投资4万~7.2万元，资金来源为安装公司垫资15%，信用社贷款85%。建成后每年为安装户提供收益约6000~12000元。以村民范虎龙为例，安装光伏5千瓦，总投资40800元，其中安装公司垫资6800元，范虎龙承贷34000元。信用社在安装公司担保下发放贷款34000元，月利率6.33‰，贷款期限7年。陵川公司结算电费按季度打入用户指定账户，根据户主观察，1块发电板每天平均发电最少1度，年收入约7000元，预计三四年可还完贷款。②建设100千瓦光伏扶贫电站项目。该项目占地1300平方米，总投资100万元。该项目自建成投运至今，纳入可再生能源补助目录后平均每年可为村集体创收13万元左右，为贫困户创收约2000元。建成后年收益的60%用于贫困户保底增收、稳定脱贫，其余40%用于电站运维和村集体卫生、供水、垃圾清运等公益性事业及全村年终福利事业。公益岗位的设立彻底改变了农村环境脏乱差的现象，村民的精神风貌焕然一新，增强了村级组织的凝聚力、战斗力和服务力。

陵川公司全力确保光伏电费结算，助力决胜脱贫攻坚。随着第四批纳入国家规模范围的村级光伏扶贫电站项目名单的发布，陵川县70户非自然人光伏项目中共有55户纳入国家规模范围，作为光伏扶贫项目享受国家补贴政策。为确保村级电站及时开具发票完成电费结算，充分发挥光伏收益带动作用，陵川公司采取了以下 3 项措施。一是加大结算力度，每月及时将当月电量信息通过台区网格群告知，每日更新提醒未结算用户并通过供电所台区经理入户提醒，督促其尽快开票。二是主动将"办公场所"转移到当地税务局，帮助用户开具发票，实现流程一次性快捷办理，简化中间流程，避免开票错误导致的"二次开票"问题，为实现村级电站按月 100% 结算提供保障。三是按照光伏扶贫相关政策逐步拨付补贴资金，加快各项政策和光伏发电收益及时落实，为决战决胜脱贫攻坚增添强劲动力。

案例创造人：崔哲睿

天道酬诚——助推电力市场阳光发展

哈尔滨电力工程安装有限公司

一、企业简介

哈尔滨电力工程安装有限公司（以下简称哈尔滨公司）于1998年成立，是哈尔滨电力实业集团有限公司的全资子公司，依法建立了由董事会、监事会和高级管理层组成的治理架构，哈尔滨公司承装（承修、承试）电力设施；承装（承修、承试）其他能源发电、输配电等工程及其配套工程；从事有关电力方面的技术开发、咨询等服务。2019年，经过中国电力企业联合会对企业信用状况综合评价后，认定哈尔滨公司为信用等级AAA的建设企业。

二、务实敬业，诚信经营

哈尔滨公司努力适应改革潮流，迅速转变观念，紧跟上级精神，努力学习政策法规和专业技能，目的是始终要站在电力行业的最前沿，为社会提供最可靠、最安全、最优质的服务，坚守电力人的初心，履行电力人的诚信。公司以全体员工为对象，通过宣传、教育、培训等方式规范企业和员工的行为，提升企业形象，增加企业价值的无形资产。

1. 稳守内部市场。一是建立持证人员档案、机械设备台账，为市场竞争提供基础数据与资料。二是统一各专业标书模板、跨分公司成立标书审核小组，根据评标细则，细化投标文件，努力提高投标文件的质量。三是编制完成《投标管理办法（试行）》，完善各项管理制度及流程，对可能出现的围标、串标等风险进行严格纠正，确保投标全过程的合法、合规。

2. 开拓外部市场。哈尔滨公司坚持"走出去、动起来"的市场战略思想，加大信息平台的关注范围，加强信息收集力度，提升业务咨询能力，深入挖掘潜在优质诚信客户，积极主动与客户对接，以优质服务为驱动，努力抢占外部市场。一是与恒大地产集团哈尔滨公司成功签署战略合作协议，入选万科、中海、华润、保利4家大型地产集团合作供应商资源库。二是积极参与各类工程竞标。三是积极参与社会各类招标平台竞标。四是召开恳谈会，为用户解决用电需求，提供前期服务，建立业务联系，积极抢占用户市场。

面对新形势，哈尔滨公司不断提升服务本领、巩固企业信用，牢固树立优质服务的理念和为客户提供优质服务的本领，以优质服务赢得市场，以优质服务促进企业发展。及时转变思维方式，摒弃以往"大树底下好乘凉"的工作作风，服务理念要更新、服务文化要丰富、服务质量要加强、服务举措要全面、服务方式要灵活、服务手段要多样、服务管理要到位，在规范中完善服务、提高质量；在服务中开拓市场、寻求发展，规范高效、务实敬业赢得广大用户的真诚信赖，创造良好的企业信誉。

三、规范管理，成效显著

1. 哈尔滨公司严格规范分包管理。出台《分包商资信评价实施方案（试行）》《工程分包比选管理办法（试行）》等规定，综合评价分包队伍的技术、质量、安全保障能力与合同履行能力，以及施工机具配置、造价管理、施工配合等情况，培育和选择信誉优、施工能力强的核心分包队伍。按工程分包比选管理办法，对符合要求的工程项目，采取公开比选的方式，通过比质比价确定土建部分的分包队伍，要求分包队伍必须在集团公司各单位的组织、监控、监护下开展施工作业，坚决杜绝"以包代管"的现象，使分包管理工作更加规范、公开、透明，时时处处以"诚信"为第一出发点，努力达到高标准、高质量、高水平为主体的诚信企业体系。

2. 哈尔滨公司规范物资采购管理。一是出台《询价采购管理规定》和新的《物资管理办法》，将物资采购价格压降到合理范围，成本节资效果明显，同时确保了比价采购全过程"阳光透明"；二是圆满完成上级公司下达的电商平台 7400 万元采购任务，确保了企业年度电商化采购目标顺利完成，提升了企业的信誉度。

3. 哈尔滨公司优化人资管理，提高工作效能。一是梳理、完善干部考察、任用程序，加强监督管理，开展梯队建设，适时调整聘用，实现干部、职级职员发展序列有机衔接、并行互通。二是优化公司组织架构，实施"瘦身健体"，完善机构设置，提高组织效能。加强用工管理，盘活内部存量，严格依法解除触碰红线职工的劳动合同。三是优化完善绩效考核机制，精准设置考核指标体系，实施差异化考核。四是完善工效联动分配机制，增强薪酬分配与效益、贡献的刚性关联，优先以效益为导向，构建激励有效的薪酬分配机制，实现人均工资收入稳步提升。

4. 哈尔滨公司完善财务制度，夯实财务基础。一是充分利用内审、外审等审计成果，强化依法从严治企和财务规范化管理，出台《往来款项管理制度》《备用金管理制度》等 6 项财务制度。二是严控银行账户开户范围和开户数量，定期开展银行账户检查和清理工作，筑牢资金安全第一道防线。三是全面排查清理民营企业欠款，保证资金及时支付，建立清理民营企业欠款长效机制，避免前清后欠现象发生。四是通过办理履约保函、拨付资金等方式为工程项目按期施工提供资金保障，有效地进行信用评估和跟踪记录，强化监督检查，保障财务运转稳健。

四、阻击疫情不畏险，真诚奉献齐攻坚

2020 年春节期间，一场突如其来的新冠肺炎疫情袭来，全国上下进入了防控疫情的状态。在全面抗击疫情的非常时期，黑龙江省委省政府决定启用黑龙江中医药大学附属第二医院哈南分院为黑龙江省的"小汤山"版医院，作为抗击疫情的后备补充。哈尔滨公司党委坚决贯彻上级公司各项疫情防控部署，加强组织领导，明确工作责任，统筹推进公司整体疫情防控工作。在抗疫的最前线，哈尔滨公司的广大干部员工全力以赴完成黑龙江省集中救治定点医院应急供电增容及电缆化改造紧急设计、施工和监理任务，所属各分公司共产党员服务队完成哈尔滨供电区域施工、抢修任务 15 次。面对疫情蔓延、工期紧迫、寒冬作业的困难局面，哈尔滨公司董事长兼党委书记带领公司党委班子驻守现场、靠前指挥，团结广大干部员工凝聚起众志成城、共克时艰的强大力量，投入 5 个部门、9 家基层单位 200 余人参与建设。广大党员不畏艰险，关键时刻挺身而出，在施工现场迅速集结成立一只由 79 名共产党员组成的哈南分院供电工程共产党员突击队，冲在工程最前线。在短短的 14 天里，以惊人的速度提前完成了上级公司交给的光荣任务，为医院建设节省了宝贵时间。既展现出电力安装企业应有的担当精神，赢得了系统内外的认可与赞誉，也挖掘出自身潜能，为提升工程精益化管理水平增添了信心。承担着哈尔滨市供电抢修和保障任务的各分公司以党员为首，不讲条件，勇于冲锋，始终让党旗在一线高高飘扬。他们

完成了黑龙江省公务员小区移动数据中心恢复供电设计、黑龙江省疫情防控指挥中枢备用电源接入及巡视、为各防疫医院安装备用电源，为收费站、检测点介入照明取暖电源，多次为断水、断电的百余户居民抢修供电。做好疫情防控保电工作是电力人工作的重中之重，他们为打赢这场艰苦的疫情防控阻击战舍小家、顾大家，不为名利、只为守护。一路逆行，不畏艰险，冲锋在前，涌现出一批优秀的党员干部和广大员工。

五、党群工作务实创新

哈尔滨公司把党的政治建设摆在首位。围绕优化营商环境整顿工作作风，组织开展"我是谁、为了谁、依靠谁"大讨论活动。高质量开展"不忘初心、牢记使命"主题教育，聚焦突出问题并及时整改。开展党建专业绩效考核，提升基层党支部组织力。充分发挥党建引领作用，以"党建+安全""党建+服务"促进党建与业务相融合。共产党员服务队深入部队、社区和保电、事故应急抢修现场，为群众办实事解难题，打通了联系服务群众"最后一公里"。开展"送温暖"活动，把"不忘初心、牢记使命"作为加强党的建设的永恒课题和全体党员干部的终身课题，不断运用党的创新理论推动实践、指导工作；严格执行党内制度，严肃党内政治生活，增强基层党支部的组织力和战斗力；制订党员教育培训方案，分层分类开展培训；培树先进典型，增强其示范引领作用，助力上级公司高质量发展。

在新形势下，每个企业都走在可持续发展之路，企业的信用、服务质量以及员工的素质决定了企业的未来。未来的竞争是品牌的竞争，是信用的竞争，而不仅仅是产品价格竞争。任何一个企业生产的产品是有生命周期的，然而企业的品牌生命力和信用的号召力是无限的。哈尔滨公司的良好信用来之不易，因此必须始终如一地恪守企业道德规范，倍加爱护"诚信"这块牌子，在市场竞争中取得事半功倍的效果。未来，哈尔滨公司将进一步提升员工队伍素质水准，加强员工队伍素质培训，持续巩固企业良好的信用，不断提升企业在市场上的竞争力，使企业更好地适应社会经济发展，促进企业不断发展和进步。

案例创造人：彭录海　赵航　刘薇

应用信息系统强化信用管理成效显著

国网江西省电力有限公司鹰潭供电分公司

一、企业简介

国网江西省电力有限公司鹰潭供电分公司（以下简称鹰潭公司）是国有中一型企业，下辖月湖区、贵溪市、余江县3个县级供电公司，以建设、运营鹰潭电网为核心业务。担负着鹰潭市工农业生产和居民生活供电任务，供区内有沪昆高铁和鹰厦、浙赣、皖赣电气化铁路及贵溪冶炼厂等重要用户。2017年有效应对了洪涝、酷暑、雨雪冰冻等恶劣灾害天气，电网负荷六创新高，被国网江西省电力有限公司（以下简称江西电力）授予"2017年安全生产先进单位"。打造了全国首批"多表合一"示范区，并且积极推广水电气"一单式"交费和房产交易与水电气联动过户等"信息多跑、群众少跑"为民措施。蝉联江西省供电单位区域标杆，营销专业获管理标杆。鹰潭电网现有220千伏变电站5座、110千伏变电站16座、110千伏及以上变电容量2355兆伏安，输电线路1026公里。鹰潭电网以500千伏为支撑点，220千伏环网运行，并且与上饶、抚州、乐平等地通过500千伏及220千伏线路联网，110千伏变电站全部实现备用电源自动投入。

鹰潭公司认真落实国家电网有限公司（以下简称国网公司）新时代发展战略，持续"转作风、保安全、提服务、促发展"，致力电网科学发展、保障电力供应、做好优质服务，以服务鹰潭经济社会发展为己任，全力服务人民美好生活的需要。曾获得"全国模范劳动关系和谐企业""全国模范职工之家""全国'五四'红旗团委"和国网公司"首届文明单位"等多项荣誉称号。

二、企业信用体系建设

当前，用电客户拖欠电费、违章用电、窃电现象比较严重，已得到相应部门的高度重视。为解决影响供电公司生存与发展的客户拖欠电费问题、日益严重的窃电问题，各供电公司均提出各种行政管理手段和探索技术更新手段。然而，在客户信用等级评定工作中目前主要采用的是定性评级办法，缺乏"人机结合"，存在效率低下的问题；同时，信用评价体系缺乏细致准确的科学指标，评级中主观和经验要素影响较大，难以量化和标准化，给信用评估工作带来不少困难，也难以真正发挥信用等级评级的作用。鹰潭公司通过先进的企业信用评估模型及风险管理系统有效地管理企业拖欠电费和窃电行为，收到了良好的效果。

（一）客户窃电案件回放

2020年4月5日，一笔22.5万元追补电费和违约使用电费汇入鹰潭公司电费账户。这是近年来鹰潭公司查获的一起数额较大、窃电手段隐蔽的重大居民窃电案件。2020年4月1日，鹰潭公司和治安大队联手组织了针对低压用电台区的专项反窃电行动。通过系统数据比对，发现某社区台区电量损失一直在高位徘徊。此前多次对该台区进行用电检查，但未发现可疑窃电对象。在排查中，检查人员通过测量，发现电缆分线箱到某用电户家电表前段入地电缆电流明显大于表前电缆进线电流。由于有一段表前电缆和入户电缆都埋设在地下且电缆分接箱安装在用电户家大院一角，凭外观检查无法判断该户的窃电行为。在警方协调下，征得某用电户同意后，用电检查人员挖开电缆分线箱下深埋的电缆，发现该户的入户电缆直接搭接了公用电缆并用波纹管做了良好的套护，窃电手段非常隐蔽。在确凿的证据面前，某用电户承认了自己窃电的行为。用电检查人员通过对该户家中央空调、抽水设备、景观灯和家用用电设备的核对，依照相关规定对其违法所得56250元予以追缴并追补了3倍的违约使用电费。

（二）电力信用管理的常规做法

以往，鹰潭公司在信用管理中一般采用以下几点常规做法。一是继续做好普及信用电力理念与相关法律法规的宣传教育工作，利用电视、广播、报纸、杂志、传单、广告等媒体大力宣传遵守法规、诚信用电的意义。二是严厉打击窃电行为。抓住典型案件，除按规定足额进行处罚外，还要联系新闻单位进行社会曝光，窃电数额巨大情节特别严重的要移交司法部门惩处。三是从计量装置和配电设施上堵塞窃电的漏洞。这不仅包括加强对电表下户线和电力计量装置的监督和管理，还要强化对电能计量装置防窃电方面的研究，将电表安装在显眼处，便于监督和管理，让窃电者无处下手，想方设法堵塞窃电的漏洞。四是加强对用电户配电设备的巡视检查管理。作为供电企业职工都有防窃电反窃电的责任，尤其是供电企业内部的用电监察、装表接电、抄表收费等从事用电管理的人员，都要自觉肩负起维护电力企业正当利益的责任。五是从防窃电的角度看，严格控制单户电表开户。从实践看，窃电者多是一户一表的家庭或小商店、小作坊，而集装表窃电的现象很少。集装表窃电现象少的原因，主要是集体间存在着相互监督的因素。

（三）应用信息手段强化信用管理

部分企业拖欠电费、违章用电及窃电现象比较严重，屡禁不止。使得电力公司运营暴露在极大的风险之中，同时也影响了资源的分配和人们的生活。鹰潭公司通过广泛采用先进的信息手段强化信用管理。

1.应用信用信息数据库。信用信息数据库在当今数字化时代可以提供更为丰富详细且具有多样性的信息供给支持。鹰潭公司信用评估数据根据信用评估操作的具体过程可大致分为3种。第一种是原始数据。原始数据又按照其需求支持的各系统分子类，按子类建立数据库文件，如支持定量分析子系统的各类信用信息等。第二类是中间数据类，这类数据是对原始数据进行适当加工，变化为可直接提供给信用评估模型运算的中间临时数据库文件，或某个模型运算中间结果数据，类比于定量分析中生成的各个信用指标值等。第三类为输出信息类，其中涵盖了信用评估报告、信用评估结果表单等。

2.采用信息整合子系统。该子系统可实现用电企业基本资料的录入及逻辑关系自动校验功能。录入可由业务人员人工计入补充资料或由信息管理子系统从内部业务系统数据库、外部业务系统数据库和电子数据文档中自动导入。系统自动完成对录入数据中的逻辑关系的校验并对其中不符合逻辑关系的项目发送提醒警示，未进行整改前不对资料进行处理，由此来保证评估资料的真实性和可靠性。

3.建立信用评级子系统。建立电力用户信用评级体系首先需要建立一套科学、实用、精准可靠的信用评级模型，同时更为重要的是在现行法律法规体系下和供电公司现有的数据准备条件基础上具有可操作性。目前，世界上绝大多数信用评级都从定性和定量两个方面来考察企业的信用等级，是对一个企业信用状况的整体评价。鹰潭公司信用评价子系统将企业工商数据、交费违约情况、行业趋势统计量（比差、比率）、同类型企业对比（比差、比率）和违章用电、窃电等情况纳入信用评价体系，给出用电企业的信用评级表、行业信用分布图和企业的信用曲线图。

4. 开发欠费风险控制子系统。鹰潭公司将企业的工商数据、行业分类、电价分类、违约金额、违约次数、最近违约情况、违约金中位数及方差和违约天数中位数及方差等信息纳入到欠费风险评价模型。

5. 投入用电异常检测子系统。鹰潭公司用电异常检测技术的投入、引用能够将可能的窃电用户筛选出来，为有针对性地安装防窃电计量柜或防窃电电表提供数据信息依据。大量案例经验说明，20%的"电耗子"造成了80%的窃电损失，能够把这20%的用户检测出来，有的放矢，无疑会节省供电公司大量的人力物力。对解决目前反窃电工作中存在的资金和人力不足的问题起到积极的作用。用电异常检测系统犹如供电公司实施管理的"雷达检测站"，通过设置科学的用电异常检测数据信息体系，借助信息化手段，对监控区域内全体用户的用电情况进行精准实时核查监视，及时发现可疑问题，向用电营销等部门传递疑点信息和判别依据，及时检查处理和阻止窃电行为的发生。

（四）总结与评价

1. 社会效益。在社会环境和影响方面，使用信用风险管理系统能给企业带来如下效益。一是建立用电用户信用等级评价体系，优化电费回收环境。二是建立欠费风险控制体系，净化企业经营环境。三是建立窃电检测与防范体系，净化用电环境。有偿提供用户交费信用数据和用电诚信记录。在这种完善的企业信用体系下，企业的竞争力和市场规模才能逐步增强扩大。

2. 经济效益。2020年，鹰潭公司有序推进各项工作和信用管理结合发展，概念收益4.12亿元，概念收益增长率0.70%；百万用户投诉量同比降低78.05%；电网最高负荷78.11万千瓦，同比增长3.64%。坚决强化供电可靠性，保证公司信誉口碑，狠抓台区线损管理。减少停电12.17万时户，增售电量193万千瓦时。实行"一台区一指标"，累计台区线损率为3.63%，同比下降2.15个百分点，增售电量998.01万千瓦时，增加售电收入650.54万元。加强营销关键业务治理。上半年完成营销关键业务治理成效608.58万元，其中查处违约用电和窃电285件，追补电费及违约使用电费429.7万元。反窃电立案28起、刑拘2人，形成了强大的震慑作用。在鹰潭公司各项工作有条不紊的实施下，企业的电力信用管理也得到了极大的巩固优化。

鹰潭公司实施电力客户信用风险管理系统，提高用电营销辅助决策水平，探索电力客户信用评价和窃电检测手段，不仅填补国内相应空白，具有相当的学术价值；而且具有较高的经济效益，符合电力公司的现实和长远利益。该项目的实施将为鹰潭公司电费回收管理工作、反窃电管理工作和用电营销决策带来重大的革新。

案例创造人：万鹰翔

"三个坚持"筑牢诚信根基

国网吉林省电力有限公司长春市九台区供电公司

一、企业简介

国网吉林省电力有限公司长春市九台区供电公司（以下简称九台公司）是国网吉林省电力有限公司所属供电企业，主要负责全区4个乡镇、13个街道办事处的21.9万户供电服务任务，供电面积3075平方公里。下设7个职能部门、3个业务支撑和实施机构，有13个党支部；现有职工596人，党员157人。先后获得"全国文明单位"、吉林省"模范集体"、长春市"五一劳动奖状"、国家电网有限公司"工人先锋号"等多项荣誉。

作为广泛为社会服务的供电企业，九台公司以"诚信是企业生存和发展的基石"为原则，将诚信理念贯穿于工作始终，筑牢诚信基石，推动公司稳定发展。

二、坚持诚信建设，为企业发展保驾护航

诚信是企业发展与进步的灵魂，加强诚信建设是每个行业的必修课，九台公司将诚信建设纳入年度重点工作任务，从3个方面着重加强诚信建设。一是安全生产方面。滚动修编安全生产诚信风险库，准确、完整地将全员安全承诺、生产安全事故及企业负责人、部门、供电所、班组和职工个人等安全生产行为作为安全生产诚信管理数据，提升信用管控水平。二是优质服务方面。编制《职工服务手册》《十项服务承诺》等一系列诚信服务的教育材料，先后组织营业窗口开展客服人员礼仪培训活动，通过跟踪考察、客户回访等方式进一步加强对营业人员的服务考核，全面提升营业人员诚信服务水平和意识。三是政企联动方面。定期统计分析政府失信专项检查通报、"信用中国"等8类平台失信信息，编发失信联合惩戒工作通报，共享失信行为修复案例及特色做法，避免重复发生同类失信事件。

三、坚持诚信经营，提升客户满意度

为了能够更好地开展供电服务工作，九台公司一直以来将诚信经营放在首位，努力促成了由属地政府电力办牵头、属地公安局配合的"政警企"合力打击窃电协同机制，创新推出"五化五式"反窃查违工作法，提高全民诚信意识、责任意识。

2020年3月份，万家线石人沟5社台区线损率达到85%。供电所人员连续多日现场检查未发现线路高损原因的情况下，通过供电服务指挥平台对该台区所有用户进行电压分相，确定该台区C相电流异常且损失最高，因此确定该变压器C相所供用户可能有窃电的失信行为。从全台区163户用户逐步进行排除，最后缩减到52户可疑用户，涉及电杆16基、电能表12个。明确了检查方向后，由属地派

出所与抽调骨干力量组成的用电检查小组进行了突击检查。检查现场利用对导线测量电流的方式锁定某用户家有重大嫌疑。当即亮明身份要求进入该户院内对其计量装置进行检查，在对该用户计量表计检查时未发现任何问题、表计封印全部完好的情况下，工作人员采取登杆检查的方式发现该用户的窃电具体地点。原来，该用户是当地建筑工地电工，对相关电器运行原理极为熟悉，其利用在建筑工地所学的电器知识和工具在该电杆的杆头位置私自接引电源，通过电杆内部的空心区域将导线顺入地下，再通过地埋将导线引入自家屋内床头柜中，利用导闸操作控制电源的进线方式，从而实现绕越计量接线的方式窃电。随即，公安机关将其带到派出所做笔录，并根据相关规定依法为九台公司追回经济损失1.6万元。

四、坚持诚信履责，树立良好社会形象

九台公司在新冠肺炎疫情、灾害性天气造成的困难面前，树立"缺电不缺耐心、缺电不缺诚信、缺电不缺耐心"的理念，在最大能力范围内行使好社会责任。

1. 忠诚履职抗击新冠肺炎疫情。新冠肺炎疫情突如其来，长春市九台区由于医院隔离病房及床位不足，无法满足防止交叉传染要求，须在2020年2月1日前将弃用已久的营城煤矿医院（位于九台区营城镇内）达到备用隔离医院使用标准。九台公司立即响应政府号令，启动应急预案，成立抗疫保供电工作小组，第一时间组织现场勘察，分管副经理立即组织专业部门连夜研究制订供电方案。经档案人员翻找工程档案，得知该医院办公楼共计3层，面积3700平方米，复电须在现场敷设0.4千伏电缆1根，长度400米；室内敷设照明线路2840米，安装灯具180套、开关及插座230个。随后，选派20名业务水平较高人员分成若干小组，做好防范疫情措施后立即进场施工，仅用6小时完成了医院房间老化线路拆除、重新布线安装、室外备用电源转接等基础线路架设工作。1月31日凌晨，九台区室外气温已低至零下24度，在寒冷和疲惫的双重考验下，连续高强度室外作业16个小时的抢修人员已达到体力极限，而此时面对限期送电任务，遇到了一个难题：须将电缆从室外延伸到配电室内才可实现备用医院全部通电，但将电缆规范的铺设在墙面上即便是白天也是有难度的，更何况此时的墙面已被冰霜覆盖，但抢修人员依旧不眠不休，最终提前一天全面完成复电任务。

2. 共克时艰抗击冻雨灾害。2020年11月18日，长春市九台区遭受强冻雨暴雪大风天气侵袭，电气设备严重覆冰，供电线路频繁跳闸，多基杆塔倒塔断线，致使九台区发生大面积停电。冰冻之中、危难之际，九台公司立即启动应急预案，电力物资的调运、抢修队伍的集结、抢修方案的制订……一场与寒冰搏斗、与时间赛跑的战役全面打响。龙嘉矿业为66千伏九矿线、66千伏隆九乙线双电源供电。因冻雨天气，导线覆冰舞动，九矿线、隆九乙线相继故障停电，造成井下送风、排水、升降机等设备无法运转，井下矿工全部被困，严重危及生命安全。九台公司与龙嘉矿业建立有效沟通，立即组建一支40人抢修队伍开展线路特巡，及时与上级公司汇报，紧急调拨1台1200千伏、1台400千伏应急电源车奔赴现场。通过一系列科学有效的应对措施，累计强试送5次后，11月18日21时04分，成功恢复供电，同日21时29分，第一批井下工人62人升井成功；同日21时59分，263名井下被困人员全部安全升井。2020年11月19日上午11时15分，一夜未眠的九台公司工作人员又接到九台区政府和区应急办的紧急通知，华能九台电厂取水专用线路故障（用户自维），影响城区11万户居民供暖，请求支援。在电网故障频发、任务异常繁重的情况下，九台公司抽调骨干力量20人成立突击小队，展开供暖保卫战，经过连续奋战6小时15分，取水线路恢复正常供电，为11万户居民送去温暖。

"人无信不立,国无信则衰"。诚信,既是个人立身之本,更是国家强盛之基。九台公司作为诚信制度的执行者和维护者,会继续秉承着"始于客户需求,终于客户满意"的服务理念,全力维护国家电网诚信的品牌,筑牢夯实诚信根基。

案例创造人:王安琪　邱绍雨

弘扬安全服务诚信，筑牢信用体系建设

国网吉林省电力有限公司辽源供电公司

一、企业简介

国网吉林省电力有限公司辽源供电公司（以下简称辽源公司）是国网吉林省电力有限公司（以下简称吉林电力）所属的国有中型企业，承担着辽源市61.28万客户的供电任务，现有14个职能部门、12个业务机构、1家平台企业、3家县公司。员工总数1598人，包括全民员工1172人、农电工325人、集体员工101人。220千伏变电站5座；220千伏输电线路14条，长度329.5公里；66千伏变电站38座；66千伏送电线路55条，长度706.278公里。

多年来，在吉林电力和辽源市委市政府的正确领导下，辽源公司坚持以科学发展观为指导、以服务地方经济快速发展为己任，内强素质、外树形象，先后荣获了"全国五一劳动奖状""全国文明单位""全国用户满意企业"和国家电网有限公司"先进集体"等多项国家级和省部级荣誉称号，得到各界的广泛认可，企业呈现出蓬勃发展的良好态势。

二、诚信建设

为了提高服务质量、加强安全监督，打造"诚信辽源"电力品牌，辽源公司营造全员诚信的企业文化氛围，以安全诚信和服务诚信为两大抓手，将诚信的理念贯穿于生产和营销的全过程，增强全员自律能力，树立企业良好形象，保障企业长稳发展。

（一）工作目标

辽源公司全面贯彻落实吉林电力关于加强和规范失信联合惩戒工作的规定，明确分工，落实责任，加强诚信教育，建立风险防范、应急管理和联合惩戒工作机制，守住信用红线，筑牢信用底线，实现失信行为"四个百分百"目标（百分百监测、百分百预警、百分百处置、百分百整改），确保企业不发生黑名单事件，促进企业持续健康发展。

（二）建立组织体系

1. 工作体系。辽源公司成立失信联合惩戒工作领导小组，加强失信联合惩戒工作的组织领导。领导小组下设办公室，牵头组织开展失信联合惩戒工作。牵头组织宣贯落实相关法律法规及标准等工作，并结合企业实际制订相应的工作方案等；牵头组织开展信用状况排查及失信行为整改情况的监督检查；全面统筹推动失信联合惩戒工作。公司各部门和单位是失信联合惩戒工作的责任主体，依据安排做好本部门、单位业务范围内相关诚信教育、风险防范、应急管理和联合惩戒工作。

2. 工作机制。辽源公司建立失信联合惩戒工作领导小组办公室例会制度，定期沟通失信联合惩戒工作进展，通报失信行为舆情信息，相关部门通报失信行为排查情况，联合开展失信行为分析、研判和处置。突发重大信用风险事件及需紧急提交领导小组审议事项时可组织召开临时会议。例会情况形成会议纪要，呈送失信联合惩戒工作领导小组全体成员。对于严重失信行为或重大信用风险，由失信联合惩戒工作领导小组办公室提请失信联合惩戒工作领导小组审议。各单位成立失信联合惩戒工作领导小组，明确归口管理部门，组织做好本单位的失信联合惩戒工作。建立失信行为和重大信用风险报告制度，加强信用信息的交互共享，形成公司各层级联合应对和化解信用风险的工作机制。将失信黑名单事件纳入对标管理和企业负责人业绩考核"红线"指标，视失信行为情节严重程度在相应指标中给予扣分或实行一票否决。

（三）主要做法

1. 深化工作责任，打强"诚信理念"意识。一是分层分级开展宣贯培训。辽源公司积极学习贯彻相关文件，采用集中培训、全员政治理论半日学、考试等多种形式，将国家和行业对涉电力领域失信联合惩戒的部署和要求传达到各专业、各部门、各级员工并落实到具体工作中，加深干部员工对信用相关政策的认知，营造全员追求诚信、推动诚信的良好工作氛围。二是加强汇报沟通。按照属地化原则，加强与县级以上行业主管部门、相关监管部门等黑名单和重点关注名单认定部门的沟通汇报，把握失信惩戒的精神实质。积极反映公司改革发展成就及在提高供电质量、提升服务水平、实施"三公"调度、合规参与市场竞争等方面做出的努力，及时了解不同渠道暴露出的公司违法失信信息，提前掌握与公司有关的黑名单和重点关注名单，提前有针对性地采取应对措施。加强与市级行政主管部门的沟通汇报，积极参与涉电领域失信联合惩戒对象名单管理实施细则的制订，反映公司相关诉求，以贯彻执行为契机有效遏制工程建设安全事故和质量事件、电力设备损坏、用户欠费等方面的问题，保障公司合法权益，推动公司持续健康发展。三是实行报告制度。辽源公司失信惩戒领导小组办公室和各单位每季度登录"信用中国""信用能源""信用电力"等网站，统计汇总公司信用建设情况，并按要求上报吉林电力。发生重点关注对象名单或黑名单现象的，各部门和单位8个小时内报公司失信惩戒领导小组办公室，办公室于12小时内向上一级单位报告；失信行为整改完成后，2日内形成书面报告报送上一级单位。

2. 开展诚信教育，打牢"诚信企业"基础。辽源公司高度重视建立"诚信辽源"企业建设在辽源市安身立足发展的深远意义，将"诚信企业"建设作为工作重点，在全体干部员工中深入开展了"诚信辽源"教育活动。从"爱国守法、明礼诚信、团结友善、勤俭自强、敬业奉献"20字基本道德规范抓起，培育全员"诚信是金"的工作理念。在公司内网和内部刊物上开辟了"诚信"道德教育专栏，在各个办公楼、营业厅、供电所制作展示了诚信服务和道德规范宣传图板，编印了《职工诚信规范》和《诚信文化》《诚信风采》等系列内部刊物，举办了职工道德演讲比赛和歌咏比赛。各基层党支部和各部门、单位积极利用政治学习时间对员工进行诚信教育，通过正面典型宣传、反面典型教育使全体员工认识到诚信对于个人、企业、社会的重要性，开展了"职业诚信行动""道德行为示范"等主题活动，强化了全体员工诚信意识。积极引导员工对"诚信"开展大讨论，员工踊跃发表看法，见仁见智，表达了对建立"诚信企业"的渴望。通过深入开展诚信教育，在员工中广泛树立了诚信观念，为建立"诚信企业"打下了坚实的基础。

3. 强化监督机制，打实"安全诚信"根基。一是做好安全诚信工作机制建设。辽源公司将安全诚信的理念贯穿于生产的全过程，开展安全诚信活动，以消灭"三违"、消灭事故、消灭工伤为目标，以增强全员安全诚信意识和道德修养为重点，以规范企业和员工思想行为为根本，通过建立安全诚信守则，完善安全诚信管理机制，创新安全教育载体，引导员工人人讲诚信、事事重诚信，真正做到自觉遵章守纪、自觉履行安全职责，努力打造一支思想过硬、作风优良、执行力强的员工队伍，为推进企业安全发展提供坚强的思想保障。二是抓好安全诚信工作责任落实。辽源公司结合机构调整，及时修订细化公司《安全职责规范》《安全责任清单》，切实将安全生产诚信的责任和压力传递到每个岗位、每位员工，实现安全生产从"全员参与"到"全员履责"。强化各级主要负责同志的安全第一责任人职责，坚持党政同责、一岗双责，通过齐抓共管加强对队伍思想、作风和行为的教育和引导，提高全员的安全诚信思想认识。完善安全监督管理机制，重点防范人身事故、人员责任事故和管理责任事故。坚持"四不放过"的原则，对故障、违章、隐患进行深入剖析，查清原因，认真整改，严格安全绩效考核。扎实开展反违章专项整治行动，把反违章工作与安全生产专项整治三年行动、安全大检查活动、无违章班组创建等相结合，抓实日常反违章自查自纠及整改。深入推进配网不停电作业实施，建成公司配电检修实训基地。三是开展安全诚信案例剖析活动。利用公司安全分析会，组织开展典型"三违"、工伤案例剖析活动，从道德层面和安全诚信的角度，深刻分析"三违"人员发生违章时的作业环境、心理想法、发生过程、产生后果，教育引导全员深刻接受教训，进一步增强自主保安、群体保安意识，有效预控各类事故。

4. 创新规范服务，打造"服务诚信"品牌。辽源公司把提升诚信服务水平作为企业的重点工作，以人民满意不满意为尺度，推出并实施了一系列举措。一是强化优质服务基本功。组织系列礼仪培训和技能培训活动，开展了《供电营业规则》知识技能竞赛和用电采集、用电检查技能比武，不断强化员工营销服务基本功。因为窗口及抄表人员是与客户进行直接交流的窗口，只有让客户真切而直接地感受到良好的服务和工作热情，才能使打造服务品牌不变成空谈。辽源公司严肃开展绩效考核机制，狠抓窗口人员乃至抄表人员的技能和素质，以实际行动赢得客户赞许和对电力事业的信任和支持。二是持续提升服务品质。拓宽停电信息发布渠道，将停电信息精准发送到停电区域内客户的手机上，共发送计划停电信息 3.7 万条，有效提升客户满意度。主动对接辽源市 500 万元以上重点项目工程 243 项，为重点工程提早通电提供保障。促请政府出台《辽源市用电报装联合服务方案》，将涉电工程行政审批总体时限压降至 2 个工作日。不断提高办电效率，高低压客户平均接电时长分别比计划压缩 16.87 天和 9.67 天。助力决胜脱贫攻坚，在所有营业窗口设立扶贫产品展销区和宣传区，扶贫产品销售额达 60 万元，实现 43 个贫困村、辽源公司系统内 21 个帮扶村村村通动力电，全面完成系统包保帮扶工作任务，在地方扶贫成效考评中被评为优秀。二是提升社会监督满意度。为了方便与客户的交流及服务质量的进一步提高，辽源公司深入客户广为宣传报修投诉及服务质量监督电话"95598"，促使服务透明化，更好地赢得客户信任。定期走访大客户，召开客户座谈会，采纳他们对供电服务的意见和建议，统一归纳并加以改进。与越来越多的客户建立起高质量的诚信伙伴关系，增进了供用电双方的了解与信任。三是促进电力诚信进万家。辽源公司党员服务队、暖阳志愿服务者利用节假日及公休日时间走上街头、深入社区，开展用电咨询、相关法律法规宣传，加强对抄表、检修人员的培训，提高营销管理和优质服务的信息化、现代化水平。在节日前夕组织一系列爱心慰问活动，把"双拥"工作做到实处，在各个社区引起了强烈反响，进一步宣传了辽源公司的诚信服务品牌。

（四）总结提升

对于供电企业而言，诚信是个有着丰富内容的服务主题，这就决定了还有很长一段路等待辽源公司去摸索、去发掘。辽源公司的经营管理会不断改进完善，品牌服务会进一步向深层次拓展。只要心系客户，用真诚和信用打动客户，必将与客户实现双赢，共同撑起电力事业更为广阔的天地。

案例创造人：郑宇　李生洋

臻于至善，诚信兴企

吉林省城原电力工程有限公司

一、企业简介

吉林省城原电力工程有限公司（以下简称城原公司）始建于2004年，现隶属于国网吉林省电力有限公司（以下简称吉林电力），主要承揽220千伏及以下输变配电施工安装、调试工程，光伏电站施工业务，风电工程施工（含吊装）业务，设计及EPC总承包业务，风电场、光伏电站、居民区用电设备代运行、检修等维护业务。现有员工1006人，设置综合管理、人力资源、财务资产、安全监察、经营管理、工程管理、党委党建、物资管理8个职能部门，输变电和配电工程2个分公司和15个施工处。

多年来，城原公司秉承国家电网有限公司（以下简称国网公司）"以客户为中心，专业专注，持续改善"的核心价值理念，对内持续强化能力建设，增强发展韧性；对外积极服务客户，履行社会责任。多次被评为白城市"诚信企业""5A级纳税人"等荣誉。2020年12月，获中国设备管理协会"用户满意供应商"殊荣。

二、强化内部控制，促进健康发展

多年来，城原公司坚持深入贯彻落实国网公司法治企业建设要求，不断完善和加强法人治理结构、风险管控和制度建设，不断提升企业发展质量和风控能力。

1.完善企业治理结构。一是积极推进法人治理体系建设。明确董事会、股东会、监事会及各管理层职责、权限，制订董事会、股东会、监事会、高级管理层议事规则并根据企业发展和法律法规要求持续修订完善，强化彼此之间的有效监督和管理。梳理组织机构，规范职能岗位的设置，明确各岗位的权责划分和相互关系，进一步明确职能部门和业务实施机构职责，实现管办分离、纵向贯通、横向协同的工作格局。完成职能部门和业务实施机构的典型岗位设置，明确了各岗位的工作职责和权限并根据企业发展的不同阶段对组织结构图、业务流程图等持续完善，建立健全责权明确、流程清晰的管理体系。二是持续完善突发事件和应急处置机制，建立了以城原公司董事长为组长的风险控制管理领导小组和以安全监察部为牵头部门的风险控制管理机构，制订包括安全生产、舆论舆情等8个总体和分项应急预案，定期组织相关人员开展演练和培训活动，有效分析业务流程中的风险点，对原有的控制措施进行评估，根据实际情况完善新的控制措施。将管理分解落实到每一个岗位，让每个岗位的人员清楚自己的工作是什么，风险在哪里，以及如何对风险加强控制。

2.加强企业内控建设。一是不断强化制度建设。城原公司将2019年确定为"管理提升年"，组织各专业先后对《党委议事规则》《合同管理办法》《工程管理办法》等21项内部规章制度修订完善，并且根据企业发展需要建立了《投资管理实施细则》《报销审批程序实施细则》等相关管理程序16项，进一步提高了公司规范化管理水平，降低了业务运作风险，从组织决策、安全管理、财务管控等各个方面保障企业健康有序发展。二是强化激励机制建设，在2019年制度建设的基础上，2020年又将着力点放在了激励机制建设上，对《综合管理考核方案》重新进行了修改和完善，从人、财、物、安全管理等8个方面对所属各施工处70项具体工作进行指标量化，按月进行考核，年终进行全年加权平均计算考核结果，对各施工处进行排名，对排名前两位的施工处予以奖励，排名最后一位的施工处取消年终各项评先选优资格。改变了以往定性指标多、定量指标少从而导致考核难的问题，对持续强化内部过程管控，促进规则意识的持续提升起到了积极的促进作用。三是加强重点领域控制。依法依规招标采购，重新修订公司库存物资、废旧物资处置、供应商绩效评价、现场物资管控等管理细则，达到物资采购管理细化规范、有据可依的工作目标。探索实施施工处物资类采购集中协议库存招标和非物资类采购框架招标模式。积极推进电商平台采购，超额完成上级公司下达的任务并获得业绩加分。

三、积极服务客户，提升品牌形象

城原公司以国网公司战略目标为统领，聚焦"能源"，将为社会提供以电力工程为中心的各类"能源服务"为企业目标，持续推进产业升级转型，优化业务布局，提升企业发展能力。

1. 强化服务能力建设。一是持续夯实安全生产基础。以施工现场安全管理为重点，实施安全专项治理。编制安全工作奖惩考核意见、补充修订安全责任清单和安全管理考核标准等规章制度，规范安全生产管理。强化施工现场安全管控，积极推进现场4G视频监控系统应用，采用线上和"四不两直"方式对施工现场安全生产工作进行督导检查，2020年共下达《安全监察意见书》25份，检查发现问题105个，已全部完成整改。二是加强员工队伍建设。大力开展管理提升、专业技术等培训活动，努力提升员工队伍综合素质，为提升服务能力创造人力资源条件。2020年，共举办培训班15期，参加培训369人次。企业员工新增6人获得注册二级建造师资格，50人取得中级技术工人等级证书。在吉林电力"云视频"线上配电专业比武竞赛中，1名员工获得三等奖，城原公司获得优秀组织奖。三是积极拓展服务项目。积极服务白城市风电、光伏发电和氢能产业建设，主动与政府相关部门及新能源企业沟通，了解项目情况，发挥自身优势协助开展可研等工作，免费共享数据资料，积极服务白城光伏领跑者镇赉富兴220千伏升压站等17个风电、光伏建设和代维工作。近年来，了解到白城市各居民小区物业电力设备维护难的问题，又将居民区电气设备代维护列入了服务范围，积极努力与社会各界共享发展成果，共担义务责任。

2. 全力提升服务质量。一是不断强化工程质量管控。强化现场标准化作业管理，设置标准工艺、违章案例等展示板；强化关键人员管理，积极组织人员参加各级安全管理培训，43人通过吉林省住房和建设厅考试，持证上岗；强化现场工程质量监督，严格落实设计、技术、安全交底和三级质检，做好施工方案、工作票编制审核工作，促进施工质量和管理水平提升。二是确保项目顺利投产。白城市光伏发电领跑基地项目是白城市的3个领跑基地项目之一。为了确保项目按时投产，城原公司将此项目当成政治任务来完成，克服施工人员不足、物资供应紧张等不利因素，统筹安排各专业精干力量，合理安排施工工序，加班加点，按期完成了施工任务，为整个项目的顺利投产创造了先决条件。确保工程按时保质投产，是责任义务也是城原公司的传统。正是因为这样的信誉和努力，在2020年中国设备管理协会的表彰工作中，城原公司受多家客户推荐并被评为"用户满意供应商"。

四、履行社会责任，彰显使命担当

作为国网公司系统内的企业，城原公司始终牢记自己的使命，把积极服务于"为美好生活充电，为美丽中国赋能"的责任记在心里、扛在肩上、实践在行动上。

1. 服务扶贫工程建设。从 2016 年开始，随着吉林省村级光伏扶贫项目建设的大力实施，城原公司启动了光伏扶贫代维项目并主动承担了电站免费接入电网的任务。几年来，先后完成了 93 个光伏村级电站接入电网运行任务，接入总容量 155.2 兆瓦。为解决村级电站地点分散监控难、问题处理时间长的问题，城原公司还投资建设了光伏扶贫监控中心，作为各区域光伏设备总监控运维平台，实时汇总各区域电站电量情况、了解接入电站运行状态、设备告警信息等，并通过微信平台向区域运维人员发送故障信息图片，指导运维人员精准完成设备维护和故障排除工作，使设备缺陷处理时间大大缩短，增加了发电时间，提升了电站运行的经济效益，得到了广大村民的一致认可。

2. 常态化开展志愿服务活动。多年来，城原公司常态化组织党员和青年志愿服务队开展"关爱留守儿童""关爱孤寡老人"和帮扶贫困户等活动，主动与养老院、福利院和扶贫村对接，发挥专业优势和志愿服务精神，为养老院和贫困户排查用电安全隐患，检修、维护、更换老旧用电设施并向他们普及安全用电常识，为他们营造安全的用电环境。在传统节日期间，组织服务队员到养老院帮助老人理发、按摩、打扫卫生并陪同老人包饺子、包粽子、煮汤圆，一起欢度佳节。2019 年中秋前夕，城原公司志愿队伍 20 余人深入白城市洮北区金祥乡兴隆村，帮助贫困农民采收、销售水果并看望孤寡老人和留守儿童，为 3 位儿女不在身边的老人送了月饼和米面等用品，为 4 名父母不在身边的小朋友送去书包、画笔等学习用具；2020 年 7 月，为帮助困难学子圆大学梦，城原公司员工积极伸出援手捐助善款 6000 余元，帮助困难大学新生顺利入学。

3. 新冠肺炎疫情防控和复工复产"两手抓"。2020 年春节期间，新冠肺炎疫情突然袭来，城原公司积极贯彻上级党委及白城市政府疫情防控指挥中心要求，周密安排部署本单位疫情防控各阶段工作并组织志愿者积极参与社区、养老院、福利院等场所的消毒、宣传等工作，并且多方筹措防疫物资，为老人们提供口罩、手套、体温计、消毒酒精等防护用具，让他们切实感受到来自社会大家庭的温暖。主动与在建工程的业主单位沟通，共同商议工程建设下一步工作安排，在条件允许的第一时间安排施工队伍返回施工现场，投入大量资金，组织返回人员进行核酸检测和定点隔离，安排人员 24 小时值班确保隔离工作万无一失，为后期工作建设做好了充分的准备。前后共涉及 7 项工程，2020 年全部按期投产，没有 1 项因为疫情延误工期，得到了业主单位的一致好评。

4. 全力支持电网企业抗冰保电。2020 年 11 月，吉林省长春、四平地区电网发生冰冻灾害，城原公司主动无偿参与抢修工作，公司领导班子提出了要全力保障人员、设备、车辆"三个到位"的工作原则，先后组织 3 支队伍星夜兼程分赴长春、四平地区协助抢修受灾电网。共计出动抢修专业人员 93 人，抢修车辆 21 辆，大型机械 2 台，发电机 2 台。在长春地区，协助巡视线路 17 条次，杆塔 1065 基，线路长度共计 175.4 公里，发现缺陷和隐患 144 件；在四平地区，协助组立水泥杆 114 基，扶正水泥杆 63 基，架设修复导线 21.3 公里，恢复供电用户 7712 户，得到社会各界的高度评价。

案例创造人：徐立波　毛劲松　田影

讲诚信，落实降价政策；勇担当，践行国企责任

国网吉林省电力有限公司白山市城郊供电公司

一、企业简介

国网吉林省电力有限公司白山市城郊供电公司（以下简称白山城郊公司）现有职工150人（全民职工83人、农电用工67人）；本部设置职能部门7个，分别为办公室（党委办公室）、发展建设部、党委组织部（人力资源部）、财务资产部、党建工作部（工会、纪委办公室、团委）、安全监察质量部（保卫部）、电力调度控制分中心；下设业务支撑和实施机构2个，分别为运维检修部（检修、建设工区）、营销部（客户服务中心）；乡镇供电所6个（通沟街道供电所、六道江镇供电所、七道江镇供电所、板石街道供电所、红土崖镇供电所、三道沟镇供电所）；交费网点和便民服务站13个。负责浑江区内4.5万户的安全供电任务。白山城郊公司持续保持"吉林省文明单位"荣誉称号，先后获得过白山市"践行责任好企业"和国网吉林省电力有限公司（以下简称吉林电力）"纪检监察先进集体""综合进步单位"等荣誉称号，多次被国网吉林省电力有限公司白山供电公司（以下简称白山公司）授予"先进单位""先进基层党委"等荣誉称号。

白山城郊公司现有66千伏变电站6座，总容量116150千伏安；66千伏线路7条，总长度56.727公里；10千伏配电线路34条，总长度719.3公里；0.4千伏配电线路406公里；配电变压器764台，总容量73422千伏安。截至2020年11月，售电量完成1.25亿千瓦时；预计全年完成售电量1.39亿千瓦时。

二、企业文化建设

白山城郊公司加强企业文化纵向、横向落地落实。以国家电网有限公司（以下简称国网公司）"百千万"企业文化示范点建设工程为载体，贯彻执行吉林电力编制的《国网公司战略目标在基层班站所落地实践指导手册》，理清实践要素清单、示范要素清单，着力将七道江镇供电所、红土崖镇供电所打造成宣贯、深植、输出一体化推进的企业文化示范点。开展安全文化、服务文化、法治文化、廉洁文化、红色文化等专项文化提升工程，推动发展战略目标实践融入专业，厚积专项文化底蕴，融合专业特点打造具有城郊特色的文化走廊，对内激励员工践行责任，对外宣传展示国企担当。实施红色文化"五个一"，充分发挥区域红色文化优势，以传承、弘扬七道江会议精神为主线，建立"红色文化"电力传承点，打造"红色文化"标杆示范党支部，推进红色文化深植。积极开展文明单位、文明窗口创建，培树文明服务之星，为推动公司发展凝聚精神文化软实力。认真落实白山公司党委制订的《加强和改进新

时代职工队伍思想政治工作实施方案》，着力提高公司新时代职工队伍思想政治工作水平。

三、认真执行国家决策部署

2020年初，突如其来的新冠肺炎疫情袭来，企业纷纷停工停产抗击疫情。疫情好转之后，按照党中央和国务院的决策部署，国家发展改革委出台阶段性降低用电成本政策，对缓解企业经营压力，助力企业复工复产，稳定社会经济预期具有重大意义。按照国家发展改革委通知要求，白山城郊公司快速响应，严筛细查，通过制订、执行"三度要求"，及时准确地将国家政策与当地企业对接，将国家和国网公司防疫扶企的政策红利落实到符合条件的每一个电力客户。在落实疫情期间灵活电价政策中，白山城郊公司一是行动有速度。接到上级公司通知后，营销专业即刻组织所属供电所相关人员通过微信群、钉钉群召开视频会议，逐条解释相关文件，通过直播的方式，演示筛选客户、退费流程等具体操作要点；同时明确政策宣传精准、快速的要求，传递此项工作的重要性和紧迫性。二是宣传有广度。针对灵活电价政策，白山城郊公司营销专业组织所属供电所，采取微信、电话、电子邮件、当面送达等多种方式，对筛选出符合条件的4358户客户逐户进行政策宣传，同时优化电费票据，列明折扣优惠，确保客户应知尽知、消费清楚。三是服务有态度。认真落实国家发展改革委出台的阶段性降低用电成本政策，为符合条件的客户办理退费。截至2020年11月末，降低各企业电费成本共224.90万元，得到吉林喜丰节水科技股份有限公司、吉林省天誉镁林新型材料有限公司等多家企业客户的感谢和赞誉。在宣传灵活政策的同时，台区经理、客户服务人员还主动提供宣传推广"网上国网"手机App、义务检修客户用电设备、指导企业生产管理人员监控无功补偿装置等多项服务，详细了解客户涉电需求并予以解决，为缓解辖区企业客户因疫情造成的经营压力及有效助力企业复工复产、稳定当地经济添砖加瓦。

四、践行社会责任

1. 助力兴农、富农大集。2020年6月13日，白山城郊公司红土崖镇供电所组织5名工作人员放弃周日休息，到浑江区政府门前为红土崖镇举办的"城乡接力，兴农、助农大集"义务开展保电服务。该次活动为红土崖镇专场，秉持让农产品"进城"，打造富农"接力棒"，打通消费壁垒，惠及更多市民的同时实现了富农兴农目标，拓宽了农户农产品销售渠道，实现了消费助农、爱心助农。受到红土崖镇政府及赶集农户的一致好评，为基层供电所在当地树立良好社会形象。

2. 做好电力"先行官"。2020年9月17日，白山城郊公司主要负责人和相关部室负责人到通沟街道持续开展供电服务调研，及时主动对接地方政府各项工作要求，与街道主要负责人真诚沟通，精准掌握重要工作动态和信息，认真听取街道意见建议，通过为地方政府送去"暖心电"和"关心电"彰显国企担当，落实国网公司新战略目标，夯实卓越本部建设，受到通沟街道领导的点赞好评。座谈中，结合白山市及浑江区统一建设规划，白山城郊公司详细了解了通沟街道近远期项目情况，就供电方面为街道项目建设出谋划策，提出切合实际的建议，促进项目尽早落地、尽快开工，为地方经济发展做好电力"先行官"。通沟街道负责人对白山城郊公司积极履行社会责任、全心全意为民服务、为地方经济发展提供坚强有力的电力支撑的工作表示了肯定，并且对白山城郊公司主动上门倾听意见、促进供电服务的做法表示赞赏，表示在今后的工作中将全力支持配合白山城郊公司做好服务群众和电网发展建设。

3. 党员服务进军营。2020年10月某日，白山城郊公司共产党员服务队来到驻军某部，为营房安装电采暖系统供电设施。该次活动，白山城郊公司党员服务队共义务献工21人次，敷设电采暖专用电缆线路146米，新装315千伏安变压器1台；改造营房用电线路400余米，安装开关及柜箱24台。克服了秋检期间工作任务重、时间紧等困难，发动党员业务骨干充分发扬"坚韧、精益、争先、奉献"的"老变精神"，将拥军工作落到实处，助力电能替代进军营，有效彰显党建价值创造力。

4. 倾心服务进社区。2020年10月20日，白山城郊公司通沟街道供电所组织职工开展"网上国网"App宣传。该所通过走访的方式，逐户宣传该App，开展现场教学服务，主动演示"网上国网"的注册流程及具体操作方法，并对绑定户号、查询每日用电量及支付电费等基础操作进行详细说明，让客户体验到足不出户就可以办理各种用电业务的便利。同时，组建社区供电服务微信群，广泛宣传安全用电小常识，解答客户的用电难题，让温暖传递到每位客户的心中。此次宣传活动，进一步引导客户从线下交费向线上交费方式转换，让更多的客户享受到由国家电网带来的全新生活体验，切实感受到国家电网的便捷服务。

5. 义务服务进校园。2020年10月23日，白山城郊公司通沟街道供电所组织4名工作人员到辖区阳光小学开展供暖用电设备义务检修服务活动，用实际行动让该校师生感受到优质供电服务的温暖。在义务检修过程中，该供电所主要对阳光小学的绝缘工器具、配电箱、开关、电缆等用电设施是否符合规程要求进行排查，并且逐个检查教室及办公区域布线和电采暖终端设施，现场处理隐患2处。该所在义务检修之后还与学校负责人面对面交流，推广宣传"网上国网"App，深入了解学校现阶段在供电服务工作方面的意见和建议，同时叮嘱要时刻绷紧安全用电这根弦，严防触电事故和供用电故障发生，确保冬季供暖期间线路设备安全稳定运行。

案例创造人：梁永志　王明娟

创建诚信管理体系，铸就诚信品牌企业

国网吉林省电力有限公司白山市江源区供电公司

一、企业简介

国网吉林省电力有限公司白山市江源区供电公司（以下简称江源公司）担负着4个街道、6个乡镇60个行政村共110508户用电客户的供电任务，供电面积1348平方公里。现有职工227人，下设7个部室、2个业务支撑机构，按地方区域划分成立9个供电所、8座变电站。江源区电网拥有66千伏输电线路12条，总长度19.527公里；66千伏无人值班变电站8座，主变10台，总容量126.3兆伏安；10千伏配电线路61条，总长度796公里，其中有31条实现联络互带；10千伏配电变压器1886台，公变1039台，专变847台，总容量432.835兆伏安。区域内有10千伏水电站1座，总装机容量3260千瓦；220伏光伏电站2座，总装机容量26千瓦；380伏/220伏光伏电站4座，总装机容量521千瓦。江源公司年最大电力4.8万千瓦；日均供电量82万千瓦时，年供电量约3.0亿千瓦时。

二、建立诚信管理体系，落实诚信保障措施

诚信保障措施是诚信管理体系建立的支撑点，是诚信管理工作实施的依据。即使有很好的诚信管理规定，没有相应的保障措施，也无法创造诚信品牌企业。江源公司从以下4个方面落实诚信保障措施。

一是把诚信写进企业精神，建立诚信文化。江源公司将诚信内容溶入企业文化。企业精神是企业之魂、企业宗旨、企业指南、企业准则，企业总的指导思想，指引企业航行的灯塔。企业精神是种，企业文化是土壤。要想种子发芽开花结果，还须培养好土壤。没有企业诚信文化，诚信企业是培养不出来的。企业有了优良的诚信文化就能感染、影响新职工，就能保证诚信之花永不衰败。

二是制订诚信管理体系文件。没有诚信管理体系文件，光凭口说是说不明白的，职工就没有明确的诚信指导思想、诚信行为准则、诚信标准、诚信奖惩依据、诚信学习材料、诚信宣传资料，一句话，企业无法全面创建诚信品牌企业。江源公司成立诚信工作领导小组，统一领导；下设管理办公室，制订工作方案，协调部署；公司各部门各单位全员参与，各负其责，分工明确，有条不紊地开展诚信工作。

三是进行广泛的诚信宣传教育。创建诚信品牌企业，必须广泛、深入进行宣传教育活动，这样才能把所有的职工发动起来、组织起来、激励起来，每个人都参加到企业诚信建设之中。江源公司把诚信相关内容写入企业文化，组织学习考试；办诚信文化长廊、文化专栏；举办诚信讲座，张贴诚信标语，进行诚信有奖知识竞赛；等等。

四是奖罚分明。有了成绩一定奖赏，有了错误一定处罚，毫不含糊。工作中坚决按照江源公司制订的奖惩制度执行，对优秀的诚信职工奖励，以此宣传正能量，弘扬诚信精神，树立诚信标杆。各部门各单位之间相互学习、相互竞争、相互监督，将诚信评比工作纳入常态。

三、不断完善企业经营管理制度，提高诚信管理水平

为全面完成"建设具有中国特色国际领先的能源互联网企业"的战略目标，提升整体管理水平，推动企业提质增效和高质量发展，江源公司不断完善各项规章制度和奖惩机制。

1. 模拟法人激励机制与绩效考核相结合，充分发挥绩效激励作用。江源公司制订并下发了《国网吉林省电力有限公司白山市江源区供电公司绩效管理实施细则》《国网白山市江源区供电公司创新模拟法人激励机制工作方案（试行）》，实现模拟利润与工资挂钩并对部门、供电所实施了月度、年度绩效考核，职工多劳多得，充分发挥绩效指挥棒的激励作用。

2. 加强可控成本管理提高企业经济效益，充分发挥财务管控作用。以下达的可控费用总额为经度，以各业务部门实际需求为纬度进行合理分配。组织业务经办部门制订可控费用推进时间表，建立"费用执行进度里程碑"；督促达到入账条件的可控费用及时进行成本入账，按月对各专业费用发生情况进行统计汇总并通报；针对各部门提报计划、实施进度、结算情况进行全面分析，协同解决业务流程执行难点。合理分配到把控费用走向，分析费用使用效率、查找偏差原因，确保可控成本细化管理和高效运用，全力提升财务集约化管理水平和企业经济效益。

3. 实施项目闭环管理，全面完成项目实施，充分发挥项目监督作用。实时跟进项目执行情况，针对工程类项目，建立跨部门定期协调工作机制，要求业务部门积极与施工单位沟通合理安排工期，持续监督工程施工进度，严把预算执行关，早准备、早着手，科学预测工程竣工时间；针对零购、培训等非工程类项目，同样要求业务部门根据实际需求及时上报对口部门调整计划，并按照上级公司下达的计划开展项目预算调整工作，严格入账审核，及时完成发票入账工作。通过实时跟踪项目执行进度，不断提升往来款项、工程全过程管理水平，避免内外部审计风险。

4. "三网联合"降线损增效益，充分发挥大数据科技平台作用。营销部 SG186 系统提供电量电费基础数据、运检部 GIS 系统提供线路网络数据、发展建设部一体化电量与线损管理系统相互配合，从降低分区分线线损到降低综合线损的方法减少电量损失，提高江源公司效益。针对线损异动成因复杂、影响因素较多等问题，采取主动发现、提前治理的联动治理机制，深度分析形成原因，采取有效措施推进线损整治。江源公司以采集系统功能应用为支撑，加强系统基础数据监测核查，针对线损起伏较大、频繁出现低电压、过载问题突出的台区、线路进行现场监测，对持续日线损不达标线路执行即时整改制度，形成"告知－执行－反馈"的管理机制，形成闭环管理。

四、开展优质服务回馈社会，树立品牌形象

江源公司秉承"人民电业为人民"的服务宗旨和"你用电，我用心"的服务理念，急用户之所急，想用户之所想，始终将用户的事情放在首位，为诚信企业的经营、品牌形象的塑造奠定了良好基础。

1. 线上线下同步用电宣传活动。新冠肺炎疫情期间，为了减少人员聚集，江源公司利用微信、微博等线上渠道，通过图片、小视频宣传"交费有礼""购物就送电费"等优惠活动，发动职工在微信朋友圈、微博等渠道扩散，引导客户使用"网上国网"；同时普及节能减排知识，倡导使用新能源，传播"以电代煤、以电代油、电从远方来"的能源发展理念。对接当地新闻媒体，通过报纸、海报等宣传形式，宣传江源公司"网上办电"服务举措。线下所有营业厅张贴"网上国网"宣传海报、二维码链接等，安排专人引导客户按需下载使用。江源公司会同相关部门联合举办宣传活动，向群众积极开展线上办电交费宣传活动，引领用电客户从线下交费方式向线上交费方式转变，让客户足不出户就可以办理各种用电业务，有效免去客户出门烦恼，切实减少疫情期间感染新冠肺炎病毒的风险。

2. 主动出击服务春耕春种生产用电，做好服务"先行官"。春耕生产的重要时期，许多农民都忙于

在田地里种植农作物，白天都是关门上锁在外干农活，无法及时到供电所办理用电业务，自维灌溉用电设备也无法及时得到维护。针对这一情况，江源公司推行"网格经理负责制"，成立了由网格经理为组长、120名供电所职工为组员的9支支农服务小分队，把台区和供电线路"分田到队"，小分队成员深入田间地头，对涉及农业灌溉的高、低压线路进行全面的巡视检修323公里，及时消除设备隐患86次，农用线路运维和耕户用电业务服务12件，通过"网上国网"App，办理各种临时用电业务5件，解答用电疑难问题24件，免去农民农忙时期来回奔波之苦。

3. 倾情服务于农民生产生活，做好农民的"电管家"。江源公司深入农村生产一线，了解当地农民生产用电需求，及时解决"三农"用电难题，全力以赴保障农民生产用电安全可靠。湾沟镇是黑木耳种植主产区，江源公司积极跟进，在供电服务中突出"绿色电力"的分量。到了黑木耳灌溉的季节，针对抽水泵、管道等基础设施，提前制订供电方案，为黑木耳基地发展打好提前量，架设电杆8基，敷设导线486米，安装200千伏安变压器一台，在育菌期时期全力做好"电保姆"、当好"电管家"。利用平时巡视线路，加强对黑木耳种植基地供电线路隐患排查，检查用电设备安全隐患，指导种植户合理安全用电。在木耳种植当季，积极主动帮助种植户架设临时抽水排灌设施，对不满足供电要求的导线进行更换，保障用户用电负荷需求，实现全天候24小时无障碍跟踪服务，助推黑木耳产量翻倍，实现村民"钱袋子"增收。

五、诚信铸就企业大发展，企业凭借诚信获成功

江源公司持续加强企业内部管理，不断提升生产经营管理水平，深入到田间地头，为用户解决用电难题，满足客户要求，充分展现了"人民电业为人民"的服务宗旨，始终秉持着"你用电，我用心"的服务理念，受到当地政府和广大用电客户的一致好评。2019年，江源公司被吉林省精神文明建设指导委员会评为2016-2018年度吉林省"精神文明单位"；被白山市江源区委区政府评为2019年度"服务民营经济发展工作先进单位""纳税突出贡献企业先进单位"。江源公司将认真总结梳理经验成绩，查找差距不足，努力拓展供电市场、助力脱贫攻坚、持续做好优质服务工作，继续保持昂扬奋斗的精神状态，为努力实现国家电网有限公司"建设具有中国特色国际领先的能源互联网企业"战略目标贡献江源力量。

案例创造人：秦丽娟　王金平

加强诚信长效机制，推动企业文化建设

国网吉林省电力有限公司白城市城郊供电公司

一、企业简介

国网吉林省电力有限公司白城市城郊供电公司（以下简称白城城郊公司）是国家电网有限公司（以下简称国网公司）下属的国有供电企业，注册于2005年，担负着白城市洮北区保平乡、东风乡、德顺乡等12个乡镇居民的生产、生活供电任务，供电区域2537平方公里，供电用户94876户。在上级公司的正确领导下，在白城市委市政府的监督指导下，白城城郊公司带领全体员工，以服务大局为己任，内强素质、外塑形象，坚持"依法经营、规范管理、以人为本、稳健发展"的方略，各项工作取得长足进步。先后获得国网公司"会计基础管理规范化达标单位"和吉林省"'安康杯'竞赛优胜单位""优秀职工服务站""省级厂务公开民主管理先进单位"及国网吉林省电力有限公司（以下简称吉林电力）"先进单位""劳模创新工作室""先进党支部""财务工作先进集体"与白城市"工会工作先进单位""纳税A级企业"等荣誉称号。白城城郊公司所属298名员工，在克服困难中不断前进，展示电网责任担当和吉林电力人"努力超越、追求卓越"的精神风貌。

二、加强思想道德教育，引导员工树立正确的诚信观念

白城城郊公司近年来在国网公司、吉林电力、国网吉林省电力有限公司白城供电公司的正确领导下，与时俱进，创新发展，按照上级公司的部署和要求，根据供电行业自身特点，内强素质，外树形象，积极打造"诚信企业"服务品牌，努力为优化白城城郊公司的发展环境做贡献。

近年来，随着内部改革、行政管理和思想教育力度的加大，白城城郊公司的经营形势持续好转，员工的观念开始转变，思想逐步稳定，服务意识不断增强，企业呈现出蓬勃向上的发展态势，但距离国有企业良性发展的要求仍有一定差距。比如，部分员工工作责任心不强、工作标准不高和少数员工不按章办事、服务不规范等。面对这些问题，白城城郊公司党委积极探索新的管理办法和教育模式，经过反复探讨和论证，认为出现上述现象的根源是人的思想层次和道德层次问题，说到底就是诚信的缺位，公司能否以文化的力量来提升企业形象、提高员工素质，应该说诚信是基石，是赢得客户、赢得市场的强大后盾。基于这样的认识，白城城郊公司于2019年初全面启动了以"强化诚信意识，打造诚信文化，树立诚信品牌"为重点的诚信教育与实践工程。第一是强化理论灌输，进行观念引导。为增强学习效果，白城城郊公司党委党建部精心收集和撰写了大量诚信资料，编印了针对性、可读性很强的诚信教育宣讲材料，内容涵盖"诚信电力""诚信探索""诚信面面观""公民道德"等各个方面，凭借通俗易懂的风格和内容鲜活的特点，宣讲材料一经发放，赢得了广大干部员工的普遍欢迎，员工们纷纷抢阅和留存，整个活动开了个好头。与此同时，他们还把工作标准、岗位规范等内容列入员工学习计划，使员工在学习过程中能够理论联系实际、举一反三，既清楚了什么是诚信，又进一步明确了工作职责，收到了很好的效果。第二是开展座谈、查摆、讨论、承诺活动。白城城郊公司以"树诚信美德，做诚信员工"为主

题组织员工进行座谈，要求员工认真对照诚信标准查摆自己在工作中的不诚信行为，深入剖析由于自身的不诚信给企业和个人带来的危害及损失并逐一制订了相应的整改措施。在此基础上，员工根据自己的岗位诚信标准，向企业做出了书面诚信承诺。第三是开展"诚信在供电"书法、绘画、摄影竞赛。白城城郊公司工会组织员工用笔墨抒发自己对诚信的真知灼见，活动倡议一经发出，便得到了基层单位的积极响应，激发了员工们强烈的创作欲望。一些基层单位不仅鼓励员工积极参赛，还自行举办诚信图片展。员工们根据自己对诚信的理解和认知，通过书法、漫画、摄影、手工制作等多种方式讴歌诚信美德、鞭策失信行为。一幅幅内容新颖、寓意深刻的作品充分反映了员工们诚信意识的不断提高。通过一系列教育活动，员工们的诚信意识得到了明显增强，进一步明确了日常工作生活中哪些是诚信行为、哪些是不诚信行为，企业中"诚信为本""信用至上"的良好风气初步形成。

三、精心设计载体，开展形式多样的诚信实践活动

如何利用诚信建设促进企业发展，这是白城城郊公司党委在活动中着力思考和重点解决的核心问题。在充分论证的基础上把诚信建设的对象分为领导、党员、青工和普通员工4个层面，通过对不同层面人员开展不同内容的诚信实践活动，使诚信的文化力量真正渗透到企业发展和日常工作之中。一是开展领导干部诚信自律活动。活动有没有效果，领导干部是关键，只有各级领导干部以身作则、率先垂范，才能带动、推动企业的诚信建设。通过开展"学先进典型，做勤廉干部，创勤政班子"活动，使领导干部在按章办事、公道正派、廉洁自律、团结务实等各方面都起到表率作用，争做践行诚信的典范。年终通过民主渠道对领导干部的工作情况和诚信度进行测评，并且将测评结果作为考核干部、任用干部的依据。二是开展"我是党员，向我看齐"党员活动。党员作用发挥得好，可以带动身边的一群人。在诚信实践过程中，白城城郊公司将党员的照片、姓名及职务在各基层单位的醒目位置集中进行公示，要求党员带头践行诚信，用自身的言行感染身边的员工，真正做到"我是党员，向我看齐"，自觉接受员工的监督。三是开展争当"青年岗位小能手"活动。团员青年是企业的生力军，也是企业的希望。让他们在工作之初就以诚信的标准来要求自己，从而树立正确的人生观、价值观和道德观，这对企业的长远发展至关重要。白城城郊公司通过开展争当"青年岗位小能手"和"诚信杯"青年营销部竞赛等一系列活动，极大提高了青工争先创优的诚信工作意识。四是开展争做"诚信员工"活动。员工是诚信建设的主体，也是诚信建设最为重要的一个环节。因此，要想打造企业诚信文化，树立企业诚信品牌形象，就必须以每一名员工诚信意识的提高为基础。白城城郊公司号召员工"诚信从今天做起，从自己做起，从小事做起"，并且结合企业实际，进行了针对性很强的诚信实践活动。在生产系统，以"精确复制、到岗到位、诚信作业"为主题，强化对安全生产的管理和监督，有关部门经常深入作业现场检查安全诚信践诺情况，并且以"暗访"的方式找出哪些是违章现象、哪些是不诚信行为，根据相关规定对违章人员进行处罚并在全公司进行通报，确保了活动的效果。白城城郊公司以窗口建设为重点，组织开展争创"文明服务窗口"及"文明服务标兵"活动。在窗口推行员工服务标志和警示制度，通过加强窗口的诚信建设，员工的规范服务水平明显提高，群众满意率不断提升，树立了企业的良好形象。五是树立诚信典型，用典型激励员工。一个典型就是一面旗帜，要唤醒员工参与诚信建设的主体意识，需要靠典型来引路。在诚信建设中，白城城郊公司充分注重典型的挖掘和弘扬，先后树立了全心全意为农民服务的好所长、坚守岗位的老党员、热情服务的窗口业务员等一批先进典型，并通过企业内部的网站、报纸等媒体进行大力宣传，使员工学习有榜样、赶超有目标，有力推动了公司诚信建设的步伐。

四、以制度为保障，形成诚信建设的长效机制

白城城郊公司在实践中认识到，要想靠一个活动来推动一个阶段的诚信建设比较容易，但要长期坚

持下去就必须在企业内部建立一套公平、合理的诚信评价机制，对每位员工实行动态考核，让失信的员工受到惩处，让诚信的员工得到物质和精神的双重褒奖，这样才有利于促进诚信建设的良性循环。通过抓诚信建设，白城城郊公司上下形成了浓厚的诚信氛围，员工素质显著提高，企业凝聚力逐步增强，整体实力稳步提升。

目前，白城城郊公司以"诚信"为特色的企业文化正在逐步形成并已显现出旺盛的生命力。在迎来社会各界一片赞誉的同时，企业自身也受益匪浅。2019年，各项经济指标均创好成绩，真正实现了企业效益和社会效益双丰收。

案例创造人：高广艳　印爱华

打好企业诚信"组合拳",筑牢企业诚信防线

国网吉林省电力有限公司镇赉县供电公司

一、企业简介

国网吉林省电力有限公司镇赉县供电公司(以下简称镇赉公司)位于吉林省白城市镇赉县,担负着镇赉县11个乡镇141个行政村的电网运行和维护工作。供电区域5371平方公里,辖域广阔,地理情况多样,承担为当地企事业单位、居民、农业排灌用户供电的任务。在竞争日益激烈的市场中,作为保障当地民生电力供应的企业,镇赉公司时刻牢记企业服务宗旨,多举措并施,守住诚信底线,敬畏市场、尊重市场,诚信自律,坚决筑牢企业诚信防线。

二、统筹部署,成立诚信建设领导小组

为了更好地落实镇赉公司各项诚信建设工作,将各项行动落实到实处,镇赉公司成立了诚信建设领导小组。领导小组设组长两人,由公司经理和党委书记担任;副组长3人,由公司领导班子其他成员担任;领导小组成员由公司各部门负责人担任。领导小组下设办公室,设在公司办公室(党委办公室),负责领导小组日常事务工作。诚信建设领导小组负责公司诚信建设工作的统筹部署和各项具体工作的督促落实,在上级公司及当地政府的指挥和领导下,统筹协调公司内部及供电辖域内的诚信建设工作,推进公司政务诚信、经营诚信、社会诚信建设,推动治理公司内部及供电辖域内出现的诚信缺失等问题,维护公司诚信形象。公司诚信建设领导小组不定期召开全体会议或专题会议,部署推动公司诚信建设各项工作,共商解决诚信建设工作推进过程中的重点难点问题。与此同时,为提高诚信建设的约束力,研究制订了《国网镇赉县供电公司诚信建设管理办法》,以此为公司诚信建设纲领,使得公司诚信建设有规可循。

三、内化于心,树立企业诚信经营服务价值观

镇赉公司在上级公司领导下及当地政府的大力支持下,全面坚决贯彻执行党的路线、方针、政策,秉承着诚信守法的经营服务理念,用实际行动践行着"你用电,我用心"的服务宗旨。镇赉公司将诚信建设作为基础工作,牢固树立诚信经营服务价值观,将其纳入公司企业文化,为公司发展提供软动力。公司领导以身作则,多次到基层供电所调研公司诚信经营情况,自上而下层层落实诚信管理责任,对于公司出现的失信情况严格惩处,坚决"零容忍"。公司注重培养企业员工诚信经营、用心服务的理念,树立公司诚信经营服务价值观,各项经营服务工作坚持建立在诚信基础上不动摇。打造诚信经营的企业社会形象,响应当地政府和上级公司的号召,加强宣传力度,坚决杜绝"保护伞""电老虎"等有损公司社会形象的事件发生,力争做人民的贴心服务者、诚信经营服务的践行者。

四、外化于行,践行企业诚信经营服务诺言

镇赉公司时刻铭记供电保电使命,在服务上认真执行"十项服务承诺"。无论什么天气,只要群众

有供电保电需求，供电所都按规定时间赶到现场。特别是在报修服务上，承诺时限到达现场率、事故修复率、客户满意率均力争达到100%，竭尽所能为公司打造诚信服务的良好品牌形象，赢得社会各界的普遍赞誉。镇赉公司坚持精简资料，减少办电资料，杜绝烦琐冗杂的办电手续，推广"一证办理、免证受理"；坚持优化流程，压减办电环节，下放管理权限；坚持加快接电，推广限时办理和物资供应动态响应机制，不断缩短客户办电时间；坚持降低成本，延伸公司投资界面，全面压降客户办电成本；坚持提升服务，拓宽服务渠道，完善服务手段，持续优化营商环境。

拓宽服务渠道，多元化服务方式，诚信经营。针对公司辖区用户多样性，为了方便居民业务办理，镇赉公司通过统一收资标准、推广"网上国网"App、客户经理上门服务、电话报验等方式，实现常用办电业务办理"足不出户"，全面压降客户办电跑动次数。在业务受理环节，推广"网上国网"等线上业务受理渠道，线上未递交申请资料的现场勘查时收资。对有特殊需求的客户群体，提供电话预约服务。在供电方案答复和外部工程实施环节，坚持"一口对外""首问负责制"，由营销部门统一跟踪协调协同部门配合办理。通过客户电话预约、电话告知、客户经理现场办公、上门取送等服务，实现各业务点客户零跑动。在装表接电环节，客户经理组织实施送电，现场签订并收取供用电合同。于2020年全面实现30项常用办电业务"一次都不跑"。落实"阳光办电"，通过"网上国网"、微信、短信等方式，主动向客户推送办理进度信息。提供自助查询服务，实现收费标准、服务标准、办理流程、接电时限等信息线上渠道"四公开"，让居民用户对所有流程可以实现跟踪监控，放心用电，安心用电。

守信经营，兑现服务承诺，提高业务受理效率。针对高压客户申请受理、供电方案答复、外部工程实施、装表接电4个环节，缩短办电业务时长，年平均办电时间压缩至45天内；针对低压客户申请受理、外部工程实施、装表接电3个环节年平均办电时间压缩至10天内。业务办理时长的缩短，为居民用户用电提供了巨大的方便，得到当地居民的广泛好评。

内化责任，为诚信经营保驾护航。提升业扩报装工作质量和效率是贯彻落实"放管服"改革工作部署的重要举措，是满足人民日益增长的美好生活需要的重要体现，也是镇赉公司适应当前竞争形势、巩固竞争优势的重要手段。镇赉公司高度重视业扩报装工作的重要性，从服务经济社会发展的大局和公司生存发展的高度出发，扎实推进各项工作落实，加大培训力度，提升业扩报装工作质量和效率，提升各专业、各环节人员的业务水平，使其熟练掌握业务调整情况和实操规则，确保各项政策和举措执行到位、落实到位。镇赉公司自上而下落实责任，强化监督，建立定期例会、综合评价、通报考核等工作机制，促进及时协调解决各类疑难问题。加强客户回访、现场稽查等工作，重点关注敏感问题和核心指标，做好服务质效分析与管控。

五、以法为纲，夯实企业诚信建设基石

法不阿贵，绳不挠曲。镇赉公司以法为纲，为公司诚信建设保驾护航。镇赉公司将法治工作与诚信建设工作相结合，加强公司员工的法律素质，提升企业法治能力；同时，通过台区经理入户宣传、节假日街头路边发放宣传手册、"电保姆"进校园、"青年文明号""党员服务队"志愿服务等活动，向居民用户大力宣传安全电力、合法用电、保护电力设施等相关事项，旨在用户知法、懂法、守法。通过镇赉公司多年来的法治建设和宣传教育，无论是公司自身还是辖区内居民用户，所有的用电活动都有法可依、有规可循、有例可尊，形成双向诚信管理机制，互相监督，互相管理，共筑诚信防线。与此同时，镇赉公司严厉打击拖欠电费、破坏电力设施、诋毁诬赖公司形象、合同违约等有损公司财产安全和社会形象的违法行为，积极搜集证据，坚决用法律武器维护公司利益。公司财务资产部、运维检修部、办公室对照国家失信企业"黑名单"定期对公司供应商进行跟踪问询，确保公司所有的合同及经济活动合法

有效，对于失信的企业和个人，公司坚决拒绝与其进行各项经济活动，以维护公司的财产安全和企业信誉。

当今市场不只是经济的竞争，更是信誉的竞争。人无信不立，企无信难存。以诚经营，惜诺如金，经济的长久发展离不开诚信，诚信经营为镇赉公司提供源源不断的生命力。镇赉公司坚持以用户为中心，坚守诚实守信的道德信条，将诚信立为公司经营的准则和员工的行为规范，多举措抓好公司诚信建设工作。在今后的工作中，镇赉公司将继续秉持诚信的服务经营理念，创新服务经营模式，使各项业务办理更高效、更便捷，提高群众满意度；同时，公司将力守企业合法权益，坚决维护企业社会形象，为镇赉县的农村供电提供坚实的保障。

案例创造人：王小雷　王方君

开展优质诚信服务，打造一流诚信企业

国网吉林省电力有限公司集安市供电公司

一、企业简介

国网吉林省电力有限公司集安市供电公司（以下简称集安公司）担负着集安市11个乡镇（街道）126个行政村21.86万户居民和企事业用户的安全供电和优质服务工作，供电面积3355平方公里。公司本部设办公室（党委办公室）、党委组织部（人力资源部）、党建工作部（工会、纪委办公室、团委）、财务资产部、营销部（客户服务中心）、运维检修部（检修、建设工区）、安全监察质量部（保卫部）、发展建设部、电力调度控制分中心7个职能部室及2个业务支撑机构，下设11个供电所。现有职工223人，其中全民职工124人、农电职工99人。设立9个党支部，共有党员62名。所辖10座66千伏变电所，主变变压器14台，总容量66700千伏安；现有66千伏送电线路13条，总长176.573公里；10千伏配电线路1050公里；10千伏配电台区1320个，变压器1320台，总容量195.53兆伏安；0.4千伏低压线路1134公里。年售电量1.236亿千瓦时。

二、以客户满意为目标，开展全方位的特色服务

近年来，集安公司优质服务工作在上级公司的正确领导下，通过常态机制的建设，形成了"以服务促发展，以服务树形象"的良好氛围，赢得了政府、客户的满意和认可，打造了特色企业文化，彰显了企业责任，呈现出优质服务良好的工作局面。

1.把握一个依靠。紧紧依靠地方党委、政府，把社会上的热点、难点问题及时与政府汇报和沟通。

2.抓住两个重点。一是规范服务行为，以提升窗口服务能力为重点；二是建设企业文化，以开展特色载体活动为重点。

3.围绕三个支撑。一是以人为本，提供强有力的人才支撑；二是引进新技术、新设备，提供有力的技术支撑；三是加大资金投入，完善服务硬件，提供物质支撑。

4.实行四个机制。一是巩固健全组织机构、完善制度建设、优化服务流程的运行机制；二是建设坚强电网、提升人员素质、发挥技术平台的保障机制；三是开展荣誉激励、物质激励的激励机制；四是通过内部、社会的监督网络建设的监督机制。

通过以上工作的开展使集安公司的优质服务工作步入常态管理。在优质服务日常工作中，还采取了客户代表制，实行了一站式服务，形成了自己的特色，即"亲情式服务"，结合供电所管理使抄表与收费、管理与服务"两结合"，主动上门服务解决问题；"贴心式服务"，春季保春耕、夏季保灌溉、秋季保秋收、冬季保供热，根据季节特点组成支农小分队，服务于田间地头，确保农村地区用户安全可靠用电；"超前式服务"，围绕地方经济发展和客户需求，积极宣传电能替代政策，为客户"电能替代"项目

提供全过程服务保障，把服务做到需求之前，优化了业务流程，通过窗口建设带动优质服务工作整体提升，通过优质服务工作的整体提升带动公司诚信企业建设。

三、特色服务实践

集安公司在开展优质服务工作中已形成了自己的特色，结合多年的实践，提出了"让政府满意、让社会满意、让企业满意、让百姓满意"的工作目标，作为统领公司一切工作的出发点和落脚点。及时答复、解决了政府、用电客户关心的一系列热点、难点问题，树立了"事故率低、可靠性高、流程规范、服务高效、社会满意、品牌形象好"的服务型供电企业形象。通过强化供电服务常态管理体制建设，切实履行"三大责任"，真心实意为"三农"、客户做实事、办好事。

1. 疫情防控"我先行"。2020年，突如其来的新冠肺炎疫情袭来，打破了全国人民欢欢喜喜过大年的喜庆气氛。疫情面前，集安公司积极响应上级公司和政府号召，迅速动员，第一时间启动疫情防控应急预案，成立11支疫情应急抢修队，在助力当地疫情防控阻击战中贡献坚实力量。

2020年2月5日上午，随着用户开关合闸送电成功，集安公司顺利完成集通高速公路集安收费站口疫情防控检查站点的供电工作。当天早上，集安公司阳岔供电所接到集安市交通运输局负责人电话，为加强对来集车辆和人员的防疫检查，需要对集通高速公路集安收费站口疫情防控检查站点的照明及取暖设施供电，希望集安公司相关部门能够提供支持。阳岔供电所迅速将请示上报。疫情当前，为确保通电工作能够高效完成，集安公司领导班子成员立即带队前往现场勘察并制订供电方案，而后组织阳岔供电所7名业务精干人员，经过2个小时的紧急作业，顺利完成该疫情防控检查站点的供电工作。不仅如此，还完成了辖区内19处新增防疫检查执勤点接通临时电源的任务，为集安市疫情防控工作提供了有力的供电保障。

2. 脱贫攻坚"冲在前"。近年来，集安公司党委始终坚持把脱贫攻坚作为重大政治任务，围绕国网吉林省电力有限公司通化供电公司脱贫攻坚工作四大目标完成8个方面的15项工作要点开展工作，聚焦"两不愁、三保障"，通过"访""惠""扶"的工作措施，在脱贫攻坚工作中，抓重点、补短板、强弱项，确保扶贫工作不落一户、不丢一人。集安公司包保榆林镇治安村的贫困户有10户12人，均为低保户，致贫原因均为因病致贫。目前，10户贫困户已全部实现脱贫。

集安市太王镇大荒沟村因为地处偏远、资源匮乏、基础设施差，始终找不到发展经济的有效路径。自从抓住了脱贫攻坚的机遇，村里有了无污染、见效快的新扶贫项目——光伏发电。为了让大荒沟村光伏发电项目尽快上马见效，集安公司克服审批、施工等困难，全力以赴推进项目进程。为确保精准扶贫项目顺利进行，集安公司专门成立了新能源服务队，在规划设计、并网接入、工程建设、运行管理、电费结算、补贴转付、信息统计等方面开通绿色通道，积极做好服务工作，为安装分布式光伏发电的用户提供便捷的服务。该项目现已顺利建设完成，此刻汇聚的光能转换成电能，正沿着一条条电缆源源不断地上传至电网，为集安大地脱贫致富奔小康的路上增添"动力"。

3. 优质服务"不打烊"。集安公司各基层供电所始终以"人民电业为人民"作为服务理念，提前做好各辖区的电网规划设计，只要辖区内有要求，总是在第一时间给予提供服务。走进各营业厅，映入眼帘的是宽敞的大厅、整洁的环境和微笑的客户代表。2020年，集安公司站在讲大局的高度把自身工作融入重点推进东升矿业、古马岭金矿、污水处理、葡萄酒等生产线改造及人参产业发展项目上来，坚决执行电价政策要求，确保政策红利不折不扣落实到位，减免7819户227.9万元电费；编制"二十四节气用电服务歌"，制作宣传图板、视频，在客户接待室进行宣传，持续提升服务品质。

为使"青石特色小镇"项目顺利开工，想用户之所急，在用电方面超前服务，简化业扩报装手续，给予特事特办,带领生产技术人员到现场勘察设计,制订施工方案,完成 2 台 500 千伏安箱变安装使用,敷设高压电缆 1.5 公里,架空 10 千伏线路 1.4 公里。截至目前,已完成青石小镇 10 千伏专线建设工作。积极服务地方人参加工特色项目。考虑到秋冬季节葡萄酒加工用电负荷大,一旦出现故障跳闸可能会影响葡萄酒的榨汁、加工等程序,集安公司青石供电所立刻向公司请示。一天后,新的变压器便替代了原来的小容量变压器;与此同时,集安公司委派 2 名台区经理全程守护,随时解决榨汁机出现的各种问题,为地方经济稳步发展提供保障。

做好优质服务工作是电力企业履行社会义务、提升企业形象、打造诚信企业品牌的必然选择。多年来,集安公司从实际出发,以"始于客户需求,终于客户满意"为主线,把优质服务不断深化,通过一系列特色服务,搭建起与客户共同发展的新型供用电关系之桥,形成了"以服务促发展,以服务树形象"的良好氛围,赢得了各方的认可,打造了特色企业文化,彰显了优秀诚信企业的社会责任,呈现出优质服务、社会舆论良好的工作局面。

案例创造人:赵兴国　薛圣琳

加强诚信建设，履行社会责任

国网吉林省电力有限公司和龙市供电公司

一、企业简介

国网吉林省电力有限公司和龙市供电公司（以下简称和龙公司）承担着和龙市 8 个乡镇 76 个行政村 41675 户用户的供电任务。所辖 66 千伏输电线路 8 条，长度 134.7874 公里；66 千伏变电站 9 座，主变 11 台，容量 55.05 兆伏安；10 千伏配电线路 26 条，长度 904.59 公里。配电变压器 1172 台，其中公变 625 台，容量 61.405 兆伏安；专变 547 台，容量 67.39 兆伏安。2020 年，和龙公司荣获延边朝鲜族自治州脱贫攻坚工作"先进单位"称号。

二、打造诚信企业文化，树立正确的诚信观

随着社会的进步和经济发展，诚信已成为市场经济的基本条件，可以说现代的市场经济已逐渐进入诚信时代，信义已成为一个企业的立身之本。

作为广泛为社会服务的供电企业，和龙公司始终将诚信奉为自己的行为准则、企业服务的宗旨。由于电力产品的特殊性，在实施诚信建设的过程中，面临着诸多问题。高峰用电紧缺、检修停电信息发布的接收范围及时效、反窃电工作中遇到的困难等都为更好地开展电力服务增加了难度。诚信建设作为一种有着一定互动性的行为，需要全社会的协调和维护。为此，和龙公司需要从客户和市场的需求出发，对供电营销和服务体制进行全面的创新和改革，不断加强公司诚信建设工作。和龙公司自成立以来，积极打造企业诚信文化，树立企业诚信品牌形象，号召员工"诚信从今天做起，从自己做起，从小事做起"，并且结合企业实际进行了形式多样的诚信实践活动。

1. 观念教育。和龙公司从观念引导入手，精心收集了大量诚信资料，编印了针对性及可读性很强的《诚信教育宣讲材料》，组织员工学习。在学习过程中，注意联系实际，把工作标准、岗位规范等内容也列入员工学习计划，使员工既深刻认识到诚信的重大意义，又进一步明确了工作职责，收到了很好的效果。同时，还以"树诚信美德，做诚信员工"为主题组织员工座谈，要求员工认真对照诚信标准查摆自己在工作中的不诚信行为，深入剖析由于自身的不诚信给企业和个人带来的危害及损失并逐一制订了相应的整改措施。和龙公司还要求员工根据自己的岗位诚信标准，向企业做出书面诚信承诺，从而进一步增强了员工的诚信意识，使诚实守信的观念深入人心。

2. 典型教育。一个典型就是一面旗帜，要唤醒员工参与诚信建设的主体意识，需要靠典型来引路。这个方法虽然老套，但在典型的选择上、宣传的角度上、运用的方式上和达到的目的上完全可以体现应有的新意和特色。

通过一系列教育活动，员工的诚信意识得到了明显增强，进一步明确了日常工作生活中哪些是诚信

行为、哪些是不诚信行为，和龙公司中"诚信为本""信用至上"的良好风气初步形成。

三、坚持诚信生产作业，保障电网安全可靠运行

安全生产是电网企业的"生命线"，是社会稳定和经济发展的前提。多年来，和龙公司始终坚持"安全第一、预防为主、综合治理"的方针，保障电网安全运行和可靠供电，诚信履行社会责任。在公司生产系统，以"精确复制、到岗到位、诚信作业"为主题，强化对安全生产的管理和监督，有关部门经常深入作业现场检查安全诚信践诺情况，确保安全生产稳步推进。

四、强化诚信经营理念，持续优化营商环境

一直以来，和龙公司坚持依法治企，努力树立企业规范诚信的市场形象，持续优化营商环境。认真落实"三全五依"法治企业建设要求，自觉依法办事、依法履职。把诚信融入生产经营、客户服务等工作中，引导干部员工自觉践行国家电网有限公司（以下简称国网公司）的核心价值观，坚持"你用电、我用心"，紧盯"供好电、服好务、收好费"目标，把诚信融入经营管理和日常服务中。开展诚信主题实践活动，推动自身信用体系建设长效机制建立，组建"共产党员服务队""劳模爱心服务队"等多支"善小"服务团队，以专业素质、特殊技能和文明素养提升为载体，在供电服务、履行社会责任等领域广泛服务，竭诚为客户提供一流的供电服务，以诚信赢得客户心。

五、诚信践行社会责任，全力服务地方经济发展

为了落实国家全面开展扶贫攻坚战和国网公司"阳光扶贫"的工作要求，结合延边朝鲜族自治州生态文明先行示范区的建设，国网吉林省电力有限公司延边供电公司与延边朝鲜族自治州发展改革委及和龙市政府、和龙公司决定在西城镇金达莱村开展"光伏暖民"工程试点工作。

金达莱村"光伏暖民"工程实施以来，和龙公司多次组织技术人员指导，为项目建成和并网开辟了绿色通道，并且不断创新服务方式、提高服务质量，改善了村集体经济，为实施光伏工程提供了优质保障。

实施"光伏暖民"工程不仅实现了用户与企业的双赢，也带来了良好的社会效应，同时为国家"脱贫攻坚战"和国网公司"阳光扶贫"工作做了良好的示范，为建设延边朝鲜族自治州生态文明先行示范区做了贡献，为和龙公司实施"两个替代"做了积极的贡献，很好地体现了国网公司的"诚信、责任、创新、奉献"核心价值观。

和龙公司积极开展企业诚信建设，把企业诚信融入经营发展中，确立了"加强企业诚信建设，树立国网良好形象"的工作思路并狠抓落实，积极倡导和培育爱岗敬业、诚实守信、办事公道、服务客户、奉献社会的良好风尚，营造了良好的企业形象。

案例创造人：邢鞍龙

构建边境服务"三企共建"诚信服务体系

国网吉林省电力有限公司珲春市供电公司

一、企业简介

国网吉林省电力有限公司珲春市供电公司（以下简称珲春公司）地处边远山疆，现有职工92名，担负珲春市农村地区5019平方公里，边境沿线农网7.28万人口的供电任务。拥有66千伏变电站（塔）8座，主变15台，总容量60.2兆伏安；66千伏输电线路64.529公里；10千伏配电线路879.616公里；0.4千伏配电线路729.62公里。年售电量1.15亿千瓦时。

"诚"是企业聚心之魂，"信"是企业立足之本。多年来，珲春公司立足打造诚信企业为根本，结合地域特点和民族特色，进一步推进诚信品牌服务全方位传播、全过程融入。针对边民生活、边贸繁荣、边防稳定，珲春公司主动将服务窗口前移，推出具有地方特色的"三边服务"，并且按照"先行试点、由点扩面"的原则实施"村企共建、军企共建、商企共建"的诚信服务管理模式，形成传承社会责任、传播正能量的良好风气，努力提升诚信服务品质和水平，推动诚信服务品牌建设再上新台阶。

二、构建边境服务"三企共建"诚信服务体系的内涵和主要做法

（一）精准定位，导向引领，明确工作目标和思路

1. 工作目标。珲春公司以客户需求为导向主动服务乡村振兴战略，将"你用电、我用心"的服务承诺转换成诚信发展的引擎动力，深化"三边服务"，完善以市场为导向、以客户为中心的理念和机制，构建快速响应的服务前端，变粗放服务为精准服务，真正实现边民幸福、边贸繁荣、边防稳定。

2. 工作思路。珲春公司以整合现有资源、优化组织流程为核心手段，搭建诚信供电服务组织架构；通过构建"村企共建、军企共建、商企共建"的"三企共建"诚信服务模式，支持边境民族区域经济发展，奠定民族特色供电服务基础；以边境少数民族电力用户差异化需求为导向，联合辖区内各类用户建成业务集约化、管理专业化、管控实时化、服务协同化的边境区域用户诚信服务机制，助力边境区域特色经济发展；与辖区客户建成核心资源集约共享，达到企业快速发展、服务持续改进、客户满意度和行风评议始终领先的效果。

（二）多方联动，精准管控，建立"三企共建"诚信服务管理体系

1. 主动融入，"村企共建"践行诚信服务管理。①规范窗口建设。统一"村企共建"窗口服务形象，根据农村用户的分布情况，科学选址"村企共建"服务窗口，由村委会提供办公场所，供电所负责提供整套供电服务办公设施。由村委会主任和供电所台区经理共同担任共建点供电服务联络人，供电所台区经理同时挂职村主任助理。截至目前，共建立113个"村企共建"诚信供电服务点，实现了辖区内村企共建全覆盖，完成与113个村（屯）的共建协议签订工作，直接服务3.12万户农村家庭。②统一工作

标准。统一规范业务管理、服务流程和服务行为，健全完善窗口电费缴纳、用电业务咨询和电费电量查询、办电业务预约、电力设施安全及用电故障报修、科学安全用电知识宣传等服务功能。③配备硬件设施。为部分村（屯）配备POS机和办理用电业务的手机，安装相关软件。配置诚信供电服务架，放有安全用电、业扩报装、电力宣传手册等用电常识资料和征求客户意见表。④培训软件应用。台区经理对村委会主任手把手进行用电服务软件应用培训，使其熟练掌握用电查询、电费缴纳等各项快捷式诚信供电服务功能，再由村委会主任为村内用电客户进行操作指导。截至目前，通过共建服务点实现线上交费5800余次。⑤开通"绿色通道"。及时处理边境用电客户的用电申请、故障报修、解决用电难题等业务，台区经理每月定期对全村的供电线路进行检查，对有隐患的地方进行重点排查和整治。台区经理每周定期接受村民的用电咨询，办理用电业务，并向村民宣传相关应用软件客户端的安装和业务办理，让村民足不出户就享受到互联网方便快捷的服务。

2. 协同运作，"军企共建"维稳诚信工作职责。①通过"绿色通道"实施"一对一"服务。指派共建点联络人定期到部队了解用电情况和供电需求，每逢重要节日，主动上门，及时解决问题。对部队实行"优先受理、优先安排、优先保障"的"三优"诚信服务。实行"零距离"服务，为部队解难题、办实事，与边防哨所之间形成互帮、互助的良好诚信关系。②开展定期安全用电检查。定期组织技术人员帮助部队检修供电设备和线路，出现故障优先处理。同部队官兵一同巡视边境供电线路、设备等，切实解决部队用电中遇到的困难，让驻军部队用上"放心电、安全电、满意电"，全力确保部队战备训练用电、生活照明用电安全。③为驻军部队解决基本建设、军事训练和生活中的用电困难。从行业优势出发，坚持做到"优化、优惠、优质"的诚信服务并积极通过各种渠道筹集资金、减免费用，改善部队营区用电条件，及时满足部队现代化建设规模扩大的用电需要，为国防事业提供有力的诚信电力保障。④与当地边防部队官兵进行定期沟通交流，就继续加强军企协作、拥军共建工作不断探讨新模式、适应新常态、解决新问题。通过走近军营，了解军营，服务军营，加深军民鱼水情，加强军营文化与企业文化的交流，形成军企双方相互支持、互帮互助、携手并进，树立良好的诚信品牌服务形象。

3. 双向互动，"商企共建"聚集能源共享共赢。①实行"客户经理制"提升服务水平。加快对商户电力服务需求的响应，积极创新诚信服务方式，拓展公司与商户的沟通渠道。按照属地化的原则在共建服务点设置专属客户经理，实行"一站式"服务和"首问负责制"，主动向客户提供业扩报装、用电咨询、节能服务、应急保障、安全用电等"一条龙"的综合诚信服务。根据商户用电业务办理方面的诉求进行内部业务协调，商户只需通过客户经理这一站即可完成业务办理或获得满意的答复。②通过强化服务意识提高办事效率。为共建商户简化报装流程，延长工作时间，延伸服务范围，最终实现"一口对外、分工协作、内转外不转"的客户诉求"一站式"诚信管理。③定期走访了解商户用电需求。开展"电力服务进商户"活动，定期走访共建商户，为商户讲解安全用电常识，检查用电设施，帮助整改用电隐患；同时，指定专人帮助做好日常用电维护工作，从而解决商户的用电后顾之忧。④发挥电力资源优势，助力商户节能高效发展。珲春公司针对商户用电情况，积极发挥供电企业自身的安全生产和供电服务优势，在商户节能降耗、安全管理、提质增效等方面进行指导；同时，为结对商户分析讲解用电负荷构成，科学制订有序用电方案，根据用电量为其生产、销售情况进行准确预测，从而提高珲春公司售电量预测准确率。

（三）示范带动，践行承诺，深化"三边"诚信品牌服务

1. 激发诚信活力，做边民幸福生活的"贴心人"。
2. 诚信服务融合，创边贸繁荣的"国际范儿"。

3. 履行诚信职责，做边防用电的"长明灯"。

（四）专业延伸，无缝对接，完善诚信服务评价机制

1. 差异化服务，保障特殊用电需求。珲春公司建立"用户画像体系"，对用户地域、用电需求、交费习惯、故障报修、投诉建议等历史数据统计分析和深入挖掘，研究用户用电服务诉求，发现供电服务短板。利用信息化手段实时显示人员、车辆位置信息，制订最优最快抢修方案。主动与各村委会、驻军部队、企业商户实现信息互通，动态获取客户用电信息，对特殊用户、重要用户开展"预判式"诚信服务，主动提升企业适应市场发展、适应改革的能力。

2. 跟踪回访，管控诚信服务质量。加强沟通与融合，利用"三企共建"服务窗口及时获取用户信息，维护良好的关系。根据不同用户的用电特点，通过共建微信群等多种渠道收集用户用电反馈信息，梳理其关注的焦点、热点问题，主动走访，超前风险研判，实现事前预警，提升诚信服务规范化水平。开展定期回访，把控事后评价，管控服务质量，督促改进提升。

3. 多方共赢，强化诚信服务协同。主动融入政府规划体系，在政府城乡规划成果的引导下，发挥珲春公司专业管理的优势，主动配合政府主管部门编制诚信服务规划，承担相应的工作。建立多方共赢的协同服务长效机制，深入实施"新农村、新电力、新服务"农电发展战略，落实农电专业化垂直管理，服务"美好乡村"建设。

4. 优化体验，加快诚信服务转型。加强全渠道、多触点用户行为数据采集应用，完善共建客户信息共享应用机制，精准分析各类用户消费行为和服务需求，进一步拓展互动化服务方式。持续提升供电质量和办电、交费、报修服务水平，增加用户分享、在线互动、可视化抢修等诚信服务新方式，打造统一开放、功能融合的互联网诚信服务平台，实现全业务线上办理、全方位智能互动、全天候"一站式"诚信服务。

通过开放式诚信服务引领模式的创建，珲春公司提高了服务效率、升级了优质服务，为边境村民营造安全和谐的供用电环境，形成传承社会责任、传播正能量的良好风气，让电力企业的诚信品牌服务凸显实实在在的成效，展现了珲春公司的社会责任和担当、履行了诚信服务承诺。

案例创造人：姚志刚　鞠晓琳

诚实守信为根本、困难面前显担当

国网吉林省电力有限公司龙井市供电公司

一、企业简介

国网吉林省电力有限公司龙井市供电公司（以下简称龙井公司）是国网吉林省电力有限公司的全资分公司，主营业务包括电网建设、输配电运行和电力营销等。现有职工94人，内设9个职能部门、2个乡镇供电所和2个运维检修班。所辖66千伏变电站9座，35千伏变电站2座；66千伏架空线路5条，10千伏架空线路30条；专用线路3条，公用配变851台，专用配变632台，低压台区851个；配电线路698.2公里。承担着龙井市7个乡镇和延吉市朝阳川镇共8个乡镇53021户客户的电力供应任务。

诚信是中华民族的传统美德，在当代社会中，信用已经成为一个不可或缺的根本要素。龙井公司始终坚持诚信为本、服务为民的基本原则，竭诚为广大电力用户提供更便捷、更贴心、更优质的服务，在服务经济社会发展的道路上贡献自己的力量。

二、疫情面前勇争先，恪尽职守见担当

2020年，新冠肺炎疫情突然袭来，全国上下万众一心携手"抗疫"，作为国企，龙井公司在第一时间面向社会做出郑重承诺——"疫情防控做到哪里，电就接到哪里"。疫情防控期间，为保障各地人员出入安全，全面防止疫情传播，龙井公司共计出动职工579人次、车辆321台次，先后为辖区内29处防疫监测卡点装设临时电源、为包保村增派防疫监测人员和车辆，为疫情防控工作提供可靠供电保障。

受疫情影响，龙井市各类中、小型企业经营困难，举步维艰，龙井公司积极响应国家电网有限公司（以下简称国网公司）有关疫情防控各项工作部署，坚决落实阶段性降低大工业和一般工商业企业用电成本要求，将国网公司抗击疫情、支持企业发展的政策红利严格落实到位。为做好该项工作，龙井公司出台7项措施，帮助困难企业渡过疫情难关。一是减免非高耗能大工业企业电费5%。执行大工业企业用户减免电费5%，惠及大工业企业电力客户33户，减少客户电费支出54.67万元。二是减免非高耗能一般工商业企业电费5%。执行一般工商业企业电价减免电费5%，惠及一般工商业电力客户7193户，减少客户电费支出65.83万元。三是延长"支持性两部制电价政策"执行期限。疫情防控期间，暂不能正常开工、复工的企业，可申请减容、暂停、减容恢复、暂停恢复，不受"基本电费计收方式选定后3个月内保持不变""暂停用电不得小于15天"等限制；因疫情防控需要扩大产能的企业，如选择按合同最大需量方式结算基本电费，超过合同约定最大需量105%部分按实计取。执行期限由原"疫情防控期间"延长至2020年6月30日，惠及大工业客户两户，减免电费总计50930元。四是承担全部阶段性减免费用。上述阶段性降低用电成本政策涉及的所有减免电费，由龙井公司全部承担，不向发电企业等

上游企业传导，不向代收的政府性基金分摊。五是采取临时性抄表核算保障措施，执行时间2月1日至6月30日。对7226户电力客户开展两次临时性抄表，逐户准确记录电量数据并计算电费；对2020年2月已交电费且享受政策的客户应该减免的部分电费，于3月15日之前清退完毕，无法清退的客户在3月核算电费时逐户予以核减，确保阶段性降低用电成本政策落实到位。六是主动配合政府部门清理规范转供电加价行为。积极与地方价格主管部门、市场监管部门联系沟通，清理规范转供电环节不合理加价行为，督导商业综合体等转供电主体努力将电费减免的政策红利及时、足额传导到终端电力用户。七是延长对疫情防控物资生产企业"三零"服务期限。靠前对接防疫物资生产类新办企业、需扩大产能企业，开通24小时供电保障专线，实施零上门、零审批、零投资"三零"服务，优先满足客户用电需求。

面对新冠肺炎疫情带来的严峻挑战，龙井公司全体干部职工团结一心，攻坚克难，用实际行动践行了初心使命，在"防疫"大考中交出了合格的答卷，在这场没有硝烟的疫情阻击战中展现了国有企业的责任与担当。

三、困难面前有我们，我们面前没困难

2020年11月18日至20日，吉林省遭遇罕见的强冰冻雨雪天气。受恶劣天气影响，吉林省内多地遭受冰冻灾害，多地电力设施出现覆冰、损坏，多处区域发生大面积停电事件，抗冰抢险、恢复供电迫在眉睫。"一方有难、八方支援"，龙井公司接到支援任务后，迅速做出响应，集结公司业务精英，组成两个抗冰抢险突击队赶赴四平地区执行援助任务。突击队员们不畏严寒、餐风露宿、各展神通，克服种种困难险阻，在最短的时间内圆满完成了抗冰抢险支援任务，获得当地社会各界的高度赞扬和认可。

四、撸起袖子加油干，打赢脱贫攻坚战

按照地方政府扶贫工作安排，龙井公司负责龙井市东盛涌镇龙河村的结对帮扶工作。2018年，龙河村建档立卡贫困户（含脱贫户）11户15人，其中一般户3户4人、低保户7户9人、低保贫困户1户2人。因病致贫6户8人，因残致贫5户7人。龙井公司结对帮扶对象6户，共8人。

2018年，龙井公司在龙河村建立"爱心超市"，为广大村民提供各种类型的平价商品并为贫困户免费提供生活必需品。在传统节日到来时，组织青年职工走访、慰问贫困农户，为他们送去米、面、豆油等生活用品，帮助他们渡过难关。到了秋收季节，组织干部职工及青年志愿者前往龙河村，帮助村内孤寡老人、贫困户收割玉米、水稻等农作物，解决了农户年龄偏大、生产力不足的实际难题。龙井公司还投入资金为龙河村完善宣传、教育设施。另外，为全面开展好帮扶工作，及时了解贫困户需求，圆满完成各项扶贫工作任务，龙井公司特选派两名职工组成驻村工作队，常驻龙河村进行脱产帮扶，实施因户施策的有效措施，将贫困农户的困难、需求上报到公司扶贫工作办公室，做到公司领导亲自督办，及时发现、限期解决。2019年，龙井公司为改善龙河村内低保户生活环境，解决实际困难，先后捐赠了电风扇、米、面、油及药品，还组织志愿者整治村内环境卫生、打扫低保户家庭卫生，同时送去了冬季取暖用的木材，受到包保领导、龙河村委会和村民一致好评。2020年，新冠肺炎疫情突然袭来，为确保村民不受感染，龙河村委会按照上级疫情防控工作要求在村口设置临时监测卡点，由于村内工作人员稀少，防控工作困难重重。龙井公司驻村工作队员得知情况后，自告奋勇加入防控队伍，协助开展防控工作，公司领导也先后多次到龙河村查看防控工作开展情况并慰问防控工作人员。

十八大以来，龙井公司持续开展扶贫攻坚工作，为确保农村电网安全、稳定运行，提升供电质量，累计投入资金1.3374亿元，对农村电网设备进行改造升级，改造范围包括更换用户计量装置、更新更换老旧电杆、架空导线，配电变压器增容升级等。龙井公司还配合政府开展村（屯）饮水工程，争取扶贫资金38.2万元，为12处新增村屯自来水接通供电。通过农网改造升级工程，现已实现生活用电全面

覆盖，惠及贫困人口数 23550 人，65 个行政村实现村村通动力电，覆盖人口数 10664 人。

  作为国有企业，龙井公司在国家和人民需要时，不负重任、信守承诺、展现担当，倾尽全力履行社会责任。多年来，龙井公司在国网公司及上级公司的坚强领导下，始终坚持严格要求自身，面向社会做出郑重承诺，如"十个不准""十项承诺"等各类信用保证，并且始终用实际行动予以践行。设立"95598"24 小时客户服务热线，及时处理用户问题和诉求，龙井公司始终坚持"你用电、我用心"的服务准则，竭诚为广大电力用户提供更便捷、更贴心、更优质的服务。

案例创造人：单喜鑫

建立针对性诚信体系，彰显诚信企业风采

国网吉林省电力有限公司四平供电公司

一、企业简介

国网吉林省电力有限公司四平供电公司（以下简称四平公司）是国网吉林省电力有限公司所属的国家大一型企业，担负着四平地区及辽宁省昌图县北部部分地区的电网规划、建设、运营和电力供应任务，截至2021年3月1日，供电营业区面积1.03万平方公里，电力客户113万户。66千伏及以上变电站109座，总容量607.87万千伏安；66千伏及以上输电线路93条，总长2849.75公里；10千伏配电线路404条，总长9247.60公里。

二、工作描述

2020年是"十三五"收官之年，在我国全面建设社会主义现代化强国的伟大征程中具有里程碑意义的一年。为深入贯彻学习党的十九大精神，贯彻落实关于诚信体系建设的决策部署，四平公司以单位、部门、岗位的业务和职责梳理为基本出发点，全面深入建立完善的诚信业务体系；以诚信业务本身特点，结合国家和国家电网有限公司（以下简称国网公司）失信联合惩戒工作要求，构建具有本公司特色的失信风险防控体系，建立失信联合惩戒工作评价与考核规范、梳理业务、建章立制，实现公司失信联合惩戒全过程管控；在深入开展抗击新冠肺炎疫情和抗击灾情中主动作为、积极担当，积极践行"人民电业为人民"的宗旨，始终秉承"以客户为中心，专业专注，持续改善"的企业核心价值观，立足本职工作，维护客户利益最大化，在社会上树立了良好的诚信企业形象。

三、主要工作措施

四平公司诚信体系建设分为准备阶段、试点建设、失信风险防控与评价体系建设、成果宣贯4个阶段。

（一）准备阶段

1. 成立工作小组，确定县级试点单位。四平公司为全面落实《国家电网有限公司"诚信国网"建设三年行动计划》《国网吉林省电力有限公司企协关于印发2020年诚信体系建设实施方案的通知》的工作要求，构建本公司完善的失信联合惩戒管控体系，成立了由科技互联网部牵头的工作小组，负责协调、组织公司各部门、各单位诚信体系建设的相关工作，并研究确定了两家试点单位，分别是铁东区供电中心、国网双辽市供电公司。

2. 编制诚信体系建设工作实施方案。四平公司以诚信业务本身特点，结合国家和国网公司诚信体系建设相关决策部署的工作要求，由诚信体系建设工作小组编制了《国网吉林四平市供电公司2020年诚信体系建设实施方案》，明确了工作思路和工作内容，根据实际情况确定时间节点。两个试点单位按照

《国网吉林四平市供电公司 2020 年诚信体系建设实施方案》的工作要求，设置专人负责，结合本单位的专业特色和工作实际，编制了《四平市供电公司铁东区供电中心 2020 年诚信体系建设实施方案》《国网双辽市供电公司 2020 年诚信体系建设实施方案》，为建设诚信体系打好坚实基础。

（二）试点建设

两个试点单位积极落实《诚信体系建设实施方案》，试点单位分管部门领导靠前指挥，积极配合落实任务，以部门、岗位的业务和职责梳理为基本出发点，筛选诚信相关业务和诚信风险点，编制具有本公司特色的《诚信业务体系表》，查找薄弱环节，对失信风险较高的岗位、班组定期培训，提高诚信意识，着重监管，全面深入建立完善的诚信业务体系。

（三）失信风险防控与评价体系建设

四平公司根据两个试点单位的《诚信业务体系表》筛选出诚信风险点，构建失信风险防控与评价体系，形成了完善的工作制度、规范与工作机制。

1. 信息报送制度。一是按照上级公司要求，设置专人按时上报《失信行为"零报告"统计表》及《失信风险隐患排查表》；二是各部门（单位）设立专职的责任人，若本部门（单位）有人员被相关监管部门列入黑名单或重点关注名单的，要在 12 小时内向公司诚信体系建设工作小组报告。

2. 舆情信息监控制度。常态关注"信用中国""国家企业信用信息公示系统"等网站信息发布情况，第一时间掌握各部门（单位）及外部上下游相关单位失信信息，确保不发生黑名单单位进入公司经营生产过程的现象。

3. 失信风险整改制度。各部门（单位）如有被相关监管部门列为重点关注名单的，要限期整改；被认定黑名单的，要按规定的黑名单异议处理机制，开展多渠道的申诉，反映本单位经营管理的现实状况，积极争取合法权益；确实存在严重失信行为的，要通过各种方式督促限期整改，实现失信行为百分百整改。

4. 惩戒机制。一是将失信行为纳入四平公司考核体系，依据有关规定，根据情节严重程度给予考核；二是将失信行为整改情况纳入公司考核体系，积极督促有失信行为的个人、部门、单位限期整改，确保不发生因失信事件影响四平公司形象的问题。

（四）成果宣贯

1. 试点单位总结经验。两个试点单位总结建设诚信体系的经验，标注薄弱环节，对存在的困难和问题提供建设性解决办法。

2. 诚信体系建设工作全覆盖。四平公司积极宣贯试点单位在诚信体系建设方面的经验，各单位、各部门结合自身实际情况积极借鉴，建立完整的诚信管控体系，使诚信体系建设工作全覆盖。

3. 定期召开联络会。定期召开诚信体系建设工作联络会，对各阶段工作开展情况进行认真总结，通报各部门、单位工作完成情况，查找工作中发现的问题与不足，研讨解决措施，使诚信体系不断完善。

四、特色亮点

1. 选择业务覆盖全、工作具有典型性的单位作试点。四平公司为贯彻落实《国网吉林省电力有限公司企协关于印发 2020 年诚信体系建设试点单位工作指引的通知》的工作要求，选择业务覆盖全、工作具有典型性的两个单位作试点，通过总结试点单位在诚信体系建设方面的经验，使公司其他部门、单位的诚信体系建设工作有所参照，为公司更快建成完善的诚信管控体系提供保障。

2. 各级分管部门领导靠前指挥，积极配合落实任务。为加快推进诚信体系建设，四平公司成立了诚信体系建设工作小组，并编制了《国网吉林四平市供电公司 2020 年诚信体系建设实施方案》，强调各级分管部门领导要靠前指挥，积极配合落实任务。各级分管部门领导积极落实《国网吉林四平市供电公司 2020 年诚信体系建设实施方案》，靠前指挥，定期召开诚信体系建设工作汇报会，听取本单位专责人员对各阶段工作开展情况的汇报，督促本单位按照时间节点完成各项任务，查找工作中发现的问题与不足，研讨解决措施，为诚信体系建设工作提供保障。

3. 各级分管部门设置专责人员，诚信体系建设工作实现闭环管理。各级分管部门设置专责人员负责，积极落实上级公司文件精神，积极配合公司诚信体系建设工作小组的各项工作，使诚信体系建设的相关文件精神、决策部署实现"点对点"传达，使《失信风险隐患沟通对接情况表》《失信风险排查表》《失信行为"零报告"》的报送实现"点对点"报送，让诚信体系建设工作实现闭环管理。

4. 常态化关注平台，严格监控舆情信息。四平公司常态化关注"信用中心"和"国家企业信用信息公示系统"等网站信息发布情况，以及涉及公司诚信或影响公司诚信的舆情信息，第一时间掌握本单位及所属单位被列入"黑名单"或"重点关注名单"信息，发现失信隐患及时响应，积极整改或规避相关风险。

5. 常态沟通，预防失信风险。四平公司各单位、部门分别与政府部门建立了常态化沟通机制，及时掌握相关信用状况及存在的风险，提前预判，将可能发生的失信行为的情况消化于初始阶段。按时向上级单位报送《失信风险隐患沟通对接情况表》《失信风险排查表》《失信行为"零报告"》等材料，确保失信风险沟通、排查工作实际开展。

五、诚信工作实践

1. 全面开展诚信体系建设。根据《国网吉林省电力有限公司企协关于印发 2020 年诚信体系建设试点单位工作指引的通知》要求，四平公司作为诚信体系建设市级试点单位，2020 年全面推进诚信体系建设工作，构建完善的诚信体系。公司成立诚信体系建设工作小组，制订了《国网吉林四平市供电公司 2020 年诚信体系建设实施方案》，确定实施范围与工作目标，明确工作思路，设立两个试点单位，试点单位以岗位规范为基础，梳理与岗位相关联的诚信或诚信风险点的业务内容，做到梳理工作全覆盖，形成符合实际情况的、具有针对性的《诚信业务体系表》。四平公司以此为基础，建立失信风险防控与评价体系。四平公司各部门、单位结合自身情况借鉴试点单位在诚信体系建设方面的经验，积极建设具有针对性的、符合实际工作情况的诚信体系。四平公司实现了诚信工作全过程管控，规范了诚信管理工作，提升了相关人员诚信风险意识。

2. 阻击新冠肺炎疫情，开通特色服务，树立诚信服务形象。2020 年，新冠肺炎疫情突然袭来，为了保证用电服务通道始终畅通，四平公司铁东区供电营业厅一直处于营业状态，也是四平市唯一的服务窗口。疫情期间，经四平公司支委会研究，开通"用电微信特办、用电电话咨询、用电短信科普"三个服务通道，灵活变通的给客户提供更方便、更便捷的服务，用实际行动践行"人民电业为人民"的公司宗旨，树立了诚信服务的高大形象。那段特殊的日子里，铁东区供电营业厅班长不厌其烦地教会了一个 70 多岁的老太太使用"网上国网"；帮助吉运汽车等一批企业完成负控交费；帮助复工复产的白象方便面厂办理两个小时"闪送"用电业务，让生产时间提前了 5 天；提醒停产的泰达塑料制品公司办理暂停业务，减免了不必要的用电费用；安慰丢失电费卡的客户，告诉他们"欠费不停电"……大难面前看担当，越是关键时刻越能体现出一个企业的担当和责任感。四平公司挑起责任和重担，主动作为，积极担当，用爱和行动温暖了孤寡老人的心、助燃了复工企业热情、向全体用电客户报之以温情，彰显了诚信企业的风采。

3. 抗击灾情，众志成城守护万家灯火。2020 年 11 月 18 日，吉林电网正在经历着有史以来最大的雨雪冰冻灾害，四平市区及外市县多条供电线路受损，百姓用电遭到威胁。四平公司以"冰雪"为令，快速响应，全面打响抗冰保电攻坚战，第一时间启动了冰雪灾害天气应急预案，各级单位成立以党政负责人为组长的应急小组，各部门、所站上下联动，各级人员到岗到位，舍小家故大家，全力开展抢修工作。冰雪是考验，风雪是洗礼，面对严重灾害，经过连续数日紧急抢修，四平公司干部员工用热血融化寒冰，众志成城守护万家灯火，全力打赢了抗冰雪保供电攻坚战。

六、工作成效

1. 建立完善的诚信管控体系。在诚信体系建设方面，四平公司深刻认识到诚信体系建设的重要意义，积极贯彻落实诚信体系建设相关文件要求，成立诚信体系建设工作小组，成立两个试点单位，结合本公司业务特色，制订具有针对性的措施，全面开展诚信体系建设，现已构建了完善的诚信业务体系。在失信风险防控方面，四平公司做好事前沟通、事中申辩、事后修复等各项工作，及时掌握本单位及相关单位的信用状况，建立信用风险预警机制并制订应急预案，将信用风险化解于认定前期阶段。

2. 营造更加浓厚的诚信文化氛围。四平公司十分重视基础管理工作，诚信体系建设作为基础管理工作的重要组成部分一直被公司列为重点工作。与此同时，四平公司通过多渠道大力宣传公司诚信体系建设的意义和作用，一方面调动相关人员参与诚信体系建设工作的积极性；另一方面将诚信体系建设与公司各项规章制度挂钩，严格各项规章制度执行情况，在公司内部营造浓厚的诚信文化的氛围。

3. 树立了良好的诚信企业形象。在 2020 年的抗击疫情和抗冰保电工作中，四平公司挑起责任和重担，主动作为，积极担当，用实际行动践行"人民电业为人民"的宗旨，用爱和行动温暖广大用户的心，在社会上树立了良好的诚信企业形象，彰显了诚信企业的风采。

案例创造人：张继国　姜茗月

深入推进诚信体系建设，打造公司诚信品牌

国网吉林省电力有限公司长春市城郊供电公司

一、企业简介

国网吉林省电力有限公司长春市城郊供电公司（以下简称长春城郊公司）作为县级供电企业，承担着长春市周边15个乡镇、市内5个行政区及10个开发区部分区域的企事业单位及居民生产、生活供电任务。营业区域环绕长春市区，供电范围1366平方公里，现有职工635人。长春城郊公司拥有66千伏变电站14座；66千伏送电线路15条，长度101公里；10千伏配电线路84条，长度1617公里；0.4千伏线路3969公里；配电变压器7562台。2019年售电量26.25亿千瓦时。长春城郊公司先后荣获"全国工人先锋号""中央企业红旗班组""吉林省五一劳动奖状"等称号，被国家电网有限公司（以下简称国网公司）评为"优质服务标杆单位""企业文化建设示范点""电网先锋党支部"。连续3年蝉联吉林省同业对标首位，地区业绩考核连续3年排名第一，被国网吉林省电力公司评为"年度先进单位""同业对标综合标杆单位"。

二、企业诚信建设情况

为深入开展信用体系建设工作，全力打造诚信国网，2020年，长春城郊公司全面推进诚信体系建设工作，构建完善的失信联合惩戒管控体系。

构建本单位的诚信管控体系，涵盖诚信业务体系、失信风险防控体系、失信联合惩戒工作评价规范等，实现长春城郊公司失信联合惩戒工作的全过程管控，增强各部门的诚信风险意识，规范失信联合惩戒工作，确保不发生因失信事件影响公司社会形象的问题。长春城郊公司以各部门、基层单位、岗位的业务和职责梳理为基本出发点，构建完善的诚信业务体系；以诚信业务本身特点，结合上级公司失信联合惩戒工作要求，构建具有长春城郊公司特色的失信风险防控体系；以防范、杜绝失信风险隐患，提升公司及所属单位和工作人员诚信风险意识和依法治企水平为目标，建立失信联合惩戒工作评价与考核规范，梳理业务、建章立制，为国网公司下阶段深入推动失信联合惩戒工作提供借鉴与支撑。

长春城郊公司结合实际，确定各部门是单位诚信体系建设工作责任主体，生产、营销等11个专业部门梳理排查风险点，建立风险措施库，与相关行业主管部门实时交互信息，有效防范风险，完善编制102项《诚信业务体系表》，发放诚信教育宣传资料，开展争做"诚信员工"主题活动，落实每月实时监测"信用中国"等网站黑名单信息的一系列工作，有力推动公司诚信建设步伐。

伴随吉林电力智能交费业务全面覆盖，长春城郊公司如期实现"自动抄表、每日计费、预购电费、线上催费、远程停复电"五大功能，为客户提供了智能化、便捷化用电服务，成功做到"一键交费"。长春城郊公司率先完成对于传统交费方式、供电服务模式的重大变革，"全智能交费"推广应用后，近80%的营销业务成功集约至上级公司营销集约管控中心，大幅缩减乡镇供电所抄收工作量，供电所抄收

人员大批转岗为一专多能型岗位，由传统的催费、收费等烦琐业务转向客户服务、智能营销等新兴业务，更加专注于市场拓展以及客户服务，为打造营销人员一专多能、业务协同运行、服务一次到位的全能型乡镇供电所奠定坚实基础。得益于上述工作，长春城郊公司构建以服务客户零距离为目标的乡镇供电服务体系时机成熟。长春城郊公司以国网公司建设"三型两网、世界一流"的战略部署和"一个引领、三个变革"的战略路径作为引领，深入落实全能型供电所两年提升行动计划，依托"互联网+大数据平台"，结合班组减负，积极优化电力营商环境，扎实推进营配业务融合，丰富网格化供电服务模式，进一步推广电能替代等新型业务，通过创新实施"1+N网格化服务模式"、研发应用供电所营配融合监控平台、开展电能替代、绿色能源服务及电动汽车充电等一系列管理手段，切实把诚信服务用户做到位，把打通服务最后一公里转化成为服务客户零距离。

围绕一站式服务目标，不断总结经验、解决实际问题。长春城郊公司营业厅综合柜员深入开展业务咨询和受理，同步开展库房管理、系统监控。梳理营业厅制度6类，优化服务流程47项，将"首问负责制"具体化为"三帮"服务（帮协调、帮解决、帮了解），一站式响应客户需求。营销部在确保电费资金安全管控情况下，结合上级公司相关制度，制订管理办法，对电费资金安全管理情况定期开展自查，举一反三，排除资金安全隐患。即查即改审计发现问题，形成痕迹化管理，避免问题重复发生。严格监控线损、电价，把控电费回收，以短信的形式向用户进行电费催缴，用户通过线上各种方式缴纳电费，方便快捷。对电价管理业务进行检查与考核，准确掌握电费的回收，确保回收率达标。回收电费后进行账务管理，确保账务准确度。

长春城郊公司生产部认真贯彻落实上级安全生产工作要求，不断提升本职安全水平，努力做到安全教育培训到位，把安全培训作为培养一专多能员工的前提，按照作业项目编制"典型作业提示卡"，建立"一作业一案例"常态教育机制，建立安全持证上岗制度。努力做到安全基础管理到位，按标准配齐安全生产工器具，扎实推进"六查六防"专项行动。对辖区配电线路开展综合治理，消除各类隐患缺陷，及时修编现场处置卡，积极开展应急演练。努力做到现场安全管控到位，在实施抢修作业过程中由原抄收人员和原配电人员组成台区经理服务互助组。针对客户计量装置故障等问题，由原营销人员操作、原配电人员监护；针对线路、开关故障等问题由原配电人员操作、原抄收人员监护，保障了服务一次到位，现场安全监督全覆盖。

长春城郊公司安监部为避免安全规定执行不到位，造成安全事故隐患等，特制订电力安全应急预案，按规定开展应急演练，有效落实应急管理责任，建立电力应急指挥体系，下发国家有关安全生产法律法规和上级公司的有关规定并按要求下发公司年度有效规章制度清单，努力做到安全责任落实到位，推行业务协同安全责任清单制，将营销、服务、运检、消防等安全职责融入各个岗位，台区经理严格执行"十不干""六禁止"，推行"两票奖"和"特殊贡献奖"，实现"一岗一清单"。开展台区经理安规考试和行为模拟测试，合格后上岗。

长春城郊公司以标准化良好行为企业创建为契机，关注国家和行业新标准的发布实施，提高管理效能，打造管理特色和品牌，全面实施"强基"目标。

案例创造人：祁安源　孟莉　朱会

落实全员文化建设，预防企业失信风险

国网吉林省电力有限公司长春市双阳区供电公司

一、企业简介

国网吉林省电力有限公司长春市双阳区供电公司（以下简称双阳公司）担负着双阳区内8个乡镇（街道）、2个开发区（双阳区经济开发区、奢岭文化印刷产业开发区）和长春市莲花山旅游度假区3个乡镇共13.01万户（居民12.63万户，企事业单位0.38万户）的供电任务，供电面积2089平方公里。截至2020年11月，售电量完成5.36亿千瓦时，同比增长9.85%；截至2020年11月30日24时，实现连续安全生产11651天。辖区内共有66千伏变电站16座，主变27台，容量402.3兆伏安；66千伏输电线路23条，长度202.909公里；10千伏配电线路83条（双阳公司产权线路59条，长度2035.723公里；用户产权专线24条，长度79.43公里）；0.4千伏低压线路2380.243公里；供电台区5708个（公变台区1913个、专变台区3795个）。双阳公司设置7个职能部门、3个业务机构、14个乡镇供电所，职工总数339人（全民职工215人、农电职工124人）。

二、诚信体系建设

双阳公司构建了覆盖公司所属各部门（单位）的诚信体系（包括诚信业务体系、失信风险防控体系、失信联合惩戒工作评价规范等），实现了公司失信联合惩戒工作的全过程管控，增强了各部门（单位）与人员的诚信风险意识，规范了失信联合惩戒工作，提升了失信联合惩戒工作水平。褒扬诚信，惩戒失信，营造"诚信"氛围，确保不发生因失信事件影响公司社会形象的问题。各部门全员参与，建立失信风险防范、失信评价标准、失信处罚规范等方面的公司诚信体系。提升内部全员诚信风险意识，规范失信联合惩戒工作，提升失信联合惩戒业务水平。极力营造全员诚信工作氛围，完善惩戒失信机制，提升公司诚实守信和对失信重拳制裁的社会形象。

（一）完善组织架构，确立任务目标

1.组建工作领导小组。双阳公司以上级公司文件为指导思想和贯彻落实工作内容，迅速组建以公司总经理为组长、党委书记为副组长及党委办公室、电力调度控制中心、运维检修部、发展建设部、党委组织部、安全监察部、营销部、财务资产部、党建工作部、物资部、综合服务中心及公司所属各单位负责人为成员的领导小组，统一指挥各部门各专业工作的开展，并且成立专项工作办公室，统一协调、调配。

2.工作方案。双阳公司以上级公司的相关文件为指导内容，根据自身公司实际工作体系制订《国网长春市双阳区供电公司诚信体系建设实施方案》，方案明确了由党委办公室（办公室）统一管理，其他各业务部门按照职能专项分工，各自查找本专业相关的诚信和失信的相关业务内容并排查各自响应的薄弱点。

（二）多方向、多形式强化风险学习

双阳公司以上级公司的工作指导文件为基础，以传统诚信文化学习为辅助，深入进行常态化知识学习和文化修养，结合现代多媒体和平台技术，充分开展多形式的诚信知识宣贯培训，深化全员对诚信工作的认知，查漏补缺，完善体制和自身不足，并且定期做组织内工作评审和自我评价。逐步完善整个诚信体系建设，强化诚信风险防线。

（三）优化工作机制，加速落实诚信建设工作

1. 体系建设全面覆盖。针对重要部门（电网、电力建设、售电、电力施工、电力监理、供电服务、电力设备供应等领域）做好梳理工作内容、业务管理模式、风险防控等方面工作。各个部门在诚信体系方面进行积极沟通和融合，打破部门壁垒，并且充分认识诚信整体利益的一致性，从而更加优化和完善诚信工作机制，加速全员诚信落实。

2. 信息报送制度建设。为做到迅速有效的信息沟通，双阳公司首先按照上级公司要求实行失信事件零报告制度，并且及时上报《失信行为"零报告"统计表》及《失信风险隐患排查表》。其次，若各个部门发生被相关管理部门列入失信重点关注或黑名单，必须迅速向各工作领导小组组长汇报并同时报告小组办公室。

3. 舆论信息管控制度。及时了解公司部门和外部相关企业单位的失信信息，第一时间掌握相关动态并及时上报处理。时刻关注相关信用网站，如"国家企业信用信息公示系统""信用中国"等。

4. 失信应急管理方案。各部门要重视失信问题，对于被相关监管部门列入重点关注的，必须期限内完成整改并由本部门负责人核实报告。若被列入监管黑名单，要弄清原因，积极整改，并且向相关监管部门申诉，多渠道维护本单位的合法权益。一旦经过核实，确定存在失信行为，必须立即整改，端正态度，接受相应处罚，对失信行为深刻检讨。

5. 失信惩处机制。要做好相关惩戒机制，必须了解和关注双阳公司相关方历史信用状况，防止已被列入黑名单的企业单位进入双阳公司生产经营过程的情况；同时，及时根据失信程度将失信行为进行相应考核，并且纳入考核体系记录。

6. 打破部门壁垒，建立沟通联络机制。各部门积极沟通，定期组织诚信体系建设成果分享会，互相交流经验心得，针对工作中遇到的困难，集中提出共同协商优化方案，更加高效迅速完善体系建设。

三、亮点工作

1. 自上而下，保证执行畅通。为建立健全双阳公司诚信体系建设并保证顺利执行，公司诚信建设领导小组要定期召开诚信相关专题会议并通知和落实上级公司相关文件精神，把握各个阶段目标完成节点，及时发现阶段性的不足，督促改正，这对于全员规范诚信要求有着很大推动作用。定期组织本部门内部相关会议，起到关键带头作用，为完成诚信体系建设提供充足的保障。

2. 规划整理，不留死角。双阳公司以各部门为主体责任单位，按专业负责领域规划落实诚信主体责任制，参照《国网长春市双阳区供电公司典型岗位名录（初稿）》梳理本部门岗位诚信和失信相关业务内容，指出业务执行过程中的薄弱环节，做到所有岗位不遗漏和重点责任岗位重点项目重点处理。各部门根据业务内容整理和持续完善各自的《诚信业务体系表》内容。双阳公司初步完成所有部门（单位）岗位风险点96项，其中包括：公司领导岗位风险点4项；党委办公室（办公室）岗位风险点4项；发展建设部岗位风险点2项；财务资产部岗位风险点4项；安全监察部岗位风险点3项；党委组织部岗位风险点3项；党建工作部岗位风险点5项；电力调度控制中心岗位风险点10项；运维检修部岗位风险点14项；营销部岗位风险点28项；综合服务中心岗位风险点3项；物资部岗位风险点5项；乡镇供电

所岗位风险点 11 项。

3. 实时动态获取最新信息。充分利用互联网信息流通速度，及时获得最新公司企业失信消息，普及"国家企业信用信息公示系统"等常用查询网站，重点关注行业内部和相关方企业单位信用情况，对已被列入失信黑名单或被重点监控的企业，及时进行相应风险措施，规避企业失信导致的公司风险。

4. 常态化外部沟通机制，及时遏制风险。建立常态化沟通机制，依照部门职能重要性分别与政府相关部门建立了常态化沟通机制，第一时间掌握相关信用信息，提前预判，将可能发生的失信行为的情况消化于初始阶段，及时遏制失信风险。定期汇报相关报表资料，对发现失信行为的企业和可疑失信企业及时报告并说明可疑情况，然后跟进核实。

四、诚信建设实践

1. 建立诚信预防机制，防控失信风险。双阳公司以上级公司相关文件为指导要求，于2020年全面推进建设完成诚信体系工作，并且以双阳公司作为体系单位初步试运行。成立诚信工作领导小组，制订并评审了《国网长春市双阳区供电公司诚信体系建设实施方案》，并且在试运行过程中持续完善和修改相关内容，增加方案的合理性、落地性和可行性。要求各部门有明确的体系建设思路，梳理整体工作内容，挑选出本部门重点诚信风险点进行重点管控。对内严格自律，周期性组织学习，提高自身诚信修养和业务水平；对外实时监督，精准管控上报，规避企业失信风险，全面提高整体诚信体系建设水平。

2. 强化知识，提升意识。将诚信体系建设作为重点学习的一项内容，纳入双阳公司常态化培训的一部分进行全员逐级培训。各阶段确定培训主题，输出培训课件和检验考核成果，定期进行培训成果交流会分享成果。深入贯彻国家和行业及上级公司部署的相关诚信体系工作要求，传递到各部门、各专业及各员工；同时，避免照本宣科等无效的形式主义，必须清楚认识诚信体系的重要性，树立"诚信做人，以德立身；诚信经营，以德治企"的思想理念，加深干部员工对信用相关政策的认知，增强全体员工的诚信意识和依法合规办事意识，营造全员崇尚诚信、追求诚信、监督诚信的良好氛围。

五、成效提升

1. 提升企业法治水平。双阳公司深刻落实相关诚信责任制度，加强员工思想诚信建设，做到人人讲诚信、人人懂诚信、人人警示失信的整体效果，提升依法治企工作水平，促进企业良性健康发展。

2. 完善失信风险处理制度。双阳公司提前预防相关失信风险，第一时间掌握相关信用信息，完善早发现、早上报、早应对的风险防控机制并完善相关惩戒制度，对失信企业进行强有力的震慑，维护公司利益。

3. 共建全员诚信文化体系，打造诚信经营企业。双阳公司将全员诚信纳入日常管理和文化建设的一部分并列入重点工作和员工考核项目。各部门进行诚信交流评比，对诚信文化建设突出的部门进行通告表扬；对完成欠佳的部门进行通报并督促加强诚信建设。这样一来，一方面增加全员参与感，一方面让部门落实责任，将诚信建设常态化，提升个人诚信知识，共同打造诚信工作和文化氛围。

案例创造人：张方遒　卢利中

诚信有"根",服务有"果"

国网吉林省电力有限公司榆树市供电公司

一、企业简介

国网吉林省电力有限公司榆树市供电公司(以下简称榆树公司)担负着榆树市城区 4 个街道、24 个乡镇共 130 万人口的供电任务,供电面积 4712 平方公里。设置 8 个职能部门和 2 个业务实施机构,供电所 30 个,变电站 30 个;全民员工 827 人,农电员工 284 人。拥有主变 50 台,总容量 452 兆伏安;66 千伏输电线路 18 条,长度 432 公里;10 千伏配电线路 102 条,长度 4374 公里。年售电量达到 11 亿千瓦时。榆树城区配网实现地埋化、绝缘化、网格化。榆树公司先后获得"国网公司一流县供电企业""国网公司科技进步先进县供电企业""国网公司先进集体""全国工人先锋号"等多项殊荣。

二、主要做法

2020 年,榆树公司积极贯彻落实国家电网有限公司(以下简称国网公司)"建设具有中国特色国际领先的能源互联网企业"战略目标,用心实践"人民电业为人民"企业宗旨,将辖区百万人民群众生产生活安全放在首位,把加强供电营商环境建设作为优质服务和企业品牌建设的核心工作任务,恪守诚信服务理念、践行供电服务承诺,积极推动优质服务上台阶。特别在应对新冠肺炎疫情、台风"三连击"及冰雪灾害过程中,使命担当、诚信服务的信心与力量支撑干部员工接受风雨洗礼和考验,以实际行动绘就了光明使者大写的"砥砺前行"。

1. 新冠肺炎疫情面前"宅不同",诚信行动见真情。新冠肺炎疫情就是命令,防控就是责任。榆树公司党委积极贯彻党中央的决策部署和会议精神,全面落实国网公司供电服务和助推企业复工复产的保障举措,为全面打赢疫情防控阻击战做出电力工作者应有的贡献。疫情期间,居民用电依赖度提升,给供电服务提出新的挑战,供电员工在不聚集、少接触态势中,对"宅"字赋予新的定义和实践要求。①居家之"宅"。疫情初期,台区客户经理主要以家庭为阵地,引导、鼓励客户线上交费、在线办理用电业务,不但白天需要面对手机屏幕开展催费通知、用电咨询、服务交流等业务,就是在午夜电话交流也很常见,熬红眼睛、推迟用餐就成了"家常便饭"。②办公之"宅"。自 2020 年 2 月 10 日开始,榆树公司通过 LED 屏幕、内网邮箱、手机微信及疫情防控知识宣传栏等适用宣传工具,大力宣传党中央疫情防控"全国一盘棋"的战略要求,贯彻国网公司《疫情防控期供电服务"十项举措"》和《应对疫情影响全力恢复建设助推企业复工复产的 12 项举措》,严格按照规范要求做好要求全员立足岗位实践,全力做好"战疫"保供电工作并做到不造谣、不传谣、不信谣。2 月 15 日,榆树公司 3 个营业厅、26 个供电所、2 个服务站,"隔离式"服务措施落实到位,营业场所消毒、体温检测工作实现专人负责、规范操作。③现场之"宅"。共产党员服务队"宅"入保供电现场。2020 年 2 月 2 日,榆树公司迅速完成榆树市 7 个公路进、出口疫情监测点电力线路架设任务,投放导线 2380 米、照明灯具 14 盏、计量装置7套，架设应急线路1160米。榆树公司积极做好防控宣传，组织所属63个单位制作、悬挂77个条幅，发布微信消息25条，在营业厅播放防疫宣传短片，大力宣传"火神山""雷神山"建设的中国速度、展现出的中国力量；党员干部积极为疫情地区捐款、捐物献爱心，253名党员捐赠善款30695元。

2. 风雨来袭"逆行者"，诚信之旅展担当。2020年8月26日，榆树公司认真落实《国网吉林省电力有限公司设备管理部关于做好应对第8号台风"巴威"工作的紧急通知》精神，学习借鉴"天津城市中心区停电应急演练"的宝贵经验，研究部署抗台风保供电措施。一是面向全员下发台风黄色预警，全力以赴开展线路设备巡视检查，责任、任务落实到人，确保覆盖辖区所有供电线路和设备；二是深入分析台风可能带来的风险隐患，做好抢修队伍、物资、车辆准备，以充分应对各种突发事件；三是各级管理人员、抢修队伍保持24小时通信畅通，随着准备投入抢险救灾工作；四是做好值班工作，实施领导带班制度，确保上级指令上通下达和单位情况正确、及时反映；五是加强领导，靠前指挥，压紧压实管理责任，坚决克服麻痹思想和侥幸心理，从最不利的情况出发，做好充分的准备工作。9月2日下午，榆树公司"抗击新一轮台风督导检查组"先后深入到调控指挥、运维检修、物资分中心等专业部门检查应急预案和抢险物资保证情况，并且对设备和门窗加固、值班、技术力量保障及抢险物资准备等工作提出指导意见，要求全面开展线路设备巡视，全面堵塞缺陷和漏洞。9月3日10时左右，台风"美莎克"进入榆树地区，在强风暴雨冲击下，15条10千伏线路相继出现由导杆、断线、树障短路等故障引发的停电事故。9月3日10时20分，物资分公司报告：物资装运人员到位，机械准备就绪。9月3日10时30分，运维检修部报告：19支应急抢修突击队成立，随时可以出发。两个物资仓储库全部进入临战状态，6台运输车辆、应急发电车随时可以启动，3支抢险梯队组建完成。9月4日7时30分，受台风"美莎克"侵袭导致的所有故障线路全部恢复送电，生活常态又回归每个家庭。

3. 抗击冰雪"在路上"，诚信理念不动摇。风雪骤，寒冰坚。供电员工用热血融化坚冰，众志成城守护万家灯火，诚信服务理念为全力打赢抗击冰雪保供电攻坚战提供了有力支撑。2020年11月17日下午，根据雨雪冰冻、暴雨蓝色预警，榆树公司第一时间启动雨雪冰冻灾害应急响应，为即将到来的抢险抢修做好准备。11月18日，榆树地区遭遇史无前例的冰冻灾害，电网设备上的横向金具冻结成条条冰柱，纵向设备被挂上厚厚冰"浆"，辖区66千伏线路相继故障停电。11月18日18时26分，榆树公司及时启动抗击冰雪应急预案，28支应急抢修突击队快速反应、进入战斗序列。11月20日20时30分，经过50个小时紧急抢修，受灾停运的6条66千伏线路、15座66千伏变电站、69条10千伏线路全部恢复送电。辖区冰雪灾害，涉及4012户家电及财产受到损失，榆树公司立即启动"用电设备自然灾害保险理赔"程序。榆树公司干部员工的诚信服务理念与措施，将令所有受灾客户的家庭财产免受损失。

三、特色亮点

1. 不忘初心，牢记使命。榆树公司干部员工认真践行"人民电业为人民"的企业宗旨，恪守诚信、优质服务理念，大灾面前展示出了"美好生活服务者"的责任担当。

2. 安全至上，尽职尽责。在争分夺秒抗灾过程中，榆树公司切实把保障一线员工及辖区群众安全放在首要位置，全面做好作业安全防护与监督，严控莽撞、蛮干行为，安全调度、安全监督、安全措施一步不少，竭力克服疲劳作业和杜绝习惯性违章。

3. 充分预警，有备无患。榆树公司员工队伍技术素质建设、应急预案科学编制、安全工器具规范管理及抢修物资储备等工作做到了守正笃实、久久为功，居安思危、未雨绸缪。

4. 步调一致，团结协作。榆树公司干部员工发挥敢战、善战、赢战的优良传统，充分利用梯队作业、协同作战、任务攻坚等形式，作业安全、质量、效率得到充分保障。

5. 加强领导，组织有序。榆树公司各层级领导坚守抗灾一线、督导指挥，随时掌控抗灾形势，保持与上级紧密沟通，认真解决现场出现的各种困难和问题，确保抗灾安全、有序、实效。

四、实践效果

经历风雨，方见彩虹。2020年，榆树公司干部员工在连续抗击自然灾害的战役中，主动作为、担当奉献、顽强拼搏，付出了辛勤汗水、获得了丰硕成果、历练了员工队伍，为地方经济发展和家乡人民群众生产生活安全可靠供电做出了积极贡献，社会效益突出；同时，在百万榆树人民心中更加丰满了光明使者和电力服务旗帜形象。

案例创造人：赵仁杰　孙令文　刘伟东

用责任担当打造中国企业海外诚信品牌

中国建筑股份有限公司国际工程分公司

一、企业简介

中国建筑股份有限公司国际工程分公司（以下简称中建国际）隶属于全球最大投资建设集团——中国建筑集团有限公司（以下简称中国建筑），是中国建筑唯一一家以境外业务为主的境内二级企业，在海外设立各类驻外机构42个，分布在海外30多个国家和地区，经营范围涵盖房屋建筑、基础设施、投资开发及我国对外援建和使领馆建设等领域。

中建国际积极践行"一带一路"，始终坚守深耕，开拓创新，坚持本土化发展、市场化竞争、资本化运作、体系化管控，相继承接并实施了一大批具有重大影响力的海外项目，积极贡献了中国方案、中国技术、中国速度和中国质量，赢得所在国政府和民众的高度认可。

二、企业国别形象建设背景

斯里兰卡与中国友好关系源远流长，中建国际在斯里兰卡的身影可溯源于1973年完工的"纪念班达拉奈克国际会议大厦"。这座历久弥新的精品工程由中建国际的先辈和斯里兰卡人民共同建造完成，是两国人民友谊的重要象征。2012年起，中建国际派驻常驻人员进入斯里兰卡建筑市场。2014年，注册中建股份斯里兰卡分公司并承接实施了斯里兰卡南部高速延长线项目第二、第三标段。从斯里兰卡最北部的贾夫纳地区到最南部的汉班托塔地区，都有中建国际员工奋斗的身影。中建国际签约的项目涵盖公路、水利、隧道、公寓、酒店和商场等多个领域，同众多当地企业建立了良好的合作关系，带动斯里兰卡建筑、材料、运输、劳务等相关产业共同发展。

三、用诚信树立国别形象

1. 造共同繁荣之路。道路是经济发展的动脉，中建国际在斯里兰卡积极承担企业社会责任，为当地修筑了一条条繁荣之路，助力当地社会民生发展，展现了中建国际的企业力量。①建设南部高速，助力互联互通。位于斯里兰卡南部的汉班托塔港是斯里兰卡南部的重要港口之一，但由于与首都科伦坡缺少便捷的陆路交通、机场发展相对不足、配套产业基础薄弱等原因导致该港口一直处于亏损状态。由中建国际承建的斯里兰卡南部高速延长线项目是连接科伦坡和该港口的重要道路，中建国际积极引入节能减排、智能交通等现代化高速公路建设理念，以合格的材料、先进的机械、严格的管理来建造质量优良的工程，开展质量控制，确保项目材料合规性及工程品质。该项目沿线的达尼伽马村有居民1300余人。在项目施工过程中，该村有450余人从种田改为在项目工地工作，收入大幅增加。在家门口就能挣钱养家，还能学习工作技能，当地人都称斯里兰卡南部高速延长线是一条"幸福路""致富路"。2019年11月，南部高速延长线第三标段正式通车；2020年2月，全线提前通车，实现了汉班托塔港和科伦坡港之间的快速陆路联通，为后续汉班托塔港工业园区建设奠定了基础。②改造北部道路，便利居民出行。中建国际承建了斯里兰卡北部省改造路项目。该项目位于斯里兰卡北部省瓦武尼亚和贾夫纳区，以农村地区道路改造为主。道路建成后将进一步改善当地道路设施水平，提升北部公路网运能，方便周边民众出行，带动区域旅游业发展，并且通过与斯里兰卡南北大动脉相连，进一步提升北部地区经济发展水平，促进该地区消除贫困。③激发都市活力，提升旅游发展。斯里兰卡是著名的旅游国家，旅游业一直是该国的重要支柱产业，中建国际承建的珍珠塔酒店位于斯里兰卡首都科伦坡核心海岸线上，结构总高180.28米，可俯瞰科伦坡美景。珍珠塔酒店正式封顶后，刷新了科伦坡的城市天际线，为旅游业发展提供了有力支持。该项目地处市中心交通要道，建筑物和人员密集，施工场地极为有限。施工过程中，中建国际以高层建筑结构施工技术和结构安全施工标准攻克多个施工技术难关，确保施工进度、质量和安全。④助力引水灌溉，保障农业民生。斯里兰卡森林资源丰富，耕地种类多样，国内有大片茶园、橡胶园和椰子园，尤其以茶园种植闻名于世。然而，受地理位置和气候影响，斯里兰卡的农业灌溉用水长期得不到稳定保障，严重影响了斯里兰卡的农业发展，制约了当地农业人口脱贫。中建国际承建的中部17公里水渠项目是斯里兰卡西北省水渠项目渠道管网工程的重要组成部分，该工程是斯里兰卡目前在建的最大灌溉水利项目。项目建成后，预计年输水量达1.3亿立方米，将解决当地12500公顷农田的灌溉需求，有效提升附近农业发展水平，保障当地农业生产和粮食安全，加速当地人民脱贫步伐。为减少项目施工对沿线村庄和居民的影响，项目部在实施过程中搭设防尘网、安装喷淋防尘等防护设施，定时对沿线道路洒水、除尘，减少尾气产生，保证在最低程度影响当地自然生态环境的前提下顺利完成项目施工。

2. 创和谐共赢之路。①携手同心，共渡难关。2017年5月，斯里兰卡普降暴雨，部分地区出现泥石流，交通设施损毁严重，数十万家庭受灾。中建国际在了解了当地受灾情况后第一时间紧急组建抗洪抢险突击小组，筹备救灾物资，组织员工协助项目周边村民抗洪自救、安全转移。突击小组紧急抢修受泥石流堵塞的主路段，方便后续救援队伍进场开展工作；与此同时，突击小组派出装载挖掘机3台和施工管理人员20人、施工工人60人次为周边村民开挖排水渠近1公里、疏通已有排水渠近3公里，仅用一天时间就使项目附近受灾居民安全转移，最大限度降低了暴雨对村民的影响。②热心社会公益事业。中建国际坚持企业与项目所在地社区共同发展，与当地政府共建属地养老院、捐赠学校和医院、开展慈善义诊，打造一系列公益项目。新冠肺炎疫情期间，中建国际与斯里兰卡政府和居民一道共克时艰，携手同心抗击疫情，在斯里兰卡最大火车站捐赠红外测温设备2套，捐赠一次性口罩2万余个，"建证"中、斯民心相通的深情厚谊。"六一"国际儿童节期间，斯里兰卡中航科伦坡3区住宅项目人员前往科伦坡吉纳南达孤儿院组织节日慰问并为60多名儿童送去了学习和生活用品，与孩子们一起做游戏，亲密互动，孩子们度过了一个难忘的儿童节，他们天使般的甜美笑脸令人动容。中建国际与清华大学国际公益设计（ICA）团队共同发起了斯里兰卡孤儿"公益课堂"设计与建造项目。该项目设计综合考虑气候应对、材料选取、自然保护、文化符号等要素，和当地村民一起，为孩子们建造了一座公益建筑，延续孩子们关于家园的想象和记忆，服务周边十几个村落。"公益课堂"建造过程中注重周边青年人建筑技能培训，并且在项目完成后继续雇佣技术成熟的优秀年轻人，让他们在更多项目建设中发挥自身价值，真正帮助贫困家庭改善经济生活条件。③组织志愿服务。中建国际秉承将企业社会责任内化于心、外化于行的理念，于2017年在斯里兰卡成立"筑梦锡兰"志愿服务队，先后组织30余次公益活动，为当地居民募集善款及捐赠物资，惠及项目驻地周边老人、学校师生、困难员工、受灾群众等群体5000余人，爱的种子从此在斯里兰卡大地生根、发芽并定将茁壮成长、枝繁叶茂。

3. 践行安全环保。"生命至上、安全第一"是中建国际坚持不懈追求的安全管理理念,"绿色发展"是中建国际可持续发展理念的重要内涵。在斯里兰卡,中建国际严守安全规范,保障项目安全施工和员工职业健康,加大环保投入并严格落实,保护斯里兰卡的碧水蓝天。①构筑安全发展之基。为保障员工的生命健康安全,中建国际在斯里兰卡建立了该国首个体验式安全培训基地,开展体验式全员安全培训并在多个项目运用VR技术模拟安全事故、开展安全教育。在斯里兰卡南部高速延长线项目建立了安全与职业技能培训示范基地,定期安排工程师为属地工人讲解施工难点,以理论培训与实践操作双结合的形式切实提升员工安全意识及工作技能,被业主誉为"斯里兰卡第一施工技能和安全培训基地"。通过不懈努力,斯里兰卡南部高速延长线项目和中航科伦坡3区住宅开发项目荣获英国安全委员会颁发的2019年度国际安全奖,该国际安全奖是国际健康与安全方面最具权威性和影响力的奖项之一。②践行绿色生态之举。中建国际不仅在国内十分重视施工过程中的环境保护,在斯里兰卡同样以严格的环保标准进行施工,尽最大可能避免因项目施工对周边生物和生态造成影响。

四、成效

中建国际在斯里兰卡潜心耕耘,积极从企业的角度实践并提升斯里兰卡的民生福祉,促进经济和社会发展,先后在斯里兰卡承接了高速公路、公寓住宅、水利工程、酒店、高端商场等各类型10余个项目。

经营过程中,中建国际严格遵循当地法律法规,尊重地区文化和特色,追求民心相通;高标准、高质量、高效率开展项目施工建设,树立公司品牌形象;安全文明生产,为员工提供安全良好的工作环境,注重员工职业健康与安全;坚持绿色建造,追求项目与环境和谐共融,保护项目周边生态环境。中建国际的本地化雇佣政策和社区发展举措让各利益相关方更加了解和认同中建国际,为当地培养了大量专业技术与管理人才,直接为当地创造2500余个就业岗位,带动相关产业就业机会20000余个。中建国际在斯里兰卡的经营展现了中国企业在海外的责任与担当,助力了当地经济社会发展,实现了与利益相关方的互利共赢、共同发展,助力中、斯民心相通,传承和发扬了中、斯传统友谊。

五、展望

未来,中建国际将一如既往在斯里兰卡积极履行社会责任,关注项目质量,高标准开展项目建设;回应客户诉求,为客户提供满意服务;积极投身抢险救灾,协助当地开展新冠肺炎疫情防控和经济社会恢复发展;继续提供就业机会,提升当地员工技能技术水平;持续开展公益活动,加强与利益相关方交流与沟通。

案例创造人:陈诚 张国辉

打造诚信品牌，坚持高质量发展，努力建设世界一流综合电力能源企业

安徽安庆皖江发电有限责任公司

一、企业简介

安徽安庆皖江发电有限责任公司（以下简称安庆公司）成立于1998年，现注册资本217999万元。安庆公司总装机容量为2640兆瓦，是安徽省统调最大发电厂。一期2×320兆瓦机组于2005年投产，自2011年起，连续5年获全国300兆瓦机组能效对标竞赛一等奖和供电煤耗最优奖。二期2×1000兆瓦机组于2015年6月投产，2016—2019年，#3机组连续4年获全国1000兆瓦等级机组能效对标竞赛5A级荣誉，位居同类型机组第一名；2017—2019年，#4机组连续3年获得4A级荣誉。

安庆公司先后获得全国"工人先锋号"和安徽省"五一劳动奖状""百强企业""环境信用评价诚信单位"及中国电力企业联合会"电力安全生产标准化一级企业"等荣誉称号，2017—2019年，连续3年获安徽省迎峰度夏劳动竞赛一等奖。2016年以来，安庆公司连续两届被中国电力企业联合会评为"3A级信用企业"；连续15年获得"A级纳税人"称号；连续13年获得"安庆市金融守信企业"称号。

二、企业诚信建设和信用体系建设实践

1. 诚信经营理念。"以人为本、诚实守信、绩效导向、绿色发展"是安庆公司的企业经营理念。安庆公司不仅将诚实守信作为经营理念，还将诚信文化作为企业"六大文化"（忠诚文化、亲情文化、诚信文化、绩效文化、团队文化、责任文化）的重要内容加以建设，并提出了将安庆公司发展成为有抱负、有追求、有责任、有担当的世界一流绿色综合能源企业的宏远目标。

2. 严格遵纪守法。安庆公司严格遵守国家法律法规和电力行业相关制度规定，始终坚持依法治企、依法决策、依法经营，并且按照上级公司创建世界一流企业法治建设专项方案的要求不断提升企业法治建设能力和水平。自安庆公司成立以来，未发生违反国家相关法律法规的生产经营行为。

3. 诚信理念宣传教育培训。通过安庆公司网站、微信公众号等大力宣贯企业诚信文化和经营诚信理念，通过"道德讲堂""身边的故事"等富有吸引力的活动载体提升宣传教育效果。安庆公司每年与各部门各党支部签订目标责任书、廉洁承诺书，对诚信管理、反腐倡廉等工作提出具体要求，纳入年度考核，不断巩固和提升全员的诚信理念和质量意识。

4. 企业诚信和信用体系建设。①打造诚信文化。安庆公司践行"依法治企、诚信治企"理念，切实履行企业政治责任、社会责任和经济责任，大力营造"诚信文化"。先后多次被评为"3A级信用企业""A级纳税人""金融守信企业"等称号。②加强合同管理。安庆公司从人员和制度两方面加强合同

管理体系建设。由主责部门负责合同全过程管理工作，同时专设有法务主管岗位负责合同的合法性审查，形成了各需求部门参与合同草签及审核、各相关部门负责人会签、法律顾问审查、业务领导审批、重大合同上级单位提级审查、专职合同管理员存档的合同管理网络。在制度中对合同的签订、管理、履行、过程控制、违约责任、纠纷处理等做出了详细的规定。2020年下半年，安庆公司对照相关法律法规及时调整修订适合本企业的管理制度并结合实际情况完成了合同范本修订，合同示范文本使用率达到100%。③强化风险控制及危机管理。安庆公司制订了法律风险及内控管理相关制度，每年对公司经营风险及法律风险进行梳理，按季度编制重大风险管控报告。从行政事务、财务管理、劳动用工、物资采购、工程管理等各方面开展法律风险排查，不断强化后续整改治理，消除隐患，形成内部风险防控机制。对可能引起诉讼争议的法律风险采取预警机制，由合同事项的主责部门及时报告合同承办部门及法律归口管理部门，做好证据收集等诉前准备工作。④夯实应收应付账款管理。在应收账款方面。安庆公司通过系列管理措施，最大限度化解应收账款风险，严格做好应收账款全过程管控工作。一是建立健全内部控制制度，强化制度执行的刚性，为应收账款的管理夯实了基础；二是严格应收账款核销制度，严格按照会计准则做好账龄分析；三是建立客户评审制度，重点关注客户性质、财务状况、信誉、经营状况等，做好应急预案，方便及时调整方法、采取措施，避免造成损失；四是健全应收账款责任制，将应收账款催收工作责任到人并与绩效挂钩。目前，安庆公司所有应收账款均次月收回，应收账款管理工作成效显著。在应付账款方面。安庆公司积极履行社会责任，持续关注清欠工作，每月统计、分析并通报应付款项情况，责成专人监督合同结算、付款情况，以全面清欠"零逾期"为原则，重点清偿民营企业。

5. 企业诚信实践。①产品及服务质量诚信。多年来，安庆公司坚持"以客户为中心"的原则，遵循合作共赢、共同发展的理念，致力打造安庆公司品牌。2016年，安庆公司与多家用户直接签订了2017—2019年直供电合同。3年中，安徽省直供电市场普遍发生发电侧单方提价事件，安庆公司严格遵守契约精神，如期履约，获得了用户的高度认可。安庆公司是全国能效指标标杆企业，在对用户提供直供电业务的同时，还对用户安全用电、经济用电提供免费技术支持及节能诊断等增值服务，促进双方用能水平提升，互利共赢。②客户服务及关系管理。多年来，安庆公司实施秉持"客户至上"理念，为直供电客户提供"一站式"服务，凭借直供电市场运营管理成功经验，根据不同客户特点，帮助客户选择最合理的合作方式。大力帮助客户开展申报数据测算、申报材料编写、市场准入审核、电网安全校核、电力直接交易额度争取、年度电量调整等工作，做到客户只需签个合同就可享受直供电带来的优惠。借助公司资源，千方百计为客户解决偏差电量考核事宜，真正实现了"做一个项目，交一个朋友，保一方能源，助一方发展"。③与股东、投资人和债权人等利益相关者关系。安庆公司严格遵守相关法律法规，完善企业法人治理，理顺股东、管理层、债权人、员工等关系，取得了良好的经营绩效。截至2019年，累计向股东方分配利润20.34亿元，员工收入也有了一定增长。④反对商业贿赂、欺诈等。强化内控措施，对工作中可能存在的风险点定期开展《廉洁风险防控手册》的修订和对照检查，有效规避业务风险；强化人员素质，定期通过关键岗位谈心谈话、节前廉洁提醒、组织集中学习相关法律法规等方式，加强对员工法律法规、纪律和职业道德等方面的教育，增强自觉抵制商业贿赂、欺诈的意识，筑牢思想道德防线；强化外部监督，把"一岗双责"落到实处，纵向职能监督与横向平级监督相结合，成果显著。截至目前，安庆公司没有出现任何商业贿赂、欺诈现象。⑤维护员工权益，创建和谐劳动关系。积极宣传公司亲情文化，提高员工维权意识；积极研究国家相关政策，合理应用国家社保优惠政策；积极开展女员工活动，全面保障女员工权益；与工会签订集体劳动合同，维护员工权益，创建和谐劳动关系。

6. 环境资源保护。安庆公司4台机组全部实现"超低排放",二氧化硫、氮氧化物和烟尘3项指标每年分别减排1766吨、1078吨和681吨。通过"两保障三措施"加强环境资源保护。"两保障"是制度保障和组织保障,建立了完善的节能减排环境保护管理体系与制度体系,持续强化制度执行力建设,不断提高节能环保管理水平;成立了以主要负责人为组长的节能减排工作领导小组并设立办公室,健全了环境保护技术监督网络。"三措施"分别为:一是做好环境监测和污染治理工作,防止污染事故的发生,保证污染物排放指标合格、规范固废管理;二是确保岸线清洁,码头前沿配置专门的垃圾箱,所有停靠船舶和码头作业的生活垃圾统一收集入箱,统一交环卫部门处置;三是严抓固废处理,废矿物油收集后暂存在公司危废库,定期委托有资质的单位处置。按照相关部门要求,安庆公司码头加装岸电以及船舶污水和生活污水智能回收装置。

7. 履行社会责任。安庆公司以成为"城市友好型"企业为目标,本着"发安全电、发效益电、发环保电、发廉价电"的初心,践行央企社会责任,致力于服务实体经济。①让利实体经济。在合作共赢基础上,最大幅度向实体经济让利,2016—2020年,安庆公司直供电双边平均交易价格连续5年安徽省最低,累计让利地方企业5.7亿元。②提供园区热力供应。安庆公司从2010年开始全力开拓供热市场,在迎江经济技术开发区的大力支持下,通过5年的努力累计投资1500余万元,完成了东西供汽管线铺设并投运,为迎江经济技术开发区内企业提供品质可靠、价格合理的蒸汽,促进了园区内企业开展煤改电、煤改汽、气改汽等替代改造,有效替代管网覆盖范围内的燃煤锅炉,为地方降低原煤消耗约2.45万吨。③提供综合能源服务。在发电主业不断发展的同时,安庆公司依托资源优势,积极开拓综合能源服务市场,不断开发热、冷、水、气供应等综合能源服务项目,实现能源利用多元化、规模化发展。现阶段,安庆公司正在开展工业用水循环利用、污泥处置等资源再利用及固废处置项目研究,摸索供压缩空气、增量配电网建设、充电桩、储能、氢能、光伏、风电、分布式能源等业务,积极打造全方位综合能源服务平台。

8. 热心公益事业。安庆公司认真落实上级单位和安庆市委市政府关于脱贫攻坚工作的决策部署,切实做好公益事业。①选派"第一书记"。安庆公司承担了两个贫困村的帮扶工作,选派政治过硬、基层工作经验丰富、群众工作能力强的中层管理人员担任第一书记、扶贫工作队长,驻守扶贫村,负责各项扶贫具体工作,做好安庆公司与贫困户结对的"牵线人",通过逐户开展贫困户调研,为扶贫村和安庆公司搭建了良好的沟通桥梁。②落实帮扶方案。坚持问题导向,实地调查。因户制宜、因户施策,制订帮扶方案,明确目标任务并认真落实。安庆公司主要领导和分管领导定期赴扶贫村开展走访慰问并讲授专题党课。③抓好党建扶贫。安庆公司充分发挥党建在脱贫攻坚工作中的引领作用,党委主要负责人亲自抓工作落实,每年召开党委会研究扶贫工作不少于2次,每年集中走访不少于6次,确保扶贫工作逐步推进并取得实效。新冠肺炎疫情期间,安庆公司团委积极开展疫情防控学雷锋志愿服务活动求,第一时间了解到贫困村的需求,为扶贫村的孩子们送去了40盏护眼灯、40瓶消毒液和200个防护口罩等防疫物资。④加大消费扶贫力度。安庆公司充分发挥资源优势,主动配合镇、村认真谋划村级集体经济特色产业项目,帮助和支持村级集体经济特色产业发展,采取"以购代捐""以买代帮"等方式,重点支持销售村集体茶叶等土特产品和光伏发电技术支持。2019年,安庆公司积极开展消费扶贫,通过购买定点扶贫村茶叶、鸡蛋等农产品,累计消费金额约23万元,从而增强村级集体的自我"造血"能力,确保贫困群众增收致富、稳定脱贫。⑤开展爱心扶贫。根据上级公司相关扶贫工作要求,依托"国家能源慧采商城扶贫电商平台",安庆公司积极购买右玉县、布拖县等贫困县的特色扶贫农产品并在安庆公司机关党员活动中心设立了"爱心扶贫专柜",采购了小米、陈醋等爱心物资,累计消费180659元;同时,安庆公司响应全国"扶贫日"主题活动要求,号召员工积极参与"爱心捐款",捐款18800元。截至目前,安庆公司2个定点扶贫村已经顺利完成扶贫验收,安庆公司扶贫任务圆满完成。

案例创造人:赵冠永　程华敏

以诚信铸魂，树行业标杆，促人企共赢

中建西部建设山西有限公司

一、企业简介

中建西部建设山西有限公司（以下简称山西公司）是以生产预拌商品混凝土为主的专业化、环保型混凝土生产企业，是全国最大的商品混凝土上市公司——中建西部建设股份有限公司的下属子公司。植根于山西沃土，于2014年正式进入太原市场。山西公司现在太原市尖草坪区、晋源区分别设有搅拌站1座，混凝土生产线5条，年产能200万立方米。在太原市尖草坪区投资自建了一座现代化绿色环保预拌厂，生产线总占地面积2.5万平方米，拥有2条年产100万立方米商品混凝土搅拌站生产线，先后开展了企业资质、环评验收、排污许可证办理工作，获得通过绿色建材三星评价验收，成功申报重污染天气重点行业绩效引领性企业等，努力打造环保硬件设备一流、环保手续合规的高规格绿色示范工厂。

山西公司先后获得"全国预拌混凝土绿色示范工厂""中国混凝土行业绿色环保示范企业""山西省优秀企业"等荣誉称号，赢得良好的社会声誉和品牌影响力。

二、雄关漫道真如铁，而今迈步从头越

2014年，山西公司正式成立，2017年由于经营问题重组。面对重组停产、资金短缺的实际情况，摆在山西公司面前最大的难题是人员维稳及品牌重树，山西公司该如何稳定过度，到底是循序渐进还是快刀斩乱麻？作为央企子弟兵，又该如何发挥担当作用？如何对企业负责，对品牌负责，对长期的合作伙伴负责，对山西公司近百名职工和他们的家人负责呢？山西公司本着"诚信、创新、超越、共赢"的企业精神，恪守信念，信守合约，危难之际，不离不弃，携手共渡难关。

重组初期，山西公司人心不稳，应收应付倒挂。在这种情况下，山西公司把保障职工工资放在首位，但面临资金状况极差的情况，无奈下仍拖欠职工3个月的工资。两个月内十几名职工先后离职，其中包括3名高层领导、5名中层干部。为稳定人心，加快融入重组后的公司企业文化，山西公司谋定后动。一是设定目标，调整第一负责人，根据实际情况依靠原有职工提出未来3年发展目标。二是确定责任，重新调整高层领导、中层干部的分工安排，压实责任。三是安排人员，安排50余名职工借调至上级公司安徽、江苏、江西、福建等其他区域进行支援学习。3个月后山西公司拟定借调职工回流计划，积极对接支援区域，疏导职工情绪，配合生产节奏分批回流，做到应回必回、愿回则回。四是解决问题，向上级公司求助迅速解决资金问题，及时报销2017年度职工垫付的资金并保障职工薪酬福利的及时性，申请重组后半年内职工计件奖金的保护期，让职工安心工作。五是内部整顿，重组前后的制度、管理规范、文化内涵均有所区别，山西公司以"空杯"心态从"零"开始，组织职工学习各类底线管理制度，严守安全、质量、环保、廉洁底线。六是外部重塑，对合作伙伴采取积极扶持的措施，达到共

赢。对于物资供应商：①积极策划付款，通过重组后上级公司对山西公司的资金支持，对长期以来"患难与共"的供应商在资金上给予倾斜；②分类别和批次对原有账龄较长的小规模供应商应付账款进行清理，在周边原材料市场建立了较好的信誉，吸引了部分有实力垫资供应商参与合作，建立了良好的供应商结构体系；③针对部分优质供应商倾斜付款政策，确保原材料供应稳定和价格保持在周边较低水平，稳定供应商资源，保障原材料成本占比较低水平。对于物流合作单位：①设置物流车队的保底，保障物流单位的正常运营，促使其配置充足的车辆；②引进有合作意愿的物流车队返租原有车队的设备，降低原有物流车队亏损，增加新进车队的磨合，完成物流合作伙伴的更替，实现平稳过渡；③用好支付杠杆，建立过程评价，优先保障物流车队的过程付款。

三、路漫漫其修远兮，吾将上下而求索

在建设前期，本着诚信经营的理念，为达到国家相关环保和建设标准，山西公司在设计建造时以绿色、环保和节能为首要考虑指标，采用封闭式钢结构料仓将噪音和粉尘进行封闭隔离。运用目前国内较为先进的脉冲式除尘机对冲灰过程中粉尘跑冒进行管控，山西公司配有1套污水处理系统，对生产过程中的废水进行回收利用，实现污水零排放。

在生产过程中，山西公司积极引进环保设备，提升产品质量，优化服务品质，全力打造绿色、诚信、安全、规范、环保的企业形象。一是加强原材料选型的过程控制，确保节能降耗。为确保供应商提供使产品满足环境标志产品技术要求的材料，山西公司建立了详细、完整的原材料采购控制措施。通过加强对供应商的选择，采购前对供应商环境管理状况、生产工艺和产品对环境的影响进行评价，优先选择有实力、有技术的厂家，确保材料生产过程的环境要求得到有效落实；优先使用优质的Ⅰ级粉煤灰、聚羧酸减水剂等低碳、环保的新型建材，部分取代或完全取代水泥、萘系减水剂等高能耗、高污染的传统建材，有效降低能源消耗和环境污染。二是加强原材料运输的过程控制，确保清洁运输。在原材料的运输过程中，山西公司要求各职能部门注重沟通，敦促材料供应商加强运输过程环保工作。所供砂石装车前必须进行全面水洗，运输过程必须实行覆盖；同时，水泥、煤灰、矿粉等胶凝材料散装率达到100%，采用专用运输车进行运送。三是加强原材料验收过程控制，确保产品绿色。要求砂石在进厂时由技术人员进行目测检查，按批次进行实验检验，对运输过程未覆盖、生产过程未水洗的材料供应商责令整改。四是加强产品生产过程的控制，确保文明生产。山西公司从环境行为对预拌混凝土的生产、使用直至废弃的整个过程进行了总体规划，确保产品设计环节的清洁环保。建立了浆水回收系统，实行浆水限量回掺，杜绝浆水外排，并且定期请当地环境检测部门到厂站进行检测，确保做到"无粉尘、无污水、低噪音"的绿色生产。山西公司在生产过程中还定期组织员工对计量系统、搅拌机除尘装置、搅拌楼除尘装置、废水回收装置等进行检查、维修和保养，保证设备的正常运行，避免因设备原因造成的环境污染。

在企业形象建立过程中，山西公司积极配合当地政府部门开展工作。在环保工作上，山西公司根据相关文件要求，全面实行绿色文明施工、绿色文明办公、绿色文明生活的绿色文明"三步走"，有效推进绿色管理品质的升级。做到粉尘、工业废水、食堂油污、食堂油烟零排放；生活废水、噪声达标排放；制订了厂站固（危）废管理工作的具体措施和固（危）废突发事件应急预案，保证固（危）废得到妥善处置，确保满足当地政府要求。在质量管理上，山西公司自进入太原市场以来，始终把产品质量放在第一位，对施工过程中的环境保护和产品的安全质量要求较高，一是对进厂的水泥、粉煤灰、矿粉、减水剂等材料的主要质量指标按批次进行检测，对检验指标不合格的材料实行退货处理；二是材料商对所供原材料进行有害物质检测并上交检验报告，对检验结果不满足环境标志产品技术要求规定的责令整改；三是要求技术人员加强对进厂原材料的抽样送检，结合检验结果对原材料供应商进行技术交底，根

据环境标志认证的相关规定将采购技术要求明确告知供应商,确保采购物资达到技术要求;四是定期将产品试样送到当地检测部门进行放射性、铬含量检测,确保出站产品满足项目要求。在安全管理工作上,山西公司坚决落实安全责任,不断增强全员应急意识、提升从业人员安全素质、提高防灾减灾救灾避险能力,强化安全红线意识。山西公司的劳动安全设施和劳动保护条件均符合国家有关标准和规定,特种作业人员持证上岗,对从事有职业危害作业的员工定期进行健康检查。严格落实上级公司发布的化工过程特种作业安全规范、危险源分级管控及安全隐患挂牌督办管理办法等近30项安全类管理制度。每年持续开展安全教育、"安康杯"安全知识竞赛、应急防灾演练等安全主题活动,有效提升全体人员的安全素质,提高了防灾减灾救灾避险能力,有效防范人身伤害事故,坚决消除恶性事故隐患。

四、千淘万漉虽辛苦,吹尽狂沙始到金

山西公司坚持践行社会责任。一是连续5年组织青年职工参加无偿献血,做到公益常态化。新冠肺炎疫情期间,太原市血液告急,山西公司号召青年职工无偿献血。二是"安全月"组织青年职工关爱留守儿童暑期安全、关爱自闭症儿童。三是捐助周边村落庙会;同时,响应政府精准扶贫政策,帮助贫困帮扶对象内销农产品。四是开展"春蕾行动"教育扶贫等活动,积极承担社会责任,树立良好企业形象。五是疫情期间,严格遵守上级公司及当地政府相关部门要求,配置防疫物资,张贴防疫宣传海报条幅,持续上报公司人员健康情况,有序做好复工复产。

山西公司坚持以人为本,积极营造"家"文化。一是关心职工,每年召开职工代表大会,持续完善民主建设、人才发展渠道。二是公司设有职工之家、篮球场、活动室等活动设施,开展各类活动比赛,丰富职工业余生活。三是严格执行相关法律法规,切实维护职工合法权益。山西公司与职工签订长期或定期劳动合同,合同签订率为100%,每名职工自签订合同之日起,公司根据合同签订情况依法为职工办理五险一金,按月及时、足额缴纳各项社会保险。从未发生瞒报、漏报、欠缴社会保险费的行为。

山西公司坚持诚信守法经营,积极贯彻国家和地方政策法规。在诚信制度建设方面,山西公司根据上级公司发布的一系列管理制度严守底线。根据上级公司发布的领导履职问责制度(如党风廉政建设主体责任和监督责任)开展监督问责。在税务方面,山西公司依法纳税,及时缴纳税金,积极配合开展税务、财务审计工作。

2018年7月,重组后半年时间,山西公司正式取得建筑业企业资质证书,成功"正名",突破发展瓶颈。2018年9月,山西公司荣获"2018年全国预拌混凝土绿色示范工厂",成为山西省内唯一获此殊荣的企业;并且以此为契机成功进入属地政府的视野,成为属地政府重点关注对象,获得很多政府扶持政策优惠,获得山西省首次入规工业企业奖励金额30万元和规上企业稳增长奖励100万元。2019年获得排污许可证,荣获"中国混凝土行业绿色环保示范企业"称号和"太原市青年安全生产示范岗"称号。山西公司从成立到重组,从开拓到发展,诚信经营收获的是患难与共的合作伙伴和前期虽3个月无力发放工资但仍坚持与企业共进退的近百分之七十的"元老级"职工。他们是公司的财富,更是公司不断发展的动力与源泉。在今后的发展中,山西公司将矢志不移坚持诚信、守法经营,积极贯彻国家和地方的政策法规,坚决履行诚信责任。

案例创造人:王雅丽 任晓丽

以诚取信，以信立誉

河南中建西部建设有限公司

一、企业简介

河南中建西部建设有限公司（以下简称河南公司）于2014年登记注册，是由中建西部建设股份有限公司与中国建筑第七工程局有限公司（以下简称中建七局）共同出资注册的独立法人单位，主要从事商品混凝土的生产、销售及新技术、新工艺的研发与推广，为中国建筑集团有限公司旗下各工程局施工项目提供优质商品混凝土。河南公司已在河南省郑州市、南阳市、商丘市布局厂站，下辖13条绿色环保型商品混凝土生产线。2014年成立至今，河南公司顺利通过河南省科技型中小企业认证，在第二届中国国际海绵城市建设论坛暨首届透水混凝土和透水砖设计大赛中荣获优秀奖，参加了由中国硅酸盐学会混凝土与水泥制品分会、中国水泥协会特种水泥分会主办的2017年学术研讨会。河南公司创新研发技术，成功攻克高抗冻高防腐C30D150抗冻融混凝土技术难题，填补河南区域市场空白；成功研制、应用机制砂高强透光混凝土、C30彩色混凝土。获得国家实用新型专利授权7项，成功通过国家高新技术企业认定，致力成为推动省级经济发展和绿色升级的典范。

二、以诚信守法为本，把公司做实做大做强

河南公司自成立以来就秉承"质量第一、信誉至上、诚信守法、持续创新、以人为本"的经营管理宗旨，在经营、管理上形成了完备、规范、民主、科学的规章制度和奖励机制。充分尊重职工人格和权利，坚持民主科学决策，依法诚信经营，赢得了较高的社会赞誉。凭借过硬的产品质量和优质的服务，河南公司连续两年荣获"郑州市建筑施工专业承包AAA级企业"，是郑州市预拌混凝土信用评价唯一一家100分的企业。河南公司先后荣获多项荣誉，取得的成绩是始终坚持履行社会责任、高度重视依法管理、诚信守法经营的结果。

河南公司在业务往来中与各供销客户签订购销合同并严格执行合同规定，从未发生违约现象；同时河南公司注重做好售后服务工作，定期回访客户，及时掌握客户的满意程度，对客户不满意的地方及时改进。2020年因新冠肺炎疫情影响，河南区域工程项目施工减缓，混凝土产能过剩，郑州市场90多家搅拌站进行恶意竞争且逐渐白热化。为最大程度降低疫情对生产经营的影响，强化责任担当，公司领导班子下沉厂站，实时协调解决生产经营问题，成立项目承揽领导班子小组，重点承接重大民生工程。截至2020年11月，河南公司产量150.48万立方米，较去年同期增加40.27%；收入73656.77万元，较去年同期增加22%；净利润3169.82万元，较去年同期增加78.69%。

三、以诚信保质，提升产品技术水平

2020年8月，河南公司"河南中建西部建设有限公司技术中心"和"郑州市高性能混凝土工程技

术研究中心"通过郑州市科技局的审查，正式获批，成为郑州区域首家同时拥有"两个中心"的预拌混凝土企业。"两个中心"的成功获批充分展现了河南公司的科技攻关实力和体系建设能力，河南公司将以"两个中心"为依托，进一步加大自主知识产权的研发，掌握核心技术，不断增强企业核心竞争力。为加强校企合作，河南公司邀请郑州大学知名教授为全体技术员讲授混凝土知识，增加职工知识储备，为提高混凝土质量提供技术支撑。

四、严格遵守劳动保障法律法规，构建和谐稳定的劳动关系

河南公司一直严格遵守劳动保障法律法规，努力构建和谐稳定的劳动关系，主要从以下几点做起：一是建立健全了劳动合同制度。河南公司与职工订立的劳动合同遵循合法、公平、平等、自愿的原则，依法保护广大职工的合法权益。二是建立健全了工资分配制度。针对各部门的特点采用保底工资加绩效工资的方法，多劳多得，极大地调动了职工的工作积极性。工资每月按时发放，从未出现拖欠现象，并且为加班职工安排调休或轮休，保证职工劳逸结合。三是加强职工各种保险制度。河南公司足额缴纳基本养老保险费、工伤保险、失业保险、意外伤害保险等，为职工的正常工作和生活提供了有力的保障。

五、加强民主管理，营造和谐统一的工作氛围，促进公司和谐稳定

河南公司充分发挥工会的重要作用，以保障职工的利益为出发点，通过QQ群、工会主席信箱、微信工作群、工会主席接待日、员工诉求座谈等多种渠道收集职工反馈的问题。每年开展职工诉求座谈会议不少于5次，着重解决在公司发展过程中职工关心的热点、难点问题，促进了公司与职工之间劳动关系的和谐与稳定。成立厂务公开工作领导小组，定期公开应公开事项，确保职工的知情权、监督权。发布完善相关制度，如厂务公开通报制度、责任追究制度、督查制度、会议制度等。以职代会为载体，通过党委会、民主议事会、建立公开栏等多种方式进行厂务、政务公开，并且设置举报箱，聘任监督信息员，广泛收集公开意见，监督公开事项是否真实、全面、及时，程序是否合法，以及评议群众对公开项目的满意程度。工会积极组织职工开展各种喜闻乐见的文体活动。在办公场所设置职工之家，配备了健身器材；组织"冬送温暖，夏送清凉"、金秋助学、"清凉一夏，棋类比赛"等活动；慰问婚、育职工和外区开拓职工。每月为当月生日职工开展集体生日会，惠及全员。组织全体工作人员为职工重病家属爱心捐款，给予职工人文关怀，解决职工实际问题。河南公司坚持人性化管理，工会温暖人心的各项活动有效地提高了士气，增强了职工的凝聚力和团队精神，提高了职工在企业工作的快乐指数和幸福感。

六、积极履行社会责任，用实际行动赢得社会认可

2020年初，新冠肺炎疫情突然袭来，河南公司坚决扛起疫情防控的政治责任，把疫情防控作为首要政治任务和头等大事，接到援建通知的第一时间，成立了以党政主要领导为核心的新冠肺炎疫情防控工作领导小组，组建疫情防控管理群，支委班子亲自担任"司令员""广播员"，将上级及公司党委相关防控要求和防疫知识及时传达给职工，24小时动态部署落实疫情防控工作，扎实有序做好疫情防控各项工作。

河南公司为确保完成2020年春节期间郑州岐伯山医院、河南中医药大学第一附属医院改扩建发热门诊和隔离病房项目建设任务，党支部在项目部火速成立党员突击队，统筹全局，靠前指挥，全面协调生产、技术、物资等部门，形成联防联控工作机制。他们不舍昼夜奋战在一线建设现场，围绕项目供应主动发现问题、高效快速解决、提前规避错漏、保证工程质量，助力河南10天建成占地26210平方米、集中收治新冠肺炎患者的专科医院——郑州岐伯山医院，提前实现郑州岐伯山医院交付使用，得到项目组高度赞扬；助力河南39天建成占地4102.37平方米的负压隔离病房——河南中医药大学一附院发热门诊隔离病房改扩建项目。央企担当，使命必达。河南公司逆行而上，顺利保证抗疫医院项目如期完

工，得到了郑州市新冠肺炎疫情防控领导小组办公室和中建七局的高度认可。

七、积极发扬奉献精神，以服务社会映初心

来源于社会，服务于社会，是商业企业的灵魂，也是赢得市场竞争主动权的重要法宝。新冠肺炎疫情期间，河南公司秉承服务社会、奉献社会的原则，毅然担起央企责任大旗，未裁员减员，所属各厂站就地招聘职工，解决疫情造成的农民工"就业难、难就业"问题。同时，河南公司积极响应党中央对广大党员的号召，号召公司全体党员踊跃捐款支持新冠肺炎疫情防控工作。

2020年，受新冠肺炎疫情影响，甘肃省3个县的农产品滞销，给群众增收带来了不利影响。根据上级公司党委扶贫工作部署，河南公司组织党员购买了高原藜麦、藜麦面条等扶贫产品。行虽微小，善心乃大；涓滴细流，终成江海。河南公司全体职工的爱心还在汇聚，善心爱意，汩汩暖流凝聚强大力量。

"守法诚信"是企业神圣而又光荣的职责，也是实现企业自身价值、用心服务于社会的重要体现，是一项艰巨而又漫长的工作。在上级公司的正确部署下，河南公司将深入持久开展诚信经营活动，进一步强化诚信监督机制，以诚信创新品牌，处处起到模范表率作用，争取成为河南省守法诚信企业楷模。

案例创造人：韦健

诚信务实求发展，坚定信心扩规模

山西一建集团有限公司

一、企业简介

山西一建集团有限公司（以下简称山西一建）是具有60多年发展历史的大型综合建筑施工企业，注册资本3.6亿元。拥有房建总承包特级和工程设计建筑行业甲级资质、市政和机电工程施工总承包一级资质及园林古建、钢结构、地基与基础、建筑装修装饰、幕墙、电子与智能化、建筑机电安装、水利水电、铁路、公路等专业承包资质。山西一建现辖子（分）公司和成员企业58个，现有员工2500余人，其中各类专业技术人员1300余人，中高级专业技术人员500余人，一级、二级建造师600余人。先后荣获"鲁班奖"2项、"詹天佑"大奖1项、国家优质工程奖8项、中国钢结构金奖2项、"汾水杯"41项、"太行杯"16项等数百奖项。创国家级工法9项、省级工法140项、国家级QC成果60项、省级QC成果197项，拥有国家发明专利、实用新型专利等百余项科技创新成果。山西一建的园林古建是一大优势专业，在全国和山西省内具有很高的知名度和较强的市场竞争优势，技术实力雄厚，业绩显赫。创古建专业国家级工法4项、国家级QC成果10项，主编的国家标准《传统建筑工程技术标准》和《仿古建筑工程消耗量定额》已经发布实施。

60多年来，山西一建的建设足迹遍及国内外，先后建造了北京体育馆、北京展览馆、北京沙河机场、大庆油田、山西铝厂、永济鹳雀楼、北京中科院工程、天津霍元甲纪念馆工程等为代表的2万余项工程，以诚信务实的优良传统树立了无数建筑丰碑，为国家的建设和经济发展做出了应有贡献。

二、企业诚信建设和信用体系建设

沧海横流，岁月如梭。转眼间，山西一建经历了60多个岁月的洗礼，这60多年间就像企业宣传片一样，逐渐从黑白的往事过渡到了现在的五彩斑斓。特别是近年来，山西一建严格按照"一体两翼"战略部署，不断加快"走出去"步伐，始终秉承"诚信务实·锲而不舍"的核心价值观，坚持依法合规，遵守市场秩序，在山西省内及国内外市场实现了良性发展，树立起诚信发展的典型样本。

2012年，山西一建整体改制成功，建立起了崭新的体制平台；总部顺利迁入太原市，为企业发展提供了更为广阔的资源平台。山西一建在太原市正式登台亮相，向太原市场展示了山西一建的新形象，当年在太原市场份额增幅较大，先后承接了太原师范学院、太原煤炭职业技术学院、太原华卫药业、太原市亲贤北街地下人防工程、山西兴华职业技术学院、太原六味斋、太原富力桃园、阳光国际大饭店、山西省中医药研究院等数项工程。2012年，大事多、喜事多、亮点多成为山西一建2012年解放思想、二次创业、深化改革的真实写照，发展动力明显增强，发展的正能量得以积聚并在各项工作中充分释放。

2012—2019年，山西一建的合同额从31.42亿元增长到90亿元，增长将近两倍；经营总额从24.57亿元增长到60亿元；实现利润由1620万元增长到6851万元；人均年收入从3.43万元上升至7.36万元。数字的背后是每一名山西一建人的辛苦奋斗和不懈坚持，这背后藏着无数的故事，有着数不尽的辛劳汗水。

2012年，天津霍元甲纪念馆工程顶部的大型异形钢网架施工，体量大、重量大，制作、拼装、吊装、安装非常复杂，危险性强。山西一建采用两台1000吨载重的吊车，成功完成了国内最大吨位的"双机抬吊"钢结构组织安装工作，创造了我国建筑施工领域超大吨位"双机抬吊"的新纪录，再次在天津市展示了山西一建的施工能力和水平。

2014年，山西一建的市场开发工作亮点频现，获得了太原市公安局项目6.11亿元、太原市中心医院迁建项目7.58亿元两个大工程，充分展示了山西一建人市场开发的雄心壮志，企业总部优势得到显著释放。

2015年，山西一建与山西阳煤化工机械（集团）有限公司合作投资了山西怡建幕墙有限公司，是当时山西省内唯一一家具备单元式玻璃幕墙生产能力的国有企业，得到了上级领导的充分肯定和赞扬。山西一建装修装饰板块按照"一业为主，多元发展"的战略部署，正在稳步向前推进。

2016年，山西一建在晋中东南外环快速化改造项目大会战中克服工期紧、任务重等多方困难，在197天里完成建安产值2.7亿元，创造了该道路的"南关速度"，在建工系统内创建了防撞墙、桥面防水样板工程，以良好的守信履约精神回馈甲方，受到了工程指挥部的表彰奖励。

2017年，山西一建以坚定的决心，全力以赴完成了特级资质的申报工作。经过团队的连续奋战，实现了多年的夙愿，跨入了特级企业行列，为山西一建在更高平台上竞争提供了广阔的舞台。

2018年，山西一建古建业务板块呈现出全面发力、多点开花、齐驱并进的良好局面，先后在太原、岢岚、平陆及安徽凤阳等地承揽大型古建项目8项，累计合同额超过10亿元。山西一建在迈向古建行业排头兵的道路上，铿锵有力、蹄疾步稳。2019年，古建在产学研方面取得丰硕成果。在凤阳组织召开的"推动古建特色板块发展现场会"，让社会各界见证了山西一建的古建实力和创新成果，提升了行业和品牌影响力。与浙江大学开展了绿色仿古免烧砖科技项目，与山西建院挂牌成立了山西一建古建技术研究中心。经过研究人员艰苦卓绝的钻研和上百次的试验，成功实现了BIM技术与古建筑木构件数控加工技术的完美结合，引领了古建专业在信息化领域的发展。此外，山西一建还主编完成了适用于全国的《仿古建筑消耗量定额》和《传统建筑工程技术标准》。经过8年的积淀，山西一建的古建技术实力雄厚，业绩全国第一。

2019年6月9日，太长高速公路太原南主线收费站正式通车运营。该项目是服务第二届全国青年运动会、支持太原市"南移西进"城市规划、配合太原市"一路三桥"建设、保障晋东南群众便捷出行的重点应急工程，对提升山西省和太原市的形象具有十分重要的意义。太原南收费站从征地拆迁到手续到位，从软基处治到桥梁建设，从路基到路面，从大棚到机电，短短两个月零八天时间，山西一建完成了看似"体量小"但"五脏俱全"的应急工程任务，工期之紧、任务之重、困难之多、压力之大、要求之严、关注之高前所未有，实现了从"不可能"到"可能"的跨越，展现了山西一建一流的资质品牌、优秀的组织能力、雄厚的技术力量、过硬的队伍作风，创造了质量、安全、进度、廉政俱佳的"太长速度"。

在新能源领域，山西一建先后承接了隰县等地的光伏EPC工程，为山西一建EPC业务开展做出了新贡献，光伏业务当年成为新的经济增长点。2018年7月3日，隰县30兆瓦农光互补扶贫电站成功并网发电庆典仪式隆重举行。面对仅有的 50 天工期必须完成 6 月 30 日并网的艰巨任务，山西一建全体项目成员直面挑战、主动出击，迅速掀起一场全方位的光伏攻坚大会战。为确保高标准实现 6 月 30 日并网目标，项目部统筹部署、协调推进、多点发力、重点突破，争分夺秒、昼夜奋战，用尽千方百计，打出了一场漂亮的光伏攻坚战，超预期成功并网，回报隰县政府和人民的期待，以诚信务实的履约精神赢得了甲方的赞誉。

山西一建的桥梁、隧道、涵洞、路基施工都完全达到了专业水准，培养和锻炼了一批专业技术人员，总结提炼了一批铁路施工工法、科技成果，积累了业绩和专业技术。2013 年，张台铁路工程严格的工程管理、精心的施工组织得到了上级的高度肯定。2014 年，山西一建取得了铁路施工三级资质，成为建投系统内唯一一家具备铁路施工能力且拥有铁路施工业绩的单位。

山西一建积极推进 PPP 项目运作，于 2016 年成立了 PPP 项目开发中心，由董事长直接分管，多次带队与长治、阳泉、临汾、忻州、晋城等地的政府部门洽商 PPP 合作项目。2017 年，山西一建成功签订了长治县市政道路 PPP 项目合同，注册成立了公司第一个 SPV 公司。为打造适应 PPP、EPC 等投资建设和工程总承包的设计能力，山西一建在 2017 年适时成立了设计院，设计院在 PPP 项目规划设计方面发挥了重要的支撑作用。2018 年，山西一建签订了 5 个项目合同，总投资 16.85 亿元，发展 PPP 业务已成为山西一建实现"弯道超车"和"转型升级"的必由路径。

近年来，山西一建国际工程事业部持续发力，积极探索海外工程业务，先后参与了马来西亚、比绍新几内亚等国家援外工程的投标工作。2017 年，成功中标喀麦隆雅温得市萨那加饮用水处理厂项目。2019 年，喀麦隆水厂项目案例入围"2019 中国企业海外形象建设卓越社会责任专项案例 20 强"。

2012 年以来，山西一建先后与多家企业建立了战略合作关系，不断构建和完善市场开发的网络格局。成功入选国家能源投资集团、中国石化、中国石油等 12 个供应商资格库，大客户"朋友圈"继续得到扩大。

自 2014 年开始，山西一建的质量创优工作稳固提升，国优大奖保持了每年一个的稳定水平，并且在 2019 年获得了 2 个国优大奖。2015 年，在时隔 12 年后，公司承建的临汾新医院项目荣获"鲁班奖"。这是对山西一建近年来狠抓工程质量、坚持工程创优的再度回报，企业品牌影响力进一步提升，为开拓市场增添了有力的筹码。

在"主动服务、履约提升"主题活动的引领下，在急、难、重的攻坚任务面前，山西一建始终不忘"服务为本"的初心、牢记"诚信是金"的使命，一如既往保持"能吃苦、打硬仗"的战斗作风，想甲方之所想、急甲方之所急，用实干苦干的韧劲、专业专注的素养、践信守诺的品质，与甲方在项目合作中搭建起信任之桥、友谊之桥，得到甲方及参建各方的高度认可。

实践表明，诚实守信就会收获丰厚的回报和发展的希望。社会呼唤诚信，时代推崇诚信，企业需要诚信。山西一建将坚持以诚信开拓市场、履约感动客户、质量砌筑历史，以"诚信务实·锲而不舍"为企业的核心价值观，以"富裕员工、回报股东、发展企业"为经营宗旨，恪守承诺，诚实经营，至真至诚为新老客户和合作伙伴提供优质服务。

案例创造人：苏超　刘洋

做诚信企业，创百年二建

山西二建集团有限公司

一、企业简介

山西二建集团有限公司（以下简称山西二建）始创于1949年，是山西省历史最悠久的建筑施工企业，位列山西建投第一方阵序列。经营业务以建筑施工为主，以房地产开发、建筑工业化、基础设施投资运营为辅，合力部署打造集"投资、建设、运营"三位于一体的全产业链布局，致力成为"建筑企业行业品牌"的工程全过程服务商和城市运营商。

山西二建成立70多年来，不忘国有企业的本色和初心，在实现企业自身不断壮大发展的同时，始终坚持践行社会责任、履行国企义务。

二、响应党的号召，积极投身扶贫攻坚工作

自国家脱贫攻坚战打响以来，山西二建党委选派优秀干部组成扶贫工作队驻扎繁峙县中庄寨村开展精准帮扶工作。通过就业扶贫、产业扶贫、消费扶贫一系列得力举措为困难群众既解燃眉之急更解长远就业之需。山西二建领导和驻村工作队在节日期间走访慰问困难群众，为他们带去慰问品，把党和企业的温暖带给他们。通过"危房改造"和"整村提升"工程切实改善困难群众的居住生存环境，为美丽乡村建设做出贡献；采购安装监控设备，降低村庄偷盗、抢劫发生率，为建设平安乡村做贡献。

三、筑牢安全防线，抓好新冠肺炎疫情防控工作

2020年春节，新冠肺炎疫情突然袭来，山西二建党委高度重视，严格按照山西省委省政府和建投集团的防控疫情部署，把保障职工的生命健康安全摆在首位，第一时间成立了疫情防控领导组，出台了《山西二建集团新冠肺炎疫情防控工作方案》，多方筹措防疫物资，细化疫情防控措施，强化防控责任落实，全面有效筑牢疫情防控安全防线，两级领导班子以强烈的政治担当和高度的行动自觉全力投身到疫情防控工作中来。领导班子成员深入一线督导防疫工作，采取24小时值班制度，确保第一时间掌握防控信息、第一时间处理防控问题、第一时间解决防控困难。各单位、各项目部尽全力在源头上将新冠肺炎疫情的危险降到最低。有力的举措、严密的防线切实保障了广大职工的生命健康安全，山西二建未发生一例感染事件。

四、生产防疫物资，展现国企担当

新冠肺炎疫情期间，为了助力疫情防控，为缓解山西省防疫物资短缺出一份力，山西二建勇于担当、主动作为，成立了山西建投防护用品科技有限公司生产一次性医用口罩，为抗击疫情和缓解山西省防疫物资短缺做贡献。山西二建领导班子高度重视并部署推进工作，广大青年职工踊跃报名，积极参与生产工作。从前期准备到正式投产，19天内工商登记、原材料筹备、设备采购等相关工作全部到位。

投产后,日产量达到 10 万只以上,总产量突破了 100 万只。山西二建用实际行动践行国企的责任与担当,受到了社会各界的一致好评。

五、帮扶弱势群体,彰显企业关怀

每年春节,山西二建党委书记、董事长都会带队走访慰问困难群众,为他们带去节日慰问品,送去企业的关怀。山西二建团委每年都会组织青年职工到希望小学、敬老院看望关怀相关群体人士。

六、投身公益慈善事业,履行社会责任

新冠肺炎疫情期间,山西二建工会组织 300 余名职工参加无偿献血,累计献血量达到 101600 毫升;山西二建党委组织广大党员干部职工为抗击疫情捐款,800 多名党员共捐献 9 万余元;此外,还向平遥县无偿捐赠了 20 万只口罩,有效缓解了当地口罩紧缺的局面。山西二建第七工程公司在疫情期间为万柏林红十字会捐赠了 10 万元,还向万柏林区东社街道办捐赠了价值一万元的防疫物资,包括 84 消毒液、一次性口罩等物品。

山西二建团委在 2020 年组织青年职工组成志愿服务团队,相继开展了"站好文明交通岗""助力文明城市创建、清洁社区环境""助力高考,护航梦想"等志愿服务活动,积极参与社会公益活动。

山西二建工程项目管理公司在 2019 年为左权县石匣乡竹宁村投入 6 万余元搭建了一座桥,解决了村民过河不便的出行难题,受到了当地群众的一致赞誉。山西二建第三工程公司坚持每年赴贫困地区小学开展帮扶工作,为学校师生捐赠课外书籍、体育用品、书包等学习生活用品,为困难地区的孩子带去温暖。山西二建通力劳务公司在 2019 年"六一"国际儿童节期间到代县社会福利服务中心为残障儿童捐赠蹦床、玩具、学习用品。

七、落实环保要求,抓好文明施工工作

作为大型国有建筑企业,山西二建严格按照国家环境保护要求进行文明施工、绿色施工,切实履行社会责任,彰显国企担当。严格按照国家要求的施工现场"六个百分百"的要求,严格落实环保要求,制订出台了《山西二建集团施工项目扬尘治理处罚措施》《山西二建集团环境保护管理办法》,并且成立了环境保护专项行动领导小组。定期开展专项检查,责令项目部成立以项目经理为首的领导小组,进行专项整改落实工作。

案例创造人:祁立柱　张军　胡孟师

为建设"诚信三建"蓄势聚能

山西三建集团有限公司

一、企业简介

山西三建集团有限公司（以下简称山西三建）始建于1952年，由山西省第三建筑工程公司改制而来，是山西建设投资集团有限公司（以下简称建投集团）旗下的核心成员之一。山西三建锐意改革、转型发展，形成了涵盖工程施工总承包、房地产开发、基础设施投资建设运营、钢结构与装配式建筑、建筑设计与咨询、建筑劳务等的全产业链经营体系，年综合经营额200亿元以上，2016年跻身中国建筑业成长性200强企业。山西三建具备建筑工程施工总承包特级、工程设计建筑行业（建筑工程、人防工程）甲级等20余项资质，承建过冶金、交通、水利、电力、矿山、机械、化工、教育、卫生、基础设施、住宅小区等一大批国家和省、市重点工程和工业与民用建筑，诚实经营，依法管理，工程质量可靠，深受用户信赖，获得广泛好评，为国家和地方的城乡建设、经济发展、社会进步做出了重要贡献。创出了国优、省优、市优工程共计300余项。现有职工3800余名，其中具有中高级职称的管理人员1000余名，一级建造师200余名，一级造价工程师30余名，二级建造师700余名。多年来，山西三建在承建"高、大、新、特、重"工程方面展现出雄厚实力，以精品工程和诚信理念受到社会各界的好评。先后被授予"全国优秀施工企业""中国工程建设诚信典型企业""中国施工企业AAA级信用企业""全国用户满意施工企业""全国工程质量管理优秀企业""中国科技创新先进企业""全国模范职工之家""山西省优秀骨干建筑企业""山西省用户满意建筑施工企业"等荣誉，连续多年保持"山西省省属国有企业文明单位标兵""长治市文明单位"并勇夺"山西省建筑业五一劳动奖状"。

二、近3年企业发展成绩

1.2017年业绩。合同（投资）额完成72.29亿元，同比增长18.38%。经营总额完成43.12亿元，同比增长11%。营业收入38.46亿元，同比增长20%。竣工面积109.68万平方米。实现安全生产，未发生安全、消防及交通事故。

2.2018年业绩。合同（投资）额完成125亿元，较去年增长72.92%。经营总额完成69.51亿元，较去年增长62.34%。营业收入49.5亿元，较去年增长28.71%。竣工面积156.44万平方米。实现了安全生产，未发生重伤及以上事故，未发生火灾事故。

3.2019年业绩。合同（投资）额完成171.17亿元，同比增长36.92%。经营总额完成89.05亿元，同比增长48.12%。竣工面积135.74万平方米，同比增长8.59%。营业收入67.6亿元，同比增长36.4%。未发生一般及以上等级的生产安全事故，创国家建设工程项目施工安全生产标准化工地1项，省级安全标准化项目8项。

三、弘扬文明风尚，树立诚信品牌

（一）把握"制高点"，着力强化组织领导能力

多年来，山西三建在山西省委及山西省国资委和建投集团党委的正确领导下，坚持把文明创建作为提升企业软实力的重要手段常抓不懈，从提升职工道德和文化修养、塑造企业综合形象入手，团结带领广大职工践行社会主义核心价值观，宣扬先进典型，传播正能量，弘扬社会风气，树立文明新风，树立诚信品牌。扎实开展一系列丰富多彩、极具人文关怀的创建活动，取得了丰硕成果。2005年，山西三建跨入"山西省省属国有企业文明单位标兵"行列，连年获评"长治市文明单位""山西省省属国有企业文明单位标兵"并勇夺"山西省建筑业五一劳动奖状"。

1. 组织机构健全。山西三建建立党委统一领导、主要领导亲自抓及各部门齐抓共管的创建领导体制和工作机制。成立以党委书记为组长的创建领导小组，负责全面领导；领导小组下设办公室。在日常工作中，山西三建领导身体力行，筹划部署诚信品牌的打造，同时积极参加志愿服务，带头捐款捐物，真正起到了榜样示范作用。建立健全山西三建党委相关制度，把文明建设、诚信经营与各级组织责任制考核相结合，并且作为评先评优和考核任用的重要参考，进一步提高职工参与度和积极性。

2. 目标责任明确。山西三建认真学习山西省文明单位创建的系列文件内容，进一步领会精神实质，明确目标任务。山西三建党委定期召开会议，研究精神文明规划和活动方案，布置重要创建活动，做到文明创建与党建、生产经营工作同部署、同落实、同检查，保证创建工作质量。同时，每年印发《精神文明创建工作意见》，制订年度创建工作计划，全面细化文明创建的目标要求、工作举措、活动安排和责任分工等，做到年度有计划、年末有总结，创建工作有序推进。

3. 宣传发动到位。山西三建充分利用公司网站、微信公众号、微博、抖音、内刊《三建聚焦》、微信群、QQ群等各种宣传载体及生产经营例会、党委中心组学习等广泛进行宣传发动，不断提高干部职工对诚信品牌创建工作重要意义的认识，从而统一思想，增强责任意识，做到创建目标人人知晓、创建工作人人参与。开展"告别不诚信行为"主题活动，开展宣传画、文明礼仪知识讲座、宣教片等多种形式的宣传工作。

（二）找准"切入点"，着力提升职工幸福指数

1. 改善工作生活环境。2014年以来，山西三建在太原市建立了山西三建办公基地（太原总部），为企业开拓太原市场迈出了关键性的一步。在长治市修建新办公楼山西三建商务大厦，重新修建职工活动中心、职工食堂、职工便利店、大学生公寓，改造华苑东区，改造原职工宿舍楼为办公楼，拓宽省建巷道路并重新铺筑沥青混凝土路面，为广大职工提供了休闲娱乐场所，解决了部分单身职工的饮食、住宿问题，也为职工家属提供了生活便利。

2. 修订薪酬管理办法。在企业改革转型保持强劲势头下，山西三建聚焦薪酬管理制度改革，重新修订《职工薪酬管理办法》，积极构建激励与约束配套、考核与分配挂钩、贡献与薪酬匹配的更加科学合理、更加符合现代企业管理模式和人才战略需求的管理体系。方案执行后，职工工资平均涨幅在10%以上，极大地调动了广大职工干事创业的激情，增强了职工的幸福感。

3. 推进惠民暖心工程。近5年，山西三建开展"夏送清凉""冬送温暖"慰问全覆盖，慰问一线项目1500余次，慰问职工达18.75万人次，发放各类慰问品共计63.63万元，把企业的关怀送到施工最前沿。在各个时间节点走访慰问困难职工222人次，送去慰问品及慰问金共计33.4万元。为全体女职工办理特病保险，组织在册职工每年体检一次。2014年以来，山西三建连续6年开展"慈善一日捐、温暖三建人"活动，制订《慈善基金管理办法》，共筹善款40余万元，在危难时刻共帮助34位特困职工，使用帮扶资金 26.81 万元，真正为有大病及突发事件致贫的职工送去了企业的关怀和温暖。山西三建出台职工子女入园优惠办法，真心实意地为职工办好事。在深入实施帮扶行动的基础上，结合企业实际情况，持续开展"金秋助学"活动，兑现"不让一个孩子因为贫困而辍学"的承诺。2012 年至今，山西三建对考入"二本 B 类"以上院校的 78 名职工子女共发放助学金 62500 元；召开座谈会，鼓励孩子们勤勉向上，做对社会有用之人。目前，"金秋助学"活动已成为山西三建关爱职工的一项重要内容。通过各类活动的开展，广大职工充分享受到了企业发展带来的红利，享受到了企业的温暖与关爱。2019 年 8 月，山西三建召开离退休老同志关心企业发展座谈会，向与会的每一位老同志赠送企业宣传画册，并听取他们对企业发展提出的宝贵意见与建议。为参与建投集团混改工作的职工家属致信致谢并入户慰问，共慰问职工家属 80 余户，送去慰问品 4 万余元。职工及家属们深切体会到了来自企业的关怀。

4. 开展劳动技能竞赛。山西三建积极开展形式多样的劳动和技能竞赛。先后举办专业电工室内管道穿线、钢筋工技能、塔吊司机劳动技能竞赛，对比赛中成绩优胜者给予丰厚奖励。举办建筑工人座谈会，会议决定对"农民工"的称谓调整为"建筑工人"，鼓励他们加强学习，考取技能等级证与特工种证件，努力提高自身技能水平与业务素质。认真落实建筑工人工资专户管理工作，实行实名制管理和工资卡制度，相继在施工项目创建"建筑工人维权工作室"和"建筑工人业余学校"。诚信经营，人文关怀，使广大建筑工人真正融入三建大家庭，进一步激发了工作的积极性与创造性，增强了归属感。山西三建于 2014 年被山西省建筑业工会联合会评为"山西省模范职工之家"，2016 年被中华全国总工会评为"全国模范职工之家"，2018 年被评为"AAA 级全国建筑诚信劳务企业"。

（三）筑牢"立足点"，积极组织志愿服务活动

山西三建开展丰富多彩的"学雷锋、树新风"主题活动，加强志愿服务项目和阵地建设，弘扬志愿服务精神、志愿服务文化，健全志愿服务保障机制，推进学雷锋志愿服务制度化常态化。目前，山西三建共有 2800 余名注册认证的志愿者。志愿服务者有组织、有目标地活跃在城市的各个角落，敬老爱老、保护环境、清理垃圾、维护秩序、应急抢险，到处都有他们的身影。2019 年 6 月，山西三建在太原和平里项目成立建投集团系统第一个学雷锋志愿服务站，组建学雷锋志愿者服务工作领导小组，更加便捷地开展有针对性、有实效性的志愿服务。通过成立学雷锋志愿服务站，2020 年，山西三建成为长治市青年志愿者协会副会长单位。广大职工把服务社会、奉献社会的精神印在心上、落实在行动上。

国企担当，大爱回馈社会，山西三建上下和谐文明之风劲吹。山西三建党委书记、董事长多次以个人名义向社会捐款，同时带队多次参与社区组织的各项活动。2019 年，山西三建被山西省国资委精神文明建设指导委员会评为"2017—2018 年度山西省省属企业文明单位标兵"，省建巷社区被评为"2017—2018 年度山西省省属企业文明社区"。

（四）抓住"根本点"，着力履行社会责任义务

1. 坚持诚信经营。山西三建始终秉承"诚信务实、锲而不舍"的企业核心价值观，坚持"重信守诺、共建共赢"的经营理念，不断加强和完善企业诚信建设和法制建设，建立健全诚信管理机制，对内营造诚信为本、合规经营的企业文化氛围，对外履行国企主体责任、塑造企业诚信形象。在劳务管理服务工作中，继续增强诚信意识，严控信用风险，深入推进自有劳务队伍建设，逐步建立自有建筑工人为骨干、专业作业班组为主体，实名制管理、劳务管理创新和培育新时期建筑产业工人队伍的多元化发展模式。2019 年，山西三建再度获评"中国工程建设诚信典型企业""2019 年度 AAA 级全国建筑诚信劳

务企业",并顺利通过中施企协 2019 年度工程建设企业社会信用年审,继续 6 年保持"AAA 级"信用等级。

2. 落实绿色施工理念。山西三建强化绿色施工管理,深化绿色施工技术创新,在山西财经大学棚户区改造项目践行绿色施工理念,创建绿色施工示范工程。以全国节能宣传周、全国低碳日为契机,全面开展全民节能低碳宣传活动,要求职工牢固树立生态文明理念,增强节能低碳意识,狠抓扬尘整治工作,严格落实"六个百分百"。

3. 共建文明城市,聚力精准扶贫。山西三建作为长治市最大的纳税企业之一,依法照章纳税,诚信经营。为长治市的经济发展做出了重要贡献。秉承"建德、建友、建业"的理念,积极主动地参与城市交通设施、村镇基础设施建设,率先垂范加大扶贫工作力度,增派驻村扶贫干部,围绕贫困群众"两不愁、三保障"要求进行精准帮扶。山西三建的党工团干部多次深入繁峙县杏园乡岗里村、东山乡西位庄村开展入户走访活动。2018 年筹集 10 万元扶贫资金,为贫困户送上组织的关怀并设身处地为他们创造更多的就业致富条件。2019 年,山西三建在西位庄村建立了便民超市;同时,持续向屯留区吾元镇提供帮助,进村与贫困户开展结对帮扶活动,向北庄沟村、西岑村、南阳坡村、罗村等村的村委会提供帮扶资金共计 37800 元,提供致富信息,并且积极引导贫困户增强战胜困难的勇气,树立坚强的生活信心。为上党区荫城镇北王庆村修建大戏台、篮球场,硬化文化广场,重修排水沟,为改善村民的休闲活动场所投资 3 万余元。开展结对共建文明村镇活动,支持上党区荫城镇北王庆村、高新区翟店镇郭村、潞城区城关镇五里后村开展文化娱乐活动,捐赠 4 万余元。

山西三建发挥企业优势,积极参与扶贫事业,承揽河曲县前川乡下沟北村道路修葺工程,全方位落实人员责任,下沉工作资源,助力乡村振兴,树立企业扶贫标杆。2018 年,山西三建收到河曲县前川乡下沟北村村委会赠予的锦旗。"情系乡情献真情,扶贫解困伸援手",金色大字真情书写了山西三建助力精准扶贫的国企担当。

山西三建积极参与街道社区建设,制订共建计划,与社区"结对子",向周边居民开放文化设施,并落实门前卫生三包、门内整理达标等制度。每年开展"送温暖、献爱心"社会捐助活动,踊跃向灾区人民捐款捐物。2018 年 12 月,捐出善款 71895 元。深入平顺县石城镇向阳庄小学、东庄小学开展以"扶贫助教献爱心"为主题的爱心助教活动,捐赠书包、校服、饮品、食用油等爱心物品。石城镇政府回赠写有"情系山区,真情助教"的锦旗一面以表感激。向高新区翟店镇郭村小学、潞城区微子镇小学、潞城区城关镇五里后小学捐赠 42000 余元,助力贫困学生的学习与成长。五里后小学回赠"捐资助教、利国利民"匾牌致谢。山西三建为共建和谐社会,体现国企担当与使命,尽到了企业应尽的社会责任。

四、聚焦主责、主业,筑牢安全生产防线

山西三建 2003 年通过质量、环境、职业健康安全体系认证。山西三建拥有省级企业技术中心,技术力量雄厚,施工经验丰富,承建过众多的大型、重点、标志性工程项目,创建了大批优质工程,累计获得建筑工程"鲁班奖"4 项、国家优质工程 2 项、中国钢结构金奖 2 项、"中国安装之星"1 项及"汾水杯""太行杯"工程奖 200 余项,拥有省部级工法 102 项、国家知识产权 100 余项,参与省部级科技计划项目 6 项。

山西三建分别在长治市、太原市设有总部,在山西省内乃至全国有较高知名度、美誉度和影响力,对山西省的建筑业发展具有重要的引领带动作用。山西三建市场开发量、施工产值保持了较快增长,安全生产、工程质量、文明施工等各项基础管理工作在山西省处于领先水平,发展势头强劲。承建工程项

目"两书一牌一档"执行率达到100%，竣工工程验收合格率达到100%，无一般等级及以上质量事故。开通了企业门户网站、企业公众微信号，建立了企业信息化管理平台，实现了内部办公、信息发布、数据交换的网络化。山西三建积极应用"智慧建筑"管理服务信息平台、工程建设项目审批管理系统等住建领域信息管理服务技术，信息采集上报率达到100%。

案例创造人：王琳　薛岩峰

实施品牌战略，铸就质量强企

山西四建集团有限公司

一、企业简介

山西四建集团有限公司（以下简称山西四建）成立于1950年，曾以"建八四"享誉表里山河、三晋大地，注册资本金10亿元，现有员工3300余名，是"鲁班奖""国优奖""汾水杯"的山西之冠，是工程建设领域唯一荣获由山西省政府授予的"山西省质量奖"单位。目前具有市政公用工程、建筑工程施工总承包特级资质，市政行业、建筑行业甲级工程设计资质；公路工程、机电工程、冶金工程3项施工总承包一级资质，水利水电工程等5项施工总承包二级资质；钢结构等13项专业承包一级资质。资质总数达109项。

二、企业诚信建设实践

（一）工作目标与总体思路

山西四建自觉维护并严格执行建筑业企业诚信行为规范，始终坚持"优质高速创信誉，建筑精品占市场"的企业宗旨，秉承"诚信天下客户，追求过程精品"的核心理念，奉行"凝聚四建智慧，雕塑时代精品"的质量方针，脚踏实地走品牌发展之路，努力打造"山西建造"标杆，坚决做到"开工必优、一次成优"。

（二）工作内容与工作方法

1.健全质量管理制度体系，提高质量自我保证能力。山西四建实行三级质量管理体系（公司→分公司→项目部）。董事长为公司质量第一责任人，山西四建是山西省内建筑企业中唯一专设质量副总裁的企业，设质量监控中心，全面负责公司质量管理工作；各分（子）公司配备质量经理及专职质量岗位人员，在公司的统一指导下，负责各分（子）公司质量管理工作；项目部建立以项目经理为项目第一责任人的质量保证体系，按照项目规模配置专职质量检查人员，确保过程施工管理质量和实物质量符合工程目标和公司要求。山西四建推行"4.4质量管理理念"。"4.4质量管理理念"就是"目标管理、精品策划、过程控制、提升总结"4个步骤和人（专家团队、技能工人、职业培养）、料（集中采购、指定供应商）、法（内部标准、"五小"成果、专利、工法）、环（公司宣传、引导、创造氛围）4个方面，它将质量理念有机融入企业发展战略，准确把握建筑施工行业特点，总结并发展出的独具特色的工程质量管理理念。《企业管理总手册》《企业风险管控手册》等手册是质量管理的基础文件，囊括了公司、分（子）公司和项目部管理职责，对质量法律法规、各类风险管控措施做了细致要求，明确了各环节质量管理流程，建立了针对性的管理制度，明确了工程施工统一做法，使质量基础管理有章可循。

2.全面落实主体责任，确保完成质量计划目标。山西四建全面落实项目《法定代表人授权书》《质量终身负责制承诺书》的签订；严格落实《建筑施工项目经理质量安全责任十项规定》，对违反规定的人员严肃处理，记入个人档案，强化项目经理的质量安全管理责任意识。公司、各分（子）公司每年制订《质量工作计划》，按照《各分（子）公司创优指标要求》，规定凡具备创优条件的工程必须申报相关奖项，并且对各单位经营责任人的创优工作进行了明确的奖罚规定；对创优工程进行表单化管理，严格把控创优工作的完成进度和完成效果。山西四建坚持每年创一项"国优奖""鲁班奖"及国家级专业奖项，建立山西四建创优统一做法及创优策划导则并持续改进，设立"山西四建一次成优奖"，为工程创优奠定了稳固的基础。

3. 坚持样板典型引路，确保实现"一次成优"。山西四建要求所有创优项目必须对工程的8个部位制作样板（屋面及细部、机房、管道井、有块材/无块材饰面、幕墙、卫生间、楼梯间、清水混凝土），经公司验收符合要求后方可施工；每个分（子）公司至少推出1项"一次成优"样板工程，每个项目都要形成一个"一次成优"分部工程并组织开展现场样板观摩活动。通过样板观摩，增强管理人员的质量意识并及时将好的做法形成标准，推广执行。

4. 强化工程质量监管、坚持实测实量杜绝质量投诉。山西四建成立了以质量副总裁、总工程师为组长的两个监督检查小组，建立质量监督联动检查机制，整合质量、安全、物资设备、人力资源等14个部门的力量，全面开展检查工作。建立了从公司领导、基层单位领导到项目经理的三级领导带班检查制度。严格落实项目负责人质量安全责任，实行项目经理每日带班检查制度，督促项目经理知责、履责、尽责。山西四建要求各基层单位在检查中对每个项目的实测实量工作进行重点监控。分（子）公司质量经理组织项目人员、劳务队及各分包单位参与实测实量检查，对存在的质量问题进行有效整改。属于建设单位分包方的问题以书面形式报告建设单位对其限期整改，从而第一时间解决问题，杜绝质量投诉现象的发生。

5. 培养业务骨干和专家团队，全力打造人才梯队。山西四建建立内部质量、技术、安全及绿色施工等专家库，选拔业务骨干，组成专家团队，开展内部技术攻关、"五小"成果评选、质量创优指导活动，服务基层，提升了质量技术管理水平。成立了"张涛创新工作室""余广勤创新工作室"，开展各类专家（企业内部质量专家、绿色施工专家、技术专家、安全专家等）活动。专家以履行"服务、引领、指导"职责为使命，充分发挥高技能人才的业务专长和技术优势，积极围绕技术、质量、绿色施工管理等方面的重点、难点开展创新活动。通过组织开展业务培训、观摩交流、技能竞赛（项目总工程师、项目经理上讲台，师带徒）等活动，加强专业技能人才的培养，提高了从业人员素质。

6. 创新质量管理办法，助力创优工作升级。山西四建出台了《山西四建集团建筑信息模型（BIM）技术研究实施方案》，明确了BIM工作的运行模式、组织机构、人才培养方式及推广实施计划。成立了BIM工作站，开展BIM活动，要求将BIM技术运用到施工创优策划中，各项目必须制作BIM三维动画、展板，从重点工程做起，以点带面，逐步覆盖到所有在施项目。

（三）实施中的创新点

1. 通过创优质量管理，形成金字塔创优架构。经过科学实践质量管理，山西四建逐步形成了"建成一批、准备一批、持续推动、全面覆盖"的创优思路，构建了"内部质量奖→地市优→省优→'汾水杯'→国家专项奖→'国优奖''鲁班奖'"的金字塔创优体系，为企业跻身国内建设领域一流企业集团奠定了坚实基础。做到业主将项目交给山西四建就意味着进入精品工程流水线，使工程质量创优得以持续。

2. 通过创优文化，助推企业发展。山西四建将"一次成优"从质量系统推广至全面工作，让每一个岗位上的员工都能做到"一次做优、一次做好",让"一次成优"成为山西四建每位员工、每个系统的工作作风和习惯,使整个山西四建在"一次成优"中受益。

3. 依托深厚底蕴,实施高目标管理。山西四建坚持每年创一项"国优奖""鲁班奖"及国家级专业奖项。截至2019年,山西四建取得了"国优奖"7连冠、"鲁班奖"(承建)10连冠、"中国安装之星"8连冠、中国建筑装饰奖9连冠。2019年,山西四建作为山西地方企业的代表为山西省首次捧回了国优金奖并再次捧回"詹天佑"大奖。建立四建创优统一做法及创优策划导则并持续改进,设立"山西四建一次成优奖",为工程创优奠定了稳固的基础。

三、取得的成效

（一）经济效益方面

1. 提升了企业市场竞争力,扩大了市场占有率。国家级奖项的优质业绩和具有国家级优质工程施工经历的项目经理储备大大提升了山西四建参与竞争性市场投标的中标率,一定程度确保了公司市场开发任务的完成。综合分析山西四建近3年的市场开发额,其中70%的工程使用了具备优质工程管理经验的项目经理,特别是山西省在2018年出台了新的评标办法,国家级优质工程项目经理为山西四建成功承揽到20亿元的市场开发额。从近3年的市场开发统计数据来看,具有国家级优质工程项目施工管理经历的项目经理参与的投标项目,中标率高达95%以上,为山西四建成功承接优质的项目发挥了非常大的作用。

2. 提炼出多项核心技术成果,取得了良好的经济效益。山西四建在注重施工质量、创建国家级优质工程的过程中,结合工程特点,面对施工难点,不断开发研究成套技术,提炼总结核心成果。自1996年以来,山西四建获"詹天佑"奖2项,并提炼总结出国家级工法4项、省部级工法245项及国家授权发明专利28项、外观设计专利4项、实用新型专利331项等,并且加强推广运用、加速成果转化,为山西四建带来了良好的经济效益。

（二）社会效益方面

1. 打造企业核心竞争力,提升了品牌影响力。山西四建多年来坚持"品牌至上,质量强企",凭借过硬的产品质量,被山西省政府授予"山西省质量奖"。通过创优管理,提升工程质量水平,山西四建的客户满意率达到88.40%。以2018年度为例,在施工程回收调查表354份,在施工程的客户满意度为87.84%;竣工工程下发并全部回收调查表118份,竣工工程客户满意度为88.96%。作为建筑产业链的延伸,山西四建的地产开发和物业服务也得到了市场和消费者的认可。山西四建始终秉承"品质第一"的开发理念,清晰定位客户群体,在以佳星园、晋润园为代表的地产项目中,从产品设计、小区质量、园林景观、物业配套后期服务等环节,全力打造出了四建地产品质。同等条件下,山西四建开发的地产赢得了市场、赢得了用户、赢得了口碑。同时,山西四建致力成为建筑全生命周期服务商的卓越者,物业板块发展定位一流,服务质量得到了客户的一致好评。2018年,第三方评估机构对山西四建在佳星园住宅小区的物业服务开展了业主满意度调查工作,总体满意率为95.07%,四建物业成了山西本土领先企业。山西四建的品牌得到了有关部门和社会的认可,有关部门先后多次组织业内相关人士对山西四建承建项目的建筑施工质量安全标准化工地、文明创建工作观摩、学习,既为行业管理水平的提升树立了标杆,也展现了良好的企业形象。凭借过硬的产品质量和较好的社会信誉,山西四建得到了同行的一致认可,近几年,先后与50家单位签署了战略合作协议并建立了良好的合作伙伴关系,市场开发额逐年提升,生产经营总额保持山西建投的第一方阵。山西四建的综合实力得到多方认可,连续多年获得"全国优秀施工企业""山西省优秀建筑企业""山西省优秀骨干建筑企业"等荣誉称号。

2. 主动践行社会责任，实现节能减排可持续发展。山西四建为提高工程质量，积极采用新技术、新材料、新工艺；同时，推行绿色施工，节能减排，履行了企业的社会责任，在为企业创造自身价值的同时也为社会带来了生态价值，实现了企业发展与环境保护的双赢，推动了企业的可持续发展。如山西四建承建的清华科技园（太原）A座工程，施工过程贯彻"四节一环保"理念，实现了建筑节能50%设计要求，年节水3285吨，年节电30.6万度。山西省体育中心主体育场项目投入使用后，已成功举办国际足球比赛、国际马拉松比赛、全国第二届青年运动会及多项大型演唱会。通过实践，其效果和功能都非常好，成为山西省体育事业跨越发展的标志性建筑，为山西省太原市的城市发展创造出相应的"经济增长点"。

总之，通过持续地创建国家级优质工程，依靠一流的工程质量和优质服务，山西四建树立了良好的品牌形象，保持了稳定高速的发展态势，得到了社会各界的充分肯定。山西四建将一如既往地坚持"诚信经营、客户至上"的企业宗旨，继续为社会奉献高品质的服务和高质量的精品工程。

案例创造人：孙红瑞

诚信施工塑造精品，满意工程装配未来

山西五建集团有限公司

一、企业简介

山西五建集团有限公司（以下简称山西五建）成立于1961年，是以建筑施工、基础设施投资建设运营、地产开发、建筑产业化为主业，集设计、工程咨询、建筑劳务、绿色建材、检测服务、设备租赁等为一体的综合性建筑产业集团，注册资本10亿元，系山西省优秀骨干建筑企业。拥有施工总承包特级资质2项（建筑工程施工总承包特级资质、市政公用工程施工总承包特级资质），行业甲级设计资质2项，专业承包一级资质12项，施工总承包二级资质8项，专业承包二级资质3项，专业承包不分等级资质2项，行业相关资质2项，4项专项乙级设计资质。现有在册职工3000余人，具有各类专业技术管理人员1420余人，教授级高级工程师18人，拥有一级、二级建造师600余人。设华北总部及华东、华中、华南、西南、西北、东北6个区域分部。年新签合同额在200亿元以上，年实现经营总额100亿元以上。每年获银行授信额超过180亿元。经营区域遍布包括山西省在内的20多个省、自治区、直辖市，并且还在喀麦隆、尼日尔、新加坡等国家和地区承包工程和输出劳务。

山西五建为国家高新技术企业，具备雄厚的技术力量、先进的施工设备、成熟的施工经验和完善的管理制度。拥有国家级企业技术中心钢结构分中心、山西省企业技术中心、建筑设计院、BIM设计中心及科研检测中心，在钢结构、地基基础及机电安装技术方面形成了独特的专业优势。山西五建为"全国文明单位"，多次获评"中国建筑业成长性双百强企业""全国用户满意企业""全国守合同、重信用单位""全国优秀施工企业""全国用户满意施工企业""全国建筑业先进企业""全国诚信施工十佳企业""山西省用户满意企业""全国社会信用评价AAA级企业""中国建筑业诚信典型性企业""山西省建筑业甲类特级A级（优秀）企业"等国家级和省级荣誉。目前，山西五建朝着山西省内领先、具有竞争力的现代综合大型建筑产业集团稳步迈进。

二、诚信施工背景

山西建筑产业现代化潇河园区（一期）为山西五建年度重点工程，位于太原市综改区紫林路以南、大运路以西、太太路以东，总建筑面积76924.85平方米，为国家级首批装配式建筑产业基地。在当前国家大力推行装配式建筑的形势下，山西五建高度重视，顺势而为，成功中标此项目，为山西五建装配式建筑发展开了一个头、趟出了一条路。开工之前，山西五建确立了创钢结构金奖的目标，但该项目面临有效工期不足一年（从2018年6月18日开工到2019年5月30日试生产）、工程量巨大、工艺复杂等问题，按传统的施工经验方法很难实现各项既定目标，必须另辟蹊径，寻找一条快速、简洁、高效的方法去实现目标。可山西五建在装配式领域经验较少，可以借鉴的经验较少，如何在有限的合同工期内高标准、高质量交工是摆在五建人面前的一道难题。

三、诚信施工

山西五建始终坚持用精诚匠心打造履约标杆项目。为保证上述项目如约推进，山西五建在开工之际就对工程质量、安全、技术创新运用等做出细致安排。首先，在园区建设中选派强有力的领导班子，组织精锐专业队伍，配备过硬技术力量，投入先进机械设备，制订详细施工方案。其次，做好超前谋划、科学组织、标化管理、安全生产、文明施工、比拼争先、强势推进，形成大干快上、会战决战的高潮。最后，要做到深化科技创新与运用，打造绿色环保质量精品工程，确保工期履约目标，为园区早日投产争取时间，彰显"实力建筑、恒久传承"的品牌形象，诚信履约铸造"金字招牌"。

1. 设计阶段：深化图纸设计，为项目履约奠定结构基础。由于设计院的设计图纸达不到钢构件加工与现场施工要求，为保证构件的加工与进度，达到质量一次成优的目标，项目管理人员与BIM工作人员历时一个月的时间对设计图纸进行深化设计。在精确建模过程中共发现了120余处图纸问题与343处有效碰撞点，大大节约了成本，缩短了前期准备时间，避免了重复工作。

2. 施工准备阶段：三维场地规划，以科学调度合理组织施工。为保证绿色施工与安全文明施工目标的实现，项目前期，利用BIM技术对施工现场进行了前期策划。依据施工现场原貌，考虑施工区、办公区、生活区和后期各阶段成品堆放、施工道路、吊车吊装路线等问题，对施工现场进行合理布置，模拟各阶段场地情况。依据项目不同阶段的现场情况对场地进行动态管理；同时，根据钢构件长度计算运输车辆转弯半径，优化施工道路，严格按照样板引路。施工前使用相关软件设计绘制了两组样板模型，经过比较选择，确定了将样板一下料制作成实体。通过BIM的实施，做到了样板精细化，布置更加科学合理，达到了标准化施工的目的。

3. 施工阶段：施工技术深化，以诚信履约保证生产进度。①施工技术深化，创形象工程。在BIM模拟试过程中，针对钢架钢柱高、跨度大、施工中吊装难度大、危险系数高，以及工期紧张、场地作业面狭小的特点，通过软件模拟优化吊车最佳站点位置、构件拼装位置和吊车行走路线。最终确定的安装方案为：第一榀与第二榀钢梁分别用一台50吨履带吊车吊装，用一台20吨吊车吊装系杆，形成较稳定的结构体系后方可对第一榀与第二榀钢梁摘除吊钩。第三榀钢梁安装时，用一台20吨吊车同时吊装与第二榀梁连接的系杆，形成较稳定的结构体系后，吊车方可摘钩，依次类推进行安装。通过BIM技术的模拟优化，避免了二次搬运，减少了累积误差，减少了成本。利用BIM技术将吊装方案进行了可视化表达并进行了三维可视化安装模拟，制作了三维安全质量控制的节点模型，对工人进行了三维可视化安全、质量技术交底。项目的混凝土现浇地面面积达到了2.6万平方米，地面又有吊车轨道需要安装，加之地面设备会对轨道的安装及地面浇筑有影响，施工难度较大。项目部通过预判，利用BIM技术，根据观感效果，进行BIM建模，针对该工程大面积混凝土地面浇筑，项目采用跳仓法施工，利用BIM技术进行模拟验算，最终确定填仓时间间隔不宜少于7天，分仓单块面积不超1200平方米，同时优化了分割缝，将分割缝分割成4~5.5米之间，优选最佳分割方案。项目部依据优化方案施工，减少了误差产生，避免了返工，保证地面施工质量的前提下提高了效率。实施完成后达到了预期的感观效果目标。根据图纸和现场实际，利用相关软件分别对消防、电气、通风、排水等专业创建三维模型，将各系统模型进行组合，通过碰撞检测，快速发现专业间的碰撞，精确定位生成碰撞列表，为优化调整提供依据。为了达到美观要求与施工要求，确定使用综合支架并进行二次优化排布。依据深化的管线排布方案，最后确定采用C10槽钢制作门式支架卡在吊车梁下方，运用BIM软件对支吊承载力进行受力计算并导出加工图详图指导现场支吊架制作与安装。安装后效果良好，收到了监理甲方的一致好评。除此之外，BIM在针对施工技术深化中，还应用到墙面板、屋面板施工深化和灯具施工深化及虹吸排布施工深化等方面中。通过BIM的实施，不仅优化了结构，节约了成本，同时也为山西五建严格诚信履约奠定了基础，赢得了声誉。②质量管理严格，创精品工程。为保证构件安装一次成优的质量目标与现场施工进度，安装钢构件加工精度，在钢构件进场前对构件进行实测实量，后期运用数字化拼装模拟技术对实体构件进行逆向建模，与深化设计模型进行碰撞检查，对偏差构件进行重新加工，保证钢构件质量与施工进度。依据深化后的模型，利用软件功能，对指定区域内构件材质、规格及型号、尺寸进行精确控制，避免了大体量工程手工统计出错的弊端。③进度管理严谨，创高效工程。利用BIM模型能够快捷读取信息的特点，快速提取材料量、构件量等附件量。区别于手工计算，更加准确、高效，进行施工工期编制与调整，根据统计结果合理地进行资源配置，实现进度资源的把控。④信息化管理先进，创科技工程。项目开始前对项目管理人员进行BIM基础培训，使其达到基本应用BIM软件水平。在工作中应用BIM成果进行施工数据读取、模型查看、可视化沟通、技术交底等，提高工作效率。在实战中提升业务技能，从而提升了整个项目的信息化水平。⑤商务管理高效，创效益工程。在该项目商务管理中，从源头开始控制成本，避免传统过程中构件深化设计与加工制作一并委托给加工厂造成深化后的钢含量过大，结算成本增加。在该项目中，构件加工图全部采用BIM小组深化后图纸，避免了传统方式的成本增加问题。

四、取得的成效

上述工程通过BIM技术的指导应用，节约资金331.8万元，并且于2019年立项为"山西省建筑业新技术应用示范工程"。通过BIM技术对钢结构的建模、深化设计、模拟计算、出具详图等，有效地保证了施工的质量，加快了施工进度，避免了返工操作，节约了资源成本，达到了一次成优的目的，获得了"中国钢结构金奖"工程、"2019年度山西省省级建筑施工安全标准化示范项目"等荣誉。

潇河园区自开工以来，就是上级关注、社会关切、群众关心的焦点。作为国有企业，山西五建积极兑现项目工期与质量承诺，与时间赛跑，向困难挑战，以勇于担当的精神和决胜决战的姿态，掀起"5+2""白加黑"的火热氛围。在该项目中，山西五建将品质履约视为企业生命线，不断提高诚信管理水平，积极履行质量安全主体责任，打造高品质的产品和专业化的服务。山西五建在品质建造、优质履约上永不止步，以精诚之心打造精品工程，让诚信建设在企业落地生根，释放出助推企业高质量发展的巨大能量，将千家万户的美好愿景落实为一砖一瓦的实力建造。

案例创造人：尤香莲　杨青龙

重信守诺，共建共赢

山西六建集团有限公司

一、企业简介

山西六建集团有限公司（以下简称山西六建）作为山西省优秀骨干建筑业企业、山西建工成员企业，成立32年来，在改革改制、先行先试方面走在山西省内建筑企业前列，混合所有制改革、集团化管控、多元化发展、体制机制创新等方面都取得了显著的成效。企业规模不断扩大，市场领域从单一向多元拓展；经营地域覆盖山西省内主要市、县并扩展到北京、广东、贵州、河北、福建、海南、山东、天津、云南等多个省、自治区、直辖市的市场。海外项目遍布北美洲、南美洲、非洲、亚洲等几大洲，覆盖12个国家，先后实施26个项目，累计合同销售额达到41亿元。稳步推进建筑主业发展的同时，山西六建不断延伸业务领域，业务结构不断完善，形成了多元化发展格局。山西六建已发展成为集建筑施工、基础设施投资建设运营、房地产开发、建筑工业及物流、设计咨询、金融、建筑劳务、国际经济技术合作、压力管道、建筑科研、物业服务、酒店旅游等业务于一体的大型企业集团。具有商务部批准的境外工程承包资质，拥有国家一级资质的科研所和省级企业技术中心。

目前，山西六建既拥有长期积累的技术、品牌信誉和社会公共关系，又有比较灵活的体制和机制、较完善的法人治理结构和人才引进渠道。现拥有施工总承包一级资质及设计与施工一体化一级资质各两项，专业承包一级资质及其他相关资质5项，建立起了覆盖建筑行业主要领域的资质体系，基本满足了企业发展需求。先后获得"全国文明单位""全国优秀施工企业""全国用户满意施工企业""全国建筑业AAA级信用企业""山西省优秀骨干建筑业企业"等多项国家级、省级荣誉称号。

二、诚信经营理念

1. 弘扬诚信品德。山西六建坚守诚信品质，以诚信赢得客户信任和市场份额，即使蒙受损失、忍受委屈也要履行约定、信守承诺，提升山西六建品牌价值，塑造山西六建良好形象。

2. 探求共赢发展模式。山西六建以共同利益为纽带，探索新的发展模式，拓宽新的业务类型，与客户、同业、社会等形成价值共同体，共建共赢，共同发展。

三、制度健全，体系完善

山西六建拥有一套完整的管理机构、科学的管理制度、完善的质量保证体系和严谨的管理网络。按照现代企业制度的要求，建立了完善的法人治理结构，基本实现了结构公司化、管理现代化、决策科学化，运作规范化。先后通过ISO19001质量管理、ISO14001环境管理和OHSAS18000职业健康管理三大体系的认证。通过实施供应链管理，实现一体化经营运作，发挥协同优势，能够高效、优质地完成各类现代化的高、精、尖、难工程建设并提供各项配套服务。

山西六建率先在山西省内进行股份制改造，是在充分整合人才、技术、品牌和市场资源的基础上优势互补、强强联合而形成的具有多项竞争优势的大型企业集团。为了以后能创建更好更优质的建筑工程，积极参加山西省住房和城乡建设厅开展的各种评优申报活动，力争带动山西省内建筑行业经济形势，做好标杆企业。

山西六建技术力量雄厚，拥有各类工程技术人员。在施工中坚持技术创新和持续改进并且拥有滑模施工、现浇框架等多项技术优势。山西六建施工经验丰富，曾独立承担高层建筑、民用住宅、各种工业厂房和大型构筑物等多项工程的施工。近百项工程获省、市优良工程奖，工程合格率及合同履约率年年100%，优良品率年均达80%以上。

山西六建强化生产要素集中管控，实现施工履约保障。持续完善集约化平台建设，从源头上服务项目，规范劳务用工，统一大型建筑起重机械管控，主材全部由公司和分公司进行采购，目前已全部实现"筑服云"平台线上交易，合理降低运营成本。提炼总结施工管理经验，参编《山西省建筑工程施工安全资料管理规程》《中国工程建设协会标准——工程建设安全生产标准化实施评价标准》。以培促安、用"行"落实，开展消防保卫、临时用电、建筑起重机械、"筑服云"培训，提升全员安全、文明意识。工具式、可周转防护实现降本增效。周转料具标准化，材料库房集中管理。搭建企业劳务实名制管理平台，降低项目劳务用工风险。持续强化大型建筑起重机械统一平台、统一维保。

四、积极履行社会责任，社会信誉卓著

1. 脱贫攻坚。山西六建积极落实山西建设投资集团有限公司（以下简称山西建投）党委关于精准扶贫的各项部署，选派优秀党员干部驻村开展帮扶工作，定期组织领导班子成员走访联系贫困户，建立爱心超市、实施健康养殖、组织捐款捐物、认购农产品，帮助部分贫困户解决农产品销路难题，协助危房改造，落实政府各项扶贫项目及补贴政策；关注贫困户家庭子女的教育问题，落实各项助学政策，用实际行动真扶贫、扶真贫。

2. 新冠肺炎疫情防控。疫情期间，山西六建及所属各单位积极主动向当地政府捐款捐物，捐助防疫物资。主动承担起社会责任，同呼吸、共命运。

3. 深度参与美丽乡村建设。山西六建按照山西省委和山西建投的部署，立足山西六建转型发展实际，分别在临县、定襄、保德、岢岚、宁武等地因地制宜建设了临县曜头村易地移民搬迁项目、定襄西社村农村建筑特色风貌整治项目、保德建筑特色风貌整治项目、岢岚县宋长城景区周边乡村综合整治项目等一批融合乡村扶贫、道路整治、古建修复、旅游发展为一体的乡村综合整治项目，以匠心铸就美丽乡村精品工程。

4. 公益慈善。山西六建工会、团委联合共青团万柏林区委、长风西街街道团工委在高考来临之际开展"爱心助考"公益活动，受到了太原教育电视台等主流媒体的跟踪报道；组织开展无偿献血公益活动，近百人参加献血，展现了六建人无私奉献、关怀社会的责任感和使命感；与地矿社区联合开展关爱老人学雷锋志愿服务活动；深入太原灵星自闭症儿童学校开展"情暖灵星、爱不孤单"学雷锋志愿服务活动；与地矿社区联合开办老年餐厅，助力养老公益和老年人邻里互助服务。

5. 海外履责成效。2005年是山西六建在海外市场的首次亮相，也是山西六建在海外市场首战告捷，援建牙买加斯莱格维尔社区综合体育场项目的诚信完美履约，多次受到业主和当地政府的表彰和赞扬，赢得了各方信任。

6. 诚信经营拓市场，求真务实创品牌。山西六建将继续坚持"重信守诺，共建共赢"的诚信经营理念，视质量为生命、向管理要效益、靠创新求发展、以诚信赢市场，坚持诚信为本、求真务实的原则，出精品、创品牌、树形象，在激烈的竞争中赢得市场、赢得信誉、赢得青睐。

案例创造人：田炜　郭文强

以诚信为基，携诚信经营

山西八建集团有限公司

一、企业简介

山西八建集团有限公司（以下简称山西八建）是具有建筑工程施工总承包特级资质、工程设计建筑行业甲级资质的大型建筑集团公司，是山西省住房和城乡建设厅确定的山西省骨干建筑业企业。山西八建拥有资产近40亿元，下辖12个工程公司、4个事业部，拥有职工1800余人，具有中、高级职称人员近千人，国家一级、二级建造师400余人，其中的国家级优秀项目经理60余人、省级优秀项目经理百余人。先后获得"全国五一劳动奖状""山西省模范单位""山西省模范集体"等荣誉称号，连续多年获得"全国优秀施工企业""全国守合同、重信用企业""全国建筑业AAA级信用企业""山西省优秀建筑业企业"等荣誉称号。

近年来，山西八建坚持高品质可持续发展的工作主线，紧跟建筑业发展趋势，不断适应经济新常态，积极调整经营理念，优化产业布局，加强精细化管理，着力提升市场竞争优势，奋力推动企业实现高质量发展。目前，山西八建资产规模、营业收入、利润等主要指标均创新高，工程总承包、地产投资、设计、物业四大业务板块统筹推进，发展态势良好。山西八建坚持强化党建引领，推动诚信建设、党建工作与业务发展同频共振，着力提升干部职工诚信素养，积极推动企业不断发展。

二、企业诚信建设实践

（一）优化工作机制，打牢诚信建设工作基础

近年来，山西八建高度重视诚信建设工作，成立以党委书记、董事长为组长的诚信建设领导小组，将诚信建设工作纳入党委议事日程，多次召开专题会议，加强落实诚信任务，为诚信建设工作夯实了政治保障和组织保障。

（二）深化教育引导，提升诚信建设工作内涵

1.将诚信作为企业核心价值，严格遵守法律法规。山西八建的核心价值观为"诚信务实、锲而不舍"，公司将诚信放在首位，对于诚信经营理念高度重视。多年来，坚持诚信经营，信守诚信理念，精益求精，竭诚为客户奉献优质工程，竣工工程验收合格率100%，无重大质量事故发生，得到业主、合作方的好评，树立了良好形象。山西八建严格遵纪守法，没有因违法经营而发生一起行政处罚事件。按时发放企业职工及农民工工资，多年来未出现拖欠工资事件的发生。与此同时，山西八建遵守合同，依法上缴利税，连续多年荣获"守合同、重信用企业"称号。

2.将诚信作为生产经营基础，培养干部职工诚信理念。在核心价值观的基础上，山西八建高度重视对企业干部职工的诚信文化培养，对内部树立讲诚信理念，对外加强做诚信企业。①把牢政治方向，思

想武装不断强化，推动理论学习抓在经常、融入日常。②深入培育和践行社会主义核心价值观，不断增强社会主义核心价值观的影响力，在职工中形成良好基础。③注重道德培育，营造崇尚道德模范、热爱道德模范、学习道德模范的向上氛围。④强化警示教育，常态化开展廉政教育、警示教育，规范开展法纪培训和廉政预警，以案说法、以案明纪，提醒干部筑牢思想道德防线，增强干部诚信意识。

（三）丰富特色载体，彰显诚信建设工作活力

1. 践行社会责任，树立企业良好形象。山西八建连续多年开展无偿献血、义务植树、学雷锋志愿服务等公益活动，传递正能量；2019年沁源森林火灾发生后，山西八建组织人员第一时间采购急需物资赶赴灾区慰问受灾群众，展示良好形象。2020年在抗击新冠肺炎疫情中，山西八建向社会捐助防疫物资及善款共计41.3万元，彰显了社会担当。

2. 积极为社会文体事业发展贡献力量。山西八建投入资金，积极参与社会文体事业，赞助山西汾酒男篮，同时是山西省高端讲座品牌——中国（太原）煤炭交易中心"晋·道大讲堂"联盟成员单位，为职工提供了高质量的精神文化生活，提升了企业品牌知名度。迄今为止，山西八建成功举办"晋·道大讲堂"之山西八建专场5场，特邀相关专家分别做了相关专业的专题讲座，吸引了山西省社会各界人士聆听，得到了公司职工、社会各界的热烈反响和广泛好评。

3. 深入开展精准扶贫。山西八建对帮扶村实施精准扶贫，把产业帮扶、消费帮扶、教育帮扶等各项帮扶举措送到对口扶贫村，完成脱贫任务。2019年，山西八建对口扶贫联系点繁峙县耿庄村、联兴村脱贫工作通过国家验收。

4. 积极开展正面宣传，不断培养诚信意识。近年来，山西八建将诚信理念宣传贯穿于日常工作之中，在公司主办的企业内刊、微信公众号、网站等宣传平台开设企业文化专栏，持续开展诚信理念宣传教育，提升诚信意识。在公司每年组织的新职工培训中，重点将企业文化进行宣传，使新职工从踏入公司的第一天起就树立诚信敬业的理念。

5. 多头发力，争当诚信建设排头兵。山西八建持续丰富诚信建设内容，将诚信建设与干部职工工作生活相结合。加大诚信建设宣传力度，提高知晓率、参与率、吸引力、感召力。近年来，山西八建抓住"诚信活动周""质量月""安全生产月"等活动契机，开展丰富多彩的宣传活动，营造诚信和谐的企业氛围。山西八建还通过开展"质量第一""诚信做建筑企业""守合同、重信用"企业公示、"诚实守信"道德讲堂宣讲等诚信主题活动，充分发挥示范引领作用，积极培育诚信文化。2018年5月，山西八建开展"我是党员我承诺，我是先锋我先行"承诺活动，党员干部在诚实履约、责任担当等方面公开做出承诺。2020年9月，山西八建的迎泽大街办公区项目开展主题党日活动，通过创建党员突击队、签订军令状、表态发言等方式，凝聚项目建设各方力量，增强党员担当作为意识，攻坚克难，助力项目建设，为项目按时完工保驾护航。2020年11月，晋中大唐双语学校后备工程项目由于受到新冠肺炎疫情影响，面对工期紧张、劳务人员紧缺、材料到场滞后、机械设备难以到位等诸多困难因素的情况下，山西八建迎难而上，攻坚克难，项目人员加班加点，同心协力，保障项目各项工作的高效开展，为现场施工进度的推动提供有力保障，在保证该项目的建设目标的同时，践行了公司"诚信务实，锲而不舍"的核心价值观，体现了诚信履约的企业精神。

6. 多措并举，凝聚精神文明建设力量。山西八建坚持以人为本，全员参与，使诚信建设全覆盖。近年来，山西八建关心职工福祉，积极为职工群众办实事，使广大职工共享企业发展成果。坚持开展"春送祝福""夏送清凉""金秋助学""冬送温暖"活动，积极开展职工住院医疗互助保障计划、职工年度体检、女职工专项体检，为职工身体健康提供有力保障；推进企务公开，畅通沟通渠道，通过企业网站、公司信息平台、企业内刊及时公开生产经营管理过程中职工关心的业务工作情况，维护职工知情权，听取职工意见、建议。坚持逢年过节走访慰问困难党员和老党员、困难职工、离退休职工，将慰问品和慰问金送到他们身边。

7. 改善周边环境，建设文明美丽社区。近年来，山西八建从点点滴滴细微之处入手，全力打造宜居环境。通过不懈努力，公司办公区、小区及主马路周边已成为山西省太原市万柏林区美化亮化示范窗口，整体环境得到了多个检查单位的高度评价。

人无诚信不立，业无诚信必衰。山西八建作为山西省骨干建筑业企业始终把诚信作为企业目标去遵守，把诚信作为对客户的承诺去恪守，更把诚信当作准则去行动。山西八建将继续秉承一颗诚实守信的心，担好属于企业的责任和使命，抓住机遇、扎实工作、乘势而上，全面提升诚信建设水平，不断升华企业品质，站在新时代的起点，为促进企业健康持续发展和社会文明和谐做出更大贡献。

案例创造人：兰洁

建设诚信晋塔，筑梦百年品牌

山西省工程机械有限公司

一、企业简介

山西省工程机械有限公司（以下简称山工公司）成立于1953年，前身是山西省工程机械厂，2017年完成公司制改革。山工公司隶属于山西建设投资集团有限公司，注册商标是晋塔，是塔式起重机、施工升降机、附着式升降脚手架等建筑机械、建筑装备专业生产制造企业。多年来，山工公司在行业内享有较高的声誉，晋塔产品质量过硬、服务周到细致，受到客户的广泛好评。

二、建设诚信企业主要事迹

山工公司始终坚持"优质创新铸精品、诚信服务赢市场"的经营理念，本着"用精湛的技术为您护航、以真诚的服务伴您发展"的服务理念，将诚信原则内嵌到生产经营全过程，在生产、销售、服务等各环节全方位落实诚信经营的理念，赢得了客户良好的口碑，受到行业的广泛认可。近两年，山工公司凭借多年的行业美誉度和扎实的业绩，2019年成功入围"中国塔机吊装10强（国有）"榜单；2020年，一举获得"中国塔式起重机制造商10强""中国塔机租赁商50强""全国建筑机械租赁行业优秀供应商单位""全国建筑机械租赁行业优秀服务单位"等多项殊荣。山工公司获得多项荣誉，是长期诚信经营的必然结果。

1. 构建诚信宣传教育体系。诚信是晋塔企业文化的底色和基础，是晋塔品牌建设的内在要求。山工公司领导高度重视，致力于加强诚信宣传教育，企业的宣传、销售、租赁、生产、安全、人力、技术、质量、财务、法务等各主要管理部门纳入公司诚信宣传体系，通过各种方式教育全体员工，牢固树立诚信经营的意识。山工公司两级领导坚持以身作则，恪守职业道德，忠诚、敬业、奉献，用榜样的力量感召员工，把好的行为思想传递给员工，引导大家以诚信沟通客户、以诚信坚守岗位、以诚信捍卫企业，在社会上做诚信公民、在公司做诚信员工、在家庭做诚信成员。山工公司既注重诚信教育和意识的培养，也用实实在在的事例感召激励着员工，对于表现突出的诚信优秀个人予以表扬奖励。山工公司把"诚信为本"的理念贯穿到企业发展全过程，通过企业文化教育，培养员工诚实做人、踏实做事、自觉维护企业的形象，培养员工感恩社会、感恩客户、感恩企业，全心全意为客户提供服务的意识，最终实现企业团队的诚信。2013年，山工公司荣获山西省总工会颁发的"职工职业道德建设标兵单位"的称号。

2. 建成诚信履约工作格局。近年来，山工公司紧抓市场机遇，创新经营，"走出去"的步伐不断加快，以诚信经营为基础，持续开拓市场，强化合同履约，实实在在把诚信的信条落实到每一次经营行为中。基于对晋塔的多年信任，大中型建筑企业与山工公司形成战略合作关系，携手共同创业发展、互利共赢进步，扩大品牌美誉度，取得协同合作的良好效果，提升了企业形象。山工公司在山西省内外多地设立了子（分）公司和销售服务中心，配备多名经验丰富的售后服务人员，为区域内客户提供技术咨询、维修及安拆等相关服务并不定期回访客户，得到客户好评。山工公司急用户之所急，推广融资租赁业务，缓解了客户的资金压力，实现了"双方共赢"的良好局面。山工公司深耕市场多年，积累了良好的口碑，近几年，加大市场开拓力度，积极向外拓展，产品遍及华北、西北、西南、华中、华南市场，出口至东南亚、中亚、非洲等海外市场。山工公司以品牌建设为重点，创新营销格局，扩大品牌影响力，开启"互联网+"新模式，官网搭载销售业务咨询线上共享平台，通过线上线下齐发力，满足客户的多元化需求，进而扩大晋塔品牌影响力。

3. 强化质保体系保障作用。山工公司确立"生产现场就是市场"的生产组织理念，将各类客户的需求及时反馈给生产线的相应环节及班组工位，让一线生产员工第一时间接收到市场的信息，一切为市场这个龙头服务。"十三五"期间，经历了市场下行后逐步回暖的调整期，山工公司的生产订单十分饱满。着眼于更高层次上提升质量和效率，通过引入先进装备、改善工艺流程、优化组织架构，生产效率大幅提升，企业综合实力进一步增强。在此基础上，山工公司实施专业化整合，扩大经营规模，对各分公司主营业务进行专业化调整，形成以塔式起重机、施工升降机、附着式升降脚手架三大主力产品的生产分公司，各专业分公司齐头并进，发挥专业优势，做大各系列产品市场，产值连年实现大幅增长。山工公司加强产品质量建设，始终按照质量保证体系的要求，严格把控产品生产过程中的各环节，保证产品质量，严格质量检验，强化过程控制，从生产经营各环节保证产品的高质量和优质服务。各生产车间实施每日例会制度，及时安排调度生产组织过程中各类部件的进度，保证产品及时装车，根据合同约定，按时完成晋塔产品的运输、总装、调试等任务，维护客户的利益。2020年，山工公司的塔机、施工升降机分别中标雄安建设项目，面对工期紧、提货时间集中、标准要求高的困难，山工公司成立专门工作组，专项协调生产组织等各项事宜，派出专业技术人员进驻雄安工地进行服务，受到建设方的高度赞誉。

4. 完善晋塔各类产品谱系。山工公司60多年的发展历程，积累了深厚的技术人才底蕴。山工公司建立建筑机械与模架开发研究所，下设塔式起重机研究室、施工升降机研究室、模架体系研究室、电控研究室、信息资料室、性能检测室和理化实验室等技术研发部门，拥有众多建筑设备研发与制造方面的高、中级专家和技术人才，为公司技术创新和产品研发提供了根本保证。山工公司与山西省内外著名大学、科研机构密切合作，实现产学研一体化，瞄准行业前沿，围绕客户需求，持续开发新产品，进行产品技术升级，建立了完整的科技进步研发体系。山工公司现有八大系列30多个品种的产品体系，分别是QTP系列、QTZ系列、C系列、F系列塔式起重机，SC系列、井道专用系列、货运专用系列施工升降机，半钢、全钢系列附着式升降脚手架。山工公司凭借对产品的独到理解铸就精品，以精品成就行业品牌。山工公司拥有国家专利技术20多项，先进技术项目多次荣获省级一等奖、二等奖。山西省内外地标建筑和重点工程都见证了晋塔产品的卓越品质。产品谱系的不断完善，让客户总能在晋塔产品的"大家族"里找到自己需要的优质产品。

5. 规范企业基础管理。山工公司始终坚持"安全第一、预防为主、综合治理"的方针，设定安全生产目标并将目标以责任书的形式逐级分解、落实到人。严格落实安全生产责任制，开展"安全生产月""安康杯"活动，强化安全生产教育，坚持三级安全教育，多年来始终坚持安全值班带班制度，公司及分公司领导经常深入工地一线，指导检查安全生产落实情况，持续开展隐患排查及治理整改活动，安全生产形势平稳。多年来，山工公司坚持依靠员工办企业、以员工为中心发展企业的方针，通过签订集体合同、签订工资专项合同，切实保障了员工的权益。近几年，员工收入呈逐年增长的态势，实现了发展企业与员工富裕的有机统一。山工公司十分关心员工的职业健康，每年组织特殊工种员工进行职业健康体检，安排专职人员负责体检工作全过程，加强职业健康管理，完善员工职业健康档案，对员工的身体健康状况跟踪记录，让广大员工切身感受到公司的温暖。按照山西省"三零"单位创建的要求，山工公司深入开展"零信访、零事故、零案件"创建工作，持续提升公司治理能力和治理水平，建设更高水平的平安企业，为公司加速度转型发展提供坚强保证。

6. 自觉担当国企社会责任。山工公司全面贯彻落实新时期精准扶贫、精准脱贫的方针政策，自觉履行社会责任，组建驻村扶贫工作队。驻村工作队入驻帮扶村以来，积极协助天岩村两委开展脱贫攻坚各项工作，圆满完成了"十个清零"任务，农民人均纯收入显著提高，天岩村环境得到极大改善，公司帮扶的天岩村实现脱贫摘帽。2020年初，新冠肺炎疫情突如其来，广大党员同志主动请缨，深入社区一线，进行日夜防疫值班；山工公司派出专人每天对宿舍区进行消毒杀菌，同时购买防疫物资专程送往社区；山工公司的党员自觉为防疫抗疫慷慨捐款；山工公司采取多项举措全力以赴与社区携手并肩共同抗疫。2020年4月，面对太原市血液库存紧缺、医学用血告急的形势，山工公司发出"情暖春日，让爱传递"无偿献血倡议，掀起无偿献血热潮，公司员工用个人小爱汇聚成企业大爱，太原市红十字血液中心为山工公司授予荣誉奖牌。山工公司积极与社区联合，组织广大党员志愿者深入社区，用实际行动助力文明创城活动，践行文明新风尚。

山工公司长期坚持诚信经营，企业不断发展壮大，取得了良好的经济效益和社会效益。山工公司全体员工坚信，诚信的企业才是持续发展的企业，只有诚信经营才会实现百年晋塔的梦想。山工公司将继续以诚信为本，张开双臂与广大客户携手，在建设美丽中国的征程上创业发展，做大做强做优晋塔事业，把晋塔品牌叫得更响、擦得更亮。

案例创造人：张泽峰

点亮万家灯火，服务温暖民心

内蒙古电力（集团）有限责任公司乌海电业局

一、企业简介

内蒙古电力（集团）有限责任公司乌海电业局（以下简称乌海电业局）成立于1976年，固定资产约41.5亿元，在册职工1300余人，服务乌海市及周边地区30余万电力客户。先后荣获"全国文明单位""全国五一劳动奖状"等称号，被国家电网有限公司命名为"一流供电企业"，连续4年荣获省部级质量效益型企业称号，被内蒙古自治区认定为全区文明单位标兵，多次被中国质量协会用户委员会授予全国用户满意服务荣誉称号，被内蒙古自治区总工会评为"劳动和谐单位"。乌海电业局团委（青工委）荣获内蒙古自治区"五四红旗团委"称号。连续7年蝉联乌海市民主评议行风第一名。2019年，荣获"信用中国"内蒙古自治区诚信单位，成为蒙西电网地区唯一一家获此殊荣的供电单位。2020年，乌海电业局荣获由乌海市海勃湾区发展改革委组织评选的"诚信企业"荣誉称号。

乌海电业局始终以诚信服务客户为工作中心，以提升电网服务保障能力、满足地区经济社会发展用电需求为根本工作目标，全力配合乌海市招商引资工作，精准对接工业园区供电需求，满足各类新能源接入需求，加快建设坚强绿色电网，全力推进主网投资落地和改造升级工作。作为国有电力企业，乌海电业局践行"人民电业为人民"的初心使命，全力推动各项工作，为乌海市经济社会发展提供能源支撑和要素保障。

二、企业诚信建设情况

（一）企业诚信经营理念

乌海电业局始终坚持落实党中央和国务院及内蒙古自治区关于社会信用体系建设的决策部署，始终坚持落实国家能源局推动能源行业信用体系建设工作的有关精神，落实内蒙古电力（集团）有限责任公司（以下简称内蒙古电力）"诚信至善，厚德行远"的企业精神，坚持依法治企，结合国家信用大数据，促进企业高质量发展。

（二）企业诚信和信用体系建设

1. 开展诚信工作，树立榜样引领。乌海电业局按照政府相关部门及内蒙古电力统一部署安排，积极开展信用体系制度建设与实施、归集信用信息、开展诚信教育宣传、树立典型等工作。一是积极开展社会责任任务分解落实工作，征集"社会责任报告"及"优秀社会责任案例"；同时，近3年编制了社会责任案例故事，形成《乌海电业社会责任优秀案例汇编》。二是开展主题为"诚信用电，拒绝窃电"的宣传活动，通过动漫宣传展示、发放宣传单等方式耐心地为客户解答违约用电、窃电等相关用电知识。三是对外公示95598、12398、12345等服务监督热线，在社区设立供电服务监督牌，公示电价标准，印制统一供用电宣传手册，广泛接收社会各界监督。四是走进幼儿园、中小学，通过讲故事、看动画、PPT等多种的形式向同学们讲解用电常识，培养孩子们养成安全用电、节约用电的习惯。五是加强团队建设，发挥精细、专注、求精的工匠精神，以"北疆楷模"团队文化品牌为引领，完善形成海勃湾供电分局"阳光海供、点亮全城"、调度管理处"奏响电网和谐曲、情系万家灯火明"等第二批基层单位团队文化体系，营造了"点亮一盏灯，照亮一大片"的良好局面。引导员工积极践行社会主义核心价值观，做到诚实守信、友爱互助、爱岗敬业、创新进步、奉献社会。

2016年12月，内蒙古自治区党委宣传部授予乌海电业局输电管理处"北疆楷模"荣誉称号，中央广播电视总台等多家主流媒体对其先进事迹进行深入报道，在社会各界引起强烈反响。乌海电业局将继续强化正能量引领，弘扬劳模精神，发挥"北疆楷模"辐射带动作用，培植爱岗敬业、团结协作、勇于担当、甘于奉献的实干精神。

2. 加快电网建设，提升供电可靠性。近年来，乌海电业局加快电网投资和建设步伐，持续优化供用电服务流程，大力提升城市配电网供用电的安全性和可靠性，每年投入大量资金用于电网建设及改造。2015年至今，固定资产投资累计超过10亿元，完成生产大修、技改及配网改造工程千余项。电网运行方式更加科学，配电线路停电次数越来越少，年平均停电时间越来越短，城市用户供电可靠率连续两年突破99.9%。

3. 播下创新火种，提高发展质量。创新是第一发展动力。乌海电业局积极响应国家创新驱动战略，将创新理念贯穿各项工作，搭建管理论坛平台，全力推动电力事业高质量发展。内蒙古自治区首例220千伏输电线路带电水冲洗作业由乌海电业局顺利完成；信息通信处在滨河供电分局拉开通信设备带电清洗序幕；配电带电作业中心开展乌海电业局首次旁路作业法——综合不停电更换变压器。带电作业让输电线路、电力设备在不停电的情况下得到了清洁和保养。一项项电力新技术的发明和应用极大地提高了电网设备安全运行水平和供电可靠性。乌海电业局在基层单位班组中广泛开展QC小组创建活动，搭建QC成果发布平台，运用质量管理工具和方法改进工作质量、提升工作效率，播下了创新的火种。优秀管理创新成果和QC成果经过大力推广应用，目前已有28项取得国家级专利。

4. 严格遵纪守法，加强风险意识。乌海电业局严格落实依法治企的总体要求，强调上下遵纪守法。印发《乌海电业局全面从严治党责任书》，明确责任部门、落实责任时限、定期跟进督办，将责任层层压实、闭环落实；修订乌海电业局党委和基层单位"三重一大"决策制度实施细则，进一步细化党委研究决定和参与决策的事项，有效提升民主集中制建设水平和预防腐败能力。多次开展党风廉政主题教育活动，提醒广大党员干部和群众筑牢"红线意识"。乌海电业局广大干部职工认真践行"诚信"核心价值观，将"诚信"理念落实在工作上、行动中，讲实话、做实事，"诚信"理念深入人心。开展诚信理念宣传教育，所属各单位通过宣传栏、网站等各种宣传媒介大力倡导诚信理念，大力强化信用风险意识，诚信理念深入人心。

5. 开展"三零"服务，持续优化营商环境。乌海电业局全力构建"大营销、大服务、大市场"体系，不断优化用户办电流程、压缩办电时限、降低客户接电成本，推行"线上报装""一证受理""一站式服务"，大力推广95598网站、微信及"蒙电E家"App等电子渠道办理业扩报装、交费、报修、咨询（查询）等业务，实现业务全流程、全过程管控，保证客户获取信息的时效性。积极推广"互联网＋营销服务"模式，在内蒙古电力下属供电单位内首家实现扫"二维码"交费业务，实现客户办电更省力、用电更透明。充分利用各类新闻媒体并通过营业厅、官方网站、"蒙电E家"App、微信公众号等渠道对外发布公开用电报装服务流程、时间要求、收费标准及有关政策等信息，全面宣传"获得电力"

优质服务的做法和取得的成效，营造用电营商环境新氛围，提升企业和群众认知感、获得感，不断刷新着电力用户的"获得电力"体验。

6. 履行社会责任，提升企业形象。乌海电业局长期与社区联合开展"包联共建"工作，多次组织开展"安全用电进校园"活动，积极参加学雷锋、敬老慰问、植树等各类精神文明创建活动，每逢春节、"八一"等重大节日对复转军人进行慰问。乌海电业局的"情暖夕阳，关爱老人"志愿服务项目被评为内蒙古自治区"学雷锋优秀志愿服务项目"。截至目前，乌海电业局共有在册志愿者 532 人，下设 22 个志愿服务分队，志愿服务时长累计达 42673.5 小时。坚决贯彻落实乌海市扶贫办和内蒙古电力扶贫办工作部署，组织召开脱贫攻坚专项学习和工作会议，扎实做好各项脱贫攻坚工作。目前，已累计投入扶贫资金 34.14 万元，累计销售扶贫产品 237522 元，捐赠衣物 3000 多件、图书 1150 余册、书包 205 个。为羊路井村扶贫养殖基地更换老旧电缆 400 米，助力复工复产。联合苏海图办事处为乌海市第十五中学的 148 名学生安装了 12 盏路灯，点亮了留守儿童的求学路。关注贫困户子女教育，开展"心系春蕾"智志双扶志愿活动，此项活动已惠及 500 余名家庭贫困学生。拓宽扶贫工作思路，动员广大职工参与爱心认购、爱心捐赠、志愿活动等扶贫活动，构建"大扶贫"格局。开拓爱心认购模式，利用展销会、直播带货、微信群带货等模式开展爱心认购活动 36 次。积极参与乌海市脱贫攻坚知识竞赛并荣获一等奖。被乌海市委市政府共同授予"脱贫攻坚先进单位"荣誉称号，充分肯定了乌海电业局在助力乌海市脱贫攻坚工作取得的成效。

7. 坚守"抗疫"前线，落实企业责任。新冠肺炎疫情防控期间，乌海电业局成立安全生产工作领导小组，全面落实中央和地方政府及内蒙古电力的决策部署，采取有效措施，统筹做好疫情应对和当前安全生产工作。助力地方企业复工复产，支持实体经济共渡难关，主动对接复工复产企业，做好电力保障服务。及时了解企业生产计划、用电诉求，为各类企业复工蓄满电能。利用电力信息系统对乌海市 2.9 万户大工业、一般工商业用电情况进行摸底，全面掌握企业设备用电运行情况。针对重点复工复产用户开展巡视、测温等工作，进一步做好安全隐患排查。全力支持中小微企业发展，对疫情防控重要用户、生产疫情防控应急保障物资新办企业和扩大产能企业，开辟了办电绿色通道，实行"三零"服务。对因流动资金紧张、交费有困难的疫控物资生产企业及受疫情影响经营困难的中小微企业，实行用电"欠费不停供"措施，疫情期间为贫困户送去消毒用品及防护用品。乌海电业局持续加大疫情防控力度，严格执行复工人员"零报告"制度。为职工统一配备口罩、测温仪等防护用品，建立人员健康监测台账。对办公区域、营业网点和封闭式作业场所定时消毒、通风换气。继续开展党员"双报到"工作，鼓励党员职工配合社区党组织参与疫情防控工作。疫情防控期间，乌海电业局共有 600 余名职工 24 小时不间断坚守岗位，全力保障城市供电。同时，还成立了"党员突击队"和"疫情防控青年突击队"，共有 634 名党员、团员参加，志愿服务累计 6210 人次、服务 17288 小时，共收到表扬信 374 封。此外，乌海电业局还通过楼宇视频普及科学防护知识，挖掘 54 名抗疫期间优秀党员的先进事迹，用榜样的力量鼓舞并带动职工群众团结一心、共战疫情，坚定信念、同谋发展。下一步，乌海电业局将继续履行国企责任，主动担当作为，尽心尽责尽力，为实现乌海市经济社会发展做出努力，为疫情防控阻击战取得最后胜利做出贡献。

案例创造人：段蕊　乔诚

锻造"数字外理、公正理货"诚信品牌

连云港外轮理货有限公司

一、企业简介

连云港外轮理货有限公司（以下简称连云港外理公司）成立于1971年，是经交通运输部批准、由连云港港口集团有限公司和中国外轮理货有限公司在连云港港口共同组建的一家专业性理货机构，是具有国际性、涉外性、公正性、服务性的理货企业。连云港外理公司严守公正立场，遵循实事求是原则，维护委托方正当权益，在连云港口岸树立了"数字外理、公正理货"的"老字号"理货诚信品牌。

二、经营理念

连云港外理公司成立以来，坚守"以理服人、货畅其流"的使命，秉承"实事求是、准确无误"的质量理念，牢记"严守公正立场，遵循实事求是原则，维护委托方正当权益"的理货宗旨，为船、货、港三方提供"精诚所至、精益求精"的理货服务。

连云港外理公司的使命是"以理服人、货畅其流"。"理"是理货的理，也是事理的理；"服"是服务的服，也是佩服的服。"以理服人"是连云港外理公司理货工作中追求的标准。"货畅其流"是理货工作在港口所起的作用，也是理货服务口岸、港航、客户的目的。

连云港外理公司的质量理念是"实事求是、准确无误"。理货质量是理货行业的生命线，理货人员所理货物数字的准确性、残损验定的准确性、理货单证与理货报告的准确性都是理货公司"产品"的质量参数。理货工作是以货物事实为依据如实地反映货物的残损状况和数字信息，实事求是、追求理货结果的准确无误是理货质量的根本保证。

"严守公正立场"是理货行业作为第三方公证机构立身之本，"遵循实事求是原则"是保证理货质量准确的法宝，"维护委托方的正当权益"是理货工作的职责和目的。这是1972年的《中国外轮理货公司业务章程》明确的理货宗旨，是最早创建的覆盖全国理货行业的企业文化理念，一直以来被连云港外理公司奉为立业的根基，永远秉承、时刻践行。

连云港外理公司的服务理念是"精诚所至、精益求精"。"精"代表精心、认真，"诚"代表诚信、求实。精心理货、真诚服务、追求更好，把提升服务水平、确保理货质量作为公司的核心竞争力，让口岸、港航、客户对理货结果信服、对理货服务满意。

三、体系建设

连云港外理公司每年谋划确定好主题工作思路，如"提升外理工作效能、提升客户的满意度"的"双提升"和"固本强基、固业致远"的"双固"等活动。2020年开展"敬业港口、敬重客户"的"双敬"主题年活动，从建设"数字外理、公正理货"平台、提升理货质量、提升服务质量、加强人力资源储备、规范财务业务一体化运作、加强作风建设等 12 项重点举措培育职工在现场理货工作中从细节做起,严格按照理货业务规程、理货行业标准及通过中国船级社认证公司创建的 ISO9001:2016 版质量管理体系标准,规范现场理货流程。全方位查找可能影响理货质量的隐患,狠抓理货过程中容易出现问题的薄弱环节,确保船、货、港三方对个人、部门、公司三级无投诉,理货准确率 100%,客户满意率 100%,打造连云港口岸"件件无差错、箱箱无差错、船船无差错"的外理"老字号"理货诚信品牌。主题活动的开展,得到了广大职工的认同和支持。2020 年新冠肺炎疫情期间,与连云港外理公司合作的上海外理公司人员不能到达连云港,几千台汽车等待装船前检验。为了实现对船东、货主"不管遇到什么困难,都提供优质、高效服务"的承诺,连云港外理公司筹划翔实的预案,独立开展车辆检验工作。有批车辆装船抵达国外的卸货港,检查出了 3 台残损的车辆。追溯流程查证时发现:其他的检验公司报告里都没有记录,唯独连云港外理公司的报告里有这 3 台车辆残损的记录。正是连云港外理公司的"准确公正"服务维护了船方的利益。

连云港外理公司以科技创新推动传统理货方式技术升级,先后投入资金 1600 万元创建"数字外理、公正理货"平台项目,面向船、货、港三方提供更加准确、更加便捷、长达半年期的可追溯性"数字化"理货新产品。具体代表为:针对主营的集装箱理货业务,在江苏省口岸率先研发投入使用了集装箱智能理货系统,及时发现或避免理货差错,客观公正记录集装箱装卸理货信息和残损信息,影像记录可追溯时间长达 6 个月,其准确性、可靠性、稳定性处于全国沿海沿江港口前列,成为船、货、港三方解决货物装卸纠纷的重要依赖;针对主营的件杂货理货业务,研发了件杂货实时在线理货系统,实现件杂货理货实时在线上传理货数字、记录货物的原始残损影像,实现货主客观掌握货物装卸进度和真实了解货物残损信息"零等待";针对散货检验业务,研发观测船舶水尺读数的"GoPro 无线水尺刻度观测仪",避免了由于海浪起伏造成水尺计数的纠纷,视频记录让港、航各方一目了然;针对车辆装船前检验业务,研发应用车辆检验移动信息系统,客观翔实记录残损信息,让每一丝划痕都记录在案;针对场站集装箱进场验箱业务,开发闸口验箱终端系统,快速、自动、准确实现集装箱进闸口理货数据的采集,严把货物到港时间,让费率与到港时间的争议不再上演;针对理货费收结算业务,开辟出"外理电子新计费账单",方便客户在网上进行理货账单的查收、确认和打印,所有账目都清清白白;实施电子合同网签,让公司和客户之间的商务往来都有迹可查。连云港外理公司通过自我筑高理货科技门槛,重塑理货科技核心竞争力,为客户提供诚实可信的理货服务。

连云港外理公司非常重视通过质量管理工作,推动诚信理货服务建设。在 1996 年率先采用 ISO9000 质量管理体系标准并获得中国船级社认证,在连云港港口是第一家单位,也是全国理货系统为数不多的几家公司之一。2016 年,连云港外理公司又根据 ISO9001:2015 版的要求重新完成了质量体系的建立并获得了中国船级社的审核认证。2017 年,连云港外理公司又根据最新版 ISO9001:2016 版的要求进行了改版,通过了中国船级社的复核审核。

四、制度完善

连云港外理公司不断完善、成熟、定型公司的各项规章制度,编制《规章制度汇编》。连云港外理公司新出台《外理公司队伍建设试行办法》,针对"师带徒"、大学毕业生、班组长、劳务派遣工、中层管理人员 5 支队伍制订管理办法。开展"师带徒"活动,规范师傅与徒弟的职责和义务,制订奖惩制度,新培养的青工已能在对外服务中独当一面。建立大学毕业生成长机制,鼓励他们岗位成才,成为现场操作的业务骨干。建立理货组长选拔任用与退出机制,选拔培养业务能力强、英语水平高、综合素质好的年轻理货人员充实到一线管理岗位。优化劳务派遣工管理办法,为劳务人员设立成长晋升通道,激发个人的进取意识和对企业的归属感。加强中层管理人员队伍的管理，建立公司后备人才库。通过"墩苗历练"项目，从全日制大学毕业的在编职工中挑选优秀理货组长（业务主管）、值班经理，放在关键岗位培养锻炼，或者进行多岗位历练。对中层管理岗位 50% 人员进行了交流或工作职责的重新界定，调整后的中层管理人员在企业生产经营、为客户提供公正诚信理货服务中发挥了良好作用。

五、决策部署

连云港外理公司针对中国（江苏）自由贸易试验区连云港片区新政策，成立子公司——连云港外理检验有限公司。新成立的子公司已完成经营注册工作并取得了海关总署进出口商品检验鉴定机构资格证书，为公司开展检验业务增添了资质，为给客户提供检验服务拓展了空间，更好地服务于中国（江苏）自由贸易试验区建设发展。

为了提升自身理货技能，为客户提供更加完善的公正诚信良好服务，连云港外理公司创新开展"外理出状元""外理出亮点""外理双培养""外理大讲堂""外理好声音"五大载体活动，促进服务技能和服务意识在职工中的入脑、入心，培养他们立足本职、追求卓越、争创一流的优秀品质，为船、货、港三方提供优质服务。"外理出状元"是针对一线理货员岗位，从思想品德、业务能力、工作态度、工作业绩、示范效应 5 个方面公开、公平、公正选树先进典型。通过争创"理货状元"活动，提升了理货人员业务技能和服务意识，提升了公司整体服务船、货、港三方的理货质量、服务质量。"外理出亮点"是针对对外服务中的先进人物、先进事迹的宣传报道。连云港外理公司紧扣理货服务中的特色亮点，构建新闻宣传工作重点。《海上一杆"良心秤"》《五星班组、五星服务》等新闻报道在多家主流媒体刊载。这一系列重大新闻事件的报道，充分体现了连云港外理公司员工精诚所至、精益求精的理货服务精神，充分展现了连云港外理公司在对外服务过程中突出的业务能力和优秀事迹。"外理双培养"是指把党员培养成骨干，把骨干培养成党员。一方面梳理培养后备骨干、优秀分子底数，制订培养计划，建立起后备骨干值班主任、骨干理货组长、骨干理货员队伍，满足未来连云港外理公司对人力资源的需求；另一方面，注重发挥出党员的先锋模范作用，用榜样的力量带动身边的人促进企业的发展，选派优秀党员到一些重点、难点的关键性岗位锻炼、挑担子，为建立持续稳定的人才队伍培养中坚骨干力量。"外理大讲堂"是提升职工素质和履职能力并构建学习型企业的培训载体。连云港外理公司邀请全国理货行业的专家举办讲座，让职工清晰地掌握理货行业当前及未来的走向路径，提升服务技能、提升服务意识。"外理好声音"是连云港外理公司联手客户单位举办的各类文化娱乐活动。通过自编、自导、自演的文娱节目，讲述理货工作中不畏艰难、提供优质理货服务的故事，促进了企业之间思想交流和友好合作。

六、社会责任

连云港外理公司与船东船代、货主货代签订业务经营合同，规范自身经营行为。实行业务财务一体化运作，进行费收核兑结算，避免错收客户理货费用。连云港外理公司对信誉较好的大船代公司采取及时对账、及时送票的措施，更加便捷服务客户。连云港外理公司及时清欠相关债务，保障客户经济利益，维护公司公正诚信的对外商贸形象。

面对 2020 年突发的新冠肺炎疫情，连云港外理公司及时向中外船方货主发出《疫情期间正常提供理货服务的函》，为提供优质、稳定、安心的外轮理货服务做出真诚承诺，为笼罩在疫情紧张氛围下的船、货、港三方吃下正常提供理货服务的"定心丸"。

七、工作成果

连云港外理公司成立以来，始终致力于为客户提供最优质、最诚信的理货服务。在近 50 年的经营中，从未发生过重大质量事故，理货准确率100%，客户满意率100%，长期以来得到了广大国内外船东、货主、代理及国家各级管理部门的肯定和认可。获得过国家二级企业称号，5次获得交通运输部"优质运输先进集体"称号，2次被中国外轮理货有限公司评为"理货质量先进单位"，被授予"影响中国2010-2011年中国物流杰出贡献奖""全国改革开放35周年企业文化竞争力优秀单位""改革开放40周年中国交通运输行业诚信经营与服务示范品牌""中国口岸杰出服务质量企业""全国交通运输企业诚信建设先进单位""全国交通运输企业文化建设卓越单位""全国理货行业文化建设示范单位""江苏省守合同、重信用企业""连云港市重合同、守信用单位""连云港市文明单位"等优秀称号及荣誉。

案例创造人：任汉诗